文/白/对/照

綱鑑易知錄

三

〔清〕吴乘权 编撰
张宏儒 主编

团结出版社

目 录

纲鉴易知录卷三十

晋纪 世祖武皇帝 …… 1288

孝惠皇帝 …… 1296

纲鉴易知录卷三一

晋纪 孝怀皇帝 …… 1330

孝愍皇帝 …… 1340

东晋纪 中宗元皇帝 …… 1350

肃宗明皇帝 …… 1368

纲鉴易知录卷三二

东晋纪 显宗成皇帝 …… 1378

康皇帝 …… 1398

孝宗穆皇帝 …… 1400

纲鉴易知录卷三三

东晋纪 哀皇帝 ················· *1426*
  帝奕 ····················· *1428*
  太宗简文皇帝 ············· *1440*
  烈宗孝武皇帝 ············· *1444*

纲鉴易知录卷三四

东晋纪 孝武皇帝 ··············· *1470*
  安皇帝 ··················· *1482*

纲鉴易知录卷三五

东晋纪 安皇帝 ················· *1516*
  恭皇帝 ··················· *1522*
南北朝·宋纪（附北魏） 高祖武帝 ····· *1526*
  营阳王 ··················· *1528*
  太祖文帝 ················· *1530*

纲鉴易知录卷三六

宋纪（附北魏） 太祖文帝 ········· *1564*
  世祖孝武帝 ··············· *1570*
  废帝 ····················· *1576*
  太宗明帝 ················· *1578*
  苍梧王 ··················· *1586*
  顺帝 ····················· *1586*
齐纪（附北魏） 太祖高帝 ········· *1594*

世祖武帝 ································· *1596*

　　　高宗明帝 ································· *1606*

纲鉴易知录卷三七

齐纪（附北魏） 高宗明帝 ················· *1614*

　　　东昏侯 ··································· *1622*

　　　和帝 ····································· *1628*

梁纪（附北魏） 高祖武帝 ················· *1630*

纲鉴易知录卷三八

梁纪（附北魏东西魏） 高祖武帝 ·········· *1658*

纲鉴易知录卷三九

梁纪（附西魏北齐北周） 太宗简文帝 ······ *1708*

　　　世祖孝元帝 ······························ *1710*

　　　敬帝 ····································· *1716*

陈纪（附北齐周） 高祖武帝 ··············· *1722*

　　　世祖文帝 ································· *1724*

　　　废帝 ····································· *1734*

　　　高宗宣帝 ································· *1734*

纲鉴易知录卷四十

陈纪（附隋） 高宗宣帝 ··················· *1752*

　　　后主 ····································· *1756*

隋纪 高祖文皇帝 ························· *1764*

炀帝 *1792*

纲鉴易知录卷四一

隋纪 炀帝 *1802*
　　　恭帝侑 *1834*
　　　恭帝侗 *1842*

纲鉴易知录卷四二

唐纪 高祖神尧皇帝 *1850*
　　　太宗文武皇帝 *1882*

纲鉴易知录卷四三

唐纪 太宗文武皇帝 *1894*

纲鉴易知录卷三十

晋纪

世祖武皇帝

【纲】辛丑,二年,春三月,选吴伎妾五千人入宫。 【目】帝既平吴,颇事游宴,怠于政事,掖庭殆将万人。常乘羊车,恣其所之,至便宴寝;宫人竞以竹叶插户,盐汁洒地,以引帝车。后父杨骏及弟珧、济始用事,势倾内外,时人谓之三杨,旧臣多被疏退。山涛数有规讽,帝虽知而不能改。

【纲】冬十月,鲜卑慕容涉归寇昌黎。 【目】初,鲜卑莫护跋始自塞外入居辽西棘城之北,号慕容部。至孙涉归,迁于辽东之北,世附中国,数从征讨有功,拜大单于。至是,始叛寇昌黎。

自汉、魏以来,羌、胡、鲜卑降者,多处之塞内诸郡。其后数因忿恨,杀害长吏,渐为民患。侍御史郭钦上疏曰:"戎狄强犷,历古为患。宜及平吴之威,谋臣猛将之略,渐徙内郡杂胡于边地,峻四夷出入之防,明先王荒服之制,此万世长策也。"不听。

【纲】壬寅,三年,春正月朔,帝亲祀南郊。 【目】礼毕,帝问司隶校尉刘毅曰:"朕可方汉何帝?"对曰:"桓、灵。"帝曰:"何至于此?"对曰:"桓、灵卖官钱入官库,陛下卖官钱入私门,以此言之,殆不如也。"帝大笑曰:"桓、灵不闻此言,今朕有直臣,固为胜之。"

中护军羊琇,景献后之从父弟也;后将军王恺,文明后之弟

世祖武皇帝

【纲】二年（辛丑，281），春三月，五千名有才艺的东吴宫女被选进后宫。　【目】晋武帝平定东吴后，游乐欢宴频繁，倦于处理政务，后宫的美女将近一万人。晋武帝经常坐着用羊拉的车子，任随羊走到一处，便在那里饮宴就寝。宫女们争着把竹叶插在门前，将盐水洒在路上，好诱使晋武帝的羊车上门。皇后的父亲杨骏以及他的弟弟杨珧、杨济开始当权，权势倾动朝廷内外，当时人把他们称作"三杨"，老臣大都遭到疏远。山涛屡次规劝，晋武帝虽然明知自己不对，却不能改正。

【纲】冬十月，鲜卑人慕容涉归侵犯昌黎（今辽宁义县）。　【目】起初，鲜卑人莫护跋开始从塞外进入辽西棘城（今辽宁义县西）北面居住，另称慕容部。到他孙子慕容涉归时，慕容部迁徙到辽东北部，世代归附中原，多次随军出征，立下功劳，被封为大单于。至此，慕容涉归开始背叛晋朝，侵犯昌黎。

自汉、魏以来，归降的羌人、胡人、鲜卑人多数分布在塞内各郡。后来，他们多次因怀有怨恨而杀害地方长官，逐渐成为百姓的祸患。侍御史郭钦上疏说："戎狄强盛横蛮，自古便是祸患。应当趁着平定东吴的声威，采用谋臣、猛将的方略，逐渐把内地各郡的各部胡人迁徙到边疆地带，加强对周边胡人出入边境的防范，重申前代君王制定的有关边远地区的制度，这才是万世长策。"晋武帝没有采纳他的建议。

【纲】三年（壬寅，282），春正月一日，晋武帝亲自前往洛阳南郊祭天。　【目】祭天典礼结束后，晋武帝问司隶校尉刘毅说："朕可以与汉朝的哪个皇帝相比？"刘毅回答说可以与汉桓帝、汉灵帝相比。"晋武帝说："怎么会这么糟糕？"刘毅回答："汉桓帝和汉灵帝把卖官得到的钱送进国库，陛下把卖官得到的钱放进私囊，就此而言恐怕陛下还赶不上桓、灵二帝哩！"武帝大声笑着说："汉桓帝和汉灵帝听不到这种直言，现在朕有你这样正直的大臣，朕当然比桓、灵二帝强。"

中护军羊琇，是景献皇后羊氏的堂弟；后将军王恺，是文明皇后

也；散骑常侍石崇，苞之子也。三人皆富于财，竞以奢侈相高。车骑司马傅咸上书曰："先王之治天下，食肉衣帛，皆有其制，奢侈之费，甚于天灾。古者人稠地狭，而有储蓄，由于节也。今土广人稀，而患不足，由于奢也。欲时人崇俭，当诘其奢，奢不见诘，转相高尚，无有穷极矣！"

【纲】以张华都督幽州军事。

【纲】夏四月，鲁公贾充卒。【目】充老病，自忧谥传，从子模曰："是非久自见，不可掩也！"至是薨，无嗣，妻郭槐欲以外孙韩谧为世孙，曹轸谏曰："礼无异姓为从之文。"槐表陈之，云充遗意，帝许之。及太常议谥，博士秦秀曰："充悖礼溺情，以乱大伦。昔鄫养外孙莒公子为后，《春秋》书'莒人灭鄫'。绝父祖之血食，开朝廷之乱原。按《谥法》'昏乱纪度曰荒'，请谥荒公。"帝更曰武。

【纲】癸卯，四年，夏，琅邪王伷卒。【目】谥曰武，子觐嗣。

【纲】冬，归命侯孙皓卒。

【纲】甲辰，五年，春正月，龙见武库井中。

【纲】乙巳，六年，春正月，尚书左仆射刘毅卒。【目】初，陈群以吏部不能审核天下之士，故今郡国及州各置中正，皆取本土之人，任朝廷官、德充才盛者为之使，铨次等级，以为九品，有言行修著则升之，道义亏缺则降之，吏部凭以补授。行之浸久，中正或非其人，奸敝日滋。毅尝上疏曰："中正之设，损政者八：高下逐强弱，是非随爱憎，一人之身，旬日异状，上品无寒门，下品无势族，一也。置州都者，本取州里清议所服，将以镇异同，一言议也；今重其任而轻

王氏的胞弟；散骑常侍石崇，是石苞的儿子。三个人都很富有，相互攀比谁更奢侈。车骑司马傅咸上书说："先代君王治理天下，吃肉食，穿丝绸，都有一定的规矩。奢侈浪费，比天灾还要严重。古时候人多地少，却家家都有储蓄，这是由于人们节俭。现在地广人稀，却以贫乏为患，这是由于人们奢侈。要让现在的人们崇尚节俭，就应该谴责奢侈。奢侈不受谴责，反而受到推崇，奢侈就没有止境了！"

【纲】晋武帝任命张华为都督幽州（治涿县，今河北涿县东北）军事。

【纲】夏四月，鲁公贾充去世。　【目】贾充年老多病，对自己将得到什么谥号和怎样写进史传很是担心，侄子贾模说："时间长了，是非自有定论，无法掩饰！"至此，贾充去世，没有子嗣。妻子郭槐打算让外孙韩谧做嫡长孙，曹轸规劝说："礼法上没有让外姓人做后嗣的条文。"郭槐上表陈述，说这是贾充的遗意，晋武帝便答应了。及至太常商议贾充的谥号时，博士秦秀说："贾充溺于私情，违背礼教，破坏人伦。从前鄫国国君收养外孙莒国国君的儿子为后嗣，《春秋》记载为'莒国人灭亡鄫国'。这是断绝先人享受的祭祀，开启朝廷混乱的根源。根据《谥法》，'昏昧平庸，破坏法纪叫作荒'，请追谥贾充为荒公。"晋武帝将贾谧的谥号改为武公。

【纲】四年（癸卯，283），夏季，琅邪王司马伷去世。　【目】他的谥号为"武"，其子司马觐继承王位。

【纲】冬季，归命侯孙皓去世。

【纲】五年（甲辰，284），春正月，龙在军械库的水井中出现。

【纲】六年（乙巳，285），春正月，尚书左仆射刘毅去世。　【目】起初，由于吏部无法审核天下士人，所以陈群让各州、郡、封国分别设置中正，一概由中正选取本地人任官，对那些品德优异、才能出众的人则任命为朝廷官员。这种任官办法将人们的品行能力区分等次，分为九品，言行兼优的，就升官；有损道义的，就降职，吏部就根据品评的品级来任命官员。这种制度推行的时间逐渐久了，有时由于中正人选不当，营私舞弊日益增多。刘毅曾经上疏说："中正的设立，对国政的损害有八条：品级高低只看被选人势力大小，孰是孰非全凭中正的爱憎之情，

其人，使驳论横于州里，嫌隙结于大臣，二也。本立格于九品者，谓才德有优劣，伦辈有首尾也；今乃优劣易地，首尾倒错，三也。陛下赏善罚恶，无不裁之以法；独中正无赏罚之防及禁人诉讼，使受枉者不获上闻，四也。一国之士多者千数，或流徙异邦，面犹不识，不过采誉于台府，纳毁于流言；任己则有不识之蔽，听受则有彼此之偏，五也。凡求人才以治民也；今当官著效者或附卑品，在官无绩者更获高叙，抑功实而隆虚名，长浮华而废考绩，六也。凡官不同事，人不同能；今不状其才之所宜，而但第为九品。以品取人，或非才能之所长，以状取人，则为本品之所限，徒结白论，品状相妨，七也。所下不彰其罪，所上不列其善，各任爱憎以植其私，天下之人焉得不懈德行而锐人事，八也。由此论之，职名中正，实为奸府；事名九品，而有八损。宜罢中正，更立一代之制。"帝虽善其言，而终不能改。

【纲】冬，慕容廆寇辽西。

【纲】丙午，七年，春正月朔，日食。

【纲】司徒魏舒罢。　【目】舒称疾，逊位。舒所为，必先行而后言，逊位之际，莫有知者。卫瓘与书曰："每与足下共论此事，日日未果，可谓'瞻之在前，忽焉在后'矣"。

对同一个人，在十天之内便有不同的评价，于是上品无寒门，下品无势族，这是其一。设在州城的中正官，本来应该选取州中公正舆论所推服的人士，由他来消除异见，统一议论。现在，中正一职责任重大，但对中正的人选不够重视，使州中议论横生，朝廷大臣结下嫌隙，这是其二。原来设置九品官制的目的在于，人的品德与才能有优劣之分，辈分有前后之别，现在却优劣倒置，前后颠倒，这是其三。陛下奖赏良善，惩罚邪恶，无不依法做出裁断，唯独对中正没有赏惩的规定，并禁止人们上告，使遭受冤枉的人无法向上申诉，这是其四。一个州郡、封国的士人多的可达一千多人，有的迁徙异乡，中正根本不认识他们，只不过从内外官员那里搜采赞誉之辞，从流言蜚语中收集诋毁之论。如果中正全凭自己决断，便有不识其人的局限，如果听信别人的意见，就有倾向一方的偏差，这是其五。凡是寻求人才，是为了治理百姓。现在，有些政绩卓著的官员被列在下品，并无政绩的官员反而被评为上品，贬抑实效抬高虚名，助长浮华的风尚，不问考核的成绩，这是其六。官员管理的事务不同，人的能力也不同。现在，不管一个人的才能适宜做些什么，却仅仅把人们分为九个品级。根据品级选拔人才，也许够品级的人并没有相应的才能，根据行状选拔人才，有才能的人却可能受到自己品级的限制。徒然做些空洞的评议，品级与行状相互抵触，这是其七。下降品级的，不明白地宣布他有什么罪过，提升品级的，不说出他有什么优点。中正各凭自己的爱憎好恶去培植私人势力，天下之人怎能不放松德行修养而去钻营人事！这是其八。由此说来，官职叫作中正，却实在是奸邪的巢窟，号称九品评官，却有八个方面的损害。所以，应当撤销中正，重新制定通行一代的有关制度。"虽然晋武帝认为刘毅讲得很好，但是始终不能改正。

【纲】冬季，慕容廆侵犯辽西。

【纲】七年（丙午，286），春正月一日出现日食。

【纲】司徒魏舒免职。　【目】魏舒称有病，自动退位。魏舒的所作所为，总是先行动，后言论。他退位时，没人知道。卫瓘写信给魏舒说："常常与你一起谈论退位，一直没有实现，这可称得上'看着是在前面，忽然又出现在后面'了。"

【纲】丁未,八年,春正月朔,日食。

【纲】戊申,九年,春正月朔,日食。

【纲】秋八月,星陨如雨。

【纲】己酉,十年,夏四月,慕容廆降,以为鲜卑都督。

【纲】冬十一月,尚书令荀勖卒。 【目】勖有才思,善伺人主意,以是能固其宠。久在中书,专管机事。及迁尚书,甚罔怅。人有贺之者,勖曰:"夺我凤凰池,诸君何贺邪!"

【纲】遣诸王假节之国,督诸州军事。封子孙六人为王。【目】帝极意声色,逐至成疾。杨骏忌汝南王亮,以为大司马、都督豫州诸军事,镇许昌;又徙皇子南阳王柬为秦王,都督关中;玮为楚王,都督荆州;允为淮南王,都督扬、江二州诸军事;并假节之国。立皇子乂为长沙王,颖成都王,晏吴王,炽豫章王,演代王;孙遹广陵王。

初,帝以才人谢玖赐太子,生遹。宫中尝夜失火,帝登楼望之,遹年五岁,牵帝裾入暗中,曰:"暮夜仓猝,宜备非常,不可令照见人主。"帝奇之。尝称遹似宣帝,故天下咸归仰之。帝知太子不才,然恃遹明慧,故无废立之心。帝为遹高选僚佐,以散骑常侍刘寔志行清素,命为之傅。寔以时俗喜进趣,少廉让,尝著《崇让论》,以为:"人情争则欲毁己所不如,而优劣难分;让则竞推于胜己,而贤智显出。当此时也,能退身修己,则让之者多矣;驰骛进趣,而欲人见让,犹却行而求前也。"

【纲】八年（丁未，287）春正月一日，出现日食。

【纲】九年（戊申，288），春正月一日，出现日食。

【纲】秋八月，流星陨落如雨。

【纲】十年（己酉，289），夏四月，慕容投降，晋朝任命他为鲜卑都督。

【纲】冬十一月，尚书令荀勖去世。　【目】荀勖才思敏捷，善于体察君主的意图，因此能够巩固自己取得的宠信。他长期在中书省任职，专门掌管机要事务。及至升迁为尚书令时，他很怅惘。有人向他祝贺，荀勖说："夺走了我的凤凰池，诸位有什么可祝贺的！"

【纲】晋武帝派遣诸王带着符节前往封国，均任命为都督诸州军事。共封子孙六人为王。　【目】晋武帝沉迷在声色之中终至身染重病。杨骏忌恨汝南王司马亮，让他担任大司马、都督豫州（时治项县，今河南沈丘）诸军事，出镇许昌（今河南许昌西南）；杨骏又把皇子南阳王司马柬改封为秦王让他出镇关中；封司马玮为楚王，出镇荆州（治江陵，今湖北江陵）；司马允为淮南王，担任都督扬（扬州时治建业，今江苏南京）江（江州治豫章，今江西南昌）二州诸军事；诸人一并授给符节，前往封国。立皇子司马为长沙王，司马颖为成都王，司马晏为吴王，司马炽为豫章王，司马演为代王，皇孙司马遹为广陵王。

起初晋武帝把才人谢玖赐给太子司马衷，生了司马遹。有一次，宫中夜间失火，晋武帝登楼去看火势。司马遹当时才五岁，他拉着晋武帝的后衣襟走到暗处，说："半夜突然发生事故，应该防备非常事件发生，不能让火光照到陛下。"晋武帝甚感惊奇，曾经称赞司马遹很像宣帝司马懿，所以天下人都对司马遹抱有期望。晋武帝知道太子司马衷不成器，但是由于司马遹很聪明，所以也就没有另立太子的想法。晋武帝为司马遹精心挑选官属，认为散骑常侍刘寔向高雅，行为廉洁，便任命他为王傅。寔认为当时的风气崇尚奔走钻营，缺乏廉洁谦让，曾经写了一篇《崇让论》，认为："作为人之常情，争夺起来就要诋毁强于自己的人，而最终还是优劣难分，互相谦让就会推崇胜过自己的人，于是贤人智者就能显露出来。在这时，如果有人能谦退修身，就会有更多的人说他比自己强了。一味奔走钻营，却想让别人说自己胜过别人，这就如同向后

【纲】以刘渊为匈奴北部都尉。 【目】渊轻财好施,倾心接物,五部豪杰,幽、冀名儒,多往归之。

孝惠皇帝

【纲】庚戌,孝惠皇帝永熙元年,夏四月,以杨骏为太尉,辅政。

【纲】帝崩,太子衷即位。尊皇后曰皇太后,立皇后贾氏。

【纲】五月,葬峻阳陵。诏群臣增位赐爵有差。

【纲】以杨骏为太傅、大都督,假黄钺,录朝政,百官总已以听。

【纲】秋八月,立广陵王遹为太子。以刘渊为匈奴五部大都督。

【纲】琅邪王觐卒。 【目】谥曰恭,子睿嗣。

【纲】辛亥,元康元年,春三月,皇后贾氏杀太傅杨骏,废皇太后为庶人。 【目】贾后不以妇道事太后,又欲预政,而为杨骏所抑。殿中中郎孟观、李肇皆骏所不礼也,贾后使黄门董猛与观、肇谋诛骏,废太后。又使报楚王玮,玮许之,乃求入朝。至是,观、肇启帝,夜作诏,诬骏谋反,命东安公繇,帅殿中四百人讨之,玮屯司马门。皇太后题帛为书,射城外,曰:"救太傅者有赏。"贾后因宣言太后同反。寻殿中兵出,烧骏府,骏逃于厩,就杀之。遂收珧、济,夷三族。珧临刑,告东安公繇曰:"表在石函。"繇不听。贾后矫诏,送太后于永宁宫,有司奏请:"废太后为庶人,诣金墉城。"诏可。

倒退却希望走在前面一样。"

【纲】晋武帝任命刘渊为匈奴北部都尉。【目】刘渊不贪财货，乐于助人，真心与人交结，南匈奴五部的杰出人物和幽州、冀州的知名儒士，多数前去投奔他。

孝惠皇帝

【纲】晋惠帝永熙元年（庚戌，290），夏四月，任命杨骏为太尉，辅佐朝政。

【纲】晋武帝去世，太子司马衷即位，尊皇后为皇太后，立贾氏为皇后。

【纲】五月，晋武帝安葬在峻阳陵（今河南洛阳北）。晋惠帝颁诏给群臣增官进爵，高低不等。

【纲】晋惠帝任命杨骏为太傅、大都督，假黄钺，总领朝政，百官由杨骏一人统辖。

【纲】秋八月，晋惠帝立广陵王司马遹为太子。晋惠帝任命刘渊为匈奴五部大都督。

【纲】琅邪王司马觐去世。【目】司马觐谥号为恭，其子司马睿继承王位。

【纲】元康元年（辛亥，291），春三月，皇后贾氏杀太傅杨骏，将皇太后杨氏废为庶人。【目】贾后不肯以儿媳的身份侍奉杨太后，又想干预朝政，却受到杨骏的压制。殿中中郎孟观、李肇都受到杨骏的冷落，贾后指使黄门董猛与孟观、李肇谋划杀害杨骏，废黜杨太后。贾后又让人通知楚王司马玮，司马玮答应了她，便要求进京朝见。至此，孟观、李肇启奏晋惠帝，连夜拟定诏书，诬称杨骏谋反，命东安公司马繇率领殿中禁军四百人讨伐杨骏，司马玮驻兵司马门。皇太后杨氏用丝帛写成书信，射到城外，内称："救太傅者有赏。"贾后因而宣称杨太后与杨骏一起谋反。不久，殿中禁军出动，焚烧杨骏的府第，杨骏逃到马厩里，被就地杀掉。接着收捕杨珧、杨济，诛灭三族。杨珧在临刑时告诉东安公司马繇说："我的奏章放在宗庙的石匣里。"司马繇不予理睬。贾后以晋惠帝的名义颁布诏书，将杨太后送往永宁宫。主管部门上奏要

【纲】征汝南王亮为太宰，与太保卫瓘录尚书事。 【目】亮颇专权势，御史中丞傅咸谏，亮不从。贾后族兄模、从舅郭彰、女弟之子贾谧，与楚王玮、东安公繇，并预政。后暴戾日甚，繇密谋废后，繇兄澹素恶繇，屡谮于亮，诏免繇官，废徙带方，于是谧、彰权势愈盛。谧虽骄奢，而喜延士大夫，彰与石崇、陆机、机弟云、潘岳、挚虞、左思、牵秀、刘舆、舆弟琨等皆附于谧，号"二十四友"。

【纲】夏六月，皇后杀太宰亮、太保瓘及楚王玮。 【目】太宰亮、太保瓘以楚王玮刚愎好杀，谋遣玮之国。玮长史公孙宏、舍人岐盛，劝玮自昵于贾后；后留玮领太子少傅。盛素善于杨骏，瓘恶其反覆，将收之。盛乃因将军李肇矫称玮命，谮亮、瓘于贾后，云将谋废立。后素怨瓘，且患二公秉政，己不得专恣，六月，使帝作手诏赐玮曰："太宰、太保欲为伊、霍之事，王宜宣诏，屯诸宫门，免亮、瓘官。"玮亦欲因此复私怨，遂遣宏、肇以兵围亮府。清河王遐收瓘。亮遂为肇所执，与世子矩俱死。初，瓘为司空，帐下督荣晦有罪，斥遣之。至是，晦从遐收瓘，辄杀瓘及子孙共九人。张华使董猛说贾后曰："楚王既诛二公，则威权尽归之矣，人主何以自安！宜以专杀之罪诛之。"遂执玮，斩之。宏、盛夷三族。

卫瓘女与国臣书曰："先公名谥未显，一国无言，《春秋》之失，其咎安在？"太保主簿刘繇等执黄幡，挝登闻鼓，讼瓘冤。乃诏族

求：“将杨太后废黜为平民，送至金墉城（今河南洛阳东北）囚禁。”诏书认可。

【纲】征召汝南王司马亮担任太宰，与太保卫瓘同任录尚书事。
【目】司马亮颇为专权弄势，御史中丞傅咸进言劝阻，司马亮不肯听从。贾后的族兄贾模、堂舅郭彰、妹妹贾午的儿子贾谧，与楚王司马玮、东安公司马繇一同参与朝政。贾后日益残暴，司马繇密谋废黜贾后。司马繇的哥哥司马澹一向憎恶司马繇，屡次向司马亮诋毁他，晋惠帝颁诏免去司马繇的官职，放逐到带方郡（今朝鲜平壤西南），于是贾谧、郭彰的权势更加炽盛。虽然贾谧骄横奢侈，却喜欢延揽士大夫。郭彰和石崇、陆机、陆机的弟弟陆云、潘岳、挚虞、左思、牵秀、刘舆、刘舆的弟弟刘琨等人，都依附贾谧，号称"二十四友"。

【纲】夏六月，贾后杀害太宰司马亮、太保卫瓘以及楚王司马玮。
【目】太宰司马亮、太保卫瓘认为楚王司马玮刚愎自用，滥施诛杀，便策划打发司马玮返回封国。司马玮的长史公孙宏、舍人岐盛劝司马玮主动接近贾后，贾后便留下司马玮，让他兼任太子少傅。岐盛平素与杨骏亲善，卫瓘憎恶他反复无常，准备将他收捕。岐盛便通过将军李肇假称得到司马玮的命令，在贾后面前诬陷司马亮和卫瓘，说他们二人准备策划皇位废立。贾后向来怨恨卫瓘，而且担心这二人主持朝政，自己无法独断专行。六月，贾后让晋惠帝写成手诏赐给司马玮说：“太宰、太保打算实行伊尹、霍光故事，你应该宣布诏书，在各宫门前驻兵，免除司马亮和卫瓘的官职。”司马玮也想借这个机会报复私怨，便派遣公孙宏、李肇率兵包围司马亮的府第，让清河王司马遐去收捕卫瓘。于是，司马亮被李肇捉住，与世子司马矩一起被杀。起初，卫瓘担任司空，军将荣晦犯了罪，卫瓘将他斥逐。至此，荣晦跟随司马遐去收捕卫瓘，竟将卫瓘及其子孙共九人一起杀害。张华派董猛去劝贾后说：“楚王司马玮杀死司马亮、卫瓘两人后，威势权力便全由他掌握了，皇上怎么能够放心！应当以擅自诛杀的罪名将他处死。”贾后便命人捉住司马玮，将他杀死，并诛灭公孙宏、岐盛的三族。

卫瓘的女儿写信给国家大臣说：“我父亲的谥号还没有公布，全国竟然保持沉默。《春秋》指出的过失，应该由谁承担？”太保主簿刘繇

诛荣晦，追复亮、瓘爵位；谥亮曰文成，谥瓘曰成。

【纲】以贾模、张华、裴頠为侍中，并管机要。 【目】华尽忠帝室，弥缝遗阙，后虽凶险，犹知敬重，与模、頠同心辅政，故数年之间，虽暗主在上，而朝野安静。

【纲】壬子，二年，春二月，皇后贾氏弑故皇太后杨氏于金墉城。 【目】时太后尚有侍御十余人，贾后悉夺之，绝膳八日而卒。贾后覆而殡之。

【纲】甲寅，四年，司隶校尉傅咸卒。 【目】咸性刚简，风格峻整，初为司隶，上言："货赂流行，所宜深绝。"奏免河南尹澹等官，京师肃然。

【纲】慕容廆徙居大棘城。

【纲】丙辰，六年，春，以张华为司空。

【纲】秋八月，秦、雍氐、羌齐万年反，冬十一月，遣将军周处等讨之。 【目】初，御史中丞周处，弹劾不避权威，梁王肜尝违法，处按劾之。至是，秦、雍氐、羌悉反，其帅齐万年僭帝号，围泾阳。诏以处为建威将军，隶安西将军夏侯骏以讨之。万年闻处来，曰："周府君有文武才，若专断而来，不可当也；或受制于人，此成禽耳！"

【纲】丁巳，七年，春正月，将军周处及齐万年战，败，死之。 【目】齐万年屯梁山，有众七万；梁王肜、夏侯骏使周处以五千兵击之。处曰："军无后继，必败，不徒身亡，为国取耻。"肜、骏逼遣之。处攻万年，自旦战至暮，斩获甚众，弦绝矢尽，救兵不至。左右劝处退，处按剑曰："是吾效节致命之日也！"遂力战而死。

等人打着黄幡，敲响登闻鼓，为卫瓘申诉冤屈。于是有诏将荣晦灭族，恢复司马亮和卫瓘的爵位，司马亮追谥"文成"，卫瓘追谥"成"。

【纲】晋惠帝任命贾模、张华、裴頠为侍中，三人共同掌管机要事务。　【目】张华尽忠皇室，弥补缺失，虽然贾后凶恶狠毒，却还知道敬重张华。由于张华与贾模、裴頠齐心辅佐朝政，所以数年间，虽然昏庸的君主在位，但是朝廷与民间仍然平安无事。

【纲】二年（壬子，292），春二月，皇后贾氏把原先的皇太后杨氏杀死在金墉城。　【目】当时杨太后身边还有侍女十多人，贾后将她们全部撤走。杨太后绝食八天而死，贾后把她面部朝下埋葬了。

【纲】四年（甲寅，294），司隶校尉傅咸去世。　【目】傅咸性情刚强质朴，气度严整。傅咸刚刚担任司隶校尉时，曾进言说："现在贿赂成风，应当彻底杜绝。"他奏请免去河南尹司马澹等人的官职，京城为之整肃。

【纲】慕容廆迁居大棘城（今辽宁义县西北）。

【纲】六年（丙辰，296），春季，晋惠帝任命张华为司空。

【纲】秋八月，秦州（治上邽，今甘肃天水西南）和雍州（治长安，今陕西西安西北）的氐人、羌人首领齐万年造反。冬十一月，朝廷派遣将军周处等人讨伐齐万年。　【目】起初，御史中丞周处弹劾官吏的过失，不避权贵，梁王司马肜曾经犯法，周处便揭发审查他。至此，秦州和雍州一带的氐人、羌人全部反叛，他们的首领齐万年僭越称帝，包围泾阳（今甘肃平凉西）。朝廷颁诏任命周处为建威将军，隶属于安西将军夏侯骏，前去讨伐齐万年。齐万年听说周处来了，便说："周府君文武兼备，如果他握有指挥全权前来，那就势不可当了。倘若他受别人的牵制，就只有被擒了！"

【纲】七年（丁巳，297），春正月，将军周处与齐万年交战失败，死于战场。　【目】齐万年驻扎在梁山（今陕西乾县西北），拥有七万兵马。梁王司马肜和夏侯骏派周处率领五千兵马进击齐万年。周处说："军队没有后援，必败无疑，不只是我个人兵败身亡，还会使国家蒙受耻辱。"司马肜、夏侯骏逼他出兵。周处攻打齐万年，从早晨战斗到黄昏，杀伤大量敌人，本人弓弦断了，箭用光了，但是没有救兵前来。身边

【纲】秋九月，以王戎为司徒。【目】戎为三公，与时浮沉，无所匡救，委事僚寀，轻出游放。性复贪吝，园田遍天下，每自执牙筹，昼夜会计，常若不足。家有好李，卖之恐人得种，常钻其核。凡所赏拔，专事虚名。阮咸之子瞻尝见戎，戎问曰："圣人贵名教，老、庄明自然，其旨异同？"瞻曰："将无同！"戎咨嗟良久，遂辟之。时人谓之"三语掾"。

是时，王衍为尚书令，乐广为河南尹，皆善清谈，宅心事外，名重当世，朝野争慕效之。衍与弟澄，如品题人物，举世以为仪准。衍神清明秀，少时山涛见之，曰："何物老妪，生宁馨儿！然误天下苍生者，未必非此人也！"广性冲约清远，与物无竞。每谈论，以约言析理，厌人之心，而其所不知，默如也。凡论人，必先称其所长，则所短不言自见。澄及阮咸、咸从子修、胡毋辅之、谢鲲、王尼、毕卓，皆以任放为达。辅之尝酣饮，其子谦之厉声呼之曰："彦国！年老，不得为尔！"辅之欢笑，呼入共饮。卓比舍郎酿熟，因夜至瓮间盗饮，为掌酒者所缚，明旦视之，乃毕吏部也。广闻而笑之曰："名教内自有乐地，何必乃尔！"

初，何晏等祖述老、庄，立论以为："天地万物，皆以无为本。无也者，开物成务，无往不存者也。阴阳恃以化生，贤者恃以成德。故无之为用，无爵而贵矣！"衍等爱重之。由是士大夫皆尚浮诞，废职业。裴頠著《崇有论》以释其蔽曰："利欲可损而未可绝有也，事

的将士劝周处撤退，周处握着长剑说："今天就是我以死报效国家的日子！"于是奋力战死。

【纲】秋九月，晋惠帝任命王戎为司徒。　【目】王戎身为三公，随波逐流，对朝政没有尽过补救过失的责任，把应做的事情都推给同僚，自己却轻装出游。他又生性贪婪吝啬。他的园林田产遍天下，却仍然时常亲自拨弄计数的牙筹，日夜不停地算账，经常觉得自己的财产还不够多。他家里有上好的李子树，卖李子时担心别人会得到他家的李树种，所以总是钻破李子核后才卖。他提拔官吏时，专门看重虚名。有一次，阮咸的儿子阮瞻去见王戎，王戎问他说："圣人推重名教，老庄倡导自然，两者的旨趣有什么区别？"阮瞻说："恐相同！"王戎赞叹了许久，便荐举他做官，当时人称阮瞻为"三语掾"。

这时候，王衍担任尚书令，乐广担任河南尹，两人都善于清谈，不把世事放在心上，但他们的名望却为当代人所推重，朝廷百官和乡间百姓都崇拜他们，争着仿效他们。王衍与弟弟王澄喜欢品评人物，他们的论断被全国视为准绳。王衍气度超然。眉清目秀，小时候，山涛看见他便说："是哪家老太婆生了这么一个可爱的孩子！然而，贻误天下百姓的，恐怕就是他了！"乐广性情淡泊含蓄，清高脱俗，与人无争。每当言谈议论时，他用简约的言辞分析道理，使人心服，但对自己不懂的事物，则保持沉默。每当评论人物时，他总是首先称道那人的长处，而使那人的短处不言自见。王澄与阮咸、阮咸的侄子阮修、胡毋辅之、谢鲲、王尼、毕卓，都把任情放纵不羁视为通达。一次，胡毋辅之开怀痛饮，儿子胡毋谦之厉声大喊他的表字说："彦国！你上岁数啦，不能再喝了！"胡毋辅之喜笑颜开，便叫胡毋谦之进来一起喝酒。毕卓邻家少年酿成新酒，他就在夜间到邻家酒瓮间偷喝，被看管酒的人捆绑起来，第二天早晨一看，原来却是吏部官员毕卓。乐广听说了，就笑话他说："名教之内自有乐土，何必干这种勾当！"

起初，何晏等人本着老庄学说立论，认为："天地万物都以虚无为本源，虚无是开启物智，成就事务，无所不在的。阴阳依赖虚无才能调和万物生长，贤人通过虚无才能造就自己的德行。所以，一旦人们掌握了虚无的作用，即使没有官爵，也仍然地位高贵。"王衍等人欣赏推崇

务可节而未可全无也。谈者深列有形之累，盛称空无之美。遂薄综世之务，贱功利之用，高浮游之业，卑经实之贤。人情所徇，名利从之，于是立言藉于虚无，谓之玄妙；处官不亲所职，谓之雅远；奉身散其廉操，谓之旷达；故悖吉凶之礼，忽容止之表，渎长幼之序，混贵贱之级，无所不至。夫万物之生，以有为分者也。故心非事也，而制事必由于心，不可谓心为无也；匠非器也，而制器必须于匠，不可谓匠非有也。由此而观，济有者皆有也，虚无奚益于已有之群生哉！"

【纲】戊午，八年，秋九月，遣将军孟观讨齐万年。

【纲】己未，九年，春正月，观击万年，获之。【目】太子洗马江统，以为戎、狄乱华，宜早绝其原，乃作《徙戎论》以警朝廷曰："四夷之中，戎、狄为甚，弱则畏服，强则侵叛。是以有道之君，待之有备，御之有常，虽稽颡执贽而边城不弛固守，强暴为寇而兵甲不加远征，期令境内获安，疆场不侵而已。夫关中帝王所居，未闻戎、狄宜在此土也。非我族类，其心必异。而士庶玩习，侮其轻弱，以贪悍之性，挟愤怒之情，候隙乘便，辄为横逆；此必然之势也。夫为邦者忧，不在寡而在不安，以四海之广，士民之富，岂须夷虏在内，然后取足哉！此等皆可申谕发遣，还其本域，慰彼土思，惠此中国，于计为长也。"朝廷不能用。

这种说法。从此，士大夫都崇尚浮夸怪诞，荒废了本职业务。裴颜撰写《崇有论》来阐述推崇虚无的错误，说："虽然可以减损利禄欲望，但是仍然不能彻底根绝，虽然可以少办世间事务，但是仍然不能完全不办。谈论虚无的人起劲地罗列有形事务的拖累，极力称赞虚无完美无缺，于是小看治理人世的各种事务，轻视功利的作用，抬高游手好闲的做法，贬低经营实务的贤能。人情所趋，随之而来的是倡导者名利双收。因此，人们借助虚无立论，说这才最为玄妙，做了官却不肯尽职，说这才高雅脱俗，持身不讲廉洁的操守，说这就是旷达。所以，他们违反婚丧礼仪，忽视行为举止，亵渎人伦秩序，混淆贵贱等级，什么都干得出来。万物的产生，以实有为本质。所以思想不等于实事，而办理实事必须通过思想，不能说思想就是虚无，工匠不等于器物，而制造器物必须有待于工匠，不能说工匠就不是实有。由此可见，成就实有的东西也都是实有，虚无对于已经实有的众生又有什么好处！"

【纲】八年（戊午，298），秋九月，朝廷派遣将军孟观讨伐齐万年。

【纲】九年（己未，299），春正月，孟观进击齐万年，将他捉获。
【目】太子洗马江统认为戎人、狄人扰乱中原，应该及早从根本上加以杜绝，便写了一篇《徙戎论》，用以提醒朝廷。文章说："周边夷人之中，戎人、狄人最为严重，他们势力衰弱时就敬畏臣服于朝廷，势力强盛时就侵扰背叛朝廷。所以，治国有方的君主，对待他们要保持戒备，防御他们要有一定之规。即使在他们前来叩头进贡时，边城仍然不能放松守备，而当他们强暴侵犯边疆时，又不用调动军队远征，只希望使国内获得安宁，疆土不受侵犯。关中是帝王居住的地方，没听说过戎人、狄人应当居住在这一地区。与我们不是一族，就不会与我们同心同德。而士绅百姓看不起他们，欺侮他们软弱。他们出于贪婪凶悍的本性，怀着愤恨激怒的情绪，等候有机可乘，总是做出强暴无理的事来，这是必然的发展趋势。治国者所担心的，不是贫乏，而是不安定。就凭着我国领土广大，士绅百姓富足，难道还需要把夷人留在国内，然后才能取用丰足吗？对这些戎人、狄人，可以一概劝导并打发他们返回本土，既慰解他们的乡思，又给我国带来好处，这才是良计。"朝廷没有采用这一意见。

【纲】秋八月，侍中贾模卒，以裴𫖮为尚书仆射。　【目】贾后淫虐日甚，私于太医令程据等。贾模数为后言祸福，后反以模为毁己而疏之；模忧愤而卒。裴𫖮虽后亲属，然雅望素隆，四海惟恐其不居权位。𫖮拜尚书仆射，又诏专任门下事，𫖮上表固辞。或谓曰："君可以言，当尽言于中宫；言而不从，当远引而去。倘二者不立，虽有十表，难以免矣。"𫖮不能从。

帝为人戆騃，尝在华林园闻虾蟆，谓左右曰："此鸣者，为官乎，为私乎？"时天下荒馑，百姓饿死，帝闻之曰："何不食肉糜！"由是权在群下，政出多门，贾、郭恣横，货赂公行。南阳鲁褒作《钱神论》以讥之。

𫖮荐平阳韦忠于张华，华辟之，忠辞疾不起。人问其故，忠曰："张茂先华而不实，裴逸民欲而无厌，弃典礼而附贼后，此岂大丈夫之所为！常恐其溺于深渊而余波及我，况可褰裳而就之哉！"

关内侯索靖，知天下将乱，指洛阳宫门铜驼叹曰："会见汝在荆棘中耳！"

【纲】冬十二月，废太子遹为庶人。

【纲】庚申，永康元年，春正月，幽故太子遹于许昌。

【纲】三月，尉氏雨血，妖星见南方，太白昼见，中台星拆。【目】张华少子韪劝华逊位，华曰："天道幽远，不如静以待之。"

【纲】皇后杀故太子遹。

【纲】夏四月，赵王伦废皇后贾氏为庶人，杀之；遂杀司空张华、仆射裴𫖮，自为相国，追复故太子位号。　【目】赵王伦矫诏敕三部司马曰："中宫与贾谧等杀太子，今使车骑入废中宫，不从者诛

【纲】秋八月,侍中贾模去世,朝廷任命裴𬱟为尚书仆射。 【目】贾后淫荡暴虐,日益严重,与太医令程据等人私通。贾模屡次向贾后谈论避祸就福的道理,贾后反而以为贾模诋毁自己,便疏远贾模,贾模忧虑愤怨而死。虽然裴𬱟是贾后的亲属,但是一向有很高的声望,人们唯恐他不掌握朝中大权。裴𬱟被任命为尚书仆射后,又有诏让他专门主持门下省事务,裴𬱟上书坚决推辞。有人对裴𬱟说:"你进言方便,应该把要说的全部告诉皇后。你说了,她不听,你就该远远离开她。倘若这两方面没有做到,即使你十次上表,也难以免祸。"裴𬱟没有听从。

晋惠帝为人痴愚。有一次,他在华林园里听见蛤蟆叫,便对身边的人说:"这叫的东西,是官蛤蟆呢,还是私蛤蟆?"当时全国发生饥荒,百姓纷纷饿死,晋惠帝听说后便说:"他们为什么不吃肉粥呢?"因此,权力被一群小人把持,政令不能统一,贾谧、郭彰任意横行,贿赂公行。南阳(今河南南阳)人鲁褒写了一篇《钱神论》来讥讽他们。

裴𬱟向张华推荐平阳(治临汾,今山西临汾西)人韦忠,张华召用他,他托称有病,不肯做官。人们问他为什么,韦忠说:"张华华而不实,裴𬱟贪得无厌。他们不顾礼义,依附贼后贾氏,这难道是大丈夫的作为吗?我时常担心他们在深渊中沉没时会波及我的头上,又怎能提起衣裳去靠近他们?"

关内侯索靖知道天下即将大乱,指着洛阳宫门前的铜铸骆驼感慨地说:"我将会看见你被埋没在荆棘之中了!"

【纲】冬十二月,太子司马遹被废黜为庶人。

【纲】永康元年(庚申,300),春正月,前太子司马遹被囚禁在许昌。

【纲】三月,尉氏(今河南尉氏)天降血水,妖星在南方天空上出现,太白星在白昼出现,中台星离位。 【目】张华的小儿子张韪劝张华让位,张华说:"天道幽远难测,不如静待时局变化。"

【纲】皇后贾氏杀害前太子司马遹。

【纲】夏四月,赵王司马伦将皇后贾氏废黜为庶人,并将她杀掉,接着杀死司空张华、仆射裴𬱟,自任相国,恢复前太子司马遹的官位名号。 【目】赵王司马伦以晋惠帝的名义颁布诏书,命令三部司马说:

三族。"众皆从之。遣齐王冏将百人排阁迎帝幸东堂，召贾谧斩之，遂废后为庶人。伦阴与孙秀谋篡位，欲先除朝望，且报宿怨，乃执张华、裴頠等于殿前，皆斩之，夷三族。伦送贾庶人于金墉城，诛董猛、孙虑、程据等。于是，伦自为都督中外诸军事、相国、侍中，孙秀等并据兵权。

伦素庸愚，复受制于秀。秀为中书令，威权振朝廷，天下皆事秀而无求于伦。诏追复故太子遹位号，立臧为临淮王。有司奏："尚书令王衍备位大臣，太子被诬，志在苟免，请禁锢终身。"从之。伦遂矫诏遣使赍金屑酒赐贾后，死于金墉城。

【纲】五月，立临淮王臧为皇太孙。

【纲】秋八月，淮南王允讨赵王伦，不克而死。

【纲】赵王伦杀黄门郎潘岳、卫尉石崇等。 【目】初，孙秀尝为小吏，岳屡挞之。崇之甥欧阳建素与伦有隙，崇有爱妾绿珠，秀求之，不与。及淮南王允败，秀因称崇、岳、建奉允为乱，收之。崇叹曰："奴辈利吾财耳！"收者曰："知财为祸，何不早散之！"崇不能答。

初，岳母常诮责岳曰："汝当知足，而乾没不已乎！"及败，岳谢母曰："负阿母！"遂皆族诛。

【纲】冬十一月，立皇后羊氏。

【纲】辛酉，永宁元年，春正月，赵王伦自称皇帝，迁帝于金墉城，杀太孙臧。 【目】赵王伦逼夺玺、绶，备法驾入宫，即位。帝出居金墉城，尊为太上皇。废皇太孙为濮阳王，杀之。以孙秀为侍中、中书监，其余党与皆为卿、将，奴卒亦加爵位。每朝会，貂蝉盈坐，

"皇后贾氏与贾谧等人杀害了太子，现在命令车骑将军进宫废黜皇后，拒不服从者，诛灭三族。"大家都听从号令。赵王司马伦派遣齐王司马冏率领一百人冲入宫中，迎接晋惠帝前往东堂，把贾谧叫来杀了，接着便将贾后废黜为庶人。司马伦暗中与孙秀谋划篡夺帝位，打算首先除去朝廷中有声望的官员，同时报复以前的仇怨，便把张华、裴颜等抓到殿前，一律杀死，并诛灭他们的三族。司马伦把贾庶人押送到金墉城，又杀了董猛、孙虑、程据等人。于是司马伦自任都督中外诸军事、相国、侍中，孙秀等人都掌握了兵权。

司马伦平时昏庸无能，愚昧无知，便又受到孙秀的控制。孙秀担任了中书令，声威权势震动朝廷，天下人都依附孙秀，反而不需要去求司马伦。晋惠帝颁诏恢复前太子司马遹的官位名号，立司马臧为临淮王。主管部门奏称："尚书令王衍身为国家大臣，在太子遭受诬陷时一心只想苟且偷生，请将他禁锢终身。"晋惠帝照准。于是司马伦又以晋惠帝的名义下诏派遣使者带着含有金屑的毒酒赐给贾后，贾后死在金墉城。

【纲】五月，晋惠帝立临淮王司马臧为皇太孙。

【纲】秋八月，淮南王司马允讨伐赵王司马伦，战败而死。

【纲】赵王司马伦杀死黄门郎潘岳、卫尉石崇等人。【目】起初，孙秀曾经当过小吏，潘岳多次笞打他。石崇的外甥欧阳建一向与司马伦结有嫌隙。石崇有一位爱妾绿珠，孙秀索求绿珠，石崇不给。及至淮南王司马允兵败，孙秀便声称石崇、潘岳拥戴司马允作乱，将他们收捕。石崇叹息着说："这奴才贪图我的财产了！"前来收捕他的人说："既然知道财产招祸，为什么不及早散掉？"石崇无法回答。

起初，潘岳的母亲常讥诮责备潘岳说："你应该知足，怎么能没完没了地搜刮下去呢？"及至潘岳遇难，向母亲认错说："我辜负了阿妈！"于是全家被杀。

【纲】冬十一月，晋惠帝立羊氏为皇后。

【纲】永宁元年（辛酉，301），春正月，赵王司马伦自称皇帝，将晋惠帝迁到金墉城，并杀害了皇太孙司马臧。【目】赵王司马伦强行夺走玉玺，乘着皇帝的专车进入皇宫，即位称帝，晋惠帝出居金墉城，被尊为太上皇。司马伦将皇太孙司马臧废黜为濮阳王，并杀害了他。司马伦

时人为之谚曰："貂不足，狗尾续。"府库之储，不足以供赐与。应侯者多，铸印不给，或以白版封之。

【纲】三月，齐王冏及成都王颖、河间王颙等，举兵讨伦，伦遣兵拒之。

【纲】闰月朔，日食。

【纲】自正月至于是月，五星互经天，纵横无常。

【纲】夏四月，成都王颖击败伦兵，帅师济河，左卫将军王舆等迎帝复位，伦伏诛。

【纲】六月，以齐王冏为大司马，辅政；成都王颖为大将军，河间王颙为太尉，各还镇。 【目】齐、成都、河间三府，各置掾属四十人，武号森列，文官备员而已，识者知兵之未戢也。新野王歆说冏夺颖兵权，长沙王乂亦劝颖图冏，闻者忧惧。卢志谓颖曰："大王径前济河，功无与二。然两雄不俱立，宜因太妃微疾，求还定省，委重齐王，以收四海之心。"颖从之。表称冏功德，宜委以万机，即时归邺。由是士民之誉，皆归颖。

【纲】壬戌，太安元年，夏，立清河王覃为皇太子。 【目】齐王冏欲久专政，以帝子孙俱尽，大将军颖有次立之势；清河王覃，武帝孙也，方八岁，上表请立为皇太子。

【纲】冬十二月，河间王颙使长沙王乂杀齐王冏。 【目】齐王冏骄奢擅权，起府第与西宫等。侍中嵇绍上疏曰："存不忘亡，易之善戒也。臣愿陛下无忘金墉，大司马无忘颖上，大将军无忘黄桥，则

又任命孙秀为侍中、中书监,其余党羽都任命为九卿和将领,连奴仆和士兵也封给爵位。每当上朝会见百官时,朝冠上插貂缀蝉的达官显贵坐满朝堂。当时人为此编出谚语来说:"貂尾不足,狗尾续。"库存的储备,还不够供给司马伦赏赐用的。应该封侯的人为数众多,来不及铸印,有时就写在白板上作为授官的凭据。

【纲】三月,齐王司马冏以及成都王司马颖、河间王司马颙等人起兵讨伐司马伦。司马伦派兵抵抗。

【纲】闰三月一日,出现日食。

【纲】从正月到本月,五星交替穿过天空,纵横交错,没有规律。

【纲】夏四月,成都王司马颖打败司马伦的军队,率领兵马渡过黄河,左卫将军王舆等人迎接晋惠帝复位,司马伦被杀。

【纲】六月,晋惠帝任命齐王司马冏为大司马,辅佐朝政,成都王司马颖为大将军,河间王司马颙为太尉,让他们各自返回本镇。【目】齐王府、成都王府、河间王府三处,各自设置属官四十人,武官森然排列,文官不过充数而已,有识之士因此知道战事还不能终止。新野王司马歆劝司马冏撤去司马颖的兵权,长沙王司马乂又劝司马颖打司马冏的主意,听到这些消息的人又担忧又恐惧。卢志对司马颖说:"大王直接进军渡过黄河,功劳无双。然而,两雄不能并立,应当趁太妃小病在身,要求回去早晚侍奉,把重大责任推给齐王司马冏,以便收揽全国人心。"司马颖听从了他的建议,上表称赞司马冏的功德,说是应该把国家大事交给他去处理,自己即刻返回邺城(今河北磁县东)。自从这件事以后,士绅百姓的赞誉,都归到司马颖一边。

【纲】太安元年(壬戌,302),夏季,晋惠帝立清河王司马覃为皇太子。【目】齐王司马冏打算长期独揽朝政。由于晋惠帝的子孙都已死去,大将军司马颖有依次继立为帝的可能。清河王司马覃是晋武帝的孙子,刚刚八岁,司马冏便上表请求立他为皇太子。

【纲】冬十二月,河间王司马颙指使长沙王司马乂杀死齐王司马冏。【目】齐王司马冏骄傲奢侈,独揽大权,建造的府第可与西宫相比。侍中嵇绍上疏说:"存不忘亡,这是《易经》的有益告诫。我希望陛下不要忘记金墉城,大司马不要忘记颍上(指今河南许昌西南颍水之

祸乱之萌无由而兆矣。"冏耽於宴乐，不入朝见；坐拜百官，符敕三台；选举不均，嬖宠用事。

　　张翰、顾荣皆虑及祸，翰因秋风起，思菰菜、莼羹、鲈鱼绘，叹曰："人生贵适志耳，富贵何为！"即引去。荣故酣饮，不省府事，以废职徙为中书侍郎。颍川处士庾衮，闻冏期年不朝，叹曰："晋室卑矣，祸乱将兴！"帅妻子逃于林虑山中。

　　冏以河间王颙本附赵王伦，恨之。颙长史李含因说颙曰："成都王，至亲，有大功，推让还藩，甚得众心。齐王越亲而专政，朝廷侧目。今檄长沙王使讨齐，齐王必诛长沙，吾因以为齐罪而讨之，去齐立成都，除逼建亲，以安社稷，大勋也。"颙从之。檄义使讨冏；冏众大败，执冏斩之，同党皆夷三族。

　　【纲】癸亥，二年，秋七月，河间王颙、成都王颖举兵反。九月，帝自将讨颖，颙将张方入城大掠。　　【目】成都王颖恃功骄奢，嫌长沙王乂在内，不得逞其欲，与河间王颙共表："乂论功不平，专擅朝政，请遣乂还国。"颙以张方为都督，将精兵七万，东趋洛阳。颖以陆机为前锋都督，督王粹、牵秀、石超等军二十余万向洛阳。机以羁旅事颖，一旦顿居诸将之右，粹等心皆不服。孙惠劝机让都督于粹，机曰："彼将谓吾首鼠两端，适所以速祸也。"帝如十三里桥。又使皇甫商将万余人拒张方于宜阳，方袭败之。帝幸缑氏，击牵秀，走之。张方入京城大掠，死者万计。

上),大将军不要忘记黄桥(今河南汲县东北朝歌镇西),就没有萌生祸乱的根由了。"司马囧沉迷在饮酒作乐之中,不去入朝进见。他任命百官,向三台(三台:尚书省为中台,御史为宪台,谒者为外台)发号施令,选拔人才不公,得宠的小人当权。

张翰和顾荣都担心遭祸。在秋风吹起时,张翰想起家乡的茭白菜、水葵羹和细切鲈鱼,便叹息着说:"人生贵在适意,富贵有什么用处!"随即辞官离去。顾荣故意纵酒畅饮,不过问齐王府的事务,因荒废职守而被改任为中书侍郎。颍川(治许昌,今河南许昌东北)隐士庾衮听说司马囧整整一年没有朝见晋惠帝,便叹息说:"晋皇室衰微了,祸乱将要发生了!"便带着妻子儿女逃到林虑山(今河南林县西)中。

司马囧因河间王司马颙原来依附过赵王司马伦,便怀恨他。司马颙的王府长史李含于是劝司马颙说:"成都王司马颖是至亲骨肉,立了大功,却不以功自居,回了封国,很得人心。齐王司马囧凌驾在至亲之上,专断朝政,朝廷百官对他侧目而视。现在,如果传令长沙王司马乂讨伐齐王司马囧,齐王司马囧肯定会杀掉长沙王司马乂。我们便以此作为齐王司马囧的罪状,从而讨伐他,除掉齐王司马囧,拥戴成都王司马颖,除掉逼君之人,扶立至亲,安定社稷,这可是大功勋啊!"司马颙依计行事,传令司马乂讨伐司马囧。司马囧兵众大败,被活捉斩杀,他的同党都被诛灭三族。

【纲】二年(癸亥,303),秋七月,河间王司马颙、成都王司马颖起兵反叛朝廷。九月,晋惠帝亲自率兵讨伐司马颖。司马颙的将领张方进入洛阳城,大肆劫掠。 【目】成都王司马颖居功自傲,奢侈无度。他嫌长沙王司马乂在朝廷,妨碍他实现自己的目的,便与河间王司马颙共同上表说:"司马乂论功不公平,又把持朝政,独断专行,请把司马乂遣返封国。"司马颙任命张方为都督,率领七万精兵,东进洛阳。司马颖任命陆机为前锋都督,统领王粹、牵秀、石超等军二十多万人向洛阳开进。陆机作为外乡人在司马颖那里供职,一下子忽然位居诸将之上,王粹等人都心中不服。孙惠劝陆机把都督让给王粹,陆机说:"倘若如此,他们会说我首鼠两端,恰好加速祸事的到来。"晋惠帝前往十三里桥(在洛阳故城西)。司马乂让皇甫商率领一万多人在宜阳(今河南宜阳

【纲】冬十月,长沙王乂奉帝及颖兵战于建春门,大破之。
【目】帝自缑氏还宫。乂奉帝与陆机战于建春门,机军大败。初,宦者孟玖有宠于颖,与机有隙。至是,玖谮于颖曰:"机有二心于长沙。"牵秀等素谄事玖,相与证之。颖大怒,使秀将兵收机。机闻秀至,释戎衣,著白帢,与秀相见,为笺辞颖,既而叹曰:"华亭鹤唳,可复闻乎!"秀遂杀之。颖又收陆云及机司马孙拯下狱,玖催令杀云,夷三族。狱吏掠拯数百,两踝骨见,终言机冤。吏知拯义烈,谓曰:"二陆之枉,谁不知之!君何不爱身乎?"拯仰天叹曰:"陆君兄弟,世之奇才,吾蒙知爱。今既不能救其死,忍复从而诬之乎!"玖等令狱吏诈为拯辞,亦夷三族。拯门人费慈、宰意诣狱明拯冤,拯譬遣之曰:"吾义不负二陆,死自吾分;卿何为尔邪!"曰:"君既不负二陆,仆又安可负君!"固言拯冤,玖又杀之。

【纲】十一月,长沙王乂奉帝讨张方,不克。颖进兵逼京师,诏雍州刺史刘沉讨颙。

【纲】甲子,永兴元年,春正月,东海王越使张方杀长沙王乂。颖入京师,自为丞相;寻还镇邺。

【纲】雍州刺史刘沉及颙战,败,死之。【目】颙闻沉兵起,退入长安。沉渡渭而军,与颙战,颙党张辅横击之,沉兵败,沉南走,获之。沉谓颙曰:"知己之惠轻,君臣之义重,沉不可违天子之

西）抵御张方，张方掩袭并打败了皇甫商。晋惠帝前往缑氏（今河南偃师南），进击牵秀，将他击退。张方进入京城洛阳，大肆劫掠，遇害的人数以万计。

【纲】冬十月，长沙王司马乂拥奉晋惠帝与司马颖的军队在建春门交战，把司马颖的军队打得大败。　【目】晋惠帝由缑氏回宫。司马乂拥奉晋惠帝与陆机在建春门交战，陆机军大败。起初，宦官孟玖得到司马颖的宠爱，而他与陆机结有嫌隙。这时，孟玖向司马颖诬陷陆机说："陆机怀有二心，向着长沙王司马乂。"牵秀等人一向巴结孟玖，便一起出来作证。司马颖大怒，派牵秀领兵收捕陆机。陆机听说牵秀来了，便脱下军服，戴上白色的便帽，与牵秀见面，还写信与司马颖告别。过了一会儿，他叹息说："我再也不能听到华亭（在今上海松江西）白鹤长鸣了！"牵秀随即将他杀害。司马颖又将陆云和陆机部下司马孙拯逮捕入狱，孟玖催着让人杀死陆云，诛灭他的三族。狱吏把孙拯拷打了好几百下，两脚的踝骨都露出来了，但他到底还说陆机冤枉。狱吏知道孙拯为人正直刚烈，便对他说："二陆的冤枉，谁人不知！为什么你不爱惜自身呢？"孙拯仰天长叹道："陆君兄弟是今世奇才，我又受到他们的赏识与爱护。现在，既然我无法解救他们免于一死，难道还忍心跟着别人一起去诬陷他们吗？"孟玖等人命令狱吏伪造孙拯的供辞，也将他诛灭三族。孙拯的门生费慈、宰意前往监狱为孙拯申冤，孙拯劝他们快走，说："我信守道义不能辜负二陆，死自是我的本分。你们何必如此！"费慈、宰意说："既然你不辜负二陆，我们又怎能辜负你！"他们二人坚持说孙拯冤枉，孟玖又将他们二人杀死。

【纲】十一月，长沙王司马乂拥奉晋惠帝讨伐张方，未能取胜。司马颖进军迫近京城洛阳，晋惠帝颁诏命令雍州刺史刘沈讨伐司马颙。

【纲】永兴元年（甲子，304），春正月，东海王司马越指使张方杀死长沙王司马乂。司马颖进入京城洛阳，自任丞相。不久，他又回军镇守邺城。

【纲】雍州刺史刘沈与司马颙交战，战败而死。　【目】司马颙得知刘沈已经发兵，便退入长安城中。刘沈渡过渭水，结成阵列，与司马颙接战，司马颙的党羽张辅拦腰截击，刘沈兵败，向南逃走，结果被

诏，量强弱以苟全。投袂之日，期之必死，葅醢之戮，其甘如荠。"颙怒，斩之。

【纲】二月，颖废皇后羊氏及太子覃。

【纲】颙表颖为皇太弟，自为太宰、雍州牧。

【纲】秋七月，东海王越奉帝征颖，复皇后、太子。颖遣兵拒战荡阴，侍中嵇绍死之，帝遂入邺。越走归国。 【目】颖僭侈日甚，东海王越与右卫将军陈眕勒兵入云龙门，以诏召三公百僚，戒严讨颖。复皇后羊氏及太子覃。越奉帝北征，征前侍中嵇绍诣行在。侍中秦准谓绍曰："今往，安危难测，卿有佳马乎？"绍正色曰："臣子扈卫乘舆，死生以之，佳马何为！"越檄召四方兵，比至安阳，众十余万。颖遣石超率众拒战。陈眕弟自邺赴行在，云邺中皆已离散，由是不甚设备。超军奄至，乘舆败绩于荡阴，帝颊中三矢，百官侍御皆散。嵇绍朝服，登辇以身卫帝，被杀，血溅帝衣。颖迎帝入邺。左右欲浣帝衣，帝曰："嵇侍中血，勿浣也！"陈眕、上官已奉太子覃守洛阳。越还东海。

【纲】幽州都督王浚、并州刺史东嬴公腾起兵讨颖。

【纲】八月，颖杀东安王繇，琅邪王睿走归国。 【目】颖怨东安王繇前议，杀之。繇兄子琅邪王睿，沉敏有度量，为左将军，与东海参军王导善。导，识量清远，以朝廷多故，每劝睿之国。及繇死，睿从帝在邺，恐及祸，将逃归。颖先敕关津，无得出贵人，睿至河阳，为津吏所止。从者宋典自后来，以鞭拂睿而笑曰："舍长，官禁贵人，汝亦被拘邪？"吏乃听过。至洛阳，迎太妃夏侯氏俱归国。

捉。刘沉对司马颙说："上司知遇的恩惠轻，君臣之间的道义重。我不能违背天子的诏书，估量孰强孰弱的利害关系，苟且自全。我自挥袖发兵时起，就料到必定难免一死，即使把我剁成肉酱，我也甘之如饴。"司马颙大怒，将他杀死。

【纲】二月，司马颖废黜了皇后羊氏和太子司马覃。

【纲】司马颙上表立司马颖为皇太弟，自任太宰、雍州牧。

【纲】秋七月，东海王司马越拥奉晋惠帝征讨司马颖，使皇后羊氏和太子司马覃复位。司马颖派兵在荡阴（今河南汤阴西南）抵御，侍中嵇绍战死，晋惠帝随即进入邺城，司马越逃回封国。 【目】司马颖僭越奢侈，日甚一日。东海王司马越与右卫将军陈眕等人率兵进入云龙门，用诏书召集三公和百官，实行戒严，讨伐司马颖，并请皇后羊氏和太子司马覃复位。司马越拥奉晋惠帝北征，征召前侍中嵇绍前往行在。侍中秦准对嵇绍说："如今前往，安危难测，你有好马吗？"嵇绍态度严肃地说："臣下护卫天子，生死如一，要好马干什么！"司马越发布檄文，号召各地起兵，及至来到安阳（今河南安阳西南）时，已拥有十万多人马。司马颖派遣石超率领部众抵抗。陈眕的弟弟从邺城赶到行在，说邺城中已经人心涣散，司马越由此放松了戒备。石超军忽然杀到，朝廷军队在荡阴战败，晋惠帝面颊上中了三箭，百官和侍卫纷纷逃散。嵇绍穿着朝服，登上天子的车子，用身体遮护晋惠帝，结果被杀，鲜血溅了晋惠帝一身。司马颖把晋惠帝迎入邺城。身边的人打算给晋惠帝洗衣服，晋惠帝说："上面有嵇侍中的鲜血，不要洗！"陈眕、上官巳拥奉太子司马覃防守洛阳。司马越返回东海封国。

【纲】幽州都督王浚、并州刺史东嬴公司马腾起兵讨伐司马颖。

【纲】八月，司马颖杀死东安王司马繇，琅邪王司马睿逃回封国。

【目】司马颖对东安王司马繇以前的议论怀恨在心，便将他杀死。司马繇哥哥的儿子琅邪王司马睿，沉着机敏，胸怀宽广，他担任左将军，与东海王的参军王导友善。王导很有远见，鉴于朝廷变故太多，经常劝司马睿返回封国。及至司马繇死去后，司马睿跟随晋惠帝留在邺城，担心招致灾祸，便准备逃回封国。司马颖事先命令关口津渡不得放过身份高贵的人，司马睿来到河阳（今河南孟县西）时，被管理津渡的吏人拦住。

【纲】张方复入京城，废皇后、太子。

【纲】刘渊自称大单于。　【目】初，颖表匈奴左贤王刘渊监五部军事，使将兵在邺。渊子聪，骁勇绝人，博涉经史，善属文，弯弓三百斤；弱冠游京师，名士莫不与交。渊从祖宣谓其族人曰："汉亡以来，我单于徒有虚号，无复尺土；自余王侯，降同编户。今吾众虽衰，犹不减二万，奈何敛手受役，奄过百年！左贤王英武超世，天苟不欲兴匈奴，必不虚生此人也。今司马氏骨肉相残，四海鼎沸，复呼韩邪之业，此其时矣！"乃相与谋，推渊为大单于，使其党呼延攸诣邺告之。

渊白颖，请归会葬，颖勿许。渊令攸先归，告宣等使招集五部，声言助颖，实欲叛之。及幽、并起兵，渊说颖曰："今二镇跋扈，恐非宿卫及近郡士众所能御也，请还说五部赴国难。"颖曰："吾欲奉乘舆还洛阳，传檄天下，以逆顺制之，何如？"渊曰："殿下武皇帝之子，有大勋于王室，威恩远著。王浚竖子，东嬴疏属，岂能与殿下争衡邪！但殿下一发邺宫，示弱于人，洛阳不可得至；虽至洛阳，威权不复在殿下也。愿抚勉士众，靖以镇之，渊为殿下以二部摧东嬴，三部枭王浚，二竖之首，可指日而悬也。"颖悦，拜渊为北单于、参丞相军事。

渊至左国城，刘宣等上大单于之号，二旬之间，有众五万，都于离石。

这时，随员宋典从后面走上来，用鞭子向司马睿身上轻轻抽了一下，笑着说："老伙计，官府禁止贵人通过，你怎么也被扣留了？"吏人这才让司马睿通过。来到洛阳以后，司马睿接自己的母亲太妃夏侯氏一同返回封国。

【纲】张方再次进入京城洛阳，废掉皇后羊氏和太子司马覃。

【纲】刘渊自称大单于。　【目】起初，司马颖上表推荐匈奴左贤王刘渊监督匈奴五部军事，让他领兵驻扎邺城。刘渊的儿子刘聪骁勇过人，博览经史，善写文章，能够拉开三百斤的强弓。他二十岁时来到京城洛阳，知名人士无不与他交往。刘渊的堂祖父刘宣对本族人说："自从汉朝灭亡以来，我们的单于徒有虚名，不再拥有土地，其余的王侯们地位下降，如同平民百姓。虽然我们现在部众衰落，但是仍然不少于两万人，怎能束手甘受役使，白活这一辈子！左贤王英明勇武，世上无双，除非上天不想振兴匈奴，否则就一定不会虚生此人。如今，司马氏骨肉残杀，全国犹如滚水沸腾，恢复呼韩邪的事业，就在此时了！"便与大家一块儿商量，推举刘渊担当大单于，让他的同伙呼延攸前往邺城向刘渊报告。

刘渊禀告司马颖，要求让他回去主持会葬，司马颖没有答应。刘渊让呼延攸先回本部，告诉刘宣等人招集匈奴五部人马，声称佐助司马颖，实际上却准备背叛他。及至幽州、并州起兵后，刘渊劝司马颖说："如今幽、并二镇骄横跋扈，恐怕不是宿卫军以及附近州郡士兵所能够抵御得了的，请让我回去说服匈奴五部共赴国难。"司马颖说："我准备拥奉天子返回洛阳，向全国发布檄文，以朝廷的名义来制服他们，你看怎么样？"刘渊说："殿下是武帝之子，为皇室立下巨大的功勋，声威与恩德布及远方。王浚只是一个无知小子，东嬴公司马腾不过是远房疏族，怎么能够与殿下抗衡！只是殿下一旦走出邺城的宫室，就是向人家示弱，也就到不了洛阳了。即使到了洛阳，殿下也不会再有威权了。希望殿下慰勉将士，稳住人心，我为殿下率领两部匈奴人打垮东嬴公司马腾，率领三部匈奴人消灭王浚，这两个家伙悬首示众就指日可待了。"司马颖大喜，封授刘渊为北单于、参丞相军事。

刘渊回到左国城（今山西离石东北），刘宣等人请他加称大单于的名号，在二十天内，集结了五万人马，把离石（今山西离石）定为都城。

【纲】幽、并兵至邺，颖奉帝还洛阳。浚大掠邺中而还。
【目】刘渊闻颖去邺，叹曰："不用吾言，遂自奔溃，真奴才也！然吾与之有言矣，不可以不救。"将发兵击鲜卑、乌桓，刘宣等谏曰："晋人奴隶御我，今其骨肉相残，是天弃彼而使我复呼韩邪之业也。鲜卑、乌桓，我之气类，可以为援，奈何击之！"渊曰："善！大丈夫当为汉高、魏武，呼韩邪何足效哉！"宣等稽首曰："非所及也。"

【纲】冬十月，李雄自称成都王。
【纲】刘渊自称汉王。　【目】刘渊迁都左国城。胡、晋归之者愈众。渊谓群臣曰："昔汉有天下久长，恩结于民。吾汉氏之甥，约为兄弟；兄亡弟绍，不亦可乎！"乃建国号曰汉。依高祖称王。尊安乐公禅为孝怀皇帝，以右贤王宣为丞相，崔游为御史大夫，后部人陈元达为黄门郎，族子曜为建武将军。游固辞不就。元达事渊，屡进忠言，退而削草，虽子弟莫得知也。

曜生而眉白，目有赤光，幼聪慧，有胆量，早孤，养于渊。及长，仪观魁伟，性拓落高亮，与众不群，好读书，善属文，铁厚一寸，射而洞之。刘聪重之，以为汉世祖、魏武帝之流。

【纲】十一月，张方迁帝于长安，仆射荀藩立留台于洛阳，复皇后羊氏。
【纲】十二月，太宰颙废太弟颖，更立豫章王炽为皇太弟。
【目】诏颖还第，而以颙都督中外；又以东海王越为太傅，与颙夹辅帝室，王戎参录朝政，王衍为左仆射，张方为中领军、录尚书事。越辞太傅不受。

【纲】汉寇太原、西河郡。　【目】汉王渊遣刘曜寇太原，取泫

【纲】幽州、并州兵马开到邺城，司马颖拥奉晋惠帝返回洛阳。王浚在邺城大肆掳掠而回。　【目】刘渊听说司马颖离开了邺城，叹息道："司马颖不肯采用我的建议，以致使自己四散奔逃，真是奴才！然而，我向他说过出兵相助的话，因而不能不去救他。"他准备发兵进击鲜卑、乌桓，刘宣等人劝阻说："晋人把我们当作奴隶来统治，现在他们骨肉互相残杀，这是上天抛弃他们，而让我们恢复呼韩邪的业绩啊！鲜卑和乌桓都是我们的同类，可以援助我们，怎么能够攻打他们？"刘渊说："讲得好！大丈夫应当做汉高祖、魏武帝那样的人物，呼韩邪有什么值得效法的呢！"刘宣等人跪拜在地，说："我们见不及此。"

【纲】冬十月，李雄自称成都王。

【纲】刘渊自称汉王。　【目】刘渊将都城迁到左国城。投奔他的胡人、晋人更多了。刘渊对群臣说："从前汉朝长期拥有天下，所施加的恩惠深入民心。我们匈奴与汉朝有舅甥之谊，又曾结为兄弟，兄长亡故，弟弟继承，不也很合理吗？"便立国号为汉，依照汉高祖的先例称王，将安乐公刘禅尊为孝怀皇帝，任命右贤王刘宣为丞相，崔游为御史大夫，匈奴后部人陈元达为黄门郎，族侄刘曜为建武将军。崔游坚决推辞，没有就职。陈元达在刘渊手下供职，多次进献忠言，退下来就把奏草销毁，即使自家子弟也无法知道他说过什么。

刘曜生下来就有两道白眉，眼睛闪耀红光。他从小聪明，有胆量。他早年丧父，由刘渊抚养，长大后，刘曜体态魁梧，性情豁达豪爽，与众不同。他喜欢读书，善写文章，能射穿一寸厚的铁板。刘聪器重刘曜，认为他是汉光武帝、魏武帝一流的人物。

【纲】十一月，张方将晋惠帝迁移到长安。仆射荀藩在洛阳设立留台，恢复皇后羊氏的地位。

【纲】十二月，太宰司马颙废掉皇太弟司马颖，又立豫章王司马炽为皇太弟。　【目】晋惠帝颁诏命令司马颖返回府第，委任司马颙统辖朝廷内外事务，又任命东海王司马越为太傅，与司马颙共同辅佐皇室，由王戎参理朝政，王衍担任左仆射，张方担任中领军、录尚书事。司马越没有接受太傅的任命。

【纲】汉刘渊侵犯太原和西河郡（治隰城，今山西汾阳）。　【目】

氏，乔晞寇西河，取介休。介休令贾浑不降，晞杀之；将纳其妻宗氏，宗氏骂晞而哭，晞又杀之。渊闻之，大怒曰："使天道有知，乔晞望有种乎！"追还，降秩四等，收葬浑尸。

【纲】乙丑，二年，夏四月，张方复废羊后。

【纲】秋七月，成都故将公师藩寇掠赵、魏。　【目】成都王颖既废，其故将公师藩等自称将军，起兵赵、魏，众至数万。

初，上党武乡羯人石勒，有胆力，善骑射。并州大饥，东嬴公腾执诸胡于山东，卖充军实。勒亦被掠，卖为茌平人师欢奴，欢奇其状貌而免之。勒乃与牧帅汲桑结壮士为群盗。及藩起，桑与勒帅数百骑赴之。桑始命勒以石为姓，勒为名。藩攻陷郡县，转前攻邺。范阳王虓遣其将苟晞击走之。

【纲】八月，东海王越、范阳王虓发兵西，豫州刺史刘乔拒之。太宰颙遣张方助乔，冬十月，袭虓破之。　【目】镇南将军刘弘遗乔及越书，使解怨释兵，同奖王室，皆不听。弘又上表曰："自顷兵戈纷乱，构于群王，载籍以来，骨肉之祸，未有如今者也，万一四夷乘虚为变，此亦猛虎交斗自效于卞庄者也。"谓："宜速诏越等，令两释猜疑，各保分局。自今有擅兴兵马者，天下共伐之。"时颙方拒关东，倚乔为助，不纳。

【纲】十二月，陈敏据江东，刘弘遣江夏太守陶侃将兵讨破之。　【目】初，陈敏既克石冰，自谓勇略无敌，遂据历阳以叛。又使钱瑞等南略江州，其弟斌东略诸郡。遂拒江东，以顾荣为右将军，

汉王刘渊派遣刘曜侵犯太原，占领泫氏（今山西晋城东北），乔晞侵犯西河郡，占领介休（今属山西）。介休县令贾浑不肯投降，乔晞将他杀死，准备娶他的妻子宗氏，宗氏边骂乔晞边哭泣，乔晞又将她杀死。刘渊得知消息后，非常生气地说："假如上天有知，乔晞还有指望留下后嗣吗？"将乔晞调回，连降官阶四等，并安葬了贾浑的尸首。

【纲】二年（乙丑，305），夏四月，张方又一次废黜羊皇后。

【纲】秋七月，成都王旧将公师藩侵扰掳掠赵、魏故地。　【目】成都王司马颖遭到废黜后，旧将公师藩等人自称将军，由赵、魏故地起兵，兵众达到数万之多。

起初，上党武乡（今山西榆社北）羯人石勒有胆量，力气大，善于骑马射箭。并州发生严重饥荒时，东嬴公司马腾捉拿各部胡人，到山东贩卖，来换取军用物资。石勒也被掠走，卖给茌平（在今山东茌平西）人师欢为奴，师欢见他体貌奇异不凡，便把他放了。石勒于是与牧人的头领汲桑集结勇士，去做强盗。及至公师藩起兵时，汲桑与石勒带领骑兵数百人前去投奔，汲桑这才命石勒以石为姓，以勒为名。公师藩到处攻破郡县，便调过头来前去攻打邺城。范阳王司马虓派遣部将苟晞将他击退。

【纲】八月，东海王司马越、范阳王司马虓发兵西进，豫州刺史刘乔率兵抵御。太宰司马颙派遣张方援助刘乔。冬十月，刘乔袭击司马颙，将他打败。　【目】镇南大将军刘弘写信给刘乔和司马越，让他们消除嫌怨，停止用兵，共同辅佐皇室，两人都不肯接受。刘弘又上表说："近来战乱四起，是由诸王造成的。自有史以来，骨肉残杀的祸难没有比现在更为严重的了。万一周边夷人乘虚发动变乱，这也就是猛虎相斗，把自己交给下庄的故事啊！"他认为："应当赶快命令司马越等人，让他们双方消除猜疑，各自保卫本土。从今以后如果有人擅自出动兵马，天下人可以共同讨伐他。"当时，司马颙正在抵御函谷关以东的军队，需要刘乔援助，因此不肯接受这一主张。

【纲】十二月，陈敏占据江东（指芜湖以下长江下游的南岸地区），刘弘派遣江夏太守陶侃率兵将他打败。　【目】起初，陈敏攻杀石冰后，自认为勇不可挡，谋略过人，便占领历阳（今安徽和县），背叛朝

贺循为丹阳内史，周玘为安丰太守；循佯狂得免，玘亦称疾。刘弘遣江夏太守陶侃将兵讨敏。

侃与敏同郡，又同岁举吏。或谓弘曰："侃脱有异志，则荆州无东门矣！"弘曰："侃之忠能，吾得之已久，必无是也。"侃闻之，遣子洪诣弘以自固，弘引为参军，资而遣之，曰："匹夫之交，尚不负心，况大丈夫乎！"

敏遣陈恢寇武昌，侃御之。以运船为战舰。或以为不可，侃曰："用官船击官贼，何为不可！"侃与恢战，屡破之。

【纲】丙寅，光熙元年，春正月朔，日食。
【纲】太宰颙杀张方，成都王颖奔长安。
【纲】夏四月，东海王越进屯温，遣祁弘入长安，奉帝东还。

【纲】六月，至洛阳，复羊后。
【纲】成都王雄称成皇帝。
【纲】秋八月，以东海王越为太傅、录尚书事，范阳王虓为司空，镇邺。
【纲】荆州都督新城公刘弘卒。【目】时天下大乱，弘专督江、汉，威行南服。事成，则曰"某人之功"，如败，则曰"老子之罪。"每有兴发，手书守、相，丁宁款密，人皆感悦，争赴之，咸曰："得刘公一纸书，贤于十部从事。"至是卒，谥曰元。

【纲】九月，顿丘太守冯嵩执成都王颖，送邺。兖州刺史苟晞击斩公师藩。冬十月，范阳王虓卒。长史刘舆诛颖。

廷，还让钱瑞等人南进攻打江州，让他弟弟陈斌东进攻打各郡，于是占据了江东地区。陈敏任命顾荣为右将军，贺循为丹阳（治建业，今江苏南京）内史，周玘为安丰（今安徽霍丘西南）太守。贺循装疯得以免于任职，周玘也托称有病。刘弘派遣江夏（治安陆，今湖北安陆）太守陶侃率兵讨伐陈敏。

陶侃与陈敏是同郡人，又同一年被推举为官吏。有人对刘弘说："假如陶侃怀有二心，荆州的东方门户就不复存在了！"刘弘说："陶侃忠诚能干，我早就知道，肯定不会发生这种事情。"陶侃听说后，便派儿子陶洪去见刘弘，以求自保。刘弘引荐陶洪为参军，送给他一些钱财，遣送他回去，还说："连普通人相交都不变心，何况大丈夫呢！"

陈敏派遣陈恢侵犯武昌，陶侃率兵抵御。陶侃把运输船只用作战船，有人认为不行，陶侃说："用官府的船只去打官府的强盗，怎么不行！"陶侃与陈恢交战，屡次打败陈恢。

【纲】光熙元年（丙寅，306），春正月一日，出现日食。

【纲】太宰司马颙杀死张方，成都王司马颖逃到长安。

【纲】夏四月，东海王司马越进军到温县（今河南温县西南）驻扎，派遣祁弘前往长安，拥奉晋惠帝东归。

【纲】六月，晋惠帝抵达洛阳，让羊皇后复位。

【纲】成都王李雄自称成皇帝。

【纲】秋八月，晋惠帝任命东海王司马越为太傅、录尚书事，范阳王司马虓为司空，出镇邺城。

【纲】荆州都督新城公刘弘去世。　【目】当时天下大乱，刘弘专力统辖长江、汉水地区，声威远播南方边陲。如果事情成功了，刘弘就说"这是某人的功劳"，事情办糟了，刘弘就说"这是老子的罪过"。每当征发劳役时，刘弘便亲自写信给郡守和封国的国相，亲切嘱咐一番，人们感戴悦服，争着为他出力，都说："得到刘公的一封信，比十个部从事的督促还有用。"至此，刘弘去世，谥号为"元"。

【纲】九月，顿丘（今河南清丰西南）太守冯嵩提获成都王司马颖，把他送到邺城。兖州刺史苟晞攻杀公师藩。冬十月，范阳王司马虓去

【纲】十一月,帝中毒,崩。太弟炽即位,尊皇后曰惠皇后,立妃梁氏为皇后。 【目】帝食饼中毒而崩,或曰太傅越之鸩也。羊后自以于太弟炽为嫂,恐不得为太后,将立清河王覃。侍中华混露版驰告太傅越,召太弟入宫,即帝位。尊后曰惠皇后,居弘训宫。怀帝始遵旧制,于东堂听政,每至宴会,辄与群臣论众务,考经籍。黄门侍郎傅宣叹曰:"今日复见武帝之世矣!"

【纲】十二月,南阳王模诛河间王颙。 【目】太傅越以诏征颙为司徒,颙就征,模自许昌遣将邀杀之。

【纲】葬太阳陵。
【纲】以刘琨为并州刺史。

世。长史刘舆杀死司马颖。

【纲】十一月,晋惠帝中毒去世。皇太弟司马炽即位,尊羊皇后为惠皇后,立妃子梁氏为皇后。 【目】晋惠帝吃饼中毒而死,有人说是太傅司马越下的毒。羊皇后认为自己是皇太弟司马炽的嫂子,担心做不成皇太后,便准备立清河王司马覃为帝。侍中华混写了一封书信,来不及加封,就让人火速报告太傅司马越,让他叫皇太弟司马炽进宫即帝位。晋怀帝尊羊皇后为惠皇后,让她住在弘训宫。晋怀帝开始遵照固有的制度在东堂听政。每当举行宴会时,晋怀帝总是与群臣谈论各项政务,研究经书典籍。黄门侍郎傅宣赞叹说:"今天又见到武帝时代了!"

【纲】十二月,南阳王司马模杀死河间王司马颙。 【目】太傅司马越用诏书征召司马颙担任司徒。司马颙应召前来,司马模从许昌派遣部将半路截击,将他杀死。

【纲】晋惠帝安葬在太阳陵(在今河南洛阳北)。

【纲】晋怀帝任命刘琨为并州刺史。

纲鉴易知录卷三一

晋纪

孝怀皇帝

【纲】丁卯,孝怀皇帝永嘉元年,春三月,陈敏将顾荣、周玘,杀敏以降。

【纲】立清河王覃弟诠为皇太子。

【纲】太傅越出镇许昌。 【目】帝亲览大政,留心庶事;越不悦,固求出藩。

【纲】夏五月,群盗汲桑、石勒入邺,杀都督新蔡王腾,复攻兖州;太傅越遣苟晞讨之。

【纲】秋七月,以琅邪王睿为安东将军、都督扬州诸军事,镇建业。 【目】睿至建业,以王导为谋主,推心亲信,每事咨焉。睿名论素轻,吴人不附,居久之,士大夫莫有至者。会睿出观禊,导使睿乘肩舆,具威仪,导与诸名胜皆骑从,纪瞻、顾荣等见之惊异,相帅拜于道左。导因说睿曰:"顾荣、贺循,此士之望,宜引之以结人心;二子既至,则无不来矣。"睿乃使导躬造之,循、荣皆应命。以循为吴国内史,荣为军司,加散骑常侍,凡军府政事,皆与之谋。又以纪瞻为军祭酒,卞壶为从事中郎,周玘、刘超、张闿、孔衍皆为掾属。导说睿"谦以接士,俭以足用,以清静为政,抚绥新旧";故江东归心焉。

【纲】苟晞击汲桑、石勒,大破之;桑走死,勒降汉。

【纲】冬十一月,以王衍为司徒。 【目】衍说太傅越曰:"朝廷

孝怀皇帝

【纲】晋怀帝永嘉元年（丁卯，307），春三月，陈敏的将领顾荣、周玘，杀死陈敏，归降朝廷。

【纲】晋怀帝立清河王司马覃的弟弟司马诠为皇太子。

【纲】太傅司马越离京镇守许昌。　【目】晋怀帝亲自过问朝廷大政，关心各项政务的处理。司马越很不高兴，坚决要求返回封国。

【纲】夏五月，群盗汲桑、石勒进入邺城，杀死都督新蔡王司马腾，再去攻打兖州，太傅司马越派遣苟晞讨伐汲桑和石勒。

【纲】秋七月，晋怀帝任命琅邪王司马睿为安东将军、都督扬州诸军事，镇守建业（今江苏南京）。　【目】司马睿来到建业，以王导为谋主，对他推心置腹，非常信任，做每件事都听取他的意见。司马睿的名望一向不高，吴人不肯归附。司马睿在吴地住了很长时间，还没有当地的士大夫前来拜见。适逢司马睿外出观看人们临水修禊，祓除不祥，王导让司马睿坐在轿子上，排列好仪仗，王导与各位知名人士都骑马随从。纪瞻、顾荣等人见到这种场面，都感到惊异，便一起在道旁行礼。王导便劝司马睿说："顾荣、贺循是此地的知名人物，应该争取他们，来收服人心。他们两人来了，就没有人不来了。"司马睿让王导亲自拜访，贺循、顾荣都答应效力。司马睿任命贺循为吴国内史，任命顾荣为军司，加授散骑常侍官衔，凡是军府的政务，都与顾荣商议。司马睿又任命纪瞻为军谘（"谘"字原脱，据《晋书·纪瞻传》及《资治通鉴》第86卷加）祭酒，卞壶为从事中郎，周玘、刘超、张闿、孔衍都担任自己的属官。王导还劝司马睿"用谦逊的态度交结士人，以俭朴的作风节省费用，采取清静无为的原则处理政务，对南下的人和本地人都要加以安抚"，所以江东士民都支持司马睿了。

【纲】苟晞进击汲桑、石勒，把他们打得大败，汲桑在逃亡中死去，石勒投降刘渊。

【纲】冬十一月，晋怀帝任命王衍为司徒。　【目】王衍劝太傅司马

危乱，当赖方伯，宜得文武兼资以任之。"乃以弟澄为荆州都督，族弟敦为青州刺史，语之曰："荆州有江、汉之固，青州有负海之险，卿二人在外，而吾居中，足以为三窟矣。"

【纲】慕容廆自称鲜卑大单于。

【纲】戊辰，二年，春正月朔，日食。

【纲】二月，太傅越杀清河王覃。

【纲】夏五月，汉王弥寇洛阳；张轨遣督护北宫纯入卫，击破走之。　【目】诏封张轨西平郡公，轨辞不受。时州郡之使，莫有至者，轨独贡献不绝。

【纲】秋七月，汉徙都蒲子。

【纲】冬十月，汉王渊称皇帝。

【纲】己巳，三年，春正月朔，荧惑犯紫微。

【纲】汉徙都平阳。

【纲】三月，太傅越入京师，杀中书令缪播、帝舅王延等十余人。　【目】帝之为太弟也，与缪播善，及即位，委以心膂；帝舅散骑常侍王延、尚书何绥、太史令高堂冲，并参机密。越乃诬播等欲为乱，执播等十余人于帝侧，付廷尉，杀之。帝叹息流涕而已。

绥，曾之孙也。初，何曾侍武帝宴，退，谓诸子曰："主上开创大业，吾每宴见，未尝闻经国远图，惟说平生常事，非贻厥孙谋之道也；及身而已，后嗣其殆乎！汝辈犹可以免。"指诸孙曰："此属必死于难。"及绥死，兄嵩哭之曰："我祖其殆圣乎！"曾日食万钱，犹云无下箸处。子劭，日食二万。绥及弟机、羡，汰侈尤甚；与人书疏，词礼简傲。王尼见绥书，谓人曰："伯蔚居乱世而矜豪乃尔，其能免

越说："朝廷形势危险，祸乱丛生，应该依靠地方长官，最好挑选文武兼备的人出任地方长官。"司马越便任命王衍的弟弟王澄为荆州（治江陵，今湖北江陵县）都督，王衍的族弟王敦为青州（治临淄，今山东益都西北）刺史。王导对他们说："荆州有长江、汉水作为屏障，青州有背负海湾的险要地形，你们二人在外地而我在朝廷，足可以说狡兔三窟了。"

【纲】慕容廆自称鲜卑大单于。

【纲】二年（戊辰，308），春正月一日，出现日食。

【纲】二月，太傅司马越杀死清河王司马覃。

【纲】夏五月，汉将王弥侵犯洛阳。张轨派遣督护北宫纯前来保卫，北宫纯将王弥打败，赶走了他。　【目】晋怀帝颁诏封张轨为西平郡公，张轨辞让不受。当时州郡不再派使者前往京城，唯独张轨一直按时向朝廷进贡。

【纲】秋七月，汉朝迁都蒲子。

【纲】冬十月，汉王刘渊称皇帝。

【纲】三年（己巳，309），春正月一日，火星冲犯紫微星座。

【纲】汉主刘渊迁都平阳（今山西临汾西南）。

【纲】三月，太傅司马越进入京城，杀死中书令缪播、晋怀帝的舅父王延等十余人。　【目】晋怀帝当皇太弟时，与缪播亲善。及至即位以后，晋怀帝便把他当作心腹。晋怀帝的舅父散骑常侍王延、尚书何绥、太史令高堂冲都参与机秘要务。于是，司马越诬陷缪播等人打算作乱，在晋怀帝身边抓走缪播等十多个人，交付法官查办，将他们杀掉，晋怀帝叹息流泪而已。

何绥是何曾的孙子。起初，何曾曾经在晋武帝身边陪宴，回家后他对儿子们说："皇上开创了国家大业，但是我每次在宴会上见到他，从没有听见他谈论过治理国家的长远之计，只听他说一些平生寻常小事，这不是为子孙后代考虑的做法。他本人活着时还不成问题，他的后嗣恐怕就危险了！不过，你们还可以逃脱过去。"他又指着孙子们说："这些孩子们肯定会死在祸难之中。"及至何绥被杀，哥哥何嵩哭他说："我

乎！"人曰："伯蔚闻卿言，必相危害。"尼曰："伯蔚比闻我言，自已死矣！"及永嘉之末，何氏无遗种。

【纲】以王衍为太尉。

【纲】夏，大旱。 【目】江、汉、河、洛可涉。

【纲】汉石勒寇钜鹿、常山。 【目】勒众至十余万，集衣冠人物，别为君子营。以张宾为谋主。初，宾好读书，阔达有大志，常自比张子房。及勒徇山东，宾谓所亲曰："吾历观诸将，无如此胡将军者，可与共成大业！"乃提剑诣军门，大呼请见，勒亦未之奇也。宾数以策干勒，已而皆如所言，由是奇之。

【纲】庚午，四年，秋七月，汉主渊卒，太子和立；其弟聪弑而代之。

【纲】氐酋蒲洪自称略阳公。 【目】洪，略阳临渭氐酋也，骁勇多权略，群氐畏服之。汉拜洪平远将军，不受，自称秦州刺史、略阳公。

【纲】流民王如寇南阳，以附汉。

【纲】冬十月，汉石勒击并王如兵，遂寇襄阳。十一月，太傅越率兵讨之，次于项。

【纲】辛未，五年，春三月，太傅越卒于项。以苟晞为大将军，督六州。 【目】越以后事付王衍而卒，衍奉越丧还葬东海。

们的祖父莫非是圣人吗？"何曾每天进餐要用一万钱，还说没有下筷子的地方。儿子何劭每天进餐要用两万钱。何绥和弟弟何机、何羨奢侈挥霍尤其严重，给人写信，言辞傲慢无礼。王尼见到何绥的书信后，对别人说："何绥在乱世，竟然骄狂到如此地步，还能不遭祸难吗？"那人说："如果何绥听到你这一席话，肯定要加害于你。"王尼说："到何绥能听到我的话时，他已经死了！"到永嘉末年，何氏全家没有一人能活下来。

【纲】晋怀帝任命王衍为太尉。

【纲】夏季，旱情严重。　【目】长江、汉水、黄河、洛水都可以趟水过河。

【纲】汉将石勒侵犯钜鹿（都瘿陶，在今河北宁晋西南）、常山（治真定，在今河北正定）。　【目】石勒的人马发展到十多万，把他周围的官绅士大夫聚集起来，另建君子营，以张宾为主谋。起初，张宾喜欢读书，胸襟豁达，心怀大志，经常把自己比作张良。到石勒攻打太行山以东地区时，张宾对亲近的人说："我看遍各位将领，没有比得上这位胡人将军的，可以与他一起成就大业！"便带着长剑，前往石勒大营门前，大声呼喊说他要求见石勒，石勒也没有觉得他多么出众。张宾屡次向石勒出谋献策，后来发生的事情和他说的完全一样，因此石勒对他另眼相看。

【纲】四年（庚午，310），秋七月，汉主刘渊去世，太子刘和继位，刘和的弟弟刘聪将他杀死，取代他称帝。

【纲】氐人酋长蒲洪自称略阳公。　【目】蒲洪是略阳临渭（今甘肃秦安东北）氐人酋长，骁勇善战，很有谋略，各部氐人都敬畏并服从他。汉主刘聪任命蒲洪为平远将军，蒲洪没有接受，而自称秦州（治上邽，在今甘肃天水西南）刺史、略阳公。

【纲】流民王如侵犯南阳（今河南南阳），归附刘聪。

【纲】冬十月，汉石勒吞并了王如的兵马，随即侵犯襄阳（今湖北襄阳县襄阳镇）。十一月，太傅司马越率领兵马讨伐石勒，在项县（今河南沈丘）驻兵。

【纲】五年（辛未，311），春三月，太傅司马越在项县去世。晋怀帝任命苟晞为大将军，统辖青、徐、兖、豫、荆、扬六州。　【目】司马越

【纲】夏四月,汉石勒追败越军于苦县,执王衍等,杀之。【目】勒帅轻骑追太傅越之丧,及于苦县,大败晋兵,纵骑围而射之,将士十余万人无一免者。执太尉衍等,问以晋故。衍具陈祸败之由,云计不在己;且自言少无宦情,不豫世事;因劝勒称尊号,冀以自免。勒曰:"君少壮登朝,名盖四海,身居重任,何得言无宦情邪!破坏天下,非君而谁!"众人畏死,多自陈述。独襄阳王范神色俨然,顾呵之曰:"今日之事,何复纷纭!"勒谓孔苌曰:"吾行天下多矣,未尝见此辈人,当可存乎!"苌曰:"彼皆晋之王公,终不为吾用。"勒曰:"虽然,要不可加以锋刃"。夜使人排墙杀之。剖越枢,焚其尸,曰:"乱天下者此人也,吾为天下报之!"

【纲】五月,汉人入寇。六月,陷洛阳,杀太子诠,迁帝于平阳,封平阿公。 【目】汉主聪使呼延晏将兵二万七千寇洛阳,比及河南,晋兵前后十二败,刘曜、王弥、石勒皆引兵会之。弥、晏克宣阳门,入宫大掠。帝欲奔长安,汉兵追执之。曜自西明门入,杀太子诠等,迁帝于平阳。汉以帝为左光禄大夫,封平阿公,以侍中庾珉、王儁为光禄大夫。

【纲】琅邪王睿遣兵击江州刺史华轶,斩之。 【目】时,海内大乱,独江东差安,中国士民避乱者多南渡江。王导说睿收其贤俊,辟掾属刁协、王承、卞壶、诸葛恢、陈頵、庾亮等百余人,时人谓之"百六掾"。及承荀藩檄,承制署置;江州刺史华轶及豫州刺史裴

把自己的后事托付给王衍，便去世了，王衍护送司马越的灵柩返回东海（治郯县，今山东郯城西南）安葬。

【纲】夏四月，汉将石勒在苦县（今河南鹿邑东）追上并打败司马越的军队，活捉王衍等人，将他们杀掉。　【目】石勒率领轻装骑兵追赶为太傅司马越护送灵柩的军队，在苦县追上。石勒大败晋兵，派骑兵包围晋兵，放箭射击，晋军十多万将士没有一人逃脱。石勒捉住太尉王衍等人，问他晋朝发生的变故，王衍一一陈述祸乱的原由，说自己没有参与决策，并且说自己从小就不想当官，不过问世事，还乘机劝石勒自称皇帝，希望借此保住性命。石勒说："你年轻时就在朝廷当官，名扬四海，担负着国家重任，怎能说你不想做官！使国家破败的，不是你是谁！"大家害怕被杀，多向石勒表白自己。只有襄阳王司马范神色庄严，回过头来呵斥他说："事已至今，为什么还唠叨个没完！"石勒对孔苌说："我在天下走过的地方多了，就从没见过这种人，可以让他们活下来吗？"孔苌说："他们都是晋朝的王公大臣，终究不会为我所用。"石勒说："即使如此，也不要对他们动刀动枪。"夜里，石勒派人推倒墙壁，把他们活活压死。还劈开司马越的棺材，烧掉他的尸体，说："使天下大乱的就是此人，我现在为天下人报仇！"

【纲】五月，汉军前来侵犯。六月，汉军攻破洛阳，杀死太子司马诠，将晋怀帝迁到平阳，封他为平阿公。　【目】汉主刘聪派遣呼延晏率领二万七千军队侵犯洛阳，及至来到河南（今河南洛阳市西）时，晋军先后十二次败阵，刘曜、王弥、石勒都领兵前来会师。王弥和呼延晏攻破宣阳门，进入宫廷，大肆劫掠。晋怀帝准备逃往长安，汉军追上来把他活捉。刘曜从西明门进城，杀死太子司马诠等人，把晋怀帝迁往平阳。汉主刘聪任命晋怀帝为左光禄大夫，封他为平阿公，还任命晋侍中庾珉、王儁为光禄大夫。

【纲】琅邪王司马睿派兵进击江州（治豫章，今江西南昌）刺史华轶，将他斩杀。　【目】当时，全国大乱，只有江东地区比较安定，有许多躲避战乱的中原官绅百姓南渡长江。王导劝司马睿收揽其中的杰出人物，将习协、王承、卞壶、诸葛恢、陈頠、庾亮等一百多人征召为属官，当时人称他们为"百六掾"。及至司马睿收到荀藩的檄文，便以秉承皇

宪,皆不从命。睿遣王敦、甘卓、周访合兵击轶,斩之。宪奔幽州。

【纲】冬十月,冯翊太守索綝等击败汉兵于长安,十二月,迎秦王业入雍城。 【目】初,索綝为冯翊太守,与安夷护军麹允、安定太守贾疋谋复晋室,帅众五万向长安。大败刘曜于黄丘,兵势大振。阎鼎欲奉秦王业入关,据长安以号令四方,荀藩、周顗等皆山东人,不欲西行,中途逃散;顗奔江东,鼎与业至蓝田,遣人告疋,疋遣兵迎之;入于雍城。

【纲】琅邪王睿以周顗为军咨祭酒。 【目】前骑都尉桓彝避乱过江,见睿微弱,谓顗曰:"我以中州多故,来此求全,而单弱如此,将何以济!"既而见王导,共论世事,退谓顗曰:"向见管夷吾,无复忧矣!"诸名士游宴新亭,顗中坐叹曰:"风景不殊,举目有山河之异!"因相视流涕。导愀然变色曰:"当共戮力王室,克复神州,何至作楚囚对泣邪!"众皆收泪谢之。

【纲】壬申,六年。
【纲】春二月,汉封帝为会稽郡公。 【目】汉主聪谓帝曰:"卿昔为豫章王,朕与王武子造卿,卿赠朕柘弓、银研,卿颇记否?"帝曰:"臣安敢忘之!但恨尔日不早识龙颜!"聪曰:"卿家骨肉何相残如此?"帝曰:"大汉将应天受命,故为陛下自相驱除,此殆天意,非人事也。"

【纲】张轨遣兵诣长安。
【纲】夏,雍州刺史贾疋等进围长安,汉刘曜败走;秦王业入

帝旨意的名义设官任职，江州刺史华轶和豫州刺史裴宪都不服从命令。司马睿派遣王敦、甘卓、周访合兵进击华轶，将他斩杀。裴宪逃往幽州（治蓟县，今北京西南）。

【纲】冬十月，冯翊（治临晋，今陕西大荔）太守索綝等人在长安打败汉军。十二月，索綝迎接秦王司马业进入雍城（今陕西凤翔南）。
【目】起初，索綝担任冯翊太守，与安夷（在今青海西宁东）护军麹允、安定（治临泾，今甘肃镇原南）太守贾疋图谋恢复晋皇室，率领五万人马向长安进发。索綝等人在黄丘（今陕西三原西北黄嵚山下）大败刘曜，军势大振。阎鼎打算拥奉秦王司马业进入函谷关，占据长安，号令四方。荀藩、周顗等人都是山东人，不愿意西进，半路逃散。周顗逃往江南，阎鼎与司马业来到蓝田（今陕西蓝田西），派人通告贾疋，贾疋派遣军队迎接司马业进入雍城。

【纲】琅邪王司马睿任命周顗为军谘祭酒。 【目】前骑都尉桓彝因躲避战乱而渡过长江，见到司马睿力量薄弱，便对周顗说："由于中原变故频繁，我才来这里寻求安全。但是司马睿兵力如此单薄虚弱，怎能成事？"不久，桓彝见到王导，和他一起谈论时事，回去后对周顗说："刚才仿佛看到了管仲，我不再担心了。"名士们在新亭（在今江苏南京南）游玩饮宴，周顗在座位上叹道："风景没有不同，只是抬眼望去，山河却有了变化！"于是大家你看看我，我看看你，流下了眼泪。王导神色一变说："大家应该共同效力王室，收复中原，何至于做出楚囚面对面哭泣的样子！"大家都止住眼泪，向他道歉。

【纲】六年（壬申，312）。

【纲】春二月，汉主刘聪封晋怀帝为会稽郡公。 【目】汉主刘聪对晋怀帝说："过去你当豫章王时，朕与王武子到你那里去，你赠给朕柘木弓和银砚台，还记得吗？"晋怀帝说："臣怎敢忘记！只恨那时不能及早认出天子的龙颜！"刘聪说："你家骨肉为什么这样相互残杀？"晋怀帝说："大汉将要接受天命，他们特意替陛下自相铲除，这恐怕是上天的旨意，不是人力可为的事情。"

【纲】张轨派遣军队前往长安。

【纲】夏季，雍州刺史贾疋等人进军包围长安，汉将刘曜败逃，秦

长安。

【纲】汉太保刘殷卒。 【目】殷不为犯颜忤旨，然因事进规，补益甚多。尝戒子孙曰："事君当务几谏。凡人尚不可面斥其过，况万乘乎！夫几谏之功，无异犯颜，但不彰君之过，所以为优耳。"

【纲】秋九月，贾疋等奉秦王业为皇太子，建行台。

【纲】冬十二月，盗杀贾疋，麴允领雍州刺史。

【纲】前太子洗马卫玠卒。 【目】玠，瓘之孙也，美风神，善清谈，常以为"人有不及，可以情恕，非意相干，可以理遣"，故终身不见喜愠之色。

【纲】羌酋姚弋仲，自称扶风公。 【目】弋仲，南安赤亭羌也。东徙榆眉，戎、夏襁负随之者数万。

孝愍皇帝

【纲】癸酉，孝愍皇帝建兴元年，春二月，汉主刘聪弑帝于平阳，庾珉、王儁死之。 【目】正月朔，汉主聪宴群臣于光极殿，使帝著青衣行酒。庾珉、王儁等不胜悲愤，因号哭；聪恶之。二月，有告珉等谋以平阳应刘琨者，聪遂杀珉、儁等，帝亦遇害，谥曰孝怀。

【纲】夏四月，太子业即位于长安，索綝领太尉。 【目】帝凶问至长安，皇太子举哀，因加元服，即帝位。以梁芬为司徒，麴允、索綝为仆射，寻以綝为卫将军、领太尉，军国之事，悉以委之。

【纲】琅邪王睿以华谭为军谘祭酒，陈頵为谯郡太守。

王司马业进入长安。

【纲】汉太保刘殷去世。 【目】刘殷不做冒犯违忤君主意志的事情,只是顺着事态发展进言规劝,但补益很多。他曾经告诫子孙说:"侍奉君主,应当力求见机进谏。连平常人都不能当面指斥过失,何况对待君王!见机进谏的功效与冒犯君主的威严进谏没有区别,只是不暴露君主的过失,所以效果更好。"

【纲】秋九月,贾疋等人拥戴秦王司马业为皇太子,建立行台。

【纲】冬十二月,强盗杀死贾疋,麹允兼任雍州刺史。

【纲】前太子洗马卫玠去世。 【目】卫玠是卫瓘的孙子,风姿优美,善于清谈。他经常主张"如果别人做得不够,应该根据实情予以宽恕,只要不是故意冒犯,应该本着事理加以排解",所以他一生都不显露自己的喜怒神色。

【纲】羌人酋长姚弋仲自称扶风公。 【目】姚弋仲是南安(治狄道,今甘肃陇西东北)赤亭(今陇西县西)羌人。他率部向东迁徙到榆眉(今陕西陇县东南),扶老携幼随他迁徙的胡人和汉人有数万之多。

孝愍皇帝

【纲】晋愍帝建兴元年(癸酉,313),春二月,前汉主刘聪在平阳杀害了晋怀帝,庾珉、王儁也被杀死。 【目】正月一日,汉主刘聪在光极殿宴请群臣,让晋怀帝穿着青衣向大家劝酒。庾珉、王儁等人悲愤已极,放声痛哭,刘聪便厌恶他们了。二月,有人告发庾珉等人策划占据平阳,响应刘琨,刘聪便杀死庾珉和王儁等人,晋怀帝也被杀害,谥号为孝怀。

【纲】夏四月,皇太子司马业在长安即位,索綝兼任太尉。 【目】晋怀帝遇害的音讯传到长安后,皇太子司马业举行哀悼仪式,于是行天子加冠礼,登上帝位。晋愍帝任命梁芬为司徒,麹允和索綝担任仆射,不久又任命索綝为卫将军,兼任太尉,把军政大事全部交给他来处理。

【纲】琅邪王司马睿任命华谭为军谘祭酒,陈頵为谯郡(治谯县,今安徽亳县)太守。

【纲】五月,以琅邪王睿为左丞相,南阳王保为右丞相,分督陕东、西诸军事。

【纲】左丞相睿以祖逖为豫州刺史。 【目】逖,范阳人,少有大志,与刘琨俱为司州主簿,同寝,中夜闻鸡鸣,蹴琨觉曰:"此非恶声也!"因起舞。及渡江,左丞相睿以为军谘祭酒。逖居京口,纠合骁健,言于睿曰:"晋室之乱,非上无道而下怨叛也,由宗室争权,自相鱼肉,遂使戎狄乘隙,毒流中土。今遗民思奋,大王诚能命将出师,使如逖者统之以复中原,郡国豪杰必有望风响应者矣!"睿素无北伐之志,以逖为豫州刺史,给千人廪,布三千匹,不给铠仗,使自召募。逖将其部曲百余家渡江,中流,击楫而誓曰:"祖逖不能清中原而复济者,有如大江!"遂屯淮阴,起冶铸兵,募得二千余人而后进。

【纲】陶侃破走杜弢,王敦表侃为荆州刺史。

【纲】冬十二月,石勒遣使奉表于王浚。 【目】浚谋称尊号,矜豪日甚。石勒欲袭之,遣舍人王子春奉表于浚曰:"勒本小胡,遭世饥乱,流离屯厄,窜命冀州,窃相保聚,以救性命。今晋祚沦夷,中原无主;为帝王者,非公复谁!原殿下应天顺人,早登皇祚。勒奉戴殿下如天地父母,殿下察勒微心,亦当视之如子也。"浚甚喜,谓子春曰:"石公可信乎?"子春曰:"殿下中州贵望,威行夷、夏,石将军非恶帝王不为而让于殿下,顾以帝王自有历数,非智力之所取故也,又何怪乎!"浚大悦。

【纲】左丞相睿遣世子绍镇广陵。

【纲】五月,晋愍帝任命琅邪王司马睿为左丞相,南阳王司马保为右丞相,让二人分别统辖陕县(今河南陕县)以东和陕县以西的军务。

【纲】左丞相司马睿任命祖逖为豫州刺史。 【目】祖逖是范阳(今河北涿州东北)人,从小胸怀大志。他与刘琨一同担任司州(治洛阳,今河南洛阳东北)主簿时,两人在一起就寝,半夜听到鸡叫,祖逖便踢醒刘琨,对他说:"这声音不坏吧!"于是起身演练武艺。及至南渡长江后,左丞相司马睿任命他为军谘祭酒。祖逖住在京口(今江苏镇江),聚合骁勇健壮之士,向司马睿进言说:"晋皇室的祸乱,不是君主无道、下民怨恨反叛造成的,而是由于皇族争夺权力,自相残杀,于是使戎狄抓住时机,危害中原。现在,留在北方的人民都想奋起抵抗,如果大王能够任命将领出兵,让我这样的人统领兵马,前去恢复中原,各地豪杰必然会闻风响应!"司马睿一向没有北伐的决心,只任命祖逖为豫州刺史,拨给一千人的口粮和三千匹布,不给铠甲兵器,让他自己去招募军队。祖逖带领自己的私兵一百多家横渡长江,船到江心时,祖逖敲着船桨发誓说:"如果我不能肃清中原,再渡长江,就像长江一样有去无回!"便驻兵淮阴(今江苏淮阴东南),在当地冶铁铸造兵器,招募到两千多人,然后便向前进军。

【纲】陶侃击退杜弢,王敦上表推荐陶侃担任荆州刺史。

【纲】冬十二月,石勒派遣使者向王浚上表。 【目】王浚策划称帝,骄傲豪横,日甚一日。石勒打算袭击王浚,便派遣舍人王子春向王浚上表说:"我本是一个微不足道的胡人,遇到乱世荒年,流离困顿,逃亡到冀州(治房子,今河北元氏东南),私自聚众自保,以求全活性命。现在晋朝国运衰微,中原无主,能当帝王的若不是您,还能有谁!希望殿下上应天意,下顺民心,早日登基。我拥戴殿下如同对待天地父母一般,殿下体察我卑微的真心,也就会把我当作儿子一样看待了。"王浚非常高兴,对王子春说:"石公可信吗?"王子春说:"殿下是中原的名门贵族,声威布及夷人汉人。石将军不是不愿意当帝王而让给殿下,只因帝王自有天数,不是单凭智慧与力量就能取得的,这又有什么奇怪的!"王浚大喜。

【纲】左丞相司马睿派遣世子司马绍镇守广陵(今江苏扬州东

【纲】甲戌，二年，春正月，有如日陨于地；又有三日相承东行。

【纲】有流星陨于平阳北，化为肉。

【纲】二月，以张轨为太尉、凉州牧，刘琨为大将军。

【纲】三月，汉石勒袭蓟，陷之，杀王浚，师还；蓟降于段匹磾。【目】勒将袭王浚而未发，张宾曰："岂非畏刘琨及鲜卑、乌桓为吾后患乎？"勒曰："然。"宾曰："刘琨、王浚虽同名晋臣，实为仇敌。若修笺于琨，送质请和，琨必喜我之服而快浚之亡，终不救浚而袭我也。用兵贵神速，勿后时也。"勒遂以火宵行，遣使奉笺于琨，自陈罪恶，请讨浚自效。琨大喜。三日，勒军达易水，浚将佐皆曰："胡贪而无信，必有诡计，请击之。"浚怒曰："石公来，正欲奉戴我耳；敢言击者斩！"设飨以待之。勒晨至蓟，叱门者开门，浚始惧。勒升其听事，执浚于前。浚骂曰："胡奴调乃公，何凶逆如此！"勒曰："公位冠元台，手握强兵，坐观本朝倾覆，曾不救援，乃欲自尊为天子，非凶逆乎！"即斩之。

浚将佐等诣军门谢罪，前尚书裴宪、从事中郎荀绰独不至；勒召而让之。宪等请就死，不拜而出。勒谢之，待以客礼。勒籍浚将佐、亲戚家赀皆巨万，惟宪、绰止有书百余帙，盐米各十余斛而已。勒曰："吾不喜得幽州，喜得二子。"以宪为从事中郎，绰为参军。以故尚书刘翰行幽州刺史，戍蓟，置守宰而还。刘翰不欲从勒，乃归段匹磾，匹磾遂据蓟城。

【纲】夏五月，太尉、凉州牧、西平公张轨卒，子寔嗣。

北)。

【纲】二年(甲戌,314),春正月,有一个像太阳般的物体陨落地面。又有三个太阳相继向东方运行。

【纲】有流星陨落在平阳北面,变成了肉。

【纲】二月,晋愍帝任命张轨为太尉、凉州牧,刘琨为大将军。

【纲】三月,汉将石勒袭击并攻破蓟城,杀死王浚,然后率军返回。蓟城投降了段匹磾。　【目】石勒准备袭击王浚,却一直没有动手。张宾说:"莫非你担心刘琨以及鲜卑、乌桓成为我们后方的祸患吗?"石勒说:"是。"张宾说:"虽然刘琨和王浚名义上同为晋臣,实际上两人却是仇敌。如果写信给刘琨,送去人质,向他请和,刘琨肯定为我们的归服而高兴,为王浚的灭亡而快意,终究不会援助王浚而袭击我们。用兵贵在神速,不要错过良机。"石勒就点着火把,连夜进军,派遣使者送信给刘琨,在信中陈述自己的罪恶,请求讨伐王浚,效力赎罪,刘琨大喜。三月,(原作"三日",误,据《资治通鉴》第89卷改)石勒军抵达易水(今河北涿州西南),王浚部下将领都说:"胡人贪婪,不讲信用,必有诡计,请下令出击。"王浚生气地说:"石公前来,正是准备拥戴我,谁敢再说出击,就杀死谁!"他设下宴席,等待石勒前来。早晨,石勒来到蓟城,呵斥守门士兵开门,王浚这才害怕起来。石勒升上公堂,在公堂上逮捕了王浚。王浚骂道:"你这胡奴竟敢戏弄你老子,怎么这样凶残忤逆!"石勒说:"你身为朝廷重臣,手里握有精兵,坐观本朝覆灭,从不援救,却打算自己做皇帝,这不凶残忤逆吗?"便把王浚杀死。

王浚部下将佐等人到石勒军营门前请求恕罪,只有前尚书裴宪、从事中郎荀绰没有前来。石勒把他们二人叫来当面斥责,裴宪和荀绰只求一死,也不行礼,就往外走。石勒向二人道歉,用宾客的礼节对待他们。石勒没收王浚部下将领和亲戚的家产,都数额巨大,唯独裴宪、荀绰只有书籍一百多部,盐、米各十多斛。石勒说:"得到幽州我没什么可高兴的,只高兴得到这两位先生。"任命裴宪为从事中郎,荀绰为参军,让前尚书刘翰代理幽州刺史,戍守蓟城,安排了郡守县令,就率领军队返回。刘翰不想追随石勒,便投奔段匹磾,段匹磾随即据有蓟城。

【纲】夏五月,太尉、凉州牧、西平公张轨去世,其子张寔继位。

【纲】乙亥，三年，春二月，以左丞相睿为丞相、都督中外诸军事，南阳王保为相国，刘琨为司空。

【纲】进代公猗卢爵为代王。

【纲】夏六月，陶侃击杜弢，破之。弢走死，湘州平。丞相睿加王敦都督江、扬等州军事。

【纲】王敦徙陶侃为广州刺史。　【目】时，王机盗据广州。侃至，遣督护讨机，走之，广州遂平。侃在州无事，辄朝运百甓于斋外，暮运于斋内。人问其故，答曰："吾方致力中原，过尔优逸，恐不堪事，故习劳耳。"

【纲】丙子，四年，春二月，代六修弑其君猗卢，普根讨之而立；寻卒，郁律立。

【纲】张寔遣兵入援。　【目】寔遣将军王该帅步骑五千入援长安，且送诸郡贡计。诏拜寔都督陕西诸军事。

【纲】秋七月，汉刘曜陷北地，进至泾阳。　【目】曜取北地，进至泾阳，渭北诸城悉溃。曜获将军鲁充、梁纬，饮之酒曰："吾得子，天下不足定也！"充曰："身为晋将，国家丧败，不敢求生。若蒙公恩，速死为幸。"曜曰："义士也。"与之剑，令自杀。纬妻辛氏，美色，曜将妻之，辛氏大哭曰："妾夫已死，义不独生，且一妇人而事二夫，明公又安用之！"曜曰："贞女也。"亦听自杀，皆以礼葬之。

【纲】冬十一月，汉刘曜陷长安，帝出降，御史中丞吉朗死之。汉封帝为怀安侯。　【目】曜攻陷长安外城，麹允、索圣綝退守小

【纲】三年（乙亥，315），春二月，晋愍帝任命左丞相司马睿为丞相、都督中外诸军事，南阳王司马保为相国，刘琨为司空。

【纲】晋愍帝进升代公拓拔猗卢的爵位为代王。

【纲】夏六月，陶侃进击杜弢，将他打败。杜弢在逃亡途中死去，湘州（治临湘，今湖南长沙南）平定。丞相司马睿加任王敦为都督江、扬等州军事。

【纲】王敦改任陶侃为广州（治番禺，今广东广州市）刺史。【目】当时王机占据广州。陶侃来到广州后，派遣督护攻打王机，将他赶走，于是广州平定。陶侃在州中清闲无事，总是早晨把一百块砖搬到书房外面，晚上再搬进书房。有人问他这是干什么，陶侃回答说："我正在致力恢复中原，如果过于安逸，恐怕难以承担其事，所以我要练习经受劳苦。"

【纲】四年（丙子，316），春二月，代国拓跋六修杀害了本国君主拓拔猗卢，拓拔普根讨伐拓跋六修，自立为国君。不久，拓拔普根去世，拓拔郁律即位。

【纲】张寔派遣军队前来援救晋朝。【目】张寔派遣将军王该率领步兵、骑兵共五千人前来援救长安，并且送来各郡贡品簿册。晋愍帝下诏任命张寔为都督陕西诸军事。

【纲】秋七月，汉将刘曜攻陷北地（治泥阳，今陕西铜川东南），进抵泾水北岸。【目】刘曜占领北地，进抵泾水北岸，渭水北岸各城全部土崩瓦解。刘曜捉住将军鲁充、梁纬，请他们喝酒说："我得到你，平定天下就不难了！"鲁充说："身为晋将，在国家死丧败亡之际，我不敢求生。如果蒙您开恩，希望赶快把我杀死。"刘曜说："这是一位义士！"便给他一把剑，让他自杀。梁纬的妻子辛氏姿色漂亮，刘曜准备娶她，辛氏放声痛哭说："我丈夫已经死了，夫妻大义不容我单独存活。况且，一个女人若嫁两个丈夫，对您又有什么用！"刘曜说："这是一位贞洁女子。"便也听由她自杀，把他们夫妇二人都依礼安葬。

【纲】冬十一月，汉将刘曜攻陷长安，晋愍帝出城投降，御史中丞吉朗自杀。汉主刘聪封晋愍帝为怀安侯。【目】刘曜攻破长安外城，麴允、索綝退守小城，内外联系断绝，城中发生严重的饥荒，晋愍帝哭

城，内外断绝，城中饥甚。帝泣谓允曰："今穷厄如此，外无救援，当忍耻出降，以活士民。"因叹曰："误我事者，麴、索二公也！"使侍中宗敞送降笺于曜。綝潜留敞，使其子说曜曰："若许綝以车骑、仪同、万户郡公者，请以城降。"曜斩而送之，曰："帝王之师，以义行也。孤将兵十五年，未尝以诡计败人，必穷兵极势，然后取之。今綝所言如此，天下之恶一也，辄相为戮之。"帝乘羊车，肉袒出降。群臣号泣攀车，帝亦悲不自胜。御史中丞吉朗叹曰："吾智不能谋，勇不能死，何忍君臣相随，北面事贼虏乎！"乃自杀。曜送帝于平阳，汉主聪临光极殿，帝稽首于前。允伏地恸哭，聪怒，囚之，允自杀。聪以帝为光禄大夫，封怀安侯。斩綝于市。

【纲】十二月，刘琨长史以并州叛降石勒，琨奔蓟。

【纲】丞相睿出师露次，移檄北征。右西晋四帝，共五十二年。

着对麹允说："如今这般困厄，外面又没有救兵，朕应该忍受耻辱，出城投降，好给士绅百姓留条活路。"于是他叹息着说："误我大事的，是麹允、索綝二人。"便派侍中宗敞向刘曜交降表。索綝暗中把宗敞留下，派他的儿子去劝刘曜说："如果答应任命我父亲索綝为车骑将军、开府仪同三司，封万户郡公，我父亲愿意率领全城投降。"刘曜杀死索綝的儿子，把尸首送回。他说："帝王的军队，按道义做事。我领兵十五年，从来不用诡计战胜敌人，一定要使敌人用尽兵力，无力反抗，然后取得胜利。现在索綝说出这种话来，可见天下恶人都一个样，就让我替晋朝杀了他吧。"晋愍帝坐着羊拉的车子，袒露着上半身，出城投降。群臣攀着车子号啕大哭，晋愍帝也忍不住悲伤起来。御史中丞吉朗叹了口气说："虽然我没有出谋划策的智慧，没有战死的勇力，但怎能忍心君臣相伴，去做贼虏的臣属呢？"于是自杀。刘曜把晋愍帝送到平阳，汉主刘聪登上光极殿，晋愍帝向前叩拜。麹允伏在地上痛哭，刘聪大怒，囚禁了麹允，麹允自杀。刘聪任命晋愍帝为光禄大夫，封为怀安侯，将索綝押至闹市杀死。

【纲】十二月，刘琨的长史献出并州，投降石勒，刘琨逃奔蓟城。

【纲】丞相司马睿出兵驻在野外，发布檄文，命令北伐。以上西晋四帝，共五十二年。

东晋纪

中宗元皇帝

【纲】丁丑,中宗元皇帝建武元年,春三月,丞相睿即晋王位。

【目】弘农太守宋哲为汉所攻,弃郡奔建康,称受愍帝诏,令丞相睿统摄万机。睿素服出次,举哀三日。官属上尊号,不许。请依魏、晋故事,称晋王,乃许之。遂即位,改元,置百官,立宗庙,建社稷。立世子绍为王太子;封次子裒为琅邪王,奉恭王后,镇广陵。以王敦为大将军,王导为扬州刺史、领中书监、录尚书事,刁协为仆射,周颉为吏部尚书,贺循为太常。时承丧乱之后,江东草创,协久宦中朝,谙练旧事,循为世儒宗,明习礼乐,凡有疑议,皆取决焉。

【纲】刘琨、慕容廆,皆遣使劝进。 【目】刘琨、段匹磾相与歃血同盟,翼戴晋室。琨檄告华、夷,遣右司马温峤,奉表诣建康劝进。琨谓峤曰:"晋祚虽衰,天命未改,吾当立功河朔,使卿延誉江南。行矣,勉之!"

峤至建康,王导、周颉、庾亮等皆爱其才,争与之交。

王以慕容廆为龙骧将军、大单于、昌黎公;廆不受。处士高诩曰:"霸王之资,非义不济。今晋室虽微,人心犹附之,宜遣使江东,示有所尊,然后仗大义以征诸部,不患无辞矣。"廆从之,遣长史王济浮海诣建康劝进。

【纲】秋七月,汉立子粲为太子。

【纲】冬十一月,以刘琨为太尉。

【纲】立太学。

中宗元皇帝

【纲】中宗元皇帝建武元年（丁丑，317），春三月，丞相司马睿即位，称晋王。　【目】弘农（今河南灵宝南）太守宋哲受到汉军的进攻，放弃郡城，逃往建康，宣称接到晋愍帝的诏书，让丞相司马睿统摄政务。司马睿身穿素色服装，避居别室，举哀三天。属官进上皇帝尊号，司马睿没有接受。属官请求依照魏晋惯例称晋王，司马睿应允，于是司马睿即晋王位，改换年号，设置百官，建立宗庙社稷，立世子司马绍为王太子，封次子司马裒为琅邪王，作为恭王司马觐的后嗣，镇守广陵，任命王敦为大将军，王导为扬州刺史、领中书监、录尚书事，刁协为仆射、周𫖮为吏部尚书，贺循为太常。当时正当中原丧乱之后，江东政权刚刚建立，刁协长期在西晋朝廷做官，熟悉过去的典章，贺循是当世的儒学宗师，通晓礼乐制度，一切疑议，都由他们二人裁决。

【纲】刘琨、慕容廆都派使者劝晋王司马睿即位称帝。　【目】刘琨与段匹䃅一起歃血盟誓，表示拥戴晋皇室。刘琨发布檄文通告汉、夷各族，派右司马温峤携带奏表，前往建康劝晋王司马睿即位称帝。刘琨对温峤说："虽然晋朝国运衰落，但是天命没有改变。我应该留在河朔立功，让你名播江南。去吧，勉力为之！"

温峤来到建康，王导、周𫖮、庾亮等人都赏识他的才华，争着与他结交。

晋王司马睿任命慕容廆为龙骧将军、大单于、昌黎公，慕容廆没有接受。处士高诩说："王霸之业，除了奉行大义就不能成就。如今晋皇室虽然衰微，但人心仍然归附。应该派使者前往江东，表示我们尊奉晋皇室，然后主持大义去征讨各部，就不愁没有借口了。"慕容廆依言而行，派长史王济取道海上，前往建康劝晋王司马睿即位称帝。

【纲】秋七月，汉主刘聪立儿子刘粲为太子。

【纲】冬十一月，晋王司马睿任命刘琨为太尉。

【纲】晋王司马睿设立太学。

【纲】十二月，汉主刘聪弑帝于平阳，辛宾死之。 【目】汉主聪出畋，以帝行车骑将军，戎服执戟前导，见者指之曰："此故长安天子也。"故老有泣者。十二月，聪飨群臣，使帝行酒洗爵，已而又使执盖。晋臣涕泣有失声者，尚书郎辛宾起，抱帝大哭，聪斩之。帝遂遇害，谥曰孝愍。

【纲】戊寅，大兴元年，春三月，王即皇帝位。 【目】愍帝凶问至建康，王斩缞居庐。百官请上尊号，不许。纪瞻曰："晋氏统绝，于今二年，两都燔荡，宗庙无主，刘聪窃号于西北，而陛下高让于东南，此所谓揖让而救火也。"上犹不许，使殿中将军韩绩撤去御座。瞻叱绩曰："帝座上应列星，敢动者斩！"王为之改容。奉朝请周嵩上疏曰："古之王者，义全而后取，让成而后得，是以享世长久。今梓宫未返，旧京未清，宜开延嘉谋，训卒厉兵，先雪大耻，副四海之心，则神器将安适哉！"由是忤旨，出为新安太守。嵩，顗之弟也。王遂即皇帝位，百官皆陪列。命王导升御床共坐，导固辞曰："若太阳下同万物，苍生何由仰照！"乃止。大赦，文武增位一等。

【纲】立王太子绍为皇太子。 【目】绍仁孝，喜文辞，善武艺，好贤礼士，容受规谏，与庾亮、温峤等为布衣之交。亮风格峻整，善谈老、庄，帝器重之，聘其妹为绍妃，使亮侍讲东宫。帝好刑名家，以韩非书赐太子。亮谏曰："申、韩刻薄伤化，不足留圣心。"太子纳之。

【纲】汉螽斯则百堂灾。 【目】烧杀汉主聪子二十一人。

【纲】十二月，汉主刘聪在平阳杀死晋愍帝，辛宾被杀。 【目】汉主刘聪外出打猎，让晋愍帝担任车骑将军，身穿军装，手执画戟，在前面开道，见到的人指着晋愍帝说："这人就是原来的长安天子！"晋朝的遗老有哭泣的。十二月，刘聪宴请群臣，让晋愍帝巡行劝酒并洗酒杯，不久又让他去打伞盖，晋臣流泪哭泣，有哭出声来的。尚书郎辛宾起身抱住晋愍帝大哭，刘聪将他杀死。晋愍帝随即遇害，被谥为孝愍。

【纲】大兴元年（戊寅，318），春三月，晋王司马睿即位称帝。 【目】晋愍帝的死讯传到建康，晋王司马睿穿上粗麻布制的重孝服，避居别室。百官请求晋王司马睿采用帝号，晋王司马睿没有应允。纪瞻说："晋朝皇统断绝，至今两年，洛阳、长安已经焚毁，宗庙无主。刘聪在西北窃称帝号，陛下却在东南推让帝位，这是所谓救火时还讲谦让的做法。"晋王司马睿仍然不同意，还让殿中将军韩绩撤去帝座。纪瞻喝斥韩绩说："帝座与上天的星宿相应，敢动一动的斩首！"晋王司马睿感动得变了脸色。奉朝请周嵩上疏说："古代的帝王，尽了大义，然后即位，经过礼让，然后称帝，所以能长期享有天下。现在，先帝的灵柩还没运回，往日的京城尚未肃清，应该听取合理的谋略，整饬军备，加强训练，先为国家雪耻，以顺应全国的愿望，难道帝位还会跑了不成！"由此违背了晋王司马睿的旨意，被外放为新安（治始新，今浙江淳安西）太守。周嵩是周𫖮的弟弟。接着，晋王司马睿即位称帝，百官都排列在两旁奉陪。晋元帝让王导上来与自己同坐御床，王导坚决推辞说："如果太阳与下面的万物等同了，苍生怎能仰望太阳的光辉！"晋元帝这才作罢。宣布大赦天下罪囚，文武官员的爵位晋升一等。

【纲】晋元帝立太子司马绍为皇太子。 【目】司马绍仁爱孝顺，喜欢文辞，擅长武艺，贤礼下士，能接受劝谏，与庾亮、温峤等人是布衣之交。庾亮风格严正，气度庄重，善于谈论老子、庄子的学说，晋元帝很器重他，把他妹妹聘为司马绍的妃子，让他到东宫为太子讲书。晋元帝喜欢刑名之学，把韩非的著作赐给太子司马绍。庾亮进谏说："申不害、韩非的学说苛刻无情，有伤教化，不值得圣主留心。"太子司马绍接受告诫。

【纲】汉国的螽斯则百堂发生火灾。 【目】烧死汉主刘聪的

【纲】张寔遣使上表。

【纲】夏四月,加王导骠骑大将军、开府仪同三司。 【目】导遣从事行扬州郡国,还见,各言二千石官长得失,独顾和无言。导问之,和曰:"明公作辅,宁使网漏吞舟,何缘采听风闻,以察察为政邪!"导咨嗟称善。

【纲】五月,段匹磾杀太尉广武侯刘琨。 【目】初,琨世子群,为段末杯所得。末杯厚礼之,许以琨为幽州刺史,欲与之袭匹磾。密遣使赍群书,请琨为内应,为匹磾逻骑所得。匹磾以书示琨,琨曰:"与公同盟,庶雪国家之耻,若儿书密达,亦终不以一子之故负公而忘义也。"匹磾雅重琨,初无害琨意,会代郡太守辟闾嵩潜谋袭匹磾,事泄,匹磾收琨,缢杀之。温峤表琨"尽忠帝室,家破身亡,宜在褒恤";后数岁,乃加赠太尉,谥曰愍。

峤之诣建康也,其母崔氏固止之,峤绝裾而去。既至,屡求返命,朝廷不许。会琨死,除散骑侍郎。峤闻母亡,阻乱不得奔丧,固让不拜,苦请北归。诏曰:"今杰逆未枭,诸军奉迎梓宫犹未得进,峤可以私难而不从王命邪!"峤不得已受拜。

【纲】秋七月,汉主聪卒,太子粲立,八月,靳准弑而代之;石勒引兵讨准。冬十月,刘曜自立于赤壁,封勒为赵公。 【目】汉主聪寝疾,征刘曜、石勒受遗诏辅政。靳准为大司空。聪卒,粲即位;聪后四人,皆年未二十,粲多行无礼。八月,准遂勒兵升殿,执粲杀之,刘氏男女,无少长皆斩东市。发渊、聪二陵,斩聪尸,焚其庙。自号大将军、汉天王。

二十一个儿子。

【纲】张寔派使者向晋元帝上表。

【纲】夏四月,晋元帝加授王导为骠骑大将军、开府仪同三司。
【目】王导派从事巡视扬州所属八郡,从事回京晋见,分别禀告各郡长官的得失,只有顾和没有发言。王导问他,顾和说:"明公作为辅政大臣,宁可使法网宽松得漏掉大罪人。为什么要采集并听信道听途说,把苛察细事作为执政的内容呢?"王导感叹不已,连连称善。

【纲】五月,段匹磾杀死太尉、文武侯刘琨。 【目】起初,刘琨的世子刘群落在段末杯手里,段末杯对刘群以礼厚待,答应由刘琨担任幽州刺史,打算与刘琨袭击段匹磾。段末杯秘密派使者带着刘群的书信,请刘琨作为内应,但使者被段匹磾的巡逻骑兵捉获。段匹磾把书信拿给刘琨去看,刘琨说:"我与你结盟,希望能为国家雪耻。即使我儿子的书信暗中送到了,我终究也不会因一个儿子的缘故,就忘掉大义,做对不起你的事。"段匹磾很尊重刘琨,起初没有杀害刘琨的打算。适逢代郡太守辟闾嵩暗中图谋袭击段匹磾,事情泄露,段匹磾收捕刘琨,将他缢死。温峤上表说刘琨"尽忠皇室,以至家破身亡,应予褒奖抚恤"。几年后,晋朝追赠刘琨为太尉,谥号为愍。

温峤前往建康时,母亲崔氏再三阻止,温峤断去衣裾,决然离去。到建康后,温峤多次要求回去复命,朝廷没有许可。适逢刘琨去世,朝廷任命温峤为散骑侍郎。温峤得知母亲亡故,受战乱的阻隔,不能奔丧,因此坚决推让,不肯受职,苦苦请求北返中原。晋元帝下诏说:"现在叛逆尚未枭首,迎接先帝灵柩的各军不能前进,温峤可以因个人的祸难就不服从诏命吗?"温峤不得已,接受任命。

【纲】秋七月,汉主刘聪去世,太子刘粲即位。八月靳准杀死刘粲,取而代之,石勒率军讨伐靳准。冬十月,刘曜在赤壁(即赤石川,在今山西安泽南)自立为帝,封石勒为赵公。 【目】汉主刘聪病重,叫刘曜、石勒来接受遗诏,辅佐朝政,任命靳准为大司空。刘聪去世,刘粲即位,刘聪的四个皇后都不到二十岁,刘粲对她们做了许多无礼的事情。八月,靳准率领军队登上大殿,捉住刘粲把他杀了,刘姓宗室不论老少,一律在东市斩首,还掘开刘渊和刘聪两人的陵墓,斩刘聪的尸

曜闻乱，自长安赴之，勒帅精骑五万以讨准。十月，曜至赤壁即皇帝位，以勒为大司马，加九锡，进爵为赵公。

【纲】十一月，日夜出，高三丈。 【目】以王敦为荆州刺史。

【纲】诏州郡秀、孝复试经策。

【纲】十二月，汉将军乔泰讨靳准，斩之。

【纲】己卯，二年，春二月，石勒献捷于汉，汉斩其使。 【目】勒遣左长史王修献捷于汉，汉主曜遣使授勒太宰，进爵赵王，加殊礼，称警跸。修舍人曹平乐留仕汉，言于曜曰："勒遣修来，实窥强弱，俟其复命，将袭乘舆。"时汉兵疲弊，曜乃追所遣使，斩修于市。勒大怒曰："孤事刘氏，子人臣之职有加矣。彼之基业，皆孤所为，今既得志，还欲相图。'赵王''赵帝'，孤自为之，何待于彼耶！"

【纲】三月，诏琅邪恭王为皇考。既而罢之。 【目】诏："琅邪恭王宜称皇考。"贺循曰："礼，予不敢以己爵加于父。"乃止。

【纲】夏四月，汉徙都长安，立妃羊氏为后，子熙为太子。

【纲】汉改号赵。 【目】汉主曜立宗庙、社稷、南北郊于长安，改国号为赵，以冒顿配天。

【纲】冬十一月，石勒称赵王。 【目】勒即赵王位，称元年，是为后赵。加张宾大执法，专总朝政；以石虎为骠骑将军，督诸军。呼宾曰"右侯"，而不敢名。

【纲】十二月，宇文氏攻慕容廆，廆大败之，遂取辽东。遣长史

体,烧毁两人的祭庙。靳准自称大将军、汉天王。

刘曜得知变乱发生,就由长安赴难,石勒率领五万精锐骑兵来讨伐靳准。十月,刘曜抵达赤壁,即位称帝,任命石勒为大司马,加授九锡,进升爵位为赵公。

【纲】十一月,太阳在夜间升起,高达三丈。 【纲】晋元帝任命王敦为荆州刺史。

【纲】晋元帝下诏,对各州郡的秀才、孝廉恢复经义和策论的考试。

【纲】十二月,汉国的将军乔泰讨伐靳准,将他杀死。

【纲】二年(己卯,319),春二月,石勒向汉主刘曜报捷,刘曜杀死来使。 【目】石勒派左长史王修向汉主刘曜报捷,汉主刘曜派使者任命石勒为太宰,进升爵位为赵王,加授特别尊贵的礼仪,外出时采用帝王的仪仗卫队。王修的舍人曹平乐留在汉王那里做官,向刘曜进言说:"石勒派王修前来,实际是来窥探兵力强弱,等王修复命后,准备袭击陛下。"当时汉军疲困不堪,刘曜便追回派出的使者,在闹市上处死王修。石勒大怒说:"我事奉刘氏,臣属的职分尽得很多了。刘氏的基业,都是我建立的。如今得志了,还想打我的主意。'赵王''赵帝',我自己就能当,何必等刘氏加封!"

【纲】三月,晋元帝下诏称琅邪恭王司马觐为皇考,随后作罢。【目】诏书说:"琅邪恭王应称皇考。"贺循说:"根据《仪礼》,儿子不敢向父亲加授自己的爵位。"于是停止追认。

【纲】夏四月,汉主刘曜迁都长安,立皇妃羊氏为皇后,儿子刘熙为太子。

【纲】汉国改称赵国。 【目】汉主刘曜在长安设立宗庙、社稷和南北郊庙,改国号为赵,祭天时以冒顿单于为陪祭。

【纲】冬十一月,石勒称赵王。 【目】石勒即赵王位,称赵王元年,这就是后赵。石勒加任张宾为大执法,总揽朝政,任命石虎为骠骑将军,统领各军。石勒称呼张宾为"右侯",不敢直呼其名。

【纲】十二月,宇文氏攻打慕容廆,慕容廆大败宇文氏,于是占领辽东,派长史裴嶷前往建康报捷。

裴嶷来献捷。

【纲】蒲洪降赵。

【纲】庚辰，三年，春三月，以慕容廆为平州刺史。 【目】裴嶷至建康，盛称廆之威德，贤儁皆为之用；朝廷始重之。帝欲留嶷，嶷曰："臣少蒙国恩，出入省闼，若得复奉辇毂，臣之至荣。但以旧京沦没，山陵穿毁，名臣宿将莫能雪耻，独龙骧竭忠王室，故使臣万里归诚。今臣不返，必谓朝廷以其僻陋而弃之，孤其向义之心，使懈于讨贼，此臣之所甚惜也。"帝然之。遣使随嶷拜廆为安北将军、平州刺史。

【纲】夏五月，凉州杀其刺史张寔，弟茂立。

【纲】赵以乔豫、和苞为谏议大夫。 【目】赵主曜作酆明观及西宫、陵霄台，又营寿陵。侍中乔豫、和苞力谏，曜下诏曰："二侍中恳恳有古人之风，可谓社稷之臣矣；其悉罢诸役。以豫、苞领谏议大夫。"

【纲】冬十二月，以谯王承为湘州刺史。 【目】帝之始镇江东也，王敦与从弟导同心翼戴，帝亦推心任之，敦总征讨，导专机政，群从子弟布列显要，时人为之语曰："王与马，共天下。"后敦恃功骄恣，帝畏而恶之，乃引刘隗、刁协等以为腹心，稍抑损王氏权，导亦渐见疏外。导能任真推分，澹如也，而敦益怀不平。隗为帝谋，出心腹以镇方面，诏以左将军谯王承为湘州刺史。行至武昌，敦与之宴，谓承曰："大王雅素佳士，恐非将帅才也。"承曰："公未见知耳，铅刀岂无一割之用！"敦谓钱凤曰："彼不知惧而学壮语，无能为也。"乃听之镇。时湘土困弊，承躬自俭约，倾心绥抚，甚有能名。

【纲】蒲洪归降前赵。

【纲】三年（庚辰，320），春三月，晋元帝任命慕容廆为平州（治襄平，今辽宁辽阳）刺史。 【目】裴嶷抵达建康，极力称许慕容廆的声威和德行，杰出的人才都为他效力，晋朝廷开始重视慕容廆。晋元帝打算留下裴嶷，裴嶷说："臣年轻时蒙受国家的恩典，出入宫廷，如能再来事奉陛下，臣无上光荣。但是由于故都洛阳沦陷，先帝的陵墓已被掘毁，名臣宿将不能雪耻，只有龙骧将军慕容廆对皇室竭尽忠心，所以派臣跋涉万里，前来投诚。现在，如果臣不回去，慕容廆必然认为朝廷嫌他处于偏远落后地区，因而抛弃了他，这就辜负了他归向朝廷的愿望，使他讨伐敌人的行动随之懈怠，这就是臣痛惜的！"晋元帝认为他言之有理，便派使者随裴嶷北行，任命慕容廆为安北将军、平州刺史。

【纲】夏五月，凉州内部杀死刺史张寔，其弟张茂继立。（据《资治通鉴》第九十一卷，此事系于本年六月。）

【纲】前赵任命乔豫、和苞为谏议大夫。 【目】前赵主刘曜建造酆明观以及西宫、陵霄台，还营建自己的陵墓。侍中乔豫、和苞极力劝谏，刘曜下诏说："两位侍中态度诚恳，有古人的风尚，可谓社稷之臣了。各项工程全部停建。任命乔豫、和苞兼任谏议大夫。"

【纲】冬十二月，晋元帝任命谯王司马承为湘州刺史。 【目】晋元帝最初镇守江东时，王敦与堂弟王导齐心辅佐拥戴，晋元帝也推心置腹地任用他们。王敦总管军事征讨，王导专掌机要政务，他们的同门兄弟子侄都担任显要的职务，当时人因此说："王与马，共天下。"后来，王敦仗着有功，骄横恣肆，晋元帝对他既畏惧，又厌恨，便延用刘隗、刁协等人为亲信，逐渐抑制削减王氏的权力，王导也渐渐受到疏远。王导能听任自然，安于本分，淡然处之，王敦却愈发心怀不满。刘隗为晋元帝出主意，让亲信离京出镇州郡，晋元帝下诏任命左将军谯王司马承为湘州刺史。司马承中途来到武昌，王敦设宴接待，对司马承说："大王一向是出色的士人，恐怕不是将帅之才。"司马承说："你还不了解我，难道铅刀就没有一点割东西的作用！"王敦对钱凤说："他不知道事态可畏，却学说豪言壮语，不会有作为的。"便听凭司马承前往湘州。当时湘

【纲】辛巳，四年，春三月，日中有黑子。

【纲】后赵陷幽、冀、并州，抚军将军、幽州刺史段匹磾死之。

【纲】秋七月，以戴渊都督司、豫，刘隗都督青、徐诸军事；王导为司空，录尚书事。　【目】以渊为征西将军，督六州，镇合肥；隗为镇北将军，督四州，镇淮阴；皆假节领兵，名为讨胡，实备王敦也。

隗虽在外，而朝廷机事，进退士大夫，帝皆与之密谋。敦遗隗书言："欲与之戮力王室，共静海内。"隗答曰："'鱼相忘于江湖，人相忘于道术。''竭股肱之力，效之以忠贞'，吾之志也。"敦怒。帝以敦故，以导为司空、录尚书事，而实疏忌之。

【纲】九月，豫州刺史祖逖卒，以其弟约代之。　【目】逖以戴渊吴士，虽有才望，无弘致远识；且已剪荆棘、收河南地，而渊雍容，一旦来统之，意甚怏怏；又闻王敦与刘、刁构隙，将有内难，知大功不遂，感激发病；卒于雍丘。豫州士女，若丧父母。敦由是益无所惮。约无绥御之才，不为士卒所附。

【纲】以慕容廆为车骑将军、平州牧、辽东公。　【目】廆立子皝为世子。皝雄毅多权略，喜经术，国人称之。

【纲】代弑其君郁律，子贺傉立。　【目】拓跋猗㐌妻惟氏，忌代王郁律之强，恐不利其子，乃杀郁律而立子贺傉。郁律之子什翼犍，幼在襁褓，其母王氏匿於袴中，祝之曰："天苟存汝，则勿啼。"

州一带困乏不堪，司马承亲身奉行俭朴节约的风尚，全心安抚百姓，很有能干的名声。

【纲】四年（辛巳，321），春三月，太阳中出现黑子。

【纲】后赵攻破幽、冀、并三州，抚军将军、幽州刺史段匹磾被杀。

【纲】秋七月，晋元帝任命戴渊为都督司、豫诸州军事，刘隗为都督青、徐诸州军事，王导为司空、录尚书事。　【目】晋元帝任命戴渊为征西将军，统辖司、兖、豫、并、雍、冀六州，镇守合肥，刘隗为镇北将军，统辖青、徐、幽、平四州，镇守淮阴。二人都假授符节，统领兵马，名义上是讨伐胡人，实际上却是防备王敦。

虽然刘隗出镇地方，但朝廷的机密要事和士大夫的任免，晋元帝都跟他暗中计议。王敦写信给刘隗说："打算与你齐心协力，扶助王室，共同平定天下。"刘隗回答说："'鱼在江湖中彼此相忘，人在大道中彼此相忘'，'竭力辅佐，忠贞效力'，是我的志向。"王敦为之恼怒。由于王敦的缘故，晋元帝任命王导为司空、录尚书事，实际却疏远而猜忌他。

【纲】九月，豫州刺史祖逖去世，晋元帝委任他的弟弟祖约代替他的职务。　【目】祖逖认为戴渊是吴地人，虽然有才，也有名望。但是胸无大志，没有远见。而且，自己已经披荆斩棘，收复河南地区，但戴渊作为一个温文之士，忽然前来统辖自己，心中非常不满。又听说王敦与刘隗、刁协结下嫌隙，内部将发生祸难，知道北伐大业难以实现，他感慨愤激，终至发病，在雍丘（今河南杞县）去世，豫州男女民众像死了父母一样悲痛。从此，王敦越发无所忌惮。祖约没有安抚部众、统御军队的才能，不受士卒的拥护。

【纲】晋元帝任命慕容廆为车骑将军、平州牧、辽东公。　【目】慕容廆立儿子慕容皝为世子。慕容皝雄武刚毅，通权变，多谋略，喜爱儒家学术，受到国人的称许。

【纲】代国内部杀死国君拓跋郁律，其子拓跋贺傉继立。　【目】拓跋猗㐌的妻子惟氏，对代王拓跋郁律的强大心怀忌惮，担心对自己的儿子不利，就杀死拓跋郁律，立儿子拓跋贺傉为代王。拓跋郁律的儿子

久之，不啼，乃得免。

【纲】壬午，永昌元年，春正月，王敦举兵反，谯王承、甘卓移檄讨之。敦分兵寇长沙。　【目】初，敦将作乱，谓长史谢鲲曰："刘隗奸邪，将危社稷，吾欲除君侧之恶，何如？"鲲曰："隗诚始祸，然城狐社鼠。"敦怒曰："君庸才，岂达大体！"至是，举兵武昌，上疏称："刘隗佞邪谗贼，臣辄进军致讨，昔太甲颠覆厥度，幸纳伊尹之忠，殷道复昌。愿陛下深垂三思。"沈充亦起兵于吴兴以应敦。敦至芜湖，又上表罪状刁协。帝大怒，诏曰："王敦凭恃宠灵，敢肆狂逆，方朕太甲，欲见幽囚。是可忍也，孰不可忍！今亲帅六军以诛大逆，有杀敦者，封五千户侯。"

敦初起兵，遣使告梁州刺史甘卓，约与俱下，卓许之。后更狐疑，不赴。敦遣参军桓罴说谯王承，请为己军司。承囚罴，移檄远近，列敦罪恶，州内皆应之。敦恐卓于后为变，又遣参军乐道融往邀之。道融忿其悖逆，反说卓曰："王敦背恩肆逆，举兵向阙。君受国厚恩，而与之同，生为逆臣，死为愚鬼，不亦惜乎！为君之计，莫若伪许应命，而驰袭武昌，必不战而自溃矣。"卓意始决。遂露檄数敦逆状，帅所统致讨；遣参军至广州，约陶侃。侃遣参军高宝帅兵北下。武昌城中传卓军至，人皆奔散。

敦遣魏乂帅兵攻长沙。城池不完，资储又阙，人情震恐。或说承南投陶侃，或退据零、桂。承曰："吾之志欲死忠义，岂可贪生苟免，为奔败之将乎！事之不济，令百姓知吾心耳。"乃婴城固守。甘卓亦遗承复书曰："足下能卷甲电赴，犹有所及；若其狐疑，则求我于

拓跋什翼犍还是襁褓中的婴儿，母亲王氏把他藏在裤里，祷告说："如果上天让你活，你就别哭。"拓跋什翼犍许久不哭，于是得以不死。

【纲】永昌元年（壬午，322），春正月，王敦起兵反叛，谯王司马承、甘卓发布檄文，讨伐王敦，王敦分兵侵犯长沙。 【目】起初，王敦将作乱时，对长史谢鲲说："刘隗奸佞邪恶，将危害国家，我想铲除君王身旁的恶人，你看怎样？"谢鲲说："刘隗的确是祸根，不过他像城墙上的狐狸，社庙中的老鼠，不好下手。"王敦生气地说："你是庸才，岂识大体！"至此，王敦在武昌起兵，上疏声称："刘隗奸佞邪恶，谗言害人，臣这就进军声讨。从前，太甲破坏法度，幸亏接受了伊尹的忠心效力，殷朝的国势才再度昌盛。希望陛下多加考虑。"沈充也在吴兴郡（治所在今浙江湖州）起兵，响应王敦。王敦抵达芜湖（今安徽芜湖东）时，又上表陈述习协的罪状。晋元帝大怒，下诏说："王敦仗着国家的恩宠，竟敢肆意猖狂忤逆，把朕比作太甲，想囚禁朕，是可忍，孰不可忍！现在，朕亲自统率六军，诛讨叛逆，谁杀死王敦，封为五千户侯。"

王敦刚刚起兵时，派使者通知梁州（治襄阳，今湖北襄樊）刺史甘卓，约他一起东下，甘卓许诺。后来，甘卓又犹豫了，就没有东进。王敦派参军桓黑去游说谯王司马承，请司马承担任自己的军司。司马承囚禁桓黑，向远近各地发布檄文，罗列王敦的罪恶，湘州各地纷纷响应。王敦担心甘卓在后方生出变故，又派参军乐道融前去邀请甘卓。乐道融恨王敦忤逆反叛，反而劝甘卓说："王敦辜负圣恩，肆意倒行逆施，起兵攻打京城。你深受国家的厚恩，却与王敦为伍，活着是叛臣，死后是愚鬼，不可惜吗？为你着想，不如假装答应他的要求，却迅速袭击武昌，王敦的军队一定会不战自溃了。"甘卓这才下了决心。接着，甘卓发布文告，历数王敦叛逆的罪状，率领所部讨伐王敦，并派参军到广州去约陶侃，陶侃派参军高宝率军北上。武昌城中传说甘卓的军队来了，人们纷纷逃散。

王敦派魏乂率军攻打长沙，长沙城池很不坚固，物资储备又缺，人心震恐，有人劝司马承南去投奔陶侃，或者退守零陵（治所在今湖南零陵）、桂阳（治所在今湖南郴县）。司马承说："我已抱定为忠义献身的决心，岂可贪生苟活，做逃跑将军！即使守城失败，也让百姓知道我

枯鱼之肆矣。"卓不能从。

【纲】封子昱为琅邪王。

【纲】三月,敦据石头;杀骠骑将军戴渊、尚书仆射周颛。甘卓还襄阳。夏四月,敦还武昌。 【目】帝征戴渊、刘隗入卫,隗与刁协劝帝尽诛王氏,帝不许。王导帅宗族,每旦诣台待罪。周颛将入,导呼之曰:"伯仁,以百口累卿!"颛直入不顾。既见帝,言导忠诚,申救甚至;帝纳其言。颛喜饮酒,至醉而出,导又呼之。颛不与言,顾左右曰:"今年杀诸贼奴,取金印如斗大,击肘后。"既出,又上表明导无罪,言甚切。导不知,恨之。帝命还导朝服,召见之。导稽首曰:"逆臣贼子,何代无之,不意今者近出臣族!"帝跣而执其手,曰:"茂弘,方寄卿以百里之命,是何言耶!"以为前锋大都督,诏曰:"导以大义灭亲,可以吾为安东时节假之"。

敦至石头,守将周札开门纳之,敦据石头,叹曰:"吾不复得为盛德事矣!"

帝命协、隗、渊、导、颛等分道出战,皆大败。协、隗败还,帝流涕执其手,劝令避祸;给人马,使自为计。协为人所杀,隗奔后赵。

帝令百官诣石头见敦,敦谓渊曰:"吾今此举,天下以为何如?"渊曰:"见形者谓之逆,体诚者谓之忠。"敦笑曰:"卿可谓能言。"又谓周颛曰:"伯仁,卿负我!"颛曰:"公戎车犯顺,下官亲帅六军,不能其事,使王旅奔败,以此负公!"敦参军吕猗素以奸谄

的本心。"便环城坚守。甘卓也给司马示写信劝说，还说："我会率军由沔口（今湖北汉口）出击，切断王敦的归路，湘州受到的围困就自然解除了。"司马承回信说："如果足下能急速率军赶来，还来得及。如果犹豫不决，我必死不疑，就到干鱼店里找我吧！"甘卓不能依言而行。

【纲】晋元帝封儿子司马昱为琅玡王。

【纲】三月，王敦占领石头城（在今江苏南京西南石头山后），杀死骠骑将军戴渊、尚书仆射周颉。甘卓返回襄阳。夏四月，王敦返回武昌。　【目】晋元帝征召戴渊、刘隗回军守卫建康，刘隗与刁协劝晋帝把王氏宗族杀光，晋元帝没有许可。王导带领宗族人员，每天早晨到朝廷听候治罪，周颉正要进宫。王导招呼他说："周颉，我一家百口的性命都拜托给你了！"周颉径直进宫，根本不看他一眼。见到晋元帝后，周颉说王导忠诚可靠，极力营救，晋元帝采纳了他的进言。周颉喜欢喝酒，直到喝醉了才从宫里出来。王导又招呼周颉，周颉不跟他交谈，看着身边的人说："今年杀死那帮叛贼逆奴，得一颗斗大的金印系在肘后。"出宫后，他又上表说明王导无罪，言辞非常恳切。王导不知实情，对他怀恨在心。晋元帝吩咐把朝服还给王导，并予召见。王导叩头至地说："逆臣贼子哪朝没有，没想到这次出在臣的宗族里！"晋元帝来不及穿鞋，就拉着他的手说："王导，我正要委托你主持朝廷的政令，你这是什么话！"便任命他为前锋大都督，下诏说："王导大义灭亲，可以把我当安东将军时的符节给他。"

王敦来到石头城，守将周札打开城门，放王敦军进城。王敦占领石头城后，感叹说："我再也不能做有美德的事情了！"

晋元帝命令刁协、刘隗、戴渊、王导、周颉等人分路出战，都被打得大败。刁协、刘隗战败回来，晋元帝流着眼泪，拉着他们的手，劝他们逃走避祸，拨给人马，让他们各找出路。结果刁协被人杀死，刘隗逃往后赵。

晋元帝让百官到石头城去见王敦，王敦对戴渊说："我现在的行动，天下人看法如何？"戴渊说："只看外表的，认为这是叛逆；体察真心的，认为这是忠心。"王敦笑着说："你真会说话。"又对周颉说："伯仁，你对不起我！"周颉说："你以武力冒犯朝廷，我亲自率领六

为渊所恶,说敦曰:"周、戴皆有高名,足以惑众,近者之言,曾无怍色,公不除之,恐必有再举之忧。"敦然之,以问导,导不答。敦遂收颛并渊,杀之。

帝使敦弟彬劳敦,彬素与颛善,先往哭之,然后见敦。敦怪其容惨,问之。彬曰:"向哭伯仁,情不能已。"敦怒曰:"伯仁自致刑戮;且凡人遇汝,汝何哀而哭之?"彬勃然数之曰:"兄抗旌犯顺,杀戮忠良,图为不轨,祸及门户矣!"辞气慷慨,声泪俱下。敦大怒曰:"尔以吾为不能杀汝耶!"导劝彬起谢。彬曰:"脚痛不能拜;且此,复何谢!"敦曰:"脚痛孰若颈痛?"彬殊无惧色。导后料检中书故事,乃见颛表,执之流涕曰:"吾虽不杀伯仁,伯仁由我而死,幽冥之中,负此良友!"

初,敦闻甘卓起兵,大惧。卓兄子邛为敦参军,敦遣邛归,说卓使旋军。卓性多疑少决,径还襄阳。四月,敦还武昌。

【纲】敦兵陷长沙,湘州刺史谯王承死之。

【纲】五月,敦杀甘卓。

【纲】冬十月,后赵寇谯,祖约退屯寿春。 【目】祖逖既卒,后赵屡寇河南,拔襄城、城父,围谯。祖约不能御,退屯寿春。后赵遂取陈留,梁、郑之间,复骚然矣。

【纲】闰十一月,帝崩。司空导受遗诏辅政。太子绍即位。【目】帝恭俭有余,而明断不足,故大业未复,而祸乱内兴,竟以忧愤成疾而崩。太子即位,尊所生母荀氏为建安君。

军,没有尽职,使朝廷的军队战败逃跑,因此对不起你!"王敦的参军吕猗早就因奸佞谄媚被戴渊憎恶,这时他劝王敦说:"周颛、戴渊的名望都很高,足以惑众,他们近来的言论没有一点惭愧的意思。如果不除掉他们,恐怕一定会有再次举兵抵抗的忧患。"王敦认为言之有理,就此征求王导的意见,王导不作回答。于是王敦逮捕周颛和戴渊,杀了他们。

晋元帝让王敦的弟弟王彬去慰劳王敦,王彬向来与周颛交好,就先去哭吊周颛,然后去见王敦。王敦不知他为什么面色凄惨,就问原因何在,王彬说:"刚才哭过伯仁,感情难以克制。"王敦生气地说:"伯仁自招刑杀,再说他以普通人待你,你为什么哀痛而伤心哭他?"王彬勃然变色,责备王敦说:"你举起叛旗,冒犯朝廷,杀害忠良,图谋不轨,祸事临门了!"语调慷慨激昂,声泪俱下。王敦大怒,说:"你以为我不能杀你吗!"王导劝王彬起身道歉,王彬说:"脚痛,不能叩拜。再说,这有什么可道歉的!"王敦说:"脚痛比得上脖子痛吗!"王彬毫无惧色。后来,王导整理清查中书省的档案,才见到周颛的奏表。他拿在手里,流着眼泪说:"虽然我没杀伯仁,伯仁却因我而死。黄泉之下,对不起这位好友!"

起初,王敦听说甘卓起兵,大为恐惧。甘卓的哥哥的儿子甘卬担任王敦的参军,王敦派甘卬回去劝说甘卓回军。甘卓生性多疑,少有决断,便直接返回襄阳。四月,王敦返回武昌。

【纲】王敦的军队攻破长沙,湘州刺史谯王司马承被杀。

【纲】五月,王敦杀死甘卓。

【纲】冬十月,后赵侵犯谯城(今安徽亳县),祖约退军驻守寿春(今安徽寿县)。 【目】祖逖去世后,后赵多次侵犯河南地区,攻克襄城(今河南襄城)、城父(今河南宝丰东南城父堡),包围谯城。祖约不能抵御,退军驻守寿春。后赵随即占领陈留(今河南陈留),梁、郑(今河南开封与郑州)地区又骚动不安了。

【纲】闰十一月,晋元帝去世。司空王导接受遗诏,辅佐朝政。太子司马绍即位。 【目】晋元帝恭俭有余,决断不足,所以统一大业尚未恢复,内部就发生祸乱,终于忧愤成疾而死。太子司马绍即位,尊奉生母

【纲】后赵右长史张宾卒。 【目】宾卒,后赵王勒哭之恸,曰:"天不欲成吾事邪,何夺吾右侯之早也!"程遐代为右长史。勒每与遐议,有不合,辄叹曰:"右侯舍我去,岂非酷乎!"流涕弥日。

肃宗明皇帝

【纲】癸未,肃宗明皇帝太宁元年,春二月,葬建平陵。

【纲】夏四月,敦移屯姑孰,自领扬州牧,以王导为司徒。【目】敦谋篡位,讽朝廷征己;帝手诏征之。敦移镇姑孰,屯于湖,以导为司徒,自领扬州牧。敦欲为逆,王彬谏之甚苦。敦变色,目左右,将收之。彬正色曰:"君昔岁杀兄,今又杀弟邪!"敦乃止。

【纲】六月,立皇后庾氏,以庾亮为中书监。

【纲】秋七月,赵封姚弋仲为平襄公。

【纲】八月,敦表江西都督郗鉴为尚书令。 【目】帝畏王敦之逼,以鉴为外援,使镇合肥。敦忌之,表鉴为尚书令。鉴还,过敦,敦与论西朝人士,曰:"乐彦辅,短才耳,考其实,岂腾满武秋邪!"鉴曰:"彦辅道韵平淡,愍怀之废,柔而能正;武秋失节士,安能拟之!"敦曰:"当是时,危机交急。"鉴曰:"丈夫当死生以之。"敦恶其言。鉴还台,遂与帝谋讨敦。

【纲】赵击凉州,张茂降,赵封茂为凉王。

【纲】甲申,二年,夏五月,赵凉王张茂卒,世子骏嗣。

【纲】六月,加司徒导大都督、扬州刺史,督诸军讨敦。敦复反。秋七月,至江宁,帝亲征,破之。敦死,众溃,其党钱凤、沈充伏

荀氏为建安君。

【纲】后赵右长史张宾去世。 【目】张宾去世,后赵王石勒悲痛地哭吊他说:"是上天不想成就我的事业吗?为什么这么早就夺走我的右侯!"程遐代任右长史,每当石勒与程遐议事不合己意时,就感叹说:"右侯丢下我走了,岂不狠心!"便终日流泪。

肃宗明皇帝

【纲】晋明帝太宁元年(癸未,323),春二月,晋元帝安葬在建平陵(在今江苏南京市内)。

【纲】夏四月,王敦移兵驻守姑孰(今安徽当涂),自任扬州牧,让王导担任司徒。 【目】王敦阴谋篡位,暗示朝廷征召自己,晋明帝便用亲笔诏书召他进京。王敦移军镇守姑孰,驻兵于湖(在今安徽当涂南),让王导担任司徒,自任扬州牧。王敦打算篡位,王彬苦苦劝谏。王敦气得变了脸色,以目光示意身边的人,准备收捕王彬。王彬面色严肃地说:"往年你杀死哥哥,现在又要杀弟弟吗?"王敦这才作罢。

【纲】六月,晋明帝立庾氏为皇后,任命庾亮为中书监。

【纲】秋七月,前赵封姚弋仲为平襄公。

【纲】八月,王敦上表任命江西都督郗鉴为尚书令。 【目】晋明帝害怕王敦的威逼,把郗鉴当作外援,派他镇守合肥。王敦忌惮郗鉴,上表任命郗鉴为尚书令。郗鉴回朝时,途中去见王敦,王敦与郗鉴评论西晋的人物说:"乐广只是小才,从实际考察,岂能胜过满奋!"郗鉴说:"乐广格调脱俗,处世淡泊,在太子司马遹被废时,他能柔顺守正,满奋是失节的人,岂能相比!"王敦说:"当此时,危机迫在眉睫!"郗鉴说:"大丈夫应当不顾生死!"王敦讨厌这一席话。郗鉴回朝,便与晋明帝策划讨伐王敦。

【纲】前赵进击凉州,张茂投降,前赵封张茂为凉王。

【纲】二年(甲申。324),夏五月,前赵凉王张茂去世,世子张骏继位。

【纲】六月,晋明帝加任司徒王导为大都督、扬州刺史,督率各军讨伐王敦。王敦再度反叛。秋七月,王敦来到江宁,晋明帝亲征,打

诛。【目】敦无子，养兄含子应为嗣。至是，疾甚。矫诏拜为武卫将军以自副。钱凤曰："脱有不讳，便当以后事付应邪？"敦曰："非常之事，非常人所能为。且应年少，岂堪大事！我死之后，释兵归朝，保全门户，上计也；退还武昌，收兵自守，贡献不废，中计也；及吾尚存，悉众而下，万一侥幸，下计也。"凤谓其党曰："公之下计，乃上策也。"遂与沈充定谋。

初，帝亲任中书令温峤，敦恶之，请为左司马。峤乃缪为勤敬，综其府事，时进密谋以附其欲。深结钱凤，为之声誉，每曰："钱世仪精神满腹。"凤甚悦。会丹阳尹缺，峤言于敦曰："京尹，咽喉之地，公宜自选。"敦然之，问"谁可者？"峤荐钱凤，凤亦推峤，峤伪辞；敦不听，遂表用之，使觇伺朝廷。峤恐既去而凤于后间之，因敦饯别，起行酒，至凤，凤未及饮；峤伪醉，以手版击凤帻坠，峤作色曰："钱凤何人，温太真行酒而敢不饮！"敦以为醉，两释之。峤与敦别，涕泗横流，出阁复入者再三。行后，凤谓敦曰："峤于朝廷甚密，而与庾亮深交，未可信也。"敦曰："太真昨醉，小加声色，何便尔相诬！"

峤至建康，尽以敦逆谋告帝，与亮画计讨之。帝加导大都督、领扬州刺史，使峤与将军卞敦、应詹、郗鉴分督诸军。鉴请诏临淮太守苏峻、兖州刺史刘遐等入卫。帝屯于中堂。

导闻敦疾笃，帅子弟为之发哀，众以为敦信死，咸有奋志。于是尚书腾诏下敦府，曰："敦辄立兄息以自承代，不由王命，顽凶相奖，志窥神器。天不长奸，敦以陨毙，凤复煽逆；今遣司徒导等讨之。诸为敦所授用者，一无所问。"敦见诏，甚怒；而病转笃。

败王敦的军队。王敦死去，部众溃散，他的同党钱凤、沈充被处死。

【目】王敦没有儿子，收养哥哥王含的儿子王应为嗣子。至此，王敦病情沉重，假托诏书任命王应为武卫将军，作为自己的副职。钱凤说："如有不幸，就该把后事交给王应吗？"王敦说："不寻常的事，常人干不出来。况且王应年轻，岂能担当大事！我死后，停止用兵，归顺朝廷，保全自家，是上计，退回武昌，集中兵力，自守一方，不断绝对朝廷的进贡，是中计；趁我还在，全军东下，以图侥幸成功，是下计。"钱凤对同党说："王公的下计才是上策。"便与沈充定下计谋。

起初，晋明帝亲近信任中书令温峤，王敦厌恨他，请求任命他为左司马。温峤假装勤勉恭敬，处理大将军府事务，时常进献密谋。迎合王敦的想法。温峤深交钱凤，为他延誉，常说："钱凤精力充沛。"钱凤非常高兴。适逢丹阳尹出缺，温峤向王敦进言说："京城长官管辖咽喉要地，您应亲自选定其人。"王敦认为说得对，就问："谁行？"温峤推荐钱凤，钱凤也推荐温峤，温峤佯装推辞，王敦不听，随即上表任用温峤，让他窥伺朝廷的动向。温峤唯恐走后钱凤挑拨离间，趁王敦设宴饯别，起身巡行劝酒，轮到向钱凤劝酒时，钱凤还没来得及喝酒，温峤就佯装酒醉，用手版打落钱凤的头巾，板起脸来说："你是什么人，敢不喝我敬的酒！"王敦以为温峤醉了，便把双方劝开。温峤与王敦告别时，泪水横流，出了门又两三次返回。温峤走后，钱凤对王敦说："温峤跟朝廷的关系非常密切，和庾亮的交情很深，不可信任。"王敦说："温峤昨天醉了，对你的脸色稍为不好，你怎么就这样说他的坏话！"

温峤抵达建康，把王敦叛逆的阴谋都告诉了晋明帝，便和庾亮策划讨伐王敦。晋明帝加任王导为大都督、领扬州刺史，让温峤与将军卞敦、应詹、郗鉴分别统辖各军。郗鉴请求下诏命令临淮太守苏峻、兖州刺史刘遐等人回军保卫建康。晋明帝驻兵中堂（建康宣阳门外）。

王导听说王敦病重，就带领子弟为王敦发丧。大家以为王敦真的死了，都精神振奋。于是尚书省把诏书飞速送到王敦的大将军府，诏书说："王敦擅立哥哥的儿子来接替自己的职位，未经朝廷批准，实属凶顽之徒彼此捧场，目的在于窥伺帝位。上天不肯助长奸邪，王敦因此毙命。钱凤又煽动反叛朝廷，现派司徒王导等人讨伐钱凤，对王敦任用的

将起兵，使敦璞筮之，璞曰："无成。"敦素疑璞助峤，又问："吾寿几何？"璞曰："明公起事，祸必不久；若住武昌，寿不可测。"敦大怒曰："卿寿几何？"曰："命尽今日。"日中，敦收璞，斩之。

使王含、钱凤、周抚等帅众向京师。七月，含水陆五万奄至江宁南岸。导遗含书曰："导门户大小，受国厚恩，今日之事，明日张胆，为六军之首，宁为忠臣而死，不为无赖而生矣！"含不答。帝帅诸军出屯南皇堂。夜募壮士，遣将军段秀等帅千人渡水，掩其未备。平旦，战于越城，大破之。敦闻含败，大怒，寻卒。应秘不发丧，裹尸以席，埋于厅事中。

帝使人说沈充，许以为司空。充不奉诏，遂举兵与含合。刘遐、苏峻等帅精卒万人至，击充、凤，大破之。浔阳太守周光帅千余人赴敦，求见。应辞以疾。光退，见其兄抚曰："王公已死，兄何为与钱凤作贼！"众皆愕然。含等遂烧营夜遁。明日，帝还宫。含奔荆州，王舒遣军迎之，沉其父子于江。周光斩凤，诣阙自赎。充为故将吴儒所杀，传首建康。敦党悉平。有司发敦瘗，焚其衣冠，跽而斩之。

【纲】乙酉，三年，春二月，立子衍为皇太子。

【纲】夏五月，以陶侃都督荆、湘等州军事。 【目】侃复镇荆州，士女相庆。侃性聪敏恭勤，终日敛膝危坐，军府众事，检摄无遗，未尝少闲。常语人曰："大禹圣人，乃惜寸阴，至于众人，当惜分阴。岂可逸游荒醉，生无益于时，死无闻于后，是自弃也！"诸参佐以谈戏废事者，命取其酒器、蒱博之具，悉投之于江，将吏则加鞭

官员,一概不加追究。"王敦见到诏书极为恼怒,病情转重。

将要起兵时,王敦让郭璞预测吉凶,郭璞说:"不能成事。"王敦一向怀疑郭璞帮助温峤,又问:"我能活多久?"郭璞说:"如果您要起兵,必定不久就有祸事。如果您住在武昌,寿命难以预测。"王敦大怒,说:"你能活多久?"郭璞说:"今天毕命。"中午,王敦逮捕郭璞,把他杀了。

王敦派王含、钱凤、周抚等人率领部众向京城建康进军。七月,王含水陆两军五万人迅速抵达江宁南岸,王导写信给王含说:"我一家老少,深受国家厚恩。面对今日之事,我无所畏避地担任六军主帅,宁可做忠臣死,不做无赖生!"王含不做答复。晋明帝率领各军出城进驻南皇堂,在夜间募集壮士,派将军段秀等人率领一千人渡过秦淮河,趁对方未做防备,突然袭击。破晓时分,双方在越城(在今江苏南京南秦淮河南岸)交战,朝廷军大败王含。王敦得知王含战败,非常生气,不久死去。王应秘不发丧,用席子裹了王敦的尸体,埋在公堂中。

晋明帝派人劝说沈充,答应任命他为司空。沈充不肯受诏,随即起兵与王含汇合。刘遐、苏峻等人率领一万精兵赶到,进击沈充、钱凤,大破敌军。浔阳(治所在今江西九江)太守周光率领一千余人赶赴王敦处求见,王应借口王敦有病不见。周光退出,去见哥哥周抚说:"王公已死,哥哥为什么和钱凤一起做逆贼!"众人无不愕然。王含等人随即烧毁军营,连夜逃走。第二天,晋明帝回宫,王含逃奔荆州,王舒派军队出迎,把王含、王应父子丢进长江中淹死。周光杀死钱凤,前往京城赎罪。沈充被旧将吴儒杀死,把头颅传送到建康。王敦的同党全部平定。有关官员掘出王敦的尸体,烧毁王敦的衣冠,使尸体跪着受斩。

【纲】三年(乙酉,325),春二月,晋明帝立儿子司马衍为皇太子。

【纲】夏五月,晋明帝任命陶侃为都督荆、湘等州军事。 【目】陶侃再度镇守荆州,当地民众互相庆贺。陶侃生性聪明机敏,谦恭勤勉,整天盘腿端坐,把军府众多的事务清理得一项不剩,从没有稍稍清闲过。陶侃经常对人们说:"大禹是圣人,还珍惜每寸光阴。至于普通人,应该珍惜每分光阴,怎能到处闲游,饮酒无度!活着对当世毫无益

扑,曰:"樗蒲者,牧猪奴戏耳!老、庄浮华,非先王之法言,不益实用。君子当正其威仪,何有蓬头、跣足,自谓宏达邪!"有奉馈者,必问其所由,若力作所致,虽微必喜,慰赐参倍;若非理得之,则切厉词辱,还其所馈。尝造船,其木屑竹头,侃皆令籍而掌之,人咸不解。后正会,积雪始晴,听事前犹湿,乃以木屑布地。及桓温伐蜀,又以所贮竹头作丁装船。其综理微密,皆此类也。

【纲】秋闰七月,帝崩。司徒导、中书令庾亮、尚书令卞壸,受遗诏辅政。太子衍即位,尊皇后为皇太后。太后临朝称制。葬武平陵。

【纲】冬十二月,代王贺傉卒,弟纥那立。

处,死了在后世默默无闻,这就是自甘暴弃!"对于闲谈赌博、荒废公事的那些僚属,陶侃吩咐没收他们的酒器和赌博用具,全部扔到长江里,对将吏则用鞭子抽打。他说:"摴蒲是放猪的奴仆玩的。老子、庄子的学说流于浮华,不是先王合乎礼法的言论,不切实用。君子应该举止端庄,怎能蓬头垢面,光着双脚就自认为宏通豁达!"有人送礼,他一定要问礼物的来源,如果是自己劳动所得,礼物虽少,他准会喜欢,慰劳赏赐的物品要超出三倍。如果是由不合理的途径得来的,就严厉斥责,痛加羞辱,退还礼物。有一次造船,陶侃吩咐把那些木屑竹头一律登记保管,人们都不解其意。后来,元旦拜会时,雪刚放晴,公堂前还很湿,陶侃就用木屑铺地。及至桓温攻打蜀汉时,陶侃又用储存的竹头削成竹钉,组装船只。陶侃办事周全精细,都与此相似。

【纲】秋闰七月,晋明帝去世。司徒王导、中书令庾亮、尚书令卞壸接受遗诏,辅佐朝政。太子司马衍即位,尊奉皇后为皇太后,皇太后临朝主持国政。晋明帝安葬在武平陵。

【纲】冬十二月,代王拓跋贺傉去世,其弟拓跋纥那继立。

纲鉴易知录卷三二一

东晋纪

显宗成皇帝

【纲】丙戌,显宗成皇帝咸和元年,夏六月,以郗鉴为徐州刺史。　【目】司徒导称疾不朝,而私送鉴。卞壸奏"导亏法从私,无大臣之节,请免官。"虽事寝不行,举朝惮之。壸俭素廉洁,裁断切直,当官干实,性不弘裕,不肯苟同时好,故为诸名士所少。阮孚谓曰:"卿常无闲泰,如含瓦石,不亦劳乎!"壸曰:"诸君子以道德恢弘,风流相尚,执鄙吝者,非壸而谁!"时贵游子弟多慕王澄、谢鲲为放达,壸厉色于朝曰:"悖礼伤教,罪莫大焉;中朝颠覆,实由于此。"欲奏推之,导及庾亮不听,乃止。

【纲】秋八月,以温峤为都督江州军事,王舒为会稽内史。　【目】初,王导以宽和得众,及庾亮用事,任法裁物,颇失人心。祖约自以名辈不后郗、卞,而不预顾命;遗诏褒进大臣,又不及约与陶侃,二人皆疑亮删之。历阳内史苏峻,有功于国,威望渐著,卒锐器精,有轻朝廷之志。亮既疑峻、约,又畏侃之得众,乃以峤镇武昌,舒守会稽,以广声援;又修石头以备之。丹阳尹阮孚谓所亲曰:"江东创业尚浅,主幼时艰,庾亮年少,德信未孚,以吾观之,乱将作矣。"遂求出为广州刺史。

【纲】冬十月,杀南顿王宗,降封西阳王羕为弋阳县王。　【目】宗自以失职怨望,又素与苏峻善;庾亮欲诛之,中丞钟雅劾宗

显宗成皇帝

【纲】显宗成皇帝咸和元年（丙戌，326），夏六月，晋成帝任命郗鉴为徐州（时治广陵，在今江苏扬州东北）刺史。 【目】司徒王导推说有病，不去上朝，私下里为郗鉴送行。卞壶奏称："王导损法循私，没有大臣的节操，请免除他的官职。"虽然事情搁置不办，但是朝廷所有的官员都忌惮他。卞壶俭朴廉洁，评判是非公正切要，在官位上干练务实，只是性情不够宽容，对时尚不肯苟同，所以被诸名士非议。阮孚对卞壶说："你总不安闲，象口含瓦片石块，不累吗！"卞壶说："诸位君子发扬道德，崇尚风流，做鄙俗吝啬事务的，除了我，还有谁！"当时，王公贵族的子弟大多仰慕王澄和谢鲲，行为放诞不羁，不拘礼俗，卞壶在朝廷上正颜厉色地说："违背礼法，损害教化，罪过最大。我中原朝廷遭到覆灭，实际原因就在这里。"想上奏追究，王导和庾亮不听，这才作罢。

【纲】秋八月，晋成帝任命温峤为都督江州军事，王舒为会稽（治所在今浙江绍兴）内史。 【目】起初，王导靠宽和得到大家的拥护，及至庾亮当权，依法断事，颇失人心。祖约自以为名声和辈份不在郗鉴、卞壶之后，却没有成为顾命大臣，晋明帝的遗诏褒扬进升大臣，又没提到祖约和陶侃，二人都怀疑庾亮删了他们的名字。历阳（今安徽和县）内史苏峻为国家立了功劳，威望逐渐提高，拥有精锐部队和精良的武器装备，滋生了轻视朝廷的意向。庾亮既怀疑苏峻和祖约，又畏惧陶侃能得民心，便派温峤出镇武昌，王舒据守会稽，以扩大声援朝廷的力量，还修缮石头城（在今江苏南京西南）来防备他们。丹阳（治所在今江苏南京南）尹阮孚对亲近的人说："江东朝廷创立基业为时尚浅，皇上年幼，时事艰难，庾亮还年轻，恩德与信誉尚未确立，依我看，祸乱即将发生了。"便要求出任广州（治所在今广东广州）刺史。

【纲】冬十月，晋朝杀死顿南王司马宗，降封西阳王司马羕为弋阳县王。 【目】司马宗自认为不该失去官职，因而怨恨不满，平时又与苏

谋反，亮收杀之。降封其兄太宰西阳王羕为弋阳县王。宗，宗室近属；羕，先帝保傅；亮一旦剪黜，由是愈失远近之心。宗之死也，帝不之知，久之，帝问亮曰："常日白头公何在？"亮对以谋反伏诛。帝泣曰："舅言人作贼，便杀之；人言舅作贼，当如何？"亮惧，变色。

【纲】丁亥，二年，冬，征苏峻为大司农。峻与祖约举兵反。
【目】度亮以苏峻在历阳，终为祸乱，欲下诏征之。司徒导曰："峻必不奉诏，不如且包容之。"卞壸曰："峻拥强兵，逼近京邑，路不终朝，一旦有变，易为蹉跌，宜深思之！"温峤亦累书止亮。举朝以为不可，亮皆不听。征峻为大司农，峻上表辞，不许；峻遂不应命。

温峤即欲帅众下卫建康，亮报峤书曰："吾爱西陲，过于历阳，足下无过雷池一步也。"亮复遣使谕峻，峻曰："台下云我欲反，岂得活耶！我宁山头望廷尉，不能廷尉望山头。"峻知祖约亦怨朝廷，乃请共讨亮。约大喜，遣兄子沛、涣、婿许柳，以兵会峻。

【纲】十二月，峻袭陷姑孰；诏庾亮督诸军讨之，宣城内史桓彝起兵赴难。
【纲】戊子，三年，春正月，温峤以兵赴难，至浔阳。二月，尚书令成汤公卞壸督军讨峻，战败，死之。度亮奔浔阳，峻兵犯阙。
【目】温峤欲救建康，军于浔阳。峻济自横江，陶回谓庾亮曰："峻知石头有重戍，必向小丹阳，南道步来；宜伏兵邀之，可一战擒也。"亮不从。峻果如回言，而夜迷失道，无复部分。亮始悔之。诏以卞壸都督大桁东诸军，及峻战于西陵，大败。峻攻青溪栅，壸又拒

峻交好，庾亮打算杀他。中丞钟雅告发司马宗谋反，庾亮便逮捕并杀了他。他的哥哥太宰西阳王司马羕被降封为弋阳县王。司马宗是皇室近亲，司马羕是明帝的保傅，庾亮一下子杀了一个，贬了一个，由此愈发丧失远近各地的拥护。司马宗被杀，晋成帝一无所知。时间长了，晋成帝问庾亮说："平时那位白头公在哪儿？"庾亮回答说因谋反被处死了。晋成帝流着眼泪说："舅舅说别人是叛贼，就杀了。别人说舅舅是叛贼，又该怎样？"庾亮吓得变了脸色。

【纲】二年（丁亥，327）冬，晋成帝征召苏峻担任大司农，苏峻与祖约起兵反叛。　【目】庾亮认为苏峻在历阳终究要造成祸乱，打算下诏征召他入朝。司徒王导说："苏峻肯定不会接受诏命，不如暂时包容他。"卞壶说："苏峻拥有强兵，迫近京城，用不了一早晨的时间就能赶到，万一发生变故，容易造成闪失，应该深思！"温峤也多次写信阻止庾亮，满朝官员都认为不妥。庾亮一概不听，便征召苏峻担任大司农。苏峻上表推辞，庾亮不许，于是苏峻不接受诏命。

温峤打算立即率领部众东下保卫建康，庾亮给温峤回信说："我对西部疆土的重视，胜过历阳，你不要越过雷池（即大雷水，出今安徽宿松西北）一步。"庾亮又派使者明白开导苏峻，苏峻说："朝廷说我打算造反，我哪能活命！我宁可从山头望监牢，决不在监牢里望山头。"苏峻知道祖约也怨恨朝廷，便请他共同声讨庾亮。祖约大喜，派哥哥的儿子沛国内史祖涣，（原文为"遣兄子沛、涣"，误。兹据《资治通鉴》第九十三卷原文迻译）女婿许柳率军与苏峻汇合。

【纲】十二月，苏峻袭破姑孰。晋成帝下诏命令庾亮统辖各军讨伐苏峻，宣城（治所在今安徽宣城）内史桓彝起兵奔赴国难。

【纲】三年（戊子，328），春正月，温峤率军奔赴国难，抵达浔阳（今江西九江）。二月，尚书令成汤公卞壶统领军队讨伐苏峻，战败身死。庾亮逃往浔阳，苏峻军进犯京城建康。　【目】温峤打算援救建康，驻扎在浔阳。苏峻由横江浦（在今安徽和县东南）渡过长江，陶回对庾亮说："苏峻知道石头城有重兵防守，一定向小丹阳（在今安徽马鞍山市东）进军，从南道步行前来。应该伏兵截击。可以一战活捉苏峻。"庾亮不从其计。果然，苏峻象陶回说的那样，取道小丹阳，并在夜

击之,壶背痈新愈,疮犹未合,力疾苦战而死;二子眕、盱随之,亦赴敌死。其母抚尸哭曰:"父为忠臣,子为孝子,夫何恨乎!"亮奔浔阳。

峻兵入台城,司徒导谓侍中褚翜曰:"至尊当御正殿。"翜即入抱帝登太极前殿;峻兵既入,叱翜令下。翜呵之曰:"苏冠军来觐至尊,军人岂得侵逼!"峻兵不敢上殿。峻以王导有德望,犹使以本官居己之右。以祖约为太尉,峻自录尚书事。

【纲】三月,皇太后庾氏以忧崩。峻南屯于湖。

【纲】葬明穆皇后。

【纲】夏五月,温峤以陶侃入讨峻,峻迁帝于石头。郗鉴、王舒来赴难。【目】温峤将讨峻,遣督护王愆期诣荆州邀陶侃同赴难。侃犹以不豫顾命为恨,答曰:"吾疆场外将,不敢越局。"峤更遣使邀之,侃乃遣督护龚登帅兵诣峤。峤有众七千,于是洒泣登舟。

侃复追登还。峤遗书曰:"峻、约无道,人皆切齿。今之进讨,如石投卵;若复召兵还,是为败于几成,而或者遂谓仁公缓于讨贼。此声难追,愿深察之!"愆期亦谓侃曰:"峻,豺狼也,如得遂志,公宁有容足之地乎!"侃深感悟,即戎服登舟,兼道而进。

郗鉴在广陵,得诏书,即流涕誓众,入赴国难。峻闻之,自姑孰还,迁帝于石头。

间迷失方向，找不到道路，军队失去约束。庾亮这才感到后悔。晋成帝下诏命令卞壸统辖大桁（在今江苏南京东南）以东各军，与苏峻在西陵交战，卞壸大败。苏峻进攻青溪栅（在今南京东），卞壸再次抗击。卞壸背部的痈疮新近才好，疮口还没愈合，勉强带病苦战而死。两个儿子卞眕和卞盱紧随其父，也冲向敌军战死。他们的母亲抚尸痛哭说："父亲是忠臣，儿子是孝子，有何遗憾！"庾亮逃奔浔阳。

苏峻的军队进入台城（即建康宫城）。司徒王导对侍中褚翼说："皇上应该亲临正殿。"褚翼立即进宫抱着晋成帝登上太极前殿。苏峻的军队进殿后，喝令褚翼下殿。褚翼喝斥说："苏冠军来觐见皇上，岂能让军人逼近！"苏峻的士兵不敢上殿。苏峻因王导德高望重，仍然让他保持原来的官职，位居自己之上。任命祖约为太尉，苏峻自任录尚书事。

【纲】三月，皇太后庾氏忧愁致死。苏峻军南移驻扎在于湖（今安徽当涂）。

【纲】明穆皇后入葬。（此为四月二十四日事，见《资治通鉴》第九十四卷）

【纲】夏五月，温峤促使陶侃进讨苏峻，苏峻将晋成帝迁移到石头城。郗鉴、王舒前来奔赴国难。【目】温峤准备讨伐苏峻，派督护王愆期到荆州去邀请陶侃共赴国难。陶侃因不在接受顾命之列，仍然怀恨在心，就答复说："我是边疆的将领，不敢超越自己的职责范围。"温峤再次派使者前去邀请，陶侃才派督护龚登率军到温峤那里去。温峤拥有七千部众，于是洒泪上船。

陶侃又把龚登追回。温峤写信给陶侃说："苏峻、祖约无道，人人切齿痛恨。此次进讨，如以石击卵。如果你又把军队召回，就是在胜利前夕造成败局，也许有人便说您不急于讨贼。这种舆论难以挽回，希望多加考虑！"王愆期也对陶侃说："苏峻犹如豺狼，如果他得志了，难道您能有立足之地吗！"陶侃深受触动，翻然醒悟，立刻穿上军装，上了船，兼程进军。

郗鉴在广陵得到诏书，立刻挥泪誓师，奔赴国难。苏峻闻讯，从姑孰返回，把晋成帝迁移到石头城。

司徒导密令张闿以太后诏谕三吴,使起义兵。会稽内史王舒使度冰将兵一万,西渡浙江;于是吴兴太守虞潭、吴国内史蔡谟、义兴太守顾众等皆应之。潭母孙氏谓潭曰:"汝当舍生取义,勿以吾老为累!"尽遣家僮从军,鬻环珮以给军费。

鉴帅众渡江,与侃等会,舟师直指石头。峻望之有惧色。

【纲】峻分兵陷宣城,内史桓彝死之。 【目】桓彝闻京城不守,进屯泾县。长史裨惠劝彝与峻通使,以纾交至之祸。彝曰:"吾受国厚恩,义在致死,焉能忍耻与逆臣通问!知其不济,此则命也。"彝遣将军俞纵守兰石,韩晃攻之。将败,左右劝退军。纵曰:"吾受桓侯恩厚,当以死报。吾之不可负桓侯,犹桓侯之不负国也。"遂力战而死。晃遂进军,至是,城陷,执彝,杀之。

【纲】秋七月,后赵攻寿春,约众溃,奔历阳。
【纲】九月,陶侃、温峤讨峻于石头,斩之。峻弟逸代领其众。【目】西军与峻久相持不决,温峤军食尽,贷于陶侃。侃怒,欲西归。峤曰:"天子幽逼,社稷危殆,乃臣子肝脑涂地之日,峤等与公并受国恩,事若克济,则臣主同祚,如其不捷,当灰身以谢先帝耳。今之事势,义无旋踵,譬如骑虎,安可中下哉!公若违众独返,人心必沮;沮众败事,义旗将回指于公矣。"庐江太守毛宝说侃曰:"军政有进无退,可试与宝兵,断贼资粮,若不立效,然后公去,人心不恨矣。"侃然而遣之。竟陵太守李阳说侃曰:"大事不济,公虽有粟,安得而食诸?"侃乃分米五万石以饷峤军。宝烧峻句容、湖孰积聚,峻军乏食,侃遂不去,督水军向石头。庾亮、温峤帅步兵万人从白

司徒王导密令张闿以太后的诏书谕示三吴(吴兴、吴郡、会稽,一说为会稽、吴兴、丹阳),令出动勤王的军队。会稽内史王舒派庾冰率领一万军队西渡浙江,于是吴兴(今浙江吴兴)太守虞潭、吴国(国都在今江苏苏州)内史蔡谟、义兴(治所在今江苏宜兴)太守顾众等人纷纷响应。虞潭的母亲孙氏对虞潭说:"你应当舍生取义,不要因我老了就放心不下!"便打发家仆全部从军,卖掉耳环、佩玉充当军费。

郗鉴率领部众渡过长江,与陶侃等人会合,军队乘船直奔石头城。苏峻望见后,面有惧色。

【纲】苏峻分兵攻破宣城,宣城内史桓彝被杀。 【目】桓彝听说京城建康失守,就挺进到泾县(在今安徽泾县西)驻扎。长史裨惠劝桓彝与苏峻通使,以便缓解接踵而来的祸难。桓彝说:"我蒙受国家的深恩,义在以死报效,怎能忍受耻辱,与逆臣交往!假如此去不能成功,就认命了。"桓彝派将军俞纵防守兰石(在今安徽泾县东北),韩晃前来进攻。即将战败时,身边的人劝俞纵退军,俞纵说:"我蒙受桓侯的厚恩,应当以死报答。我不能辜负桓侯,犹如桓侯不辜负国家。"便奋力作战而死,韩晃随即进军。至此,兰石城被攻破,韩晃捉住桓彝,将他杀死。

【纲】秋七月,后赵攻打寿春,祖约部众溃散,逃奔历阳。

【纲】九月,陶侃、温峤在石头城攻讨苏峻,将他杀死,苏峻的弟弟苏逸代他统领部众。 【目】西部各军与苏峻久久相持不下,温峤军粮尽,向陶侃借粮。陶侃发怒,打算西归。温峤说:"天子被囚禁,受逼迫,国家处于危险之中,正是臣属肝脑涂地的时候。我们与您同受国恩,如果事情成功了,就君臣同福。如果不能取胜,就应当牺牲生命以报答先帝。如今的事态,义无反顾,势如骑虎,怎能半途而废!如果您不顾大家,单独返回,必然会人心沮丧。您使人心沮丧,战事失败,义旗就会调转方向,指向您了。"庐江(治所在今安徽庐江)太守毛宝劝陶侃说:"军事行动有进无退。您可以试试,拨给我军队,去切断敌人物资粮草供应的通道,如果不能奏效,然后您再离开,人们就心无遗憾了。"陶侃同意了,让他付诸行动。竟陵(今湖北天门)太守李阳劝陶侃

石南上，峻将八千人逆战，马踬，侃部将斩之三军皆称万岁。余众大溃。峻司马任让等共立峻弟逸为主，闭城自守。

【纲】冬十二月，后赵主勒大破赵兵于洛阳，获赵主曜以归，杀之。

【纲】己丑，四年，春正月，逸杀右卫将军刘超、侍中钟雅。【目】钟雅谋奉帝出赴西军；事泄，苏逸使任让将兵入宫收超、雅。帝抱持悲泣曰："还我侍中、右卫！"让夺而杀之。

【纲】冠军将军赵胤攻拔历阳，约奔后赵。

【纲】赵太子熙奔上邽，后赵取长安。

【纲】二月，诸军讨逸，斩之，及西阳王羕。【目】诸军攻石头。建威长史滕含大破其兵，获苏逸、韩晃，斩之。含部将曹据抱帝奔温峤船，群臣见帝，顿首号泣请罪。杀西阳王羕。陶侃与任让有旧，为请其死。帝曰："是杀吾侍中，右卫者，不可赦也。"乃杀之。司徒导入石头，令取故节，侃笑曰："苏武节似不如是。"导有惭色。

【纲】以褚翜为丹阳尹。【目】时宫阙灰烬，峤欲迁都豫章，三吴之豪请都会稽，导曰："孙仲谋、刘玄德俱言：'建康，王者之宅。'古之帝王，不必以丰俭移都；苟务本节用，何忧凋弊！若农事不修，则乐土为墟矣。且北寇游魂，伺我之隙，一旦示弱，窜于蛮、越，求之望实，俱非良计。今特宜镇之以静，群情自安。"由是不复徙都。而以翜为丹阳尹。翜收集散亡，京邑遂安。

说:"一旦勤王失败,即使您有粮食,岂能食之!"陶侃这才拿出五万石粮食,拨给温峤军。毛宝烧掉苏峻屯积在句容(今江苏句容)、湖孰(今江苏江宁东南湖孰镇)的粮食,苏峻军缺粮。陶侃不再撤离,便统领水军向石头城进发。庾亮、温峤率领一万步兵从白石垒(在石头城东北)南上,苏峻带领八千人迎战,不料坐骑仆倒在地,陶侃的部将将他杀死,三军将士都高呼万岁。苏峻的余部纷纷溃逃,苏峻的司马任让等人共同拥立苏峻的弟弟苏逸为主帅,闭城自守。

【纲】冬十二月,后赵主石勒在洛阳大破前赵军,捉住前赵主刘曜带回,将他杀死。

【纲】四年(己丑,329),春正月,苏逸杀死右卫将军刘超、侍中钟雅。　【目】钟雅策划拥奉晋成帝出城投奔西部勤王军,事情泄露,苏逸派任让领兵进宫逮捕刘超和钟雅。晋成帝抱着二人伤心哭泣说:"还我的侍中和右卫!"任让硬把二人拉下来杀了。

【纲】冠军将军赵胤攻克历阳,祖约逃奔后赵。

【纲】前赵太子刘熙逃往上邦(在今甘肃天水西南),后赵占领长安。

【纲】二月,各军讨伐苏逸,苏逸及西阳王司马羕杀死。　【目】各军攻打石头城。建威长史滕含大破敌军,将苏逸和韩晃捉住杀死。滕含的部将曹据抱着晋成帝逃到温峤的船上,群臣见到晋成帝,叩头至地,号啕大哭,请求治罪。西阳王司马羕被杀。陶侃与任让有旧交,请求免他一死。晋成帝说:"这人杀了我的侍中和右卫,不能赦免!"便杀死任让。司徒王导进入石头城,吩咐去取原来的符节,陶侃笑着说:"似乎苏武的符节无须去取。"王导面有惭色。

【纲】朝廷任命褚翜为丹阳尹。　【目】当时宫殿已被烧毁,温峤打算迁都豫章(今江西南昌),三吴地区的豪杰请求在会稽建都。王导说:"孙权和刘备都说:'建康是帝王之宅'。古代的帝王,绝不会因物产多寡而迁都。如果致力务农,节约费用,难道还用为凋敝残破发愁吗?如果不把农业办好,连乐土也会化为废墟了。况且北方敌寇出没不定,窥伺我们的可乘之机,万一向他们示弱,逃窜到蛮、越地区,由名实两方面衡量,恐怕不是良策。现在特别应该保持镇静,群情自会

【纲】三月，以陶侃为太尉，郗鉴为司空，温峤为骠骑将军、开府仪同三司，庾亮为豫州刺史。

【纲】夏四月，骠骑将军始安公温峤卒，以刘胤为江州刺史。【目】温峤卒，时年四十二，谥曰忠武。胤，峤军司也。陶侃、郗鉴皆言胤非方伯才，王导不从。或谓导子悦曰："自江陵至于建康，三千余里，流民万计，国之南藩，要害之地，而胤以汰侈，卧而对之，不有外变，必有内患矣。"

【纲】秋八月，后赵石虎攻拔上邽，杀赵太子熙，遂取秦、陇。【目】赵南阳王胤帅众数万自上邽趋长安。石虎救之，大破赵兵，乘胜追击。上邽溃，虎执赵太子熙及胤以下三千余人，皆杀之，徙其台省文武、关东流民、秦、雍大族于襄国；秦、陇悉平。蒲洪、姚弋仲俱降于虎。

【纲】冬十二月，将军郭默杀刘胤。【目】胤矜豪纵酒，不恤政事。郭默被征为右将军，求资于胤，不得；诬胤以大逆，袭斩之，传首京师。

【纲】代王纥那出奔宇文部，翳槐立。【目】翳槐，郁律之子也。

【纲】庚寅，五年，春正月，太尉侃讨郭默，斩之。【目】刘胤首至建康，司徒导以郭默骁勇难制，以默为江州刺史。陶侃闻之，投袂起曰："此必诈也。"即将兵讨之。上表言状，且与导书曰："默杀方州即用为方州，害宰相便为宰相乎？"导答侃书曰："默据上流之势，加以船舰成资，故包含容忍，以俟足下，岂非遵养时晦以定大事者耶！"侃笑曰："是乃遵养时贼也！"兵至，默将缚默以降，侃斩之。

安定。"从此不再计议迁都，便任命褚翜为丹阳尹。褚翜招集失散的人口，京城于是安定。

【纲】三月，朝廷任命陶侃为太尉，郗鉴为司空，温峤为骠骑将军、开府仪同三司，庾亮为豫州刺史。

【纲】夏四月，骠骑将军始安公温峤去世，朝廷任命刘胤为江州（治所在今江西南昌）刺史。 【目】温峤去世，当时四十二岁，谥号为忠武。刘胤，是温峤的军司。陶侃、郗鉴都说刘胤不是镇守一方的将才，王导不从其言。有人对王导的儿子王悦说："由江陵（今湖北江陵）到建康三千余里的地方上，流民数以万计。江州是国家南部的屏障，是要害之地。但是，刘胤骄傲奢侈，躺着办公，外部不发生变故，内部也一定会出现祸患。"

【纲】秋八月，后赵石虎攻克上邽，杀死前赵太子刘熙，于是占领秦、陇地区。 【目】前赵南阳王刘胤率领数万名部众从上邽急奔长安，石虎去救长安，大破前赵军，乘胜追击。上邽防守崩溃，石虎捉住前赵太子刘熙以及刘胤以下三千余人，统统杀死，将前赵朝廷文武官员、关东逃亡的难民和秦、雍地区的士家大族迁徙到后赵都城襄国（在今河北邢台西南），秦、陇地区全部平定。蒲洪、姚弋仲都归降石虎。

【纲】冬十二月，将军郭默杀死刘胤。 【目】刘胤奢侈自夸，纵情饮酒，不问政事。郭默被征召为右将军，求刘胤提供旅费，没有得到，就诬蔑刘胤反叛朝廷，将他袭击斩杀，把头颅传送到京城建康。

【纲】代王拓跋纥那外逃到宇文部，拓跋翳槐即位。 【目】拓跋翳槐是拓跋郁律的儿子。

【纲】五年（庚寅，330），春正月，太尉陶侃讨伐郭默，将他杀死。 【目】刘胤的头颅送到建康，司徒王导因郭默骁勇难制，便任命郭默为江州刺史。陶侃闻讯挥袖而起说："此中肯定有诈。"就领兵讨伐郭默。陶侃上表奏明事态，同时写信给王导说："郭默杀死一州的长官，就让他当该州的长官，如果害死宰相就让他当宰相吗！"王导写信答复陶侃说："郭默占据长江上游的有利地形，加上现成的船舰和储备，所以持包容克制的态度，等您前来，难道不是隐忍待时以稳定大局的做法吗？"陶侃笑着说："说成隐忍待贼才对！"陶侃大军抵达江

【纲】二月，赵王勒称赵天王，以石虎为太尉，封中山王。

【纲】赵诛祖约，夷其族。

【纲】夏五月，诏太尉侃兼督江州。　【目】侃遂移镇武昌。

【纲】秋九月，赵王勒称皇帝。

【纲】壬辰，七年，春正月，赵大飨群臣。　【目】赵主勒谓徐光曰："朕可方自古何等主？"对曰："陛下神武谋略过于汉高。"勒笑曰："人岂不自知！卿言太过。朕若遇高祖，当北面事之，与韩、彭比肩；若遇光武，当并驱中原，未知鹿死谁手。大丈夫行事，宜磊磊落落，如日月皎然，终不效曹孟德、司马仲达欺人孤儿、寡妇，狐媚以取天下也。"

勒虽不学，好使诸生读书而听之，时以其意论古今得失，闻者悦服。尝使人读汉书，闻郦食其劝立六国后，惊曰："此法当失，何以遂得天下？"及闻留侯谏，乃曰："赖有此耳。"

【纲】癸巳，八年，夏五月，辽东公慕容廆卒，世子皝嗣。

【纲】秋七月，赵主勒卒，太子弘立。八月，赵石虎自为丞相、魏王；九月，弑其太后刘氏。冬十月，赵河东王石生等举兵讨之，不克而死。

【纲】甲午，九年，夏六月，太尉、长沙公陶侃卒。　【目】侃晚年深以盈满自惧，不预朝权，屡欲告老归国，佐吏等苦留之。至是，疾笃，上表逊位。薨，谥曰桓。侃在军四十一年，明毅善断，识察纤

州后,郭默的部将绑着郭默出城投降,陶侃将郭默处斩。(陶侃军至江州在本年二月,郭默的部将归降及陶侃杀郭默均在本年五月,见《资治通鉴》第九十四卷。)

【纲】二月,后赵王石勒称赵天王,任命石虎为太尉,封为中山王。

【纲】后赵杀死祖约,灭了他的家族。

【纲】夏五月,朝廷下诏让太尉陶侃兼统江州。　【目】陶侃于是把军府移迁到武昌。

【纲】秋九月,后赵王石勒称皇帝。

【纲】七年(壬辰,332),春正月,后赵大宴群臣。　【目】后赵主石勒对徐光说:"朕可以和古代哪种君主相比?"徐光回答说:"陛下用兵如神,谋略至深,超过汉高祖。"石勒笑着说:"人哪能没有自知之明!你说的太过分了。如果朕遇到汉高祖,恐怕会向他北面称臣,成为韩信、彭越一流的人物。如果朕遇到汉光武帝,会与他逐鹿中原,不知鹿死谁手。大丈夫做事应该光明磊落,象日月一样皎洁,终究不学曹操、司马懿,欺凌人家的孤儿寡妇,靠迷惑人心来夺取天下。"

石勒虽然不识字,却喜欢让众儒生读书给他听,他时常按自己的看法评论古今得失,听到的人都心悦诚服。有一次,石勒让人读《汉书》,听到郦食其劝汉高祖立六国后裔时,吃惊地说:"这办法该是错了,怎么最终还是得到天下了?"及至听到留侯张良劝阻其事,石勒才说:"幸亏还有此举。"

【纲】八年(癸巳,333),夏五月,辽东公慕容廆去世,世子慕容皝继位。

【纲】秋七月,后赵主石勒去世,太子石弘即位。八月,后赵石虎自任丞相,进爵魏王。九月,石虎杀死后赵太后刘氏。冬十月,后赵河东王石生等人起兵讨伐石虎,战败被杀。

【纲】九年(甲午,334),夏六月,太尉长沙公陶侃去世。　【目】陶侃晚年对自己无以复加的地位深为戒惧,不肯参预朝政,多次要告老退休,返回封国,佐吏们苦苦挽留。至此,陶侃病重,上表要求退位。陶侃去世,谥号为桓。陶侃统军四十一年,严明善断,洞察秋毫,没人

密,人不能欺;自南陵迄于白帝,数千里中,路不拾遗。尚书梅陶尝谓人曰:"陶公机神明鉴似魏武,忠顺勤劳似孔明,陆抗诸人不能及也。"谢安每言:"陶公虽用法,而恒得法外意。"

【纲】成主雄卒,太子班立。

【纲】以庾亮都督江、荆等州军事。 【目】亮镇武昌,辟殷浩为记室参军。浩与褚裒、杜乂皆以识度清远,善谈《老》《易》,擅名江东,而浩尤为风流所宗。桓彝尝谓裒曰:"季野有皮里《春秋》。"言其外无藏否而内有褒贬也。谢安曰:"裒虽不言,而四时之气亦备矣。"

【纲】冬十月,成李越弑其主班而立其弟期。

【纲】十一月,赵石虎弑其主弘,自立为居摄天王。

【纲】乙未,咸康元年,春正月朔,帝冠。

【纲】三月,幸司徒导府。 【目】司徒导赢疾,不堪朝会,帝幸其府。导辟王濛、王述为掾属。濛不修小廉,而以清约见称。与沛国刘惔友善,惔常称濛性至通,而自然有节。濛曰:"刘君知我,胜我自知。"尝时称风流者,以惔、濛为首。述性沉静,每坐客辩论蜂起,而述处之恬如也。年三十,尚未知名,人谓有痴。导以门地辟之,既见,唯问江东米价,述张目不答。导曰:"王掾不痴。"导每发言,一坐莫不赞美,述正色曰:"人非尧、舜,何得每事尽善!"导改容谢之。

【纲】秋九月,赵迁都邺。

【纲】赵听其民事佛。 【目】初,赵主勒以天竺僧佛图澄豫言成败,数有验,敬事之。及虎即位,奉之尤谨。诏中书曰:"佛,国家所奉,里闾小人无爵秩者,应得事不!"著作郎王度等议曰:"王者

能欺骗他,从南陵(今安徽繁昌西北)到白帝城(今四川奉节东)数千里的辖境内,路不拾遗。尚书梅陶曾对别人说:"陶公机智明察类似魏武帝,忠顺勤勉类似诸葛亮,陆抗等人都不如他。"谢安常说:"陶公虽然动用刑法,通常却能领会为什么动用刑法的本意。"

【纲】成汉主李雄去世,太子李班即位。

【纲】朝廷任命庾亮为都督江、荆等州军事。 【目】庾亮镇守武昌,征召殷浩担任记室参军。殷浩与褚裒、杜乂都因见识清高,襟怀开阔,善于谈论《老子》《周易》,在江东享有盛名,殷浩尤其受到风雅名流的推崇。桓彝曾经对褚裒说:"褚裒有皮里《春秋》。"是说他表面不品评是非,内心却有所褒贬。谢安说:"褚裒虽然不说话,但是四季的气象也具备了。"

【纲】冬十月,成国李越杀死国君李班,拥立其弟李期为帝。

【纲】十一月,后赵石虎杀死国君石弘,自立为居摄天王。

【纲】咸康元年(乙未,335),春正月一日,晋成帝行加冠礼。

【纲】三月,晋成帝亲临司徒王导的府邸。 【目】司徒王导得了羸疾,(羸疾:类似风瘫的一种病)不能参加朝会,晋成帝到他的府邸亲自探望。王导征召王濛、王述为属官。王濛不拘小节,以清静简约著称。王濛与沛国(都萧县,今安徽濉溪西北)人刘惔友好,刘惔常称许王濛性情至为通脱豁达,却自然有其法度。王濛说:"刘君了解我,胜过我了解自己。"当时被称为风流名士的,以刘惔和王濛为首。王述性格沉静,每当在座的客人辩论蜂起时,王述却恬然处之。王述三十岁时还没出名,人们说他太痴。王导因他门第高贵而征召他做官,见面后,只问他江东的米价,王述睁大眼睛,不作回答。王导说:"王述不痴。"王导每次讲话,满座的人无不赞美,王述严肃地说:"人非尧舜,怎会每件事都十全十美!"王导神色变得严肃起来,向他表示感谢。

【纲】秋九月,后赵迁都邺城(今河北临漳)。

【纲】后赵听凭本国百姓信奉佛教。 【目】起初,由于天竺僧人佛图澄预言成败多次应验,后赵主石勒就恭敬地事奉他。及至石虎即位,事奉他更加恭谨。石虎下诏问中书说:"佛教是国家信奉的,民间没有官爵的百姓是否可以信奉?"著作郎王度等人议论说:"帝王的祭祀,

祭祀，典祀具存。佛，外国之神，非天子所应祠也。今且禁公卿以下毋得诣寺烧香礼拜；其赵人为沙门者，皆返初服。"虎诏曰："朕生自边鄙，忝君诸夏，至于飨祀，应从本俗。其夷、赵百姓乐事佛者，特听之。"

【纲】冬十月，代王纥那复入，翳槐奔赵。

【纲】张骏遣使上疏，请北伐。　【目】初，张轨及寔、茂保据河右，军旅之事无岁无之。及骏嗣位，境内渐平。骏勤修庶政，总御文武，咸得其用，民富兵强，远近称为贤君。骏遣使上疏，以为："勒、雄既死，虎、期继逆，元老消落，后生不识，慕恋之心，日远日忘。乞敕司空鉴、征西亮等泛舟江、沔，首尾齐举。"

【纲】丙申，二年，春正月，慧星见奎、娄。

【纲】二月，立皇后杜氏。
【纲】丁酉，三年，春正月，赵王虎称赵天王。
【纲】秋七月，慕容皝自称燕王。
【纲】赵纳代王翳槐于代，纥那奔燕。

【纲】戊戌，四年，夏四月，成李寿弑其主期而自立，改国号汉。
【纲】五月，以司徒导为太傅，都督中外诸军事，郗鉴为太尉，庾亮为司空。六月，更以导为丞相，罢司徒官。　【目】是时，亮虽居外镇，而遥执朝权，既据上流，拥强兵，趣势者多归之。导内不能平，尝遇西风尘起，举扇自蔽，徐曰："元规尘污人！"

【纲】冬十月，光禄勋颜含致仕。　【目】颜含以老逊位。时论

典章礼法都有规定。佛是外国的神，天子不应该祭祀。现在，可禁止公卿以下官员不得到寺院去烧香拜佛，赵国人当了僧人的，一律还俗。"石虎下诏说："朕生在边地，愧为中国的君主。至于祭祀，应该依从本来的习俗。凡夷族和赵国百姓愿意信奉佛教的，特听任信奉。"

【纲】冬十月，代王拓跋纥那重新返回，拓跋翳槐逃奔后赵。（《资治通鉴》将此事系于年末，盖无法知其月份。下条亦然。《易知录》将此二条系于十月，恐失据）

【纲】张骏派使者上疏，请求北伐。　【目】起初，张轨和张寔、张茂据守河右地区，战事无年不有。及至张骏继位，境内逐渐安定。张骏勤勉地整饬各项政务，总辖文武官员，使之各尽其用，民富兵强，远近各地的人都称许他是贤君。张骏派使者上疏，他认为："石勒、李雄死后，石虎、李期继续与朝廷为敌。老一辈谢世了，后生不知往事，对朝廷的仰慕依恋之情日渐淡忘。请陛下敕令司空郗鉴、征西将军庾亮等人乘船进入长江、沔水，与我由东西两方同时并举。"

【纲】二年（丙申，336），春正月，彗星出现在西方的奎宿、娄宿之间。

【纲】二月，立杜氏为皇后。

【纲】三年（丁酉，337），春正月，后赵王石虎称赵天王。

【纲】秋七月，慕容皝自称燕王。

【纲】后赵将代王拓跋翳槐护送回代国，拓跋纥那逃奔前燕。（《资治通鉴》将本条系于年末，表示月份不明。）

【纲】四年（戊戌，338），夏四月，成国李寿杀死国君李期，自立为帝，改国号为汉。

【纲】五月，晋成帝任命司徒王导为太傅、都督中外诸军事，郗鉴为太尉，庾亮为司空。六月，晋成帝又任命王导为丞相，撤销司徒的官职。　【目】这时，庾亮虽然在外镇守武昌，却遥控朝廷大权。他据守长江上游，拥有强兵，趋炎附势的人多依附于他。王导内心不满，曾在西风扬起尘土时，举起扇子来遮住自己，缓缓地说："庾亮那方的尘土把人沾污了！"

【纲】冬十月，光禄勋颜含辞官归居。　【目】颜含因年迈辞位。

者以"王导帝之师傅，百僚宜为降礼"；太常冯怀以问含。含曰："王公虽贵重，礼无偏敬。降礼之言，或是诸君事宜；鄙人老矣，不识时务。"既而告人曰："吾闻伐国不问仁人，向冯祖思问佞于我，我岂有邪德乎！"郭璞尝欲为之筮，含曰："年在天，位在人，修己而天不与者，命也；守道而人不知者，性也；自有性命，无劳蓍龟。"致仕二十余年，年九十三而卒。

【纲】代王翳槐卒，弟什翼犍立。【目】代自猗卢卒，国多内难，部落离散。什翼犍雄勇有智略，能修祖业，百姓安之，有众数十万人。

【纲】己亥，五年，秋七月，丞相始兴公王导卒，以何充为护军将军，庾冰为中书监、扬州刺史、参录尚书事。【目】导简素寡欲，辅相三世，仓无储谷，衣不重帛。

初，导与庾亮共荐丹阳尹何充于帝。及导薨，征庾亮为左相，亮固辞，遂以充及亮弟冰参录尚书事。冰经纶时务，不舍昼夜，宾礼朝贤，升擢后进，由是朝野翕然，称为贤相。

【纲】八月，改丞相为司徒。

【纲】太尉南昌公郗鉴卒，以蔡谟都督徐、兖军事。【目】鉴疾笃，上疏荐太常蔡谟，平简贞正，素望所归，可为徐州。鉴薨，即以谟代之。

【纲】九月，赵以李巨为御史中丞。【目】赵王虎患贵戚豪恣，乃擢巨为中丞，中外肃然。虎曰："朕闻良臣如猛虎，高步旷野而豺狼避路，信哉！"

【纲】庚子，六年，春正月，司空庾亮卒，以何充为中书令，庾翼都督江、荆等军州事。

当时议政者认为:"王导是皇上的师傅,百官应向他跪拜行礼。"太常冯怀就此去问颜含,颜含说:"王公虽然位尊任重,却不能偏离礼法,特加尊敬。跪拜行礼的主张,或许要由诸位实行,鄙人老啦,不识时务了。"后来告诉别人说:"我听说,攻打别国,不须征求仁人的意见。不久前冯怀问我如何谄媚王导,我难道有不道德的地方吗!"有一次,郭璞打算为颜含占卦,颜含说:"年寿在天,禄位在人。自修其身,上天却不假以年寿与禄位,这是命造成的。恪守正道,人们却无从了解,这是性造成的。我自有性命,不用麻烦你占卦。"他辞官归居二十多年,九十三岁时去世。

【纲】代王拓跋翳槐去世,其弟拓跋什翼犍继立。 【目】自从拓跋猗卢去世后,代国内部多次发生祸难,部落流离失散。拓跋什翼犍雄武有力,机智多谋,能振兴祖先的基业,百姓乐于服从他,他拥有部众几十万人。

【纲】五年(己亥,339),秋七月,丞相始兴公王导去世。晋成帝任命何充为护军将军,庾冰为中书监、扬州刺史、参录尚书事。 【目】王导简约朴素,清心寡欲先后辅佐三帝,却仓无存粮,不穿两层帛衣。

起初,王导与庾亮共同向晋成帝推荐何充。及至王导去世,晋成帝征召庾亮担任左相,庾亮坚决推辞,于是任命何充和庾亮的弟弟庾冰为参录尚书事。庾冰筹划当世要务,夜以继日,尊重朝中的贤才,提拔后起之秀,因此朝野人士交口称赞,说他是一位贤相。

【纲】八月,晋朝改称丞相为司徒。

【纲】太尉南昌公郗鉴去世,晋成帝任命蔡谟为都督徐、兖军事。 【目】郗鉴病重,上疏推荐太常蔡谟,说他平易纯正,一向受时望的推重,可以让他镇守徐州。郗鉴去世后,晋成帝就以蔡谟代替他的职务。

【纲】九月,后赵任命李巨为御史中丞。 【目】后赵王石虎忧虑宗室与外戚豪横无度,便提升李巨为御史中丞,朝廷内外为之整肃。石虎说:"朕听说良臣如猛虎,闲步旷野时,豺狼为之让路,的确可信!"

【纲】六年(庚子,340),春正月,司空庾亮去世,晋成帝任命何充为中书令,庾翼为都督江、荆等州军事。

【纲】有星孛于太微。

【纲】三月，代始都云中。

【纲】辛丑，七年，春正月，燕筑龙城。　【目】燕筑城于柳城之北，龙山之西，立宗庙、宫阙，命曰龙城。

【纲】二月，封慕容皝为燕王。三月，皇后杜氏崩。夏四月，葬恭皇后。

【纲】壬寅，八年，春正月朔，日食。

【纲】夏六月，帝崩，琅邪王岳即位。　【目】帝不豫；二子丕、奕皆在襁褓。庾冰恐易世之后，亲属愈疏，为人所间，请以母弟琅邪王岳为嗣，帝许之。中书令何充曰："父子相传，先王旧典，且今将如孺子何！"冰不听。帝乃诏冰、充及武陵王晞、会稽王昱、尚书令诸葛恢并受顾命而崩。琅邪王即位，亮阴不言？委政于冰、充。

【纲】封成帝子丕为琅邪王，奕为东海王。

【纲】秋七月，葬兴平陵。以何充都督徐州军事。

【纲】冬十月，燕迁都龙城。

【纲】十二月，立皇后褚氏。　【目】时征后父豫章太守褚裒为侍中。裒以后父，不愿居中任事，乃除江州刺史，镇半洲。

康皇帝

【纲】癸卯，康皇帝建元元年，秋七月，诏议经略中原。庾翼表遣梁州刺史桓宣伐赵。　【目】翼为人慷慨，喜功名，不尚浮华。琅邪内史桓温，彝之子也，尚南康公主，豪爽有风概，翼与之友善，尝

【纲】孛星出现在太微星旁。

【纲】三月，代国开始定都云中（今内蒙古托克托县）。

【纲】七年（辛丑，341），春正月，前燕修筑龙城。　【目】前燕在柳城（今辽宁朝阳北）以北，龙山（今辽宁朝阳东北）以西修筑都城，建立宗庙，兴修宫殿，命名为龙城。

【纲】二月，晋朝封慕容皝为燕王。三月，皇后杜氏去世。夏四月，恭皇后杜氏安葬。

【纲】八年（壬寅，342），春正月一日，出现日食。

【纲】夏六月，晋成帝去世，琅邪王司马岳即位。　【目】晋成帝生病时，两个儿子司马丕和司马奕都在襁褓中。庾冰恐怕皇帝换代后，自己与皇室的亲属关系更加疏远，会遭到他人的离间，所以请求立晋成帝的同母胞弟琅邪王司马岳为后嗣，晋成帝昭准。中书令何充说："皇位父子相传，是先王旧制。而且现在年幼的皇子将怎么办！"庾冰不予理睬。晋成帝下诏让庾冰、何充以及武陵王司马晞、会稽王司马昱、尚书令诸葛恢一起接受临终遗命，于是去世。琅邪王司马岳即位，在为晋成帝治丧期间，沉默不语，把朝政交给庾冰与何充处理。

【纲】晋康帝封晋成帝的儿子司马丕为琅邪王，司马奕为东海王。

【纲】秋七月，晋成帝安葬在兴平陵（在今江苏南京）。晋康帝任命何充为都督徐州军事。

【纲】冬十月，前燕迁都龙城。

【纲】十二月，晋康帝立褚氏为皇后。　【目】当时，晋康帝征召褚皇后的父亲豫章太守褚裒担任侍中。褚裒因自己是皇后的父亲，不愿意在朝廷中任职，于是任命他为江州刺史，出镇半洲（在今江西九江西）。

康皇帝

【纲】康皇帝建元元年（癸卯，343），秋七月，晋康帝下诏计议收复中原。庾翼上表派梁州（时治西城，在今陕西安康西北）刺史桓宣讨伐后赵。　【目】庾翼为人慷慨激昂，追求功名，不尚浮华。琅邪内史桓温是桓彝的儿子，娶南康公主为妻，性情豪爽，很有气概。庾翼与他

荐于成帝曰："温有英难之才，愿勿以常婿畜之；宜委以方面之任，必有弘济之勋。"时杜乂、殷浩并才名冠世，翼独弗之重也，曰："此辈宜束之高阁，俟天下太平，然后徐议其任耳。"浩累辞征辟，屏居十年，时人拟之管、葛。谢尚、王濛尝伺其出处，以卜江左兴亡。尝相与省之，知浩有确然之志，既退，相谓曰："深源不起，当尝如苍生何！"翼请浩为司马；诏除侍中、安西军司，浩不应。翼遗之书曰："王夷甫立名非真，虽云谈道，实长华竞。明德君子，遇会处际，宁可然乎！"浩犹不起。翼以灭赵取蜀为己任，遣使约燕、凉，刻期大举，朝议多以为难。至是，诏议经略中原，翼欲悉众北伐，表桓宣督诸军，趣丹水；桓温为前锋小督，帅众入临淮。

【纲】汉主寿卒，太子势立。

【纲】庾翼移镇襄阳，诏以翼都督征讨军事，庾冰都督荆、江等州军事。征何充为扬州刺史、录尚书事。

【纲】甲辰，二年，春正月，桓宣及赵兵战于丹水，败绩。

【纲】秋九月，帝崩。太子聃即位，尊皇后曰皇太后。太后临朝称制。冬十月，葬崇平陵。

【纲】荆、江都督庾冰卒，翼还镇夏口。

孝宗穆皇帝

【纲】乙巳，孝宗穆皇帝永和元年，春正月，以会稽王昱为抚军大将军、录尚书六条事。

友好，曾向晋成帝推荐他说："桓温具备英雄之才，希望陛下勿以普通的女婿对待他。应该把一方的军政重任交给他，他准能建立匡救危难的功勋。"当时，杜乂和殷浩的才名都居当世的首位，只有庾翼不推重二人，说："应将此辈束之高阁，等天下太平了，然后慢慢商量他们能干些什么。"殷浩多次不接受官府的征召，隐居了十年，时人把他比作管仲和诸葛亮。谢尚、王濛经常察看他的行藏，以估量江东朝廷的兴亡。有一次，谢尚和王濛一起去看望殷浩，知道殷浩志向坚定，出来后交谈说："殷浩不出仕，苍生怎么办！"庾翼请殷浩担任司马，晋康帝下诏授以侍中、安西军司，殷浩没有应命。庾翼写信给殷浩说："王衍赢得的名声与真实情况不符，虽说是坐以论道，实际却助长浮华躁进的风气。品德完美的君子遇到风云际会，怎能这个样子！"殷浩仍然没有出仕。庾翼以消灭后赵、攻取汉国为己任，派使者约前燕、前凉约定日期，大举进攻，朝廷舆论大多认为此举有困难。至此，晋康帝下诏计议收复中原，庾翼打算调集全部兵力出师北伐，上表委派桓宣统辖各军，奔赴丹水（汉水支流丹江）；桓温担任前锋小督，率领部众进入临淮（在今江苏盱眙东北）。

【纲】汉国主李寿去世，太子李势即位。

【纲】庾翼移军镇守襄阳，晋康帝下诏任命庾翼为都督征讨军事，庾冰为都督荆、江等州军事，征召何充回朝担任扬州刺史、录尚书事。

【纲】二年（甲辰，344），春正月，桓宣与后赵军在丹水交战失败。（《资治通鉴》载此事于本年四至八月之间，此月份系《易知录》编者误载）

【纲】秋九月，晋康帝去世，太子司马聃即位，尊奉皇后为皇太后，皇太后临朝主持国政。冬十月，晋康帝安葬在崇平陵。

【纲】荆、江都督庾冰去世，庾翼回军镇守夏口（在今湖北武昌黄鹄山上）。

孝宗穆皇帝

【纲】孝宗穆皇帝永和元年（乙巳，345），春正月，朝廷任命会稽王司马昱为抚军大将军、录尚书六条事。

【纲】二龙见于燕之龙山。 【目】燕有黑白二龙见于龙山,交首游戏,解角而去。燕王皝祀以太牢,命所居新宫曰和龙。是岁,始不用晋年号,自称十二年。

【纲】冬十月,江州都督庾翼卒,以桓温都督荆、梁等州军事。 【目】翼病,表子爰之为荆州刺史,委以后任。及卒,朝议以诸庾世在西藩,人情所安,欲从其请。何充曰:"荆楚,国之西门,户口百万,北带强胡,西邻劲蜀,得人则中原可定,失人则社稷可忧,陆抗所谓'存则吴存,亡则吴亡'者也,岂可以白面少年当之哉!桓温英略过人,有文武器干,西夏之任,无出温者。"丹阳尹刘惔每奇温才,然知其有不臣之志,谓会稽王昱曰:"温不可使居形胜之地。"昱不听,以温代翼。

【纲】冬十二月,张骏自称凉王。

【纲】赵以姚弋仲为冠军大将军。

【纲】丙午,二年,春正月,扬州刺史、都乡侯何充卒。

【纲】二月,以光禄大夫蔡谟领司徒。

【纲】三月,以顾和为尚书令,殷浩为扬州刺史。 【目】褚裒荐顾和、殷浩,诏以和为尚书令,浩为扬州刺史。和有母丧,固辞不起,谓所亲曰:"古人有释衰绖从王事者,以英才足干时故也;如和者,正足以亏孝道,伤风俗耳。"浩亦固辞。会稽王昱与浩书曰:"足下去就,即时之废兴也,家国不异,宜深思之!"浩乃就职。

【纲】夏五月,凉王张骏卒,世子重华立。

【纲】冬十一月,桓温帅师伐汉。 【目】桓温将伐汉,将佐皆

【纲】有二龙出现在前燕的龙山上。　【目】前燕的龙山上出现黑白二龙,龙头相交,在一起游戏,龙角脱落后消失不见。前燕王慕容皝以太牢祭祀二龙,给居住的新宫起名为和龙。本年,前燕开始不用晋朝的年号,自称本年为十二年。

【纲】冬十月,江州都督庾翼去世,朝廷任命桓温为都督荆、梁等州军事。　【目】庾翼生病后,上表以儿子庾爰之为荆州刺史,把自己的职务交给他。及至庾翼去世,朝廷舆论认为,庾翼一家世代镇守西部地区,当地人们已经习惯,所以准备依从他的请求。何充说:"荆楚地区是国家的西门,户口百万,北与强悍的胡虏接壤,西与劲敌汉国为邻,荆州刺史委任得人,中原地区就可以平定,不得其人,国家命运就值得忧虑,这就是陆抗说的'存则吴存,亡则吴亡'所指的地方,怎能让一个白面少年担当此任! 桓温为人英武,谋略过人,文武才具兼备,担当西部地区的重任,没有比桓温更合适的人选。"丹阳尹刘惔经常称许桓温人才不凡,但知道他有不甘为臣的野心,就对会稽王司马昱说:"不能让桓温占据地势优越的地方。"司马昱不听劝告,让桓温去代替庾翼。

【纲】冬十二月,张骏自称凉王。

【纲】后赵任命姚弋仲为冠军大将军。

【纲】二年(丙午,346),春正月,扬州刺史、都乡侯何充去世。

【纲】二月,朝廷命光禄大夫蔡谟兼任司徒。

【纲】三月,朝廷任命顾和为尚书令,殷浩为扬州刺史。　【目】褚裒荐举顾和、殷浩,朝廷下诏任命顾和为尚书令,殷浩为扬州刺史。顾和正为母亲服丧,坚决推辞,不肯就职。他对亲近的人说:"古人有终止服丧去为朝廷办事的,那是因为他们的才能足以济世。象我这样的人,如果这样做,适足损害孝道,败坏风俗罢了。"殷浩也坚辞不受。会稽王司马昱写信给殷浩说:"足下受职与否,关系到时势兴废,家与国密不可分,应深思这一道理!"殷浩这才就职。

【纲】夏五月,前凉王张骏去世,世子张重华继立。

【纲】冬十一月,桓温率军讨伐汉国。　【目】桓温准备讨伐汉国,将领僚佐都认为不可行。江夏相袁乔说:"筹划大事,本来就不是常人

以为不可。江夏相袁乔曰："夫经略大事，固非常情所及，智者了于胸中，不必待众言皆合也。李势无道，臣民不附，且恃其险远，不修战备。宜以精兵万人轻赍疾趋，比其觉之，我已出其险要，可一战擒也。"温拜表即行，委长史范汪以留事。朝廷以蜀道险远，温众少而深入，皆以为忧，惟刘惔以为必克。或问其故，惔曰："以博知之。温，善博者也，不必得则不为。但恐克蜀之后，专制朝廷耳。"

【纲】丁未，三年，春三月，桓温败汉兵于笮桥，进至成都，汉主势降。诏以为归义侯。　【目】温自将步卒，直指成都，李势悉众出战于笮桥，袁乔拔剑督士卒力战，遂大破之。温乘胜长驱至成都，纵火烧其城门。汉人惶惧，无复斗志。势舆梓面缚诣军门。温送势于建康，振旅还江陵。诏封势归义侯。

【纲】戊申，四年，秋八月，加桓温征西大将军。　【目】朝廷论平蜀之功，加温征西大将军，封临贺郡公。温既灭蜀，威名大振，朝廷惮之。会稽王昱以殷浩有盛名，朝野推服，乃引为心膂，与参综朝权，欲以抗温；由是与温寖相疑贰。浩以王羲之为护军将军。羲之以为内外协和，然后国家可安，劝浩不宜与温构隙，浩不从。

【纲】九月，燕王皝卒，世子儁立。
【纲】赵立子世为太子。
【纲】己酉，五年，春正月，赵主虎称皇帝。夏四月，赵主虎卒，太子世立。其兄遵弑之，及其太后刘氏而自立。

【纲】蒲洪遣使来降。　【目】石闳言于赵主遵曰："蒲洪，人杰也；今镇关中，恐秦、雍之地，非复国家之有。宜改图之。"遵从之，罢洪都督。洪怒，归枋头，遣使来降。

能理解的，智者胸中有了成算，不必等大家的意见完全一致。李势无道，失去臣民的拥护，而且他仗着地势险要，离朝廷又远，就不整饬军备。应该派一万精兵火速轻装进军，等他们发觉时，我军已经越过险要，可以一战捉住李势。"桓温上表后立即出发，委托长史范汪主持留后事务。朝廷认为蜀道险要偏远，桓温兵少，却深入敌国，大家都很担心。只有刘惔认为桓温定能取胜。有人问原因何在，刘惔说："我是通过博戏知道的。桓温是精通博戏的人，没有绝对能赢的把握就不著子。只怕桓温攻克汉国后，在朝廷中就要专断独行了。"

【纲】三年（丁未，347），春三月，桓温在笮桥（今四川成都东南）打败汉军，挺进到成都（今四川成都），汉主李势投降。晋穆帝下诏封他为归义侯。　【目】桓温亲自率领步兵直指成都，李势调集全部兵力出城，在笮桥迎战，袁乔拔剑督促士兵奋力作战，于是大破汉军。桓温乘胜长驱直入，进至成都，放火焚烧城门，汉军惶恐畏惧，失去斗志。李势拉着棺木，反绑双手，前往桓温军营门前投降。桓温把李势送到建康，自己整顿兵马，返回江陵。晋穆帝下诏封李势为归义侯。

【纲】四年（戊申，348），秋八月，晋穆帝加任桓温为征西大将军。　【目】朝廷评议平定汉国的功劳，加任桓温为征西大将军，封为临贺郡公。桓温灭掉汉国后，威名大振，连朝廷也害怕他。会稽王司马昱认为殷浩名望很高，为朝野人推服，便延用他为亲信，帮助自己总揽朝廷大权，打算用他与桓温抗衡。从此，殷浩与桓温逐渐相互猜疑。殷浩任用王羲之为护军将军，王羲之认为朝廷内外融洽相处，国家才能安定，劝殷浩不要与桓温结怨，殷浩不听劝告。

【纲】九月，前燕王慕容皝去世，世子慕容儁继立。

【纲】后赵主石虎立儿子石世为太子。

【纲】五年（己酉，349），春正月，后赵主石虎称皇帝。夏四月，后赵主石虎去世，太子石世继立。石世的哥哥石遵杀死石世以及太后刘氏，自立为帝。

【纲】蒲洪派使者前来归降晋朝。　【目】石闵向后赵主石遵进言说："蒲洪是个杰出的人物，现镇守关中，恐怕秦州、雍州一带将不再归国家所有，应当另作对付他的打算。"石遵依言而行，免去蒲洪都督的

【纲】燕以慕容恪为辅国将军。

【纲】秋七月,征讨都督褚裒率师伐赵,不克而还。 【目】征北大将军褚裒上表请伐赵,加裒征讨大都督。裒帅众三万,径赴彭城,北方士民降附者日以千计。朝野皆以中原指期可复,蔡谟独谓所亲曰:"赵灭诚为大庆,然恐更贻朝廷之忧。"其人曰:"何谓也?"谟曰:"夫能顺天乘时济群生于艰难者,非上圣与英雄不能为也,自余则莫若度德量力。观今日之事,殆非时贤所及,必将经营分表,疲民以逞;既而材略疏短,不能副心,财殚力竭,智勇俱困,安得不忧及朝廷乎!"

鲁郡民五百余家起兵附晋,求援于裒,裒遣部将王龛将卒迎之。与赵将李农战于代陂,败没不还。裒退屯广陵,还镇京口,解征讨都督。

【纲】九月,张重华自称凉王。

【纲】冬十一月,赵石鉴弑其主遵而自立。

【纲】秦、雍流民立蒲洪为主。 【目】秦、雍流民,相帅西归,路由枋头,共推蒲洪为主,众至十余万。

【纲】十二月,徐、衮都督褚裒卒,以荀羡监徐、衮军事。

【纲】庚戌,六年,春闰正月,赵石闵杀鉴而自立,改国号魏。【目】石闵、李农废鉴,杀之,并杀赵主虎三十八孙,尽灭石氏。

司徒申钟等上尊号于闵,闵以让农,农固辞。闵曰:"吾属,故晋人也,请与诸君分割州郡,各称牧、守、公、侯,奉迎天子还都洛

职务。蒲洪生气地回到枋头（今河南浚县西南淇门渡），派使者前来归降晋朝。

【纲】前燕任命慕容恪为辅国将军。

【纲】秋七月，征讨都督褚裒率军北伐后赵，未能取胜而回。
【目】征北大将军褚裒上表请求北伐后赵，晋穆帝加任褚裒为征讨大都督。褚裒率领三万军队，直赴彭城（今江苏徐州），每天前来归降的北方士绅百姓数以千计。朝野人士都认为中原指日可以收复，唯独蔡谟对亲近的人说："赵国灭亡诚然值得大加庆贺，只怕由此会给朝廷带来忧患。"那人说："这指什么？"蔡谟说："能顺应天意，抓住时机，把民生从艰难处境中解救出来，除了圣人和英雄就办不到，其他人则最好根据自己的德行与能力去做。我看目前的北伐，恐怕时下的贤人无力完成。他们必将格外加意经营，不惜加重百姓的负担，以逞己意，终因才略不足，不能偿其志愿，使财力消耗一空，智谋用尽，勇气丧失，怎能不给朝廷带来忧患呢！"

鲁郡（治所在今山东曲阜）百姓五百余家起兵归附晋朝，向褚裒求援，褚裒派部将王龛领兵迎接。王龛与后赵将领李农在代陂交战，败死不回。褚裒退军驻扎在广陵，再回军镇守京口（今江苏镇江东南），解除了征讨都督的职务。

【纲】九月，张重华自称凉王。

【纲】冬十一月，后赵石鉴杀死国主石遵，自立为帝。

【纲】秦州、雍州的流亡百姓拥立蒲洪为首领。　【目】秦州、雍州的流亡百姓结伙西归，中途经过枋头时，共同推举蒲洪为首领，蒲洪的部众达十多万人。

【纲】十二月，徐、兖都督褚裒去世，晋穆帝任命苟羡为监徐、兖军事。

【纲】六年（庚戌，350）春闰正月，后赵石闵杀死石鉴，自立为帝，改国号为魏。　【目】石闵、李农废黜石鉴，将他连同后赵主石虎的三十八个孙子一律杀死，完全消灭了石氏。

司徒申钟等人请石闵加称帝号，石闵要让给李农，李农坚决推辞。石闵说："我们本来是晋朝人，请让我与诸位分别割据州郡，各称牧守

阳，何如？"尚书胡睦曰："陛下圣德应天，宜登大位，晋氏衰微，远窜江表，岂能总驭英雄，混一四海乎！"闵曰："尚书可谓识机知命矣。"乃即皇帝位，国号大魏。

【纲】以殷浩督扬、豫等州。

【纲】蒲洪自称三秦王，改姓苻。

【纲】二月，燕王儁击赵，拔蓟城，徙都之。

【纲】魏主闵复姓冉氏。

【纲】故赵将麻秋杀苻洪，洪子健斩秋，遣使来请命。

【纲】赵石祗称帝于襄国。

【纲】夏五月，杜洪据长安，苻健击败之。

【纲】魏主闵征故散骑常侍辛谧为太常，谧不食而卒。【目】故晋散骑常侍陇西辛谧，有高名，历刘、石之世，征辟皆不就；魏主闵备礼征为太常。谧遗闵书，以为："物极则反，致至则危。君王功已成矣，宜因兹大捷，归身晋朝，必有由、夷之廉，享乔、松之寿矣。"因不食而卒。

【纲】冬十一月，苻健入长安，遣使来献捷。

【纲】十二月，免蔡谟为庶人。【目】谟除司徒，三年不就职；诏书屡下，终不受。于是帝临轩，遣侍中黄门征之。谟陈疾笃，自旦至申，使者十余返。公卿奏谟傲违上命，请送廷尉。谟惧，帅子弟素服诣阙稽颡待罪。诏免谟为庶人。

【纲】辛亥，七年，春正月，苻健自称秦天王。

【纲】夏四月，赵刘显弑其主祗而自立。

公侯，迎接天子返回都城洛阳，怎么样？"尚书胡睦说："陛下的圣德上应天意，应该登位称帝。晋朝衰微，远逃江南，岂能统领英雄，统一全国！"石闵说："胡尚书可以称得上识机变、知天命了！"便即位称帝，立国号为大魏。

【纲】晋穆帝委派殷浩统辖扬、豫等州。

【纲】蒲洪自称三秦王，改为姓苻。

【纲】二月，前燕王慕容儁进击后赵，攻克蓟城（在今北京西南），迁都于此。

【纲】魏主石闵恢复原姓为冉氏。

【纲】原后赵将领麻秋杀死苻洪，苻洪的儿子苻健斩杀麻秋，派使者前来晋朝请示待命。

【纲】后赵的石祗在襄国称帝。

【纲】夏五月，杜洪占据长安，苻健将他打败。

【纲】魏主冉闵征召原散骑常侍辛谧入朝担任太常，辛谧绝食而死。　【目】原西晋的散骑常侍陇西人辛谧有清高的美名，历经刘渊、石勒立国时期，每次征召他做官，都不肯接受。魏主冉闵以周详的礼节征召辛谧担任太常，辛谧写信给冉闵说："物极必反，至上必危。君王功业已成，应该趁目前取得重大胜利时归依晋朝，定会博得许由、伯夷般高洁的名声，得享赤松子、王乔般长久的年寿。"便绝食而死。

【纲】冬十一月，苻健进入长安，派使者前来晋朝进献俘虏和战利品。

【纲】十二月，晋穆帝免去蔡谟的官职，贬为庶人。　【目】蔡谟被任命为司徒，历时三年，不去就职；诏书屡次下达，蔡谟始终没有接受。于是晋穆帝走到殿前，派侍中和黄门郎去召他。蔡谟说自己病情沉重，从早晨到下午申时，使者往返了十多趟。公卿奏称蔡谟倨傲无礼，违抗君命，请求交付执法官员惩处。蔡谟害怕了，就带领子弟，穿着平民的服装，到宫门前叩头至地，听候治罪。晋穆帝下诏免去蔡谟的官职，贬为庶人。

【纲】七年（辛亥，351），春正月，苻健自称秦天王。

【纲】夏四月，后赵刘显杀死国主石祗，自立为帝。（刘显在本年七

【纲】秋八月,姚弋仲遣使来降。

【纲】冬十二月,桓温移军武昌,寻复还镇。 【目】初,桓温请经略中原,事久不报,知朝廷仗殷浩以抗己,甚忿之;然素知浩之为人,亦不之惮。以国无他衅,遂得相持弥年,虽有君臣之迹,羁縻而已。屡求北伐,不听。至是,拜表辄行,帅众四五万,顺流而下,军于武昌。朝廷大惧。

浩欲去位以避温,吏部尚书王彪之谓浩曰:"彼若抗表问罪,卿为之首。欲作匹夫,岂有全地邪!且当静以待之。令相王手书,为陈成败,彼必旋师;若不从,乃当以正义相裁。奈何无故忽忽,先自猖獗乎!"浩曰:"决大事正自难。项日来欲使人闷,闻卿此谋,意始得了。"抚军司马高崧为昱草书曰:"寇难宜平,时会宜接。此实为国远图,经略大算。然异常之举,众之所骇,苟或望风振扰,一时崩散,则望实并丧,社稷之事去矣。吾与足下,虽职有内处,安社稷,保家国,其致一也。当先思宁国而后图其外。"温即上疏,惶恐致谢,回军还镇。

【纲】壬子,八年,春正月朔,日食。

【纲】秦王健称皇帝。

【纲】魏克襄国,杀刘显,迁其民于邺。

【纲】三月,姚弋仲卒,子襄率众来归,诏屯谯城。

【纲】夏四月。燕慕容恪等击魏,大破之,执其主闵以归,杀之。

【纲】秋九月,殷浩进屯泗口。 【目】浩之北伐也,中军将军

月始称帝)

【纲】秋八月,姚弋仲派使者前来晋朝归降。

【纲】冬十二月,桓温把军队调到武昌驻扎,不久又返回江陵。

【目】起初,桓温请求筹划收复中原,很久没有得到答复,知道朝廷依仗殷浩与自己抗衡,深感气愤。但是,桓温早就知道殷浩的为人,也并不害怕。由于国内没有发生别的事端,于是与朝廷相持经年,虽然朝廷对他还保持着君臣关系,但也仅仅维系名义而已。桓温多次请求北伐,朝廷都不予理睬。至此,桓温上表后就马上启程,率领部众四五万人,顺长江而下,驻兵武昌,朝廷大为恐惧。

殷浩打算辞去职位,回避桓温,吏部尚书王彪之对殷浩说:"如果桓温上表问罪,您首当其冲,就是想当一个普通百姓,岂有保全性命的去处!应该暂时静静等待,让相王司马昱写亲笔信向他陈述成败之理,他必定率军返回。如果桓温不肯从命,就应该依据公正的道理制裁他。怎能无故没了主张,先把自己搞垮!"殷浩说:"决定大事,确实很难。近日来此事令人烦闷,听到你这计谋,才拿定主意。"抚军司马高崧代司马昱起草书信说:"敌寇的祸难应该平定,时运也应该把握。此举的确是为国的长远利益着想,是筹划收复中原的大计。但是你采取异常的举动,大家都感到惊骇。如果有人窥伺风向,大起骚扰,使你的军队顷刻分崩离析,威望和实力就会一并丧失,国家大业也就无望了。虽然我与足下的职务有朝廷与地方之分,但是安定社稷、保卫国家的目标是一致的。我们应该先考虑稳定国家,然后对付外敌。"桓温立即上疏,惶恐道歉,率军返回本镇江陵。

【纲】八年(壬子,352)春正月一日,出现日食。

【纲】秦王苻健称皇帝。

【纲】冉魏攻克襄国,杀死刘显,将当地百姓迁徙到邺城。

【纲】三月,姚弋仲去世,其子姚襄率领部众前来归服晋朝,晋穆帝下诏命令姚襄屯驻谯城(今安徽亳县)。

【纲】夏四月,前燕慕容恪等人进击冉魏,大败魏军,捉住魏主冉闵,带回本国杀死。

【纲】秋九月,殷浩进军屯驻泗口(在今江苏清江市西南)。

王羲之以书止之，不听。既而无功，复谋再举。羲之遗浩书曰："今以区区江左，天下寒心，固已久矣。力争武功，非所当作；莫若还保长江，督将各复旧镇，引咎责归，更为善治，省其赋役，与民更始，庶可以救倒悬之急也！"又与会稽王昱笺曰："功未可期，遗黎歼尽，以区区吴、越，经纬天下十分之九，不亡何待！而不度德量力，不弊不已，此封内所痛心叹悼者也。"浩不从，进屯泗口。

【纲】罢遣太学生徒。【目】浩以军兴，罢遣太学生徒，学校由此遂废。

【纲】冬十一月，燕王儁称皇帝。

【纲】癸丑，九年，秋七月，殷浩遣兵袭姚襄，不克。冬十月，遂率诸军北伐，襄邀败之，浩走谯城。【目】姚襄屯历阳，浩恶其强盛，屡遣刺客刺之，客皆以情告襄。浩潜遣将军魏憬帅众五千袭之，襄斩憬，并其众。浩愈恶之。冬，浩自寿春帅众七万北伐，欲进据洛阳，修复园陵。以襄为前驱。襄度浩将至，伪遁，而阴伏甲以邀之。浩追至山桑，襄纵兵击之；浩大败，走保谯城。

【纲】十一月，西平公张重华卒，子曜灵立。

【纲】十二月，姚襄徙屯盱眙。

【纲】凉州废其主曜灵，立张祚为凉公。

【纲】甲寅，十年，春正月，张祚自称凉王。

【纲】殷浩以罪免为庶人，徙信安。以王述为扬州刺史。

【目】殷浩北伐时，中军将军王羲之写信加以阻止，殷浩不听劝告。后来，北伐毫无建树，殷浩又计议再次北伐。王羲之写信给殷浩说："如今朝廷只有小小的江东地区，天下人为之痛心，历时已久。尽力争取在军事上的成功，不是我们应当做的对策。不如回军守卫长江，督促将领各回原来镇守的州郡，朝廷引咎自责，重新采取良好的措施，减免赋税徭役，与百姓一同从头做起，或许还能解救民众倒悬的急难！"王羲之又写信给会稽王司马昱说："北伐的成效还没指望，北方的遗民已经被残杀殆尽。凭着小小的吴越地区，要去治理天下十分之九地区，除了灭亡，还有什么结局！不根据自己的德行与实力办事，不垮台就不停止，国内痛心伤叹的就是这种情形。"殷浩不听劝告，进屯驻泗口。（据《资治通鉴》第九十九卷记载，当时司马昱不听劝告，至九月，殷浩进屯驻泗口）

【纲】晋朝遣散太学学生。　【目】殷浩因战事已起，就遣散太学学生，从此学校停办。

【纲】冬十一月，前燕王慕容儁称皇帝。

【纲】九年（癸丑，353），秋七月，殷浩派兵袭击姚襄，未能取胜。冬十月，殷浩率领各军北伐，姚襄伏兵阻击，打败殷浩，殷浩逃往谯城。　【目】姚襄驻扎在历阳，殷浩嫌他兵力强盛，多次派刺客前去行刺，刺客每次都把实情告诉了姚襄。殷浩暗中派将军魏憬率领五千人马袭击姚襄，姚襄杀死魏憬，吞并了他的部众，殷浩愈发憎恶姚襄。冬季，殷浩从寿春出发，率领七万军队北伐，打算进军占据洛阳，修复晋皇室的陵园，命姚襄在前面开道。姚襄估计殷浩即将来到，就佯装逃跑，却暗中伏兵阻击殷浩，殷浩追到山桑（在今安徽蒙城西北）时，姚襄纵兵进击，殷浩大败逃走，退守谯城。

【纲】十一月，西平公张重华去世，其子张曜灵继立。

【纲】十二月，姚襄移军屯驻盱眙。

【纲】凉州内部废黜凉主张曜灵，立张祚为凉公。

【纲】十年（甲寅，354），春正月，张祚自称凉王。

【纲】殷浩因罪被废为庶人，流放到信安（今浙江衢县）。晋穆帝

【目】浩连年北伐，师徒屡败，粮械都尽；桓温因朝野之怨，上疏请废之。朝廷不得已，免浩为庶人，徙之信安。自此，内外大权一归于温矣。

浩少与温齐名，而心竞不相下，温尝轻之。浩既废黜，虽愁怨不形辞色，常书空作"咄咄怪事"字。久之，温谓掾郄超曰："浩有德有言，向为令、仆，足以仪刑百揆，朝廷用违其才耳。"将以浩为尚书令，以书告之。浩欣然许焉，将答书，虑有谬误，开闭者十数，竟达空函。温大怒，由是遂绝，卒于徙所。

【纲】二月，桓温帅师伐秦。
【纲】姚襄叛降于燕。
【纲】夏四月，桓温大败秦兵于蓝田，进军灞上。三辅皆降。
【目】桓温别将攻上洛，进击青泥，破之。秦主健遣太子苌等帅众五万拒温，战于蓝田，秦兵大败。温转战而前，进至灞上。苌等退屯城南，三辅郡县皆来降。温抚谕居民，使安堵复业。民争持牛酒迎劳，男女夹路观之，耆老有垂泣者，曰："不图今日复睹官军。"

【纲】五月，桓温及秦兵战，不利；六月，师还。 【目】北海王猛，少好学，倜傥有大志，不屑细务，人皆轻之。猛悠然自得，隐居华阴。闻温入关，披褐诣之，扪虱而谈当世之务，旁若无人。温异之，问曰："吾奉天子之命，将锐兵十万为百姓除残贼，而三秦豪杰未有至者，何也？"猛曰："公不远数千里，深入敌境，今长安咫尺而不度灞水，百姓未知公心，所以不至。"温默然无以应，徐曰："江东

任命王述为扬州刺史。　【目】殷浩连年北伐,作战屡次失败,粮食军械消耗殆尽。桓温利用朝野人士的怨恨情绪,上疏请求废黜殷浩。朝廷不得已,废殷浩为庶人,流放到信安。从此,朝廷内外大权统统归桓温掌握了。

殷浩年轻时与桓温齐名,两人暗自争胜,互不服输,但桓温历来瞧不起他。殷浩遭到废黜后,虽然不把愁苦怨恨流露在脸色与言谈中,却经常在空中写"咄咄怪事"四字。过了许久,桓温对属官郗超说:"殷浩的品德和言论都很可取,假如担任尚书令、尚书仆射,足以作百官的表率,但朝廷没有根据他的才能加以任用。"便准备让殷浩担任中书令,并写信告诉他。殷浩欣然答应,写回信时,担心措词有误,折开信检查后再封上,一连反复了十几次,最终寄去一个空信封。桓温大怒,从此与殷浩断绝关系,殷浩死在流放的地方。

【纲】二月,桓温率军讨伐前秦。

【纲】姚襄叛晋,投降前燕。

【纲】夏四月,桓温在蓝田(在今陕西蓝田南)大败前秦兵马,挺进到灞上(在今陕西西安东)驻扎。三辅(即京兆尹、左冯翊、右扶风)地区全部归降。　【目】桓温派出非主力部队的将领攻打上洛(今陕西商县),进击青泥城(今陕西蓝田),攻克其地。前秦王苻健派太子苻苌等人率领五万部众,抵御桓温,在蓝田交战,前秦军大败。桓温辗转作战,不断前进,抵达灞上。苻苌等人退至城南驻兵,三辅各郡县都来投降。桓温安抚当地百姓,使他们安居复业。人民争先恐后地带着牛酒迎接慰劳晋军,男女百姓夹道观看,有些老年人不禁流下眼泪,说:"没想到今天能再见到官军!"

【纲】五月,桓温与前秦军作战失败。六月,桓温率军返回。
【目】北海人王猛年轻时喜欢读书,豪迈不羁,志向远大,不屑于去做琐事,人们都瞧不起他。王猛悠然自得,隐居在华阴(在今陕西渭南县东),听说桓温进了函谷关,就穿着粗布短衣去见桓温,一边捉虱子,一边谈论当代要务,旁若无人。桓温认为王猛人才不凡,就问:"我奉天子的命令,率领十万精兵,为百姓铲除残暴的寇贼,但是三秦豪杰无人前来归附,为什么?"王猛说:"您不嫌路远,行军数千里,深入敌人的

无卿比也!"乃署猛军谘祭酒。

温与秦丞相雄等战于白鹿原,温兵不利,死者万余人。初,温指秦麦以为粮,既而秦人悉芟麦,温军乏食,徙关中三千余户而归。欲与猛俱还,猛辞不就。

【纲】秦东海王苻雄卒。 【目】秦主健弟东海王雄卒,健哭之呕血,曰:"天不欲吾平四海耶?何夺吾元才之速也!"子坚袭爵。坚性至孝,幼有志度,博学多能,交结英豪。

【纲】乙卯,十一年,夏,秦立于生为太子。

【纲】姚襄据许昌。

【纲】六月,秦王健卒,太子生立。

【纲】秋九月,凉州弑其君祚,立张玄靓为凉王。

【纲】丙辰,十二年,春正月,以桓温为征讨大都督,督诸军讨姚襄。

【纲】秋八月,桓温败姚襄于伊水,遂入洛阳,修谒诸陵,置戍而还。

【纲】襄北走,据襄陵。

【纲】丁巳,升平元年,春二月,太白入东井。 【目】秦有司奏:"太白,罚星;东井,秦分。必有暴兵起京师。"秦主生曰:"太白入井,自为渴耳,何足怪乎!"

【纲】夏四月,姚襄据黄落,秦遣兵击斩之。弟苌以众降秦。

【纲】六月,秦苻坚弑其君生自立为天王。 【目】生饮酒无昼夜,乘醉多所杀戮,群臣得保一日如度十年。东海王坚,素有时誉,

国土，如今长安近在咫尺，您却不肯渡过灞水。百姓不知您的居心，所以不来归附。"桓温默然，无言以对，后来才缓缓地说："江南无人比得上你！"便任王猛为军谘祭酒。

桓温与前秦丞相苻雄等人在白鹿原（即灞上）作战，桓温军失败，死了一万余人。起初，桓温指望收割前秦的麦子充当军粮，后来前秦人把麦子全部割掉，桓温军中缺粮，便迁走关中百姓三千多户，撤军南归。桓温打算让王猛与自己一起返回，王猛推脱不从。

【纲】前秦东海王苻雄去世。【目】前秦主苻健的弟弟苻雄去世，苻健哭他哭吐了血，说："是上天不想让我平定四海吗？为什么这么匆匆地夺走我的苻雄！"苻雄的儿子苻坚承袭了爵位。苻坚生性极为孝顺，从小志向远大，气度不凡，博学多能，交结英雄豪杰。

【纲】十一年（乙卯，355），夏季，前秦主苻健立儿子苻生为太子。

【纲】姚襄占据许昌。

【纲】六月，前秦王苻健去世，太子苻生继立。

【纲】秋九月，前凉内部杀死国君张祚，立张玄靓为前凉王。

【纲】十二年（丙辰，356），春正月，晋穆帝任命桓温为征讨大都督，统辖各军讨伐姚襄。

【纲】秋八月，桓温在伊水（出今河南卢氏县熊耳山，入洛水）打败姚襄，随即进入洛阳，拜谒西晋诸帝的陵墓，留兵戍守，自己率军返回。

【纲】姚襄北逃，占据襄陵（在今山西临汾南，汾水东岸）。

【纲】升元元年（丁巳，357），春二月，金星进入井宿。【目】前秦有关官员奏称："金星主惩罚，井宿是秦国的分野，表示京城一定会发生不义的军事行动。"前秦主苻生说："金星进入井宿，是金星渴了，有什么值得大惊小怪的！"

【纲】夏四月，姚襄占据黄落，前秦派兵进击，杀死姚襄，姚襄的弟弟姚苌率领部众投降前秦。

【纲】六月，前秦苻坚杀死国君苻生，自立为天王。【目】苻生夜以继日地喝酒，趁醉酒时杀了许多人，群臣活了一天，就象挨过十年。东

与故姚襄参军薛赞、权翼善。赞、翼密说坚："宜早为计，勿使他姓得之！"坚以问尚书吕婆楼，婆楼曰："仆里舍有王猛者，其人谋略不世出，宜请而咨之。"坚因婆楼以招猛，一见如旧友；语及时事，坚大悦，自谓如玄德之遇孔明也。

坚与吕婆楼帅麾下三百人鼓噪而进，宿卫将士皆舍仗归坚。生犹醉寐，坚兵杀之。坚去帝号，称大秦天王。左仆射李威知王猛之贤，常劝坚以国事任之。坚谓猛曰："李公知君，犹鲍叔牙之知管仲也。"猛以兄事之。

【纲】秋八月，立皇后何氏。
【纲】冬十一月，燕徙都邺。
【纲】秦以王猛为尚书左丞。【目】秦王坚行至尚书，以文案不治，免左丞程卓官，以王猛代之。举异才，修废职，课农桑，恤困穷，礼百神，立学校，旌节义，继绝世；秦民大悦。

【纲】戊午，二年，秋八月，以谢万监司、豫等州军事。【目】会稽王昱欲以桓温弟云为豫州刺史，仆射王彪之曰："温居上流，已割天下之半，其弟复处西藩；兵权萃于一门，非深根固蒂之宜也。"昱乃以谢万代之。

王羲之与温笺曰："谢万才流经通、使主廊庙，固是后来之秀；今以之俯顺荒余，则违才易务矣。"又遗万书曰："以君迈往不屑之韵，而俯同群辟，诚难为意也。然所谓通识，正当随事行藏耳。愿君每与士卒之下者同甘共苦，则尽善矣。"万不能用。

海王苻坚一向受时人的称誉，与原来姚襄的参军薛瓒、权翼亲善。薛瓒、权翼暗中劝苻坚说："应早作打算，别让外姓得了帝位！"苻坚就此征求尚书吕婆楼的意见，吕婆楼说："我的私宅里有个叫王猛的，其人足智多谋，当世罕有，应该请他来问一问。"苻坚通过吕婆楼叫来王猛，一见面就象老朋友一般。王猛谈到对当世要务的看法，苻坚大悦，自认为如同刘备遇到诸葛亮。

苻坚与吕婆楼率领三百名部下擂鼓呐喊，向皇宫前进，在宫中宿卫的将士都丢下武器，归附苻坚。苻生还在醉醺醺地睡觉，苻坚的士兵将他杀死。苻坚不用帝号，称大秦天王。左仆射李威知道王猛贤能，经常劝苻坚委任王猛处理国家大事。苻坚对王猛说："李公了解你，就象鲍叔牙了解管仲。"王猛也把李威当作自己的兄长。

【纲】秋八月，晋穆帝立何氏为皇后。

【纲】冬十一月，前燕迁都邺城。

【纲】前秦任命王猛为尚书左丞。　【目】前秦王苻坚来到尚书省，发现公文档案很乱，就免除左丞程卓的官职，由王猛接任。苻坚选拔出色的人才，整饬荒废的政事，考核农业的完成情况，抚恤贫穷困苦之人，礼敬众神，建立学校，表彰节义，为没有后代的人再立后嗣，前秦百姓大悦。

【纲】二年（戊午，358），秋八月，晋穆帝任命谢万为监司（司州，时治洛阳，今河南洛阳）、豫（豫州，时治春春，今安徽寿县）等州军事。　【目】会稽王司马昱打算让桓温的弟弟桓云担任豫州刺史，仆射王彪之说："桓温在长江上游任官，已经割去全国疆土的一半。他的弟弟再到国家西部地区就职，兵权集中在一家人手里，不是稳固国家根基应采取的措施。"司马昱便以谢万取代桓云。

王羲之写信给桓温说："谢万才智如流，博通古今，让他在朝廷肩负大任，固然是后起之秀。现在让他屈就战争洗劫过的地区，就与他的才能和应做的事情不相适应了。"王羲之又写信给谢万说："以你那种一往无前、不屑俗务的风度，屈驾与众僚属共事，实在令人尴尬。然而，所谓见识通达，就在于能顺应事态的变化，决定自己做什么，不做什么。希望你经常与下层士卒同甘共苦，就完美无缺了。"谢万未能付之

【纲】秦大旱。 【目】秦王坚减膳彻乐,命后妃以下悉去罗纨。开山泽之利,息兵养民。旱不为灾。

【纲】秦杀其特进樊世。 【目】王猛日亲幸用事,勋旧多疾之。樊世本氐豪,佐秦主健定关中,谓猛曰:"吾辈耕之,君食之邪?"猛曰:"非徒使君耕之,又将使君炊之!"世大怒曰:"要当悬汝头于长安城门;不然,吾不处世!"猛以白坚,坚曰:"必杀此老氐,然后百寮可肃。"会世入言事,与猛争论于坚前,欲起击猛;坚怒,斩之。于是群臣见猛皆屏息。

【纲】冬,燕使慕容垂守辽东。
【纲】庚申,四年,春正月,燕主儁卒,太子暐立。

【纲】二月,燕以慕容恪为太宰,专录朝政。 【目】朝廷初闻儁卒,皆以为中原可图。桓温曰:"慕容恪尚在,忧方大耳。"

【纲】三月,燕遣慕容垂守蠡台。
【纲】秋八月朔,日食既。
【纲】桓温以谢安为征西司马。 【目】安,少有重名,前后征辟皆不就。寓居会稽,以山水、文籍自娱。虽为布衣,时人皆以公辅期之。士大夫至相谓曰:"安石不出,当如苍生何!"安每游东山,常以妓女自随。会稽王昱闻之,曰:"安石既与人同乐,必不得不与人同忧,召之必至。"安妻,刘惔之妹也,见家门贵盛而安独静退,谓:"丈夫不如此也!"安掩鼻曰:"恐不免耳。"年四十余,桓温请为司马,安乃赴召,温深礼重之。

【纲】辛酉,五年,夏五月,帝崩,琅邪王丕即位。

行动。

【纲】前秦旱情严重。 【目】前秦王苻坚减少膳食,撤除音乐,让后妃以下的宫女一律不穿绫罗绸缎,解除对山林湖泊的禁令,停止用兵,休养民生,结果旱情没有造成灾害。

【纲】前秦杀死特进樊世。 【目】王猛日益受到苻坚的亲近和宠信,逐渐当权,有功绩的旧臣大都憎恨他。樊世原来是氐族的豪强,曾辅佐前秦主苻健平定关中。他对王猛说:"我们种粮,你来吃饭,是吗?"王猛说:"我不仅让你种粮,还要让你做饭!"樊世大怒,说:"我定要把你的人头悬挂在长安城门上,否则我就不活在世上!"王猛把这话禀告苻坚,苻坚说:"必须杀死这个老氐,然后百官才能风纪整肃。"适逢樊世进宫言事,在苻坚面前与王猛发生争论,打算起身去打王猛,苻坚发怒,将他杀死。此后,群臣见到王猛,都吓得连呼吸也不敢出声了。

【纲】冬季,前燕派慕容垂守卫辽东。

【纲】四年(庚申,360),春正月,前燕主慕容儁去世,太子慕容暐继立。

【纲】二月,前燕任命慕容恪为太宰,总领朝政。 【目】晋朝廷最初得知慕容儁去世时,都认为中原有收复的希望。桓温说:"慕容恪还在,忧患正大着哩!"

【纲】三月,前燕派慕容垂守卫蠡台(今河南商丘南古睢阳城)。

【纲】秋八月一日,日全食。

【纲】桓温让谢安担任征西司马。 【目】谢安从年轻时就名重当世、先后受朝廷多次征召,都没有就职。谢安寄居在会稽,游山玩水,流览文章典籍,聊以自娱。虽然谢安身为平民,时人却都期望他成为三公辅相,士大夫甚至交谈说:"谢安不出山,苍生怎么办!"谢安每次去游东山,总是随身带着歌舞女伎。会稽王司马昱得知后说:"既然谢安能与人同乐,就一定不会不与人同忧。去召他,他准来。"谢安的妻子,是刘惔的妹妹。她见谢家门庭显赫,惟独谢安恬然引退,便对他说:"大丈夫不象你这样!"谢安捂住鼻子说:"只怕我躲不开官位。"四十多岁时,桓温请谢安担任司马,谢安就去应召,桓温对他十分尊重。

【纲】五年(辛酉361),夏五月,晋穆帝去世,琅邪王司马丕即位。

【纲】秋七月，葬永平陵。

【纲】九月立皇后王氏。

【纲】尊何皇后为穆皇后。

【纲】冬十月，秦举四科。　【目】秦王坚命牧、伯、守、宰各举孝悌、廉直、文学、政事，察其所举得人者赏之，非其人者罪之。由是人莫敢妄举，而请托不行，士皆自励。

【纲】秋七月，晋穆帝安葬在永平陵。

【纲】九月，晋穆帝立王氏为皇后。

【纲】晋穆尊奉何皇后为穆皇后。

【纲】冬十月，前秦举荐四科人才。　【目】前秦王苻坚命各州郡县长官分别推荐孝悌、廉直、文学、政事四科人才，经考察，推荐的人真是人才的予以奖赏，推荐的人不是人才的加以惩处。从此，人们不敢妄加推荐，请托的风气不再流行，读书人都勉励自己上进。

纲鉴易知录卷三三

东晋纪

哀皇帝

【纲】壬戌,哀皇帝隆和元年,春二月,燕吕护攻洛阳,桓温遣兵救之。秋七月,燕师引还。 【目】吕护攻洛阳,守将陈祐告急。桓温遣庚希、竟陵太守邓遐,帅舟师三千人助祐守之。因上疏请迁都洛阳,自永嘉之乱播流江表者,一切北徙,以实河南。朝廷畏温,不敢为异。著作郎孙绰上疏曰:"昔中宗龙飞,非惟信顺协于天人,实赖万里长江画而守之耳。丧乱已来,六十余年,河、洛丘墟,函夏萧条。士民播流江表,已经数世,存者老子长孙,亡者丘陇成行,虽北风之思,感其素心,目前之哀,实为交切。温今此举,诚为远图,而百姓震骇,岂不以反旧之乐赊,而趋死之忧促哉!臣愚以为宜遣将帅有威名、资实者,先镇洛阳,扫平凉、许,清壹河南。运漕之路既通,开垦之积已丰,豺狼远窜,中夏小康,然后可徐议迁徙耳。奈何舍百胜之长理,举天下而一掷哉!"绰,少慕高尚,尝著《遂初赋》以见志。温见绰表,不悦,曰:"致意兴公,何不寻君《遂初赋》,而知人家国事邪!"

时朝廷忧惧,将遣侍中止温,王述曰:"温欲以虚声威朝廷耳,非实事也;但从之,自无所至。"诏从其计,温果不行。温又议移洛阳钟簴,述曰:"永嘉不竞,暂都江左,方当荡平区宇,旋轸旧京。若不尔,宜改迁园陵,不应先事钟簴!"温乃止。七月,护退。

哀皇帝

【纲】哀皇帝隆和元年（壬戌，362），春二月，前燕吕护攻打洛阳，桓温派兵援救。秋七月，前燕军退回。【目】吕护攻打洛阳，少阳守将陈祐告急。桓温派庾希、竟陵太守邓遐率领三千水军协助陈祐守洛阳。于是，桓温上疏请求迁都洛阳，建议将永嘉之乱以来流亡到江南的百姓一律迁徙到北方，来充实河南地区的人口。朝廷畏惧桓温，不敢反对。著作郎孙绰上疏说："过去中宗即位，不仅由于他的诚信顺应天意，合乎民心，实际也靠万里长江分隔南北，便于固守。自从国家丧乱以来，历时六十多年，河、洛一带化为废墟，中原地区萧条零落。士绅百姓流亡江南，已有好几代人，活着的人，儿子老了，孙子大了，死去的人，坟墓已经成行。虽然《诗经北风》吟唱的乡思触动他们对故土的怀念，但是目前离开江南的哀痛实在更为深切。现在，桓温的这个建议，诚然是为国家的长远利益打算，但是百姓震惊恐骇，难道不是由于返回故土的欢乐还很遥远，而面向死亡的忧患迫在眉睫吗！依臣的愚见来看，应该派威名素著，军用物资充实的将帅先去镇守洛阳，扫平梁国、许昌一带，统一黄河以南地区。在运输粮食的水路开通，垦荒种田的积蓄丰足，敌寇逃窜远方，中原达到小康之后，才能慢慢计议迁都徙民，怎可丢开必胜的常理，拿国家命运孤注一掷呢！"孙绰从小就仰慕节操高尚的人，曾经写成《遂初赋》来体现自己的志向。桓温见到孙绰的奏表，不高兴地说："向孙绰转达我的意思：为什么不按你那篇《遂初赋》说的去做，却要来管别人的家事国事呢！"

当时朝廷深感忧虑，恐惧不安，准备派侍中去阻止桓温。王述说："桓温想虚张声势，威胁朝廷而已，其实不是真想实施，朝廷只管同意，他自然哪儿也不去。"晋哀帝下诏同意桓温的建议，桓温果然没有实施。桓温又提议把洛阳的编钟迁到建康，王述说："永嘉年间难以与敌人争锋，才暂时在江东建都，正该荡平天下，返回洛阳。如果此举不能实行，也该迁移皇室的陵墓，不应先迁编钟！"桓温这才不说什

【纲】癸亥，兴宁元年，夏五月，加桓温大司马、都督中外诸军、录尚书事。 【目】温以王坦之为长史，又以郗超为参军，王珣为主簿，每事必与二人谋之。府中为之语曰："髯参军，短主簿，能令公喜，能令公怒。"珣与谢玄皆为温掾，温俱重之。曰："谢掾年四十必拥旄杖节，王珣当作黑头公，皆未易才也。"

【纲】凉张天锡弑其君玄靓而自立。

【纲】甲子，二年，夏五月，以王述为尚书令。 【目】述每受职，不为虚让，其所辞必于所不受。及为尚书令，子坦之白述："故事当让。"述曰："汝谓我不堪邪？"曰："非也，但克让自美事耳。"述曰："既谓堪之，何为复让！人言汝胜我，定不及也。"

【纲】乙丑，三年，春正月，皇后王氏崩。

【纲】大司马温移镇姑孰。以弟豁监荆、扬等州军事。

【纲】三月，帝崩，琅邪王奕即位。 【目】帝崩，无嗣，皇太后诏以奕承大统。

【纲】燕陷洛阳，将军沈劲死之。 【目】燕太宰恪及吴王垂共攻洛阳，克之。执沈劲。劲神气自若，恪将宥之，将军慕舆虔曰："劲虽奇士，观其志度，终不为人用。"遂杀之。

【纲】葬安平陵。

【纲】秋七月，立皇后庾氏。

帝奕

【纲】丙寅，帝奕太和元年，夏五月，皇后庾氏崩。

么。七月,吕护退军。

【纲】兴宁元年(癸亥,363),夏五月,晋哀帝加任桓温为大司马、都督中外诸军事、录尚书事。　【目】桓温任命王坦之为长史,还让郗超担任参军,王珣担任主簿,凡事都与郗超、王珣二人商量。大司马府的人为此说:"大胡子参军,矮个子主簿,能使桓公喜,能使桓公怒。"王珣与谢玄都是桓温的属官,桓温对二人都很器重,说:"谢玄四十岁定能持节统辖一方,王珣能在头发乌黑时当上三公,都是难得的人才。"

【纲】前凉张天锡杀死国君张玄靓,自立为王。

【纲】二年(甲子,364),夏五月,晋哀帝任命王述为尚书令。【目】王述每次接受新职,都不虚假推让,他表示推辞的,就一定是他不能接受的。及至担任尚书令时,儿子王坦之禀告:"根据惯例,应当表示谦让。"王述说:"你认为我不称职吗?"王坦之说:"不是,但能谦让自然是件美事。"王述说:"既然认为我称职,何须再表示谦让!人们说你比我强,看来你肯定不如我。"

【纲】三年(乙丑,365),春正月,皇后王氏去世。

【纲】大司马桓温移军镇守姑孰(今安徽当涂),委任弟弟桓豁为监荆、扬等州军事。

【纲】三月,晋哀帝去世,琅邪王司马奕即位。　【目】晋哀帝去世,皇太后下诏,由司马奕继承帝统。

【纲】前燕攻破洛阳,将军沈劲被杀。　【目】前燕太宰慕容恪和吴王慕容垂共同进攻洛阳,攻克其地,捉住沈劲。沈劲神色自若,慕容恪打算赦免他,将军慕舆虔说:"虽然沈劲人才出众,但是从他的志向和气度看来,终究不会被人所用。"便杀死沈劲。

【纲】晋哀帝安葬在安平陵(在今江苏江宁)。

【纲】秋七月,晋帝司马奕立庾氏为皇后。

帝奕

【纲】帝奕太和元年(丙寅,366),夏五月,皇后庾氏去世。

【纲】秋七月。葬孝皇后。

【纲】冬十月,以会稽王昱为丞相,录尚书事,加殊礼。【目】入朝不趋,赞拜不名,剑履上殿。

【纲】丁卯,二年,春二月,燕太宰慕容恪卒。【目】恪疾病,燕王暐亲视之,问以后事。恪曰:"吴王垂文武兼资,管、萧之亚,若任以政,国家可安;不然,秦、晋必有窥窬之计。"言终而卒。

【纲】己巳,四年,夏四月,大司马温帅师伐燕,秦人救之。秋九月,温及燕人战于枋头,不利而还,袁真以寿春叛,降于燕。【目】桓温请与徐、兖刺史郗愔,江州刺史桓冲,豫州刺史袁真等伐燕。夏,帅步骑五万发姑孰。七月,温至枋头。燕主暐遣乐嵩请救于秦,许赂虎牢以西之地,秦主坚遣苟池、邓羌帅步骑二万以救燕。九月,燕范阳王德使慕容宙帅骑一千为前锋,与晋兵遇,宙使二百骑挑战,分余骑为三伏。挑战者兵未交而走,晋兵追之,宙帅伏击之,晋兵死者甚众。温战数不利,粮储复竭,又闻秦兵将至,奔还。燕吴王垂帅八千骑追之,及于襄邑。德先帅劲骑伏于东涧中,与垂夹击温,大破之,斩首三万级。秦苟池邀击温于谯,又破之。

温收散卒,屯于山阳。深耻丧败,乃归罪袁真,奏免为庶人。真不伏,表温罪状,朝廷不报,遂据寿春叛降燕。

【纲】秋七月，安葬孝皇后。

【纲】冬十月，朝廷任命会稽王司马昱为丞相、录尚书事，给与特别尊贵的礼遇。　【目】入朝时不须小步快走，传呼时不直呼其名，上殿时可以佩剑，允许穿鞋。

【纲】二年（丁卯，367），春二月，前燕太宰慕容恪去世。（据《资治通鉴》第一百零一卷，此事系于本年五月）　【目】慕容恪病重，前燕主慕容暐亲自探望，询问后事。慕容恪说："吴王慕容垂文武兼备，仅亚于管仲、萧何。如果任用他执掌朝政，国家可保平安，否则秦国、晋国必定打我国的主意。"说罢去世。

【纲】四年（己巳，369），夏四月，大司马桓温率军讨伐前燕，前秦援救前燕。秋九月，桓温与前燕在枋头（在今河南浚县西南）交战失利，撤军南归，袁真献出寿春（今安徽寿县），投降前燕。　【目】桓温请求与徐（徐州，时治京口，今江苏镇江南）、兖（兖州，时治山阳，今江苏淮安）刺史郗愔、江州（时治武昌，今湖北武昌）刺史桓冲，豫州（时治芜湖，今安徽芜湖）刺史袁真等人讨伐前燕。夏季，桓温率领步兵、骑兵共五万人从姑孰出发。七月，桓温抵达枋头。前燕主慕容暐派乐嵩向前秦求救，答应把虎牢（今河南荥阳西）以西的土地交给前秦。前秦王苻坚派苟池、邓羌率领步兵、骑兵共两万人去援救前燕。九月，前燕范阳王慕容德让慕容宙率领一千骑兵担任前锋。慕容宙与晋军遭遇，派二百骑兵挑战，将其余骑兵分为三路埋伏起来。挑战的骑兵不等交锋就撤退逃跑，晋军追击，慕容宙率领伏兵出击，晋军死了很多。桓温作战多次失利，粮食储备用光，又听说前秦军即将赶到，便向回逃跑。前燕吴王慕容垂率领八千骑兵追击，在襄邑（在今河南睢县西）追上桓温。慕容德预先率领精壮骑兵埋伏在东涧中，与慕容垂夹击桓温，大破晋军，斩首三万级。前秦苟池在谯城（今安徽亳县）截击桓温，又将他打败。

桓温招集失散的士兵，驻扎在山阳（今江苏淮安）。桓温对此次失败深感耻辱，便把罪责推给袁真，上奏贬袁真为庶人。袁真不服，上表揭露桓温的罪状，朝廷不作答复，于是袁真据守寿春，投降前燕。

【纲】燕遣郝晷、梁琛如秦。 【目】秦、燕既结好,燕使郝晷、梁琛相继如秦。晷与王猛有旧,猛接以平生,问晷东方之事。晷知燕将亡,阴欲自托,颇泄其实。琛至长安,秦王坚方畋于万年,欲引见琛,琛曰:"秦使至燕,燕之君臣朝服备礼,洒扫宫庭,然后敢见。今秦王欲野见之,使臣不敢闻命!"尚书郎辛劲谓琛曰:"天子称乘舆,所至曰行在所,何常居之有!又春秋亦有遇礼,何为不可乎!"琛曰:"天子以四海为家,故行曰乘舆,止曰行在。今海县瓜裂,天光分曜,安得以是为言哉!礼'不期而见曰遇',盖因事权行,其礼简略,岂平居容与之所为哉!客使单行,诚势屈于主人;然苟不以礼,亦不敢从也。"坚乃为设行宫,百僚陪位,然后延之。

琛从兄奕为秦尚书郎,坚使典客,馆琛于奕舍。琛曰:"昔诸葛瑾为吴聘蜀,与诸葛亮惟公朝相见,退无私面,今使之即安私室,所不敢也。"奕数问琛东事。琛曰:"兄弟本心,各有所在。欲言其美,恐非所欲闻;欲言其恶,又非使臣之所得论也。"

坚使太子延琛相见。秦人欲使琛拜,先讽之曰:"邻国之君,犹其君也;邻国之储君,亦何以异乎!"琛曰:"天子之子,尚不敢臣其父之臣,况他国之臣乎!礼有往来,情岂忘恭,但恐降屈为烦耳。"乃不果拜。王猛劝坚留琛,坚不许。

【纲】冬十一月,燕慕容垂出奔秦,秦以为冠军将军。 【目】吴王垂自襄邑还邺,威名益振,太傅评忌之。垂奏将士功赏,皆抑而

【纲】前燕派郝晷、梁琛前往前秦。 【目】前秦、前燕结下友好关系后，前燕派郝晷、梁琛相继前往前秦。郝晷与王猛有故交，王猛以旧友的平常身份接待郝晷，向郝晷打听前燕的情况。郝晷知道前燕即将灭亡，暗自打算依托王猛，便泄露了一些前燕的实情。梁琛来到长安时，前秦主苻坚正在万年（在今陕西临潼东北）打猎，打算就地接见梁琛，梁琛说："秦国的使者到燕国去，燕国的君臣身穿朝服，安排礼仪，打扫宫庭后，才敢接见。现在，秦王打算在野外接见燕国使臣，我不敢听命！"尚书郎辛劲对梁琛说："天子称作'乘舆'，到达的地方称作'行在'。天子哪有固定不变的住处！再说，《春秋》也记载了不期而遇的礼节，在此地接见你有什么不对！"梁琛说："天子以四海为家，所以外出称作'乘舆'，外出停留的地方称作'行在'。如今海内分裂，各有其主，怎能再提这些称谓！《礼记》说'没有约定时间的会见称作遇'，这是随事而定的权宜之计，礼节简单，岂是平常安闲无事时应采取的礼节！我作为使者单身前来，诚然会被主人的威势压倒。然而，如果不以礼相待，我仍不敢从命！"苻坚于是设下行宫，由百官奉陪，然后接见梁琛。

梁琛的堂兄梁奕在前秦担任尚书郎，苻坚让他主持招待宾客，安排梁琛住在梁奕的家里。梁琛说："从前，诸葛瑾为吴国前往蜀国通问修好，只与诸葛亮在朝廷公开见面，回去后从不私下相见。现在，让我就在私人家里住下，我可不敢。"梁奕屡次向梁琛打听前燕的情况，梁琛说："我们兄弟二人的本心各有寄托。我想说燕国很好，恐怕你不想听。要说燕国不好，又不是使臣所应该讲的。"

苻坚让太子延请梁琛见面，前秦官员打算让梁琛叩拜太子，事先暗示梁琛说："对待邻国的国君，如同对待自己的国君；对待邻国的太子，又有什么差别！"梁琛说："天子的儿子，还不敢把他父亲的臣属当作自己的臣属，何况是别国的臣属！礼尚往来，我岂敢忘记恭敬，只怕属时贵国的使者会嫌屈膝伏地麻烦。"便没跪拜。王猛劝苻坚留住梁琛，苻坚没有许可。

【纲】冬十一月，前燕慕容垂逃奔到前秦，前秦任命他为冠军将军。 【目】吴王慕容垂从襄邑返回邺城（今河北临漳），威名更高，太傅慕容评对他心怀猜忌。慕容垂为将士奏功请赏，慕容评一概压下，不

不行。大后可足浑氏素恶垂！与评谋诛之。太宰恪之子楷及垂舅兰建知之，以告垂，垂乃与段夫人及令、宝、农、隆、楷、建及郎中令高弼俱奔秦。

初，秦王坚闻恪卒，阴有图燕之志，惮垂不敢发。及闻垂至，大喜，郊迎，执手曰："天生贤杰，必相与共成大功，此自然之数也。要当与卿共定天下，然后还卿本邦，世封幽州，不亦美乎！"坚复爱令及楷之才，皆厚礼之，王猛曰："垂父子，譬如龙虎，非可驯之物，若借以风云，将不可复制，不如早除之。"坚曰："吾方收揽英雄以清四海，奈何杀之！且其始来，吾已推诚纳之矣；匹夫犹不弃言，况万乘乎！"乃以垂为冠军将军。

【纲】秦遣王猛等伐燕，十二月，取洛阳。【目】初，燕人许割虎牢以西赂秦。晋兵既退，燕人谓曰："行人失辞。有国有家者，分灾救患，理之常也。"秦王坚大怒，遣猛及将军梁成、邓羌帅步骑三万伐之。攻洛阳，洛阳降。

【纲】大司马温徙镇广陵。【目】温发徐、兖州民，筑广陵城，徙镇之。时征役既频，加之疫疠，死者十四五，百姓嗟怨。秘书监孙盛作《晋春秋》，直书时事。温见之，怒，谓盛子曰："枋头诚为失利，何至乃如尊君所言！若此史遂行，自是关君门户事！"其子遽拜谢，请改之。时盛年老家居，性方严，有轨度，子孙虽班白，待之愈峻。至是诸子号泣稽颡，请为百口计。盛大怒，不许，诸子遂私改之。

【纲】庚午，五年，春正月，慕容令自秦奔燕。【目】王猛之发长安也，请慕容令参其军事，以为乡导。将行，造慕容垂饮酒，从容

肯实行。太后可足浑氏一向憎恶慕容垂，与慕容评策划杀他。太宰慕容恪的儿子慕容楷和慕容垂的舅舅兰建知道此事，告诉了慕容垂，慕容垂便与段夫人和慕容令、慕容宝、慕容农、慕容隆、慕容楷、慕容建以及郎中令高弼一起逃往前秦。

　　起初，前秦王苻坚听说慕容恪去世，便暗中有了图谋前燕的意图，只是忌惮慕容垂，没敢实施。及至苻坚得知慕容垂到了，大为高兴，便前往郊外迎接，拉着慕容垂的手说："天降英雄豪杰，一定会在一起建立伟大的功业，这是自然的运数。我定当与你共同平定天下，然后让你返回本国，世代封在幽州，不是很好吗！"苻坚也赏识慕容令和慕容楷的才能，都厚加礼遇。王猛说："慕容垂父子就象龙虎，不可驯服，一旦有风云际会的时机，将难以控制，不如及早铲除。"苻坚说："我正招揽英雄豪杰，去肃清四海，怎能杀他！而且，他刚来时，我已经推心置腹地收容他了，连平民都不肯食言，何况帝王！"便任命慕容垂为冠军将军。

　　【纲】前秦派王猛等人讨伐前燕。十二月，前秦占领洛阳。　【目】起初，前燕答应把虎牢以西地区割让给前秦。晋军撤退后，前燕对前秦说："当时使者言辞失当。有国有家的，互相救灾救难，本是常理。"前秦王苻坚大怒，派王猛以及将军梁成、邓羌率领步兵、骑兵三万人讨伐前燕。前秦军进攻洛阳，洛阳投降。

　　【纲】大司马桓温把镇所迁徙到广陵（今江苏扬州）。【目】桓温征发徐州、兖州的百姓，修筑广陵城，把镇所迁徙到那里，当时，征发徭役频繁，加上瘟疫流行，死者达十分之四五，百姓伤叹怨恨。秘书监孙盛撰写《晋春秋》一书，如实记载时事，桓温看了此书，恼怒地对孙盛的儿子说："枋头之战诚然失利，何至于象令尊说的那样！假如这部史书最终得以行世，自然关系到你全家的性命！"孙盛的儿子连忙叩拜谢罪，表示一定修改。当时孙盛老了，在家闲居。他性情严正，凡事都有规矩，虽然子孙已经头发花白，但对他们愈发严厉。至此，儿子们哭号叩头，请他为一家百口着想。孙盛大怒，不许修改，儿子们只好偷偷改写。

　　【纲】五年（庚午，370），春正月，慕容令从前秦逃往前燕。【目】王猛从长安出发时，请慕容令参议军务，充当向导。临行前，王

谓曰："今当远别，卿何以赠我？使我睹物思人。"垂脱佩刀赠之。猛至洛阳，赂垂所亲，使诈为垂使者，谓令曰："吾父子来此，以逃死也。今王猛疾人如仇，秦主心亦难知。闻东朝比来悔寤，吾今还东，汝可速发。"令疑之，踌躇终日，又不可审覆。乃奔燕军。猛表令反状，垂惧而出走，及蓝田，为追骑所获。秦王坚劳之曰："卿家国失和，委身投朕。贤子心不忘本，亦各其志，然燕之将亡，非令所能存，惜其徒入虎口耳。且父子兄弟，罪不相及，卿何为过惧而狼狈如是乎！"待之如旧。燕人以令叛而复还，疑为反间，徙之沙城。

【纲】夏六月，秦王猛督诸军复伐燕。

【纲】秋八月，秦克壶关。　【目】王猛攻壶关。燕主暐命太傅评将中外精兵三十万以拒之，畏猛不敢进。猛克壶关，所过郡县皆望风降附，燕人大震。申胤叹曰："邺必亡矣。然越得岁而吴伐之，卒受其祸。今福德在燕，秦虽得志，而燕之复建不过一纪耳。"

【纲】九月，秦王猛入晋阳。冬十月，及燕慕容评战于潞川，败之，遂围邺。　【目】猛入晋阳。评屯潞川，猛进兵与相持。遣将军徐成觇燕军，期以日中；及昏而返，猛将斩之。邓羌固请曰："成，羌部将也，愿与效战以赎罪。"猛弗许。羌怒，还营，严鼓勒兵，将攻猛。猛赦之，羌诣猛谢。猛执其手曰："吾试将军耳，将军于部将尚尔，况国家乎！"

猛到慕容垂那里喝酒，慢条斯理地对慕容垂说："今天就分手远行，你送给我何物，好让我见物思人。"慕容垂解下佩刀相赠。王猛抵达洛阳，买通慕容垂亲近的人，指使他假装慕容垂的使者，去对慕容令说："我们父子到这里来，是为了逃脱一死。如今王猛象对仇人一样痛恨我们，秦主的心思也很难认清。听说东朝近来已经悔悟，现在我就返回东朝，你可赶快出发。"慕容令对此有所怀疑，犹豫了一整天，又无法核实，便逃到前燕军那里，王猛上表陈述慕容令叛逃的罪状，慕容垂恐惧出逃，抵达蓝田（今陕西蓝田）时，被追来的骑兵捉获。前秦王苻坚安慰慕容垂说："你的家族与国家失和，所以委身投奔了我，贤子不忘故国，也是人各有志。然而，燕国即将灭亡，并非慕容令所能挽回，可惜他白白进了虎口。况且父子兄弟之间，有罪不该株连，你何必过于害怕，以至如此狼狈呢！"待慕容垂一如既往。前燕因慕容令叛逃后重新返回，怀疑他是奸细，将他流放到沙城。

【纲】夏六月，前秦王猛统辖各军讨伐前燕。

【纲】秋八月，前秦攻克壶关（在今山西长治东南）。【目】王猛进攻壶关，前燕主慕容暐命太傅慕容评率领朝廷内外三十万精兵前去抵抗，慕容评害怕王猛，不敢前进。王猛攻克壶关，沿途经过的郡县都望风归降，前燕大为震惊。申胤感慨地说："邺城朝廷必亡无疑了。然而，岁星照临越国时，吴国却去攻打越国，最终还是吴国蒙受灾祸。现在代表福德的岁星照临燕国，虽然秦国得志一时，但重建燕国也不会超过十二年。"

【纲】九月，前秦王猛进入晋阳（今山西太原）。冬十月，王猛与慕容评在潞川（即潞水，今名浊漳河）交战，打败前燕军，于是包围邺城。【目】王猛进入晋阳。慕容评驻扎在潞川，王猛进军与慕容评对峙。王猛派将军徐成侦察前燕军的情况，约定中午返回。徐成回来时已是黄昏，王猛准备杀他。邓羌再三讲情说："徐成是本郡的将领，我愿与徐成出战，为他赎罪。"王猛没有答应。邓羌生气地回到营中，擂动战鼓，部署兵马，准备攻打王猛。王猛免去徐成的罪责，邓羌去见王猛谢罪。王猛拉着他的手说："我在试探将军哩。对本郡的将领你尚能如此。何况国家！"

燕主暐趣评使战。猛陈于渭源而誓之曰："王景略受国厚恩，任兼内外，今与诸君深入贼地，当竭力致死，有进无退，共立大功，以报国家；受爵明君之朝，称觞父母之室，不亦美乎！"众皆踊跃，破釜弃粮，大呼竞进。猛望燕兵之众，谓邓羌曰："今日非将军不能破勍敌，将军勉之！"羌曰："若能以司隶见与者，公勿以为忧。"猛曰："此非吾所及也。必以安定太守、万户侯相处。"羌不悦而退。俄而兵交，猛召羌，羌寝弗应。猛驰就许之，羌乃大饮账中，与张蚝、徐成等跨马运矛，驰赴燕阵，出入数四，旁若无人，所杀伤数百。及日中，燕兵大败，俘斩五万余人，乘胜追击，所杀及降又十余万。评单骑走还邺。

秦兵长驱围邺。号令严明，军无私犯，法简政宽，燕民各安其业，更相谓曰："不图今日复见太原王！"猛闻之叹曰："慕容玄恭可谓古之遗爱矣！"设太牢以祭之。

【纲】十一月，秦王坚入邺，执燕主暐以王猛为冀州牧，都督关东六州军事。　【目】秦王坚留李威辅太子，自帅精锐十万赴邺。燕主暐与慕容评等奔龙城。坚入邺宫，使将军郭庆追暐，及于高阳，执以诣坚。坚诘其不降之状，对曰："狐死首丘，欲归死于先人坟墓耳。"坚哀而释之，令还宫，帅文武出降。

评之败也，暐疑梁琛知秦谋，收系狱。至是，坚召释之，谓曰："卿不能见几而作，反为身祸，可谓智乎！"对曰："臣闻'几者，动之微，吉凶之先见者也。'如臣愚暗，实所不及。然为臣莫如忠，为子莫如孝，是以烈士临危不改，见死不避，以徇君亲。彼知几者，

前燕主慕容暐催促慕容评出战。王猛在渭源列阵誓师说："王猛蒙受国家的深恩，兼任朝廷内外重职，现与诸位深入敌境，应当竭尽全力，献身疆场，有进无退，共立大功，报效国家。在朝堂上接受明君的封爵，回家后向父母举杯祝酒，岂不是美事！"大家都踊跃奋起，砸碎饭锅，丢掉军粮，大声呐喊，争先奋进。王猛望见前燕军人多，对邓羌说："今天打败劲敌，非将军不可，将军勉力为之！"邓羌说："如能把司隶校尉一职给我，你就不用担心。"王猛说："这不是我的职权，我一定让你当安定（今甘肃泾川北）太守，封万户侯。"邓羌不高兴地退了出来。不久，两军短兵相接，王猛传召邓羌，邓羌不理。王猛骑马赶到邓羌处，答应他的要求。于是邓羌在营帐中痛饮一番，与张蚝、徐成等人跨上战马，挥舞长矛，奔向前燕的军阵，四五次冲进去，杀出来，旁若无人，杀伤数百敌人。到中午时，前燕军大败，前秦军俘获斩杀五万多人，乘胜追击，又杀死和收降十余万人，慕容评单人匹马，逃回邺城。

前秦军长驱直入，包围邺城。王猛号令严明，前秦军没有私自侵犯百姓的，加之法规简要，政令宽和，前燕百姓都安心从事本业，还交谈说："没想到今天又遇到了太原王！"王猛听了感慨地说："慕容恪可谓有古人遗风，仁爱传及后世了！"便备办太牢，祭祀慕容恪。

【纲】十一月，前秦王苻坚进入邺城，捉住前燕主慕容暐，任命王猛为冀州牧、都督关东六州军事。 【目】前秦王苻坚让李威留守长安，辅佐太子，自己率领十万精锐兵马奔赴邺城，前燕主慕容暐与慕容评等人逃往龙城（在今辽宁朝阳北）。苻坚进入邺城宫廷，派将军郭庆追赶慕容暐。郭庆在高阳（在今河北高阳东）追上慕容暐，把他捉住，送交苻坚。苻坚责问他何故不降，他回答说："连狐狸死时，头还要朝向出生的土丘。我不过想死在先人的坟墓上。"苻坚哀怜他，将他释放，让他回宫带领文武百官出降。

慕容评战败后，慕容暐怀疑梁琛早就知道前秦的计划，便将他收捕入狱。至此，苻坚叫来梁琛，予以释放，并对他说："你不能根据事情的征兆采取相应的行动，反而给自己招来灾祸，算得上明智吗！"梁琛回答说："我听说'征兆是事物微小的变化，是吉凶结局的最初体现。'象我这般愚昧，实在看不出来。然而，作为人臣，尽忠为上，作为

心达安危，身择去就，不顾家国，臣虽知之，尚不忍为，况非所及邪！"

坚以猛为使持节、都督关东六州诸军事、冀州牧，镇邺。

【纲】十二月，秦迁故燕主暐及鲜卑四万户于长安。 【目】猛表留梁琛为主簿。他日，与僚属宴，语及燕吏，猛曰："人心不同，昔梁君专美本朝，郝君微说国弊。"参军冯诞曰："敢问取臣之道何先？"猛曰："郝君知几为先。"诞曰："然则明公赏丁公而诛季布也。"猛大笑。

秦封暐为新兴侯，以评为给事中，皇甫真为奉车都尉。燕故太史黄泓叹曰："燕必中兴，其在吴王乎！恨吾老不及见耳！"

太宗简文皇帝

【纲】辛未，太宗简文皇帝咸安元年，春正月，大司马温拔寿春，获袁瑾，斩之。

【纲】秦徙关东豪杰及杂夷十五万户于关中。

【纲】凉州张天锡称藩于秦。

【纲】冬十一月，大司马温入朝。废帝为东海王，迎会稽王昱入即位。 【目】温恃其材略位望，阴蓄不臣之志，尝抚枕叹曰："男子不能流芳百世，亦当遗臭万年！"温欲先立功河朔，以收时望，还受九锡。及枋头之败，威名顿挫。既克寿春，谓郗超曰："足以雪枋头之耻乎？"超曰："未也。"久之，超就温宿，中夜，谓曰："明公不为伊、霍之事，无以立大威权，镇压四海。"温遂与定议。以帝素谨无过，而床笫易诬，乃扬言'帝早有痿疾，嬖人朱灵宝等，参侍内寝，

人子，尽孝为上。所以刚烈之士，面临危难不肯变心，面对死亡，不肯逃避，甘愿为君亲献身。那些能根据征兆采取行动的人，晓得怎样安全，怎样危险，能为自己作出干什么，不干什么的抉择，从而不管家族和国家的兴亡。即使我能预知征兆，尚且不忍心那样去做，何况我见不及此！"

苻坚任命王猛为使持节、都督关东六州诸军事、冀州牧，让他镇守邺城。

【纲】十二月，前秦将原前燕主慕容暐以及四万户鲜卑人迁徙到长安。 【目】王猛上表请求留下梁琛，担任自己的主簿。后来，王猛与僚属宴饮，谈到前燕的官吏，王猛说："人心不同。过去梁琛专门赞美本朝，郝晷隐约透露国内的弊病。"参军冯诞说："请问任用臣属时，应该先任用谁？"王猛说："郝晷能认清事情的征兆，应当居先。"冯诞说："这么说来，您是奖励丁公，诛杀季布了。"王猛大笑。

前秦封慕容暐为新兴侯，任命慕容评为给事中，皇甫真为奉车都尉。前燕原来的太史黄泓感慨地说："燕国如果中兴，恐怕要靠吴王慕容垂了！可惜我老了，见不到了！"

太宗简文皇帝

【纲】太宗简文皇帝咸安元年（辛未，371），春正月，大司马桓温攻克寿春，捉住袁瑾，将他杀死。

【纲】前秦将关东豪强以及各部杂夷十五万户迁徙到关中。

【纲】前凉张天锡向前秦称藩。

【纲】冬十一月，大司马桓温进入建康，将晋简文帝废黜为东海王，迎接会稽王司马昱进京即位。 【目】桓温仗着自己有才干谋略、地位声望，暗怀篡权的野心，曾经抚摸着枕头说："男儿不能流芳百世，也应遗臭万年！"桓温打算先在河朔地区立功，取得时人的赞颂，再回朝接受九锡。及至枋头战败，威名顿时受挫。攻克寿春后，桓温对郗超说："足够洗雪枋头受到的耻辱吗？"郗超说："不够。"许久以后，郗超在桓温处住宿，时至半夜，对桓温说："您不采取伊尹、霍光那样的行动，就无法树立至上的权威，镇服天下。"桓温便与郗超确定了行动

二美人生三男,将移皇基",人莫能审其虚实。温乃诣建康,讽褚太后,请废帝而立会稽王昱,并作令草呈之太后。温集百官于朝堂,于是宣太后令,废帝为东海王,温帅百官迎昱即帝位。侍中谢安见温遥拜。温惊曰:"安石,卿何事乃尔!"安曰:"未有君拜于前,臣揖于后。"温遂还姑孰。

秦王坚闻温废立,谓群臣曰:"温前败灞上,后败枋头,不能思愆自贬以谢百姓,方更废君以自说,六十之叟,举动如此,将何以容于四海乎!谚曰'怒其室而作色于父',温之谓矣。"

【纲】十二月,降封东海王为海西县公。 【目】大司马温奏:"废放之人,不可以临黎元。东海王宜依昌邑故事。"太后诏封海西县公。

温威震内外,帝虽处尊位,拱默而已。帝美风仪,善容止,留心典籍,凝尘满席,湛如也。虽神识恬畅,然无济世大略,谢安以为惠帝之流,但清谈差胜耳。

郗超以温故,朝中皆畏事之。谢安尝与左卫将军王坦之共诣超,日旰未得前,坦之欲去,安曰:"独不能为性命忍须臾邪?"

【纲】壬申,二年,夏四月,迁海西公于吴县。

【纲】六月,秦以王猛为丞相,苻融为冀州牧。

【纲】秋七月,帝崩,太子昌明即位。 【目】帝不豫,急召大司马温入辅,温辞不至。诏立皇子昌明为皇太子,生十年矣。遗诏:"温依周公居摄故事。"又曰:"少子可辅者辅之,如不可,君自取之。"侍中王坦之持诏入,于帝前毁之。帝乃使改诏曰:"家国事一

计划。由于晋简文帝一向谨慎，没有过失，而床上之事容易造成诬陷，便扬言"皇上早就得了阳痿之症，幸臣朱灵宝等人轮流进宫侍寝，两位美人生了三个男孩，皇家基业将要转移。"人们无法辨别真伪。桓温便前往建康，示意褚太后废黜晋简文帝，立会稽王司马昱为帝，并拟好诏令的草稿，上呈褚太后。桓温把百官召集到朝堂里，于是宣布褚太后的诏令，废黜晋简文帝为东海王，桓温带领百官迎接司马昱即帝位。侍中谢安见到桓温，隔着很远就伏地叩拜，桓温惊讶地说："谢安，你为什么这样？"谢安说："先前皇上已经向你叩拜，此后就没有臣属向你作揖的道理。"桓温随即返回姑孰。

前秦王苻坚听说桓温实行废立，对群臣说："桓温先败在灞上，后败在枋头，不能思过自贬，向百姓谢罪，反而进一步废黜国君，为自己开脱，也是六十岁的老头了，竟有如此举动，天下将怎么容得下他！谚语说：'生老婆的气，却向老爹发火'，就是这样。"

【纲】十二月，东海王司马奕被降封为海西县公。 【目】大司马桓温奏称："遭到废黜贬斥的人，不可以治理百姓。对东海王应按汉昌邑王的先例办理。"褚太后下诏封司马奕为海西县公。

桓温威震朝廷内外，晋简文帝虽然坐在御座上，只是拱手沉默而已。晋简文帝风度翩翩，举止得体，喜读典籍，即使灰尘满席，仍然自得其乐。不过他虽然性情恬淡，见识通达，却没有救世的伟大才略，谢安认为他属于晋惠帝一流，只是在清谈方面比晋惠帝略强而已。

由于桓温的缘故，朝廷百官都心怀畏惧地事奉郗超。有一次，谢安与左卫将军王坦之一起拜访郗超，天色已晚，仍无法近前，王坦之打算走开，谢安说："你就不能为性命多忍一会儿吗？"

【纲】二年（壬申，372），夏四月，海西县公被迁徙到吴县（今江苏苏州）。

【纲】六月，前秦任命王猛为丞相，苻融为冀州牧。

【纲】秋七月，晋简文帝去世，太子司马昌明即位。 【目】晋简文帝得了病，急忙召大司马桓温入朝辅政，桓温推辞不来。晋简文帝下诏立皇子司马昌明为皇太子，这时司马昌明十岁了。遗诏说："桓温依照周公摄政的先例行事。"又说："对年幼的太子，如可辅佐，就辅佐他，如

禀大司马,如诸葛武侯、王丞相故事。"是日,帝崩。群臣曰:"当须大司马处分。"王彪之正色曰:"天子崩,太子代立,大司马何容得异!"朝议乃定。太子即位。

温望简文临终禅位,不尔便当居摄。既不副所望,与弟冲书曰:"遗诏使吾依武侯、王公故事耳。"疑王坦之、谢安所为,心衔之。

【纲】八月,秦加王猛都督中外诸军事。 【目】猛至长安,复加都督中外诸军事。辞章三四上,秦王坚不许。猛为相,刚明清肃,善恶著白,放黜尸素,显拔幽滞,劝课农桑,练习军旅,官必当才,刑必当罪。由是国富兵强,战无不克,秦国大治。

阳平公融,尝坐擅起学舍,为有司所纠,问申绍:"谁可使者?"绍曰:"燕尚书郎高泰,清辩有胆智,可使也。"使至长安,见猛曰:"昔鲁僖公以泮宫发颂,齐宣王以稷下垂声,今阳平公开建学宫,乃烦有司举劾。明公惩劝如此,下吏何所逃罪乎!"猛曰:"是吾过也。"事遂释。猛因叹曰:"高子伯岂阳平所宜吏乎!"言于秦王坚,以为尚书郎;固请还州,许之。

【纲】冬十月,葬高平陵。

烈宗孝武皇帝

【纲】癸酉,烈宗孝武皇帝宁康元年,春二月,大司马温来朝。【目】桓温来朝,诏吏部尚书谢安、侍中王坦之迎于新亭。时都下恟恟,云欲诛王、谢,因移晋祚。坦之甚惧,安神色不变,曰:"晋祚存亡,决于此行。"温既至,百官拜于道侧。温大陈兵卫,延见朝士;

不可辅佐，你就取代他。"侍中王坦之拿着遗诏走进来，在晋简文帝面前毁掉。于是晋简文帝吩咐把遗诏改写为："皇室和国家的事务一律听命于大司马，依诸葛亮、王导的先例行事。"当天，晋简文帝去世。群臣说："应该等大司马来处置。"王彪之严肃地说："天子驾崩，太子即位，岂容大司马另持异议！"朝臣的议论才定了下来，太子司马昌明即位。

桓温指望晋简文帝临终禅让帝位给他，即使不禅让，也会让他摄政。后来，桓温的愿望没有实现，便写信给弟弟桓冲说："遗诏让我依诸葛亮、王导的先例行事而已。"他怀疑这是王坦之和谢安出的主意，对二人怀恨在心。

【纲】八月，前秦加任王猛为都督中外诸军事。　【目】王猛来到长安，前秦王苻坚又加任他为都督中外诸军事。王猛三四次上奏辞让，苻坚不许。王猛担任秦相，刚强明断，清廉严正，善恶分明，贬黜尸位素餐的官员，提拔不得仕进的人才，勉励耕织，训练军队，任官一定以才干大小为标准，量刑一定以犯罪事实为依据，因此国富兵强，战无不胜，前秦国家大治。

阳平公苻融曾经因擅自修建学校，被有关官员检举。苻融问申绍："应该派谁去申述理由？"申绍说："燕国尚书郎高泰能言善辩，有胆有识，可以派他去。"高泰来到长安，去见王猛说："从前，鲁僖公因建立泮宫而招来称颂，齐宣王因罗致稷下学人而名垂后世。如今阳平公兴建学校，却麻烦有关官员检举揭发。您的奖惩标准如此，下面的官吏怎能逃脱惩处！"王猛："是我错了。"事情随即得到解决。王猛感慨地说："高泰岂应该由阳平公用作属吏！"便向前秦王苻坚进言，任命高泰为尚书郎。高泰再三要求返回冀州，苻坚应允。

【纲】冬十月，晋简文帝安葬在高平陵（在今江苏江宁境）。

烈宗孝武皇帝

【纲】晋孝武帝宁康元年（癸酉，373），春二月，大司马桓温前来朝见。　【目】桓温前来朝见，晋孝武帝下诏命令吏部尚书谢安、侍中王坦之在新亭（今江苏南京南）迎接。当时京城人情惊恐，说桓温打算杀害王坦之和谢安，从而将晋室的皇位转移给自己。王坦之非常恐惧，

坦之流汗沾衣，倒执手版。安从容就席，谓温曰："安闻诸侯有道，守在四邻，明公何须壁后置人邪！"温笑曰："正自不能不尔。"遂命撤之，与安笑语移日。郗超卧帐中听其言，风动帐开，安笑曰："郗生可谓入幕之宾矣。"时天子幼弱，外有强臣，安与坦之尽忠辅卫，卒安晋室。三月，温有疾，还姑孰。

【纲】秋七月，大司马温卒，以桓冲都督扬、豫、江州军事。【目】初，温疾笃，讽朝廷求九锡，屡使人趣之。谢安、王坦之故缓其事。温以世子熙才弱，使冲领其众。温卒，熙及弟济谋杀冲，冲徙之长沙。称温遗命，以少子玄为嗣，时方五岁，袭封南郡公。冲既代温居任，尽忠王室，或劝诛除时望，冲不从。

【纲】皇太后临朝摄政。以王彪之为尚书令、谢安为仆射。

【纲】冬，秦寇梁、益，陷之。　【目】秦王坚使王统、朱肜出汉川，毛当、徐成出剑门，以寇梁、益；梁州刺史杨亮拒之。战败，肜遂拔汉中。徐成亦克剑门。杨安进攻梓潼，太守周虓固守涪城，遣步骑送母、妻趣江陵，肜邀而获之，虓遂降。十一月，秦取二州。坚欲以周虓为尚书郎，虓曰："蒙晋厚恩，但老母见获，失节于此。母子获全，秦之惠也。虽公侯之贵，不以为荣。"遂不仕。

【纲】以王坦之为中书令，领丹阳尹。
【纲】慧星见。　【目】慧星出于尾、箕，长十余丈，经太微，

谢安却神色不变,他说:"晋室的皇位是存是亡,取决于我们此行的结果。"桓温来到后,百官在道旁行礼。桓温派兵严密警卫,然后接见朝廷官员。王坦之浑身是汗,沾湿了衣服,连朝笏也倒拿在手里。谢安从容不迫地坐下来,对桓温说:"我听说诸侯有道,只防四方邻国入侵,你何必在壁后设置伏兵呢!"桓温笑着说:"正因为我不得不防。"便命令撤去伏兵,与谢安谈笑了许久。郗超躺在帷帐里听他们谈话,一阵风把帷帐吹开,谢安笑着说:"郗生真可以叫做'入幕之宾'了。"当时晋孝武帝年幼,朝外又有强悍的大臣,谢安与王坦之竭尽忠心来辅佐护卫晋孝武帝,终于使晋皇室安定下来。三月,桓温有病,返回姑孰。

【纲】秋七月,大司马桓温去世,晋孝武帝任命桓冲为都督扬、豫、江州军事。　【目】起初,桓温病情沉重,暗示朝廷向他加授九锡,多次派人催促,谢安和王坦之故意拖延此事。桓温因世子桓熙才能不高,便让桓冲统领他的人马。桓温去世,桓熙以及弟弟桓济策划杀害桓冲,桓冲将他们迁移到长沙,声称桓温临终留下遗命,立小儿子桓玄为后嗣,当时桓玄才五岁,便袭封为南郡公。桓冲代替桓温任职后,竭尽忠心为朝廷效力。有人劝他铲除当时享有盛名的人物,桓冲没有依从。

【纲】皇太后褚氏当朝摄理国政,任命王彪之为尚书令,谢安为仆射。

【纲】冬季,前秦侵犯梁州(时治西城,今陕西安康西北)、益州(治成都,今四川成都),将两地攻陷。　【目】前秦王苻坚派遣王统、朱肜从汉中(治南郑,今陕西汉中东)进发,毛当、徐成从剑门(在今四川剑阁东北)进发,前去侵犯梁州和益州。梁州刺史杨亮进行抵抗,结果战败,朱肜随即占领汉中,徐成也攻克剑门。杨安进攻梓潼(时治涪县,今四川绵阳),梓潼太守周虓坚守涪城(即今涪县城),派遣步兵、骑兵护送母亲、妻子奔赴江陵,被朱肜截获,周虓便投降了。十一月,前秦占领梁、益二州。苻坚打算任命周虓为尚书郎,周虓说:"我深受晋朝的恩惠,只因老母被俘,才失节来到这里。我母子得以不死,这是秦国的恩惠。即使贵为公侯,我也不认为荣。"便不再做官。

【纲】晋朝任命王坦之为中书令,兼任丹阳(今江苏南京)尹。

【纲】彗星出现。　【目】彗星出现在尾宿、箕宿旁边,有十余丈

扫东井；自四月见，及冬不灭。秦太史令张孟言："尾、箕，燕分；东井，秦分也。今彗起尾、箕而扫东井，十年之后，燕当灭秦；二十年之后，代当灭燕。慕容氏布列朝廷，臣窃忧之，宜翦其魁杰以消天变。"坚不听。

【纲】甲戌，二年，春二月，以王坦之都督徐、兖等州军事。诏谢安总中书。 【目】安好声律，期功之惨，不废丝竹，士大夫效之，遂以成俗。坦之屡书苦谏曰："天下之宝，当为天下惜之。"安不能从。又尝与王羲之登冶城，悠然遐想，有高世之志。羲之谓曰："夏禹勤王，手足胼胝；文王旰食，日不暇给。今四郊多垒，宜思自效，而虚谈废务，浮文妨要，恐非当世所宜。"安曰："秦任商鞅，二世而亡，岂清言致患邪！"

【纲】乙亥，三年，夏五月，徐、兖都督蓝田侯王坦之卒。

【纲】以桓冲为徐州刺史，谢安领扬州刺史。 【目】冲以安素有重望，以扬州让之，自求外出。桓氏族党莫不苦谏，冲处之澹然。

【纲】秋七月，秦丞相清河侯王猛卒。 【目】猛寝疾，上疏曰："臣闻报德莫如尽言。夫善作者不必善成，善始者不必善终，古先哲王，知功业之不易，战战兢兢，如临深谷。伏惟陛下，追踪前圣，天下幸甚。"坚览之悲恸。七月，坚亲至猛第视疾，访以后事。猛曰："晋虽僻处江南，然正朔相承，上下安和，臣没之后，愿勿以晋为图。鲜卑、西羌，我之仇敌，终为人患，宜渐除之。"言终而卒。坚谓太子宏曰："天不欲使吾平一六合邪，何夺吾景略之速也？"

长,经过太微星垣,掠过井宿,从四月出现,到冬天还没有消失。前秦太史令张孟说:"尾宿和箕宿是燕国的分野,井宿是秦国的分野。如今彗星从尾宿、箕宿开始,掠过井宿,十年后燕国会灭掉秦国,二十年后代国会灭掉燕国。慕容氏分布在朝廷之中,我私下里为此担忧。应该杀掉他们的首领,来消弭上天变化预示的危机。"苻坚没有听从他的建议。

【纲】二年(甲戌,374),春二月,晋朝任命王坦之为都督徐、兖等州军事,诏令谢安总揽中书省事务。　【目】谢安喜爱音乐,即使在哀痛服丧期间,也不停止演奏,士大夫仿效他的做法,于是成为风气。王坦之屡次写信苦苦劝告说:"礼法是天下的宝物,应该为天下人珍惜。"谢安不能听从。谢安又曾经与王羲之登临冶城(今江苏南京西),闲适自得地遐想着,产生了超然置身世俗之外的志趣。王羲之对他说:"夏禹勤勉地致力于帝王的事业,(此句原文"夏禹勤土","土"当作"王",参看《晋书》卷七十九《谢安传》)连双手双脚都生了老茧,周文王为政务忙得不能按时吃饭,整天没有闲暇的时间。现在京城四郊都是军队的营垒,我们应该想着为国效力。而空谈会荒废政务,浮文会妨害要事,恐怕不适宜于当今之世。"谢安说:"秦国任用商鞅,至秦二世时就告灭亡,难道是清谈招致的祸患吗!"

【纲】三年(乙亥,375),夏五月,徐、兖都督蓝田侯王坦之去世。

【纲】晋朝任命桓冲为徐州刺史,使谢安兼任扬州刺史。　【目】桓冲认为谢安一向名望很高,便将扬州让给他,自己要求出朝镇守地方。桓氏家族亲属全都苦苦劝阻,桓冲却淡然处之。

【纲】秋七月,前秦丞相清河侯王猛去世。　【目】王猛卧病在床,上疏说:"我听说报答恩德最好的办法是直言。善于创业的人不一定善于守成,开端良好的人不一定结局良好。古代圣王深知建立功业很不容易,所以战战兢兢,就象面临深谷一般。如果陛下能够追随前代圣王,天下人就太幸运了。"苻坚看到奏疏,深感悲痛。七月,苻坚亲自到王猛的府第来探视病情,请教后事如何安排。王猛说:"虽然晋朝处在荒僻的江南,但是正统一脉相承,上下和睦。我死后,希望陛下不要图谋晋朝。鲜卑、西羌是我们的仇敌,终究会给百姓带来灾难,应该逐渐

【纲】八月,立皇后王氏。

【纲】九月,以徐邈为中书舍人。

【纲】丙子,太元元年,春正月朔,帝冠;太后归政。以谢安为中书监,录尚书事。

【纲】秋七月,秦遣兵击凉州。八月,败其兵,凉将掌据死之,张天锡降。

【纲】冬十一月,秦遣兵击代,败之。十二月,代寔君弑其君什翼犍;秦讨杀之,遂分代为二部。 【目】匈奴刘卫辰为代所逼,求救于秦。秦王坚遣行唐公洛、邓羌、朱肜等将兵击之,以卫辰为乡导。代王什翼犍使南部大人刘库仁将兵拒战,大败。什翼犍奔阴山之北,闻秦兵稍退,复还云中。

初,什翼犍世子寔早卒,寔子珪尚幼,慕容妃诸子皆长,继嗣未定。庶长子寔君遂杀诸弟,并弑什翼犍,秦兵趋云中,部众逃溃,国中大乱。珪母贺氏,以珪走依贺纳。

秦王坚召代长史燕凤,问代乱故,凤具以对。坚曰:"天下之恶一也。"乃执寔君,至长安,车裂之。坚欲迁珪于长安,凤固请曰:"代王遗孙冲幼,莫相统摄。库仁勇而有智,卫辰狡猾多变,皆不可独任。宜分诸部为二,令此两人统之;两人素有深仇,而势莫敢先发。俟其孙稍长,立之,是陛下有存亡继绝之德于代,使其子孙永为不侵不叛之臣,此安边之良策也。"坚从之。分代为二部,自河以东属库仁,自河以西属卫辰,使统其众。贺氏以珪依库仁。库仁招抚离散,恩信甚著,奉事拓跋珪恩勤周备,不以废兴易意,常谓诸子曰:"此儿有高天下之志,必有恢隆祖业,汝曹当谨遇之。"

除掉他们。"说罢,王猛去世。苻坚对太子苻宏说:"是上天不愿意让我统一全国吗?为什么这么匆匆忙忙地夺去了我的王猛呢!"

【纲】八月,晋朝立王氏为皇后。

【纲】九月,晋朝任命徐邈为中书舍人。

【纲】太元元年(丙子,376),春正月一日,晋孝武帝举行冠礼,褚太后把朝廷大政交回。晋孝武帝任命谢安为中书监、录尚书事。

【纲】秋七月,前秦派兵进击凉州。八月,前秦打败凉州兵马,凉州将领常据自杀,张天锡投降。

【纲】冬十一月,前秦派兵进击并打败代国。十二月,代国的拓跋寔君杀害国君拓跋什翼犍,前秦攻杀拓跋寔君,于是将代国分成两部。
【目】匈奴人刘卫辰受到代国的逼迫,向前秦求救。前秦王苻坚派遣行唐公苻洛、邓羌、朱彤等人率领军队进击代国,让刘卫辰担任向导。代王拓跋什翼犍派遣南部大人刘库仁领兵迎战,结果大败。拓跋什翼犍逃到阴山(今内蒙古包头北)北麓,听说前秦军逐渐撤退,又回到云中(今内蒙古托克托)。

起初,拓跋什翼犍的世子拓跋寔死得很早,拓跋寔的儿子拓跋珪还很幼小,而慕容妃的儿子们都已长大成人,谁是继位的嗣子还没有决定下来。于是庶出的长子拓拔寔君杀死弟弟们,同时杀害了拓跋什翼犍。前秦军队奔赴云中,拓拔部部众一逃而散,国中大乱。拓拔珪的母亲贺氏带着拓拔珪出逃,去投靠贺纳。

前秦王苻坚传召代国长史燕凤,问他代国发生内乱的原因,燕凤作了详细回答。苻坚说:"天下的罪恶真是无处不同。"便逮捕拓跋寔君,把他带到长安车裂了。苻坚打算把拓跋珪送往长安,燕凤再三请求说:"代王留下的这个孙子年纪幼小,拓跋各部互不统属。刘库仁智勇双全,刘卫辰狡猾多变,都不应该让任何一人单独掌握代国。最好将拓跋各部分成两部,令这两个人分别统领。这两人一向有很深的仇恨,势必不敢抢先发难。等到拓跋什翼犍的孙子稍稍长大后,可以立他为代王,这样陛下对代国就有让灭亡的国家得以复存,断绝的子嗣得以接续的恩德,使代国子孙后代永远做不背叛不侵扰秦国的臣属,这是安定边疆的良策啊。"苻坚照办,将代国分成两部,黄河以东地区归属刘库

【纲】丁丑,二年,冬十月,以桓冲都督江、荆等州军事,谢玄监江北军事。 【目】时朝廷方以秦寇为忧,诏求文武良将可镇御北方者,谢安以兄子玄应诏。郗超闻之,叹曰:"安之明,乃能违众举亲;玄之才,足以不负所举。"众咸以为不然。超曰:"吾尝与玄共在桓公府,见其使才,虽履屐间,未尝不得其任,是以知之。"玄镇广陵,募骁勇之士,得彭城刘牢之等数人。以牢之为参军,常领精锐为前锋,战无不捷。时号"北府兵",敌人畏之。

【纲】散骑常侍王彪之卒。 【目】初,谢安欲增修宫室,彪之曰:"今寇敌方强,岂可大兴功役,劳扰百姓邪!"安曰:"宫室弊陋,后世谓人无能。"彪之曰:"凡任天下之重者,当保国宁家,缉熙政事,乃以修室屋为能邪!"安不能夺,故终彪之之世,无所营造。

【纲】临海太守郗超卒。 【目】初,超党于桓氏,以父愔忠于王室,不令知之。及病甚,出一箱书授门生曰:"公年尊,我死之后,若以哀惋害寝食者,可呈此;不尔即焚之。"超卒,愔果成疾,门生呈箱,皆与桓温往反密计。愔大怒曰:"小子死已晚矣!"遂不复哭。

仁，黄河以西地区归属刘卫辰，让二人统领拓跋各部人马。贺氏带着拓跋珪去投奔刘库仁。刘库仁招徕并抚慰流离失散的部落，恩德与信誉十分显著，他殷勤周到地侍奉拓跋珪，不因拓跋珪境遇好坏而改变自己的态度。他经常对儿子们说："这孩子有超出天下人的志向，一定能够复兴祖上的基业，你们应该恭敬地对待他。"

【纲】二年（丁丑，377），冬十月，晋孝武帝任命桓冲为都督江、荆等州军事，让谢玄监督江北军事。【目】当时晋朝正在为前秦的侵扰担忧，晋孝武帝颁诏寻求足以抵御前秦的文武双全的良将，谢安让哥哥的儿子谢玄应诏。郗超得知消息后，便叹息说："凭谢安的明智，竟能不顾众人的议论，来推举自己的亲属。凭谢玄的才能，也足以不辜负推举他的人。"大家都认为未必如此，郗超说："我曾经与谢玄一起在桓温公的军府中供职，看到他使用人材，即使在举足投步之间，没有不把人们的任务安排得非常合适的，因此我知道他不会辜负谢安。"谢玄镇守广陵，募集勇敢善战的将士，得到彭城人刘牢之等几个人。谢玄让刘牢之担任参军，刘牢之经常率领精锐兵马担任前锋，每次出战，无不取胜。当时人们称此军为"北府兵"，（下一年谢玄出镇京口，时称京口为北府，故至下一年以后，才有北府兵之称）敌人很怕北府兵。

【纲】散骑常侍王彪之去世。【目】起初，谢安打算扩建宫室，王彪之说："当前敌人正强盛，怎么能大力征发徭役，兴建土木工程，来困扰百姓呢！"谢安说："宫室破败不堪，后世的人们会说我们无能的。"王彪之说："凡是担负着天下重任的人，应当保卫国家，安定人民，修明政事，难道你以兴建宫室为能干吗？"谢安无法反驳，所以在王彪之活着时，没有修建过宫室。

【纲】临海（治章安，今浙江临海东南章安镇）太守郗超去世。【目】起初，郗超与桓温结党，由于父亲郗愔对晋王室忠心耿耿，便不让他知道自己的事情。及至郗超病情沉重后，拿出一箱书信交给门生说："我父亲年事已高，我死以后，如果他因哀伤妨害饮食睡眠的话：可以把这箱信呈交给他。否则就把信烧掉。"郗超去世，郗愔果然伤心成病。门生把箱子呈送上去，箱中存放的都是郗超与桓温秘密往来的信件，郗愔气愤地说："这小子已经死得够晚的了！"于是不再哭泣。

【纲】戊寅，三年，秋九月，秦王坚宴群臣。【目】秦王坚与群臣饮酒，以极醉为限。赵整作《酒歌》曰："地列酒泉，天垂酒池，杜康妙识，仪狄先知。纣丧殷邦，桀倾夏国，由此言之，前危后则。"坚大悦，命整书之以为《酒戒》，自是宴群臣，礼饮而已。

【纲】己卯，四年，春二月，秦陷襄阳，执刺史朱序以归。

【纲】夏四月，秦陷魏兴，太守吉挹死之。【目】秦韦钟拔魏兴，吉挹引刀欲自杀，左右夺其刀；会秦人至，执之，挹不言不食而死。秦王坚叹曰："周孟威不屈于前，丁彦远洁己于后，吉祖冲闭口而死，何晋氏之多忠臣也！"

【纲】庚辰，五年，秋九月，皇后王氏崩。冬十一月，葬定皇后。

【纲】辛巳，六年，春正月，立佛精舍于内殿。

【纲】壬午，七年，冬十月，秦会群臣于太极殿。【目】秦王坚会群臣于太极殿，议曰："今四方略定，唯东南一隅，未沾王化。计吾士卒，可得九十七万，欲自将讨之，何如？"左仆射权翼曰："今晋虽微弱，未有大恶；谢安、桓冲，皆江表伟人，君臣辑睦，未可图也！"太子左卫率石越曰："今福德在吴，伐之必有天殃。且彼处长江之险，民为之用，殆未可也！"坚曰："天道幽远，未易可知。以吾之众，投鞭于江，足断其流，又何险之足恃乎！"于是群臣各言利害，久之，不决。坚曰："此所谓筑室道旁，无时可成，吾当内断于心耳。"群臣皆出，独留阳平公融，问之。对曰："今伐晋有三难：天道不顺；晋国无衅；我数战兵疲，民有畏敌之心。群臣言晋不可伐者，皆忠臣也。"坚作色曰："汝亦如此，吾复何望！"融泣曰："晋未可

【纲】三年（戊寅，378），秋九月，前秦王苻坚宴请群臣。 【目】前秦王苻坚与群臣喝酒，要大家一醉方休。赵整作了一首《酒歌》，歌词是："地上有个酒泉郡（今甘肃酒泉东），天上垂下酒旗星。（原作"酒池"，注曰："星名，轩辕右角二星曰酒池。"据《晋书·天文志》载，此星当名"酒旗"；今据改）杜康造酒有真意，此意仪狄已先知。殷纣饮酒丧邦国，夏桀沉醉夏国灭。由此往事说到今，前世危亡后世师。"苻坚非常高兴，让赵整写下来作为饮酒的箴言。从此，苻坚宴请群臣，只是按照礼仪饮用三杯而已。

【纲】四年（己卯，379），春二月，前秦攻破襄阳（今湖北襄阳县襄阳镇），活捉刺史朱序，带回本国。

【纲】夏四月，前秦攻破魏兴（今陕西安康西北），魏兴太守吉挹绝食而死。 【目】前秦韦钟攻克魏兴，吉挹拔刀准备自杀，周围的人把刀夺下。适逢前秦军队赶来，将他捉获，吉挹不再说话，也不吃饭，终于身亡。前秦王苻坚感叹地说："以前有周虓不肯屈服，后来有丁穆不肯做官，现在又有吉挹绝食而死，为什么晋朝的忠臣这么多！"

【纲】五年（庚辰，380），秋九月，皇后王氏去世。冬十一月，定皇后安葬。

【纲】六年（辛巳，381），春正月，晋孝武帝在内殿建成佛寺。

【纲】七年（壬午，382），冬十月，前秦在太极殿大会群臣。 【目】前秦王苻坚在太极殿会集群臣，与大家商量说："现在各地大致已经平定，只有东南一隅，还没有沾润帝王的教化。算来我们的军队大约能调集九十七万，我打算亲自率军讨伐东晋，诸位认为如何？"左仆射权翼说："现在晋朝虽然衰微，但是没有显著的罪恶，谢安和桓冲都是江南的伟人，而且他们君臣和睦，所以还不能谋取晋朝。"太子左卫率石越说："现在岁星就在吴地，如果攻打晋朝，上天必定要降下祸殃。何况他们据有长江天险，百姓为他们效力，恐怕还不能出兵。"苻坚说："天道隐微攸远，人们不容易掌握。但是，凭着我国众多的军队，把马鞭丢进长江，就足以截断江流，晋朝又有什么天险足以仗恃的！"于是群臣各自陈述利害，用了很长时间，也没作出决定。苻坚说："这就是人们所说的，在道旁盖房，不知什么时候才能完成，看来就得由我自己决

灭，昭然甚明。且臣之所忧，不止于此，陛下宠育鲜卑、羌、羯，布满畿甸，太子独与弱卒留守京师，臣惧变生肘腋，不可悔也。王景略一时英杰，陛下尝比之诸葛武侯，独不记其临没之言乎！"坚不听。曰："以吾击晋，犹疾风之扫秋叶，而内外皆言不可，何也？"冠军慕容垂独言于坚曰："陛下神武，威加海外，而蕞尔江南，独违王命，岂可复留之以遗子孙哉！诗云：'谋夫孔多，是用不集。'陛下断自圣心足矣。"坚大悦曰："与吾共定天下者，独卿而已。"坚锐意欲取江东，寝不能旦。

【纲】秦大熟。

【纲】癸未，八年，秋八月，秦王坚大举入寇。诏征讨都督谢石、冠军将军谢玄等帅师拒之。　【目】秦王坚下诏大举，遣阳平公融督张蚝、慕容垂等步骑二十五万为前锋；以姚苌为龙骧将军，督益、梁州诸军。

慕容绍言于垂曰："主上骄矜已甚，叔父建中兴之业，在此行也！"坚遂发长安，戎卒六十余万，骑二十七万。九月，融等兵三十万，先至颍口。

诏以谢石为征讨大都督，谢玄为前锋都督，与将军谢琰、桓伊、胡彬等督众八万拒之。

时都下震恐。玄入问计于谢安，安夷然，答曰："已别有旨。"既而寂然。遂命驾出游山墅，亲朋毕集，与玄围棋别墅。安棋常劣于

定了。"群臣都退出去时，苻坚单独留下阳平公苻融，征求他的意见。苻融回答说："现在去讨伐晋国有三个困难：一是此举不合天意，二是晋国没有可乘之机，三是我军多次作战，士兵疲惫，人民有畏惧敌人的心理。群臣中说不能讨伐晋国的人，都是忠臣。"苻坚脸色一沉，生气地说："连你也这个样子，我还有什么指望！"苻融哭着说："还不能消灭晋国，道理非常明白。况且我所担心的，还不止这些。陛下优待鲜卑人、羌人、羯人，他们遍布京畿地区，只有太子与一些老弱残兵留守京城，我怕变乱发生在京城附近，连后悔也来不及了。王猛是一代英杰，陛下曾经把他比作武候诸葛亮，难道你不记得他的临终遗言了吗！"苻坚听不进去，便说："以我军进击晋军，犹如劲风横扫秋天的树叶！朝廷内外却都说不能攻打晋国，道理何在？"只有冠军将军慕容垂对苻坚说："陛下神圣英武，声威布及海外。唯独小小江南违抗秦国的命令，怎么能把晋国留下来，再交给子孙们解决呢！《诗经》说：'出主意的人太多，因此无法把事办成。'陛下自己决断就够了。"苻坚非常高兴地说："能与我共同平定天下的人只有你了。"苻坚专心一意地打算攻取江南，兴奋得无法睡到天亮。

【纲】前秦获得大丰收。

【纲】八年（癸未，383），秋八月，前秦王苻坚大举进犯晋朝。晋孝武帝下诏命令征讨都督谢石、冠军将军谢玄等人率领军队抵抗。
【目】前秦王苻坚下诏大规模出兵，派遣阳平公苻融统辖张蚝、慕容垂等人的步兵、骑兵共二十五万人担任前锋，任命姚苌为龙骧将军，统辖益州、梁州各军。

慕容绍对慕容垂说："主上骄傲到了极点，叔叔建立中兴大业，就在此行！"苻坚于是从长安出发，率领步兵六十多万人，骑兵二十七万人。九月，苻融等人的三十万军队先行来到颖口（今安徽颖上东南之西正阳镇）。

晋孝武帝下诏任命谢石为征讨大都督，谢玄为前锋都督，与将军谢琰、桓伊、胡彬等人统辖八万人马抵御前秦军队。

当时，京城震惊恐惧。谢玄前去询问谢安有什么良策，谢安态度平和安详地回答说："我已经另有主意。"接着就什么也不说了，却吩咐驾

玄,是日,玄惧,便为敌手而又不胜。安遂游陟,至夜乃还。

桓冲深以根本为忧,遣精骑三千入援;安固却之,曰:"朝廷处分已定,兵甲无阙,宜留以防西藩。"冲叹曰:"安石有庙堂之量,不闲将略。今大敌垂至,方游谈不暇,遣诸不经事少年拒之,众又寡弱,天下事已可知,吾其左衽矣!"

【纲】以琅邪王道子录尚书六条事。

【纲】冬十一月,谢石、谢玄等大破秦兵于肥水,杀其大将苻融,秦王坚走还长安。 【目】秦阳平公融等攻寿阳,克之。梁成等屯于洛涧,栅淮以遏东兵,谢石、谢玄等惮不敢进。坚引轻骑八千,兼道就融。遣朱序来说石等:"不如速降。"序私谓石等曰:"若秦众尽至,诚难与为敌。今乘诸军未集,宜速击之;若败其前锋,则彼已夺气,可遂破也。"

十一月,玄遣刘牢之帅精兵五千趣洛涧,成阻涧为陈以待之。牢之直前渡水,击成,大破,斩之;分兵断其归津,秦步骑崩溃,赴淮死者万五千人。于是石等水陆继进。坚与融登寿阳城望之,见晋兵部陈严整,又望见八公山上草木,皆以为晋兵,顾谓融曰:"此亦勍敌,何谓弱也!"怃然始有惧色。

秦兵逼肥水而阵。玄使谓融曰:"君悬军深入,而置阵逼水,此乃持久之计,非欲速战者也。若移陈小却,使我兵得渡,以决胜负,

好车马，到山间别墅中去游玩，亲戚朋友都聚集在一起，谢安便与谢玄在别墅中下棋。谢安的棋艺通常不如谢玄，但这一天谢玄心中恐慌，便下成平手，然后又转为失利。接着谢安登山游玩，直到夜晚才回来。

桓冲对朝廷安危非常担心，派遣三千精良骑兵进京援助，谢安坚持让他回去，说："朝廷部署已定，武器衣甲一点不缺，你应该留下来防守西部地区。"桓冲叹息着说："谢安有担当丞相的气量，但是不熟悉军事方略。现在强大的敌军即将到来，他却忙着游玩清谈，派遣一些缺乏阅历的年轻将领去抵御敌军，而且兵力又少又弱，天下形势已经明白可知，看来我要成为异族的臣民了！"

【纲】晋孝武帝任命琅邪王司马道子为录尚书六条事。

【纲】冬十一月，谢石、谢玄等人在肥水（出今安徽合肥市西金桥镇，经瓦埠湖至寿县西北八公山入淮河）大破前秦军。　【目】前秦阳平公苻融等人攻打寿阳（即寿春，今安徽寿县），将寿阳攻陷。梁成等人屯兵洛涧（即洛水，出今安徽合肥北，至淮南东北入淮河），在淮水中树起栅栏，阻遏从东边来的晋兵，谢石、谢玄等人忌惮梁成，不敢进军，苻坚率领轻装骑兵八千人兼程赶到苻融那里，派遣朱序前来劝谢石等人说："你们不如赶紧投降。"朱序私下对谢石等人说："如果秦国军队全部赶到，诚然难以抵抗。现在趁秦国各军还没集结起来，你们应当赶快进击。如果能将他们的前锋打败，挫伤前秦军的士气，就可以打败他们了。"

十一月，谢玄派遣刘牢之率领五千精兵奔赴洛涧，梁成拦在洛涧岸上列阵以待。刘牢之径直向前，渡过洛涧，进击梁成，大败前秦军，斩杀梁成，于是分出一支人马去切断前秦军通往渡口的退路。前秦步兵、骑兵纷纷崩溃，跳入淮水中淹死的有一万五千人。这时，谢石等人水陆两军相继开进，苻坚与苻融登上寿阳城头瞭望，看到晋军队伍严整，又望见八公山（今安徽寿县东北，肥水以北）上的草木。以为全是晋军。苻坚对苻融说："这是劲敌，怎能说它虚弱呢！"苻坚茫然若失，脸上开始露出畏惧的神色。

前秦军队靠近肥水布阵。谢玄派人对苻融说："你孤军深入，却紧靠肥水布阵，这是长期对峙的打算，不是准备速战速决的做法。如

不亦善乎！"秦诸将皆曰："我众彼寡，不如遏之，使不得上，可以万全。"坚曰："但使半渡，我以铁骑蹙而杀之，蔑不胜矣！"融亦以为然，遂麾兵使却。秦兵遂退，不可复止；玄等引兵渡水击之。融驰骑略陈，欲以帅退者，马倒，为晋兵所杀，秦兵遂溃。玄等乘胜追击，至于青冈；秦兵大败，自相蹈藉而死者，蔽野塞川。其走者闻风声鹤唳，皆以为晋兵且至，昼夜不敢息，草行露宿，重以饥冻，死者什七、八。初，秦兵小却，朱序在陈后呼曰："秦兵败矣！"众遂大奔。序因与张天锡皆来奔。复取寿阳。

坚中流矢，单骑走至淮北。是时，惟慕容垂所将三万人独全，坚以千余骑赴之，世子宝言于垂曰："此时不可失，愿不以意气微恩忘社稷之重！"垂曰："彼以赤心投我，若之何害之！天苟弃之，何患不亡。不若保护其危以报德，徐俟其衅而图之，既不负宿心，且可以义取天下。"慕容德曰："此为报仇，非负宿心也。"垂曰："吾昔为太傅所不容，置身无所，秦王以国士遇我，后复为王猛所卖，秦王独能明之，此恩何可忘也！若氐运必穷，吾当怀集关东，以复先业耳。"悉以兵授坚。

谢安得驿书，知秦兵已败，方与客围棋，摄书置床上，了无喜色，围棋如故。客问之，徐答曰："小儿辈遂已破贼。"既罢，还内，过户限，不觉屐齿之折。

果你让军阵稍微后退一点儿，使我军能渡过肥水，决一胜负，不也很好吗？"前秦诸位将领都说："我们人多，敌人兵少，不如阻住他们，使他们无法上前，可保万无一失。"苻坚说："只让晋军渡过一半，我们命令铁骑把他们踩死，就无不取胜了！"苻融也认为言之有理，便指挥军队后退。于是前秦军队向后退去，再也无法停住。谢玄等人带领军队渡过肥水进击，苻融骑马奔驰，打算压住阵脚，控制后退的军队，不料坐骑仆倒在地，被晋军杀死，于是前秦军队顿时崩溃。谢玄等人乘胜追击，一直追到青冈（今安徽寿县西北）。前秦军队大败，自相践踏而死的人遮蔽原野，塞满河流。那些逃出来的前秦将士听见风在吹，鹤在叫，都认为是晋军将要赶到，便日夜不停地逃跑，在荒草中穿行，在露天地里过夜，加上挨饿受冻，死去的人有十分之七八。起初，前秦军队稍稍后退时，朱序在阵地后面大声喊道："秦兵败啦！"大家这才狂奔不止。朱序与张天锡一起投奔晋朝，晋朝军队再次占领寿阳。

　　苻坚被乱箭射中，一个人骑马逃到淮水北岸。这时，只有慕容垂率领的三万人马还完整无损，苻坚便带着一千多骑兵赶到慕容垂那里。世子慕容宝向慕容垂进言说："可不能错过这个时机，希望不要因顾念秦国对我们的情谊和小小恩惠，就忘记对本国担负的重任！"慕容垂说："他也是真心投奔到我这里来，怎么能把他害死！如果上天抛弃他，又何必担心他不会灭亡！不如在他危险时来保护他，报答他的恩德，以后再慢慢寻找时机来打他的主意，这既不会忘恩负义，又能本着大义去取得天下。"慕容德说："我们这是报仇，并不是忘恩负义。"慕容垂说："从前太傅慕容评容不下我，我无处安身，秦王把我当作国家的杰出人才加以礼遇。后来我又遭到王猛的陷害，秦王却能认清我的心迹。我怎能忘记这些恩德！如果氐人的气数一定完结，我就招徕关东百姓，恢复先人的基业。"便把军队全数交给苻坚。

　　谢安收到驿站传来的文书，得知前秦军队已经战败，当时他正与客人下棋，便把文书放在床上，脸上没有一点喜悦的神色，只是仍然下棋。客人问他文书的内容，谢安缓缓地回答："小孩子们已经把敌人打败了。"下棋结束后，谢安返回内室，过门槛却忘了抬脚，连木屐底下的木齿被碰断了都不知道。

坚收集离散，比至洛阳，众十余万，慕容农谓垂曰："尊不迫人于险，其义声足以感动天地。夫取果于未熟与自落，不过晚旬日之间，然其难易美恶，相去远矣！"垂善其言。行至绳池，言于坚曰："北鄙闻王师不利，轻相煽动，臣请奉诏书以镇慰之。"坚许之。权翼谏曰："垂勇略过人，世豪东夏。譬如养鹰，饥则附人，每闻风飙之起，常有凌霄之志，正宜谨其绦笼，岂可解纵，任所欲哉！"坚曰："卿言是也。然朕已许之，匹夫犹不食言，况万乘乎！若天命有废兴，固非智力所能移也。"翼曰："陛下重小信而轻社稷，臣见其往而不返，关东之乱，自此始矣。"坚不听。

坚至长安，哭阳平公融而后入。

【纲】以谢石为尚书令。进谢玄号前将军；固让不受。

【纲】丁零翟斌起兵攻洛阳，秦使慕容垂讨之。垂叛秦，与斌合。 【目】慕容垂至安阳，长乐公丕馆垂于邺西。垂潜与燕故臣谋复燕祚，会丁零翟斌叛秦，谋攻洛阳，秦王坚驿书使垂讨之。石越言于丕曰："垂有恢复旧业之心，今复资之以兵，此为虎傅翼也。"丕曰："垂在此，常恐为肘腋之变，今远之于外，不犹愈乎！"乃以赢兵弊铠给之，又遣苻飞龙帅氐骑一千为之副。密戒飞龙曰："垂为三军之帅，卿为谋垂之将，行矣，勉之！"垂留慕容农及楷、绍于邺，行至安阳，闻丕与飞龙谋，乃夜袭飞龙氐兵，尽杀之，以书遗秦王坚，言其故，而慕容凤等亦各帅部曲归翟斌。垂遣人告农等，使起兵。农等遂将数十骑，微服出邺、奔列人。

苻坚沿途收集流离失散的人马，及至来到洛阳，又拥有十余万人。慕容农对慕容垂说："父亲不在别人处境险恶时加以逼迫，这种义举的声誉足以感动天地。摘取果实，是在果实还没成熟以前，还是在果实自然落地以后，只不过前后相差十天时间。然而，摘果实的难易程度，果实滋味甘美与否，却相差太远了！"慕容垂认为他讲得很好。走到渑池（今河南渑池）时，慕容垂对苻坚说："北方边境的人们听说朝廷军队作战失利，便冒然相互煽动，请让我带着陛下的诏书去镇抚他们。"苻坚答应了。权翼劝阻苻坚说："慕容垂勇武超群，智略过人，世代称雄关东。如同养鹰一样，鹰饿了才会听人指使，但每当它听见暴风刮起，总是唤起冲入云霄的志向。正应该系紧它身上的丝绳，关好盛它的笼子，怎能把它放开，听任它为所欲为呢！"苻坚说："你说得对。然而朕已经答应他了。连平民百姓都不肯食言，何况天子！如果上天决定让谁兴起，让谁败亡，这本来不是人的智力所能改变的。"权翼说："陛下看重小事上的信义，却轻视国家的命运。我认定他会一去不返，关东的变乱从此就要开始了。"苻坚没有接受他的意见。

苻坚来到长安，先去哭祭阳平公苻融，然后进城。

【纲】晋孝武帝任命谢石为尚书令，进升谢玄的名号为前将军，谢玄坚决推辞，没有接受。

【纲】丁零人翟斌起兵进攻洛阳，前秦派遣慕容垂前去讨伐。慕容垂背叛前秦，与翟斌会合。　【目】慕容垂来到安阳（今河南安阳西南），长乐公苻丕安排慕容垂住在邺城西边的馆舍中。慕容垂暗中与前燕旧臣策划恢复燕国。适逢丁零人翟斌背叛前秦，策划攻打洛阳，前秦王苻坚通过驿站传递文书命令慕容垂讨伐翟斌。石越对苻丕说："慕容垂本来就有恢复故国的意图，现在又把军队交给他，这是为老虎插上翅膀的做法。"苻丕说："慕容垂留在此间，经常使人担心他会在近处发动变乱，现在让他外出，走得远远的，不好得多吗！"便拨给慕容垂一些残兵败甲，还派遣苻飞龙率领一千氐人骑兵作他的副职。苻丕暗中告诫苻飞龙说："慕容垂是三军主帅，你是对付慕容垂的将领，出发吧，好自为之！"慕容垂把慕容农和慕容楷、慕容绍留在邺城，自己来到安阳时，得知苻丕与苻飞龙密谋，便在夜间偷袭苻飞龙率领的氐

【纲】甲申，九年，春正月，慕容垂自称燕王。大破秦兵，斩其将石越。 【目】慕容凤劝翟斌奉垂为盟主，斌从之。垂至洛阳，斌劝垂称尊号。垂曰："新兴侯，吾主也，当迎归反正耳。"垂以洛阳四面受敌，欲取邺而据之，乃引兵东至荥阳。群下固请上尊号，垂乃称燕王。封德为范阳王，楷为太原王，翟斌为河南王，帅众二十余万，长驱向邺。而农亦驱列人居民为卒，使赵秋说东夷、乌桓，各帅部众数千赴之，攻破馆陶，于是步骑云集，众至数万。

长乐公丕使石越讨之。农大败秦兵，斩越。秦人骚动，盗贼群起。垂至邺，改元。农引兵会垂。遂立世子宝为太子。

【纲】二月，荆、江都督、丰城公桓冲卒。 【目】冲闻谢玄等有功，自以失言，惭恨成疾而卒。

【纲】燕王垂围邺。

【纲】三月，以谢安为太保。

【纲】燕慕容泓起兵华阴，慕容冲起兵平阳。秦遣苻叡击泓，败死。夏四月，叡司马姚苌起兵北地，自称秦王。 【目】泓为秦北地长史，闻燕王垂攻邺，攻奔关东，收集鲜卑，还屯华阴，其众遂盛，自称雍州牧。

秦王坚谓权翼曰："不用卿言，使鲜卑至此。关东之地，吾不复争，将若泓何？"乃使广平公熙镇蒲坂。征巨鹿公叡都督中外诸军

人军队，将他们全部杀死，并写信给前秦王苻坚，说明原委。这时，慕容凤等人也各自率领本部人马归附翟斌。慕容垂派人通知慕容农等人，让他们起兵。于是慕容农等人带领几十个骑兵，穿着平民的服装出了邺城，逃往列人（今河北肥乡东北）。

【纲】九年（甲申，384），春正月，慕容垂自称燕王，大破前秦兵马，杀了前秦的将领石越。　【目】慕容凤劝翟斌拥戴慕容垂为盟主，翟斌依从。慕容垂来到洛阳，翟斌劝慕容垂称尊号。慕容垂说："新兴侯慕容暐是我的主人，应该迎接他返回正位。"慕容垂认为洛阳容易从四面八方受到攻击，打算占据邺城，便带领兵马东进到荥阳（今河南荥阳西南）。部下坚决请求慕容垂称尊号，慕容垂便称燕王，封慕容德为范阳王，慕容楷为太原王，翟斌为河南王，率领二十多万人马，径直向邺城挺进。而慕容农也驱使列入的居民当兵，又派赵秋去游说东夷、乌桓，他们各自率领几千部众赶来，一起攻破馆陶（今山东馆陶）。于是，慕容农步兵骑兵云集，军队达到数万人之多。

长乐公苻丕派遣石越讨伐慕容农。慕容农大败前秦军队，杀死石越。前秦人动乱不安，强盗蜂拥而起。慕容垂来到邺城，更改年号，慕容农率领军队与慕容垂会师。慕容垂立世子慕容宝为太子。

【纲】二月，荆、江都督丰城公桓冲去世。　【目】桓冲听说谢玄等人抗敌立功，知道自己说了错话，因惭愧恼恨而得病去世。

【纲】后燕王慕容垂包围邺城。

【纲】三月，晋孝武帝任命谢安为太保。

【纲】西燕慕容泓在华阴（今陕西渭南东）起兵，慕容冲在平阳（今山西临汾西南）起兵。前秦派遣苻叡进击慕容泓，结果战败被杀。夏四月，苻叡的司马姚苌在北地（治泥阳，今陕西铜川东南）起兵，自称秦王。　【目】慕容泓担任前秦的北地长史，听说后燕王慕容垂攻打邺城，便逃亡到关东，招集鲜卑人，回军驻扎华阴，他的人马多了起来，于是自称雍州牧。

前秦王苻坚对权翼说："我没有采纳你的主张，使鲜卑人发展到这种程度。关东地区，我不再争了，但是应该怎么对付慕容泓呢？"他便派遣广平王苻熙镇守蒲坂（今山西芮城西北），征召钜鹿公苻叡担任

事，配兵五万；以窦冲为长史，姚苌为司马，以讨泓。

平阳太守慕容冲亦起兵于平阳，进攻蒲坂；坚使窦冲讨之。泓闻秦兵且至，惧，帅众将奔关东。叡粗猛轻敌，欲驰兵邀之。姚苌谏曰："鲜卑皆有思归之志，故起而为乱，宜驱令出关，不可遏也。夫执鼷鼠之尾，犹能反噬于人。但可鸣鼓随之，彼将奔败不暇矣。"叡弗从，与战，果败，见杀。苌遣其长史诣坚谢罪；坚怒，杀之。苌惧，奔渭北马牧，于是天水尹纬、尹详、南安庞演等，纠煽羌豪五万余家，推苌为盟主。苌自称秦王。进屯北地，羌、胡降者十余万。

【纲】秦遣兵击慕容冲，破之；冲奔华阴。泓遂进逼长安。

【纲】六月，崇德太后褚氏崩。

【纲】燕诸将杀慕容泓，立冲为皇太弟。

【纲】燕将军慕容麟拔常山、中山。慕容冲大破秦兵，遂据阿房城。

【纲】秋七月，葬康献皇后。

【纲】八月，燕王垂解邺围，趋新城。

【纲】慕容冲进逼长安。

【纲】冬十月，燕慕舆文杀刘库仁。

【纲】十二月，秦杀其新兴侯慕容暐。

【纲】燕王垂复围邺。谢玄遣刘牢之救之，且馈之粟。

都督中外诸军事,给他配备五万兵马,任命窦冲为长史,姚苌为司马,去讨伐慕容泓。

平阳太守慕容冲也在平阳起兵,前去进攻蒲坂,苻坚派窦冲讨伐慕容冲。慕容泓得知前秦兵马即将到来,便害怕了,准备率领军队逃往关东。苻叡粗疏刚猛,轻视敌军,打算让军队火速赶去截击慕容泓。姚苌劝阻他说:"鲜卑人全有打算重归故国的念头,所以才起来发动变乱。应该把鲜卑人赶出函谷关,不能勉强阻拦他们。抓住小老鼠的尾巴,小老鼠还要回头咬人一口哩。只要擂动战鼓,尾随其后,他们就会只顾忙着逃跑了。"苻叡没有同意。他与慕容泓交战,果然战败被杀。姚苌派他的长史前去向苻坚请罪,苻坚大怒,将那长史杀死。姚苌恐惧不安,逃到渭北去放马。于是天水(治上邽,今甘肃天水西南)人尹纬、尹详、南安(治狄道,今甘肃陇西东北)人庞演等人,纠集并煽动羌人豪强五万多家,推举姚苌为盟主。姚苌自称秦王,率领军队挺进到北地驻扎,前来归降的羌人、胡人有十多万人。

【纲】前秦派遣军队击破慕容冲,慕容冲逃奔华阴。慕容泓随即进逼长安。

【纲】六月,崇福太后褚氏去世。

【纲】西燕诸将领杀死慕容泓,拥立慕容冲为皇太弟。

【纲】后燕将军慕容麟攻克常山(治真定,今河北正定)、中山(都卢奴,今河北定县)。慕容冲大破前秦军队,随即占领阿房城(今陕西西安西北)。

【纲】秋七月,康献皇后安葬。

【纲】八月后燕王慕容垂解去对邺城的包围,奔赴新城(今河北永年东南)。

【纲】慕容冲进逼长安。

【纲】冬十月,后燕慕舆文杀死刘库仁。

【纲】十二月,前秦杀死新兴侯慕容暐。

【纲】后燕王慕容垂再次包围邺城。谢玄派刘牢之援救邺城,并且把粮食送给前秦军队。

纲鉴易知录卷三四

东晋纪

孝武皇帝

【纲】乙酉，十年，春正月，燕慕容冲称帝于阿房。

【纲】夏四月，刘牢之进兵至邺；燕王垂逆战，败，走中山。牢之追击，大败而还。

【纲】五月，西燕攻长安，秦王坚出奔五将山。 【目】西燕主冲攻长安，秦王坚身自督战，飞矢满体。冲纵兵暴掠，士民流散，道路断绝。坚大惧，以谶书云"帝出五将久长得"，乃留太子宏守长安，帅骑数百奔五将山。

【纲】六月，秦太子宏奔下辨，西燕主冲入长安。

【纲】秋七月，后秦围五将山，执秦王坚以归。

【纲】八月，太保建昌公谢安卒。

【纲】以琅邪王道子领扬州刺史，录尚书、都督中外诸军事。

【纲】后秦王苌弑秦王坚。

【纲】秦苻丕称帝于晋阳。 【目】秦长乐公丕将赴长安，时幽州刺史王永自蓟走壶关，遣使招之，丕乃帅邺中男女六万余口西如潞川，将军张蚝、并州刺史王腾迎入晋阳。永以骑来会，丕始知坚死，乃发丧，即位。

【纲】刘显弑其君头眷而自立。 【目】显，库仁之子也，既杀头眷，又将杀拓跋珪，珪遂奔贺兰部，依其舅贺讷。

【纲】九月，乞伏国仁自称单于。

【纲】冬十二月，燕慕容麟攻秦博陵，守将王兖死之。 【目】

孝武皇帝

【纲】十年(己酉,385),春正月,西燕慕容冲在阿房城称帝。

【纲】夏四月,刘牢之率军挺进到邺城,后燕王慕容垂迎战失败,逃往中山。刘牢之率军追击,大败而回。

【纲】五月,西燕进攻长安,前秦王苻坚出城逃往五将山(今陕西凤翔东北,岐山北)。 【目】西燕主慕容冲进攻长安,前秦王苻坚亲自督战,乱箭射中全身,慕容冲放纵西燕军进行野蛮的劫掠,士绅百姓四散逃亡,道路上不见人迹。苻坚大为恐惧。由于谶书上说"帝出五将久长得",苻坚便留下太子苻宏防守长安,自己率领数百名骑兵奔向五将山。

【纲】六月,前秦太子苻宏逃往下辨(今甘肃徽成西),西燕主慕容冲进入长安。

【纲】秋七月,后秦军包围五将山,活捉前秦王苻坚,将他押回。

【纲】八月,太保建昌公谢安去世。

【纲】晋孝武帝任命琅邪王司马道子兼任扬州刺史、录尚书、都督中外诸军事。

【纲】后秦王姚苌杀害了前秦王苻坚。

【纲】前秦苻丕在晋阳(今山西太原西南)称帝。 【目】前秦长乐王公苻丕准备奔赴长安,当时幽州刺史王永已经从蓟城(今北京西南)逃到壶关(今山西长治东南),并派使者请苻丕前来。于是苻丕率领邺城男女六万多人前往潞川(现浊漳水,今山西长治东北),将军张蚝、并州刺史王腾把他迎进晋阳。王永率领骑兵前来会合,这时苻丕才知道苻坚已死,便公布死讯,举行哀悼仪式,然后即位称帝。

【纲】刘显杀害了本部首领刘头眷,自立为首领。 【目】刘显是刘库仁的儿子。他杀死刘头眷后,又准备杀害拓跋珪。拓跋珪便逃奔贺兰部,去投靠舅舅贺讷。

【纲】九月,乞伏国仁自称单于。

【纲】冬十二月,后燕慕容麟进攻前秦的博陵(今河北深县北),

麟攻秦博陵，城中粮竭矢尽，功曹张猗逾城出，聚众以应麟。充临城数之曰："卿是秦民，吾是卿君，卿起兵应贼，而号'义兵'，何名实之相违也？古人求忠臣必于孝子之门，卿母在城，弃而不顾，吾何有焉！今人取卿一时之功则可矣，宁能忘卿不忠不孝之罪乎？不意中州礼义之邦，乃有如卿者也！"麟拔博陵，执充，杀之。

【纲】燕定都中山。
【纲】丙戌，十一年，春正月，拓跋珪复立为代王。
【纲】燕王垂称皇帝。
【纲】二月，西燕弑其主冲，立段随为燕王。
【纲】代徙都盛乐。
【纲】三月，西燕人杀段随而东，至闻喜，立慕容忠，复称帝。

【纲】夏四月，代改称魏。
【纲】后秦王苌取长安，称皇帝。【目】鲜卑既东，长安空虚。苌取之，始称皇帝。
【纲】六月，西燕弑其主忠，立慕容永为河东王。
【纲】秋八月，秦以苻登为南安王。
【纲】冬十月，西燕击秦，败之。秦王丕奔东垣，将军冯该击杀之。
【纲】西燕慕容永称帝于长子。
【纲】海西公奕薨于吴。
【纲】十一月，秦苻登称帝于南安。
【纲】十二月，吕光自称酒泉公。【目】初，光得秦主坚凶闻，举军缟素。至是，自称凉州牧、酒泉公。

【纲】丁亥，十二年，春正月，以朱序为青、兖刺史，镇淮阴；谢玄为会稽内史。
【纲】夏五月，征处士戴逵，不至。【目】诏征会稽处士戴逵，

守将王兖被杀。 【目】慕容麟攻打前秦的博陵,城中粮食吃光,箭已用完,功曹张猗翻越城墙逃出,招集人马,响应慕容麟。王兖登城责备他说:"你是秦国臣民,我是你的上司。你起兵响应敌人,却号称'义兵',多么名不副实!古人总是在孝子中去找忠臣。你的母亲就在城中,你却弃而不顾,你对我还会做出什么好事!今世之人看重你一时立下的功劳也是有的,但是人们怎能忘记你不忠不孝的大罪!没想到中原礼义之邦竟有象你这样的人!"慕容麟攻克博陵后,捉住王兖,将他杀死。

【纲】后燕定都中山。

【纲】十一年(丙戌,386),春正月,拓跋珪又即位成为代王。

【纲】后燕王慕容垂称皇帝。

【纲】二月,西燕国内杀死君主慕容冲,立段随为燕王。

【纲】代国迁都盛乐(今内蒙古和林格尔西北)。

【纲】三月,西燕人杀死段随,向东抵达闻喜(今山西闻喜),拥立慕容忠称帝。

【纲】夏四月,代国改称为魏国。

【纲】后秦王姚苌占领长安,称皇帝。 【目】鲜卑人向东迁移后,长安城中空虚。姚苌占领长安,开始称皇帝。

【纲】六月,西燕国内杀死国君慕容忠,立慕容永为河东王。

【纲】秋八月,前秦任命苻登为南安王。

【纲】冬十月,西燕进击前秦,将前秦打败。前秦王苻丕逃往东垣(今河南新安东),将军冯该将他击杀。

【纲】西燕慕容永在长子(今山西长子西)称帝。

【纲】海西公司马奕在吴县(今江苏苏州)去世。

【纲】十一月,前秦苻登在南安称帝。

【纲】十二月,吕光自称酒泉公。 【目】起初,吕光得到前秦主苻坚的死讯,命令全军都穿白色的丧服。至此,吕光自称凉州牧、酒泉公。

【纲】十二年(丁亥,387),春正月,晋孝武帝任命朱序为青、兖刺史,镇守淮阳(今江苏淮阴东南),任命谢玄为会稽内史。

【纲】夏五月,晋孝武帝征召处士戴逵做官,戴逵没有前来。

逖累辞不就；郡县敦逼不已，逖逃匿于吴。内史谢玄上疏曰："逖自求其志，今王命未回，将罹风霜之患。陛下既已爱而器之，宜使其身名并存，请绝召命。"帝许之。

【纲】秋八月，立子德宗为皇太子。

【纲】戊子，十三年，春正月，康乐公谢玄卒。

【纲】夏六月，西秦王乞伏国仁卒。弟乾归立。

【纲】己丑，十四年，春二月，吕光自称三河王。

【纲】秋八月，秦主登击安定，后秦主苌袭破其辎重，秦后毛氏死之。　【目】初，后秦主苌以秦战屡胜，谓得秦王坚之助，亦于军中立坚像而祷之。秦主登升楼遥谓之曰："为臣弑君，而立像求福，庸有益乎！"久之，苌以军未有利，斩像首以送秦。至是，登留辎重于大界，自将轻骑攻安定。苌留兵守安定，夜，帅骑三万袭大界，克之，掠男女五万口。登后毛氏，美而勇，善骑射，兵入其营犹弯弓跨马，帅壮士力战，杀七百余人，众寡不敌，为后秦所执。苌将纳之，毛氏骂且哭曰："姚苌，汝已杀天子，又欲辱皇后，皇天后土，宁汝容乎！"苌杀之。

【纲】冬十一月，以范宁为豫章太守。　【目】时，帝溺于酒色，委政于琅邪王道子；道子亦嗜酒，日夕与帝以酣歌为事。又崇尚浮屠，穷奢极费，所亲昵者皆姐姆、僧尼。近习弄权，交通请托，贿赂公行，官爵滥杂，刑狱谬乱。尚书令陆纳望宫阙叹曰："好家居，纤儿欲撞坏之邪！"

【目】晋孝武帝颁诏征召会稽处士戴逵做官，戴逵屡次推辞，不肯前来。郡县长官不停地催促他前往，戴逵便逃避到吴县。会稽内史谢玄上疏说："戴逵在追求自己的理想。现在因朝廷的命令而不肯回来，将会饱受风霜之苦。既然陛下爱护他，器重他，就应该让他的性命与名声同时并存。请陛下不要再颁发征召他做官的诏命。"晋武帝应允。

【纲】秋八月，晋孝武帝立司马德宗为皇太子。

【纲】十三年（戊子，388），春正月，康乐公谢玄去世。

【纲】夏六月，西秦王乞伏国仁去世，其弟乞伏乾归即位。

【纲】十四年（己丑，389），春二月，吕光自称三河王。

【纲】秋八月，前秦主苻登进击安定（今甘肃泾川北），后秦主姚苌偷袭并破坏了前秦的军用物资，前秦皇后毛氏被杀。【目】起初，后秦主姚苌因前秦与自己交战屡次获胜，认为他们得到前秦王苻坚亡灵的帮助，便也在自己的军队中立苻坚的像，向他祈祷。前秦主苻登登上指挥楼，向远处的姚苌说："你作为臣属，杀害国君，却又立他的像来寻求福佑，难道会有效果吗！"过了很长时间，姚苌因自己的军队仍然没有取胜，便砍下苻坚像的头送给前秦。至此，苻登将军用物资留在大界（在陕西彬县与甘肃泾川之间），自己率领轻装骑兵攻打安定。姚苌留下一支军队防守安定，自己在夜间率领三万骑兵偷袭大界，将大界攻克，掳掠前秦部众男女五万人。苻登的皇后又漂亮，又勇敢，善于骑马射箭。后秦军队进入她的军营时，她还能跨上马背，挽弓射箭，率领壮士奋力作战，杀死七百余人，只因兵力相差悬殊，被后秦军队活捉。姚苌打算娶她，毛氏边骂边哭边说道："姚苌，你已经把天子杀害了，现在又打算侮辱皇后，难道皇天后土还能容你吗！"姚苌将毛皇后杀死。

【纲】冬十一月，晋孝武帝任命范宁为豫章（治南昌，今江西南昌东）太守。【目】当时晋孝武帝沉迷在酒色之中，把朝政交给琅邪王司马道子处理。司马道子也喜欢喝酒，日夜与晋孝武帝在畅饮欢歌中打发日子。晋孝武帝又崇尚佛教，尽情挥霍浪费，他亲近的人都是些老年保姆和僧人尼姑。受到宠幸的人乘机玩弄权势，勾结请托，贿赂公行，致使官职爵位滥加封赏，刑罚狱案错误百出。尚书令陆纳望着宫门感叹地说："这么好的家业，难道就让小孩子毁坏了不成！"

道子势倾中外，帝渐不平。侍中王国宝以谗佞有宠于道子，讽八座启道子宜加殊礼。护军车胤曰："此乃成王所以尊周公者；今主上当阳，岂得为此！"乃称疾不署。疏奏，帝大怒，而嘉胤有守。

中书侍郎范宁、徐邈数进忠言，指斥奸党。国宝，宁之甥也，宁尤疾其阿谀，劝帝黜之。国宝遂与道子谮宁，出为豫章太守。宁好儒学，性质直。常谓："王弼、何晏之罪，深于桀、纣。"或以为贬之太过，宁曰："王、何蔑弃典文，幽沉仁义，游辞浮说，波荡后生；以至礼坏乐崩，中原倾覆，遗风余俗，至今为患。桀、纣纵暴一时，适足以丧身覆国，为后世戒！故吾以为一世之祸轻，历代之患重；自丧之恶小，迷众之罪大也。"

【纲】以王恭都督青、兖等州军事。

【纲】辛卯，十六年，冬十二月，秦主登攻安定，后秦主苌击败之。　【目】苌置酒高会，诸将皆曰："若值魏武王，不令此贼至今，陛下将牢太过耳。"苌笑曰："吾不如亡兄有四：身长八尺五寸，臂垂过膝，人望而畏之，一也；将十万之众，望麾而进，前无横阵，二也；温古知今，讲论道艺，收罗英俊，三也；董帅大众，人尽死力，四也。所以得建立功业，驱策诸贤者，正望算略中有片长耳。"

【纲】壬辰，十七年，冬十一月，以殷仲堪都督荆、益、宁州军事。　【目】仲堪虽有时誉，资望犹浅，到官好行小惠，纲目不举。

司马道子的权势倾动朝廷内外，晋孝武帝逐渐感到不满。侍中王国宝因谗言离间，逢迎讨好，得到司马道子的宠爱，他暗示八座长官奏请加给司马道子特别尊贵的礼节。护军车胤说："这是周成王用来尊奉周公的，现在皇上年富力强，怎能这么干！"便借口生病，不肯在奏疏上签名。奏疏上呈后，晋孝武帝大怒，同时也嘉许车胤操守坚定。

中书侍郎范宁、徐邈多次进献忠言，指责奸恶之徒。王国宝是范宁的外甥，范守对他阿谀奉承的行为尤其痛恨，还劝晋孝武帝将他贬黜。于是王国宝与司马道子诋毁范宁，范宁被外放为豫章（治南昌，今江西南昌）太守。范宁喜欢儒家学说，性情质朴正直。他常对人们说："王弼、何晏的罪过，比夏桀、殷纣的罪过还要大。"有人认为他把王弼、何晏贬低得太过分了，范宁却说："王弼、何晏抛弃经典，埋没仁义，用虚浮不实的言论影响年轻人，致使礼乐崩坏，中原失守，他们遗留下来的风尚，至今还给人们带来危害。夏桀、殷纣肆意施加暴行，只能得逞一时，恰好使他们自己身亡国灭，给后世留下教训。所以，我认为波及一代的灾害较轻，影响历代的祸患较重，使自己丧身的恶果较小，迷惑大众的罪过较大。"

【纲】晋孝武帝任命王恭为都督青（青州时乔治广陵）、兖（南兖州时乔治京口）等州军事（据《晋书·孝武帝纪》和《资治通鉴晋纪》此事应系于下年二月）

【纲】十六年（辛卯，391），冬十二月，前秦主苻登攻打安定，后秦主姚苌打败前秦军队。　【目】姚苌举行盛大的宴会，将领们都说："如果遇到魏武王，（姚苌追谥其兄姚襄为魏武王）就不会让苻登活到今天。陛下过于谨慎了。"姚苌笑着说："我有四点不如亡兄：他身长八尺五寸，胳臂垂过膝盖，人们望而生畏，这是第一点。他率领十万人马，将士见他把将旗一挥，就向前挺进，前方没有能够阻拦他的敌阵，这是第二点。他温古知今，谈论学问，收罗杰出的人才，这是第三点。他统率广大部众，人们都誓死效力，这是第四点。我所以能够建立功业，指挥诸位，只不过在智谋方面稍有一点长处。"

【纲】十七年（壬辰392），冬十一月，晋孝武帝任命殷仲堪为都督荆（治江陵，今湖北江陵）、益（治成都，今四川成都）、宁州（治味县，

南郡公玄负其才地,以雄豪自处,朝廷疑而不用;年二十三,始拜洗马。尝诣琅邪王道子,值其酣醉,张目谓众客曰:"桓温晚涂欲作贼,云何?"玄伏地流汗,不能起;由是不自安,而切齿于道子。后出补义兴太守,郁郁不得志,叹曰:"父为九州伯,儿为五湖长!"遂弃官归国。桓氏累世临荆州,玄复豪横,士民畏之。征虏参军胡藩过江陵,见仲堪曰:"玄志趣不常,节下崇待太过,非计也。"藩内弟罗企生为仲堪功曹,藩谓曰:"殷侯倒戈授人,必及于祸,君不早去,悔无及矣!"

【纲】立子德文为琅邪王,徙道子为会稽王。

【纲】李辽表请修孔子庙,不报。　【目】清河人李辽上表请敕兖州修孔子庙,给户洒扫,仍立庠序,以教学者,曰:"事有如赊而实急者,此之谓也!"疏奏,不省。

【纲】癸巳,十八年,冬十二月,后秦主苌卒,太子兴帅兵击秦。

【纲】甲午,十九年,春正月,三河王光以秃发乌孤为河西都统。

【纲】夏五月,后秦主兴立。

【纲】秋七月,后秦主兴击秦主登,杀之。秦太子崇立,奔湟中。

【纲】八月,燕主垂围长子,拔之,杀西燕主永。

今云南曲靖西）军事。　【目】殷仲堪在当时很有声誉，只是资望还浅。他就职后，喜欢给人小恩小惠，并没有把政务办好。南郡公桓玄仗着自己的才干与门第，以英雄豪杰自居，但朝廷对他持猜疑态度，因而没有任用他。桓玄二十三岁时，才被任命为太子洗马。有一次，桓玄去见琅邪王司马道子，正赶上司马道子喝得大醉，他睁大眼睛对众多的宾客们说："桓温晚年打算做一个叛贼，这有什么可说的！"桓玄跪在地上，浑身流汗，无法站起身来。从此，桓玄深感不安，对司马道子恨得咬牙切齿。后来，桓玄外任义兴（今江苏宜兴南）太守，心中闷闷不乐，难以施展抱负，便感叹说："父亲是九州的盟主，儿子是五湖的头儿！"他便抛下官职，返回封国。桓氏一门好几代人都出任荆州的长官，桓玄又很强横，士绅百姓都很怕他。征虏参军胡藩路过江陵时，去见殷仲堪说："桓玄的志趣不同寻常，你对他过份优待，恐怕失策。"胡藩的内弟罗企生担任殷仲堪的功曹，胡藩对罗企生说："殷仲堪授人以柄，肯定会遭祸难，如果你不及早离开，后悔也来不及了！"

【纲】晋孝武帝封儿子司马德为琅邪王，改封司马道子为会稽王。

【纲】李辽上表请求修整孔子庙，朝廷没有答复。　【目】清河（今山东高唐西南）人李辽上表请求敕令兖州修整孔子庙，拨给民户，以供清扫庙堂，还要建立学校，向学生教授学业。他说："有些事情看起来好象迂远，实际上却很急迫，建立学校就是这样。"奏疏上呈后，朝廷不予理睬。

【纲】十八年（癸巳，393），冬十二月，后秦主姚苌去世，太子姚兴率领军队进攻前秦。

【纲】十九年（甲午，394），春正月，三河王吕光任命秃发乌孤为河西都统。

【纲】夏五月，后秦主姚兴即位。

【纲】秋七月，后秦主姚兴进击前秦主苻登，将苻登杀掉。前秦太子苻崇即位，逃往湟中（今青海东北，黄河以西）。

【纲】八月，后燕主慕容垂包围并攻克长子，将西燕主慕容永杀死。

【纲】乙未,二十年,夏五月,燕遣其太子宝击魏,秋七月,降其别部,进军临河。

【纲】长星见。 【目】有长星见自须女,至于哭星。帝心恶之,于华林园举酒祝之曰:"长星,劝汝一杯酒,自古何有万岁天子邪!"

【纲】九月,魏王珪将兵拒燕。冬十月,燕军夜遁,十一月,追至参合陂,大败之。

【纲】丙申,二十一年,春闰三月,燕主垂袭魏平城,克之。夏四月,还,卒于上谷。太子宝立。

【纲】夏六月,三河王光自称凉天王。

【纲】秋九月,贵人张氏弑杀帝于清暑殿。太子德宗即位。会稽王道子进位太傅。冬十月,葬隆平陵。 【目】帝嗜酒,流连内殿,外人罕得进见。张贵人宠冠后宫,时年近三十,帝戏之曰:"汝以年亦当废矣,吾意更属少者。"已而醉寝清暑殿,贵人使婢以被蒙帝面而弑之,重赂左右,曰"因魇暴崩。"太子即位。会稽王道子进位太傅。

太子幼而不慧,口不能言,至于寒暑饥饱亦不能辨,饮食寝兴皆非己出。母弟琅邪王德文常侍左右,为之节适。侍中王国宝媚事道子,与王绪共为邪谄,道子倚为心腹,遂参管朝权,威震内外。

王恭入赴山陵,每正色直言,道子惮之。或劝恭诛国宝,王珣曰:"彼罪逆未彰,今先事而发,必失朝野之望。若其不改,恶布天下,然后顺众心以除之,亦无不济也。"恭乃止。既而谓珣曰:"比来

【纲】二十年（乙未，395），夏五月，后燕慕容垂派遣太子慕容宝进击北魏。秋七月，后燕收降北魏的旁支部落，继续进军临河（今内蒙右杭锦旗西北）。

【纲】长星出现。 【目】有一颗长星从须女星运行至哭星。晋孝武帝厌恶此星，便在华林园中举起酒杯向它祈祷说："长星，请你喝下这一杯酒。自古以来，哪有万岁天子呢！"

【纲】九月，北魏道武帝拓跋珪带领兵马抵御后燕。冬十月，后燕军队在夜间逃走。十一月，拓跋珪追赶到参合陂（今山西大同东南），大败后燕军队。

【纲】二十一年（丙申，396），春季闰三月，后燕主慕容垂袭击并攻克北魏的平城（今山西大同东）。夏四月，慕容垂回军，在上谷（治沮阳，今河北怀来南）去世。

【纲】夏六月，三河王吕光自称凉天王。

【纲】秋九月，贵人张氏将晋孝武帝杀死在清暑殿。太子司马德宗即位。会稽王司马道子晋升官位为太傅。冬十月，晋孝武帝安葬在隆平陵（今江苏南京钟山西南）。 【目】晋孝武帝喜欢喝酒，迷恋后宫生活，外人很少能见他一面。张贵人在后宫最受宠爱，当时她将近三十岁了，晋孝武帝和她开玩笑说："就凭你的年龄，也该把你废了，我想再爱年轻的！"不久，晋孝武帝醉了，在清暑殿里睡下。张贵人指使婢女用被子捂住晋孝武帝的头部，将他闷死，然后用重金买通晋孝武帝身边的侍从人员，说晋孝武帝"由于恶梦突然故去"。太子司马德宗即位。会稽王司马道子进升官位为太傅。

太子司马德宗从小就是白痴，不会说话，就连天气冷暖、腹中饥饱也不知道，喝水吃饭，睡觉起床，都不能自理。同母弟琅邪王司马德文经常在司马德宗身边服侍，为他安排生活起居。侍中王国宝巴结司马道子，与王绪一起邪恶地向司马道子献媚，司马道子把他们视为心腹，于是王国宝得以参与朝廷大权，声威震撼朝廷内外。

王恭进京参加晋孝武帝的葬礼，时常态度严肃地讲些正直的言论，司马道子对他颇为忌惮。有人劝王恭诛杀王国宝，王珣说："他的罪恶还不显著。如果现在提前发难，一定会使朝野人士失望。倘若他不

视君一似胡广。"珣曰:"王陵廷争,陈平慎默,但问岁晏何如耳!"

【纲】魏别将拓跋仪攻邺,燕慕容德击破之。

安皇帝

【纲】丁酉,安皇帝隆安元年,春正月,以王珣为尚书令,王国宝为左仆射。

【纲】秃发乌孤自称西平王,攻凉,取金城。

【纲】三月。尊皇太后李氏为太皇太后,立皇后王氏。

【纲】夏四月,王恭举兵反,诏诛仆射王国宝、将军王绪,恭罢兵还镇。 【目】王国宝、王绪依附会稽王道子,恶王恭、殷仲堪,劝道子裁损其兵权;恭遣使与仲堪谋讨国宝等。桓玄亦以仕不得志,欲假仲堪兵势以作乱,乃说仲堪曰:"孝伯疾恶深至,宜潜与之约,兴晋阳之甲以除君侧之恶,此桓、文之勋也。"仲堪然之,乃外结雍州刺史郗恢,内与从兄南蛮校尉觊、南郡相江绩谋之。觊曰:"人臣当各守职分,朝廷是非,岂藩屏所制也! 晋阳之事,不敢预闻。"绩亦极言其不可,郗恢亦不肯从。仲堪疑未决,会恭使至,仲堪乃许之,恭大喜。上表罪状国宝,举兵讨之。表至,内外戒严,国宝惧,上疏解职待罪。道子暗懦,欲求姑息,乃赐国宝死,斩绪于市,遣使谢恭,恭乃罢兵还京口。仲堪初犹豫不敢下,闻国宝死,始抗表举兵。道子以书止之,仲堪乃还。

肯改过，他的恶名就会传播天下。此后再顺应人心来除掉他，也会无不成功。"王恭这才没有去杀王国宝。不久，王恭对王珣说："近来，我看你和胡广一模一样！"王珣说："王陵当朝谏诤，陈平谨慎不语，只看日后的结果如何！"

【纲】北魏别将拓跋仪进攻邺城，后燕慕容德将他打败。

安皇帝

【纲】晋安帝隆安元年（丁酉，397），春正月，朝廷任命王珣为尚书令，王国宝为左仆射。

【纲】秃发乌孤自称西平王，进攻后凉，占领金城（今甘肃兰州西南）。

【纲】三月，晋安帝尊皇太后李氏为太皇太后，立王氏为皇后。

【纲】夏四月，王恭起兵造反，朝廷下诏诛杀仆射王国宝、将军王绪，王恭停止用兵，返回本镇。　【目】王国宝、王绪依附会稽王司马道子，憎恶王恭、殷仲堪，劝司马道子削弱他们两人的兵权。王恭派使者与殷仲堪策划讨伐王国宝等人。桓玄也由于在仕途上不能如愿以偿，打算借助殷仲堪军队的声势来发动变乱，于是他劝告殷仲堪说："王恭疾恶如仇，应该暗中与他相约，像春秋时赵鞅发动晋阳的军队那样来除去国君身旁的恶人，这是齐桓公、晋文公那样的功勋。"殷仲堪认为言之有理，便在朝廷以外联合雍州（时乔治襄阳，今湖北襄阳县襄阳镇）刺史郗恢，在朝廷内部与堂兄南蛮校尉殷觊、南郡相江绩暗中商议。殷觊说："臣属应该各守职分，朝廷对与不对，岂是地方官员应该过问的！晋阳起兵之事，我不敢过问。"江绩也极力说此举不妥，郗恢又不肯随他起事。正在殷仲堪犹豫不决时，恰巧王恭的使者来了，殷仲堪便答应了使者。王恭大喜，上表指陈王国宝的罪状，起兵讨伐，奏表送到朝廷后，京城内外实行戒严。王国宝害怕了，上疏要求解除职务，等候治罪。司马道子昏庸怯懦，打算苟且偷安，便命令王国宝自杀，将王绪在闹市中处斩，派使者向王恭道歉，王恭也就停止用兵，返回京口。殷仲堪开始迟疑不决，不敢率军东下，听说王国宝死了，才上表宣布起兵。司马道子写信制止他，他便率军返回。

【纲】凉沮渠蒙逊叛，拔临松，据金山。

【纲】燕慕容详称帝于中山。
【纲】凉段业叛，自称建康公，沮渠蒙逊以众归之。
【纲】秋七月，燕慕容麟袭杀详而自立。魏袭中山，入其郛而还。
【纲】九月，秦太后虵氏卒。【目】秦太后卒。秦主兴哀毁过礼，不亲庶政。群臣请依汉、魏故事，既葬即吉。尚书郎李嵩上疏曰："孝治天下，先王之高事也。宜尊圣性以光道训，既葬之后，素服临朝。"尹缉驳曰："嵩矫常越礼，请付有司论罪。"兴曰："嵩忠臣孝子，有何罪乎！其如嵩议。"

【纲】冬十月，魏王珪及燕慕容麟战，大破走之。遂克中山。【目】中山饥甚，魏王珪进攻之。太史令晁崇曰："不吉，纣以甲子亡，谓之疾日。"珪曰："纣以甲子亡，武王不以甲子兴乎？"遂进与慕容麟战于义台，大破之，麟奔邺。魏克中山。麟至邺，复称赵王，说范阳王德曰："魏将乘胜攻邺，邺城大难固，且人心恇惧，不可守也。不如南起滑台，阻河以待魏，伺衅而动，河北庶可复也。"时鲁王和镇滑台，亦遣使迎德，许之。

【纲】戊戌，二年，春正月，燕慕容德徙居滑台。称燕王。麟谋反，伏诛。魏拓跋仪入邺。【目】燕范阳王德自邺帅户四万南徙滑台。魏卫王仪入邺，追德至河，弗及。慕容麟上尊号于德，德用兄垂故事，称燕王，是为南燕。麟复谋反，德杀之。

【纲】后凉沮渠蒙逊叛离吕光，攻克临松（今甘肃张掖南），占领金山（今甘肃山丹西南）。

【纲】后燕慕容详在中山称帝。

【纲】后凉段业叛离吕光，自称建康公，沮渠蒙逊率领部众归附。

【纲】秋七月，后燕慕容麟偷袭并杀死慕容详而自立。北魏袭击中山，打进中山外城后才又撤离。

【纲】九月，后秦太后苟氏去世。　【目】后秦太后苟氏去世。后秦主姚兴过度悲哀，无法用礼法克制自己，不能亲自处理各项政务。群臣请求依照汉朝和曹魏的惯例，在太后苟氏安葬后不再守丧，尚书郎李嵩上疏说："以孝道治理天下，是前代帝王推崇的做法。我朝应该尊重陛下的天性来光大这一道德训诫，在安葬太后后，陛下可以穿着丧服处理朝政。"尹纬（原作尹缉，据《晋书·姚兴载记》《十六国春秋·太后苟氏传》《资治通鉴·晋纪》改）反驳说："李嵩改变常理，违反礼法，请将他交付有关部门定罪。"姚兴说："李嵩是忠臣孝子，有什么罪！就按照李嵩的建议办吧。"

【纲】冬十月，北魏道武帝与后燕范阳王慕容麟交战，大败并赶走慕容麟，随即攻克中山。　【目】中山城内饥情严重，北魏道武帝拓跋珪进军攻打该城。太史令晁崇说："此行不吉利。殷纣王在甲子日灭亡，甲子日被认为是个坏日子。"拓跋珪说："殷纣王是在甲子日灭亡的，周武王不也是在甲子日兴起的吗？"便挥军前进，与慕容麟在义台（今河北新乐西南）交战，将慕容麟打得大败，慕容麟逃往邺城，北魏攻克中山。慕容麟来到邺城后，重新称赵王，还劝范阳王慕容德说："北魏准备乘胜攻打邺城，邺城太大，难以加固，而且人心惶恐不安，看来守不住了。不如南下，奔赴滑台（今河南滑县西南道口镇），凭依黄河，等北魏军队到来时，乘机出动，黄河以北地区大概还可以收复。"当时鲁阳王慕容和镇守滑台，他也派使者前来迎接慕容德，慕容德答应下来。

【纲】二年（戊戌，398），春正月，慕容德迁居滑台，称燕王。慕容麟策划反叛慕容德，结果被杀。北魏拓跋仪进入邺城。　【目】后燕范阳王慕容德从邺城出发，率领部众四万户向南迁移到滑台。北魏卫王拓跋仪进入邺城，继续追赶慕容德，一直追到黄河岸边，没有追

【纲】二月,魏封尔朱羽健于秀容川。

【纲】三月,燕段速骨攻陷龙城,燕主宝出奔,尚书兰汗诱而杀之。

【纲】秋七月,燕长乐王盛讨杀兰汗,摄行统制。

【纲】魏迁都平城。

【纲】王恭、殷仲堪及南郡公桓玄举兵反,玄陷江州。 【目】豫州刺史庾楷,以会稽王道子割其四郡属王愉,遣其子鸿说王恭曰:"尚之兄弟复秉机权,欲削方镇,宜早图之。"恭以为然,以告殷仲堪及玄,皆许之,推恭为盟主,刻期同趣京师。司马刘牢之谏,恭不从。上表请讨王愉、司马尚之兄弟。朝廷忧惧,内外戒严。道子不知所为,悉以事委世子元显,日饮醇酒而已。仲堪闻恭举兵,勒兵趣发,悉以军事委南郡相杨佺期兄弟。佺期帅舟师五千为前锋,桓玄次之,仲堪帅精兵二万继下。八月,佺期及玄奄至湓口,王愉无备,惶遽奔临川,玄追获之。

【纲】九月,加会稽王道子黄钺,讨王恭。恭司马刘牢之执恭以降,斩之。以牢之都督青、兖七州军事,桓玄为江州刺史。杨佺期为雍州刺史。敕殷仲堪使回军。 【目】九月,加会稽王道子黄钺,以世子元显为征讨都督;遣王珣将兵讨王恭。恭素以才地陵物,既杀王国宝,自谓威无不行;仗刘牢之为爪牙,而以部曲将遇之;牢之负才,怀恨。元显知之,遣人说牢之使叛恭,事成授以恭位号。恭使

上。慕容麟向慕容德献上尊号，慕容德采用哥哥慕容垂的先例，称燕王，这就是南燕。慕容麟又策划反叛，慕容德将他杀死。

【纲】二月，北魏将尔朱羽健封在秀容川（即北秀容城，今山西朔县西北）。

【纲】三月，后燕段速骨攻破龙城（今辽宁朝阳），后燕主慕容宝出城逃跑，尚书兰汗将他诱杀。

【纲】秋七月，后燕长乐王慕容盛攻杀兰汗，代行国君的权力。主持朝政。

【纲】北魏将都城迁至平城。

【纲】王恭、殷仲堪以及南郡公桓玄起兵反叛，桓玄攻破江州（时治柴桑，今江西九江西南）。　【目】豫州（时治历阳，今安徽和县）刺史庾楷因会稽王司马道子从他的辖境内割去四郡归属王愉，便派遣儿子庾鸿去游说王恭说："司马尚之兄弟又掌握了机要大权，准备削弱各军镇的实力，应该早作打算。"王恭认为言之有理，将庾鸿的话向殷仲堪和桓玄说了，殷仲堪和桓玄都答应起兵，推举王恭为盟主，约定日期，共同奔赴京城。司马刘牢之进言劝阻，王恭不听，上表要求讨伐王愉和司马尚之兄弟。朝廷又担心又害怕，内外实行戒严。司马道子不知所措，把所有的事情都交给世子司马元显处理，自己只是整天喝美酒而已。殷仲堪听说王恭起兵，也统领兵马赶忙出发，把所有的军中事务都交托给南郡相杨佺期兄弟。杨佺期率领水师五千人担任前锋，桓玄紧随其后，殷仲堪率领两万精兵相继东下。八月，杨佺期和桓玄突然来到湓口（今江西九江西），王愉毫无准备，慌忙逃奔临川（治临汝，今江西临川西），桓玄追击，将他俘获。

【纲】九月，晋安帝向会稽王司马道子加授黄钺，命令他去讨伐王恭，王恭的司马刘牢之捉住王恭，向朝廷投降，王恭被杀。朝廷任命刘牢之为都督青、兖七州军事，桓玄为江州刺史，杨佺期为雍州刺史，敕令殷仲堪率军撤回。　【目】九月，晋安帝向司马道子加授黄钺，任命会稽王世子司马元显为征讨都督，派王珣率领兵马征讨王恭。王恭一向仗着自己的才能与门第欺凌别人，在杀死王国宝后，认为可以任意行使自己的权威。他依靠刘牢之作为得力助手，却把刘牢之当作自己家里

牢之帅帐下督颜延为前锋。牢之至竹里,斩延以降;遣其子敬宣还袭恭。恭兵溃,亡走,为人所获,送京师斩之。诏以牢之代恭为都督刺史,镇京口。俄而杨佺期、桓玄至石头,殷仲堪至芜湖,上表理王恭,求诛牢之。牢之帅北府之众驰赴京师,军于新亭,佺期、玄见之皆失色,回军蔡洲。朝廷忧逼,桓修言于道子曰:"今若以重利啖玄及佺期,二人必内喜;玄能制仲堪,佺期可使倒戈取仲堪矣。"道子纳之,以玄为江州刺史;佺期为雍州刺史。黜仲堪为广州刺史,遣使宣诏,敕使回军。

【纲】冬十月,燕长乐王盛称皇帝。

【纲】复以殷仲堪督荆、益军,仲堪等罢兵还镇。 【目】殷仲堪得诏书,大怒,趣桓玄、杨佺期进军。朝廷深惮之,乃复以荆州还仲堪,优诏慰谕,于是各还所镇。时诏书独不赦庾楷,玄以楷为武昌太守。

【纲】十二月,魏王珪称皇帝。

【纲】己亥,三年,春正月,南凉徙治乐都。

【纲】二月,段业自称凉王。

【纲】三月,魏分尚书诸曹,置五经博士。 【目】魏主珪分尚书三十六曹及外署,凡置三百六十曹,令八部大人主之。置五经博士,增国子太学生员合三千人。珪问博士李先曰:"天下何物可以益人神智?"对曰:"莫若书籍。"珪曰:"书籍有几,如何可集?"对曰:"自书契以来,世有滋益,至今不可胜计。苟人主所好,何忧不集。"珪遂命郡县大索书籍,悉送平城。

的部将看待。刘牢之自负其才，怀恨在心。司马元显得知此情后，便派人劝说刘牢之背叛王恭，答应事成后将王恭的官位名号转授给他。王恭派刘牢之率领帐下督颜延担任前锋。刘牢之来到竹里山（今江苏句容北），杀死颜延，归降朝廷，并派自己的儿子刘敬宣回军袭击王恭。王恭军溃败，本人逃走，被人捉获，送往京城，结果被杀。朝廷下诏让刘牢之代替王恭担任都督、刺史，镇守京口。不久，杨佺期、桓玄开进到石头城（今江苏南京西）下，上表为王恭申辩，要求杀掉刘牢之。刘牢之率领北府兵奔赴京城，在新亭（今江苏南京南）驻扎下来。杨佺期、桓玄都惊恐失色，便撤退到蔡洲（今南京西南）驻扎。朝廷担心叛军距离京城太近，桓修向司马道子进言说："现在如果用重利去诱引桓玄和杨佺期，他们两人肯定内心喜欢。只要桓玄能够牵制殷仲堪，就可以让杨佺期倒戈捉拿殷仲堪了。"司马道子采纳了他的建议，任命桓玄为江州刺史，杨佺期为雍州刺史，将殷仲堪贬为广州（治番禺，今广东广州）刺史，派使者前去宣布诏书，命令他们把军队撤回。

【纲】冬十月，后燕长乐王慕容盛称皇帝。

【纲】朝廷再次任命殷仲堪统辖荆、益两州军务，殷仲堪等人停止用兵，返回本镇。　【目】殷仲堪得到诏书大怒，便催促桓玄、杨佺期进军。朝廷非常忌惮殷仲堪，便重新把荆州还给他，还颁布措辞宽和的诏书安慰开导他，于是三人各自返回本镇。当时诏书唯独没有宽恕庾楷，桓玄让庾楷担任武昌（治武昌，今湖北鄂城）太守。

【纲】十二月，北魏王拓跋珪称皇帝。

【纲】三年（已亥，399），春正月，南凉迁都乐都（今青海乐都）。

【纲】二月，段业自称凉王。

【纲】三月，北魏划分尚书省各曹，设置《五经》博士。　【目】北魏道武帝拓跋珪划分尚书省为三十六曹和外署，一共设立了三百六十曹，让八部大人主持各曹。设置《五经》博士，增加国子太学学生，合计三千人。拓跋珪问博士李先说："天下哪种东西可以使人增加智慧？"李先回答说："没有比书籍更能使人增加智慧的了。"拓跋珪说："天下有多少书籍？怎样才能搜集起来？"李先回答："自从文字产生以来，每代的书籍都有增加，时至今天，已经多得无法计算。如果君主喜欢书籍，还愁不能

【纲】夏四月,以会稽世子元显为扬州刺史。

【纲】秋八月,南凉王乌孤卒,弟利鹿孤立。徙治西平。

【纲】南燕王德陷广固,杀幽州刺史辟闾浑,遂都之。

【纲】冬十月,孙恩寇陷会稽,杀内史王凝之。诏徐州刺史谢琰及刘牢之讨破之;以琰为会稽太守。 【目】会稽世子元显,性苛刻,生杀任意,东土嚣然。孙恩因民心骚动,自海岛攻会稽。内史王凝之,世奉天师道,谓官属曰:"我已请大道,借鬼兵守诸津要,不足忧也。"恩遂陷会稽,杀凝之。恩自称征东将军,表会稽王道子及元显之罪,请诛之。

自帝即位以来,内外乖异,石头以南,皆为荆、江所据,以西皆豫州所专,京口及江北皆刘牢之及广陵相高雅之所制,朝政所行,三吴而已。及恩作乱,八郡皆为恩有,畿内盗贼蜂起,恩党亦有潜伏在建康者,人情危惧,于是内外戒严。加道子黄钺,元显领中军将军,命徐州刺史谢琰讨之;牢之亦发兵讨恩,拜表辄行。琰击斩义兴、吴郡群盗,与牢之转斗而前,所向皆克。琰留屯乌程,遣司马高素助牢之,进临浙江。诏以牢之都督吴郡诸军事。

初,彭城刘裕,勇健有大志。仅识文字,以卖履为业,好樗蒲,为乡闾所贱。至是,牢之引参军事,使将数十人觇贼。遇贼数千人,即迎击之,从者皆死,裕坠岸下。贼临岸欲下,裕备长刀仰斫杀数

搜集起来吗?"拓跋珪便命令郡县积极搜集书籍,全部送往平城。

【纲】夏四月,晋安帝任命会稽王司马道子的世子司马元显为扬州刺史。

【纲】秋八月,南凉王秃发乌孤去世,其弟秃发利鹿孤即位,把都城迁徙到西平。

【纲】南燕王慕容德攻克广固(今山东益都西北),杀死幽州刺史辟闾浑,于是把广固当作都城。

【纲】冬十月,孙恩攻破会稽,杀死会稽内史王凝之。晋安帝下诏命令徐州(治彭城,今江苏徐州)刺史谢琰和刘牢之将他攻破,任命谢琰为会稽太守。　【目】会稽王司马道子的世子司马元显性情苛刻,任意杀人,东部各郡百姓愁苦不堪。孙恩乘民心骚动不安的时机,从海岛进攻会稽。会稽内史王凝之世代信奉天师道,他对属官说:"我已经请得道仙人借给鬼兵来防守各个渡口和险要地带,不用担心了。"于是孙恩攻破会稽,杀死王凝之。孙恩自称征东将军,上表揭露会稽王司马道子和司马元显的罪行,要求将他们杀掉。

自从晋安帝即位以来,内外叛离,石头城以南全部被荆州殷仲堪、江州桓玄割据,石头城以西全部被豫州庾楷独占,京口以及长江以北地区全部被刘牢之和广陵相高雅之控制,朝廷能行使命令的地区只有三吴地区而已。及至孙恩作乱,会稽、临海、永嘉、东阳、新安、吴郡、吴兴、义兴八郡都被孙恩占有,京畿地区盗贼蜂起,建康(即建业,今江苏南京)城里还潜伏着孙恩的党羽,人情恐惧不安。因此朝廷内外实行戒严,向司马道子加授黄钺,让司马元显兼任中军将军,命令徐州刺史谢琰讨伐孙恩。刘牢之也发兵讨伐孙恩,刚把奏章上呈,就出发了。谢琰进击并诛杀义兴、吴郡的敌人,与刘牢之转战各地,向前推进,所向克敌制胜。谢琰留在乌程(今浙江湖州)驻扎下来,派司马高素协助刘牢之,推进到浙江(今钱塘江)。朝廷下诏任命刘牢之为都督吴郡诸军事。

起初,彭城人刘裕勇敢健壮,心怀大志,只认识一些字,靠卖草鞋过活。刘裕喜欢赌博,邻里人都瞧不起他。至此,刘牢之请他参予军务,让他带领几十个人侦察敌情,有一次,他遇到好几千敌人,立即

人,乃得登岸,仍大呼逐之,杀伤甚众。刘敬宣怪裕久不返,引兵寻之,见裕独驱数千人,咸共叹息。因进击贼,大破之。恩驱男女二十余万口东走,复逃入海岛。朝廷忧恩复至,以琰为会稽太守,都督五郡军事。

【纲】桓玄举兵攻江陵,杀殷仲堪、杨佺期。 【目】殷仲堪恐桓玄跋扈,乃与佺期结婚为援。佺期屡欲攻玄,仲堪每止之。玄恐终为殷、杨所灭,乃发兵西上,声言救洛,先遣兵袭取巴陵积谷食之。江陵乏食,仲堪急召佺期自救。佺期帅步骑八千至江陵,与其兄广共击玄;大败,单骑奔还。仲堪亦奔酇城。玄遣将军冯该追获,皆杀之。

【纲】凉王光卒,太子绍立,庶兄纂杀而代之。

【纲】庚子,四年,春三月,诏桓玄都督荆、江八州军事,荆、江州刺史。
北凉以李暠为敦煌太守。
【纲】夏五月,孙恩复寇会稽,太守谢琰败死。恩转寇临海。遣兵讨之,不克。

【纲】秋七月,秦击西秦,西秦王乾归战败,奔南凉,遂奔秦。

【纲】冬十一月,诏刘牢之讨孙恩,走之。

【纲】李暠自称凉公。
【纲】十二月,南燕王德称帝,更名备德。 【目】备德尝问群

迎头进击，随从的人纷纷被杀，刘裕跌落到水中。敌人站在岸上，准备下去，刘裕仰面举起长刀，奋力砍杀，杀死几个敌人，这才得以登上岸来。他仍然大声喊叫着追赶上去，杀伤许多敌人。刘敬宣不知刘裕为什么许久没有回来，领兵前去寻找，看到刘裕一个人在驱赶几千人，大家齐声赞叹，于是乘机进击，大败敌人。孙恩驱使男女百姓二十多万人向东逃去，再度逃到海岛上。朝廷担心孙恩再来，任命谢琰为会稽太守，统辖会稽、临海、东阳、永嘉、新安五郡军事。

【纲】桓玄起兵进攻江陵，杀死殷仲堪和杨佺期。 【目】殷仲堪担心桓玄跋扈，便与杨佺期结为姻亲，互相援助。杨佺期屡次打算攻打桓玄，次次都是殷仲堪把他劝住了。桓玄担心自己终究会被殷仲堪和杨佺期消灭，便发兵西进，声称援救洛阳，先派遣军队袭击巴陵（今湖南岳阳），夺取那里的粮食储备以供军食。这时江陵方面也缺乏粮食，殷仲堪连忙叫杨佺期前来援救。杨佺期率领步兵、骑兵八千人来到江陵，与他的哥哥杨广共同进击桓玄，结果大败，仅单人匹马逃了回来。殷仲堪也逃往酂城（今湖北光化西北）。桓玄派将军冯该追赶并俘获了他们二人，将他们都杀掉了。

【纲】后凉王吕光去世，太子吕绍即位，庶兄吕纂杀死吕绍，从而取代了他。

【纲】四年（庚子，400），春三月，晋安帝下诏任命桓玄为都督荆、江八州军事，荆、江二州刺史。

【纲】北凉任命李暠为敦煌（治敦煌，今甘肃敦煌）太守。

【纲】夏五月，孙恩再次攻打会稽，会稽太守谢琰战败而死。孙恩转攻临海（治章安，今浙江临东南章安镇）。朝廷派兵讨伐孙恩，没有取胜。

【纲】秋七月，后秦进击西秦。西秦王乞伏乾归作战失败，逃往南凉，再投奔后秦。

【纲】冬十一月，晋安帝下诏命令刘牢之讨伐孙恩，刘牢之将孙恩赶走。

【纲】李暠自称凉公。

【纲】十二月，南燕王慕容德称帝，改名为慕容备德。 【目】慕

臣,"朕可方古何主?"鞠仲曰:"陛下中兴圣主,少康、光武之俦也。"备德顾左右,赐仲帛千匹。仲以多辞。备德曰:"卿知调朕,朕不知调卿邪!"韩范进曰:"天子无戏言,今日之论,君臣俱失。"备德大悦,赐范绢五十匹。

【纲】辛丑,五年,春二月,凉吕超弑其君纂而立其兄隆,纂后杨氏自杀。

【纲】三月,孙恩寇海盐,刘牢之参军刘裕击破之。

【纲】夏五月,北凉沮渠蒙逊弑其君业。

【纲】六月,孙恩寇丹徒。刘裕击破之,恩北走,陷广陵。

【纲】沮渠蒙逊自称张掖公。

【纲】秋八月,以刘裕为下邳太守,讨孙恩于郁洲,大破之。

【纲】燕段玑弑其君盛,太后丁氏立盛叔父熙,讨玑,杀之。

【纲】壬寅,元兴元年,春正月,以尚书令元显为征讨大都督,加黄钺,讨桓玄。 【目】下诏罪状桓玄,以元显为骠骑大将军、征讨大都督、加黄钺,刘牢之为前锋,谯王尚之为后部。

【纲】桓玄举兵反。 【目】玄闻大军将发,大惊,欲完聚保江陵。长史卞范之曰:"明公威振远近,元显口尚乳臭,刘牢之大失物情,若兵临近畿,示以祸福,土崩之势可翘足而待,何有延敌入境,自取穷蹙者乎!"玄从之,留桓伟守江陵,抗表传檄,罪状元显,举兵东下。元显大惧,下船而不发。

【纲】二月,玄兵至姑孰。三月,刘牢之叛附于玄。元显军溃,玄入建康,自以太尉总百揆,杀元显等。以牢之为会稽内史,牢之自杀。 【目】玄至历阳,谯王尚之众溃,玄捕获之。刘牢之素恶元显,

容备德曾经问群臣:"朕可以与古代的哪些君主相比?"鞠仲说:"陛下是中兴圣主,属于商朝的少康、汉朝的光武帝一流。"慕容备德看了看身边的人们,赐给鞠仲丝帛一千匹。鞠推辞说这太多了,慕容备德说:"你晓得戏弄朕,朕就不晓得戏弄你了吗!"韩范说:"天子无戏言。今天的谈话,君臣两失。"慕容备德很高兴,赐给韩范丝帛五十匹。

【纲】五年(辛丑,401),春二月,后凉吕超杀害君主吕纂,立他的哥哥吕隆为国君,吕纂的皇后杨氏自杀。

【纲】三月,孙恩攻打海盐,刘牢之的参军刘裕将他打败。

【纲】夏五月,北凉沮渠蒙逊杀害了国君段业。

【纲】六月,孙恩攻打丹徒(今江苏镇江),刘裕将他打败。孙恩北逃,攻陷广陵。(此时孙恩已北走郁洲,攻陷广陵的应是其部将)

【纲】沮渠蒙逊自称张掖公。

【纲】秋八月,晋安帝任命刘牢之为下邳太守。刘牢之在郁洲(今江苏连云港西南)讨伐孙恩,将他打得大败。

【纲】后燕段玑杀害了国君慕容盛。太后丁氏立慕容盛的叔父慕容熙为国君,讨伐段玑,将他杀掉。

【纲】元兴元年(壬寅,402),春正月,晋安帝任命尚书令司马元显为征讨大都督,向他颁授黄钺,让他讨伐桓玄。【目】晋安帝颁诏指斥桓玄的罪状,任命司马元显为骠骑大将军、征讨大都督,向他颁授黄钺,任命刘牢之为前锋,让谯王司马尚之率领后续部队。

【纲】桓玄起兵反叛。【目】桓玄听说朝廷军队即将出发,不禁大吃一惊,准备修城聚粮,防守江陵,长史卞范之说:"阁下威振远近,司马元显乳臭未干,刘牢之大失人心。如果我们兵临京畿,讲清受祸得福这两条出路,敌军土崩瓦解的形势在举手投足之间就能到来。怎能把敌军引到荆州境内,自招窘困呢!"桓玄听从他的建议,让桓伟留守江陵,一面上表自辨,一面传布檄文,揭露司马元显的罪状,起兵东进。司马元显吓坏了,走下船来,不肯出发。

【纲】二月,桓玄军队抵达姑孰(今安徽当涂)。三月,刘牢之叛离朝廷,归附桓玄。司马元显军队崩溃,桓玄进入建康,自任为太尉,统领百官,杀死司马元显等人,任命刘牢之为会稽内史。刘牢之自杀。

又虑功高不为所容；自恃材武，拥强兵，欲假玄以除执政，复伺玄隙而自取之，遂与玄通。东海何无忌，牢之之甥也，与刘裕极谏，不听。元显将发，闻玄已至新亭，弃船退军，军人皆奔溃。玄入京师，称诏解严，自为丞相，总百揆，都督中外、录尚书事、扬州牧，复让丞相而为太尉。斩元显、尚之等。以刘牢之为会稽内史。牢之曰："始尔，便夺我兵，祸其至矣。"于是牢之大集僚佐，议据江北以讨玄。参军刘袭曰："事之不可者莫大于反。将军往年反王兖州，近日反司马郎君，今复反桓公。一人三反，何以自立！"语毕，趋出，佐吏多散走。牢之惧，帅部曲北走，至新洲，缢而死。

【纲】孙恩寇临海，郡兵击破之，恩赴海死。玄以恩党卢循为永嘉太守。

【纲】南凉王利鹿孤卒，弟傉檀立。

【纲】夏四月，玄出屯姑孰。

【纲】五月，卢循寇东阳，刘裕击走之。

【纲】玄杀会稽王道子。

【纲】癸卯，二年，春，桓玄自为大将军。秋九月，玄自为相国，封楚王，加九锡。　【目】桓谦私问彭城内史刘裕曰："楚王勋德隆重，朝廷之情，咸谓宜有揖让，卿以为何如？"刘裕曰："楚王勋德盖世，晋室民望久移，乘运禅代，有何不可？"谦即喜曰："卿谓之可即可耳。"

【纲】冬十一月，楚王玄称皇帝，废帝为平固王，迁于寻阳。

【目】桓玄进抵历阳，谯王司马尚之部众溃散，桓玄将司马尚之捕获。刘牢之一向憎恶司马元显，又顾虑自己功劳太大，司马元显容不下他。但是，他自恃才干过人武艺高强，拥有强大的兵力，打算借助桓玄除去当权的大臣，再寻找桓玄的漏洞。由自己取而代之，所以他才与桓玄勾结。东海（晋元帝分吴郡侨置）人何无忌是刘牢之的外甥，他与刘裕极力谏阻刘牢之，刘牢之不肯听从。司马元显即将率军出发时，听说桓玄的军队已经推进到新亭（今江苏南京市南），便丢下船只，率军撤退，士兵纷纷逃散。桓玄进入京城，以诏书的名义宣布解除戒严。他自任为丞相，总领百官，担任都督中外诸军事、录尚书事、扬州牧，后又辞去丞相的职务而担任太尉。桓玄斩杀了司马元显、司马尚之等人，任命刘牢之为会稽内史。刘牢之说："桓玄刚刚得志，就夺去我的兵权，看来祸事要发生了"因此，刘牢之召集所有的僚属，计议据守长江北岸，讨伐桓玄。参军刘袭说："最不应该去做的事情就是谋反。前些年将军反王恭，近日反司马元显，现在又反桓玄，一个人连反三次，还怎么做人！"说罢快步走出，将佐官吏多数散去。刘牢之害怕了，便率领家兵向北逃去，来到新洲，自缢而死。

【纲】孙恩攻打临海，临海郡兵将他打败，孙恩投海而死。桓玄任命孙恩的同党卢循为永嘉郡（治所在今浙江温州）太守。

【纲】南凉王秃发利鹿孤去世，其弟秃发傉檀即位。

【纲】夏四月，桓玄出京，驻兵姑孰。

【纲】五月，卢循攻打东阳郡（治长山，今浙江金华），刘裕将他击退。

【纲】桓玄杀死会稽王司马道子。

【纲】二年（癸卯，403）春，桓玄自任大将军。秋九月，桓玄自任相国，封为楚王，加授九锡。　【目】桓谦私下问彭城内史刘裕说："楚王功高德重，朝廷百官的态度都认为应该禅让，你认为怎么样？"刘裕说："楚王功德盖世，人民对晋室早已不抱希望，按照上天的运数取代晋室，有什么不可以的！"桓谦立即高兴地说："你认为可以，就可以了。"

【纲】冬十一月，楚王桓玄称皇帝，将晋安帝废为平固王，迁居寻阳

【目】玄表请归藩，使帝手诏固留之。诈言钱塘临平湖开，江州甘露降，使百僚集贺，为己受命之符。又以前世皆有隐士，耻独无之，求得皇甫希之，给其资用，使居山林；征为著作郎，又使固辞，然后下诏旌礼，号曰："高士"，时人谓之"充隐"。至是，卞范之为禅诏，逼帝书之。遣司徒王谧禅位于楚；出居永安宫；百官诣姑孰劝进。玄筑坛于九井山北，即帝位，改元永始。封帝为平固王，迁于寻阳。玄入建康宫，登御座而床忽陷，群下失色。殷仲文曰："将由圣德深厚，地不能载。"玄大悦。

【纲】甲辰，三年，春二月，刘裕起兵京口讨玄，玄使弟谦拒之。 【目】刘裕从徐、兖刺史桓修入朝。玄谓王谧曰："裕风骨不常，盖人杰也。"玄妻刘氏亦谓玄曰："裕龙行虎步，视瞻不凡，恐终不为人下，不如早除之。"玄曰："我方平荡中原，非裕莫可用者；俟关、河平定，别议之耳。"裕与何无忌同舟还京口，密谋兴复。刘迈弟毅家于京口，亦与无忌谋之。无忌曰："草泽之中非无英雄也。"毅曰："所见唯有刘下邳。"无忌笑而不答，还以告裕，遂与定谋。

平昌孟昶为桓弘主簿，至建康还，裕谓之曰："草间当有英雄起，卿颇闻乎？"昶曰："今日英雄有谁，正当是卿耳！"于是裕、毅、无忌、昶及裕弟道规、诸葛长民等，相与合谋起兵。无忌夜草檄文，其母密窥之，泣曰："吾不及东海吕母明矣。汝能如此，吾复何恨！"

裕托以游猎，与无忌收合徒众，得百余人。诘旦，京口门开，无忌着传诏服，称敕使，居前，徒众随之入，斩桓修以徇。裕问无忌曰：

(今江西九江西南)。【目】桓玄上表请求返回封国，同时让晋安帝亲自写一手诏坚决挽留他。他诈称钱塘临平湖淤塞开通，江州降下甘露，让百官集合起来向他祝贺，作为自己秉受天命的前兆。他又认为以前各代禅让之际都出现隐士，唯独自己此时没有隐士，面子上过不去，便找到一位名叫皇甫希之的人，供给他财物，让他隐居山林，再征召他担任著作郎，又让他坚决推辞，然后让晋安帝下诏褒扬，加以礼遇，称他为"高士"，而当时人却叫那人"冒充的隐士"。至此，卞范之拟就禅位诏书，强迫晋安帝亲手抄写。晋安帝派司徒王谧向桓玄让位，自己出居永安宫。百官前往姑孰劝桓玄登基，桓玄在九井山（今安徽当涂南）筑起坛场，即位称帝，改年号为永始，封晋安帝为平固王，让他迁居寻阳。桓玄进入建康宫，坐到御座上，御坐忽然塌陷，群臣吓得变了脸色。殷仲文说："这是由于陛下恩德深厚，大地不能承受。"桓玄听了非常高兴。

【纲】三年（甲辰，404），春二月，刘裕由京口起兵讨伐桓玄，桓玄让弟弟桓谦前去抵御。【目】刘裕跟随徐、兖刺史桓修进京朝见，桓玄对王谧说："刘裕的品格不同寻常，看来是一个人中豪杰。"桓玄的妻子刘氏对桓玄说："刘裕龙行虎步，神态不凡，恐怕终究不会甘居人下，不如趁早把他除掉。"桓玄说："我正要荡平中原，除了刘裕，没有可以任用的人选。等关中、河北平定后，再商量此事吧。"刘裕与何无忌同乘一条船返回京口，秘密策划复兴晋室。刘迈的弟弟刘毅家住京口，也与何无忌计议讨伐桓玄。何无忌说："荒野中并非没有英雄。"刘毅说："我见到的只有刘裕。"何无忌笑而不答。他回去告诉了刘裕，于是与刘裕确定了行动计划。

平昌（在今山东安丘南）人孟昶担任桓弘的主簿。他从建康回来后，刘裕对他说："草莽中应该有英雄出世，你也听到不少消息吧？"孟昶说："当今英雄还能有谁，就是你了！"于是刘裕、刘毅、何无忌、孟昶以及刘裕的弟弟刘道规、诸葛长民等人一起合谋起兵。何无忌在夜间起草檄文，他的母亲暗中看见他的举动，便哭着说："我不如东海吕母贤明，你能够这样去做，我还有什么可遗憾的！"

刘裕假托打猎，与何无忌集合部众，共有一百余人。第二天清早，京口城门打开了，何无忌穿着传诏官员的服装，声称自己是朝廷派来的

"急须一府主簿,何由得之？"无忌曰:"无过刘道民。"道民者,东莞刘穆之也。裕曰:"吾亦识之。"即驰信召焉。穆之坏布裳为袴,往见裕。裕曰:"始举大义,须一军吏甚急,卿谓谁堪其选？"穆之曰:"仓猝之际,略当无见逾者。"裕笑曰:"卿能自屈,吾事济矣。"即于坐署主簿。

孟昶劝桓弘其日出猎,天未明,开门出猎;孟昶与刘毅、刘道规帅壮士数千人直入,斩之,因收众济江。众推裕为盟主,总督徐州事,以昶为长史,守京口。裕帅二州之众千七百人,军于竹里,移檄远近。

玄加桓谦征讨都督,遣吴甫之、皇甫敷相继北上。玄忧惧特甚。或曰:"裕等乌合微弱,势必无成,何虑之深？"玄曰:"刘裕足为一世之雄;刘毅家无儋石之储,樗蒲一掷百万;何无忌酷似其舅;共举大事,何谓无成！"

【纲】三月,刘裕及桓谦战于覆舟山,大破之,玄出走。裕立留台于石头。 【目】玄使桓谦屯东陵,卞范之屯覆舟山西,合众二万。裕军数道并前,裕与刘毅身先士卒,进突其陈,将士皆殊死战,因风纵火,谦等大溃。玄鞭马趣石头,浮江南走。裕入建康,明日,徙屯石头城,立留台百官,遣诸将追玄,尚书王嘏帅百官奉迎乘舆,诛玄宗族在建康者。

【纲】玄至寻阳,逼帝西上,刘毅等率兵追之。

【纲】夏四月,玄挟帝入江陵。

使者，走在前面，部众跟在后面，一起走进城去，将桓修斩首示众。刘裕问何无忌说："我急需一位军府主簿，应该找谁？"何无忌说："没有人赶得上刘道民了。"刘道民就是东莞（治所在今山东莒县）人刘穆之。刘裕说："我也认识他。"便让人骑马送信叫来刘穆之。刘穆之把布衣撕成裹腿布，把腿裹好，去见刘裕。刘裕说："刚刚起义，我急需一位军中文职官员，你认为谁能胜任？"刘穆之说："仓猝之间，大约没人能超过我。"刘裕笑了，他说："你能屈就，我的大事就可以成功了。"当场就任命刘穆之为主簿。

孟昶劝桓弘在那一天外出打猎，天还没亮，桓弘开了城门，出去打猎，孟昶与刘毅、刘道规率领好几千名勇士直接进城，杀了桓弘，于是招集部众渡过长江。大家推举刘裕为盟主，统领徐州事务。刘裕任命孟昶为长史，防守京口，自己率领徐、兖二州部众一千七百人，驻扎在竹里，向远近各地发出檄文。

桓玄加任桓谦为征讨都督，派遣吴甫之、皇甫敷相继北进。桓玄极度忧愁恐惧。有人说："刘裕等人是些乌合之众，力量弱小，势必不能成功，何必顾虑太深？"桓玄说："刘裕足以成为一世英雄。刘毅家穷得连一石粮的积蓄都没有，赌博时却一次下注一百万钱。何无忌酷似他的舅舅刘牢之。他们共举大业，怎么能说不会成功！"

【纲】三月，刘裕与桓谦在覆舟山（在南京太平门内）交战，大败桓谦，桓玄逃走。刘裕在石头城设立留守朝廷。　【目】桓玄派遣桓谦在东陵（在覆舟山东北）驻扎，卞范之在覆舟山西面驻扎，一共有两万人马。刘裕兵分数路，同时并进。刘裕与刘毅身先士卒，向敌阵发起冲锋，将士们都殊死奋战，同时顺风放火，桓谦等人的兵马全线崩溃。桓玄打马奔向石头城，在长江上乘船南逃，刘裕进入建康。第二天，刘裕移军屯驻石头城，设立留守朝廷，恢复百官的职务，派诸将追击桓玄，另派尚书王嘏率领百官去迎接晋安帝，将留在建康的桓玄的宗族亲属统统杀掉。

【纲】桓玄来到寻阳，逼迫晋安帝西进，刘毅等人率领军队追击桓玄。

【纲】夏四月，桓玄挟持晋安帝进入江陵。

【纲】玄挟帝东下。

【纲】五月，刘毅等及玄战于峥嵘洲，大破之。玄复挟帝入江陵，宁州督护冯迁击玄，诛之，帝复位。 【目】刘毅、何无忌、刘道规帅众自寻阳西上，与桓玄遇于峥嵘洲。道规麾众先进，毅等从之，乘风纵火，尽锐争先，玄众大溃。玄挟帝单舸西走，入江陵。毛璩之弟子修之为校尉，诱玄入蜀，会璩弟宁州刺史瑶卒官，璩使兄孙佑之帅数百人送其丧，遇玄于枚回洲，迎击之。督护冯迁抽刀而前，玄曰："汝何人，敢杀天子！"迁曰："我杀天子之贼耳！"遂斩之。乘舆反正于江陵。

【纲】秋九月，魏改官制。 【目】魏王珪置六谒官，准古六卿。其官名多仿上古龙官、鸟官，谓诸曹之使为凫鸭，取其飞之迅疾也；谓候官伺察者为白鹭，取其延颈远望也；余皆类此。

【纲】乙巳，义熙元年，春正月，秦以鸠摩罗什为国师。 【目】秦王兴以鸠摩罗什为国师，奉之如神，帅群臣及沙门听讲。又命罗什翻译西域经、论、大营塔寺，沙门坐禅者常以千数。由是州郡化之，事佛者十室而九。

【纲】二月，帝东还。三月，帝至建康，除拜琅邪王德文、武陵王遵、刘裕以下有差。

【纲】夏四月，以刘裕都督十六州军事，出镇京口。

【纲】以卢循为广州刺史。 【目】时朝廷新定，未暇征讨，以循为广州刺史，徐道覆为始兴相。循遣使贡献，因遣刘裕益智棕，裕报以续命汤。循之陷番禺也，执刺史吴隐之。至是，裕与循书，令遣

【纲】桓玄挟持晋安帝东下。

【纲】五月,刘毅等人与桓玄在峥嵘洲(今湖北鄂城东长江中)交战,大败桓玄。桓玄又挟持晋安帝进入江陵,宁州都护冯迁进击桓玄,将桓玄杀掉,晋安帝复位。 【目】刘毅、何无忌、刘道规率领军队由寻阳西进,与桓玄在峥嵘洲遭遇。刘道规指挥军队率先向前推进,刘毅等人紧紧跟随。他们顺风放火,把所有的精锐兵马都投入战斗,大家奋勇争先,桓玄的部众彻底崩溃。桓玄挟持晋安帝单独乘一只船向西逃进江陵。毛璩弟弟的儿子毛修之但任校尉,他诱使桓玄前往蜀地。适逢毛璩的弟弟宁州(治所在今云南曲靖西)刺史毛瑾在任上去世,毛璩让兄孙毛裙之率领几百人护送毛瑾的灵柩,正好在枚回洲(今湖北江陵西南)与桓玄相遇,便迎上去进击桓玄。督护冯迁拔刀向前,桓玄说:"你是什么人,竟敢杀害天子!"冯迁说:"我杀天子的叛贼!"便将桓玄杀死。晋安帝在江陵复位。

【纲】秋九月,北魏改革官制。 【目】北魏道武帝按照古代六卿的建置,设立六谒官。(六谒官:青龙官、赤龙官、白龙官、黑龙官、黄龙官)多数官名仿效上古时代的龙官、鸟官,把各曹的使者称凫鸭官,由这种鸟飞得快而取意;把负责侦察的官员称作白鹭官,由这种鸟伸长脖子瞭望远方而取意。其余官名都与此相似。

【纲】义熙元年(乙巳,405),春正月,后秦聘请鸠摩罗什为国师。 【目】后秦王姚兴聘请鸠摩罗什为国师,对他奉若神明,还带领群臣及僧众听他讲经。姚兴又让鸠摩罗什翻译西域佛教经、论典籍,大力建造佛塔寺院,坐禅的僧人经常数以千计。从此,各州郡受到佛教的感化,十家中有九家信奉佛教。

【纲】二月,晋安帝东还。三月,晋安帝抵达建康,对琅邪王司马德文、武陵王司马遵、刘裕以下官员授以不同的等级的官职。

【纲】夏四月,晋安帝任命刘裕为都督十六州军事,让他离京镇守京口。

【纲】晋安帝任命卢循为广州刺史。 【目】当时,朝廷刚刚稳定,来不及东征西讨,便任命卢循为广州刺史,徐道覆为始兴(治曲江,今广东韶关)相。卢循派使者进献贡品,借机给刘裕送去益智粽,刘裕回

隐之还，循不从。长史王诞曰："孙伯符岂不欲留华子鱼邪？"但以一境不容二君耳。"循乃遣之。

【纲】秋九月，南燕主备德卒，太子超立。

【纲】丁未，三年，夏六月，赫连勃勃自称大夏天王。

【纲】秋七月，燕高云弑其主熙，自立为"天王"。

【纲】戊申，四年，春正月，刘裕自为扬州刺史、录尚书事。

【目】王谧既卒，刘毅等不欲刘裕入辅政，议以谢混为扬州刺史；或欲令裕于丹徒领扬州，以内事付孟昶。遣皮沈以二议谘裕，沈先见刘穆之，具道朝议。穆之密白裕曰："晋命已移，公勋高位重，岂得遂为守藩之将邪！刘、孟与公，俱起布衣，立大义以取富贵，一时相推，非委体心服，宿定臣主之分也；力敌势均，终相吞噬。扬州根本所系，不可假人。前者以授王谧，事出权道；今若复以他授，便应受制于人。一失权柄，何由可得？今但答以'此事既大，非可悬论，便暂入朝，其尽同异'。公至京邑，彼必不敢越公更授余人矣。"裕从之。朝廷乃征裕为侍中、扬州刺史、录尚书事。裕解兖州，以诸葛长民镇丹徒，刘道怜戍石头。

【纲】冬十一月，南燕汝水竭。

【纲】南凉复称王。

【纲】己酉，五年，春三月，桓山崩。

【纲】夏四月，刘裕伐南燕。六月，及燕师战于临朐，大破之，

赠了续命汤。卢循攻破番禺（今广东广州）时，俘获了刺史吴隐之。至此，刘裕写信给卢循，让他遣返吴隐之，卢循没有答应。长史王诞说："孙策岂不打算扣留华歆，只是一方土地容不下两个首领！"卢循这才把吴隐之送走。

【纲】秋九月，南燕主慕容备德去世，太子慕容超即位。

【纲】三年（丁未，407），夏六月，赫连勃勃自称大夏天王。

【纲】秋七月，后燕高云杀死国君慕容熙，自立为天王。

【纲】四年（戊申，408），春正月，刘裕自任为扬州（时治姑孰，今安徽当涂）刺史、录尚书事。　【目】王谧去世后，刘毅等人不想让刘裕入朝辅政，商量让谢混担任扬州刺史。还有人打算让刘裕在丹徒兼管扬州事务，将朝内政务交付给孟昶主持。朝廷派遣皮沈带着两种议案征求刘裕的意见，皮沈先去拜见刘穆之，把朝廷的议论一一讲了。刘穆之秘密禀告刘裕说："晋朝的天命已经转移，你功勋高，职位重，怎能就当一个守卫一方的将领呢！刘毅、孟昶与你原来都是平民百姓，为了维护朝廷，谋取富贵，他们暂时推举你担当盟主，但是对你并不心服，甘愿献身，你们之间也向来没有确定君臣之间的名分。你们势均力敌，终究要互相吞噬。扬州是根本重地，不能让它落在别人手里。从前，把扬州交给王谧，那是权宜之计。如果现在再把扬州交给别人，便会受制于人。一旦失去权柄，怎能重新得到！如今你就只回答说：'既然这件事情非常重要，无法隔在两地讨论，我这就暂时进京朝见，与大家一起，把相同或不同的意见都说出来。你到京城后，他们肯定不敢甩开你，把扬州的职务委任给别人了。'"刘裕照办，朝廷便征召刘裕担任侍中、扬州刺史、录尚书事。刘裕解除自己在兖州的职务，让诸葛长民镇守丹徒，刘道怜戍守石头城。

【纲】冬十一月，南燕境内汝水（出自今河南伊阳外方山，流入淮河）干涸。

【纲】南凉秃发傉檀重新称王。

【纲】五年（己酉，409），春三月，恒山（在今河北定县西北）崩塌。

【纲】夏四月，刘裕攻打南燕。六月，刘裕与南燕军队在临朐（今山

遂围广固。

【纲】秋七月,西秦复称王。九月,秦王兴伐夏,夏王勃勃袭而败之。

【纲】冬十月,燕弑其君云,冯跋自立为"天王"。

【纲】魏清河王绍弑其君珪,齐王嗣讨绍,杀之而自立。

【纲】十二月,太白犯虚、危。

【纲】庚戌,六年,春二月,刘裕拔广固,执南燕主超,送建康斩之。

【纲】卢循寇长沙、南康、庐陵、豫章,陷之。刘裕引军还。【目】初,徐道覆闻刘裕北伐,劝卢循袭建康,循许之。至是,循自始兴寇长沙,道覆寇南康、庐陵、豫章,皆陷之。道覆顺流而下,舟楫甚盛。朝廷急征裕,裕引兵还。

【纲】三月,江、荆都督何无忌讨徐道覆,战败,死之。 【目】无忌自寻阳引兵拒卢循,与徐道覆遇于豫章。贼令强弩数百,登山邀射,乘风暴急,以大舰逼之,众遂奔溃。无忌厉声曰:"取我苏武节来!"节至,执以督战。贼众云集,遂握节而死。

【纲】夏四月,刘裕至建康。 【目】刘裕至下邳,以船载辎重,自帅精锐步归。闻何无忌败死,卷甲兼行。将济江,风急,众咸难之。裕曰:"若天命助国,风当自息;不然,覆溺何害!"即命登舟,舟移而风止。四月,至建康。

【纲】五月,豫州都督刘毅及卢循战于桑落洲,败绩。循进逼建康。

【纲】六月,刘裕自为太尉、中书监,加黄钺;复辞官而受黄钺。

东临朐)交战,大败南燕,随即包围广固。

【纲】秋七月,西秦乞伏乾归再度称王。九月,后秦王姚兴攻打夏国,夏王赫连勃勃袭击姚兴,将他打败。

【纲】冬十月,北燕国内杀死国君高云,冯跋自立为天王。

【纲】北魏清河王拓跋绍杀死国君拓跋珪。齐王拓跋嗣讨伐拓跋绍,将他杀掉,自立为国君。

【纲】十二月,金星冲犯虚、危二宿。

【纲】六年(庚戌,410),春二月,刘裕攻克广固,活捉南燕主慕容超,将他押送到建康,杀死。

【纲】卢循攻打长沙(治临湘,今湖南长沙南)、南康(治赣县,今江西赣州西南)、庐陵(治石阳,今江西吉水东北)、豫章。全部攻克。刘裕率领军队撤回。【目】起初,徐道覆听说刘裕北伐,便劝卢循袭取建康,卢循答应下来。至此,卢循由始兴攻打长沙,徐道覆攻打南康、庐陵、豫章,将四地全部攻克。徐道覆由赣江顺流而下,船只非常之多。朝廷连忙召刘裕回朝,刘裕率领军队撤回。

【纲】三月,江、荆二州都督何无忌讨伐徐道覆,战败被杀。【目】何无忌由寻阳出发,率领军队抵御卢循,与徐道覆在豫章遭遇。徐道覆命令数百名强弩射手登到山上拦腰射击,趁着狂风大作,率领大舰冲了上来,于是何无忌军溃败逃走。何无忌厉声说:"把我的苏武节拿来!"符节拿来了,他便握着符节督战。徐道覆军从四面拥上前来。何无忌便握着符节死去。

【纲】夏四月,刘裕抵达建康。【目】刘裕来到下邳,用船只运输军用物资,亲自率领精锐兵马由陆路返回。听说何无忌战败身亡后,他命令脱去铠甲,兼程赶路。准备横渡长江时,江上正刮大风,大家都感到为难。刘裕说:"如果上天有意帮助国家,大风自当平息,否则,翻船淹死又有何妨!"他立即命令大家上船,船刚离岸,大风就停了下来。四月,刘裕抵达建康。

【纲】五月,豫州都督刘毅与卢循在桑落洲(在今江西九江东北)交战,结果战败。卢循进军迫近建康。

【纲】六月,刘裕自任太尉、中书监,加授黄钺,后又辞去新授官

【纲】秋七月,卢循退还寻阳,刘裕遣兵追之。

【纲】刘裕遣将军孙处等率兵袭番禺。

【纲】冬十一月,孙处攻番禺,拔之。

【纲】辛亥,七年,春正月,秦王兴命群臣举贤才。 【目】秦王兴命群臣搜举贤才。右仆射梁喜曰:"臣累受诏而未得其人,世可谓乏才矣。"兴曰:"自古帝王之兴,未尝取相于昔人,待将于将来,随时任才,皆能致治。卿自识拔不明,安得远诬四海乎?"群臣咸悦。

【纲】刘藩等克始兴,斩徐道覆。

【纲】三月,刘裕始受太尉、中书监之命。

【纲】夏四月,卢循寇番禺,不克,走交州,刺史杜慧度击斩之。

【纲】壬子,八年,夏四月,以刘毅都督荆、宁、秦、雍军事。

【纲】六月,西秦乞伏公府弑其君乾归。秋,世子炽磐讨杀之而自立。

【纲】皇后王氏崩。葬僖皇后。

【纲】冬,太尉裕帅师袭荆州,杀都督刘毅。

【纲】北凉迁于姑臧。

【纲】癸丑,九年,春,太尉裕还建康,杀豫州刺史诸葛长民。【目】初,裕之西征也,留长民监留府事而疑其难独任,乃加刘穆之建武将军,置吏给兵以防之。既而长民骄纵贪侈,为百姓患,惧裕归按之。闻刘毅被诛,谓所亲曰:"'往年醢彭越,今年杀韩信,祸其至矣!'因遗冀州刺史刘敬宣书曰:"盘龙专擅,自取夷灭。异端将尽,世路方夷,富贵之事,相与共之。"敬宣报曰:"下官常惧福过灾生,方思避盈居损。富贵之旨,非所敢当。"且使以书呈裕,裕曰:"阿寿

职,接受了黄钺。

【纲】秋七月,卢循退回寻阳,刘裕派遣兵马追击。

【纲】刘裕派遣将军孙处等人率领军队袭击番禺。

【纲】冬十一月,孙处攻打番禺,将该城攻克。

【纲】七年(辛亥,411),春正月,后秦王姚兴让群臣推荐贤才。

【目】后秦王姚兴让群臣搜寻荐举贤才,右仆射梁喜说:"我多次接受诏命,却未得其人,可以说世上太缺乏人才了。"姚兴说:"自古以来,帝王兴起时,从不曾在前人中选取宰相,也不等到将来再任命大将。他们立足当代,任用人才,都能达到政治修明。你自己没有做好鉴别人才的工作,怎能胡说四海无人呢!"群臣都很高兴。

【纲】刘藩等人攻克始兴,杀死徐道覆。

【纲】三月,刘裕最初接受太尉、中书监的任命。

【纲】夏四月,卢循攻打番禺,没有攻克,逃往交州(治龙编,在今越南河内东北),交州刺史杜慧度将他击杀。

【纲】八年(壬子,412),夏四月,晋安帝任命刘毅为都督荆、宁、秦(时秦州侨治南郑,今陕西汉中东)、雍(雍州治襄阳,今湖北襄阳县襄阳镇)军事。

【纲】六月,西秦乞伏公府杀死国君乞伏乾归。秋季,乞伏乾归的世子乞伏炽磐讨杀乞伏公府,自立为国君。

【纲】皇后王氏去世。晋安帝安葬了僖皇后。

【纲】冬季,太尉刘裕率领军队袭击荆州,杀死都督刘毅。

【纲】北凉迁至姑臧(今甘肃武威)。

【纲】九年(癸丑,413),春季,太尉刘裕返回建康,杀死豫州刺史诸葛长民。　【目】起初,刘裕西征的时候,让诸葛长民监理留守军府事务,却又怀疑不宜让他独当大任,便加授刘穆之为建武将军,为他设置官属,拨给军队,以提防诸葛长民。不久,诸葛长民骄横放纵,贪婪侈奢,危害百姓,害怕刘裕回来审查自己。及至诸葛长民听说刘毅被杀,便对亲近的人说:"'往年杀彭越,今年杀韩信',恐怕大祸临头了!"便写信给冀州刺史刘敬宣说:"刘毅专断独行,自取灭亡。异己快要死光,世路已经平坦,让我们一起享受荣华富贵。"刘敬宣回信说:"我常

故为不负我也。"至是，裕自江陵东还，潜入东府。长民闻之，惊趋至门。裕伏壮士丁旿等于幔中，引长民却人闲语。旿自幔后出，拉杀之。

【纲】夏筑统万城。

【纲】甲寅，十年，夏五月，西秦袭灭南凉，以傉檀归，杀之。

【纲】乙卯，十一年，春，太尉裕帅师击荆州，都督司马休之拒战，众溃。　【目】正月，刘裕收司马休之次子文宝、兄子文祖，赐死；自领荆州刺史，将兵击之。二月，休之上表罪状裕，勒兵拒之。裕密书招休之录事韩延之，延之复书曰："刘裕足下，海内之人，谁不见足下之心，而欲欺诳国士！自谓'处怀期物，有由来矣'，夫伐人之君，啖人以利，真可谓'处怀期物，自有由来'乎！吾诚鄙劣，尝闻道于君子，以平西之至德，宁可无授命之臣乎！假令天长丧乱，九流浑浊，当与臧洪游于地下耳。"裕视书叹息，以示将佐曰："事人当如此矣！"延之以裕父名翘，字显宗，乃更其字曰显宗，名其子曰翘，以示不臣刘氏。裕遂使参军檀道济、朱超石将步骑出襄阳。三月，裕帅诸将济江。休之兵临峭岸，裕腾之而上；直前力战。休之兵稍却，俗兵乘之，休之兵遂大溃。

【纲】司马休之出奔秦，秦以为扬州刺史。

【纲】太尉裕剑履上殿，入朝不趋，赞拜不名。秋八月，太尉裕

怕过分享福会惹来灾祸，正打算避免地位过高，自守谦抑退让。你说的富贵荣华的旨趣，我不敢当。"并且派人把诸葛长民的信件呈送给刘裕，刘裕说："刘敬宣当然不会做对不起我的事！"至此，刘裕从江陵东下，回到京城，暗中进入东府。诸葛长民闻讯，慌忙跑到门前迎接。刘裕让勇士丁旿等人埋伏在帐幔后面，自己却把诸葛长民领到屋里，摒退身边侍从，与他闲谈。丁旿从帐幔后面跃出，摧折诸葛长民的两肋致死。

【纲】夏国修筑统万城（今陕西米脂西，近内蒙古伊克昭盟界）。

【纲】十年（甲寅，414），夏五月，西秦袭击并消灭南凉，将秃发傉檀带回本国，将他杀死。

【纲】十一年（乙卯，415），春季，太尉刘裕率领军队进击荆州，都督司马休之迎战，结果部众溃散。　【目】正月，刘裕收捕了司马休之的次子司马文宝、司马休之哥哥的儿子司马文祖，命令他们自杀而死。刘裕亲自兼任荆州刺史，率领军队进击司马休之。二月，司马休之上表陈述刘裕的罪状，统领兵马抵御刘裕。刘裕写密信招引司马休之的录事参军韩延之，韩延之回信说："刘裕足下，全国的人，谁没有看清你的居心，而你还打算欺骗国中的义士吗！你说自己'推诚处人接物，从来如此'。你攻打我的主人，却利诱我变节，这可真是'推诚处人接物，从来如此'了！我诚然卑下庸劣，但也曾受过君子的教导。就凭平西将军司马休之这样品德高尚的人，难道可以没有愿意为之献出生命的部下吗！假如上天助长祸乱，使人世混浊不堪，我当与臧洪同游于九泉之下！"刘裕看了回信，连连叹息，把信拿给将佐们去看，还说："做部下的，就应该这样！"由于刘裕的父亲名叫刘翘，表字显宗，韩延之便把自己的表字改为显宗，给自己的儿子起名韩翘，用以表示自己不做刘氏臣属的决心。于是刘裕派参军檀道济、朱超石率领步兵、骑兵由襄阳出兵。三月，刘裕率领诸将渡过长江。司马休之的军队在陡峭的江岸上列阵以待，胡藩（"藩"原作"裕"，误。据《资治通鉴·晋纪》改）跃上江岸，勇往直前，奋力作战，司马休之的军队渐渐退却。刘裕的军队乘机掩杀，司马休之的军队全面崩溃。

【纲】司马休之外逃到后秦，后秦任命他为扬州刺史。

【纲】太尉刘裕可以带着剑，穿着鞋上殿，参加朝会时不用小步快

还建康。以刘穆之为左仆射。

【纲】荧惑不见八十余日，复出东井。秦大旱。

【纲】丙辰，十二年，春正月，太尉裕自加都督二十二州军事。

【纲】秦姚弼、姚愔作乱，伏诛。秦王兴卒，太子泓立。

【纲】三月，太尉裕自加中外大都督，戒严伐秦。诏遣琅邪王德文修敬山陵。

【纲】秋八月，太尉裕督诸军发建康。　【目】裕以世子义符为中军将军，监留府事。刘穆之领军司，入居东府，总摄内外；司马徐羡之副之。遂发建康，遣将军王镇恶、檀道济将步军自淮、泗向许、洛；朱超石、胡藩趋阳城；沈田子、傅泓之趋武关，沈林子、刘遵考将水军出石门，自汴入河；以王仲德督前锋，开钜野入河。穆之谓镇恶曰："公今委卿以伐秦之任，卿其勉之！"镇恶曰："吾不克关中，誓不复济江！"穆之内总朝政，外供军旅，决断如流，事无雍滞。求诉咨禀，盈阶满室；穆之目览耳听，手答口酬，不相参涉，悉皆瞻举。

裕至彭城。王镇恶、檀道济入秦境，所向皆捷。

【纲】冬十月，将军檀道济克洛阳。

【纲】十二月，太尉裕自加相国、扬州牧，封宋公，备九锡。复辞不受。

走，司仪官侍宣时不直呼他的姓名。秋八月，太尉刘裕返回建康。任命刘穆之为左仆射。

【纲】火星隐没了八十多天后，重新在井宿旁出现。后秦发生严重的旱灾。

【纲】十二年（丙辰，416），春正月，太尉刘裕加任自己为都督二十二州军事。

【纲】后秦姚弼、姚愔发动变乱被杀。后秦王姚兴去世，太子姚泓即位。

【纲】三月，太尉刘裕加任自己为中外大都督，实行戒严，准备讨伐后秦。晋安帝下诏派遣琅邪王司马德文去祭拜山陵。

【纲】秋八月，太尉刘裕统辖各军从建康出发。　【目】刘裕让世子刘义府担任中军将军，统辖留守太尉府事务，让刘穆之兼任军司，进住东府，朝廷总管内外事务，由司马徐羡之做他的副手。刘裕随即从建康出发，派遣将军王镇恶、檀道济率领步兵由淮水、泗水挺进许昌、洛阳；朱超石、胡藩奔赴阳城（今河南登封东南）；沈田子、傅泓之进军武关（今陕西山阳东竹林关附近）；沈林子、刘遵考率领水军由石门（今河南荥阳北）出击，从汴水（今河南荥阳北）进入黄河；让王仲德督率前锋部队开掘钜野泽（今山东巨野北），使它与黄河连通。刘穆之对王镇恶说："刘公把讨伐秦国的重任交给你了，你要好自为之！"王镇恶说："如果我不能攻克关中，誓不重新渡过长江！"刘穆之对内总揽朝政，对外供应军需，决断事务十分迅速，从没有积压或耽搁的事情。各种有关请求、申诉、咨询、禀告的文件堆得满屋子、满台阶都是，刘穆之目览、耳听、手批、口答，互不干扰，全部圆满解决。

刘裕抵达彭城。王镇恶、檀道济进入后秦国境，所到之处，全部取胜。

【纲】冬十月，将军檀道济攻克洛阳。

【纲】十二月，太尉刘裕加任自己为相国、扬州牧，封宋公，加授九锡，同时又表示推辞，没有接受。

纲鉴易知录卷三五

东晋纪

安皇帝

【纲】丁巳,十三年,春正月朔,日食。

【纲】二月,西凉公李暠卒,世子歆立。

【纲】三月,弘农人送义租给王镇恶等军。

【纲】夏四月,太尉裕入洛阳。 【目】齐郡太守王懿降魏,上书言:"刘裕在洛,宜发兵绝其归路,可不战而克。"魏主嗣善之,以问崔浩,曰:"刘裕克乎?"对曰:"克之。嗣曰:"何故?"对曰:"姚兴好事虚名而少实用,子泓懦弱,兄弟乖争。裕乘其危,兵精将勇,故必克。"嗣曰:"裕既入关,不能进退,我以精骑直捣彭城,裕将若何?"对曰:"诸将用兵,皆非裕敌。兴兵远攻,未见其利;不如静以待之。裕克秦而归,必篡其主。关中华、戎杂错,风俗劲悍;裕欲以荆、扬之化施之函秦,此无异解衣包火,张罗捕虎;虽留兵守之,人情未洽,趋向不同,适足资敌耳。愿且按兵息民以观其变,秦地终为国家之有,可坐而守也。"嗣笑曰:"卿料之审矣。"浩曰:"臣尝私论近世将相:若王猛之治国,苻坚之管仲也;慕容恪之辅幼主,慕容暐之霍光也;刘裕之平祸乱,司马德宗之曹操也。"

【纲】秋七月,将军沈田子入武关。八月,秦主泓自将击之,大败而还。

【纲】太尉裕至潼关,遣王镇恶帅水军自河入渭,大破秦兵,遂入长安。秦主泓出降。

安皇帝

【纲】十三年（丁巳，417），春正月一日，出现日食。

【纲】二月，西凉公李暠去世，世子李歆即位。

【纲】三月，弘农（今河南灵宝）百姓捐献粮食，供应王镇恶等军。

【纲】夏，四月，太尉刘裕进入洛阳。 【目】齐郡（治临淄，今山东益都西北）太守王懿投降北魏，上书说："刘裕正在洛阳，应该发兵切断他的归路，可以不战而胜。"北魏明元帝拓跋嗣赞成他的主张，就此去问崔浩说："刘裕能获胜吗？"崔浩说："能获胜。"拓跋嗣问："原因何在？"崔浩说："姚兴喜欢虚名，不切实用，儿子姚泓性情懦弱，兄弟之间反目相争。刘裕利用秦国发生危机，而自己兵精将勇，所以一定能获胜。"拓跋嗣说："刘裕进入函谷关后，陷入进退两难的困境，我派精锐骑兵直捣彭城（今江苏徐州），刘裕将会怎样应付？"崔浩回答说："我们的各位将领指挥作战，都不是刘裕的对手。发兵远道进攻刘裕，看不出有什么好处，不如静静等待。刘裕战胜秦国回国后，肯定要篡夺帝位。关中汉人与戎人杂居，风俗剽悍。刘裕打算把治理荆州、扬州的方法拿到关中推行，这与脱下衣服来包火，张开罗网去捉虎没有两样。即使他把军队留下来守卫占领的土地，但是民情不睦，习尚不同，恰好为自己树敌。希望陛下按兵不动，将养百姓，观察事态的变化，秦国的土地终究会归我国所有，可以在这里坐守其地就行了。"拓跋嗣笑着说："你考虑得真周详。"崔浩说："我曾经私下评论近代将相，如王猛治理国家，可称为苻坚的管仲；慕容恪辅佐幼主，可称为慕容暐的霍光；刘裕平定祸乱，可称为是司马德宗的曹操。"（本目为本年五月之事）

【纲】秋七月，将军沈田子进入武关（在今陕西山阳东竹林关附近）。八月，后秦主姚泓亲自率军进击沈田子，结果大败而回。

【纲】太尉刘裕抵达潼关（在今陕西渭南东南），派遣王镇恶率领水军从黄河进入渭水，大破后秦兵马，于是进入长安。后秦主姚泓出城投降。

【纲】九月,太尉裕至长安,送姚泓诣建康,斩之。

【纲】夏人进据安定。 【纲】夏王勃勃闻裕伐秦,曰:"裕取关中必矣。然不能久留,必将南归;若留子弟及诸将守之,吾取之如拾芥耳。"乃秣马养士,进据安定。

【纲】冬十月,太尉裕自进爵为王,增封十郡。复辞不受。

【纲】十一月,刘穆之卒。

【纲】十二月,太尉裕东还。留子义真都督雍、梁、秦州军事。
【目】裕欲留长安经略西北,而诸将佐久役思归,多不欲留。会闻刘穆之卒,裕以根本无托,决意东归。乃以徐羡之为丹阳尹,管留任。而以次子义真为安西将军,守关中。王修为长史,王镇恶为司马,沈田子、毛德祖、傅弘之皆为参军、从事。关中人素重王猛,而是役也,镇恶功为多,故南人忌之。沈田子与镇恶争功,尤不平。裕将还,田子等屡言"镇恶家在关中,不可保信。"裕曰:"钟会不得遂其乱者,以有卫瓘故也,语曰'猛兽不如群狐',卿等十余人,何惧镇恶邪!"十二月,裕发长安,义真生十三年矣。

【纲】夏王勃勃遣兵向长安。 【目】夏王勃勃闻刘裕东还,大喜,召王买德问计。买德曰:"关中形胜之地,而裕以幼子守之,狼狈而归,正欲急成篡事,不暇复以中原为意。此天以关中赐我,不可失也。"勃勃乃使其子璝帅骑二万向长安,而自将大军为后继。

【纲】戊午,十四年,春正月,王镇恶、沈田子帅师拒夏兵。田子矫杀镇恶。安西长史王修讨田子,斩之。参军傅弘之击夏兵,却之。

【纲】九月,太尉刘裕进入长安,将姚泓押送到建康杀死。

【纲】夏国进军占领安定(今甘肃泾川北)。 【目】夏王赫连勃勃听到刘裕攻打后秦的消息后说:"刘裕占领关中是肯定的了,但是他无法久留,必定南归。如果他让自己的子弟以及诸将留守在这里,我夺取关中就如捡起芥子一样轻而易举了。"便秣马养兵,进军占领安定。

【纲】冬十月,太尉刘裕自行进升爵位为王,增加十郡封邑,然后又表示推辞,不肯接受。

【纲】十一月,刘穆之去世。

【纲】十二月,太尉刘裕东下返回江南,留下儿子刘义真统辖雍、梁、秦州军事。(任命刘义真事在本年十一月) 【目】刘裕打算留在长安,筹划收复西北地区,但是各位将佐长时间征战,希望返回江南,很多人都不愿意留在关中。适逢得到刘穆之去世的消息,刘裕认为太尉府无人主持,决定返回江南。于是刘裕任命徐羡之为丹阳(治建康,今江苏南京)尹,掌管留守太尉府的职任;任命次子刘义真为安西将军,镇守关中;同时任命王修为将军府长史,王镇恶为将军府司马,沈田子、毛德祖、傅弘之都提任参军从事。关中人一向敬重王猛,而在这一次战役中,王镇恶立下的功劳居多,所以南方人嫉妒他。沈田子与王镇恶争功,对他尤其不满。刘裕将要返回时,沈田子等人多次进言说:"王镇恶家在关中,难保可信。"刘裕说:"钟会无法闹出乱子来,是由于有卫瓘的原故。俗话说:'一只猛兽斗不过一群狐狸',你们十几个人,怎么还害怕王镇恶呢!"十二月,刘裕从长安出发,这时刘义真才十三岁。(据《宋书·武三王传》,"十三"当作"十二")

【纲】夏王赫连勃勃派遣军队向长安挺进。 【目】夏王赫连勃勃听到刘裕返回江南的消息非常高兴,便召见王买德,向他问计。王买德说:"关中是地势优越的地方,刘裕却让一个小孩子镇守那里,自己狼狈而回,表明他正打算赶紧完成篡夺帝位之事,再也顾不得留心经营中原了。这是上天把关中赐给我们,可不能失去良机!"赫连勃勃便派遣儿子赫连璝率领两万骑兵挺进长安,亲自率领大军随后进军。

【纲】十四年(戊午,418),春正月,王镇恶、沈田子率领军队抵御夏兵。沈田子假称遵照命令杀死王镇恶。安西将军府长史讨伐沈田子,

【目】夏赫连璝至渭，关中民降之者属路。沈田子将兵拒之，畏其众盛，不敢进。王镇恶闻之，曰："公以十岁儿付吾属，当共竭力，而拥兵不进，虏何由得平！"遂与田子俱出。田子与镇恶素有相图之志，至是益忿惧。军中又讹言："镇恶欲尽杀南人，据关中反。"田子遂请镇恶至傅弘之营计事；因屏人语，使人斩之，矫称受太尉令。义真与王修被甲登门以察其变。修执田子，数以专戮而斩之。弘之破夏兵，夏兵乃退。

【纲】太尉裕至彭城，解严。琅邪王德文还建康。

【纲】以刘义隆重为荆州刺史。

【纲】夏六月，太尉裕受相国、宋公、九锡之命。

【纲】冬十月，刘义真杀其长史王修，关中大乱。十一月，夏王勃勃陷长安，义真逃归。

【纲】夏王勃勃称皇帝。

【纲】慧星见。【目】慧星出天津，入太微，经北斗，络紫微，八十余日而灭。魏崔浩谓魏主嗣曰："晋室陵夷，危亡不远，慧之为异，其刘裕将篡之应乎！"

【纲】十二月，宋公刘裕弑帝于东堂。奉琅邪王德文即位。【目】裕以谶云："昌明之后，尚有二帝。"乃使中书侍郎王韶之，与帝左右密谋弑帝而立德文。德文常在帝左右，韶之不得问。会德文有疾，出居于外，韶之以散衣缢帝于东堂。裕因称遗诏，奉德文即位。

将他杀死。参军傅弘之进击夏兵,将夏兵击退。【目】夏国的赫连璝抵达渭水一带,归降赫连璝的关中百姓在道路上前后相连。沈田子率领军队抵御赫连璝,害怕夏兵人多势盛,不敢前进。王镇恶得知后说:"刘公把十岁的孩子托付给我们,我们应当共同尽力辅佐。但是沈田子拥兵不前,怎能把敌人荡平!"便与沈田子一起出兵。沈田子与王镇恶一向互有图谋的打算,至此沈田子更为愤恨恐惧。军中又流传着谣言说:"王镇恶打算把江南人杀光,占据关中谋反。"沈田子便请王镇恶前往傅弘之营中议事,乘机摒退外人与王镇恶谈话,却让人把王镇恶杀死,向大家诈称他是接受了太尉刘裕的命令。刘义真与王修身披铠甲,登上营门,观察事态的变化。王修捉住沈田子,以擅自杀人的罪过将他杀死。傅弘之打败夏兵,夏兵退去。

【纲】太尉刘裕抵达彭城,解除戒严。琅邪王司马德文返回建康。

【纲】刘裕让刘义隆担任荆州(治江陵,今湖北江陵)刺史。

【纲】夏六月,太尉刘裕接受了担任相国、封为宋公、加授九锡的诏命。

【纲】冬十月,刘义真杀死长史王修,关中大乱。十一月,夏王赫连勃勃攻陷长安,刘义真逃回江南。

【纲】夏王赫连勃勃号称皇帝。

【纲】彗星出现。【目】彗星出现在天津星旁,进入太微星,经过北斗星,连结紫微星,历时八十多天才隐没不见。北魏崔浩对明元帝拓跋嗣说:"晋朝衰微,离灭亡为时不远。彗星出现异常现象,这是刘裕将要篡夺帝位的兆应吧!"

【纲】十二月,宋公刘裕在东堂杀害了晋安帝,拥奉琅邪王司马德文即位。【目】刘裕因谶书说"司马德宗之后,还有二帝",便指使中书侍郎王韶之与晋安帝身边的人密谋杀害晋安帝而立司马德文。司马德文经常在晋安帝身边,王韶之没有下手的机会。适逢司马德文生病,住在宫外,王韶之便用闲置的衣服把晋安帝勒死在东堂。刘裕于是声称遵照晋安帝的遗诏,奉司马德文即位。

恭皇帝

【纲】己未，恭皇帝元熙元年，春正月，立皇后褚氏。葬休平陵。

【纲】夏主勃勃杀隐士韦祖思。 【目】夏主勃勃征隐士京兆韦祖思。既至，恭惧过甚。勃勃怒曰："我以国士待汝，汝乃以非类遇我！汝昔不拜姚兴，今何独拜我？我在，汝犹不以我为帝王；我死，汝曹弄笔，当置我于何地邪！"遂杀之。

【纲】夏主勃勃还统万。

【纲】秋七月，宋公裕始受进爵之命，移镇寿阳。

【纲】冬十月，以刘义真为扬州刺史。

【纲】十二月，宋王裕加殊礼，进太妃为太后，世子曰太子。

【纲】庚申，二年，夏四月，长星出竟天。六月，宋王裕还建康。称皇帝，废帝为零陵王；以兵守之。 【目】宋王裕欲受禅而难于发言，乃集朝臣宴饮，从容言曰："桓玄篡位，鼎命已移。我唱义兴复，平定四海，功成业著，遂荷九锡。今年将衰暮，崇极如此，物忌盛满，非可久安；今欲奉还爵位，归老京师。"群臣莫喻其意。日晚，坐散，中书令傅亮乃悟，叩扉请见，曰："臣暂宜还都。"裕解其意，无复他言。亮出，见长星竟天，拊髀叹曰："我常不信天文，今始验矣。"亮至建康，四月，征裕入辅。裕留子义康镇寿阳。以参军刘湛为长史，决府事。湛自幼年即有宰物之志，常自比管、葛，博涉书史，不为文章，不喜谈议。裕甚重之。

恭皇帝

【纲】晋恭帝元熙元年（己未，419），春正月，晋恭帝立褚氏为皇后，将晋安帝安葬于休平陵（在今江苏南京钟山西南）。

【纲】夏主赫连勃勃杀害了隐士韦祖思。【目】夏主赫连勃勃征召隐士京兆（治长安县，在今陕西长安西北）人韦祖思做官，韦祖来到京城后，过分谦卑，胆小怕事。赫连勃勃生气地说："我把你当做国家的人才，你却把我视为异族！从前你不向姚兴叩拜，现在你为什么独独向我叩拜？我活在世上，你尚且不把我当作帝王，我死后由你这一类人舞文弄笔，会把我写成什么样子！"于是将他杀害。

【纲】夏主赫连勃勃返回统万城（在今陕西米脂西）。

【纲】秋七月，宋公刘裕方始接受进爵为宋王的诏命，移军镇守寿阳（今安徽寿县）。

【纲】冬十月，晋恭帝任命刘义真为扬州刺史。

【纲】十二月，宋王刘裕被加授特别尊贵的礼遇，将王太妃进位为王太后，世子称作太子。

【纲】二年（庚申，420），夏四月，长星出现，掠过整个天空。六月，宋王刘裕返回建康，即位称帝，将晋恭帝废黜为零陵王，并派兵加以看守。【目】宋王刘裕打算接受禅让，却难以开口，便召集朝中官员举行宴会，在宴会上不慌不忙地说："桓玄篡夺帝位，国运已经转移。我倡义复兴晋室，平定四海，大功告成，业绩卓著，于是蒙授九锡。现在，我快要老了，而地位又如此之高。凡事忌讳满盈，我也难以长期平安无事。如今我打算交还爵位，回京城去养老了。"群臣都不明白这番话的用意。傍晚时分，宴会散了，中书令傅亮才明白过来，便敲门请求刘裕接见。傅亮说："我最好暂时返回京城。"刘裕懂得他的意思，没有再说别的话。傅亮出来后，看见长星掠过整个天空，便拍着大腿感叹道："我历来不相信天象，现在天象却应验了！"傅亮抵达建康后，四月，晋恭帝征召刘裕入朝辅政。刘裕留下儿子刘义康镇守寿阳，任命参军刘湛为长史，决断王府事务。刘湛从小就有主持大事的志向，一向把自己比作管仲和诸葛亮。他博览图书史籍却不肯写文章，不喜欢谈论，刘裕对他非常器重。

六月，裕至建康。亮具诏草，使帝书之。帝欣然操笔，谓左右曰："桓玄之时，晋氏已无天下，重为刘公所延，将二十载；今日之事，本所甘心。"遂书赤纸为诏。逊于琅邪第，百官拜辞，秘书监徐广流涕哀恸。裕为坛于南郊，即位。广又悲感流涕，侍中谢晦谓之曰："徐公得无小过！"广曰："君为宋朝佐命，身是晋室遗老，悲欢之事，固不可同。"

宋王临太极殿，大赦，改元。奉晋恭帝为零陵王，即宫于故秣陵县，使将军刘遵考将兵防卫。

【纲】宋尊王太后为皇太后。
【纲】北凉王蒙逊诱西凉公歆与战，杀之，遂灭西凉。

【纲】秋八月，宋立子义符为皇太子。
【纲】冬，凉李恂入敦煌，称刺史。
右东晋十一帝，共一百四年；合两晋一十五帝，共一百五十六年。

六月,刘裕来到建康。傅亮准备好退位诏书的草稿,让晋恭帝抄写一遍。晋恭帝欣然拿起笔来对身边的人说:"桓玄的时候,晋朝已经失去天下,是刘公重新延长了将近二十年时间。今天的事情,我本来就甘心情愿。"于是用赤色的纸写成诏书,自己退到琅邪王的住宅中。百官行礼拜别,秘书监徐广痛哭流涕。刘裕在建康南郊筑坛,即位称帝。徐广再次感伤流泪,侍中谢晦对他说:"徐公恐怕过分了一点吧!"徐广说:"你是宋朝的佐命大臣,我是晋朝的遗老,悲欢之情,本来就不相同。"

宋王刘裕亲临太极殿,宣布大赦天下罪囚,改年号为永初。刘裕封晋恭帝为零陵王,便在原来的秣陵县(即汉秣陵县城,在今江苏南京东南秣陵桥)修建宫室,派遣将军刘尊考带兵防卫。

【纲】宋武帝尊王太后为皇太后。

【纲】北凉王沮渠蒙逊诱使西凉公李歆与自己交战,将李歆杀掉,于是消灭了西凉。

【纲】秋八月,宋武帝立儿子刘义符为皇太子。

【纲】冬季,西凉李恂进入敦煌(今甘肃敦煌),称刺史。

以上东晋十一帝,共一百零四年。两晋合计十五帝,共一百五十六年。

南北朝·宋纪（附北魏）

高祖武帝

【纲】辛酉，春二月，宋以卢陵王义真为司徒，徐羡之为尚书令、扬州刺史，傅亮为仆射。

【纲】北凉屠敦煌，杀李恂。

【纲】秋九月，宋主刘裕弑零陵王于秣陵。　【目】初，宋主刘裕以毒酒一罂授前琅邪郎中令张伟，使鸩零陵王，伟叹曰："鸩君以求生，不如死！"乃自饮而卒。至是，裕令兵人逾垣而入，进药于王。王不肯饮，兵人以被掩杀之。裕帅百官临于朝堂三日。

【纲】冬十一月，葬晋恭帝于冲平陵。

【纲】宋豫章太守谢瞻卒。　【目】初，宋台始建，瞻为中书侍郎，其弟晦为右卫将军。时晦权遇已重，自彭城还都迎家，宾客辐凑。瞻惊骇，谓晦曰："汝名位未多，而人归趣乃尔！吾家素以恬退为业，不愿干豫时事，交游不过亲朋，而汝遂势倾朝野，此岂门户之福邪！"乃以篱隔门庭曰："吾不忍见此。"及宋主即位，晦以佐命功，位任益重，瞻愈忧惧。至是，遇病不疗。临终，遗晦书曰："吾得启体幸全，亦何所恨！弟思自勉励，为国为家。"

【纲】壬戌，春，宋以徐羡之为司空、录尚书事。　【目】羡之起自布衣，无学术，直以志力局度，一旦居廊庙，朝野推服，咸谓有宰臣之望。沉密寡言，不以忧喜见色；颇工奕棋，观戏，常若未解。傅亮、蔡廓常言："徐公晓万事，安异同。"尝与傅亮、谢晦宴聚，亮、晦才学辩博，羡之风度详整，时然后言。郑鲜之叹曰："观徐、傅言

高祖武帝

【纲】庚申（420），春二月，宋武帝任命庐陵王刘义真为司徒，徐羡之为尚书令、扬州刺史，傅亮为仆射。

【纲】北凉在敦煌屠城，杀死李恂。

【纲】秋九月，宋武帝刘裕在秣陵杀害零陵王司马德文。　【目】宋武帝刘裕把一罐毒酒交给原来的琅玡王府郎中令张伟，让他毒死零陵王司马德文。张伟叹息说："为了活着，便去毒死君主，还不如一死！"便自饮毒酒而死。至此，刘裕命令士兵翻墙而入，把毒药交给零陵王，零陵王不肯喝，士兵便用被子把他闷死。刘裕率领百官在朝堂上哀悼了三天。

【纲】冬十一月，晋恭帝安葬在冲平陵（今江苏南京钟山西南）。

【纲】宋朝豫章（治南昌，今江西南昌）太守谢瞻去世。　【目】起初，宋朝廷刚刚建立时，谢瞻担任中书侍郎，他的弟弟谢晦担任右卫将军。当时谢晦已经深受皇帝厚遇，权势很大。他从彭城回京城去接家眷，宾客云集，谢瞻十分惊骇，便对谢晦说："你的名望不大，官位不高，人们对你却趋附到这种程度！我们家一向重视恬谈退让，不愿意干预时政，只和亲戚朋友交往。可是你竟然使自己的权势压倒朝野之人，这岂是谢家的福气！"便用篱笆把院子隔开，还说："我不忍心看到这种情景。"及至宋武帝即位后，谢晦因辅佐宋武帝建立宋朝而立下功劳，因而官位更高，职任更重，谢瞻也更加担忧，愈发恐惧。至此，谢瞻生病，不肯治疗。临终前，他写信给谢晦说："我侥幸得以善终，还有什么可遗憾的！你要时时勉励自己，既为国，也为家。"

【纲】壬戌（422），春季，宋武帝任命徐羡之为司空、录尚书事。　【目】徐羡之出身平民，不懂学术，只凭着自己的意志、能力和气度，一旦身居朝廷，为朝野人士所推服，都说他具备担当宰相的声望。徐羡之深沉谨慎，沉默寡言，喜怒不形于色。他精于弈棋，但他看别人掷采下棋时，却总象没有看懂。傅亮、蔡廓经常说："徐公通晓万事，善于解决

论，不复以学问为长。"

【纲】夏五月，宋主裕殂，太子义符立。 【目】宋高祖疾甚，召太子义符诫之曰："檀道济虽有干略，而无远志、难御之气也。徐羡之、傅亮当无异图。谢晦数征伐，颇识机变，若有同异，必此人也。"又为手诏曰："后世若有幼主，朝事一委宰相，母后不烦临朝。"羡之、亮、晦、道济同被顾命，遂殂。义符即位，年十七，立妃司马氏为皇后。七月，葬初宁陵。

【纲】六月，宋以傅亮为中书监、尚书令，谢晦为中书令，谢方明为丹阳尹。

营阳王

【纲】癸亥，春正月，宋以蔡廓为吏部尚书；不受。 【目】宋以廓为吏部尚书。廓谓傅亮曰："选事若悉以见付，不论；不然，不能拜也。"亮以语徐羡之，羡之曰："黄、散以下悉以委蔡，以上，故宜共参同异。"廓曰："我不能为徐干木署纸尾！"遂不拜。

【纲】二月，魏筑长城。 【目】柔然寇魏边。魏筑长城，自赤城至五原，二千余里，置戍以备之。

【纲】冬十一月，魏主嗣殂，太子焘立。

【纲】魏立天师道场。 【目】魏光禄大夫崔浩，不好老、庄书，曰："此矫诬之说，不近人情。"尤不信佛法，曰："何为事此胡神！"左右多毁之；魏主不得已，命浩以公归第，然素知其贤，每有疑议，辄召问之。浩常自谓才比张良而稽古过之。既归第，因修服食养性

分歧。"有一次，徐羡之与傅亮、谢晦设宴聚会，傅亮、谢晦知识渊博，才思敏捷，而徐羡之气度安详，神情庄重，只在适当的时候发言。郑鲜之感叹道："听了徐羡之、傅亮的言论，我不再认为自己的学问优于别人了。"

【纲】夏五月，宋武帝去世，太子刘义符继立。 【目】宋武帝病情沉重时，把太子刘义符叫来，告诫他说："檀道济虽然有才干，有谋略，但是没有远大志向，也没有难以驾御的气质。徐羡之和傅亮应该说不会有背叛朝廷的意图。谢晦屡经征战，很懂得随机应变，一旦出现问题，肯定就是此人。"宋武帝还写下手诏，规定："如果后世有年幼的君主，朝廷事务一概交给宰相处理，不得由母后主持朝政。"徐羡之、傅亮、谢晦、檀道济共同接受遗命，辅佐朝政，于是宋武帝去世。刘义符即位，仅十七岁，立司马氏为皇后。七月，宋武帝安葬在初宁陵（今江苏南京钟山东南）。（按照通例，本条七月记事应系于六月之后）

【纲】六月，宋少帝任命傅亮为中书监、尚书令，谢晦为中书令，谢方明为丹阳尹。

营阳王（少帝）

【纲】癸亥（423），春正月，宋少帝任命蔡廓为吏部尚书，蔡廓没有接受。 【目】宋少帝任命蔡廓为史部尚书，蔡廓对傅亮说："如果将铨选官员的事务全部交给我处理，我没有别的可说；否则，我就不接受任命。"傅亮把这话告诉了徐羡之，徐羡之说："可以把黄门侍郎、散骑常侍以下的官员选任全部交给蔡廓，在此以上官员的选任，应该一起参酌异同。"蔡廓说："我不能替徐羡之在纸尾署名！"于是没有接受任命。

【纲】二月，北魏修筑长城。 【目】柔然侵犯北魏边境。北魏修筑长城，从赤城（在今河北龙关东北）到五原（在今内蒙古五原东），长达两千余里，在那里设立戍所，以防备柔然。

【纲】冬十一月，北魏明元帝拓跋嗣去世，太子拓跋焘即位。

【纲】北魏设立天师道场。 【目】北魏光禄大夫崔浩不喜欢老子、庄子的著作，他说："这是凭空虚构的学说，不近人情。"他尤其不相信佛教，还说："为什么要尊奉胡人的神呢！"拓跋焘的亲信大多诋毁他。北魏太武帝迫不得已，命崔浩以公爵退休回家。但是北魏太武

之术。初，嵩山道士寇谦之，修张道陵之术，自言尝遇老子降，命继道陵为天师，授以辟谷轻身之术，使之清整道教。又遇神人李谱文，云老子之玄孙也。授以《图箓真经》，使之辅佐北方太平真君；出天宫静轮之法。谦之奉其书，献于魏主。朝野多未之信，浩独师受其术，且上书曰："圣王受命，必有天应，《河图》《洛书》皆寄言于虫兽之文，未若今日人神接对，手笔粲然，辞旨深妙，自古无比；岂可以世俗常虑而忽上灵之命哉！"魏主欣然，使谒者奉玉帛、牲牢祭嵩岳，迎致谦之弟子，起天师道场于平城东南。

太祖文帝

【纲】甲子，春正月，宋废其庐陵王义真为庶人。

【纲】夏五月，宋徐羡之、傅亮、谢晦废其主义符为营阳王，迁于吴。六月，弑之。迎宜都王义隆于江陵，杀前庐陵王义真，以谢晦行都督荆、湘等州军事。

【纲】秋八月，宋主义隆立。

【纲】乙丑，春正月，宋主始亲听政。

【纲】二月，燕有女子化为男。

【纲】秋八月，夏主勃勃殂，世子昌立。

【纲】丙寅，春正月，宋讨徐羡之、傅亮，诛之。以王弘为司徒、扬州刺史、录尚书事，彭城王义康都督荆、湘等州军事。谢晦举兵反江陵。　【目】宋主下诏暴徐羡之、傅亮、谢晦杀二王之罪，命中领军到彦之、征北将军檀道济以时收翦。羡之走至新林，自经死。亮出走，被执，伏诛。

帝向来知道崔浩贤能，每逢遇到疑问，就召见他，向他请教。崔浩经常说自己的才能近于张良，在考究历史方面还要超过他。崔浩回到家中后，便修练食养生的方术。起初，嵩山（在今河南登封北）道士寇谦之修炼张道陵的道术，说自己曾经见到老子降临人世，老子命令他接续张道陵但任天师，把辟谷轻身的道术传授给她，让他整顿道教。还说他又遇见神仙李谱文，李谱文说自己是老子的玄孙。李谱文把《图箓真经》传授给他，让他去辅佐北方的太平真君，还传出了"天宫静轮之法"。寇谦之把这部书献给了北魏太武帝拓跋焘，朝廷和民间的人们多数不肯相信，只有崔浩去学习这种道术，而且上书说："圣明的君主接受天命时，上天必有兆应。《河图》《洛书》都把言语寄托在虫兽的纹理中，不象现在人神能够相互接触，神仙的手迹粲然在目，辞意深刻精妙，自古无与伦比，怎能抱着世间俗人通常的想法，忽视上界神灵的旨意呢！"魏太武帝欣然命令谒者带上宝玉、缯帛、牲牢，去祭嵩山，迎来寇谦之的弟子，在平城（在今山西大同东）建造天师道场。

太祖文帝

【纲】甲子（424），春正月，宋朝将庐陵王刘义真废黜为庶人。

【纲】夏五月，宋徐羡之、傅亮、谢晦将国君刘义符废黜为营阳王，将他迁到吴郡，六月，又将他杀害，他们从江陵（今湖北江陵）迎来宜都王刘义隆，杀死原来的庐陵王刘义真，任命谢晦代理都督荆，（荆州治江陵）、湘（湘州治临湘，在今湖南长沙南）等州军事。

【纲】秋八月，宋文帝刘义隆即位。

【纲】乙丑（425），春正月，宋文帝开始亲理朝政。

【纲】二月，北燕有一个女子变成男人。

【纲】秋八月，夏主赫连勃勃去世，世子赫连昌即位。

【纲】丙寅（426），春正月，宋朝廷讨伐徐羡之、傅亮，将二人诛杀。宋文帝任命王弘为司徒、扬州刺史、录尚书事，彭城王刘义康都督荆、湘等州军事。谢晦由江陵起兵反叛朝廷。　　【目】宋文帝下诏暴露徐羡之、傅亮、谢晦杀害营阳、庐陵二王的罪行，命令中领军到彦之、征北将军檀道济立即收捕诛杀他们。徐羡之逃到新林（在今江苏南京西

宋主问讨晦之策于檀道济，对曰："臣昔与晦同从北征，入关十策，晦有其九，才略明练，殆为少敌。然未尝孤军决胜，戎事恐非其长。臣悉晦智，晦悉臣勇。今奉王命以讨之，可未陈而擒也。"征王弘为侍中、司徒、录尚书事、扬州刺史，彭城王义康为荆湘都督、荆州刺史。晦闻徐、傅等已诛，自出射堂勒兵。奉表称羡之等忠贞，横被冤酷，皆王弘等谗构成祸。今当举兵以除君侧之恶。

【纲】闰月，宋子劭生。【目】初，袁皇后生皇子劭，后自详视，使驰白帝曰："此儿形貌异常，必破国亡家，不可举。"即欲杀之。帝狼狈至后殿户外，禁之，乃止。以尚在谅暗，故秘之。至是，始言劭生。

【纲】宋主自将讨谢晦。二月，诛之。
【纲】三月，宋以谢灵运为秘书监，颜延之为中书侍郎。【目】宋主还建康，既征灵运、延之，用之。又以慧琳善谈论，因与议朝廷大事，遂参权要，宾客辐凑，四方赠赂相击。琳著高屐，披貂裘，置通呈书佐。会稽孔顗曰："遂有黑衣宰相，可谓冠履失所矣！"

【纲】夏五月，宋以檀道济为江州刺史，到彦之为南豫州刺史。
【纲】六月，宋以王华、王昙首、殷景仁、刘湛为侍中，谢弘微为黄门侍郎。【目】王华与刘湛、王昙首、殷景仁俱为侍中，风力局干，冠冕一时，黄门侍郎谢弘微与华等皆宋主所重，当时号曰"五臣"。

南），上吊自杀。傅亮出城逃走，被捕获后处死。

宋文帝向檀道济问讨伐谢晦的计策，檀道济回答说："从前我与谢晦同时参加北伐后秦，进入关中的计策，十项中有九项出自谢晦。他才略过人，精明练达，几乎很少对手。然而，他不曾独自作战，用兵打仗恐怕不是他的长处。我知道谢晦足智多谋，谢晦知道我勇敢善战。现在我奉朝廷的命令去讨伐他，可以在他布阵以前就把他擒获。"宋文帝征召王弘担任侍中、司徒、录尚书事、扬州刺史，彭城王刘义康为荆、湘都督、荆州刺史。谢晦听说徐羡之、傅亮等人已经被杀，便走出射堂，亲自部署兵马，上表声称："徐羡之等人忠心不二，却突然遭到残酷的冤杀，这都是王弘等人谗言陷害造成的灾祸，现在我就起兵铲除陛下身边的恶人。"

【纲】闰正月，宋文帝的儿子刘劭诞生。 【目】起初，袁皇后生下皇子刘劭，她亲自仔细端详后，让人骑马飞报宋文帝说："这孩子形体状貌异常，肯定要招致国破家亡，所以不能把他养育。"当下就想把孩子杀死。宋文帝慌忙跑到皇后的寝殿门外阻止她，她才没有杀这孩子，由于当时还在守丧期间，所以对袁皇后得子之事秘而不宣。至此，宋文帝才宣布刘劭诞生。

【纲】宋文帝亲自领兵讨伐谢晦。二月，谢晦被杀。

【纲】三月，宋文帝任命谢灵运为秘书监，颜延之为中书侍郎。【目】宋文帝回到建康，接着就征召谢灵运、颜延之，任以官职。由于僧人慧琳善于言谈议论。宋文帝便与他商量朝廷大事，于是慧琳参与机要，宾客云集，各地赠送礼物的人前后相接。慧琳穿着高齿木屐，披着貂皮大衣，配备了传信通报人员和书记官。会稽（治山阴，今浙江绍兴）人孔顗说："黑衣僧人中竟然出了宰相，真可谓上下颠倒了。"

【纲】夏五月，宋文帝任命檀道济为江州（时治柴桑，在今江西九江）刺史，到彦之为南豫州（时治历阳，今安徽和县）刺史。

【纲】六月，宋文帝任命王华、王昙首、殷景仁、刘湛为侍中，谢弘微为黄门侍郎。 【目】王华与刘湛、王昙首、殷景仁一起担任侍中，他们的品格才具一时深受称誉。黄门侍郎谢弘微与王华等都深受宋文帝的器重，当时号称"五臣"。

弘微精神端审,时然后言,婢仆之前,不妄语笑;由是尊卑小大,敬之若神。从叔混特重之,常曰:"微子异不伤物,同不害正,吾无间然。"初,混尚晋晋陵公主。混死,诏绝婚;公主悉以家事委弘微。混仍世宰辅,僮仆千人,唯有二女,年数岁,弘微为之纪理生业,一钱尺帛皆有文簿。九年而晋亡,公主降号东乡君,听还谢氏。入门,屋宇、仓廪,不异平日;田畴、垦辟,有加于旧。东乡君叹曰:"仆射平生重此子,可谓知人;仆射为不亡矣!"

【纲】冬十月,魏主自将攻夏。

【纲】十一月,魏主入统万,别将取蒲阪及长安。

【纲】丁卯,春正月,魏主还平城。

【纲】宋主谒京陵。　【目】初,高祖命藏微时耕具以示子孙。帝至故宫,见,有惭色。近侍或进曰:"大舜躬耕历山,伯禹亲事水土。陛下不睹遗物,安知先帝之至德,稼墙之艰难乎!"

【纲】夏五月,魏主发平城。

【纲】六月,夏主及魏主战于统万,败,走上邦。魏取统万。

【纲】秋八月,魏主还平城。

【纲】冬十一月,晋征士陶潜卒。　【目】潜字渊明,浔阳人,侃之曾孙也。少有高趣,博学不群,以亲老、家贫为州祭酒;少日自解归。召主簿,不就。躬耕自资,遂抱羸疾。后复为彭泽令,不以家自随,送一力给其子,书曰:"此亦人子也,可善遇之。"在官八十余日,郡遣督邮至县,吏请曰:"应束带见之。"潜叹曰:"我岂能为五斗

谢弘微神情严肃而又持重，只在适当的时候发言，不在婢女仆人面前随便说笑。因此，不论尊卑老少，都敬之若神。堂叔谢混对他尤为器重，经常说："弘微这孩子不在意见不同时伤害别人，也不在意见相同时有违正直，我找不到他的毛病。"起初，谢混娶了晋朝的晋陵公主，谢混死后，有诏命令晋陵公主离婚，晋陵公主把家事全部委托给谢弘微。谢混家累世有人担当宰相，家中有奴仆千人，只有两个年仅数岁的女儿。谢弘微替谢混经管产业，一枚钱、一尺帛都记在帐上。九年过后，晋朝灭亡，晋陵公主的封号被降为东乡君，听凭她重返谢家。东乡君走进家门一看，房屋粮仓与平时没有两样，开垦的田地比以往更多。东乡君感慨地说："谢混活着时很器重这个侄子，他算得上有知人之明，死也放心了。"

【纲】冬十月，北魏太武帝拓跋焘亲自领兵攻打夏国。

【纲】十一月，北魏太武帝拓跋焘进入统万城，（拓跋焘并未进入统万城，进入统万城的是他的部下）别将占领了蒲阪（今山西芮城西北）和长安。

【纲】丁卯（427）春正月，北魏太武帝返回平城。

【纲】宋文帝拜谒京陵。　【目】起初，宋武帝让人把自己贫贱时使用的耕田农具收藏起来，以便展示给自己的子孙后代。宋文帝来到宋武帝居住过的宫殿，见到农具，面有惭色。身边的侍从人员中有人进言说："大舜在历山亲自耕种田地，大禹亲自治理洪水。如果陛下没有看见这些遗物，怎么会了解先帝至上的德行和耕种的艰难呢！"

【纲】夏五月，北魏太武帝从平城出发。

【纲】六月，夏主赫连昌与北魏太武帝在统万城交战失败，逃往上邽（今甘肃天水西南），北魏占领了统万城。

【纲】秋八月，北魏太武帝返回平城。

【纲】冬十一月，不就宋朝征聘的隐士陶潜去世。　【目】陶潜字渊明，寻阳人，是陶侃的曾孙。陶潜少年时便志趣清高，学问渊博超群。由于家中老人年迈，家境贫困，他担任了本州的祭酒，没过多久，就自动解职回家。召他但任主簿，他不肯就职。他亲自种地，自食其力，终于得了羸疾（一种的似风痹的病）。后来，他又去担任彭泽（今江西彭泽东

米,折腰向乡里小儿!"即日解印绶去。赋《归去来辞》,著五《柳先生传》以自见。征著作郎,不就。妻翟氏,亦与同志,能安勤苦,夫耕于前,妻锄于后。潜自以先世为晋辅,耻复屈身后代。自宋高祖王业渐隆,不复肯仕。是岁,将复征之,会卒。世号靖节先生。

【纲】戊辰,春二月,魏人及夏战于上邽,执其主昌以归。夏赫连定称帝于平凉,魏人追之,败绩。夏复取长安。

【纲】夏五月,秦乞伏炽磐卒,世子暮末立。

【纲】己巳,春三月,守立子劼为太子。

【纲】冬十月,魏以崔浩为抚军大将军。 【目】魏主加崔浩侍中、特进、抚军大将军,以赏其谋画之功。浩善占天文,魏主每如浩家,问以灾异。尝谓浩曰:"卿才智渊博,著忠三世,故朕引以自近。卿宜尽忠规谏,勿有所隐。"尝指浩以示高车渠帅,曰:"此人尫纤懦弱,不能弯弓持矛,然其胸中所怀,乃过于甲兵。朕之前后有功,皆此人所教也。"

【纲】十一月朔,日食,星昼见。秦地震。

【纲】庚午,春三月,宋遣将军到彦之等伐魏。 【目】宋主有恢复河南之志。诏简甲卒五万给右将军到彦之,统将军王仲德、竺灵秀舟师入河。又使将军段宏将精骑直指虎牢,刘德武将兵继进,长沙王义欣监征讨诸军事,出镇彭城,为众军声援。先遣将军田奇告魏主曰:"河南旧是宋土,中为彼所侵,今当修复旧境,不关河北。"魏主大怒曰:"我生发未燥,已闻河南是我地。必若进军,当

南)县令,不让家属跟随自己就职,只给儿子送去一个仆人。他写信说:"这仆人也是人子,你应该好好待他。"上任八十多天后,郡上派遣督邮前来彭泽县,吏人告诉他说:"应当束好衣带去见督邮。"陶潜叹息着说:"我怎能为五斗米,就向乡间小子屈身行礼呢!"当天就丢下印信,自行离去。陶潜写《归去来辞》,作《五柳先生传》,来聊以自况。征召他担任著作郎,他不肯就职。妻子翟氏,也与他同心同德,能够安于勤苦的生活。丈夫在前面耕地,妻子在后面锄草。陶潜认为自己的先人是晋朝的大臣,深以向后来的朝廷卑躬屈膝为耻辱,自从宋武帝的帝业逐渐兴盛起来后,便不再愿意入仕。这一年,朝廷又将征聘他做官,适逢他已去世。世人称他为靖节先生。

【纲】戊辰(428),春二月,北魏军与夏军在上邽作战,捉住夏主赫连昌,带回本国。夏赫连定在平凉(在今甘肃平凉西北)称帝,北魏军队追赶赫连定,结果战败,夏国重新占领长安。

【纲】夏五月,西秦乞伏炽磐去世,世子乞伏暮末即位。

【纲】己巳(429),春三月,宋文帝立儿子刘劭为太子。

【纲】冬十月,北魏任命崔浩为抚军大将军。 【目】北魏太武帝加任崔浩为侍中、特进、抚军大将军,以奖赏他出谋划策的功劳。崔浩擅长观测天象,魏太武帝时常到崔浩家中去请教自然灾害问题和自然反常现象。魏太武帝曾经对崔浩说:"你有才智,很渊博,对朝廷三代忠心耿耿,所以朕愿意与你接近。你应该竭尽忠心,直言劝谏,不要有所隐瞒。"有一次,魏太武帝指着崔浩,介绍给高车的酋长说:"这个人纤弱无力,不会射箭,拿不动长矛,但是胸中的韬略,比军队更为有用。朕历来取得成功,都是这个人教给我的。"

【纲】十一月一日,出现日食,星辰在白天显现。西秦发生地震。

【纲】庚午(430),春三月,宋文帝派遣将军到彦之等人攻打北魏。 【目】宋文帝有收复黄河以南地区的决心,下甲检选甲士五万人,交给将军到彦之,让他统率将军王仲德、竺灵秀乘船进入黄河;又派将军段宏率领精锐骑兵直指虎牢(今河南荥阳西北),刘德武率领兵马随后进军;长沙王刘义欣统辖征讨诸军事,去镇守彭城,负责声援各路人马。宋文帝事先派将军田奇去告诉北魏太武帝说:"黄河以南过去是宋

权敛戍相避,冬寒冰合,自更取之。"

【纲】秋七月,魏河南诸军退屯河北。宋到彦之等取河南。
【目】魏主诏造船三千艘,简幽州以南戍兵集河上。以司马楚之为安南大将军,封琅邪王,屯颍川。

到彦之自淮入泗,七月,至须昌,乃溯河西上。魏主以河南四镇兵少,命悉众北渡。彦之留朱修之守滑台,尹冲守虎牢,杜骥守金墉。诸军进屯灵昌津,列守南岸,至于潼关。于是司、兖既平,诸军皆喜,王仲德独有忧色,曰:"诸贤不谙北土情伪,必堕其计。胡虏虽仁义不足,而凶狡有余,今敛戍北归,必并力完聚。若河冰既合,将复南来,岂可不以为忧乎!"

【纲】八月,魏遣将军安颉击宋师。
【纲】九月,燕王冯跋殂,弟弘杀其太子翼自立。

【纲】西秦春正月不雨,至于是月。
【纲】冬十月,宋铸四铢钱。
【纲】宋到彦之保东平。魏攻宋金墉、虎牢,取之。

【纲】十一月,宋遣将军檀道济伐魏。到彦之弃军走。魏攻宋滑台。
【纲】辛未,春正月,宋檀道济救滑台,败魏师于寿张。

朝的土地，后来被人侵占。现在我们要恢复旧日的疆界，但不去管黄河以北的事情。"北魏太武帝大怒，他说："我生下来头发没干，就已经知道黄河以南是我国的土地。如果你们一定要率军前来，我们会暂时撤去守军避开，等冬天黄河水封冻时，自然会再夺取过来。"

【纲】秋七月，北魏黄河以南各军退驻黄河以北，宋朝到彦之等人占领了黄河以南地区。 【目】北魏太武帝下诏命令制造船只三千艘，检选幽州（治蓟城，今北京西南）以南各地戍守部队在黄河岸边集结，任命司马楚之为安南大将军，封琅邪王驻兵颍川（治颍阴，今河南许昌）。

到彦之从淮水进入泗水，七月，抵达须昌（今山东东平西北），于是进入黄河，迎流西进。北魏太武帝认为黄河以南金墉（今河南洛阳东北）、虎牢（今河南荥阳西北汜水镇）、滑台（今河南滑县道口东北）、碻磝（今山东茌平西南）。四镇兵力太少，命令军队全部撤回黄河以北。到彦之留下朱修之防守滑台，尹冲防守虎牢，杜骥防守金墉，各路人马进军至灵昌津（即延津，今河南延津北）驻扎，防守黄河南岸，排列开来的军队一直延展到潼关。于是晋军收复了司州（治虎牢）、兖州（时治滑台），各路人马都很高兴。只有王仲德面有忧色，他说："各位将军不晓得北方的情形，肯定要落入他们的圈套。北魏仁义不足，凶悍狡猾有余。现在北魏撤回驻守的军队，回到黄河以北，肯定要全力修城聚粮。如果黄河封冻，北魏军将要重新南下，怎能不令人担忧呢！"

【纲】八月，北魏派将军安颉进击宋朝军队。

【纲】九月，北燕王冯跋去世，其弟冯弘杀死太子冯翼，自立为国君。

【纲】西秦从春天以至本月都没有降雨。

【纲】冬十月，宋朝铸造四铢钱。

【纲】宋朝的到彦之守卫东平（时治须昌，今山东东平西北）。北魏攻打宋朝的金墉、虎牢，并占领了这两个地方。

【纲】十一月，宋朝派遣将军檀道济攻打北魏。到彦之弃军逃走。北魏攻打宋朝的滑台。

【纲】八年（辛未，431），春正月，宋朝的檀道济援救滑台，在寿

【纲】夏灭秦。以秦王暮末归,杀之。

【纲】二月,魏克滑台。　【目】檀道济等至济上,与魏三十余战,道济多捷。至历城,魏叔孙建等纵轻骑邀其前后,焚烧谷草,道济军乏食,不能进,由是安颉、司马楚之等得专力攻滑台,魏主复使将军王慧龙助之。朱修之坚守数月,粮尽,与士卒熏鼠食之。魏遂克滑台,执修之,嘉其守节,以为侍中。

【纲】宋檀道济引兵还。青州刺史萧思话弃城走。　【目】道济等食尽,自历城还;士有亡走魏者,具告之。魏人追之,众恟惧,将溃。道济夜唱筹量沙,以所余少米覆其上。及旦,魏军见之,谓资粮有余,以降者为妄而斩之。道济引兵徐出,魏人以为有伏兵,不敢逼,道济全军而返。青州刺史萧思话弃城走,魏军竟不至。

【纲】夏六月,夏主定击凉,吐谷浑袭败之,执定以归。

【纲】秋九月,魏以崔浩为司徒,长孙道生为司空。　【目】道生性清俭,一熊皮鄣泥,数十年不易。魏主使歌工历颂群臣曰:"智如崔浩,廉若道生。"

【纲】癸酉,夏四月,凉王蒙逊卒,子牧犍立。

【纲】冬十一月,宋谢灵运有罪诛。　【目】灵运好为山泽之游,穷幽极险,从者数百人,伐木开径;百姓惊扰,以为山贼。会稽太守孟顗表其有异志;灵运诣阙自陈,上以为临川内史。灵运游放自

张(今山东东平西南)打败北魏军队。

【纲】夏国灭掉西秦,将西秦王乞伏暮末带回本国杀死。

【纲】二月,北魏攻克滑台。 【目】檀道济等人挺进到济水(今黄河),与北魏进行了三十多次战斗,檀道济多半取得胜利。檀道济抵达历城(今山东济南)时,北魏叔孙建等人派出轻装骑兵前后截击,焚烧粮草,檀道济军中缺少粮食,无法前进,因此,安颉、司马楚之等人得以集中力量攻打滑台。北魏太武帝又派将军王慧龙前去协助他们。朱修之坚守滑台长达数月,粮食吃光了,就与将士熏鼠洞,吃老鼠。于是北魏攻克滑台,捉住朱修之。北魏太武帝称许朱修之能守节义,任命他为侍中。

【纲】宋檀道济领兵撤退。青州(北青州,治东阳城,今山东益都)刺史萧思话弃城逃走。 【纲】檀道济等各军粮食吃光了,便从历城撤回,有逃亡到北魏去的将士把这一情况告诉了北魏。北魏军队随后追击,宋军惶恐不安,即将崩溃。檀道济在夜间让人以沙代粮,边称沙,边报数,而将剩下的少量粮食覆盖在沙子上面。及至天亮后,北魏军队看到檀道济仍有粮食,认为这些粮食供应军需有余;降兵谎报军情,便将他们杀掉。檀道济率领军队缓缓出了历城,北魏将领以为准有埋伏,不敢逼近,檀道济的军队得以安全撤回。青州刺史萧思话弃城逃走,北魏始终没有前来。

【纲】夏六月,夏主赫连定进击北凉,吐谷浑袭击并打败夏军,活捉赫连定而回。

【纲】秋九月,北魏太武帝任命崔浩为司徒,长孙道生为司空。【目】长孙道生习惯过清廉俭朴的生活,一个熊皮障泥(障泥:置于马腹两侧,遮挡尘泥的用具)用了几年也不肯更换。北魏太武帝让乐师为群臣谱写颂歌道:"智慧如崔浩,清廉如道生。"

【纲】十年(癸酉,433),夏四月,北凉王沮渠蒙逊去世,其子沮渠牧犍即位。

【纲】冬十一月,宋朝的谢灵运犯罪被杀。 【目】谢灵运喜欢游山玩水,觅求幽雅的去处,探寻险境。他带上好几百人,砍伐树木,开辟道路,百姓受到惊动和骚扰,认为他们是山中的强盗。会稽太守孟颛

若，为有司所纠。遣使收之；灵运执使者，兴兵逃逸，作诗曰："韩亡子房奋，秦帝鲁连耻。"追讨，擒之。廷尉论正斩刑；上爱其才，降死，徙广州。或告灵运令人买兵器，结健儿，欲于三江口篡取之，不果。诏于广州弃市。

【纲】甲戌，春，燕王弘称藩于魏。 【目】燕王遣高颙称藩请罪于魏，以季女充掖庭；魏主许之，征其太子王仁入朝。燕王送魏使者于什门还平城。什门在燕二十一年，不屈节。魏主下诏褒称，以比苏武，拜治书御史，策告宗庙，颁示天下。

【纲】丙子，春三月，宋杀其司空檀道济。 【目】道济立功前朝，威名甚重，左右腹心并经百战，诸子又有才气，朝廷疑畏之。宋主久疾不愈，刘湛说司徒义康，以为宫车一日晏驾，道济不复可制。会宋主疾笃，义康请召道济入朝。至，留累月。将还，义康称诏召道济入祖道，因执之。三月，下诏称："道济因朕寝疾，规肆祸心。"收付廷尉，并其子植等十一人诛之。又杀其参军薛肜、高进之，二人皆道济腹心，有勇力，时人比之关、张。道济见收，愤怒，目光如炬，脱帻投地，曰："乃坏汝万里长城！"魏人闻之，喜曰："道济死，吴子辈不足复惮。"

【纲】夏，魏伐燕，燕主弘奔高丽。

上表说他有背叛朝廷的意图，谢灵运前往京城陈述自己的情形，宋文帝任命他为临川（治临汝，今江西抚州西）内史。谢灵运优游玩乐，放任自得，遭到主管部门的弹劾，朝廷派使者前来逮捕他。谢灵运捉住使者，带领兵马逃跑，还在诗中写道："韩国灭亡，张良奋发而起；秦国称帝，鲁仲连深以为耻。"官府派兵追击，将他擒获。司法部门将他判处斩刑，宋文帝赏识他的才华，决定就死罪减刑一等，把他流放到广州（治番禺，今广东广州）。有人告发谢灵运让人购买兵器，交结勇士，打算占领三江口谋反，结果没有实现。宋文帝便下诏命令将谢灵运在广州闹市中处死。

【纲】甲戌（434），春季，北燕王冯弘向北魏自称藩属。【目】北燕王冯弘派遣高颙向北魏自称藩属，请求治罪，并把自己的三女儿送入北魏后宫，北魏太武帝答应下来，便征召北燕太子冯王仁入京朝见。北燕王冯弘送北魏使者于什门返回平城。于什门在北燕被囚禁了二十一年，始终不肯屈服，北魏太武帝下诏表扬于什门，把他比作苏武，任命他为治书御史，用任命他的策书祭告宗庙，并颁布天下。

【纲】丙子（436），春三月，宋朝杀死司空檀道济。【目】檀道济为前朝立下功勋，威望很高。他身边的心腹人员都身经百战，儿子们也很有才气，朝廷既怀疑他，又怕他。这时，宋文帝久病不愈，刘湛游说司徒刘义康，认为宋文帝一旦去世，檀道济就不再能够控制。适逢宋文帝病危，刘义康请求征召檀道济入京朝见。檀道济进京后，一连逗留了几个月的时间，准备返回时，刘义康声称有诏叫他去参加饯行宴会，于是将他逮捕。三月，宋文帝下诏声称："由于朕卧病不起，檀道济阴谋作乱。"命令将檀道济交送司法部门，把他和儿子檀植等十一人都一同处死，还杀了檀道济的参军薛彤（"彤"原作"肜"，误。据《宋书·檀道济传》改）和高进之。薛彤和高进之两人都是檀道济的心腹，作战勇敢，力气过人，当时人把他们比作关羽和张飞。檀道济遭到逮捕，非常愤怒，目光如炬，把头巾扔到地上说："竟然要毁坏你们的万里长城！"北魏方面得知消息后高兴地说："檀道济死后，东吴的小子们就没什么可怕的了。"

【纲】夏季，北魏攻打北燕，北燕主冯弘逃往高丽。

【纲】冬,宋铸浑仪。

【纲】戊寅,冬十一月,宋立四学。以雷次宗为给事中,不受。
【目】豫章雷次宗好学,隐居庐山。尝征为散骑侍郎,不就。是岁,以处士征至建康,为开馆于鸡笼山,使聚徒教授。宋主雅好艺文,使丹阳尹何尚之立玄学,太子率更令何承天立史学,司徒参军谢元立文学,并次宗儒学为四学。宋主数幸次宗学馆,令次宗以巾褠侍讲,资给甚厚,又除给事中,不就。久之,还庐山。

宋主性仁厚恭俭,勤于为政;守法而不峻,容物而不弛。百官皆久于其职,守宰以六期为断,吏不苟免,民有所系。三十年间,四境之内,晏安无事,户口蕃息;出租供徭,止于岁赋,晨出暮归,自事而已。间阎之内,讲诵相闻,士敦操尚,乡耻轻薄。江左风俗,于斯为美,后之言政治者,皆称元嘉焉。

【纲】己卯,春二月,宋以衡阳王义季都督荆、湘等州军事。
【目】义季尝春月出畋,有老父被苫而耕,左右斥之,老父曰:"盘于游畋,古人所戒。今阳和布气,一日不耕,民失其时,奈何以从禽之乐而驱斥老农也!"义季止马曰:"贤者也。"命赐之食,辞曰:"大王不夺农时,则境内之民皆饱大王之食,老夫何敢独受大王之赐乎!"义季问其名,不告而退。

【纲】夏六月,魏主伐凉。秋九月,姑臧溃,凉王牧犍降。

【纲】冬十二月,宋太子劭冠。
【纲】魏主还平城。　【目】凉州自张氏以来,号为多士。沮渠

【纲】冬季,宋朝铸成浑天仪。

【纲】戊寅(438),冬十一月,宋朝设立四学;任命雷次宗为给事中,雷次宗没有接受。 【目】豫章人雷次宗喜爱学问,隐居在庐山(江西九江境)。朝廷曾经征召他担任散骑常侍,他没有就任。这一年,朝廷以处士的名义将雷次宗征召到建康,为他在鸡笼山(即鸡鸣山,今南京城内)开办学馆,让他招生讲学。宋文帝很喜爱文学艺术,让丹阳尹何尚之设立玄学,太子率更令何承天设立史学,司徒参军谢元设立文学,加上雷次宗设立的儒学,称作四学。宋文帝多次前往雷次宗的学馆,让雷次宗穿着便装为自己讲学,供给他的财物非常丰厚。宋文帝又要任命雷次宗为给事中,但他没有就职。过了很长时间,雷次宗又回到庐山。

宋文帝生性仁爱宽厚,谦恭俭朴,处理政务很勤勉。他要求人们遵守法纪,但并不严厉;他能够宽容别人,但也不放松,对人们的要求朝廷百官都能长期担任自己的职务,郡县长官以六年为一任,吏人不苟且偷生,人民有所依靠。三十年间,国内平安无事,户口增长,租税徭役只限于每年度的正常数额,百姓早出晚归,都是为了操劳自家的事情而已。民间到处可以听到讲书、读书的声音,读书人以讲求操守相激励,乡民也羞于做轻薄的事情。江东的风俗在这时最为美好,后世谈论为政之道的人,对元嘉时期都大加称赞。

【纲】十六年(己卯,439),春二月,宋朝任命衡阳王刘义季都督荆、湘等州军事。 【目】刘义季曾经在春天外出打猎,看到一位老人披着蓑衣耕田,刘义季身边的人喝斥老人,老人说:"醉心打猎,古人引以为戒。如今春天来了,如果有一天不耕地,百姓就会错过农时。你们怎能为了打猎的快乐便驱赶喝斥老农!"刘义季停住马说:"他是一位贤人!"让人赐给食物,老人推辞说:"只要大王不误农时,境内的百姓就都能吃饱大王赐给的食物,老汉怎敢单独接受大王的赏赐!"刘义季打听老人的姓名,老人没有告诉他,就离开了。

【纲】夏六月,北魏太武帝攻打北凉。秋九月,姑臧(今甘肃武威)土崩瓦解,北凉王沮渠牧犍投降北魏。

【纲】冬十二月,宋太子刘劭举行冠礼。

【纲】北魏太武帝返回平城。 【纲】自从前凉张氏以来,凉州号

牧犍尤喜文学，其臣阚骃、张湛、刘昞、索敞、阴兴、宗钦、赵柔、程骏、程弘，魏主皆礼而用之。河内常爽，世寓凉州，不受礼命，魏主以为宣威将军。以索敞为中书博士。时魏方尚武功，贵游子弟不以讲学为意。敞为博士十余年，勤于诱导，肃而有礼，贵游严惮，多所成立。常爽亦置馆于温水之右，教授七百余人；立赏罚之科，弟子事之如严君。由是，魏之儒风始振。

【纲】魏命崔浩、高允修国史。

【纲】庚辰，夏六月，魏大赦，改元。

【纲】冬十月，宋领军刘湛有罪，诛。以彭城王义康为江州刺史，江夏王义恭为司徒、录尚书事，始兴王浚为扬州刺史。 【目】宋司徒义康专总朝权，势倾远近，朝野辐凑。自谓兄弟至亲，不复存君臣形迹。领军刘湛与仆射殷景仁有隙，欲倚义康以倾之。义康权势已盛，湛愈推崇之，无复人臣之礼，宋主浸不能平。至是，收湛，下诏诛之。义康上表逊位，诏以为江州刺史，出镇豫章。

义康用事，人争求亲昵，唯主簿江湛，早能自疏，求出为武陵内史。檀道济尝为子求婚于湛，湛固辞，道济因义康以请，湛拒之愈坚，故不染于二公之难。义康问沙门慧琳曰："弟子有还理否？"琳曰："恨公不读数百卷书。"初，吴兴太守谢述，累佐义康，数有规益，早卒。至是，义康叹曰："昔谢述唯劝吾退，刘湛唯劝吾进。今斑存而述死，其败也宜哉！"

称人才众多，北凉沮渠牧犍尤其喜爱文献典籍。对于北凉的臣属阚骃、张湛、刘昞、索敞、阴兴、宗钦、赵柔、程骏、程弘，北魏太武帝都以礼相待，加以任用。河内人常爽世代居住在凉州，没有受到礼遇和任命，北魏太武帝便任命他为宣威将军。北魏太武帝还任命索敞为中书博士。当时北魏正崇尚武力，王公贵族的子弟不把读书放在心上。索敞担任博士十余年，谆谆诱导，严肃有礼，王公贵族子弟对他非常敬畏，后来有许多人有所建树。常爽也在温水北岸设立学馆，为七百余人讲学。他规定了奖赏与惩罚的条文，学生事奉他如同父母。从此，北魏的儒学风气开始振兴了。

【纲】北魏太武帝命令崔浩与高允撰修国史。

【纲】十七年（庚辰，440），夏六月，北魏大赦天下罪囚，更改年号为太平真君。

【纲】冬十月，宋朝领军刘湛犯罪被杀。宋文帝任命彭城王刘义康为江州（时治柴桑，今江西九江西南）刺史，江夏王刘义恭担任司徒、录尚书事，始兴王浚担任扬州刺史。 【目】宋朝司徒刘义康总揽朝廷大权，权势遍及远近各地，朝野人士纷纷投奔到他的门下。刘义康自认为兄弟是至亲骨肉，在宋文帝面前不再拘束于君臣间的礼法。领军刘湛与仆射殷景仁之间结下嫌怨，打算倚靠刘义康来排挤他。刘义康的权势已经很大了，刘湛却越发起劲推崇他。刘义康对宋文帝不再保持人臣的礼节，宋文帝逐渐不满起来。至此，宋文帝逮捕刘湛，下诏将他杀死。刘义康上表要求退位，宋文帝下诏任命他为江州刺史，出京镇守豫章。

刘义康当权时，人们争着与他亲近，只有主簿江湛能及早与刘义康疏远，要求离京担任武陵（治临沅，今湖南常德西）内史。檀道济曾为儿子向江湛求婚，江湛再三推辞。檀道济通过刘义康来求婚，江湛拒绝得更为坚决。所以，他没有在檀道济、刘义康二人的祸难中受到牵连。刘义康问僧人慧琳说："弟子还有回朝的希望吗？"慧琳说："可惜你不肯去读数百卷的书！"起初，吴兴（治乌程，今浙江湖州）太守谢述长期辅佐刘义康，对刘义康屡次进谏都有收效，但是他死得很早。至此，刘义康叹息着说："从前谢述只劝我退避，刘湛只劝我进取。现在

江夏王义恭惩彭城之败，虽为总录，奉行文书而已。以始兴王浚为扬州刺史，范晔、沈演之为左、右卫将军，对掌禁旅，庾炳之为吏部郎，俱参机密。

【纲】壬午，春正月，魏主诣道坛受符箓。

【纲】冬十二月，宋修孔子庙。
【纲】甲申，春正月，宋主耕藉田，大赦。

【纲】秋八月，魏主畋于河西。　【目】魏主诏以肥马给猎骑。尚书令古弼留守，悉以弱马给之。魏主大怒，欲还台斩之。弼官属惶怖，恐并坐诛，弼曰："吾为人臣，不使人主盘于游田，其罪小，不备不虞，乏军国之用，其罪大。今蠕蠕方强，南寇未灭，吾为国远虑，虽死何伤！且吾自为之，非诸君之忧也。"魏主闻之，叹曰："有臣如此，国之宝也。"赐衣一袭。他日复畋于山北，获麋鹿数千头。诏尚书发牛车五百乘以运之。既而谓左右曰："笔公必不与我，汝辈不如自以马运之。"寻果得弼表，曰："秋谷悬黄，麻菽布野，猪鹿窃食，乌雁侵费，岁雨所耗，朝夕三倍。乞赐矜缓，使得收载。"魏主曰："果如吾言，笔公可谓社稷之臣矣！"

【纲】乙酉，春正月朔，宋行《元嘉历》。
【纲】三月，魏诏中书以经义决疑狱。

【纲】冬十二月，宋太子詹事范晔谋反，伏诛。　【目】初，鲁

刘湛活着，谢述却故去了，这不是我该着要失败吗！"

江夏王刘义恭汲取彭城王刘义康失败的教训，虽然担任录尚书事，却只是按文件办事而已。宋文帝任命始兴王刘浚为扬洲刺史，任命范晔、沈演之为左、右卫将军，分别执掌禁军，任命庾炳之为吏部郎，诸人一起参与机密要务。

【纲】十九年（壬午，442），春正月，北魏太武帝亲临道坛，接受符箓。

【纲】冬十二月，宋朝修缮孔子庙。

【纲】二十一年（甲申，444），春正月，宋文帝举行耕种藉田的仪式，宣布大赦天下罪囚。

【纲】秋八月，北魏太武帝在河西打猎。 【目】北魏太武帝下诏命令为打猎提供肥壮的马匹，尚书令古弼留守京城，送去的全部都是瘦弱的马匹。魏太武帝大怒，打算返回朝廷，将他杀掉。古弼手下的官员惶恐不安，担心因此受到牵连，也被杀掉。古弼说："我身为臣属，不让君主迷恋打猎，罪过很小；不对意外事变加以防备，使军队和国家缺少马匹，这罪很大。现在，柔然正当强盛时期，南方的敌人还没有消灭，我为国家长远利益着想，即使死了，又有何妨！况且，是我自己干的，不用担心连累诸位！"北魏太武帝得知此事后，感慨地说："有这样的臣属，真是国家之宝！"便赐给古弼朝服一套。后来，魏太武帝又在北山打猎，打到好几千头麋鹿。他命令尚书调拨五百辆牛车来运猎获之物，才片刻，又对身边的人说："古弼肯家不会给我，你们还是自己用马运走的为好。"不久，魏武帝果然收到古弼的奏表，奏称："秋天的庄稼已经成熟，田野里种满麻豆，野猪野鹿全来偷吃，鸟雀大雁也来啄食，加上风雨造成的损耗，在一朝一夕之间，就增加三倍的损失。恳请陛下怜悯百姓，缓运猎物，使车辆用来装运粮食。"北魏太武帝说："果然如我所说，古弼真可以称为社稷之臣了！"

【纲】二十二年（乙酉，445），春正月一日，宋朝颁行《元嘉历》。

【纲】三月，魏太武帝下诏命令中书省根据儒家经典大义判定疑难讼案。

【纲】冬十二月，宋朝的太子詹事范晔谋反被杀。 【目】起初，鲁

国孔熙先博学文史，兼通数术；为员外散骑侍郎，愤愤不得志。父默之为广州刺史，以贼获罪，彭城王义康救解得免。及义康迁豫章，熙先密怀报效。且以为天文、图谶，宋主必以非道晏驾，祸由骨肉，而江州应出天子。以范晔志意不满，欲引与同谋，而素不为晔所重。乃厚结晔甥太子中舍人谢综，综引熙先见晔。熙先家饶于财，数与晔博，故为拙行，以物输之，由是情好款洽。熙先乃从容说晔弑宋主，立义康。晔愕然。熙先曰："丈人雅誉过人，逸夫侧目久矣，比肩竞逐，庸可遂乎！今建大勋，奉贤哲，图难于易，以安易危，岂可弃置而不取哉！"晔犹疑未决。熙先曰："又有过于此者，愚则未敢道耳。"晔曰："何谓也？"熙先曰："丈人奕叶清通，而不得连姻帝室，人以犬豕相遇，而丈人曾不耻之，欲为之死，不亦惑乎！"晔门无内行，故熙先以此激之。晔默然不应，反意乃决。事泄，宋主命有司收晔等赴廷尉。晔在狱为诗曰："虽无嵇生琴，庶同夏侯色。"十二月，晔、综、熙先及其子弟党与皆伏诛。晔母至市，涕泣责晔，晔色不怍；妹及妓妾来别，晔悲涕流连。综曰："舅殊不及夏侯色。"晔收泪而止。

【纲】宋废其彭城王义康为庶人，徙安成郡。　【目】义康在安成，读书，见淮南厉王事，废书叹曰："自古有此，我乃不知，得罪宜矣。"

【纲】丙戌，春正月，宋伐林邑。　【目】初，林邑王范阳迈虽贡

郡（时治邹山，今山东邹县东南）人孔熙先精通文史，学问渊博，同时通晓天文、历法、占卜等。他担任员外散骑侍郎，为自己不能伸展抱负而愤懑不平。他的父亲孔默之担任广州刺史，因贪污而触犯刑律经彭城王刘义康解救，才得以不死。及至刘义康被贬到豫章，孔熙先暗中打算效力报恩，而且他认为天文和图谶表明，宋文帝肯定会不得好死，其祸患来自至亲骨肉，而天子应该出在江州。由于范晔很不得志，孔熙先便想拉他一起谋划，而范晔一向看不起他。他便竭力与范晔的外甥太子中舍人谢综交结，谢综领他去见范晔。孔熙先饶有家财，他多次与范晔赌博，故意装作外行，把财物输给范晔，从此两人的感情融洽起来。于是孔熙先不慌不忙地劝范晔杀害宋文帝，拥立刘义康，范晔非常惊讶。孔熙先说："老丈，你巨大的声誉超过众人，好进谗言的家伙们早就对你侧目而视了，你想与他们并肩竞争，岂能成功！现在，我们建立伟大的功勋，拥戴圣明天子，这是在容易成功的情况下谋划素称艰难的事情，可以转危为安，怎么可以放弃这个机会，不加以利用！"范晔犹豫不决。孔熙先说："还有比这更为过份的事，我还没敢说哩。"范晔说："你指的是什么？"孔熙先说："你家累世门望清高通脱，却不能与皇室通婚，人家对待你象猪狗一样，你却从不以此为耻，还打算为人家献身，这不是太糊涂了吗！"范晔的家庭内部有行为不端的事，所以孔熙先用这番话激他。范晔默不作声，反叛的打算便决定下来。事情败露后，宋文帝命令主管部门将范晔等人逮捕入狱。范晔在狱中写诗道："虽然我不会象嵇康那样弹着琴从容就义，大概总能象夏侯玄那样神色自若地去死。"十二月，范晔、谢综、孔熙先以及他们的子弟、同党全部被杀。范晔的母亲来到刑场，流着泪斥责范晔，范晔没有惭愧的神色。他的妹妹以及姬妾前来告别，范晔伤心哭泣，泪水涟涟。谢综说："舅舅比起夏侯玄临刑的神色大大逊色了。"范晔便不再哭泣。

【纲】宋文帝将彭城王刘义康废黜为庶人，流放到安城郡（治平都，在今江西安福东南）。　【目】刘义康在安成郡，读书时看到有关淮南厉王刘长的记述，便丢开书，感慨地说："自古以来便有这类事情，我却一无所知，现在受到惩处是应该的。"

【纲】二十三年（丙戌，446），春正月，宋朝攻打林邑（今越南南

奉于宋，而寇盗不绝，宋主遣交州刺史檀和之讨之。南阳宗悫，家世儒素。悫独好武事，常言"愿乘长风破万里浪"。至是，自请从军。和之进围区粟城，遣悫为前锋，击林邑别将，破之。

【纲】三月，魏诛沙门，毁佛书、佛像。 【目】魏崔浩素不信佛法，每言于魏主，以为佛法虚诞，为世费害，宜悉除之。及魏主至长安，入佛寺，沙门饮从官酒；入其室，见大有兵器，出以白魏主。魏主怒，命有司按诛阖寺沙门，阅其财产，大得酿具及窟室妇女。浩因说魏主，悉诛境内沙门，焚毁经像，魏主从之。诏曰："昔后汉荒君，信惑邪伪以乱天常，使政教不行，礼义大坏。朕欲除伪定真，灭其踪迹。有司其宣告征镇，诸有佛像胡书，皆击破焚烧，沙门无少长悉坑之。"太子晃素好佛法，乃缓宣诏书，沙门多亡匿获免，或收藏书像，唯塔庙无复孑遗。

【纲】宋师克林邑。 【目】檀和之等拔区粟，林邑王范阳迈倾国来战，以具装被象，前后无际。宗悫曰："吾闻外国有狮子，威服百兽。"乃制其形，与象相拒，象果惊走。和之遂克林邑，阳迈父子挺身走。所获未名之宝，不可胜计，悫一无所取，还家之日，衣栉萧然。

【纲】秋七月，宋以杜坦为青州刺史。 【目】初，杜预之子耽，避晋乱，居河西，仕张氏。秦克凉州，子孙始还关中。高祖灭后秦，坦兄弟从过江。时江东王、谢诸族方盛，北人晚渡者，朝廷悉以伧荒遇之，虽复人才可施，皆不得践清涂。宋主尝与坦论金日磾，曰：

境)。 【目】起初,林邑王范阳迈虽然向宋朝进献贡品,但是仍然不断前来侵扰劫掠。宋文帝派遣交州(治龙编,今越南河内市东北),刺史檀和之讨伐林邑。南阳(治宛县,今河南南阳)人宗悫家中累世保持着儒学家风,只有宗悫喜欢用兵打仗,经常说:"愿乘长风破万里浪。"至此,他主动要求从军。檀和之进军包围区粟城(在今越南南部),派宗悫担任先锋,宗悫进击林邑别将,将他打败。

【纲】三月,北魏诛杀僧人,毁坏佛教典籍和佛像。 【目】北魏崔浩一向不相信佛教,认为佛教虚无荒诞,在世上造成浪费和危害,应该全部废除。及至北魏太武帝来到长安,偶然进入佛寺时,僧人请侍从官员喝酒,侍人官员走进僧人的内室,发现大量的兵器,出来后禀告了北魏太武帝。北魏太武帝发怒,命令主管部门审问并处死全寺的僧人。在查看寺中财产时,又发现许多酿酒用具和窝藏在地下室中的妇女。崔浩因此劝北魏太武帝杀掉国内所有的僧人,焚烧佛经,毁坏佛像。北魏太武帝听从他的建议,颁诏说:"从前东汉昏君受邪经伪教的迷惑,变乱上天的常规,致使政令教化难以推行,礼乐仁义受到极大的破坏。朕打算去伪存真,消灭佛教的踪迹。主管部门应该向各地、州郡宣告:所有的佛像一律打破,所有的佛书一律烧毁,僧人不论年龄大小,一律活埋。"太子拓跋晃一向崇奉佛教,便延缓宣布诏书的时间。僧人多半逃避躲藏起来,因而得以不死,有些人还把佛书佛像也收藏起来,只有寺塔寺庙荡然无存。

【纲】宋军攻克林邑。 【目】檀和之等人攻克区粟后,林邑王范阳迈调动全国兵力前来迎战,身披全副铠甲的象队一望无际。宗悫说:"我听说外国有狮子,可以威慑百兽。"便制造假狮子与象队对阵,象队果然惊慌逃走,檀和之随即攻克林邑,范阳迈父子脱身逃走。宋军缴获不知名称的宝物多得无法计算,宗悫一件也没有拿,回家时的装束仍然十分朴素。

【纲】秋七月,宋文帝任命杜坦为青州刺史。 【目】起初,杜预的儿子杜耽为躲避晋朝的祸难,迁居河西(河西走廊),在前凉张氏那里做官。前秦攻克凉州后,杜家子孙后代才回到关中。宋武帝灭掉后秦后,杜坦兄弟跟着宋军过了长江。当时江东王、谢各族势力正盛,对于渡江

"恨今无复此辈人!"坦曰:"日䃅假生今世,养马不暇,岂办见知!"宋主变色曰:"卿何量朝廷之薄也!"坦曰:"请以臣言之:臣本中华高族,世业相承,直以南渡不早,便以伧荒赐隔;况日䃅胡人,身为圉乎!"宋主默然。

【纲】丁亥,春三月,宋铸大钱。【纲】己丑,夏四月,宋罢大钱。

【纲】秋七月,宋以随王诞为雍州刺史。 【目】宋主欲经略中原,群臣争献策以迎合取宠。王玄谟尤好进言,宋主谓侍臣曰:"观玄谟所陈,令人有封狼居须意。"御史中丞袁淑曰:"陛下今当席卷赵、魏,检玉岱宗;臣逢千载之会,愿上封禅书。"宋主悦。以襄阳外接关、河,欲广其资力,乃罢江州军府文武,悉配雍州;湘州入台租税,悉给襄阳。

【纲】庚寅,夏六月,魏杀其司徒崔浩,夷其族。 【目】魏主使崔浩、中书侍郎高允等共撰《国记》,曰:"务从实录。"著作令史闵湛、郗标,性巧佞,浩尝注《易》及《论语》《诗》《书》,湛、标上疏言:"马、郑、王、贾,不如浩之精微,乞收境内诸书,颁浩所注,令天下习业。"浩亦荐湛、标有著述才。湛、标又劝浩刊所撰《国史》于石,以彰直笔。允闻之,谓著作郎宗钦曰:"湛、标所营,分寸之间,恐为崔门万世之祸,吾徒亦无噍类矣!"浩竟刊石,立于郊坛东,方百步。所书魏之先世,事皆详实,列于衢路,北人无不忿恚,相与谮浩,以为暴扬国恶。魏主大怒,使有司按浩及秘书郎吏等罪状。

南下稍晚的北方人，朝廷都当作荒蛮粗野之人对待，即使人才可用，也一概不许担当清高尊贵的职务。有一次，宋文帝与杜坦谈到金日䃅时说："可惜现在不再有这种人了！"杜坦说："假如金日䃅生在今世，就会忙着养马去了，怎会受到赏识！"宋文帝气得变了脸色，说："你怎么把朝廷估量得这么苛薄！"杜坦说："请让我说说自己的遭遇吧。我家原来是中原的高贵家族，世代官宦相传，只因没有及早渡江南下，就被看作荒蛮粗野之人，受到疏远，何况金日䃅是个胡人，又身为马夫呢！"宋文帝沉默不语。

【纲】二十四年（丁亥，447）春三月，（《资治通鉴·宋纪》作六月）宋朝铸造大钱。

【纲】秋七月，宋文帝任命随王刘诞为雍州（治襄阳，今湖北襄阳县襄阳镇）刺史。　【目】宋文帝打算筹划恢复中原，群臣争先恐后地献计献策，来迎合宋文帝的心意以求得到宠爱。王玄谟尤其热衷进献奏章，宋文帝对侍臣说："看了王玄谟陈述的意见，使人产生封狼居胥山的豪情。"御史中丞袁淑说："现在陛下应该扫荡赵、魏地区，在泰山举行封禅大典，我遇到千载一时的机会，愿意献上一篇《封禅书》。"宋文帝大为喜悦。由于襄阳北接关中、黄河，宋文帝打算扩充该地的实力，便撤去江州军府文武官员，将他们全部配备给雍州，还把湘州交纳给朝廷的租税全部拨发给襄阳。

【纲】二十七年（庚寅，450），夏六月，北魏杀死司徒崔浩，屠灭了崔浩的整个家族。　【目】北魏太武帝让崔浩、中书侍郎高允等人共同撰写《国记》，告诉他们："务必据真实情况加以记载。"著作令史闵湛、郄标生性善于逢迎讨好。崔浩曾经注《周易》以及《论语》《诗经》《尚书》，闵湛、郄标便上疏说："马融、郑玄、贾逵、王肃等人的经注都不如崔浩注得精深，请将国内流传的各家经注没收，颁布崔浩注释的经书，让天下人学习。"崔浩也推荐闵湛、郄标有著书立说的才能。闵湛、郄标又劝崔浩将撰写的《国史》镌刻在石碑上，来显示自己确实是直言不讳地记载北魏历史。高允得知这一消息后，对著作郎宗钦说："闵湛、郄标的这种做法，只要有微小的差错，恐怕就会给崔氏一门带来万世灾祸，连我们也活不成了。"崔浩终究把《国史》镌刻到石碑上，

初，辽东公翟黑子奉使并州，受布千匹。事觉，谋于高允。允曰："公帷幄宠臣，有罪首实，庶或见原，不可重为欺罔。"崔鉴谓曰："首实，罪不可测，不如讳之。"黑子怨允曰："君奈何诱人就死地！"遂不以实对，魏主杀之。

魏主使允授太子经。及崔浩被收，太子召允谓曰："吾自导卿，至尊有问，但依吾语。"太子人，言"高允小心慎密，且制由崔浩，请赦其死！"魏主问曰："《国书》皆浩所为乎？"对曰："《太祖记》，前著作郎邓渊所为；《先帝记》及《今记》臣与浩共为之。然浩所领事多，总裁而已，至于著述，臣多于浩。"魏主怒曰："允罪甚于浩，何以得生！"太子惧曰："天威严重，允小臣，迷乱失次耳。臣向问，皆云浩所为。"魏主问："信如东宫所言乎？"对曰："臣罪当灭族，不敢虚妄。殿下哀臣，欲丐其生耳。"魏主顾谓太子曰："直哉！此人情所难，而允能为之！临死不易辞，信也；为臣不欺君，贞也。宜特除其罪以旌之。"遂赦之。

六月，诏诛浩，夷其族，余皆诛其身。他日，太子让允曰："吾欲为卿脱死，而卿终不从，激怒帝如此。每念之，使人心悸。"允曰："夫史者，所以记人主善恶，为将来劝戒，故人主有所畏忌，慎其举措。崔浩孤负圣恩，以私欲没其廉洁，爱憎蔽其公直，不为无罪。至

立在平城郊外祭坛东边一百步见方的地方。崔浩记述北魏祖先各代事迹都很详尽真实，就排列在大道旁边。鲜卑人无不愤恨，纷纷在一起诬陷崔浩，说他暴露国家的丑事。北魏太武帝大怒，让有关官员查办崔浩以及秘书郎，吏等人的罪状。

起初，辽东公翟黑子奉命出使并州（治晋阳，今山西太原西南），私受布一千匹。事情被发现后，翟黑子去与高允商量，高允说："你是宫中宠臣，犯了罪据实自首，也许会被原谅，不能再加欺瞒。"崔鉴对他说："据实自首，究竟治什么罪难以预料，不如隐瞒下来为好。"翟黑子埋怨高允说："你怎么引诱我置身死地！"于是不肯据实交待，北魏太武帝将他杀了。

北魏太武帝让高允为太子讲授经书。及至崔浩被收捕入狱，太子叫来高允，对他说："我亲自引你去见皇上，如果皇上问你什么，你只须接着我的话头说下去。"太子进宫后，说是"高允小心谨慎，况且《国史》由崔浩裁定，请免他一死！"北魏太武帝问道："《国书》都是崔浩所写的吗？"高允回答说："《太祖记》是原来的著作郎邓渊所写，《先帝记》和《今记》是我和崔浩共同写成。然而，崔浩兼管的事务太多，对《国书》只是汇总裁定而已。至于执笔撰写，我比崔浩要多。"北魏太武帝生气地说："高允的罪比崔浩还大，怎能让他活下去！"太子害怕地说："由于陛下态度严厉，高允这样的小臣吓得头脑发昏，就语无伦次了。我以前问他，他都说是崔浩写的。"北魏太武帝问："果真象太子说的那样吗？"高允回答："我犯的罪应该灭族，我不敢说谎。太子殿下怜悯我，想乞求陛下留我一命。"北魏太武帝看了看太子："他很正直！这是人之常情所难以做到的，但高允却做到了！临死也不改变自己的说法，这就是信义。作为臣属不欺骗君主，这就是忠贞。应该作为特例免除他的罪罚，并加以褒扬。"于是北魏太武帝赦免了高允。

六月，北魏太武帝下诏诛杀崔浩，屠灭他的整个家族，对于其他人员，则一律只杀本人一身。后来，太子拓跋晃责备高允说："我想让你免去一死，但你始终不听我的，结果把皇上气成那个样子，每次回想那种情景，都使我心跳不止。高允说："史书用来记载君主的善恶，为后人提供劝诫，所以君主才会有所畏忌，慎重行事。崔浩辜负皇上的恩典，用

于书朝廷起居，言国家得失，此为史之大体，未为多违。臣与浩实同其事，死生荣辱，义无独殊。诚荷殿下再造之慈，违心苟免，非臣所愿也。"太子动容称叹。允退谓人曰："我不奉东宫指导者，恐负翟黑子故也。"

【纲】秋，宋人大举侵魏，取碻磝，围滑台。冬十月，魏主自将救之。宋将军王玄谟退走。　【目】宋主欲伐魏，丹阳尹徐湛之、尚书江湛、宁朔将军王玄谟等并劝之；校尉沈庆之固陈不可，宋主使湛之等难之。庆之曰："治国譬如治家，耕当问奴，织当访婢。陛下今欲伐国，而与白面书生辈谋之，事何由济！"宋主不从。七月，宋主遣王玄谟帅沈庆之、申坦水军入河，受督于青、冀刺史萧斌；建武司马申元吉趣碻磝。魏济、青刺史皆弃城走。萧斌与沈庆之留守碻磝，使王玄谟进围滑台。九月，魏主引兵南救滑台。王玄谟攻城，数月不下。十月，魏主夜渡河。众号百万；玄谟惧，退走。魏人追击之，死者万余人。萧斌遣沈庆之将五千人救玄谟，会玄谟遁还，斌将斩之，庆之固谏曰："佛狸威震天下，控弦百万，岂玄谟所能当！且杀战将以自弱，非良计也。"斌乃止。斌欲守固碻磝，庆之曰："今青、冀虚弱，而坐守穷城，若虏众东过，青东非国家有也。碻磝孤绝，复作朱修之滑台耳。"会诏使至，不听退师。斌复召诸将议之，庆之曰："阃外之事，将军得以专之。诏从远来，不知事势。节下有一范增不能用，空议何施！"斌及坐者并笑曰："沈公乃更学问！"庆之厉声曰："众人虽知古令，不如下官耳学也。"斌乃使王玄谟戍碻磝，申坦、垣护之据清口，自将诸军还历城。

私欲掩盖了廉洁，以个人爱憎遮蔽了公正，这不能说没有罪过。至于记载皇上的起居，叙述国家的得失，这是史书的根本体制，并没有多少过失。我与崔浩确实都在做这同一件事情，生与死，荣与辱，在道义上说不应该与他两样。我诚然感念殿下的再生之恩，但是违背良心，苟且求生，这不是我的心愿。"太子拓跋晃十分感动，连连赞叹。高允退出来后，对别人说："我不肯接受太子的引导，是怕对不起翟黑子的缘故。"

【纲】秋季，宋军大规模发兵侵犯北魏，占领碻磝，包围滑台。冬十月，北魏太武帝亲自领兵援救滑台。宋朝将军王玄谟退逃。　【目】宋文帝打算攻打北魏，丹阳尹徐湛之、尚书江湛、宁朔将军王玄谟等人全都赞成，校尉沈庆之再三陈述不宜出兵。宋文帝让徐湛之等人与他论难，沈庆之说："治国犹如治家。如何耕地要问奴仆，如何织布要问婢女。现在陛下打算攻打敌国，却与白面书生们谋划，事情怎会获得成功！"宋文帝没有采纳他的意见。七月，宋文帝派遣王玄谟率领沈庆之、申坦的水军进入黄河，接受青、冀（冀州治历城，今山东济南）刺史萧斌的统辖；建武将军府司马申元吉奔赴碻磝。北魏的济州（治碻磝）、青州（治乐安，今山东广饶）刺史都弃城逃跑。萧斌与沈庆之留下来防守碻磝，派遣王玄谟进军围困滑台。九月，北魏太武帝率领军队南下援救滑台。王玄谟攻打滑台城，历时几个月，没有攻下。十月，（此处采用北魏历，若转换为宋历则为闰十月）北魏太武帝在夜间渡过黄河，拥有的人马号称一百万。王玄谟害怕了，便退军逃走。北魏军追击王玄谟，王玄谟军死了一万余人。萧斌派遣沈庆之率领五千人前去援救王玄谟，适逢王玄谟逃回，萧斌准备杀他，沈庆之竭力劝阻说："佛狸（佛狸为北魏太武帝的小名）威震天下，军队百万，王玄谟怎么能够抵挡得住！而且，诛杀战将，削弱自己的力量，这可不是好主意。"萧斌这才罢休。萧斌打算防守并加固碻磝城，沈庆之说："现在青州和冀州兵力虚弱，我们却消极防守这座孤城，如果敌军向东打过去，清水以东地区就不再是我国疆土了。碻磝孤立无援，恐怕要重蹈朱修之防守滑台的故辙。"适逢传诏的使者前来，不允许退兵，萧斌重新召集诸将计议去留。沈庆之说："城门以外的事情，将军可以自行决定。诏书来自远方，不了解当地事态的发展变化。你有一个范增，却不能用他，空谈又有何用！"萧斌

【纲】十一月，魏主进至鲁郡，以太牢祠孔子。

【纲】十二月，魏主引兵南下，攻盱眙，不克，进次瓜步。宋人戒严守江。　【目】魏主引兵南下，所过无不残灭，城邑皆望风奔溃。初，盱眙太守沈璞到官，江、淮无警。璞以郡当冲要，乃缮城浚隍，积财谷，储石矢，为城守之备。魏人之南寇也，不赍粮用，唯以钞掠为资。及过淮，民多窜匿，钞掠无所得，人马饥乏；闻盱眙有积粟，欲以为北归之资。攻城不拔，即留数千人守盱眙，自帅大众南向。魏主至瓜步，坏民庐舍，及伐苇为筏，声言欲渡江。建康震惧，民皆荷担而立，内外戒严。宋主登石头城，有忧色，谓江湛曰："北伐之计，同议者少。今日士民劳怨，予之过也。"又曰："檀道济若在，岂使胡马至此！"

【纲】魏及宋平。

以及在座将领都笑着说:"沈公还挺有学问!"沈庆之语调严厉地说:"虽然大家熟悉古今之事,但还不如下官凭耳闻得来的学问。"萧斌便命令王玄谟驻守碻磝,申坦和垣护之据守清口(清河入黄河之河口,今山东东平西),本人亲自率领各军返回历城。

【纲】十一月,北魏太武帝挺进到鲁郡(时治邹山,今山东邹县东南),用牛、羊、猪三牲祭祀孔子。

【纲】十二月,北魏太武帝率军队南下,攻打盱眙(治阳城,在今江苏盱眙东北),未能攻克,便挺进到瓜步(山名,今江苏六合东南)驻扎下来,宋朝军队实行戒严,防守长江。 【目】北魏太武帝率军南下,沿途经过的地方没有一处不遭到毁灭,各城镇官民都望风逃散。起初,盱眙太守刘璞到任时,江、淮一带还没有紧急军情。刘璞认为本郡地处交通要道,要修缮城墙,疏浚城濠,积蓄钱财粮食,储备石块、利箭,做好防守本城的准备。北魏太武帝南侵时,不携带粮食和物资,单靠劫掠补充给养,等到渡过淮水后,当地人民多半逃亡躲避,北魏军队抢不到东西,人马饥饿困顿。听说盱眙有积存的粮食,北魏太武帝打算作为北归的军粮。但北魏军没有攻克盱眙城,北魏太武帝便留下几千人驻守在盱眙城下;亲自率领大军向南推进。北魏太武帝抵达瓜步,毁坏百姓的房舍;砍伐竹子,制造竹筏,声称准备横渡长江。建康震惊恐惧,老百姓都挑起担子站着,等候逃跑,全城内外实行戒严。宋文帝登上石头城,面带忧色,对江湛说:"北伐中原的计划,只有少数人赞成。现在军队劳苦,百姓埋怨,这都是我的过错。"又说:"如果檀道济在世,怎会让胡人的兵马打到这里来!"

【纲】北魏与宋朝媾和。

纲鉴易知录卷三六

宋纪（附北魏）

太祖文帝

【纲】辛卯，春正月，魏师还。

【纲】宋主杀其弟义康。

【纲】二月，宋令民遭寇者，蠲其税调。 【目】魏人凡破南充、徐、兖、豫、青、冀六州，杀掠不可胜计，丁壮者即加斩截，婴儿贯于槊上，盘舞以为戏。所过郡县，赤地无余，春燕归，巢于林木。魏之士马死伤亦过半。宋主每命将出师，常授以成律交战日时，是以将帅赵趄，莫敢自决。又江南白丁，轻进易退，此其所以败也。自是，邑里萧条，元嘉之政衰矣。

【纲】三月，魏主还平城。

【纲】夏六月，魏太子晃卒。 【目】魏中常侍宗爱，性险暴，多不法，太子晃恶之。给事中仇尼道盛，有宠于晃，与爱不协。爱恐为所纠，遂构其罪。魏主怒，斩道盛于都街，东宫官属多坐死，晃以忧卒。

【纲】壬辰，春二月，魏中常侍宗爱弑其君焘而立南安王余。【目】魏世祖追悼景穆太子不已；宗爱惧诛，二月，弑之，仆射兰延、和疋、薛提等秘不发丧。延、疋以皇孙浚冲幼，欲立长君，征秦王翰，置之秘室；提以浚嫡孙，不可废。议久不决。宗爱知之，自以得罪于景穆太子，而素恶翰，善南安王余，乃密迎余，矫皇后令召延等，而使宦者持兵伏禁中，以次收缚，斩之；弑翰，立余。余以爱为

太祖文帝

【纲】二十八年（辛卯，451），春正月，北魏军队返回。

【纲】宋文帝杀死弟弟刘义康。

【纲】二月，宋文帝命令对遭受敌人残害的各地百姓，免除他们的税调。　【目】北魏军队攻破南兖州（治广陵，今江苏扬州东北）、徐州（治彭城，今江苏徐州）、兖州（治邹山，今山东邹县东南）、豫州（治平舆，今河南平舆）、青州（北青州，治东阳，今山东益都）、冀州（治历城，今山东济南）共六州，被杀被掳掠的人口多得无法计算。北魏军队遇到青壮年男子便立即拦腰斩断，把婴儿插在槊上，举槊盘旋挥舞，以此戏耍取乐。沿途经过的郡县一片废墟，春燕飞回，只能在树上筑巢。北魏的战士、马匹也死伤过半。宋文帝每次命令将领出兵作战，总是交给将领一个现成的计划，并且规定交战的日期，因此，将帅犹豫不前，不敢自作主张。加之，宋军由不属兵籍的壮丁构成，这些人轻敌冒进，稍败即退，这正是宋军失败的原因。从此城乡萧条，元嘉政治衰落了。

【纲】三月，北魏太武帝返回平城（今山西大同东）。

【纲】夏六月，北魏太子拓跋晃去世。　【目】北魏中常侍宗爱性情残暴，居心险恶，有许多不法行为，太子拓跋晃很讨厌他。给事中仇尼道盛得到拓跋晃的宠爱，与宗爱关系不和。宗爱担心仇尼道盛检举自己，便罗织他的罪状。北魏太武帝大怒，把仇尼道盛押至街市杀死。许多太子官属都获罪被杀，拓跋晃忧恐致死。

【纲】二十九年（壬辰，452），春二月，北魏中常侍宗爱杀死国君拓跋焘，拥立南安王拓跋余即位。　【目】北魏太武帝怀念景穆太子拓跋晃，哀悼不已。宗爱害怕自己被杀，二月，便杀害了北魏太武帝，仆射兰延、和疋、薛提等人隐瞒死讯，不肯发丧。兰延、和疋认为皇孙拓跋濬年幼，打算拥立年长的国君，便把秦王拓跋翰召来，把他安顿在秘密的房间里。薛提认为拓跋濬是太武帝的嫡孙，不可废黜，议论了许久都没有作出决定。宗爱得知消息后，认为自己对景穆太子拓跋晃有罪，自

大司马、大将军。

【纲】冬十月，魏宗爱弑其君余。魏主浚立。讨爱，诛之。

【纲】魏复建佛图，听民出家。
【纲】魏行《玄始历》。
【纲】癸巳，春二月，宋太子劭弑其君义隆及其左卫率袁淑、仆射徐湛之、尚书江湛而自立。以何尚之为司空。 【目】宋主欲废太子劭，赐始兴王浚死，先与侍中王僧绰谋之。使寻汉、魏典故，送徐湛之、江湛。武陵王骏素无宠，故屡出外藩，南平王铄、建平王宏皆为宋主所爱。铄妃，江湛之妹；随王诞妃，徐湛之之女也；湛劝立铄，湛之欲立诞。僧绰曰："建立之事，仰由圣怀。臣谓唯宜速断，不可稽缓。愿以义割恩，略小不忍；不尔，但应坦怀如初，无烦疑论。事机虽密，易致宣广，不可使难生虑表。"宋主曰："卿可谓能断大事。然此事至重，不可不殷勤三思。"宋主与湛之屏人语，或连日累夕。常使湛之自秉烛，绕壁简行，虑有窃听者。既而以其谋告潘淑妃，妃以告浚，浚驰报劭。劭乃谋为逆，夜呼前中庶子萧斌、左卫率袁淑、中舍人殷仲素入宫，流涕谓曰："主上信谗，将见罪废。内省无过，不能受枉。明日当行大事。"众惊愕，莫能对。久之，淑、斌皆曰："自古无此，愿加善思。"劭怒，变色。斌惧曰："当竭力奉令。"淑叱之曰："卿便谓殿下真有是邪？殿下幼尝患风，今疾动耳。"劭愈怒，因眄淑曰："事当克否？"淑曰："居不疑之地，何患不克！但既克之后，不为天地所容，大祸亦旋至耳。假有此谋，犹将可息。"左右引淑出曰："此何事，而云可罢乎！"淑还省，绕床行，至四更乃寝。明日，宫门未开，劭以朱衣加戎服上，乘画轮车，与萧斌同载，呼袁淑甚急，淑眠不起，劭停车催之。淑徐起，至车后；劭使登车，

已一向憎恶拓跋翰，而与南安王拓跋余交好，便暗中迎来拓跋余，假称皇后的命令召见兰延等人，同时指使宦官手拿武器，埋伏在宫中，将来人一个个收捕斩首，杀死拓跋翰，扶立拓跋余。拓跋余任命宗爱为大司马、大将军。

【纲】冬十月，北魏宗爱杀死国君拓跋余。北魏文成帝拓跋浚即位，声讨宗爱，将他杀死。

【纲】北魏重建佛教寺院，听凭百姓出家。

【纲】北魏颁行《玄始历》。

【纲】三十年（癸巳，453），春二月，宋太子刘劭杀死国君刘义隆及左卫率袁淑、仆射徐湛之、尚书江湛，而自立为国君。刘劭任命何尚之为司空。　【目】宋文帝打算废黜太子刘劭，命令始兴王刘浚自杀，事先与侍中王僧绰策划，让他找出汉、魏先例，送交给徐湛之和江湛。武陵王刘骏向来不受宠爱，所以多次派他出镇外地。南平王刘铄、建平王刘宏都深得宋文帝的欢心。刘铄的妃子是江湛的妹妹，随王刘诞的妃子是徐湛之的女儿。江湛劝宋文帝立刘铄为太子，徐湛之打算立刘诞为太子。王僧绰说："封立太子，全凭陛下的心愿。我认为应该赶快决定，不可拖延。希望陛下为了大义，割舍父子恩情，稍稍抛下小小的怜悯之情。如果不肯这样，就应该对太子象过去那样敞开襟怀，不要再持迟疑的议论。虽然事情是秘密进行的，可是容易传扬出去。希望不要引起意外的祸难。"宋文帝说："你可以说善于断裁大事。但这件事情极为重要，不能不认真地反复深思。"宋文帝摒退侍从，与徐湛之商谈，有时一连几个昼夜，还经常让徐湛之亲自拿着蜡烛绕着屋子察看一遍，担心有人窃听。不久，宋文帝把自己的打算告诉了潘淑妃，潘淑妃又告诉了刘浚，刘浚便火速报告刘劭。刘劭于是策划杀害宋文帝，连夜把原来的中庶子萧斌、左卫率袁淑、中舍人殷仲素叫到东宫，流着眼泪对他们说："主上相信谗言，准备加罪于我，把我废黜。我自问并没有过错，不能受此冤枉。明天要办一件大事。"大家惊愕异常，没人敢于回答。过了许久，袁淑、萧斌都说："自古以来没有这样做的，希望再好好想一想。"刘劭大怒，脸色骤变。萧斌害怕地说："我们会尽力遵命行事。"袁淑喝斥萧斌说："你就认为殿下真会这样做吗？殿下小时候曾经得过

又辞不上，劭命杀之。门开而入。令张超之等数十人驰入斋阁，拔刃径上合殿。宋主其夜与徐湛之屏人语至旦，烛犹未灭，卫兵尚未起。宋主见超之入，举几捍之，五指皆落，遂弑之。湛之惊起，兵人杀之。江湛闻喧噪声，叹曰："不用王僧绰言，以至于此！"劭遣兵杀之。并使人杀潘淑妃。浚时在西州府，闻台内喧噪，不知事之济否，骚扰不知所为。俄而劭驰召浚，浚入见劭。劭曰："潘淑妃遂为乱兵所害。"浚曰："此是下情，由来所愿。"劭遂即位，下诏曰："徐湛之、江湛弑逆无状，今罪人斯得，可大赦，改元太初。"以萧斌为仆射，以何尚之为司空。劭不知王僧绰之谋，以为吏部尚书。

【纲】三月，宋劭杀其吏部尚书王僧绰。　【目】劭料简文帝巾箱，及江湛家书疏，得王僧绰所启飨士，并前代故事，收杀之。僧绰弟僧虔为司徒属，所亲咸劝之逃，僧虔泣曰："吾兄奉国以忠贞，抚我以慈爱，今日之事，若不见及耳；若得同归九泉，犹羽化也。"劭因诬北第诸王侯，云与僧绰谋反，杀之。

疯病，现在是旧病复发了。"刘劭更加恼怒，便瞥着袁淑说："此事能成功吗？"袁淑说："没人怀疑你会有此行动，还用担心事情不会成功吗！但事成后，不被天地所容，大祸也就接踵而来了。假如你真有这种打算，现在还能收回。"刘劭身边的人把袁淑拉出来说："这是什么事，怎么说可以中止不干呢！"袁淑回到自己的官署，绕着床走来走去，直到四更时分才睡。第二天，宫门还没有打开，刘劭在军服上罩了一件朱红袍子，坐着彩漆画轮的车子，与萧斌坐在一起，前来急切地呼叫袁淑。袁淑仍然睡觉不肯起来，刘劭停下车，催他快快起床。袁淑慢吞吞起了床，来到车后，刘劭让他上车，他又一再推辞，不肯上车，刘劭便让人将他杀掉。打开宫门，刘劭进宫，命令张超之等几十人火速奔入斋阁，拔出刀来，径直登上合殿。那天夜里，宋文帝与徐湛之摒退外人，谈话通宵达旦，当时蜡烛还没有熄灭，卫兵还没有起床。宋文帝一见张超之闯进来，举起一张几案抵挡，五个手指全被砍掉，于是张超之将宋文帝杀死。徐湛之惊慌地起身逃走，也被士兵杀死。江湛听到杂乱的喊叫声，叫道："我不肯听王僧绰的劝告，才落得这样的结局！"刘劭派兵杀死江湛，同时派人杀害了潘淑妃。这时刘浚正在西州（今江苏南京西）的王府，听到宫中呼喊连天，不知道事变成败，只是骚动不安，不知所措。一会儿，刘劭派人骑马来叫刘浚，刘浚进宫去见刘劭。刘劭说："潘淑妃就这样被乱兵杀害了！"刘浚说："这是我的心愿，早就想这样做了。"于是刘劭即位，颁布诏书说："徐湛之、江湛杀害皇上，罪大恶极，现在罪人已加惩处。可大赦天下罪囚，改年号为太初。"刘劭任命萧斌为仆射，何尚之为司空。刘劭不知道王僧绰与宋文帝的密谋，任命他为吏部尚书。

【纲】三月，宋刘劭杀死吏部尚书王僧绰。　　【目】刘劭整理宋文帝的书箱和江湛家的书信奏疏，看到王僧绰向宋文帝报告刘劭宴请将士和以往各代废立太子的先例，便将王僧绰收捕问斩。王僧绰的弟弟王僧虔是司徒的属官，与他亲近的人劝他逃走，他哭泣着说："我哥哥对国家忠贞不二，又慈爱地把我抚养成人，我只恨今日之事没有涉及到我。如果能与哥哥同归九泉，我就如同羽化成仙一般。"刘劭乘机诬陷城北各家王侯，说他们与王僧绰图谋反叛，又将他们杀死。

【纲】夏四月，宋江州刺史武陵王骏举兵讨劭，宋人立骏。五月，劭及弟浚皆伏诛。

【纲】宋复以何尚之为尚书令。

世祖孝武帝

【纲】甲午，春正月，宋铸孝建四铢钱。

【纲】宋立子业为太子。

【纲】乙未，春，宋镇北大将军沈庆之罢就第。【目】宋镇北大将军、南兖州刺史沈庆之请老，表数十上。诏听以公就第。顷之，宋主复欲用庆之，使何尚之往起之。庆之笑曰："沈公不效何公，往而复返。"尚之惭而止。

【纲】丙申，春正月，魏立贵人冯氏为后。二月，魏主立其子弘为太子。

【纲】宋以宗悫为豫州刺史。

【纲】冬十二月，宋金紫光禄大夫颜延之卒。【目】延之子竣贵重，凡所资供，一无所受，布衣茅屋，萧然如故。尝乘羸牛笨车，逢竣卤簿，即屏在道侧。常语竣曰："吾平生不喜见要人，今不幸见汝！"竣起宅，延之谓曰："善为之，无令后人笑汝拙也。"延之尝早诣竣，见宾客盈门，竣尚未起，延之怒曰："汝出粪土之中，升云霞之上，遽骄傲如此，其能久乎！"竣丁忧，逾月，起为右将军，丹阳尹如故。

【纲】戊戌，春二月，魏以高允为中书令。【目】魏中书侍郎高允，好切谏，事有不便，允辄求见，屏人极论。时有上事为激讦者，魏主谓群臣曰："君有得失，不能面陈，而上表显谏，欲以彰君之短，明己之直，此岂忠臣所为乎！如高允者，乃真忠臣也。朕有

【纲】夏四月,宋朝江州刺史武陵王刘骏起兵讨伐刘劭,宋朝人士拥立刘骏即位。五月,刘劭以及弟弟刘浚都被处死。

【纲】宋朝再次任命何尚之为尚书令。

世祖孝武帝

【纲】甲午(454)春正月,宋朝铸造孝建四铢钱。

【纲】宋孝武帝立儿子刘子业为太子。

【纲】二年(乙未,455)春,宋镇北大将军沈庆之解除官职,退休回家。 【目】宋朝的镇北大将军、南兖州(时治广陵,今江苏扬州东北)刺史沈庆之请求退休,上了几十次表章。宋孝武帝下诏听凭沈庆之以公爵返回私第。不久,宋孝武帝又想任用沈庆之,让何尚之前去请他出来做官。沈庆之笑着说:"沈公不学何公往而复返。"何尚之感到惭愧,只好作罢。

【纲】三年(丙申,456),春正月,北魏文成帝立贵人冯氏为皇后。二月,北魏文成帝立儿子拓跋弘为太子。

【纲】宋孝武帝任命宗悫为豫州刺史。

【纲】冬十二月,宋朝的金紫光禄大夫颜延之去世。 【目】颜延之的儿子颜竣身居要职,地位显贵。但是,凡是颜竣给他的东西,他全不接受,仍然穿布衣,住草房,象往常一样过贫寒的生活。有一次,颜延之乘着瘦牛拉的竹车,半路遇到颜竣外出的仪仗,立即避到路旁。他曾对颜竣说:"我平生不喜欢见到权贵要人,不幸今天却见到了你!"颜竣修建住宅,颜延之对他说:"你要好自为之,别让后人笑你太笨。"颜延之曾在早上到颜竣那里去,看见那里宾客盈门,颜竣却还没有起床,颜延之生气地说:"你才爬出粪土,升上云霞,就这样骄傲,能长久吗!"颜竣为他服孝守丧,才过了一个月,就被起用为右将军,并仍然担任丹阳(治建康,今江苏南京)尹。

【纲】戊戌(458),春二月,北魏文成帝任命高允为中书令。【目】北魏中书侍郎高允喜欢直言极谏,遇到处理不当的事情,总是求见魏文成帝,摒退外人。竭力批评。当时,有人在奏章上激烈抨击朝政,魏文成帝对群臣说:"君主有过失,不肯当面陈述,却上表公开劝

过，未尝不面言，朕闻其过而天下不知，可不谓忠乎！"允所与同征者游雅等皆至大官，封侯，而允为郎二十七年不徙官。魏主谓群臣曰："汝等虽执弓刀在朕左右，未尝有一言规正；唯伺朕喜悦，祈官乞爵，今皆无功而至王公。允执笔佐国家数十年，为益不少，不过为郎，汝等不自愧乎！"乃拜允中书令。帝重允，常呼为"令公"而不名。

游雅常曰："前史称卓子康、刘文饶之为人，褊心者或不之信。余与高子游处四十年，未尝见其喜愠之色，乃知古人为不诬耳。高子内文明而外柔顺，其言呐呐不能出口。昔崔司徒尝谓：'高生丰才博学，一代所推，所乏者，矫矫风节耳。'余亦以为然。及司徒得罪，诏指临责，声嘶股栗，殆不能言；高允独敷陈事理，辞义清辩，人主为之动容，此非所谓矫矫者乎！宗爱用事，威振四海。王公以下趋庭望拜，高子独升阶长揖，此非所谓风节者乎！夫人固未易知；吾既失之于心，崔又漏之于外，此乃管仲所以致恸于鲍叔也。"

【纲】冬十月，宋以戴法兴、戴明宝、巢尚之为中书舍人。
【目】时宋主亲览朝政，不任大臣；凡选授、迁徙、诛赏大处分，皆与法兴、尚之参怀；内外杂事，多委明宝。三人权重当时；而法兴、明宝大纳货贿，门外成市。吏部尚书顾觊之独不降意。蔡兴宗与觊之善，嫌其风节太峻，觊之曰："辛毗有言：'孙、刘不过使吾不为三公耳。'"觊之常以为"人禀命有定分，非智力所移，唯应恭己守道；而暗者不达，妄意侥幸，徒亏雅道，无关得丧。"乃著《定命论》以释

谏，打算借此显示君主的短处，表明自己的正直，这岂是忠臣的作法！象高允那样，才是真正的忠臣。朕有过失，高允从来都当面进言，朕知道了自己的过错，天下人却并不晓得，能说这不是忠心吗！"与高允同时征召任用的游雅等人都成了大官，封了侯，而高允担任郎官二十七年还没有升官。魏文成帝对群臣说："虽然你们拿着弓箭和佩刀，侍立在我身边，可是你们从没有说一句规劝我的话。只知道趁我高兴时，要求升官晋爵，到现在都没有立下功劳，却已经位至王公。高允凭着手中一支笔，为国家办事数十年，补益不小，却不过是个郎官，难道你们自己能不惭愧吗！"于是，任命高允为中书令。魏文成帝很尊重高允，总是叫他"令公"，不直呼其名。

游雅经常说："以前的史书称赞卓茂、刘宽的为人，有些心胸狭隘的人还不相信。我与高允交往了四十年，从没见过他喜怒形于神色，这才知道古人说的并不虚假。高允光采内蕴，外表柔顺，说起话来慢吞吞地，好象说不出口。从前崔浩司徒曾经告诉我：'高允博学多才，是我们这一代的出色人物，他所缺乏的是高风亮节而已。'我也认为言之有理。及至崔诰获罪，面对诏书的指斥，皇上的亲自审问，便声音嘶哑，浑身发抖，几乎说不出话来。只有高允陈述事理时条理清楚，言辞雄辩，连皇上也为之感动，形于神色，这难道不是高风亮节吗！宗爱当权，威振四海，王公以下的官员到院子里去谒见，隔着很远就伏地叩拜，只有高允站在台阶上拱手作揖，这难道不是高风亮节吗！本来了解一个人就很不容易，我既没有理解他，崔浩也错看了他。这正是管仲为鲍叔牙身亡深为哀痛的原因啊。"

【纲】冬十月，宋孝武帝任命戴法兴、戴明宝、巢尚之为中书舍人。　【目】当时，宋孝武帝亲自主持朝政，不肯任用朝廷大臣。凡是选官授职、升官贬职、惩罚奖赏等重大问题的处理，都与戴法兴、巢尚之商议，朝廷内外的杂事，多半交给戴明宝办理。三人在当时掌握了重大权力，戴法兴、戴明宝大肆收受贿赂，门庭若市，唯独吏部尚书顾顗之不肯低声下气。蔡兴宗与顾顗之交好，嫌他品格过于严刻，顾顗之说："辛毗说过：'孙资、刘放不过使我当不成三公而已。'"顾顗之一贯认为："人禀受的命运是注定的，不是人的智慧和能力所能改变的，人

之。

【纲】己亥，夏五月，宋杀其东扬州刺史颜竣。

【纲】秋七月，宋以沈庆之为司空。

【纲】庚子，春正月，宋主耕藉田。三月，后亲蚕西郊，太后观礼。

【纲】辛丑，夏，宋雍州刺史海陵王休茂反襄阳，为其下所杀。　【目】宋主畋游无度，尝出，夜还，敕开门。侍中谢庄居守，以荣信或虚，执不奉旨，须墨敕乃开。宋主曰："卿欲效郅君章邪？"对曰："臣闻王者祭祀、畋游，出入有节。今陛下晨往宵归，臣恐不逞之徒，妄生矫诈，是以伏须神笔，乃敢开门耳。"

【纲】秋九月，宋司空沈庆之罢就第。

【纲】癸卯，夏，宋以蔡兴宗、袁粲为吏部尚书。　【目】粲，淑之兄子也。宋主好狎侮群臣，常呼金紫光禄大夫王玄谟为"老伧"，仆射刘秀之为"老悭"，侍中颜师伯为颠；其余短、长、肥、瘦皆有称目。又宠一昆仑奴，令以杖击群臣，惟惮蔡兴宗方严，不敢侵媟。议曹郎王耽之曰："蔡豫章昔在相府，亦以方严不狎，武帝宴私之日，未尝相召。蔡尚书今日可谓能负荷矣。"

【纲】宋大修宫室。　【目】宋主为人机警勇决，记问博洽，文章华敏；又善骑射，而奢欲无度。自晋氏渡江以来，宫室草创，孝武始作清暑殿。宋兴，无所增改。至是，始大修宫室，土木被锦绣，赏赐倾府藏。坏高祖所居阴室，于其处起玉烛殿，与群臣观之，床头有土障，壁上挂葛灯笼、麻绳拂。侍中袁顗因盛称高祖俭素之德。

只有让自己恭敬地恪守正道。但是愚昧的人不能洞晓这一道理,妄图侥幸成功,只能损害正道,与得失却毫无关系。"为此,他撰写了《定命论》一文,来阐释这一道理。

【纲】三年(己亥,459),夏五月,宋朝杀死东扬州(治山阴,今浙江绍兴)刺史颜竣。

【纲】秋七月,宋孝武帝任命沈庆之为司空。

【纲】四年(庚子,460),春正月,宋孝武帝举行耕田仪式。三月,皇后王氏亲自在建康西郊喂蚕,皇太后陆氏观看了这一仪式。

【纲】五年(辛丑,461),夏季,宋朝的雍州刺史海陵王刘休茂在襄阴(今湖北襄阳县襄阳镇)反叛朝廷,被部下杀死。 【目】宋孝武帝耽于游猎,没有节制。有一次,他出去一整天,到夜间才回来,命令打开城门。当时,谢庄正在城中守护,担心符信可能作假,拒不奉旨,一定要等见到宋孝武帝亲手写的敕令才肯开门。宋孝武帝说:"你想效法邳恽的作为吗?"谢庄回答:"我听说,帝王祭祀、打猎、出入往来都有法度。现在陛下晨往宵归,我担心不逞之徒会诈称圣旨,制造事端,所以等候陛下的亲笔手令,才敢开门。"(本目内容与纲脱节)

【纲】秋九月,宋朝司空沈庆之解除官职,退休回家。

【纲】七年(癸卯,463),夏季,宋孝武帝任命蔡兴宗、袁粲为吏部尚书。 【目】袁粲是袁淑哥哥的儿子。宋孝武帝喜欢轻侮群臣,经常把金紫光禄大夫王玄谟称为"老伧",把仆射刘秀之呼为"老悭",把侍中颜师伯呼为"豁牙",其他人因高矮肥瘦不同,都有绰号。宋孝武帝还宠爱一个昆仑奴,让他用棍棒去打群臣。由于蔡兴宗为人严正,昆仑奴就只怕他一人,不敢跟他胡闹。议曹郎王耽之说:"过去蔡廓(蔡廓是蔡兴宗的父亲)在相府供职,也是由于态度严正,不肯轻慢,武帝举行私宴时,从来不叫他参加。如今蔡兴宗可以说能继承先人的风尚了。"

【纲】宋孝武帝大规模地兴修宫殿。 【目】宋孝武帝为人机警,勇敢果决,学识广博,文辞华美,落笔敏捷,又擅长骑马射箭,但是放纵奢欲,没有节制。自从晋朝渡过长江南下以来,宫殿草草兴建起来,到晋孝武帝时才建起清暑殿。宋朝兴起后,仍然没有增修改建。至此,宋孝武帝开始大规模修建宫殿,土木建筑披上锦绣,奖赏恩赐把库藏

宋主曰："田舍公得此，已为过矣。"

【纲】甲辰，夏闰五月，宋主骏殂，太子子业立。 【目】宋主殂于玉烛殿。太子即位，年十六。蔡兴宗奉玺绶，太子受之，傲惰无戚容。兴宗出，告人曰："家国之祸，其在此乎！"

废帝

【纲】乙巳，春，宋铸二铢钱。

【纲】夏五月，魏主浚殂，太子弘立。

【纲】冬十一月，宋主杀其太尉沈庆之。

【纲】宋主幽其诸父湘东王彧等于殿内。

【纲】宋江州刺史晋安王子勋举兵寻阳。 【目】宋主子业，以太祖、世祖在兄弟数皆第三，江州刺史晋安王子勋亦第三，故恶之。因何迈之谋，使左右朱景云送药赐予勋死，景云至湓口，停不进。子勋典签谢道迈闻之，驰告长史郑琬。琬曰："身南土寒士，蒙先帝殊恩，以爱子见托，岂得惜门户百口，期当以死报效。幼主昏暴，社稷危殆，虽曰天子，事犹独夫。今便指帅文武，直造京师，与群公卿士废昏立明耳。"遂称子勋教令所部戒严，子勋戎服出听事，集僚佐，使主帅潘欣之宣旨谕之。四座未对，参军陶亮首请效死前驱，众皆奉旨。乃以亮为谘议中兵总统军事。旬日得五千人，出镇大雷，移檄远近。

用光。宋孝武帝命人拆毁宋武帝避暑的住房，要在旧址上兴建玉烛殿，宋孝武帝与群臣前去观看，只见旧房床头砌着土屏障，上面挂着葛布灯笼和麻线拂尘。侍中袁顗乘机对宋武帝节俭朴素的品德大加称颂，宋孝武帝说："庄稼汉住这种房子，已经太好了！"

【纲】八年（甲辰，464），夏闰五月，宋孝武帝刘骏去世，太子刘子业即位。　【目】宋孝武帝在玉烛殿去世。太子刘子业即位，仅十六岁。蔡兴宗捧着玺印献上，太子接过玺印，一副傲慢懒散的样子，没有一点悲哀的神色。蔡兴宗出来后告诉别人说："国家的祸患，恐怕从此开始了！"

废帝

【纲】乙巳（465），春季，宋朝铸造二铢钱。

【纲】夏，五月，北魏文成帝去世，太子拓跋弘即位。

【纲】冬，十一月，宋废帝杀死太尉沈庆之。

【纲】宋废帝将湘东王刘彧等各位叔父囚禁在宫殿里。

【纲】宋朝的江州（治寻阳，今江西九江）刺史晋安王刘子勋在寻阳起兵。　【目】宋废帝刘子业认为宋文帝、宋孝武帝都是在兄弟中排行第三，而江州刺史晋安王刘子勋也排行第三，便对他心怀厌恨。宋废帝采用何迈之的主意，让亲信朱景云给刘子勋去送毒药，命令他自杀。朱景云来到湓口（在今江西九江西），逗留不前。刘子勋的典签谢道迈得知消息后，火速告诉长史史邓琬。邓琬说："我是南方的寒门读书人，受到先帝的特殊恩宠。先帝把自己的爱子嘱托给我，我怎能顾惜一家百口的性命，一定要以死相报。如今幼主昏庸残暴，国家处于危急关头，虽然说他身为天子，事实上却是独夫。现在我就指挥文官武将，直奔京城，与朝廷诸位大臣废黜昏君，另立明主。"邓琬声称刘子勋命令所辖军队实行戒严。刘子勋身穿军服来到厅堂中，召集部下属官，让主将潘欣之宣布自己的旨意，告诉大家。在坐的人还没有作出反应，参军陶亮第一个表示誓死效力，冲锋在前，于是大家都同意起事。刘子勋便任命陶亮为谘议参军，兼任中兵参军，让他统辖军中事务。十天后，刘子勋结集了五千人，出兵镇守大雷戍（今安徽望江南），向四处发布了起兵

【纲】宋弑其君子业而立湘东王彧。 【目】时三王久幽,不知所为。湘东王彧主衣阮佃夫及于业左右寿寂之、王敬则等险谋弑子业。先是子业游华林园竹林堂,使宫人倮相逐;一人不从命,斩之。夜,梦在竹林堂,有女子骂曰:"悖虐不道,明年不及熟矣!"于是巫觋言竹林堂有鬼。子业出华林园,悉屏侍卫,与群巫彩女射鬼于竹林堂。寿寂之等抽刀前弑之,宣太皇太后令,数子业罪恶,命湘东王纂承皇极。彧即位,大赦。

【纲】宋雍、郢、荆州、会稽郡皆举兵应寻阳。

太宗明帝

【纲】丙午,春正月,宋遣建安王休仁讨江州。晋安王子勋遂称帝,二徐、司、豫、青、冀、湘、广、梁、益州皆应之。 【目】时,宫省危惧,宋主谋于群臣。蔡兴宗曰:"今普天同叛,人有异志,宜镇之以静,至信待人。叛者亲戚,布在宫省,若绳之以法,则土崩立至,宜明罪不相及之义。物情既定,人有战心,六军精勇,器甲犀利,以待不习之兵,其势相万矣!愿陛下勿忧。"

建武司马刘顺说豫州刺史殷琰,使应寻阳。琰初以家在建康,

檄文。

【纲】宋朝内部杀死宋废帝刘子业,拥立湘东王刘彧即位。
【目】当时,湘东王刘彧、建安王刘休仁、山阳王刘休祐被囚禁了很长时间,不知怎样才好。湘东王刘彧的衣物管理人员阮佃夫以及宋废帝刘子业的随身侍从寿寂之、王敬则等人暗中策划杀死刘子业。在此之前,刘子业到华林园竹林堂中游玩,让宫女光着身子互相追逐,有一个宫女不肯从命,刘子业便命人将她斩杀。到夜间,刘子业梦见在竹林堂里,有一个女子骂他说:"你悖逆人伦,荒淫无道,活不到明年麦熟时节了!"于是男女巫师都说竹林堂有鬼。刘子业出了华林园,摒退全部侍卫人员,与众巫师和宫女在竹林堂射鬼。寿寂之等人拔出佩刀,上前将刘子业杀死,当场宣布太皇太后陆氏的命令,指斥刘子业的罪恶,命令湘东王刘彧继承皇位。刘彧即位,大赦天下罪囚。

【纲】宋朝雍州、郢州(治江夏郡汝南县夏口镇,今河北武昌南黄鹄山)、荆州(治江陵,今湖北江陵)、会稽郡纷纷起兵响应寻阳的刘子勋。

太宗明帝

【纲】丙午(466),春正月,宋明帝派遣建安王刘休仁讨伐江州,于是晋安王刘子勋称帝。徐州、南徐州(治京口,今江苏镇江东南丹徒镇)、司州(时治义阳,今河南信阳南)、豫州、青州、冀州、湘州(治临湘,今湖南长沙南)、广州(治番禺,今广东广州)、梁州(治南郑,在今陕西汉中东)、益州(治成都,今四川成都)都响应刘子勋。 【目】当时,朝廷恐惧不安,宋明帝召集群臣商量对策。蔡兴宗说:"现在全国各地都发生叛乱,人人都有背叛朝廷的心思。朝廷应该保持镇静,以最大的诚意对待他们。叛乱者的亲戚有不少人在朝廷供职,如果将他们依法惩处,朝廷就会立刻土崩瓦解,所以应该申明不株连治罪的规定。在人心安定后,人们便有了斗志,加之,朝廷军队英勇善战,武器精良,用来对付那些未经训练的军队,就有绝对优势了。希望陛下不必担忧。"

建武将军府司马刘顺劝说豫州刺史殷琰响应寻阳起兵。殷琰起初

未许，后不得已而从之。宋主复谓兴宗曰："诸处未平，殷琰已复同逆；为之奈何？"兴宗曰："逆之与顺，臣无以辨。然今商旅断绝，而米甚丰贱，四方云合，而人情更安，以此卜之，清荡可必。但臣之所忧，更在事后，犹羊公之言耳。"宋主知琰附寻阳非本意，乃厚抚其家以招之。

【纲】秋八月，宋台军克江州，杀子勋。

【纲】冬十月，宋徐州刺史薛安都、汝南太守常珍奇叛降于魏。　【目】宋徐州刺史薛安都、汝南太守常珍奇等，并遣使乞降于建康。宋主以南方已平，欲示威淮北，命张永、沈攸之将兵五万迎安都。蔡兴宗曰："安都归顺不虚，止须单使。今以重兵迎之，势必疑惧；如其外叛，招引北寇，将为朝廷盱食之忧。"宋主不从。安都果惧而叛，常珍奇亦以悬瓠降魏，皆请兵自救。

【纲】宋立子昱为太子。　【目】宋主无子，尝以宫人陈氏赐嬖人李道儿，已复迎还，生昱。又密取诸王姬有孕者，内之宫中，生男则杀其母，而使宠姬母之。

【纲】丁未，春正月，魏取宋淮北四州及豫州淮西地。　【目】宋张永等弃城夜走。尉元邀其前，薛安都乘其后，大破永等于吕梁之东，死者以万数。宋主召蔡兴宗以败书示之曰："我愧卿甚！"永及攸之皆坐贬，还屯淮阴。宋由是失淮北四州及豫州淮西之地。

【纲】秋八月，宋遣中领军沈攸之击彭城，将军萧道成镇淮阴。　【目】宋主复遣沈攸之等击彭城。攸之以清、泗方涸，粮运不

认为自己家在建康，没有答应，后来迫不得已，才答应下来。宋明帝又对蔡兴宗说："各地叛军尚未平息，殷琰又加入叛军，你看如何是好？"蔡兴宗说："叛逆与正统，我难以分辨。但是，现在商人、旅客已经绝迹，而粮食储存很足，价格低廉，各地军队聚集如云，而人心反而更加安定。由此推测，一定能肃清叛军。只是我臣更担心事后的局面，就象晋羊祜说的，那时陛下还有许多事需要操心。"宋明帝知道殷琰附和寻阳刘子勋并非出自本心，便优待他的家属，希望他能站在朝廷一边。

【纲】秋八月，宋朝军队攻克江州，杀死刘子勋。

【纲】冬十月，宋徐州刺史薛安都、汝南（时治上蔡悬瓠城，今河南汝南）太守常珍奇背叛宋朝，归降北魏。　【目】宋朝的徐州刺史薛安都、汝南太守常珍奇等人都派遣使者向建康求降，宋明帝认为南方已经平安，打算在淮北显示自己的威力，便命张永、沈攸之带领五万军队去迎接薛安都。蔡兴宗说："薛安都归顺朝廷属实，只需要派一个使者前去。现在却调动重兵去迎接他，他势必疑虑畏惧，如果他叛归外国，招来北方敌寇，就会成为朝廷应付不暇的祸患了。"宋明帝没有采纳他的意见。果然，薛安都因恐惧而叛归北魏，常珍奇也献悬瓠城投降北魏，他们都请北魏派兵援救自己。

【纲】宋明帝立儿子刘昱为太子。　【目】宋明帝没有儿子，曾经把宫女陈氏赐给幸臣李道儿，后来又把宫女陈氏接回宫中，陈氏生了刘昱。宋明帝又暗中将已经怀孕的诸王姬妾安置到宫中，生了男孩，就杀掉他的母亲，再让自己宠爱的姬妾去抚养孩子。

【纲】丁未，（467），春正月，北魏占领宋朝淮北四州和豫州淮西地区。（淮北四州指青、冀、徐、兖四州。淮西地区指汝南、新蔡、谯、梁、陈、南顿、颍川、汝阴）　【目】宋朝的张永等人弃城夜逃。尉元从前面拦截，薛安都在后面追杀，在吕梁山（在今江苏徐州东南）东面大破张永等人，死去的人数以万计。宋明帝召见蔡兴宗，把战败的文书拿给他看，说："在你面前，我太惭愧了！"张永和沈攸之都获罪被贬，让他们返回淮阴驻扎。从此，宋朝失去了淮北四州和豫州淮西地区。

【纲】秋八月，宋明帝派遣中领军沈攸之进击彭城，将军萧道成镇守淮阴。　【目】宋明帝又派遣沈攸之等人进击彭城。沈攸之认为清水

继，固执以为不可。宋主怒，强遣之，而使行徐州事萧道成镇淮阴。道成收养豪俊，宾客始盛。

【纲】戊申，秋七月，宋以萧道成为南兖州刺史。

【纲】己酉，春正月，魏拔宋青州，执其刺史沈文秀。 【目】沈文秀守东阳，魏人围之三年，外无救援，士卒昼夜拒战，甲胄生虮虱，无离叛之志。至是，魏人拔东阳，文秀解戎服，正衣冠，持节坐斋内。魏人执之，缚送慕容白曜，使之拜，文秀曰："各两国大臣，何拜之有！"白曜还其衣，为设馔，锁送平城。魏主宥之，待为下客，给恶衣、疏食；既而重其不屈，拜外都下大夫。于是，青、冀之地，尽入于魏矣。

【纲】夏六月，魏立子宏为太子。冬十一月，魏遣使如宋修好。

【纲】庚戌，夏六月，宋以南兖州刺史萧道成为黄门侍郎，寻复本任。 【目】道成在军中久，民间或言其有异相，宋主疑之，征为黄门侍郎。道成惧，不欲内迁，而无计得留。参军荀伯玉教其遣数十骑入魏境，魏果遣游骑行境上；道成以闻，宋主乃使道成复本任。

【纲】辛亥，春二月，宋主杀其弟晋平王休佑，以巴陵王休若为南徐州刺史。

【纲】夏五月，宋主杀其弟建安王休仁。

【纲】宋以袁粲为尚书令，褚渊为仆射。

【纲】秋七月，宋主杀其弟巴陵王休若，以桂阳王休范为江州刺史。

（今江苏淮阴西南）、泗水正处于干涸时节，粮食运输供应不上，坚持主张不能出击，宋文帝大怒，强行命令他出发，而让管理徐州事务的萧道成镇守淮阴。萧道成招延豪杰，门下宾客开始多了起来。

【纲】四年（戊申，468），秋七月，宋明帝任命萧道成为南兖州刺史。

【纲】五年（己酉，469），春正月，北魏攻克青州，俘获青州刺史沈文秀。　【目】沈文秀防守东阳（今山东益都），北魏军队将东阳包围了三年。沈文秀得不到外来军队的援救，将士们日夜抗击敌军，连盔甲都生了虱子，但是仍然没有叛离的想法。至此，北魏军队攻克东阳，沈文秀脱下军装，换上朝服，手握符节，端坐在书斋中。北魏军队将他捉获，绑送给慕容白曜，慕容白曜让他叩拜，沈文秀说："你我各自是自己国家的大臣，我为什么要向你叩拜！"慕容白曜把衣服还给他，让他就餐，才给他上了枷锁，押送平城。北魏献文帝拓跋弘宽恕了他，把他当作下等宾客对待，只供给他劣等衣服和粗粝的饭菜。后来，魏献文帝敬重他不肯屈节的精神，任命他为外都下大夫。从此，青州、冀州地区全部归属北魏。

【纲】夏六月，北魏献文帝立儿子拓跋宏为太子。冬十一月，北魏献文帝派遣使者前往宋朝重建友好关系。

【纲】六年（庚戌，470），夏六月，宋明帝任命南兖州刺史萧道成为黄门侍郎，不久又让他恢复原职。　【目】萧道成掌握军队日子久了，民间有人说他相貌不同寻常，宋明帝顿生疑心，便征召他担任黄门侍郎。萧道成心中恐惧，不想入朝任职，却没有留下的办法。参军荀伯玉教他派遣几十个骑兵深入北魏国境，北魏果然派流动作战的骑兵到边境巡逻。萧道成将此讯上报，宋明帝便让萧道成恢复原职。

【纲】辛亥（471），春二月，宋明帝杀死自己的弟弟晋平王刘休佑，任命巴陵王刘休若为南徐州刺史。

【纲】夏五月，宋明帝杀死自己的弟弟建安王刘休仁。

【纲】宋明帝任命袁粲为尚书令，褚渊为仆射。

【纲】秋七月，宋明帝杀死自己的弟弟巴陵王刘休若，任命桂林王刘休范为江州刺史。

【纲】宋以萧道成为散骑常待。 【目】道成被征,所亲以朝廷方诛大臣,多劝勿行。道成曰:"诸卿殊不见事,主上自以太子稚弱,剪除诸弟,何预他人!今唯应速发,不宜见疑。且骨肉相残,自非灵长之祚,祸难将兴,方与卿等戮力耳。"既至,拜散骑常侍。

【纲】八月,魏主弘传位于太子宏,自称太上皇帝。 【目】魏主聪睿夙成,刚毅有断;而好黄、老、浮屠之学,常有遗世之心。以尚书陆馛为太保,与太尉源贺持节奉玺绶传位于太子宏。时宏生五年矣,有至性,前年,魏主病痈,亲吮之。及是,悲泣不自胜。魏主问其故,对曰:"代亲之感,内切于心。"宏即位,群臣奏曰:"今皇帝幼冲,万机大政,陛下犹宜总之。谨上尊号曰太上皇帝。"从之。徙居北苑崇光宫,国大事乃以闻。

【纲】冬十一月,宋作湘宫寺。 【目】宋主以故第为湘宫寺,备极壮丽。新安太守巢尚之罢还,宋主谓曰:"卿至湘宫寺未?此是我大功德。"散骑侍郎虞愿侍侧曰:"此皆百姓卖儿贴妇钱所为,佛若有知,当慈悲嗟愍;罪高浮图,何功德之有!"宋主怒,使人驱下殿。

【纲】壬子,春二月,宋杀其扬州刺史江安侯王景文。 【目】宋主虑晏驾后,皇后临朝,景文或有异图,遣使赍手敕并药赐死。景文正与客棋,叩函看已,复置局下,神色不变,局竟,敛子纳奁毕,徐曰:"奉敕见赐以死。"方以敕示客,乃作墨启致谢,饮药而卒。

【纲】宋明帝任命萧道成为散骑常侍。 【目】萧道成被征召入朝,他的亲信认为朝廷正在诛杀大臣,许多人都劝他别去。萧道成说:"诸位还没有把事情看穿,皇上只因为太子年纪幼小,才消灭诸弟,别人有什么关系!现在,我只应火速出发,不该招惹嫌疑。而且,骨肉互相残杀,气运自然不会绵远久长。祸难即将发生,我正要与诸位勉力而为哩!"萧道成到京后,被任命为散骑常侍。

【纲】八月,北魏献文帝拓跋弘传位给太子拓跋宏,自称太上皇帝。 【目】魏献文帝自幼聪明机智,刚毅果断。但是,他喜爱黄老和佛家学说,常有超脱世俗的心愿。他任命尚书陆馛为太保,让他与太尉源贺握着符节,捧着玺印,把皇位传给太子拓跋宏。这时,拓跋宏已经五岁了。拓跋宏性情纯厚。前年,魏献文帝身上生了一个疮,拓跋宏亲自用嘴给魏献文帝吸脓。至此,拓跋宏忍不住伤心哭泣。魏献文帝问他哭什么,拓跋宏回答说:"代替父亲,使我感到内心悲切。"拓跋宏即位后,群臣上奏说:"现在皇帝年幼,陛下应该仍然总揽朝廷大政。让我们恭谨地向陛下献上尊号,请陛下称太上皇帝。"魏献文帝应允了大家的请求,迁到北苑崇光宫(今山西大同西北)去住,国家大事仍然要向他奏报。

【纲】冬十月,(应作十一月,见《资治通鉴》第133卷)宋明帝建造湘宫寺。 【目】宋明帝把自己的湘东王旧宅建为湘宫寺,极其壮丽。新安太守(治始新,今浙江淳安西)巢尚之解职回京,宋明帝对他说:"你去过湘宫寺了吗?这是我做的大功德。"散骑常侍虞愿侍立在宋明帝身边,这时就说:"这都是用百姓卖子典妻的钱建成的,如果佛祖有知,就会大发慈悲,为之哀叹,心生怜悯,哀叹难过。罪过比佛塔还高,有什么功德可言!"宋明帝大怒,让人把他赶下大殿。

【纲】壬子(472),春二月,宋明帝杀死扬州刺史江安侯王景文。【目】宋明帝担心自己死后,皇后临朝听政,也许王景文会有反叛的图谋,便派遣使者携带亲笔敕令和毒药,命令他自杀,王景文正在与宾客下棋,打开信封看罢,把敕令放在棋盘下面,神色不变。下棋结束后,王景文把棋子收到盒里,缓缓地说:"我接到皇上的命令,命我自杀。"他这才把敕令拿给宾客去看,于是写好向宋明帝谢恩的启奏,然后饮药自杀。

【纲】夏四月，宋主彧殂，太子昱立。　【目】宋主病笃，以桂阳王休范为司空，褚渊为护军将军，刘勔为右仆射，与尚书令袁粲、荆州刺史蔡兴宗、郢州刺史沈攸之并受顾命。渊素与萧道成善，荐之，诏以为右卫将军，共掌机事。宋主遂殂。太子昱即位，生十年矣。粲等秉政，承奢侈之后，务弘节俭，欲救其弊；而阮佃夫等用事，货赂公行，不能禁也。

苍梧王

【纲】癸丑，春二月，魏以孔乘为崇圣大夫。

【纲】冬十月，宋尚书令袁粲以母丧去职。

【纲】甲寅，夏六月，宋以萧道成为中领军。　【目】道成与袁粲、褚渊、刘秉更日入直决事，号为"四贵"。秋九月，宋以袁粲为中书监、领司徒，褚渊为尚书令，刘秉为丹阳尹。

【纲】丙辰，夏六月，魏太后冯氏弑其主弘，复称制。　【目】魏尚书李敷弟奕，得幸于冯太后，为太上所诛。冯太后由此怒太上。至是，密行鸩毒。大赦，改元，复临朝称制。

【纲】宋加萧道成左仆射，刘秉中书令。

顺帝

【纲】丁巳，秋七月，宋中领军萧道成弑其主昱，而立安成王准。自为司空、录尚书事。　【目】宋主昱自京口既平，骄恣尤甚。尝直入领军府，道成昼卧裸袒，昱令起立，画腹为的，引满将射之。道成敛板曰："老臣无罪。"乃更以骲箭，射中其脐。投弓大笑。道成忧惧，密与袁粲、褚渊谋废立。粲曰："主上幼年，微过易改。伊、霍之

【纲】夏四月，宋明帝去世，太子刘昱即位。 【目】宋明帝病情沉重，便任命桂阳王刘休范为司空，褚渊为护军将军，刘勔为右仆射，三人与尚书令袁粲、荆州刺史蔡兴宗、郢州刺史沈攸之一起接受临终遗命。褚渊一向与萧道成交好，便把他推荐给宋明帝，宋明帝下诏任命他为右卫将军，与褚渊等人共同掌管机要事务。接着，宋明帝去世，太子刘昱即位，这时他年仅十岁。袁粲等人执掌朝政，在宋明帝穷奢极侈之后，力求弘扬，节约检朴的风尚，希望能够消除以往的弊病。然而，阮佃夫等人当权，仍然贿赂公行，无法禁止。

苍梧王

【纲】癸丑（473），春二月，北魏任命孔乘为崇圣大夫。

【纲】冬十月，宋尚书令袁粲因母亲亡故而去职。

【纲】二年（甲寅，474），夏六月，宋苍梧王任命萧道成为中领军。 【目】萧道成与袁粲、褚渊、刘秉按日轮流入朝值班，裁决政务，号称"四贵"。秋九月，宋苍梧王任命袁粲为中书监，兼任司徒，褚渊为尚书令，刘秉为丹阳尹。

【纲】四年（丙辰，476），夏六月，北魏冯太后杀死太上皇拓跋弘，再度摄理朝政。 【目】北魏尚书李敷的弟弟李奕，由于与冯太后私通，被太上皇拓跋弘杀死。冯太后因此怀恨太上皇拓跋弘。至此，冯太后暗中下毒害死拓跋弘，宣布大赦罪囚，更改年号为承明，再次主持朝政，行使皇帝的权力。

【纲】宋苍梧王加任萧道成为左仆射，刘秉为中书令。

顺帝

【纲】丁巳（477），秋七月，宋朝的中领军萧道成杀死国君刘昱，另立安成王刘准，自任为司空、录尚书事。 【目】宋苍梧王刘昱自从平定京口事变后，更加骄傲放纵。有一次，他径直走进中领军官署，当时萧道成正光着身躺在那里，刘昱让萧道成站起来，在他的肚皮上画上箭靶，拉满了弓，就要放箭，萧道成拿着朝笏拱手说："老臣没有罪。"苍梧王便换上圆骨箭头，射中萧道成的肚脐，把弓丢开，哈哈大笑。萧道

事，非季世所行；纵使功成，亦终无全地。"渊默然。

越郡校尉王敬则潜自结于道成。道成命敬则阴结昱左右杨玉夫、杨万年、陈奉伯等；使伺机便。至是，昱乘露车，与左右于台冈赌跳，仍往青园尼寺，晚，至新安寺偷狗，饮酒醉，还。玉夫、万年刎其首。奉伯袖之。称敕开门，出，与敬则。敬则驰诣领军府。道成以太后令召诸大臣入议。王敬则拔刃跳跃曰："天下事皆应关萧公！敢有开一言者，血染敬则刃！"褚渊曰："非萧公无以了此。"道成乃下议迎立安成王。遂以太后令，数昱罪恶，追废为苍梧王。仪卫至东府门，安成王令门者勿开，以待袁司徒。粲至，乃入即位，时年十一。以道成为司空、录尚书事、骠骑大将军，出镇东府；刘秉为尚书令；袁粲镇石头。粲性冲静，每有朝命，常固辞，不得已乃就职。至是，知萧道成有不臣之志，阴欲图之，即日受命。

【纲】冬十一月，宋荆、襄都督沈攸之举兵江陵，讨萧道成。
【纲】宋中书监袁粲、尚书令刘秉，谋诛萧道成，不克而死。
【目】湘州刺史王蕴与沈攸之深相结。与袁粲、刘秉密谋诛道成。粲谋既定，将以告褚渊；众谓不可。粲曰："渊与彼虽善，岂容大作同异！"乃以谋告渊，渊即以告道成。道成遣戴僧静等攻粲。刘秉逾城走。粲下城谓其子最曰："本知一木不能止大厦之崩，但以名义至此。"僧静逾城独进，最以身卫粲，僧静直前斫之。粲谓最曰："我不失忠臣，汝不失孝子！"遂父子俱死。百姓哀之，为之谣曰："可怜石

成又愁又怕，暗中与袁粲策划废黜刘昱。袁粲说："皇上年幼，轻微的过失容易改正。伊尹流放太甲、霍光废黜昌邑王的先例，在衰世无法实行。即使成功，最终你也难以保全自己。"褚渊默不作声。

越骑（"骑"原作"郡"，误，据《资治通鉴》第134卷改）校尉王敬则暗中依附萧道成，萧道成命令王敬则私下交结刘昱的亲信杨玉夫、杨万年和陈奉伯等人，让他们寻找便利时机。至此，刘昱坐了一辆敞篷车子，与侍从人员去台冈打赌赛跳，然后前往青园尼姑寺，晚上前往新安寺偷狗杀了下酒，喝过酒，醉醺醺地往回走，杨玉夫、杨万年砍下刘昱的头颅，陈奉伯把头放在袖子里，声称皇上命令开门，出了门，就把人头交给王敬则。王敬则骑马火速前往中领军官署。萧道成以王太后的名义召集各位大臣入宫议事，王敬则拔出佩刀，一跃而起说："天下大事都应该由萧公处理决定！谁敢开口说一句话，我就让他一刀见血！"褚渊说："除了萧公，无人能够了结此事。"萧道成便提议迎立安成王刘准。于是，萧道成以王太后的名义发布命令，历数刘昱的罪恶，追废刘昱为苍梧王。迎接安成王刘准的仪仗来到东府门前，刘准命令守门人不要开门，等待袁粲前来。袁粲来到后，刘准才进宫即位，当时年仅十一岁。宋顺帝刘准任命萧道成为司空、录尚书事、骠骑大将军，让他出镇东府城（今江苏南京东），任命刘秉为尚书令，让袁粲镇守石头城。袁粲性情淡泊好静，每当朝廷对他有新的任命时，他经常再三推辞，推辞无效，才肯就职。这一次，袁粲知道萧道成有取代宋朝的野心，打算暗中对付他，所以当天就接受任命。

【纲】冬十一月，宋荆、襄都督沈攸之在江陵起兵讨伐萧道成。

【纲】宋中书监袁粲、尚书令刘秉策划诛杀萧道成，失败而死。
【目】湘州刺史王蕴与沈攸之深相交结，与袁粲、刘秉密谋诛杀萧道成。袁粲把计划确定下来后，准备把计划告诉褚渊，大家认为不妥。袁粲说："虽然褚渊与萧道成交好，岂容他大加反对！"便把计划告诉了褚渊，褚渊又立即告诉了萧道成。萧道成派遣戴僧静等人去攻打袁粲，刘秉翻越石头城逃走。袁粲走下城来，对儿子袁最说："本来我也知道一根木桩无法防止大厦崩塌，但我为了大义名分必须这样做。"戴僧静独自翻越城墙进城，袁最用身体护住袁粲，戴僧静径直上前，来杀

头城，宁为袁粲死，不作褚渊生！"秉父子亦为追者所杀。

【纲】沈攸之攻郢城，不克。

【纲】宋萧道成假黄钺，出顿新亭。　【目】道成谓参军江淹曰："天下纷纷，君谓何如？"淹曰："成败在德，不在众寡。公雄武有奇略，宽容而仁恕，贤能毕力，民望所归，奉天子以伐叛逆，五胜也。彼志锐而器小，有威而无恩，士卒解体，缙绅不怀，悬兵数千里而无同恶相济，五败也：虽豺狼十万，终为我获必矣。"

【纲】戊午，春正月，宋沈攸之军溃，走死。萧道成自为太尉，都督十六州诸军事。

【纲】秋九月，宋萧道成自为太傅、扬州牧，加殊礼。　【目】道成欲倾宋室，夜召长史谢朏，屏人与语，久之，朏无言，道成虑朏难提烛小儿，取烛遣出，朏又无言；道成乃呼左右。王俭知其旨，他日，请间言于道成曰："公今名位，故是经常宰相，宜绝礼群后，微示变革。然当先令褚公知之。"少日，道成造褚渊，曰："我梦得官。"渊曰："今授始尔，恐一二年间未容便移。"道成还以告俭。俭曰："褚未达耳。"即倡议加道成太傅，假黄钺。道成谓所亲任遐曰："褚公不从，奈何？"遐曰："彦回惜身保妻子，非有奇才异节；遐能制之。"渊果无违异。诏进道成假黄钺、大都督中外诸军事、太傅、领扬州牧，剑履上殿，入朝不趋，赞拜不名。

他们。袁粲说:"我不失为忠臣,你也不失为个孝子!"于是父子二人一起被杀。百姓哀悼他们,为他们唱出歌谣:"可怜石头城,宁作袁粲死,不作褚渊生!"刘秉父子也被追兵杀死。

【纲】沈攸之攻打郢州城(治夏口城,今河北武昌西南黄鹄山上),未能取胜。

【纲】宋萧道成在仪仗中用天子专用的黄钺,出屯新亭(在今江苏南京南)。 【目】萧道成对参军江淹说:"现在天下乱纷纷的,你有何高见?"江淹说:"成功与失败全在恩德,不在兵力多少。你勇武善战而又谋略超群;宽宏大量而又仁爱宽恕,贤才能人愿意为你尽力,民心都归向于你,你又遵奉天子,讨伐叛逆,这是你的五条胜利的原因。沈攸之锐意进取而器量狭小,只有威严而没有恩德,将士人心离散,士大夫不肯拥戴,孤军深入数千里而没有同党相助,这是他的五条失败的原因。即使沈攸之拥有十万劲旅,也一定会被我们擒获。"

【纲】二年(戊午,478),春正月,宋朝的沈攸之军崩溃,沈攸之在败逃途中自杀。萧道成自任为太尉,都督十六州诸军事。

【纲】秋九月,宋萧道成自任为太傅、扬州牧,宋顺帝对他加授特别尊贵的礼仪。 【目】萧道成打算推翻宋朝,在夜间召见长史谢朏,摒退外人,与他谈话。过了许久,谢朏还没有说话。萧道成考虑谢朏见屋中还有提着灯烛的童子,因而感到为难,便要过灯烛,把童子打发走了,但是谢朏仍然没有说话。于是萧道成把身边侍从人员叫了回来。王俭看出萧道成的用意,后来他请求与萧道成密谈说:"就你的名望地位而言,当宰相本是天经地义。你最好在礼节上超过诸王,稍微显示有所变革,但是这件事应当先让褚渊知道。"没过几天,萧道成去看望褚渊说:"我梦见自己得到新的官位。"褚渊说:"现在刚刚任命你担任新职,恐怕一两年间不会再任新职。"萧道成回来,把褚渊的话告诉了王俭,王俭说:"褚渊还没有想通。"便倡议加任萧道成为太傅,授与黄钺。萧道成对亲信任遐说:"如果褚公不肯同意,怎么办?"任遐说:"褚渊舍不得一死,要保全妻子儿女,没有高出众人的才能和节操,我能制服他。"果然,褚渊再无异议。宋顺帝颁诏进升萧道成为假黄钺、大都督中外诸军事、太傅、领扬州牧,允许他带着剑、穿着鞋上殿,入

右宋八主，合六十年。

朝是不用细步快走，传呼时不用直呼其名。

以上宋八主，合六十年。

齐纪(附北魏)

太祖高帝

【纲】己未,春正月,宋以谢朏为侍中。

【纲】三月,宋萧道成自为相国,封齐公,加九锡。

【纲】夏四月,齐公道成进爵为王。

【纲】齐王道成称皇帝,废宋主为汝阴王,徙之丹阳。以褚渊为司空。 【目】宋主下诏禅位于齐,而不肯临轩。王敬则勒兵入迎,启譬令出,宋主收泪谓曰:"欲见杀乎?"敬则曰:"出居别宫耳。官先取司马家亦如此。"宋主泣而弹指曰:"愿后身世世勿复生天王家!"是日,百僚陪位。侍中谢朏在直,当解玺绶,阳为不知,曰:"有何公事?"传诏云:"解玺绶授齐王。"朏曰:"齐自应有侍中。"乃引枕卧。传诏惧,使朏称疾,朏曰:"我无疾,何所道!"遂朝服步出。乃以王俭为侍中,解玺绶。礼毕,宋主出就东邸。司空褚渊奉玺绶,诣齐宫劝进。齐王即皇帝位。奉宋主为汝阴王,筑宫丹阳,置兵守卫。以褚渊为司徒。

【纲】齐褚渊、王俭等进爵有差。 【目】处士何点戏谓人曰:"我作《齐书》已竟,其赞曰:'渊既世族,俭亦国华,不赖舅氏,遑恤国家。'"点,尚之之孙也。渊、俭母皆宋公主,故点云然。

【纲】五月,齐主道成弑汝阴王,灭其家。

【纲】齐立世子赜为太子,诸子皆封王。

【纲】庚申,冬十二月,齐以褚渊为司徒。 【目】渊入朝,以腰

太祖高帝

【纲】乙未(479),春正月,宋顺帝任命谢朏为侍中。

【纲】三月,宋萧道成自任为相国,进封齐公,加授九锡。

【纲】夏四月,刘公萧道成进爵为齐王。

【纲】齐王萧道成称皇帝,废黜宋顺帝为汝阴王,把他迁徙到丹阳(即小丹阳,在今安徽当涂东北)。萧道成还任命褚渊为司空。 【目】宋顺帝颁布诏书,将帝位禅让给齐王萧道成,却不愿意到殿前亲自参加禅让仪式。王敬则率领军队进宫来迎,多方开导,让宋顺帝出来。宋顺帝止住哭泣,对王敬则说:"打算杀死我吗?"王敬则说:"只是让你到别宫居住而已。从前你家取代司马家也是这样做的。"宋顺帝流着眼泪,捻弹着手指说:"但愿我来生世世代代都不再降生在帝王家中!"这一天,百官都陪同参加萧道成的即位典礼。侍中谢朏正在值班,应该去让宋顺帝交给玺印。但是,他佯装不知,还问:"有什么公事吗?"负责传达诏书的人说:"你应该去解下玺印,授给齐王。"谢朏说:"齐王自然应该有自己的侍中。"便拿过枕头,躺了下来。负责传达诏书的人害怕了,让谢朏托称有病,谢朏却说:"我没有病,怎能这样说!"于是,他穿着朝服,徒步离去。萧道成便任命王俭为侍中,让他去取玺印。禅让仪式结束后,宋顺帝离宫,住进东边地方官员进京时住的官邸。司空褚渊捧着玺印,前往齐王宫,请萧道成即位。齐王萧道成即皇帝位,封宋顺帝为汝阴王,让他在丹阳修建宫室,并派兵守卫。齐高帝任命褚渊为司徒。

【纲】齐褚渊、王俭等人进升爵位不等。 【目】处士何点与人开玩笑说:"我已经写完《齐书》,我作的论赞是:'褚渊既是世家大族,王俭也是国家精华,他们连舅舅都丢开,岂会顾惜国家!"何点是何尚之的孙子。褚渊和王俭的母亲都是宋朝的公主,所以何点才这么说。

【纲】五月,齐高帝萧道成杀死汝阴王,屠灭他的全家。

【纲】齐高帝立世子萧赜为太子,诸子都封为王爵。

【纲】庚申(480),冬十二月,齐高帝任命褚渊为司徒。 【目】褚

扇障日。征虏功曹刘祥曰："作如此举止，羞面见人，扇障何益！"渊曰："寒士不逊！"祥曰："不能杀袁、刘，安得免寒士！"祥好文章，性刚疏，撰《宋书》，讥斥禅代；王俭以闻，徙广州卒。

【纲】壬戌，春三月，齐主道成殂，太子赜立。 【目】高帝沉深有大量，博学能文。性清俭，主衣中有玉导，上曰："留此正长病源！"即命击碎；仍简按有何异物，皆随此例。每曰："使我治天下十年，当使黄金与土同价。"

【纲】夏六月，齐立子长懋为太子。
【纲】秋，齐南康公褚渊卒。 【目】渊卒，世子贲耻其父失节，服除，遂不仕，以爵让其弟蓁，屏居墓下终身。

世祖武帝

【纲】癸亥，夏闰四月，魏子恂生。 【目】魏主后宫林氏生子恂。冯太后以恂当为太子，赐林氏死，自抚养之。

【纲】秋七月，齐以王僧虔为特进光禄大夫。 【目】初，齐主以侍中王僧虔为光禄大夫、开府仪同三司。僧虔固辞开府，谓兄子俭曰："汝行登三事；我若受此，是一门二台司也，吾实惧焉。"累年不拜，至是，许之，加特进。

【纲】冬十月，荧惑逆行入太微。 【目】齐有司请禳之，齐主曰："应天以实不以文，我克己求治，思隆惠政，灾若在我，禳之奚益！"

渊进宫朝见时，用扇子遮蔽日光。征虏将军府功曹刘祥说："做出这种事情来，没脸见人，用扇子就能遮掩得了吗！"褚渊说："寒酸书生出言不逊。"刘祥说："我不能杀死袁粲和刘秉，怎能不当寒酸书生！"刘祥喜爱文墨，性情刚正，不拘小节，曾撰写《宋书》，讥讽斥责萧道成取代宋室。王俭将此事上奏齐高帝，刘祥被流放到广州，死在那里。

【纲】壬戌（482），春三月，齐高帝萧道成去世，太子萧赜即位。
【目】齐高帝深沉难测，气量很大，学识渊博，能写文章。他生性清雅俭朴，看到衣服储藏室里有一个玉导，就说："留着它恰好滋生弊端！"当即命人把玉导打碎，让人检查还有什么奇异物品，一律按照玉导之例处理。他经常说："假如我有十年时间治理天下，就能让黄金与泥土同价。"

【纲】夏六月，齐武帝立儿子萧长懋为太子。

【纲】秋季，齐南康公褚渊去世。　【目】褚渊去世，世子褚贲对父亲的失节行为感到耻辱，在服丧期满后，便不再做官，把爵位让给弟弟褚蓁，自己终生在褚渊的坟墓旁边隐居。

世祖武帝

【纲】癸亥（483），夏闰四月，北魏孝文帝的儿子拓跋恂降生。
【目】北魏孝文帝后宫的林氏生了拓跋恂。冯太后鉴于拓跋恂会成为太子，便命令林氏自杀，由自己抚养拓跋恂。

【纲】秋七月，齐武帝任命王僧虔为特进、光禄大夫。　【目】起初，齐武帝任命侍中王僧虔光禄大夫、开府仪同三司。王僧虔坚决推辞开府仪同三司的委任。对哥哥的儿子王俭说："你快要升为三公了，如果我再接受这一任命，这就是一家出了两个宰相，我实在深感恐惧。"便一连几年没有接受任命。至此，齐武帝答应下来，只给他加授特进。

【纲】冬十月，火星逆行，进入太微垣。　【目】齐朝有关官员请求举行祭祀，驱除灾祸。齐武帝说："顺应上天要靠实际行动，不在文饰。我严格约束自己，寻求治国之道，希望德政大行。如果灾祸是针对我来的，祭祷驱邪又有什么用处！"（此条在《资治通鉴·齐纪》中系于二月，所记本事亦不是火星逆行）

【纲】十二月,魏始禁同姓为婚。

【纲】甲子,春正月,齐以竟陵王子良为司徒。 【目】子良,齐主之子也。少有清尚,倾意宾客,开西邸,多聚古人器服以充之。范云、萧琛、任昉、王融、萧衍、谢朓、沈约、陆倕并以文学见亲,号曰:"八友"。柳恽、王僧孺、江革、范缜、孔休源亦预焉。

子良笃好释氏,招致名僧讲论,或亲为赋食、行水。范缜盛称无佛。子良曰:"君不信因果,何得有富贵、贫贱?"缜曰:"人生如树花同发,随风而散,或拂帘幌坠茵席之上,或关篱墙落粪溷之中。坠茵席者,殿下是也;落粪溷者,下官是也。贵贱虽殊,因果何在!"子良无以难。缜又著《神灭论》,以为:"形者神之质,神者形之用也。神之于形,犹利之于刀;未闻刀没而利存,岂容形亡而神在哉!"子良使王融谓之曰:"卿才美,何患不至中书郎;而故乖刺为此,甚可惜也!宜急毁之。"缜大笑曰:"使缜卖论取官,已至令、仆矣。"

萧衍好筹略,有文武才干,王俭深器之,曰:"萧郎出三十,贵不可言。"

【纲】冬十月,齐以长沙王晃为中书监。 【目】齐旧制;诸王在都,唯得置捉刀四十人。至是,晃自南徐刺史罢还,私载数百人仗。齐主闻之,大怒,遂不被亲宠。武陵王晔多才艺而疏悻,亦无宠。尝侍宴,醉伏地,貂抄肉料。帝笑曰:"肉汗貂。"对曰:"陛下爱羽毛而疏骨肉。"帝不悦。

【纲】乙丑,夏五月,齐以王俭领国子祭酒。 【目】自宋世祖好文章,士大夫无专经者。俭少好《礼》学及《春秋》,言论造次必

【纲】十二月，北魏开始禁止同姓通婚。

【纲】二年（甲子，484），春正月，齐武帝任命竟陵王萧子良为司徒。　【目】萧子良是齐武帝的儿子。他从小志趣清高，诚心交结宾客。他在西郊建了一所住宅，把收集的许多古代器物服饰陈列其中。范云、萧琛、任昉、王融、萧衍、谢朓、沈约、陆倕都因博学多识，善写文章而与萧子良交往密切，号称"八友"。柳恽、王僧孺、江革、范缜、孔休源也与萧子良经常往来。

萧子良笃信佛教。他请有名的僧人来讲论佛法，有时还亲自为僧人端水送饭。范缜极力主张佛并不存在，萧子良说："你不相信因果，富贵与贫贱又是怎么来的？"范缜说："人生下来就如树上同时开了许多花朵，花朵随风飘散，有的拂过锦帘绣幕，落在褥垫上，有的越过篱笆围墙，落到粪坑里。落在褥垫上的，就是殿下了；落在粪坑里的，就是下官了。虽然贵贱悬殊，因果又在哪里？"萧子良无法反驳。范缜又写了一篇《神灭论》，该文为："形体是精神的本源，精神是形体的效用。精神对于形体来说，犹如锋利之于刀刃。没听说过刀刃没了。却仍有锋利存在，怎能说形体消亡了，却仍有精神存在呢！"萧子良让王融对范缜说："你很有才华，还愁不能升到中书侍郎吗？但是你故意发表乖谬的言论，太可惜了！你最好赶紧把文章毁掉。"范缜放声大笑，回答说："如果出卖理论，换取官位，我已经升到尚书令或尚书仆射了！"

萧衍喜欢运用谋略，文武全才。王俭很器重他，说："萧郎三十岁后贵不可言。"

【纲】冬十月，齐武帝任命长沙王萧晃为中书监。　【目】齐朝以往的制度规定：诸王在京城只能设置四十个手执武器的仪仗人员。至此，萧晃由南徐州刺史任上解职回家，私自带来好几百人的仪仗。齐武帝得知后大怒，于是萧晃不再受宠。武陵王萧晔多才多艺，直率任性，也不受宠。有一次，萧晔参加齐武帝举行的宴会，醉倒在地，朝冠上的貂尾从肉盘上擦过，齐武帝笑着说："肉汤把貂尾沾脏了。"萧晔回答："陛下爱惜羽毛，疏远骨肉。"齐武帝很不愉快。

【纲】乙丑（485），夏五月，齐武帝让王俭兼任国子祭酒。　【目】自从宋孝武帝喜爱文章词赋以来，士大夫中无人专攻经学。王俭从小喜

于儒者，由是衣冠翕然，更尚儒术。俭作解散髻，斜插簪；朝野多慕效之。俭尝谓人曰："江左风流宰相，唯有谢安。"意以自比也。上深委仗之，士流选用，奏无不可。

【纲】丁卯，春正月，魏光绿大夫咸阳公高允卒。 【目】允历事五帝，出入三省，五十余年，未尝有谴；冯太后及魏主甚重之。允仁恕简静，虽处贵重，情同寒素；执书吟览，昼夜不去手；诲人以善，恂恂不倦；笃亲念故，无所遗弃。显祖徙青、徐望族于代，其人多允婚媾，流离肌寒；允倾家赈施，咸得其所，又随其才行，荐之于朝。议者多以初附间之，允曰："任贤使能，何有新旧！必若有用，岂可以此抑之！"至是卒，年九十八。

【纲】冬十二月，魏以高祐为西兖州刺史。 【目】魏主问秘书令高祐曰："何以止盗？"对曰："昔宋均立德，猛虎渡河；卓茂行化，蝗不入境。况盗贼，人也；苟守宰得人，治化有方，止之易矣。"又言："今之选举，不采识治之优劣，专简年劳之多少，非所以尽人才也。若停薄艺，弃朽劳，唯才是举，则官方穆矣。又劝旧之臣，才非抚民者，可加以爵赏，不宜委以方任，所谓王者可私人以财，不私人以官者也。"魏主善之。祐出镇滑台。命县立讲学，党立小学。

【纲】己巳，冬十二月，齐以张绪领扬州中正，江斅为都官尚

欢《礼》学以及《春秋》学，随便开口说话，讲的准是儒学，由此，士大夫又纷纷崇尚儒学。王俭把自己的头发梳成"解散髻"，斜插发簪，朝野人士仰慕风采，大都效仿。有一次，王俭对别人说："江东的风流宰相，只有谢安。"意思是把自己比作谢安。齐武帝对他非常信赖，在士人选拔任用方面，王俭推荐的人无不得到批准。

【纲】丁卯（487），春正月，北魏的光禄大夫咸阳公高允去世。
【目】高允前后事奉过五位皇帝，在三省担任要职，历时五十多年，从没受过谴责，冯太后和魏孝文帝都很尊重他。高允仁厚宽容，朴素恬静，虽然位尊任重，却有平民的感情。他手拿书籍，吟咏流览，日夜不离其手。他教导别人向善，态度诚恳，不知疲倦。他真心对待亲人，顾念朋友，没有人被他遗忘。北魏献文帝把青州、徐州有声望的势家豪族迁徙到代郡（治平城，今山西大同东），其中有许多人是高允的姻亲，他们流离失所，忍饥挨饿。高允竭尽家财去接济他们，使他们都得到安顿，还根据他们的才能与品行，把他们推荐给朝廷。议论朝政的人们多数以那些人刚刚归附为理由进行挑拨离间，高允说："任用贤才能人，还要分旧人新人吗！如果他们确实有用，怎能因此抑制他们！"至此，高允去世，时年九十八岁。

【纲】冬十二月，北魏任命高祐为西兖州（治滑台，今河南滑县）刺史。　【目】北魏孝文帝问秘书令高祐说："怎样才能防止盗贼？"高祐回答说："从前，宋均推行德政，猛虎渡过淮河离去；卓茂推行教化，蝗虫不飞入他的辖境。况且盗贼也是人，如果郡县长官选任得人，善于治理教化，防止盗贼就容易了。"他还说："现在，选拔任用官吏，不论见识高低和政绩好坏，专门考查年资长短和劳苦多少，这不是人尽其才的办法。倘若能够不提拔才艺不高的人，再抛开劳而无功的人，唯才是用，官府就会气象整肃了。再者，对那些没有治民才能的有功老臣，可以赏给他们封爵，但不宜委派他们担任地方长官。这就是人们所说的'帝王可以凭个人意志赏给别人钱财，但是不能凭个人意志赏给别人官职'的意思了。"北魏孝文帝认为此言甚善。高祐离京镇守滑台，命令各县设立学校，乡村设立小学。

【纲】己巳（489），冬十二月，齐武帝让张绪兼任扬州中正，江敩

书。【目】长沙王晃属张绪用吴兴闻人邕，绪不许。晃便固请，绪正色曰："此是身家州乡，殿下安得见逼！"中书舍人纪僧真得幸于齐主，容表有士风，请于齐主曰："臣出自武吏，阶荣至此；无复所须，唯就陛下乞作士大夫。"齐主曰："此由江斆、谢瀹，可自诣之。"僧真诣斆，登榻坐定，斆顾左右曰："移吾床远客！"僧真丧气而退，告齐主曰："士大夫故非天子所命！"

【纲】庚午，秋九月，魏太后冯氏殂。
【纲】壬申，春，魏修尧、舜、禹、周公、孔子之祀。
【纲】冬，齐诏太子家令沈约撰《宋书》。
【纲】齐遣使如魏。　【目】魏主甚重齐人，亲与谈论，顾谓群臣曰："江南多好臣。"侍臣李元凯对曰："江南多好臣，岁一易主；江北无好臣，百年一易主。"魏主甚惭。

【纲】癸酉，春正月，齐以陈显达为江州刺史。　【目】显达自以门寒位重，每迁官，常有愧惧之色，戒其子勿以富贵陵人；而诸子多事豪侈，显达曰："麈尾、蝇拂是王、谢家物，汝不须捉此！"取而烧之。

【纲】齐太子长懋卒。夏四月，齐主立其孙昭业为太孙。
【纲】秋七月，魏主立其子恂为太子。
【纲】魏诏大举伐齐。　【目】魏主以平城地寒，六月雨雪，风沙常起，将迁都洛阳；恐群臣不从，乃议大举伐齐，欲以胁众。命太常卿王谌筮之，遇《革》。魏主曰："，'汤、武革命，顺乎天而应乎人。'吉孰大焉！"任城王澄曰："陛下奕叶重光，帝有中土；今出师而得革命之象，未为全吉也。"魏主厉声曰："社稷，我之社稷，任城欲沮众邪！"澄曰："社稷虽为陛下之有，臣为社稷之臣，安可知

担任都官尚书。【目】长沙王萧晃嘱咐张绪任用吴兴（治乌程，今浙江湖州）的闻人邕，张绪没有答应。萧晃派人再三说情，张绪面色严肃地说："这里是我管辖的州郡，殿下怎么能够逼迫我！"中书舍人纪僧真得到齐武帝的宠爱，他的仪容外表很有士大夫风度。他向齐武帝请求说："我是下级武吏出身，官阶荣显到现在这个样子，再没有别的要求，只想求陛下让我当一个士大夫。"齐武帝说："这要通过江敩的谢瀹，你可以亲自去找他们。"纪僧真去见江江敩，登到榻上坐定，江敩看了看身边的人说："把我的床移得离客人远点！"纪僧真垂头丧气地退出来，告诉齐武帝："士大夫原来不是天子所能任命的！"

【纲】庚午（490），秋九月，北魏太后冯氏去世。

【纲】壬申（492），春季，北魏祭祀尧、舜、禹、周公、孔子。

【纲】冬季，齐武帝下诏令太子家令沈约撰修《宋书》。

【纲】齐武帝派遣使者前往北魏。【目】北魏孝文帝对齐国人士很尊重，亲自与来使交谈，还回头对群臣说："江南多良臣。"侍臣李元凯回答说："江南多良臣，一年便换一个皇帝。江北没有良臣，一百年才换一个皇帝。"魏孝文帝非常惭愧。

【纲】癸酉（493），春正月，齐武帝任命陈显达为江州刺史。【目】陈显达认为自己门第寒微而地位尊贵，每当升官时，常有惭愧惶恐的神色。他告诫儿子不要依仗富贵去欺凌别人，但是他的儿子们多半讲究豪华奢侈。陈显达说："麈尾和蝇拂是王家谢家用的物品，你不应该手里拿这种东西！"他便把麈尾和蝇拂拿来烧掉。

【纲】齐太子萧长懋去世。夏四月，齐武帝立孙子萧昭业为太孙。

【纲】秋七月，北魏孝文帝立儿子拓跋恂为太子。

【纲】北魏孝文帝颁诏大规模攻打齐国。【目】由于平城气候寒冷，六月仍然下雪，风沙经常刮起，北魏孝文帝便准备将都城迁徙到洛阳（今河南洛阳）。他担心群臣不肯顺从，便计议大规模攻打齐国，打算借此强迫大家南下。魏孝文帝命令太常卿王谌占卜凶吉，结果遇到《革》卦。魏孝文帝说："成汤、周武王推翻前朝，顺乎天意，符合人心。'没有比这更吉利的了！"任城王拓跋澄说："陛下累世传承辉煌业绩，得以称帝中原。现在准备出兵时得到成汤、周武王推翻前朝的

危而不言邪！"魏主还宫，召澄屏人谓曰："平城，用武之地，非可文治。移风易俗，其道诚难。朕欲因此迁宅中原，卿以为何如？"澄曰："陛下欲卜宅中土以经略四海，此周、汉之所以兴隆也。"魏主曰："北人习常恋故，必将惊扰，奈何？"澄曰："非常之事，故非常人之所及。陛下断自圣心，彼亦何所能为！"魏主曰："任城，吾之子房也！"于是戒严。齐主闻之，亦发扬、徐民丁，广设召募以备之。

【纲】齐主赜殂，太孙昭业立。以竟陵王子良为太傅，萧鸾为尚书令。　【目】世祖留心政事，务总大体，严明有断，郡县久于其职。长吏犯法，封刃行诛。故永明之世，百姓丰乐，盗贼屏息。然颇好游宴，华靡之事，常言恨之，未能顿遣。

【纲】魏主发平城。

【纲】九月，魏主至洛阳，罢兵。　【目】魏主至洛阳，霖雨不止。诏诸军前发。魏主戎服，执鞭乘马而出。群臣稽颡于马前，曰："今者之举，天下所不愿，臣不知陛下独行何之？臣等敢以死请！"魏主乃谕群臣曰："今者兴发不小，动而无成，何以示后！苟不南伐，当迁都于此。"南安王桢进曰："'成大功者不谋于众'。今陛下苟辍南伐之谋，迁都洛邑，此臣等之愿，苍生之幸也。"群臣皆呼万岁。时旧人虽不愿内徙，而惮于南伐，无敢言者，遂定迁都之计。李冲曰："愿陛下暂还代都，俟经营毕功，然后临之。"魏主曰："朕将巡省州郡，至邺小停，春首即还，未宜归北。"乃遣任城王澄还平城，谕留司百官曰："此真所谓革矣。王其勉之！"又使将军于烈还镇平城。

卦象，还不能算完全吉利。"魏孝文帝厉声说："国家，是我的国家，你想阻止大家南下吗！"拓跋澄说："虽然国家是陛下的，但我是国家大臣，怎能明知危险而不进言呢！"魏孝文帝回宫后，召见拔跋澄，摒退外人，对他说："平城是用武之地，不能推行文治。要想移风易俗，做起来确实艰难。朕打算借机迁都中原，你认为怎样？"拓跋澄说："陛下打算迁都中原，以便筹划征服四海，这正是周朝、汉朝兴盛的原因。"魏孝文帝说："北方火习惯平日的风俗，依恋以往的生活，肯定会因迁都而惊扰，你看如何是好？"拓跋澄说："不平凡的业绩，本来就不是平凡人所能做的。决定出于陛下的圣心，那些人还有什么办法！"魏孝文帝说："任城王，你就是我的张良！"于是实行戒严。齐武帝得知这一消息，也征发扬州和徐州的成年百姓，并四处招募士兵，防御北魏。

【纲】齐武帝萧赜去世，皇太孙萧昭业即位，任命竟陵王萧子良为太傅，萧鸾为尚书令。　【目】齐武帝留心政务，力求总揽全局，严明果断，郡县长官能长期任职。如果长官触犯法令，齐武帝便派使者前去诛杀。所以，在永明年间，百姓富足安乐，盗贼销声匿迹。然而，齐武帝很喜欢游乐饮宴，对于奢华浪费的行为，虽然时常表示反对，可是他自己也不能马上戒除。

【纲】北魏孝文帝从平城出发。

【纲】九月，北魏孝文帝来到洛阳，停止用兵。　【目】北魏孝文帝来到洛阳，雨一直连绵不止。魏孝文帝下诏命令各军继续进发，他本人全副武装，手拿马鞭，骑马出发。群臣在魏孝文帝马前叩头说："如今的举动，天下人都不满意，我们不知道陛下偏要出发，究竟要到哪里去。我们斗胆冒死请求停止进兵。"于是魏孝文帝对群臣说："现在调兵出征规模不小，已经行动却没有成效，怎么对后世去说！假使不攻打南方，就应该迁都到这里。"南安王拓跋桢上前说："'要成就伟大的功业，不必与众人商量'。现在，如果陛下终止攻打南方的计划，把都城迁到洛阳，这是我们的愿望，也是苍生的幸福！"群臣都高呼万岁。当时，虽然鲜卑旧部不愿意迁到内地来，但是又害怕去攻打南方，因而没有人敢发言反对，于是魏孝文帝决定了迁都大计。李冲说："希望陛下暂时返回京城平城，等修建工程告竣后，再来新都不迟。"魏孝文帝

【纲】冬十月,魏营洛都。

【纲】魏以王肃为辅国将军。 【目】王肃见魏主于邺,陈伐齐之策。魏主与之言,不觉促席移晷。自是器遇日隆,人莫能间。或屏左右,语至夜分,自谓相得之晚。时魏主方议兴礼乐,变华风,凡威仪文物,皆肃所定。

高宗明帝

【纲】甲戌,春三月,魏主还平城。

【纲】秋七月,齐萧鸾弑其君昭业而立新安王昭文,自为骠骑大将军、录尚书事,封宣城公。 【目】是时,萧谌、萧坦之握兵权,仆射王晏总尚书事。西昌侯鸾以废立之谋告晏及丹阳尹徐孝嗣,皆从之。鸾虑事变,以告坦之,坦之驰谓谌,谌惶遽从之。鸾使谌先入,自引兵入云龙门。齐主闻变,犹为手敕呼萧谌,俄而谌引兵入阁,齐主拔剑自刺,不入,舆接而出。行至西弄,弑之。以太后令,追废昭业为郁林王,迎立新安王昭文。吏部尚书谢瀹方与客棋,闻变,竟局,还卧,竟不问外事。大匠虞悰窃叹曰:"王、徐遂缚袴废天子,天下岂有此理邪!"新安王即位,年十五。以鸾为骠骑大将军、录尚书事、扬州刺史,封宣城郡公。

说:"朕准备巡视各个州郡,到邺城稍停一时,明年开春就返回洛阳,所以不能再回北方。"便派任城王拓跋澄返回平城,晓示留守百官说:"这才真是所谓'革'哩。你们诸王好自为之吧。"魏孝文帝又让将军于烈回军镇守平城。

【纲】冬十月,北魏营建都城洛阳。

【纲】魏孝文帝任命王肃为辅国将军。　　【目】王肃在邺城拜见魏孝文帝,陈述攻打齐国的计策。魏孝文帝与他谈话时,不由自主地把座位向前挪动,连日影移动了都不知道。从此,魏孝文帝对王肃日益器重,日益优待,没有人能从中挑拨离间。有时,魏孝文帝摒退外人,与王肃一直交谈到半夜时分,自认为与王肃相见太晚。当时,魏孝文帝正计议振兴礼乐,将鲜卑习尚改变成汉人风俗,凡是礼仪文物制度,都由王肃制定。

高宗明帝

【纲】甲戌(494),春三月,北魏孝文帝返回平城。

【纲】秋七月,齐萧鸾杀死国君萧昭业,另立新安王萧昭文,自任为骠骑大将军、录尚书事,封宣城公。　　【目】这时,萧谌和萧坦之掌握兵权,仆射王晏总揽尚书事务。西昌侯萧鸾将废立的打算告诉王晏和丹阳尹徐孝嗣,两人都同意了。萧鸾担心事情发生变化,便把计划告诉萧坦之,萧坦之又火速通知萧谌,萧谌惶恐不安地答应下来。萧鸾让萧谌先行进宫,自己率领军队进入云龙门。齐帝萧昭业得知发生变故后,还在写亲笔手令去叫萧谌前来援救。一会儿,萧谌领兵进入寿昌阁,齐帝萧昭业拔出剑来,向自己刺去,但是没有刺进去,被用轿子抬出宫去。走到西巷时,萧鸾将萧昭业杀死。萧鸾以太后的名义发布命令,追废萧昭业为郁林王,迎接新安王萧昭文,立他为帝。吏部尚书谢瀹正在与宾客下棋,听到变乱的消息后,仍然把棋下完,然后回去躺下睡觉,始终不去过问外边发生的事情。大匠虞惊暗自感叹说:"王晏、徐孝嗣竟然穿上军服去废黜天子,天下哪有这种道理!"新安王萧昭文即位,当时十五岁,齐帝萧昭文任命萧鸾为骠骑大将军、录尚书事、扬州刺史,封宣城郡公。

【纲】九月，魏主考绩，黜陟百官。 【目】初，魏主诏："三载考绩，即行黜陟；各令当曹考其优劣为三等。"于是亲临朝堂，黜陟百官。又谓陆叡曰："人言'北俗质鲁，何由知书！'然今知书者甚众，顾学与不学耳。朕修百官，兴礼乐，其志固欲移风易俗。使卿等子孙渐染美俗，闻见广博耳。"

【纲】齐宣城公鸾杀鄱阳王锵等七人。

【纲】冬十月，齐宣城公鸾自为太傅、扬州牧，进爵为王。【目】鸾谋继大统，多引名士与参筹策。侍中谢朓心不愿，乃求出为吴兴太守。至郡，致酒数斛，遗其弟吏部尚书瀹曰："可力饮此，勿预人事！"

【纲】鸾虽专政，人情未服。自以胜有赤志，以示王洪范而谓之曰："人言此是日月相，卿幸勿泄！"洪范曰："公日月在躯，如何可隐，当转言之！"

【纲】齐宣城王鸾杀衡阳王钧等四人。

【纲】魏主发平城。

【纲】齐宣城王鸾废其主昭文为海陵王而自立。 【目】鸾以皇太后令，废昭文为海陵王而自立。以王敬则为大司马，陈显达为太尉。尚书虞悰称疾不陪位，齐主鸾欲引参佐命，使王晏喻之。悰曰："主上圣明，公卿戮力，宁假朽老以赞维新乎！不敢闻命。"因恸哭。朝仪欲纠之，徐孝嗣曰："此亦古之遗直。"乃止。

【纲】十一月，齐立子宝卷为太子。
【纲】魏主至洛阳。
【纲】齐主鸾弑海陵王。

【纲】九月，北魏孝文帝考核官吏的政绩，据此升降百官。【目】起初，魏孝文帝颁诏说："每三年对官吏进行一次政绩考核，当即实行贬黜或提升。命令各单位长官考核所属官吏的优劣，分为三等。"这时，魏孝文帝亲临朝堂，升降百官。魏孝文帝对陆叡说："人们常说'鲜卑风俗质朴粗鲁，哪会读书识字！'然而，现在读书识字的人很多，只不过看你肯不肯学习了。朕整饬百官，振兴礼乐，其目的就是要移风易俗，使你们的子孙后代逐渐受到美好习俗的熏陶，开阔眼界，增长见识。"

【纲】齐宣城公萧鸾杀死鄱阳王萧锵等七人。

【纲】冬十月，齐国的宣城公萧鸾自任为太傅、扬州牧，进爵宣城王。【目】萧鸾谋求继承帝位，招延许多知名人士参与策划。侍中谢朓内心很不愿意，便要求离京担任吴兴太守。来到吴兴后，他把好几斛酒送给他的弟弟吏部尚书谢瀹说："可以努力喝酒，不要过问人事！"

【纲】虽然萧鸾已经把持了朝廷大权，但是人心仍未归服。他让王洪范看自己肩胛上的红痣，对他说："人们说这是日月之相，万望你不要泄露出去！"王洪范说："你身上有日月之相，怎么可以隐瞒，我会转告别人的。"

【纲】齐宣城王萧鸾杀死衡阳王萧钧等四人。（此时萧鸾杀了桂阳王萧铄、衡阳王萧钧、江夏王萧锋、建安王萧子真、巴陵王萧子伦，共五人）

【纲】魏孝文帝从平城出发。

【纲】齐宣城王萧鸾废黜齐帝萧昭文为海陵王，自立为帝。【目】萧鸾以皇太后的名义颁布诏令，废黜齐帝萧昭文为海陵王，自立为帝。任命王敬则为大司马，陈显达为太尉。尚书虞悰托称有病，不肯陪同出席萧鸾的即位典礼。齐明帝萧鸾打算请他参与辅佐建立新朝，便让王晏去开导他。虞悰说："皇上神圣英明，公卿齐心合力，难道还需要我这个老朽来帮助新朝吗！我不敢接受命令。"便痛哭起来。执掌朝廷礼仪的官员打算弹劾虞悰，徐孝嗣说："这也是古人刚正不阿的遗风。"这才作罢。

【纲】十一月，齐明帝立儿子萧宝卷为太子。

【纲】北魏孝文帝来到洛阳。

【纲】齐明帝萧鸾杀死海陵王萧昭文。

【纲】十二月,魏禁胡服。

【纲】魏主自将伐齐。

【纲】十二月,北魏禁止穿著胡人的服装。

【纲】北魏孝文帝亲自率军攻打齐国。

纲鉴易知录卷三七

齐纪（附北魏）

高宗明帝

【纲】乙亥，春二月，魏主攻钟离，不克。遣使临江数齐主之罪而还。

【纲】夏四月，魏主如鲁城祠孔子，封其后为崇圣侯。 【目】魏主如鲁城，亲祠孔子，拜孔氏四人、颜氏二人官，仍选诸孔宗子一人封崇圣侯，奉孔子祀。命修其墓，建碑铭。

【纲】五月，魏主至洛阳。

【纲】六月，魏禁胡语，求遗书，法度量。

【纲】秋八月，魏立国子太学、四门小学。

【纲】魏以薛聪为直阁将军。 【目】魏主好读书，手不释卷，又善属文，诏策皆自为之。好贤乐善，情如饥渴，所与游接，常寄以布素之意，如李冲、李彪、高闾、王肃之徒，皆以文雅见亲，贵显用事；制礼作乐，蔚然可观，有太平之风焉。

治书侍御史薛聪，弹劾不避强御，魏主或欲宽贷，聪辄争之。魏主每曰："朕见聪，不能不惮，况诸人乎！"自是贵戚敛手。累迁直阁将军，魏主外以德器遇之，内以心膂为寄，亲卫禁兵，委聪管领，时政得失，动辄匡谏，而厚重沈密，外莫窥其际。每欲进以名位，辄苦让不受。魏主亦雅相体悉，谓之曰："卿天爵自高，固非人爵之所能荣也。"

【纲】九月，魏六宫、文武迁于洛阳。

高宗明帝

【纲】乙亥（495），春二月，北魏孝文帝攻打钟离（今安徽凤阳东北），未能攻克，便派使者面对长江历数齐明帝的罪行，然后撤回。

【纲】夏四月，北魏孝文帝前往鲁城（今山东曲阜东北旧曲阜县城）祭祀孔子，封孔子的后人为崇圣侯。【目】北魏孝文帝前往鲁城，亲自祭祀孔子，封孔氏四人、颜氏二人为官，在各孔氏宗族中选择一位孔子的后人，封为崇圣侯，让他承续对孔子的祭祀。魏孝文帝还命令修整孔子的坟墓，树立碑刻铭文。

【纲】五月，北魏孝文帝来到洛阳。

【纲】六月，北魏禁止使用胡人语言，搜集图书，统一度量衡。

【纲】秋八月，北魏设立国子学、太学和四门小学。

【纲】北魏孝文帝任命薛聪为直阁将军。【目】北魏孝文帝喜欢读书，手不释卷，并且善于写文章，诏书策命都是亲自执笔写成。他赏识贤才，乐于为善，那种迫切的心情简直是如饥似渴。对那些与自己交往接触的人，他通常有一种平民间相交的意味，如李冲、李彪、高闾、王肃等人，都凭自己才学出众、风度高雅而受到亲近，地位显贵，在朝中当权。他制定礼仪，创制音乐，成绩蔚然可观，出现了太平治世的气象。

治书侍御史薛聪，履行弹劾的职责决不回避强暴的权贵。有时，魏孝文帝打算宽恕某人，薛聪总是据理力争。魏孝文帝时常说："朕见到薛聪，不能不心怀忌惮，何况别人呢！"从此，贵臣皇戚都不敢恣意妄为。薛聪历经升迁，官至直阁将军，北魏孝文帝不仅赏识薛聪的品德和器识而加以礼遇，而且把他当做心腹任用，亲卫禁军便委派他管领。对于朝政得失，薛聪总是提出劝谏，但又忠厚稳重，深沉慎密，外人无法探测他的内心。每当魏孝文帝打算提升他的官职时，他总是苦苦推让，不肯接受。魏孝文帝也很能体会他的用心，对他说："上天给你的爵位本来就是很高，人世间的爵位自然不能为你增加荣耀！"

【纲】九月，北魏孝文帝的六宫眷属和文武百官都迁到洛阳。

【纲】冬十二月，魏班品令，赐冠服。 【目】魏主见群臣于光极堂，宣下品令，光禄勋于烈子登引例求迁官，烈表曰："圣明之朝，理应谦让，而登引例求进；是臣素无教训，乞行黜落！"魏主曰："此乃有识之言，不谓烈能辨此！"乃引见登，谓曰："以卿父有谦逊之美，直士之风，进卿校尉。"魏主谓群臣曰："国家从来有一事可叹：臣下莫肯公言得失是也。夫人君患不能纳谏，人臣患不能尽忠。自今朕举一人，如有不可，卿等直言其失；若有才能而朕所不识，卿等亦当举之。得人有赏，不言有罪。"

【纲】魏行太和五铢钱。

【纲】丙子，春正月，魏改姓元氏，初定族姓。 【目】魏主下诏，以为"北人谓土为'拓'，后为'跋'。魏之先出于黄帝，以土德王，故为拓跋氏。夫土者，黄中之色，万物之元也；宜改姓元氏。"

魏主雅重门族，以范阳卢敏、清河崔宗伯、荥阳郑羲、太原王琼四姓，衣冠所推，咸纳其女以充后宫。又诏以："代人穆、陆、贺、刘、楼、于、嵇、尉八姓，勋著当世，位尽王公，勿充猥官，一同四姓。"

魏主与群臣论选调，李冲曰："今日何为专取门品，不拔才能？傅说、吕望岂可以门地得之！"魏主曰："非常之人，旷世乃有一二耳。"李彪曰："鲁之三卿，孰若四科？"韩显宗曰："陛下岂可以贵袭贵，以贱袭贱！"魏主曰："必有高明卓然、出类拔萃者，朕亦不拘此制。"

【纲】冬十二月，北魏颁布官品令，把朝冠朝服赏赐给百官。
【目】北魏孝文帝在光极堂会见群臣，宣布官品令。光禄勋于烈的儿子于登援例要求升官，于烈上表说："在神圣英明的君主当朝之际，理应谦让，于登却援例，要求升官，这都怪我平时对他缺少教育，请罢免我的官职！"魏孝文帝说："这番话很有见识，没想到于烈能做到这一点！"便召见于登，对他说："由于你父亲有谦逊的美德、正直人士的风度，提升你当校尉。"魏孝文帝对群臣说："国家向来有一件事情使人感叹：这就是臣属不肯公开议论朝廷的得失。君主最忌不能纳谏，人臣最忌不能尽忠。今后，朕举用一个人，如有不当，你们也要直言朕的差失。如果朕没有识别出有才能的人，你们也应当加以推荐。推荐人才得当的有赏，不肯直言的有罪。

【纲】北魏颁行太和五铢钱。

【纲】丙子（496），春正月，北魏皇室改为姓元，初次确定了各族的姓氏。　【目】魏孝文帝颁布的诏书认为："鲜卑人把'土'称作'拓'，把'王'称作'跋'。魏国的先人出于黄帝，依据土德治理天下，所以称作拓跋氏。土是纯正中和的黄色，是万物的本元，所以皇室宜改姓元氏。"

魏孝文帝很重视世家大族。由于范阳（治涿县，今河北涿州东北）卢敏、清河（治青阳，今河北南宫东南）崔宗伯、荥阳（治大栅城，今河南荥阳）郑羲、太原（治晋阳，今山西太原西南）王琼四家，受到士大夫的推崇，便选四家的女儿来充实后宫。魏孝文帝又颁诏规定："代郡（今山西大同东）的鲜卑人穆、陆、贺、刘、楼、于、嵇、（嵇：原作'稽'，据《魏书·官氏志》改）尉八姓，在当世功勋卓著，已经均居王公之位，不能充任地位卑贱的官职，应与卢、崔、郑、王四姓一视同仁。"

魏孝文帝与群臣讨论选拔调动官员问题，李冲说："现在为什么专门根据门第等级任官，而不根据才能选拔？难道傅说、吕望可以根据门第找到吗！"魏孝文帝说："这种非凡的人物，几百年才出现一二人而已。"李彪说："鲁国的季孙、孟孙、叔孙三卿比得上孔门德行、语言、政事、文学四科的人才吗？"韩显宗说："陛下怎可让高贵者世袭高贵的地位，让卑贱者世袭卑贱的地位！"魏孝文帝说："如果出现见识高

【纲】二月,魏诏:"群臣听终三年丧。"

【纲】三月,齐诏:"去乘舆金银饰。" 【目】齐主志慕节俭,故有是诏。太官元日上寿,有银酒枪,齐主欲坏之;王晏等咸称盛德,卫尉萧颖胄曰:"朝廷盛礼,莫若三元。此器旧物,不足为侈。"齐主不悦。后遇曲宴,银器满席。颖胄曰:"陛下前欲坏酒枪,恐宜移在此器。"齐主甚惭。

【纲】秋八月,魏太子恂有罪,废为庶人。 【目】恂不好学;体素肥大,苦河南地热,常思北归。魏主赐之衣冠,恂常私著胡服。中庶子高道悦数切谏,恂恶之。谋轻骑奔平城,手刃道悦于禁中。魏主大骇,引见群臣,议欲废之。太傅穆亮、太保李冲免冠谢,帝曰:"'大义灭亲',古人所贵。恂欲违父逃叛,跨据恒、朔,天下之恶孰大焉!若不去之,乃社稷之忧也"乃废恂为庶人,置于河阳无鼻城,以兵守之。

【纲】冬十月,魏置常平仓。

【纲】魏除逋亡缘坐法。 【目】初,魏主以有罪徙边者多逋亡,乃制一人逋亡,阖门充役。光州刺史崔挺谏曰:"善人少,恶人多。若一人有罪,延及阖门,则司马牛受桓魋之罚,柳下惠婴盗跖之诛,岂不哀哉!"魏主从之。

【纲】丁丑,春正月,魏立子恪为太子。三月,魏主杀其故太子恂。 【目】恂既废,颇自悔过。中尉李彪表恂复与左右谋逆,魏主赐恂死。

明、才能卓越、出类拔萃的人物，朕也会不受这一制度的限制。"

【纲】二月，北魏孝文帝颁诏："允许群臣为父母亲守丧三年。"

【纲】三月，齐明帝颁诏："除去皇帝车驾上的金银装饰。" 【目】齐明帝决心提倡节俭的风尚，所以颁布此诏。负责皇帝膳食的官员在正月初一献酒祝寿，所用器皿中有一个银质的温酒器，齐明帝打算将它毁掉，王晏等人都称颂齐明帝的美德。卫尉萧颖胄说："朝廷的隆重礼典，没有比得上元旦的。这个器皿是前朝旧物，不算奢侈。"齐明帝很不高兴。后来，齐明帝举办私宴，宴席上摆满银质器皿。萧颖胄说："以前陛下打算毁掉温酒器，恐怕现在应该毁掉这满席的酒器。"齐明帝非常羞愧。

【纲】秋八月，北魏太子元恂犯罪，被废为庶人。 【目】元恂不喜欢学习，一向身体肥胖，受不了黄河以南地区的炎热天气，经常想回北方。魏孝文帝赐给他汉族衣帽，元恂却经常私穿胡人的服装。中庶子高道悦多次直言劝告，元恂深感厌恶，打算轻装骑马跑回平城（在今山西大同东），在宫中亲手杀死高道悦。魏孝文帝大为震惊，便召见群臣，准备废黜元恂。太傅穆亮、太保李冲摘去帽子，自认罪责，魏孝文帝说："'大义灭亲'，为古人所推崇。元恂打算违抗父命，私自逃走，发动叛乱，占据恒、朔二州，天下还有比这更大的罪恶吗！如果不废黜他，就会成为国家的忧患。"便把元恂废黜为庶人，安置在河阳（今河南孟县西的无鼻城（今河南孟县东），并派兵看守。

【纲】冬十月，（十月：《资治通鉴》作"闰十二月"）北魏设置常平仓。

【纲】北魏废除株连逃亡者家属的法令。 【目】起初，由于有许多流放边疆的罪犯逃亡，魏孝文帝便下令一人逃亡，全家流放服役。光州（治掖县，今山东掖县）刺史崔挺劝谏说："好人少，坏人多。如果一人犯罪，牵连全家，司马牛就会因哥哥桓魋而受到惩罚，柳下惠就会因哥哥盗跖而遭到诛杀，岂不令人痛心！"魏孝文帝接受了这一建议。

【纲】丁丑（497），春正月，北魏孝文帝立儿子元恪为太子。三月，魏孝文帝杀死原来的太子元恂。 【目】元恂被废黜后，对自己的过错深感后悔。中尉李彪揭发元恂与亲信策划反叛，孝文帝便命令元恂自杀。

【纲】戊寅，夏四月，齐大司马王敬则反会稽，至曲阿，败死。
【目】齐大司马、会稽太守王敬则，自以高、武旧将，心不自安。齐主外虽礼之，而内实相疑，闻其衰老，且居内地，故得少宽。敬则世子仲雄善琴，齐主以蔡邕焦尾琴借之。仲雄作《懊憹歌》曰："常叹负情侬，郎今果行许。"又曰："君行不净心，那得恶人题！"齐主愈猜愧。会疾病，乃以张瓌为平东将军、吴郡太守，以防敬则。敬则闻之，曰："东今有谁，只是欲平我耳！东亦何易可平！"徐州行事谢朓，敬则子婿也。敬则子幼隆遣人告之，朓执其使以闻。敬则遂举兵反，帅实甲万人过浙江。张瓌遣人拒之，闻鼓声，皆散走，瓌逃民间。五月，齐主诏前军司马左兴盛、将军胡松等筑垒于曲阿长冈。敬则急攻之，松引骑兵突其后；敬则军大败，斩之。

谢朓以功迁吏部郎。三让，不许。中书疑朓官未及让，祭酒沈约曰："近世小官不让，遂成恒俗。谢今所让，又别有意。夫让出人情，岂关官之大小邪！"

【纲】秋七月，魏省宫掖费用以给军赏。
【纲】齐以萧衍为雍州刺史。

【纲】齐主鸾殂，太子宝卷立。【目】齐主初有疾；甚秘之，至是殂。太子宝卷即位，恶灵在太极殿，欲速葬，尚书令徐孝嗣固争，得逾月。每当哭，辄云喉痛。大中大夫羊阐入临，无发，俯仰帻脱，宝卷辍哭大笑，谓左右曰："秃鹜啼来乎！"

【纲】戊寅（498），夏四月，齐朝大司马王敬则在会稽（治山阴，今浙江绍兴）反叛，来到曲阿（今江苏丹阳），战败被杀。 【目】齐朝大司马、会稽太守王敬则认为自己是齐高帝、齐武帝时的旧将，内心感到不安。虽然齐明帝表面对他礼数周全，内心实际上却在怀疑他，只是听说他年老体弱，而且住在内地，所以才对他稍稍放心。王敬则的世子王仲雄善于弹琴，齐明帝将蔡邕的焦尾琴借给他。王仲雄弹唱《懊侬歌》，歌词是："常叹我遇负情人，情郎果真是如此。"又唱道："你行事时心不净，怎怪别人批评你！"齐明帝愈发愧疲，对他也更加猜疑。适逢齐明帝得了重病，便任命张瓌为平东将军、吴郡（治吴县，今江苏苏州）太守，以提防王敬则。王敬则闻讯说："东边还能有谁？只是想来平定我罢了！东边又怎么那么容易平定！"徐州行事谢朓是王敬则的女婿，王敬则的儿子王幼隆打发人把情况告诉他，他逮捕来使，上报朝廷。于是王敬则起兵反叛，率领一万甲兵渡过浙江，张瓌派人抵抗，才一听到鼓声，便纷纷四散逃去，张瓌逃到民间。五月，齐明帝下诏命令前军司马左兴盛、将军胡松等人在曲阿（今江苏丹阳）长冈筑起营垒。王敬则发起猛攻，胡松率领骑兵从背后冲击王敬则军，王敬则军大败，本人被杀。

谢朓因功被升任为吏部侍郎。谢朓推辞了三次，都未获准。中书省的官员怀疑谢朓担任的官职还不够表示推让的资格，祭酒沈约说："近代以来，小官不用推让，已经成为惯例。现在谢朓表示推让，又有别的用意。出于推让人情与官职大小有什么关系！"

【纲】秋七月，北魏减少宫廷费用，以供军中赏赐。

【纲】齐明帝任命萧衍为雍州（治襄阳，今湖北襄阳县襄阳镇）刺史。

【纲】齐明帝萧鸾去世，太子萧宝卷即位。 【目】齐明帝最初得病时，严防消息外传，至此去世。太子萧宝卷即位，不愿意让灵柩放在太极殿中，打算赶紧入葬，尚书令徐孝嗣一再力争，才得以停放了一个多月。每当哭灵时，萧宝卷就说自己喉咙痛。大中大夫羊阐进去哭灵，由于没有头发，哭得前仰后合时巾帻脱落，萧宝卷停止哭泣，放声大笑，对身边的人说："秃鹙哭起来啦！"

东昏侯

【纲】己卯,春正月,齐遣太尉陈显达帅师侵魏。

【纲】魏后冯氏有罪,退处后宫。
【纲】魏以彭城王勰为司徒。
【纲】二月,齐师取魏马圈、南乡。三月,魏主自将御之,齐师败绩。
【纲】夏四月,魏主宏殂于谷塘原,后冯氏伏诛,太子恪立。

【纲】秋八月,齐主杀其仆射江祏、侍中江祀。始安王遥光起兵东城,右将军萧坦之讨平之。

【纲】闰月,齐主杀其仆射萧坦之、领军刘暄。冬十月,齐主杀其司空徐孝嗣、将军沈文季。
【纲】庚辰,春正月,齐豫州刺史裴叔业以寿阳叛,降于魏。魏遣司徒彭城王勰镇之。
【纲】夏四月,齐遣将军崔慧景将兵讨寿阳。慧景还兵,奉江夏王宝玄逼建康,兵败,皆死。 【目】齐主遣平西将军崔慧景将水军讨寿阳,过广陵数十里,会诸军士曰:"吾荷三帝厚恩,当顾托之重,幼主昏狂,朝廷坏乱;危而不扶,责在今日。欲与诸君共建大功以安社稷,何如?"众皆响应。于是还军向广陵,司马崔恭祖纳之。齐主遣左兴盛督诸军以讨之。

慧景济江。遣使奉江夏王宝玄为主,宝玄斩其使,而密与相应,分部军众,随慧景向建康。攻竹里,拔之。万副儿说慧景曰:"今平路皆为台军所断,不可议进;惟宜从蒋山龙尾上,出其不意耳。"慧景从之,分遣千余人,鱼贯缘山,自西岩夜下,鼓噪临城。台军惊散,宫门闭,慧景引众围之。左兴盛走逃淮渚,慧景擒杀之。

东昏侯

【纲】己卯（499），春正月，齐国派遣太尉陈显达率领军队侵犯北魏。

【纲】北魏皇后冯氏罪行败露，退居后宫。

【纲】北魏孝文帝任命彭城王元勰为司徒。

【纲】二月，齐军占领北魏的马圈城（今河南邓县东北）和南乡县（今河南淅川东南）。三月，北魏孝文帝亲自率领军队抵御齐军，齐军大败。

【纲】夏四月，北魏孝文帝在谷塘原（今河南邓县东西）去世，皇后冯氏被处死，太子元恪即位。

【纲】秋八月，齐东昏侯杀死仆射江祏、侍中江祀。始安王萧遥光在东府城（今江苏南京东）起兵，右将军萧坦之将讨伐并平定了萧遥光的变乱。

【纲】闰八月，齐东昏侯杀死仆射萧坦之、领军刘暄。冬十月，齐东昏侯杀死司空徐孝嗣、将军沈文季。

【纲】庚辰（500），春正月，齐豫州刺史裴叔业据寿阳（今安徽寿县）反叛，投降北魏。北魏派司徒彭城王元勰镇守寿阳。

【纲】夏四月，齐国派将军崔慧景率领军队讨伐寿阳。崔慧景回军拥奉江夏王萧宝玄进逼建康，结果兵败，两人全都死去。【目】齐主东昏侯派平西将军崔慧景率领水军讨伐寿阳，走过广陵（今江苏扬州）几十里地时，召集将士们说："我深受三位先帝的厚恩，又肩负着明帝临终托孤的重任。可是幼主昏庸狂妄，朝廷混乱败坏，国家倾危，无人匡扶，今天正是我们尽责的时候。我打算与诸位共同建立大功，安定国家，不知意下如何？"大家纷纷响应。于是，崔慧景回军向广陵进发，司马崔恭祖迎接崔慧景进城。齐主东昏侯派左兴盛督率各军讨伐崔慧景。

崔慧景渡过长江，派使者拥奉江夏王萧宝玄为盟主。萧宝玄杀死来使，却暗中与崔慧景互相呼应，部署军队，跟随崔慧景向建康进发，崔慧景军进攻并占领竹里山（在今江苏句容北）。万副儿劝崔慧景说："如今平坦的道路都被朝廷军切断，不能从这里进军。应该从蒋山（即钟山，在今江苏南京内）龙尾道攀登上去，就出其不意了。"崔慧景依言而行，分别派出一千多人，沿蒋山鱼贯而上，夜间从西边山岩上冲

时豫州刺史萧懿将兵在小岘，齐主遣密使告之。懿方食，投箸而起，自采石济江。慧景独遣崔觉将数千人度南岸，战败，慧景将腹心数人潜去，为人所杀。宝玄逃亡，数日乃出，齐主杀之。

初，慧景欲交处士何点，点不顾。及围建康，逼召点；点往赴之，日谈佛义，不及军事。慧景败，齐主欲杀点。萧畅曰："点若不诱贼共讲，未易可量。以此言之，乃应得封！"齐主乃止。

【纲】齐以萧懿为尚书令。
【纲】秋八月，齐后宫火。 【目】齐后宫火。时嬖幸之徒皆号为"鬼"。有赵鬼者，能读《西京赋》，言于齐主曰："柏梁既灾，建章是营。"齐主乃大起芳乐、玉寿等诸殿，以麝涂壁，刻画装饰，穷极绮丽。后宫服御，极选珍奇，凿金为莲花以贴地，令潘妃行其上，曰："此步步生莲花也。"嬖幸因缘为奸利，课一输十。百姓困尽，号泣道路。

【纲】冬十月，齐主杀其尚书令萧懿。 【目】初，齐主出入无度，或劝懿因其出门，举兵废之。懿不听。嬖臣茹法珍等惮懿，说齐主曰："懿将行隆昌故事。"齐主然之。长史徐曜甫知之，密具舟江渚，劝懿奔襄阳。懿曰："自古皆有死，岂有叛走尚书令邪！"至是，齐主赐懿药于省中。懿且死，曰："家弟在雍，深为朝廷忧之。"

【纲】十一月，齐雍州刺史萧衍起兵襄阳，行荆州事萧颖胄亦以南康王宝融起兵江陵。 【目】萧衍闻懿死，夜召张弘策等入宅定

下来，擂鼓呐喊，兵临城下。朝廷军惊惶逃散，宫门紧闭，崔慧景率众包围宫城。左兴盛逃到秦淮河边，崔慧景将他捉获杀死。

当时，豫州刺史萧懿率领军队驻扎在小岘山（今安徽合肥东），齐东昏侯派遣密使告难。萧懿正在吃饭，便丢下筷子，挺身而起，从采石（今安徽当涂西北）横渡长江。崔慧景只派崔觉带领几千人渡过秦淮河，来到南岸，结果被萧懿打败。崔慧景带领几个心腹人员暗中离去，被人杀死。萧宝玄逃亡，躲了几天，才又露面，齐主东昏侯将他杀死。

起初，崔慧景打算与处士何点结交，何点不予理睬。及至崔慧景包围建康，逼迫何点来见，何点前去赴召，每天谈论佛学义理，不涉及军事。崔慧景失败后，齐主东昏侯打算杀死何点。萧畅说："如果何点不引诱崔贼一起谈论佛学，结局难以估量。由此而言，就应该受封！"齐主东昏侯这才罢休。

【纲】齐主东昏侯任命萧懿为尚书令。

【纲】秋八月，齐朝后宫失火。 【目】齐朝后宫失火。当时，受宠爱的侍臣都称作"鬼"。有一个赵鬼，能读《西京赋》，便用赋中言词对东昏侯说："柏梁台遭火灾后，建章宫于是营建起来。"东昏侯便大力营建芳乐、玉寿等宫殿，用麝香涂刷墙壁，以雕刻彩绘作为装饰，极为华丽。后宫嫔妃服装用物，都极力选用珍奇的物品。东昏侯叫人用黄金刻成莲花，贴在地上，让潘妃在莲花上面行走，说："这就是步步生莲花。"宠臣乘机从中渔利，规纳税以一索十。百姓困顿到极点，只好在道路在哭号。

【纲】冬十月，齐主东昏侯杀死尚书令萧懿。 【目】起初，齐主东昏侯外出毫无节制，有人劝萧懿趁东昏侯出门时起兵将他废掉，萧懿不听。宠臣茹法珍等人忌惮萧懿，便劝东昏侯说："萧懿将要重演隆昌年间杀害郁林王的旧事。"东昏侯认为讲得很对。长史徐曜甫得知此事后，暗中在长江边准备好船只，劝萧懿逃奔襄阳。萧懿说："人生自古都有一死，何时有过叛逃的尚书令呢！"至此，东昏侯把毒药送到尚书省，赐给萧懿，萧懿临死前说："家弟萧衍就在雍州，我深为朝廷担忧。"

【纲】十一月，齐朝的雍州刺史萧衍在襄阳起兵，行荆州事萧颖胄也以南康（治赣县，今江西赣州西南）王萧宝融的名义在江陵（今湖北

议。明日,集僚佐谓曰:"昏主暴虐,当与卿等共除之!"时南康王宝融为荆州刺史,长史萧颖胄行府州事,齐主遣参军刘山阳就颖胄兵袭襄阳。衍知其谋,遣将军王天虎诣江陵,遍与州府书,声云:"山阳西上,并袭荆、雍。"颖胄疑未决;山阳至巴陵,衍复令天虎赍书与颖胄及其弟颖达。山阳迟回不上,颖胄大惧,夜呼参军席阐文等闭斋定议。阐文曰:"萧雍州蓄养士马,非复一日,必不可制;就能制之,岁寒复不为朝廷所容。今若杀山阳,与雍州举事,立天子以令诸侯,则霸业成矣。山阳既不信我,今斩送天虎,则彼疑可释。至而图之,罔不济矣。"颖达亦劝颖胄从阐文计。诘旦,颖胄谓天虎曰:"卿与刘辅国相识,今不得不借卿头!"乃斩天虎送山阳,山阳大喜,单车诣颖胄。伏兵斩之。乃以南康王宝融教纂严以萧衍都督前锋,颖胄都督行留诸军事。

颖胄送刘山阳首于萧衍,衍遂表劝宝融尊号;不许。十二月,颖胄及司马夏侯详移檄建康州郡,数齐主及梅虫儿、茹法珍罪恶。夏侯详之子亶为殿中主帅,自建康亡归。称奉宣德太后令:"南康王(宜)纂承皇祚,方俟清宫,未即大号;可封十郡为宣城王、相国、荆州牧,选百官。"

初,陈显达、崔慧景之乱,上庸太守韦睿曰:"陈虽旧将,非命世才;崔颇更事,懦而不武;其赤族宜矣。定天下者,殆必在吾州将乎!"乃遣二子自结于萧衍。及衍起兵,睿帅郡兵二千倍道赴之。冯道根居母丧,亦帅乡人子弟来赴。

江陵）起兵。　【目】萧衍得知萧懿的死讯后,连夜召开张弘策等人进宅商定对策。第二天,萧衍召集僚佐,对他们说:"昏君残暴,应该与诸位一齐除掉他!"当时南康王萧宝融担任荆州刺史,长史萧颖胄代理府州事务。东昏侯派遣将军刘山阳利用萧颖胄的军队袭击襄阳。萧衍得知这一计划后,便派遣参军(参军:原作"将军",据《资治通鉴》卷143改)王天虎前往江陵,给各州府都送去书信,声称:"刘山阳西进,将要同时袭击荆、雍二州。"萧颖胄犹豫不决。刘山阳抵达巴陵(今湖南岳阳)时,萧衍又让王天虎携带书信交给萧颖胄和他弟弟萧颖达。刘山阳徘徊不前,萧颖胄大为恐惧,连夜叫来参军席阐文等人,关上书房门,商定对策。席阐文说:"萧衍积蓄兵力,已经不是一天,肯定难以制服。即使能将他制服,最终朝廷仍然容不下我们。现在,如果杀死刘山阳,与雍州共同起事,另立天子,号令诸侯,就能成就霸业了。既然刘山阳不相信我们,现在就杀死王天虎,把首级送交刘山阳,就可以消除他的怀疑,等刘山阳到我们这里来时,再下手杀他,就无不成功了。"萧颖达也劝萧颖胄采用席阐文的计策。第二天早晨,萧颖胄对王天虎说:"你与刘山阳相识,现在不得不借用你的人头!"便杀死王天虎,把人头送交刘山阳。刘山阳大喜,独自坐着一辆车来见萧颖胄,萧颖胄设下伏兵,将他杀死。于是萧颖胄以南康王萧宝融的名义下令戒严,任命萧衍为都督前锋诸军事,萧颖胄为都督留诸军事。

萧颖胄把刘山阳的首级送给萧衍,萧衍随即上表劝萧宝融称帝,萧宝融没有答应。十二月,萧颖胄以及司马夏侯详向建康和各州郡发出檄文,历数东昏侯以及梅虫儿、茹法珍的罪恶。夏侯详的儿子夏侯亶担任殿中主帅,这时也从建康逃回来,声称奉宣德太后的命令,"南康王萧宝融可以继承皇位,只是有待清洗昏君奸臣,不能马上就用帝号。可授给十郡封地,封为宣城王、相国、荆州牧,允许自选百官。"

起初,陈显达、崔慧景发动变乱时,上庸(今湖北竹山西南)太守韦睿说:"虽然陈显达是高、武两朝旧将,但不是治世的人才。崔慧景很有阅历,但是性情懦弱,缺乏威武的气概。恐怕他们遭受灭族之祸是在所难免了。能够平定天下的人物,大约必定是我州的将领啦!"便打发两个儿子去交结萧衍。及至萧衍起兵时,韦睿率领本郡军队两千

和帝

【纲】辛巳，春正月，齐南康王宝融称相国。萧衍发襄阳。

【纲】二月，齐萧衍围郢城。

【纲】三月，齐相国南康王宝融废其君宝卷为涪陵王而自立。

【纲】秋八月，齐萧衍克寻阳。

【纲】九月，齐萧衍引兵东下。 【目】齐主宝融诏萧衍，若定京邑，得以便宜从事。衍留郑绍叔守寻阳，引兵东下，谓曰："卿，吾之萧何、寇恂也。"比克建康，绍叔督江、湘粮运，未尝乏绝。

【纲】冬十月，齐萧衍围建康。

【纲】十二月，齐人弑涪陵王宝卷。萧衍入建康，以太后令追废宝卷为东昏侯，自为大司马，承制。 【目】衍入屯阅武堂，下令大赦。凡昏制谬赋，淫刑滥役，悉皆除荡。潘妃有国色，衍欲留之，以问领军王茂，茂曰："亡齐者此物，留之恐贻外议。"乃并茹法珍等诛之。

【纲】齐大司马衍执豫州刺史马仙琕、吴兴太守袁昂，既而释之。右齐七主合二十四年

人兼程前去投奔。冯道根在为亡母守丧，这时也率领本乡子弟赶来投奔萧衍。

和帝

【纲】辛巳（501），春正月，齐朝南康王萧宝融称相国，萧衍从襄阳率领军队出发。

【纲】二月，齐朝萧衍包围郢城。

【纲】三月，齐朝相国南康王萧宝融废黜齐帝萧宝卷为涪陵王，自立为帝。

【纲】秋八月，齐朝萧衍攻克寻阳（治柴桑，今江西九江西南）。

【纲】九月，齐朝萧衍率领军队东进。　【目】齐和帝萧宝融下诏告知萧衍，如果平定京城，可以随机行事。萧衍留下郑绍叔防守寻阳，自己率领军队东进，并对郑绍叔说："你便是我的萧何、寇恂！"直至攻克建康，郑绍叔督运江州、湘州的粮食，从没有接济不上的时候。

【纲】冬十月，齐朝萧衍包围建康。

【纲】十二月，齐人杀死涪陵王萧宝卷。萧衍进入建康，以太后的命令追废萧宝卷为东昏侯，自任为大司马，以秉承皇帝旨意的名义行使权力。　【目】萧衍进驻阅武堂，下令大赦。凡是不合理的规章和赋税、过度滥用的刑罚和徭役，一律废除。潘妃极其漂亮，萧衍打算把她留下，就此征求领军王茂的意见。王茂说："使齐朝灭亡的就是这个女人，如果留下她，恐怕招致外界的非议。"萧衍便将潘妃连同茹法珍等人一起杀掉。

【纲】齐明大司马萧衍捉住豫州刺史马仙琕、吴兴、太守袁昂，不久又将二人释放。

梁纪(附北魏)

高祖武帝

【纲】壬午,春正月,齐大司马衍迎宣德太后入宫称制;二月,衍自为相国,封梁公,加九锡。 【目】初,衍与范云、沈约、任昉同在竟陵王西邸,至是,引云为咨议,约为司马,昉为记室,参谋议。谢朓、何胤先弃官居家,衍奏征为军谘祭酒,朓、胤皆不至。衍内有受禅之志,沈约进曰:"齐祚已终,明公当承其运,虽欲谦光,不可得已。"衍曰:"吾方思之。"约曰:"公初建牙樊、沔,此时应思;今王业已成,何所复思!若天子还都,公卿在位,则君臣分定,无复异心,岂复有人方更同公作贼!"衍然之。召云等告之,云对略同约旨。衍曰:"我起兵三年矣,诸将不为无功,然成帝业者,卿二人也。"乃诏进衍位相国、扬州牧,封十郡为梁公,备九锡,置百司。

【纲】梁公衍进爵为王。

【纲】三月,齐主发江陵,以萧憺都督荆、湘六州军事。

【纲】夏四月,梁王衍称皇帝,废齐主为巴陵王,迁太后于别宫。封拜其功臣有差。

【纲】梁主衍弑巴陵王于姑孰,齐御史中丞颜见远死之。【目】梁主欲以南海郡为巴陵国,徙王居之。沈约曰:"不可慕虚名而受实祸。"梁主领之,乃使所亲郑伯禽诣姑孰,以生金进王。王曰:"我死不须金,醇醪足矣。"乃饮沉醉,伯禽就折杀之。王之镇

高祖武帝

【纲】壬午（502），春正月，齐朝大司马萧衍迎接宣德太后进宫主持朝政。二月，萧衍自任相国，封梁公，加授九锡。【目】起初，萧衍与范云、沈约、任昉都在竟陵王萧子良的西郊住宅往来。至此，萧衍引荐范云为大司马谘议参军，沈约为骠骑大将军司马，任昉为记室参军，让他们参与出谋划策。谢朏、何胤原先已经辞去官职，闲居在家，萧衍奏请征用他们为军谘祭酒，谢朏、何胤都没有赴任。萧衍内心已有接受帝位禅让的打算，沈约进言说："齐朝的帝运已经终结，您正该承接这一气运，即使您谦虚退让，仍然不可避免。"萧衍说："我也正在考虑此事。"沈约说："当初您在樊城（今湖北襄樊）、沔水（即汉水）竖起将军大旗，那时就应该考虑此事。现在帝王大业已经成功，还有什么可考虑的！倘若萧宝融以天子的身份回京，公卿各守其位，君臣间的名分确定下来，没有再怀异心，难道还会有人与您一起去当反贼！"萧衍认为言之有理，便召见范云等人，把情况告诉他们，范云回答的主旨与沈约大略相同。萧衍说："我自从起兵以来，至今已经三年，诸位将领不能说没有功劳。然而，帮我成就帝业的，却是你们二人。"于是，宣德皇后下诏，萧衍进位相国、扬州牧，封为梁公，封邑十郡，加授九锡，允许自行设置百官。

【纲】梁公萧衍晋升爵位为梁王。

【纲】三月，齐和帝从江陵进发，任命萧憺为都督荆、湘六州军事。

【纲】夏四月，梁王萧衍称皇帝，废黜齐和帝为巴陵王，把宣德太后迁移到别宫居住，对功臣给以不同等级的爵位和官职。

【纲】梁武帝将巴陵王萧宝融杀死在姑孰，齐朝的御史中丞颜见远绝食而死。【目】梁武帝打算在南海郡（今广东广州）改置巴陵国，将巴陵王萧宝融迁移到那里居住。沈约说："不能贪图虚名，遭受实祸。"梁武帝连连点头，便指使亲信郑伯禽前往姑孰，给巴陵王萧宝融

荆州也，琅邪颜见远为录事参军；及即位，为御史中丞；既禅位，见远不食，数日而卒。梁主闻之曰："我自应天从人，何预天下士大夫事，而颜见远乃至于此。"

【纲】梁征谢朏、何胤、何点，不至。

【纲】梁置谤木、肺石函。 【目】梁主诏："公车府谤木、肺石各置一函，若肉食莫言，欲有横议，投谤木函；若有功劳才器，冤沉莫达者，投肺石函。"

【纲】秋八月，梁定正雅乐。

【纲】冬十一月，梁立子统为太子。 【目】统生五岁，能遍诵《五经》。

【纲】癸未，春正月，梁以沈约、范云为左、右仆射，尚书令王亮废为庶人。

【纲】夏五月，梁仆射范云卒，以左丞徐勉、将军周舍同参国政。

【纲】六月，梁以谢朏为司徒。 【目】朏逃窜年余，一旦轻舟自出诣阙，以为司徒、尚书令。朏辞脚疾不堪拜谒，角巾肩舆诣云龙门谢；诏乘小车就席。明日，梁主幸其宅，宴语尽欢。朏固陈本志，不许。朏素惮烦，不省职事，众颇失望。

【纲】冬，十月，魏以仆射源怀为行台，巡北边。 【目】魏既迁洛阳，北边荒远，因以饥馑，百姓困弊。乃加仆射源怀行台，使持节巡行北边，赈贫乏，考殿最，事之得失，先决后闻，怀通济有无，饥民赖之。沃野镇将于祚，后之世父，与怀通婚。时于劲方用事，势倾

送上一块生金。巴陵王说:"要我死也用不着金块,有醇酒就可以了。"便喝得烂醉,郑伯禽当场把他打折肋骨致死。巴陵王萧宝融镇守荆州时,琅玡(今山东诸城东南)人颜见远担任录事参军。及至萧宝融即位,颜见远担任御史中丞。萧宝融禅让帝位后,颜见远绝食数日而死。梁武帝闻讯说:"我自是上应天意,下顺人心,与天下士大夫有什么关系,没想到颜见远竟至于如此。"

【纲】梁武帝征用谢朏、何胤、何点,均未前来就职。

【纲】梁武帝设置谤木匣和肺石匣。 【目】梁武帝颁诏说:"在公车府谤木、肺石旁边各设置一个匣子。如果在职官员不肯进言,而在野人士打算敞开襟怀,发表议论,可以把信件投入谤木匣。如果有功劳被埋没,才能被压制而情况又无法上达的人,可以把信件投入肺石匣。"

【纲】秋八月,梁朝订正雅乐。

【纲】冬十一月,梁武帝立其子萧统为太子。 【目】萧统五岁时,已经遍读《五经》。

【纲】癸未(503),春正月,梁武帝任命沈约、范云为左、右仆射,将尚书令王亮废黜为庶人。

【纲】夏五月,梁朝仆射范云去世。梁武帝让左丞徐勉、将军周舍共同参与国政。

【纲】六月,梁武帝任命谢朏为司徒。 【目】谢朏在外逃窜了一年多时间,有一天乘着一叶轻舟,自动前往京城,梁武帝任命他为司徒、尚书令。谢朏推辞说患有脚病,无法跪拜进见,便头戴角巾,坐着轿子,(原作:"角巾白舆",《南史·谢朏传》作"角巾肩舆",是,今从之。《梁书·谢朏传》作"角巾自舆")前往云龙门谢恩。梁武帝命谢朏乘坐小车上殿就座。第二天,梁武帝亲临谢朏的住宅,宴饮闲谈,十分欢快。谢朏一再陈述自己不想出仕的本意,梁武帝没有答应。谢朏一向不耐烦琐,不过问本职事务,众人颇为失望。

【纲】冬十月,北魏宣武帝委任仆射源怀为行台,巡视北部边疆。 【目】北魏迁都洛阳后,北部边疆成为荒远地区,因此发生饥荒,百姓困顿不堪。北魏宣武帝便加授仆射源怀为行台,让他持符节巡视北部边疆,赈济贫困的人们,考核官吏政绩大小,对于各种事情的得失,允

朝野，祚颇有受纳。怀将入镇，祚郊迎道左，怀不与语，即劾奏免官。怀朔镇将元尼须与怀旧交，贪秽狼藉，置酒，谓怀曰："命之长短，系卿之口。"怀曰："今日源怀与故人饮酒之坐，非鞫狱之所也。明日，公庭始为使者检镇将罪状之处耳。"竟案抵罪。

【纲】梁吉翂请代父死，梁主赦之。 【目】冯翊吉翂父为原乡令，为奸吏所诬，逮诣廷尉，罪当死。翂年十五，挝登闻鼓，乞代父命。梁主以其幼，疑人教之，使廷尉卿蔡法度讯之。翂曰："囚虽愚幼，岂不知死之可惮！顾不忍见父极刑，故求代之。此非细故，奈何受人教邪！"法度以闻上，乃宥其父罪。丹阳尹王志欲于岁首举充纯孝。翂曰："异哉王尹，何量翂之薄乎！父辱子死，道固当然；若翂当此举，乃是因父取名，何辱如之！"固拒而止。

【纲】甲申，冬十一月，魏营国学。 【目】时魏学业大盛，燕、齐、赵、魏间，教授者不可胜数，弟子著录多者千余人，州举茂异，郡贡孝廉，每年逾众。

【纲】乙酉，春正月，梁置"五经"博士，立州、郡学。 【目】梁主雅好儒术，以东晋、宋、齐虽置国学，而无讲授之实，乃下诏曰："二汉登贤，莫非经术，服习雅道，名立行成。魏、晋浮荡，儒教沦歇，风节罔树，抑此之由。其置"五经"博士，广开馆宇，招内后进，给其饩廪，其射策通明者即除为吏。"又选学生往云门山从何胤受

许他先做裁决，然后上报。源怀调济有无，饥民赖以存活，沃野（今内蒙古腾格里泊南，黄河西岸）镇将于祚是皇后的伯父，与源怀是姻亲。当时皇后的父亲于劲正在当权，势倾朝野，于祚很有一些受贿的勾当。源怀将要进入沃野镇时，于祚在郊外道路旁边迎接，源怀没和他说一句话，就立刻上奏弹劾，要求免除于祚的官职。怀朔镇将元尼须与源怀有老交情，但是贪赃枉法，名声狼藉。他摆下酒宴，对源怀说："我的命是长是短，就在你一句话了。"源怀说："今天我和老朋友坐在一起喝酒，这里不是审讯案件的场所。明天，公堂上才是我作为使者来审查镇将罪状的地方。"他到底还是查出元尼须的罪状，让他抵罪。

【纲】梁朝的吉翂请求替父亲抵罪受死，梁武帝将他赦免。【目】冯翊（今陕西大荔）人吉翂的父亲担任原乡（今浙江安吉西南）县令，遭到奸吏诬陷，被逮捕起来，交付法官查办，被判处死罪。当时，吉翂才十五岁，他敲响登闻鼓，要求代替父亲去死。梁武帝认为吉翂年纪幼小，怀疑有人教他，便委派廷尉卿审讯他。吉翂说："虽然我年幼无知，难道就不知道死的可怕！只是我不忍心看到父亲去受极刑，所以要求代替父亲。这不是小事，怎能要别人去教！"蔡法度将此事上报，梁武帝便宽恕了他父亲的罪过。丹阳尹王志打算在明年初推荐吉翂为纯孝的典型，吉翂说："王尹，这就怪了，你为什么把我估量得这样低下！父亲受辱，儿子当死，理当如此。如果我接受这次举荐，就是用父亲猎取名誉，这真是莫大的耻辱！"由于他坚决拒绝，王志便不再举荐他。

【纲】甲申（504），冬十一月，北魏设置国学。【目】当时北魏办学风气大盛，在燕、齐、赵、魏等地，讲授学业的人多得无法计算，招收弟子多的，可达一千多人，州里要推荐茂材异等之士，郡里要贡举孝廉，人数一年多于一年。

【纲】乙酉（505），春正月，梁朝设置"五经"博士，建立州、郡学校。【目】梁武帝非常喜欢儒学，由于东晋、宋、齐各朝虽然设立国学，实际却没有讲经授业，便下诏说："两汉任用的贤才，无不通晓儒家学术，他们尊奉并熟悉大道，所以功成名就。魏、晋时期风气浮华放荡，儒教衰微。人们不讲究气节，或许就是由于这一原因。现应设置"五经"博士，广建校舍，招收后进，供给口粮，对那些在射策考试中对答自

业，命胤选经明行修者以闻。分遣博士、祭酒巡州、郡，立学。

【纲】夏六月，梁初立孔子庙。

【纲】秋八月，魏有芝生于太极殿。　【目】侍中崔光上表曰："气蒸成菌，生于墟落湿秽之地，不当生于殿堂高华之处；今忽有之，诚足异也。夫野木生朝，野鸟入庙，古人皆以为败亡之象，故太戊、高宗惧灾修德，殷道以昌。今西南二方，兵革未息，郊甸之内，大旱逾时，民劳物悴，莫此之甚，承天育民者所宜矜恤；愿陛下侧躬耸意，惟新圣道，节夜饮之乐，养方富之年，则魏祚可以永隆，皇寿等于山岳矣。"

【纲】冬十一月，梁大有年。

【纲】丙戌，夏四月，魏罢盐池之禁。　【目】初，魏御史中尉甄琛言："一家之长必惠养子孙，天下之君，必惠养兆民，未有为人父母而吝其醯醢，富有群生而榷其一物者也。今县官郭护河东盐池而收其利，是专奉口腹而不及四体也。天子富有四海，何患于贫！乞弛盐禁，与民共之！"录尚书事飔、尚书峦奏曰："圣人敛山泽之货以宽田畴之赋，收关市之税以助什一之储，取此与彼，皆非为身，所谓资天地之产，惠天地之民也。窃谓宜如旧式。"魏主卒从琛议。

【纲】丁亥，春三月，梁将军曹景宗、豫州刺史韦睿大败魏师于钟离。　【目】魏中山王英与将军杨大眼等众数十万攻钟离。钟离城

如、见解通达的人，便任命为官吏。"朝廷又选派学生前往云门山（今浙江绍兴南），跟随何胤读书学习，命令何胤选择通晓经典、品行端正的学生上报，还派出博士、祭酒分别视察州、郡，建立学校。

【纲】夏六月，梁朝首次设立孔子庙。

【纲】秋八月，北魏太极殿上生出灵芝。 【目】侍中崔光上表说："地气蒸腾，生长成菌。灵芝一般生在潮湿污秽的荒丘中，不应该生在高雅华美的殿堂上，如今殿堂上忽然生出灵芝，实在令人惊奇。太戊在位时野树生在朝廷，武丁在位时野鸟飞入宗庙，古人都认为是败亡的象征。所以，太戊、武丁害怕灾难降临，就加强品德修养，殷朝国势因此昌盛起来。现在，西方和南方战争尚未停息，京畿地区大旱持续过久，民众劳苦不堪，物资消耗殆尽，莫此为甚。帝王顺承天意，养育人民，自应怜悯为怀，早加体恤。希望陛下亲自留意下情，刷新圣道，节制夜间饮酒作乐的行为，保养年轻的身体，魏朝的国运便可以永远隆盛，陛下的年寿就能与山岳相等了。"

【纲】冬十一月，梁朝获得大丰收。（《资治通鉴》卷146将此条系于年末，不书月）

【纲】五年（丙戌，506），夏四月，北魏废止有关盐池官营的禁令。 【目】起初，北魏御史中尉甄琛进言说："作为一位家长，必须仁慈地养育子孙；作为天下的君主，必须仁慈地养育万民。没有为人父母却舍不得给子女吃喝的，也没有万民之主对百姓的用物实行专利的。现在县官垄断河东盐池（在河东解县，今山西运城东北），坐收其利，这是只管口腹，不顾四肢的做法。天子拥有全国的财富，还愁受穷吗！请解除盐池官营的禁令，与民众共享盐产之利！"录尚书事元勰、尚书邢峦上奏说："圣人征敛山泽中的资源，为的是减轻田赋；收取关市的商税，为的是增益什一之税的储备。在这一方面是收取，在那一方面是给与，都不是为自己的利益着想。这就是人们所说的借助天地间的物产，加惠天地间的人民。我个人认为应该仍然维原来的章程。"魏宣武帝到底还是采纳了甄琛的建议。

【纲】六年（丁亥，507），春三月，梁朝将军曹景宗、豫州（治悬瓠城，今河南汝南）刺史韦睿在钟离大败北魏军队。 【目】北魏中山王元

北阻淮水，魏人于邵阳洲两岸为桥，树栅数百步，跨淮通道。城中才三千人，昌义之随方抗御。二月，梁主命豫州刺史韦睿救钟离，受曹景宗节度。睿自合肥由阴陵大泽行，值涧谷，辄飞桥以济师。人畏魏兵盛，多劝缓行。睿曰："钟离凿穴而处，负户而汲，车驰卒奔，犹恐其后，而况缓乎！魏人已堕吾腹中，卿曹勿忧也。"旬日至邵阳，梁主豫敕景宗曰："韦睿，卿之乡望，宜善敬之！"景宗见睿，礼甚谨，梁主闻之曰："二将和，师必济矣。"

梁主命景宗等豫装高舰，与魏桥等，为火攻之计，睿攻其南，景宗攻其北。三月，淮水暴涨六七尺，睿使冯道根等乘舰击魏洲上军，尽殪。别以小船载草，灌膏焚其桥，风怒火盛，烟尘晦冥，死士拔栅斫桥，倏忽俱尽。道根等身自搏战，军人奋勇，呼声动天地，无不一当百，魏军大溃。英脱身走，大眼亦焚营去。

义之德景宗及睿，设钱二十万，官赌之。景宗掷得雉；睿徐掷得卢，遽取一子反之，曰："异事！"遂作塞。群帅争先告捷，睿独居后，世尤以此贤之。

【纲】冬十月，梁以徐勉为吏部尚书。【目】勉精力过人，虽文案填积，坐客充满，应对如流，手不停笔。尝与门人夜集，客求官，勉正色曰："今夕止可谈风月，不可及公事。"时人咸服其无私。

英与将军杨大眼等人共数十万人马进攻钟离。钟离城北临淮水，北魏军队在邵阳洲（在今安徽凤阳东北）两岸架桥，竖起数百步宽的木栅，横跨淮水，连通两岸。钟离城中只有三千人，昌义之随机应变，坚决抵抗。二月，梁武帝命令豫州刺史韦睿援救钟离，接受曹景宗的指挥调度。韦睿从合肥（今安徽合肥北）经由阴陵（今安徽定远西北），在大片湖沼中行进，遇到山涧深谷，就架桥让军队通过。人们畏惧北魏兵力强盛，多劝韦睿放慢行军速度。韦睿说："钟离将士在挖掘的地洞里，背着门板去提水，我们就是让士卒车马一齐飞奔，还恐怕去晚了，又怎么能够放慢行军速度！魏军已经落在我的圈套之中，你们不用担忧。"十天后，韦睿抵达邵阳。梁武帝预先命令曹景宗说："韦睿是你家乡的名人，你应该尊敬他。"曹景宗见到韦睿，执礼甚为恭敬。梁武帝得知消息后说："两位将军团结一致，准能打胜仗了。"

梁武帝命令曹景宗等人事先安装与北魏浮桥等高的战船，制定了火攻的计划，由韦睿攻打浮桥的南面，由曹景宗攻打浮桥的北面。三月，淮水暴涨了六七尺。韦睿派遣冯道根等人乘着战船进攻北魏据守在邵阳洲上的军队，将他们全部歼灭。韦睿另外又派出小船，装上灌足油脂的干草，去烧浮桥。当时，狂风怒号，火势迅猛，烟尘弥漫，一片昏暗，敢死之士拔木栅，砍浮桥，刹时全部毁除。冯道根等人亲自上阵搏斗，将士奋勇杀敌，呼声震天动地，无不以一当百，北魏军全面崩溃，元英脱身逃跑，杨大眼也烧毁营房撤离。

昌义之感激曹景宗和韦睿，拿出二十万钱，在官府中赌博。掷樗蒲时，曹景宗掷子得雉，韦睿掷子得卢，便连忙拿过一子翻过来，说了声："怪事！"于是算是掷子得塞。（古代博戏赌胜所用樗蒲，由大至小以枭、卢、雉、犊、塞为序）各军主将争先恐后地传报捷音，只有韦睿落在最后，世人因此尤其称赞他贤明过人。

【纲】冬十月，梁武帝任命徐勉为吏部尚书。【目】徐勉精力过人。即使案上堆满文牍，客宾满座，他却随问随答如流水，同时手中的笔却不停止书写。有一次，徐勉与门人在夜间相聚在一起，有一位客人向他请求官职，徐勉严肃地说："今天晚上只能谈论风月，不能涉及公事。"当时人都佩服他公正无私。

【纲】闰月，魏尚书令高肇，弑其主之后于氏及其子昌。

【纲】戊子，秋七月，魏立贵嫔高氏为后。 【目】高后既立，高肇益贵重用事。群臣宗室皆卑下之，唯度支尚书元匡与抗衡，肇恶之。会匡与刘芳议权量，肇主芳议，匡表肇"指鹿为马"。有司处匡死刑，诏贬其官。

【纲】己丑，春正月，梁主遣使求成于魏，魏主不肯。 【目】初，魏主遣中书舍人董绍慰劳叛城，白早生囚之，送建康。吕僧珍与之言，爱其文义，言于梁主，梁主遣谓绍曰："今听卿还，令卿通两家之好，彼此息民，岂不善也！"因召见，慰劳之，且曰："战争多年，民物涂炭，吾是以不耻先言，卿宜备申此意。夫立君以为民也，凡在民上，岂可不思此乎！"绍还魏言之，魏主不从。

【纲】冬十一月，魏主亲讲佛书，作永明、闲居寺。 【目】时魏主专尚释氏，不事经籍，中书侍郎裴延儁上疏曰："汉光武、魏武帝，虽在戎马之间，未尝废书，先帝迁都行师，手不释卷，良以学问多益，不可暂辍故也。陛下亲讲《大觉》，尘蔽俱开。然五经治世之模楷，应物之所先，伏愿互览兼存，则内外俱周矣。"时佛教盛于洛阳，沙门自西域来者三千余人，魏主别为之立永明寺千余间以处之。处士冯亮有巧思，魏主使择嵩山形胜之地立闲居寺，极岩壑土木之美。由是远近承风，无不事佛，比及延昌，州、郡共有一万三千余寺。

【纲】庚寅，春三月，魏主之子诩生。

【纲】辛卯，春正月，梁以张稷为青、冀刺史。 【目】仆射张

【纲】闰十月,北魏尚书令高肇杀害宣武帝的皇后于氏及其儿子元昌。

【纲】戊子(508),秋七月,北魏宣武帝立贵嫔高氏为皇后。【目】立高皇后后,高肇当权,地位更高,权势更重。群臣乃至皇家宗室都对他低声下气,只有度支尚书元匡与他抗衡,高肇对他十分厌恨。适逢元匡与刘芳商量有关度量衡的事情,高肇赞同刘芳的意见,元匡上表说高肇'指鹿为马'。主管部门判处元匡死刑,魏宣武帝颁诏以贬官论处。

【纲】八年(己丑,509),春正月,梁武帝派使者向北魏求和,魏宣武帝不肯答应。 【目】起初,北魏宣武帝派中书舍人董绍去慰劳发生叛乱的城邑,白早生囚禁董绍,送交建康。吕僧珍与董绍交谈,欣赏他的文章,便告诉了梁武帝。梁武帝派人对董绍说:"现在听凭你返回本国,让你促成两国通好,彼此休息民生,岂不很好!"于是召见董绍,对他慰劳一番,而且说:"战争多年,民生涂炭,所以我不以首先提出两国和好为耻辱,你应该把这个意思讲清楚。设置君主,是为了百姓,只要身居百姓之上,怎么能不考虑这一道理!"董绍回到北魏,讲了梁武帝的提议,魏宣武帝没有答应。

【纲】冬十一月,北魏宣武帝亲自讲解佛书,还兴建永明寺和闲居寺。 【目】当时,北魏宣武帝一心崇尚佛教,不读儒家经典。中书侍郎裴延儁上疏说:"汉光武帝、魏武帝即使在戎马生涯中也不曾中止读书,先帝在迁都行军时,都手不释卷,这实在是因为学问对人大有裨益,不能暂时中止的缘故。陛下亲自讲解佛经,荡尽心灵上的灰尘。然而,五经是治理天下的楷模,处理事物时应该首先研读。希望陛下兼存并览,内外两家学说就无不周备了。"当时,佛教在洛阳盛行,从西域来的僧人有三千多人,魏宣武帝另外为他们兴建拥有一千多人房舍的永明居,让他们居住。处士冯亮构思奇巧,魏宣武帝派他在嵩山(今河南登封北)选择风景优美的处所,建造闲居寺,山岩丘壑和寺庙建筑都极其美观。从此,远所各地纷纷效法,无不尊奉佛教。及至延昌年间,北魏州郡共有佛寺一万三千多处。

【纲】九年(庚寅,510),春三月,北魏宣武帝的儿子元诩诞生。

【纲】辛卯(511),春正月,梁武帝任命张稷为青(梁青州治朐山,

稷，自谓功大赏薄，侍宴酒酣，怨望形于辞色。上曰："卿兄杀郡守，弟杀其君，有何名称！"稷曰："臣乃无名称，至于陛下，不为无勋。东昏暴虐，义师伐之，岂在臣而已！"上捋其须曰："张公可畏人！"乃以为青、冀刺史。

【纲】壬辰，春正月，魏以高肇为司徒，清河王怿为司空。【目】高肇自尚书令为司徒，自以去要任，怏怏形于言色，右丞高绰、博士封轨，素以方直自业，及肇为司徒，绰送迎往来，轨竟不诣肇。绰顾不见轨，乃遽归，叹曰："吾平生自谓不失规矩，今日举措不如封生远矣。"清河王怿有才学闻望，惩彭城之祸，因侍宴，谓肇曰："天子兄弟讵有几人，而剪之几尽！昔王莽头秃，藉渭阳之资，遂篡汉室。今君身曲，亦恐终成乱阶。"

【纲】冬十月，魏立子诩为太子。【目】魏自是始不杀太子之母。以仆射郭祚领少师。祚尝从幸东宫，怀黄瓜以奉太子；时应诏左右赵桃弓深为魏主所信任，祚私事之，时人谓之"桃弓仆射""黄瓜少师"。

【纲】癸巳，夏五月，魏寿阳大水。【目】寿阳久雨，大水入城，庐舍皆没。魏扬州刺史李崇勒兵泊于城上，城不没者二版。将佐劝崇弃城保北山，崇曰："淮南万里，系于吾身，一旦动足，百姓瓦解，吾岂以爱身，而取愧于王尊哉！但怜此士民，无辜同死，可结筏随高，人规自脱，吾必与此城俱没。"治中裴绚，叛降于梁。崇遣从弟神等讨之，绚败走，执之，绚曰："吾何面目见李公乎！"乃投水死。崇表以水灾求解，魏主不许。崇沉深宽厚，有方略，得士心，在

今连云港市西南)、冀(梁冀州治涟口,今江苏涟水)刺史。 【目】仆射张稷自认为功劳很大,受赏不丰。他参加梁武帝的宴会,在酒兴正浓时,言谈和神色都流露出不满的情绪。梁武帝说:"你家兄弟二人,哥哥杀死郡守,弟弟杀死国君,有什么值得称道!"张稷说:"我的确无可称道。但对陛下说来,不能说没有功劳。东昏侯暴虐,陛下指挥义军讨伐他,岂止我要杀他而已!"梁武帝捋着胡须说:"张公真是气势逼人!"便任命他为青、冀刺史。

【纲】壬辰(512),春正月,北魏宣武帝任命高肇为司徒,任命清河王元怿为司空。 【目】高肇由尚书令去担任司徒,自以为失去要职,言谈与神色间都显出怏怏不快的样子。右丞高绰、博士封轨一向以正直持身,及至高肇担任司徒,高绰对高肇送往迎来,而封轨始终不肯去见高肇。高绰环顾左右,没有见到封轨,便连忙返回,感慨地说:"我平生自认为行为不失规矩,但是今天的举动就远不如封轨了。"清河王元怿既有才学,又有名望,鉴于彭城王元勰的杀身之祸,乘进宫参加宴会之机,对高肇说:"天子的兄弟哪会有多少人,而你几乎把他们杀光了。从前,王莽是个秃头,利用舅父的资望,便篡夺了汉朝政权。现在,你是个驼背,恐怕终究也要成为祸乱的根源。"

【纲】冬十月,北魏宣武帝立儿子元诩为太子。 【目】从此,北魏开始不杀太子的生母。魏宣武帝让仆射郭祚兼任太子少师。有一次,郭祚跟随魏宣武帝来到东宫,怀揣一个黄甋,送给太子元诩。当时,随侍左右应诏办事的赵桃弓深得魏宣武帝的信任,郭祚暗中巴结他,时人称他是"桃弓仆射""黄甋少师"。

【纲】十二年(癸巳,513),夏五月,北魏寿阳(今安徽寿县)水灾严重。 【目】寿阳一带长时间降雨,大水灌入城中,房舍全被淹没。北魏扬州刺史李崇统率军队在城上乘船驻防,没有淹没的城墙只有两版高。将佐劝李崇放弃寿阳城,退保北山,李崇说:"淮南疆土万里,就靠我一人维系。如果我抬脚一走,百姓就会土崩瓦解。我怎能因爱惜自身,就有愧于西汉的前贤王尊呢!我只可怜城中无辜的士绅百姓与我一同死去。可以扎成木筏,随水上下,让人们自谋生路,我一定要与此城一起淹没。"治中裴绚投降梁朝。李崇派遣堂弟李神等人讨伐裴绚,

寿春十年,常养壮士数千人,寇来无不摧破,邻敌谓之"卧虎"。

【纲】秋八月,魏恒、肆二州地震、山鸣。 【目】逾年不已,民覆压死伤甚众。

【纲】乙未,春正月,魏主恪殂,太子诩立。

【纲】二月,魏司徒高肇伏诛。
【纲】魏尊贵嫔胡氏为太妃,废其太后高氏为尼。秋八月,魏尊太妃胡氏为太后。
【纲】九月,魏太后称制。以于忠为冀州刺史,司空澄领尚书令。
【纲】丙申,夏四月,梁淮堰成。 【目】堰长九里,下广百四十丈,上广四十五丈,高二十丈,树以杨柳,军垒列居其上。或谓康绚曰:"四渎,天所以节宣其气,不可久塞,若凿湫东注,则游波宽缓,堰得不坏。"绚乃开湫东注。

【纲】秋九月,梁淮堰坏。 【目】淮水暴涨,堰坏,其声如雷,闻三百里,缘淮城戍村落十余万口皆漂入海。

【纲】冬,魏作永宁寺。 【目】胡太后作永宁寺于宫侧,又作石窟寺于伊阙口,皆极土木之美。为九层浮图,高九十丈,刹高十丈,塔庙之盛,未之有也。

【纲】丁酉,春三月,梁诏文锦不得为人兽之形。 【目】敕织官,文锦不得为仙人鸟兽之形,为其裁翦,有乖仁恕。

裴绚战败逃跑，又被捉获。裴绚说："我怎么有脸去见李公！"便跳水而死。因水灾的缘故，李崇上表请求解除自己的职务，魏宣武帝没有答应。李崇生性深沉，待人宽厚，很有谋略，深受将士拥护，在寿春（即寿阳）任上十年，平时供养着好几千名壮士，一旦敌人来犯，无不击破，相邻的敌人称他为"卧虎"。

【纲】秋八月，北魏恒州（治平城，今山西大同东）、肆州（治九原，今山西忻定西）两地发生地震，群山轰鸣。【目】这种情况持续了一年多时间仍未停止，被压死压伤的百姓为数众多。

【纲】十四年（乙未，515），春正月，北魏宣武帝去世，太子元诩即位。

【纲】二月，北魏司徒高肇被杀。

【纲】北魏孝明帝尊奉贵嫔胡氏为皇太妃，将皇太后高氏废黜为尼姑。秋八月，北魏孝明帝尊奉皇太妃胡氏为皇太后。

【纲】九月，北魏胡太后主持朝政。胡太后任命于忠为冀州刺史，司空元澄兼任尚书令。

【纲】十五年（丙申，516），夏四月，梁朝的淮水大堰竣工。【目】淮水大堰长九里，下宽一百四十丈，上宽四十五丈，高二十丈，两侧种植杨柳，堰上建筑成列的军垒。有人对康绚说："长江、黄河、淮水、济水四大河流是上天调节宣泄地气的渠道，不能长期堵塞。如果开凿水道，引水东流，就能减缓堰内的水流，使大堰不被冲毁。"康绚便开凿水道，引水东流。

【纲】秋九月，梁朝的淮水大堰崩溃。【目】淮水暴涨，大堰崩溃、巨响如雷，三百里内，都可听到。淮水沿岸的城邑、营房、村落的十多万人口都漂入大海。

【纲】冬季，北魏兴建永宁寺。【纲】胡太后在宫廷旁边修建永宁寺，又在伊阙口修建石窟寺，建筑工程的华美达到极点。胡太后还建成一座九层佛塔，塔高九十丈，塔上的顶柱高十丈，佛塔寺庙的盛况，前所未有。

【纲】丁酉（517），春三月，梁武帝颁诏规定不能将文锦织成人形、兽形。【目】梁武帝命令主管纺织的官员，不能将文锦织成仙人和

【纲】夏四月，梁罢宗庙牲牢，荐以蔬果。 【目】诏以宗庙用牲牢，有累冥道，宜皆以面为之。于是朝野喧哗，以为宗庙去牲，乃是不复血食。八座乃议以大脯代一元大武。寻诏以饼代脯，其余尽用蔬果。

【纲】戊戌，秋九月，魏太后胡氏弑其故太后高氏。

【纲】魏遣使如西域求佛书。 【目】魏胡太后遣使者宋云与比丘慧生如西域求佛经。云等行四千里，至赤岭，乃出魏境；又西行，再期，至乾罗国，得佛书百七十部而还。

【纲】魏补《三字石经》。

【纲】己亥，春二月，魏以崔亮为吏部尚书，立停年格。 【目】时官员既少，应选者多，吏部尚书李韶铨注不行，大致怨嗟；乃更以崔亮为尚书。亮为格制，不问士之贤愚，专以停解日月为断，沉滞者称其能。洛阳令薛琡上书曰："黎元之命，系于长吏，若选曹唯取年劳，不简贤否，执簿呼名，一吏足矣，数人而用，何谓铨衡！"书奏，不报。其后甄琛等继亮为尚书，利其便己，踵而行之，魏之选举失人，自亮始也。

【纲】庚子，春正月，梁左将军冯道根卒。 【目】梁主春祠二庙，既出宫，有司以道根讣闻。梁主问中书舍人朱异曰："吉凶同日，可乎？"对曰："昔卫献公闻柳庄死，不释祭服而往哭之。道根有劳王室，临之，礼也。"梁主即幸其宅，哭之恸。

鸟兽的形状，因为剪裁会割裂形体，违背仁爱宽恕的精神。

【纲】夏四月，梁朝宗庙祭祀免用牲畜，改用进献蔬菜果品。
【目】诏书认为，宗庙祭献牲畜，妨害阴间通行的事理，应该一律以面制品代替。于是朝中和民间舆论大哗，认为宗庙祭献不用牲畜，亡故的祖先就不能再享受血食。六部尚书和左、右仆射建议用牛肉干、鹿肉干代替活牛。不久，梁武帝颁诏命令用面饼代替肉干，其它祭品都用蔬菜果品。

【纲】十七年（戊戌，518），秋九月，北魏胡太后杀死原来的高太后。

【纲】北魏派遣使者前往西域求取佛经典。【目】北魏胡太后派遣使者宋云与僧人慧生前往西域求取佛经。宋云等人西行四千里，抵达赤岭（今青海西宁西），才走出北魏国境。他们继续西行，又走了一整年，来到乾罗国，得到佛经一百七十部，带回本国。

【纲】北魏补刻《三字石经》。

【纲】十八年（己亥，519），春二月，北魏任命崔亮为吏部尚书，崔亮创立停年格。【目】当时，官员名额很少，应选人员很多，吏部尚书李韶选任官员难以实行下去，引起极大的不满。胡太后便改任崔亮为吏部尚书，崔亮制订规格，规定不论应选人是贤是愚，只以任官或候选日期长短为依据，长期未得升迁的人们都称赞他能干。洛阳县令薛琡上书说："百姓的命运，操纵在长官手里。如果选曹只依据年资录用官员，不考察候选者是否贤能，那就只需要拿着名册点名，由一个吏人去做就足够了。数一下候选者的年资就可以录用，怎么称得上铨选衡量人才！"奏章上报后，没有批复。之后，甄琛等人接替崔亮担任吏部尚书，认为这种规定能给自己带来方便，就继续实行。北魏选拔任用官员不得其人，便是由崔亮开始的。

【纲】庚子（520），春正月，梁朝左将军冯道根去世。【目】梁武帝举行春日太庙和小庙的祭祀，出宫后，主管部门报来冯道根的死讯。梁武帝问中书舍人朱异说："吉礼与吊丧在同一天进行，可以吗？"朱异回答说："从前，卫献公听说柳庄去世，来不及脱去祭服，就前去哭吊。冯道根为皇室立下功劳，陛下前去吊唁，正合礼法。"梁武帝便亲临冯宅，为冯道根痛哭一场。

【纲】秋七月，魏侍中元乂杀太傅清河王怿，幽太后于北宫。
【目】魏太傅、侍中、清河王怿，美风仪，胡太后逼而幸之。然素有才能，辅政多所匡益，好学礼士，时望甚重。侍中、领军将军元乂，恃宠骄恣，怿每裁之以法。卫将军刘腾，权倾内外，吏部用其弟为郡，怿抑而不奏。乂、腾皆怨之，乃使主食胡定自列云："怿货定使毒魏主。"魏主时年十一，信之。乂奉魏主御显阳殿，腾闭永巷门，太后不得出。怿入，乂厉声止之，怿曰："汝欲反邪！"乂曰："正欲缚反者耳！"命宗士执怿。腾称诏集公卿议，论怿大逆；众畏，无敢异者，乂、腾遂杀怿。诈为太后诏，自称有疾，还政魏主。幽太后于北宫，魏主亦不得省见，裁听传食而已。太后不免饥寒，乃曰："养虎得噬，我之谓矣。"乂与腾表里擅权，乂为外御，腾为内防，常直禁省，威振内外。

【纲】冬十月，魏以汝南王悦为太尉。【目】魏清河王怿死，汝南王悦了无恨元乂之意，以桑落酒候之，尽其私佞。乂大喜，以悦为侍中、太尉。

【纲】壬寅，夏五月朔，日食既。

【纲】冬十一月，梁西丰侯正德奔魏，既而逃归。【目】初，梁主养临川王宏之子正德为子。及太子统生，正德还本，赐爵西丰侯。怏怏不满意，常蓄异谋。是岁奔魏，魏人待之甚薄，正德逃归，梁主泣而诲之，复其封爵。

【纲】癸卯，冬，魏司徒崔光卒。【目】光宽和乐善，终日怡

【纲】秋七月，北魏侍中元乂（乂：《魏书》《北史》本传和《资治通鉴》均作"叉"，《通鉴纲目》作"义"。其他史料也有引作"义"的。以"叉"为名，似颇不伦，以"乂""义"为名，均无不可，然亦难于取舍，今仍之）杀死太傅清河王元怿，将胡太后囚禁在北宫。　　【目】北魏太傅、侍中、清河王元怿，仪表堂堂，风度翩翩，胡太后逼他与自己发生关系。然而，元怿本来很有才能，辅佐朝政期间做过许多裨补时弊的事情。他又虚心好学，礼贤下士，在当时有很高的声望。侍中、领军将军元乂仗着恩宠，骄横妄为，元怿总是依法制裁。卫将军刘腾的权势倾动朝廷内外，吏部任用他的弟弟去当郡守，元怿将此事压下，不予上奏。元乂和刘腾都怨恨元怿，便指使主管膳食的官员胡定自首说，元怿买通了他，让他向魏孝明帝下毒。当时，魏孝明帝只有十一岁，相信了胡定的说法。元乂拥奉魏孝明帝来到显阳殿，刘腾关上宫中长巷的大门，胡太后无法出去。元怿进来后，元乂厉声叫他站住。元怿说："你想造反吗！"元乂说："我正想捉拿造反的人哩！"便命令宗士将元怿抓起来。刘腾口称诏令，召集公卿计议，论定元怿犯了大逆罪，大家心怀畏惧，没有人敢提出异议。元乂、刘腾便杀死元怿。他们伪造胡太后的诏书，诏书说自己有病，要将朝廷大政交还给魏孝明帝。他们将胡太后囚禁在北宫，连魏孝明帝也无法探望，只能安排人传送些食物。胡太后不免挨饿受冻，便说："养虎反被虎吃掉，说的就是我了。"元乂与刘腾互为表里，专擅大权，元乂对外，刘腾对内。他们经常在宫中值班，威振朝廷内外。

【纲】冬十月，魏孝明帝任命汝南王元悦为太尉。　　【目】北魏清河王元怿死后，汝南王元悦对元乂毫无仇恨之心，还留着桑落酒等候元乂前来享用，竭力讨好。元乂大喜，便让元悦担任侍中、太尉。

【纲】壬寅（522），夏五月一日，日全食。

【纲】冬十一月，梁朝西丰侯萧正德逃奔北魏，不久又逃回梁朝。【目】起初，梁武帝收养临川王萧宏的儿子萧正德为子。及至太子萧统诞生后，萧正德回到亲生父母那里，被封为西丰侯，萧正德怏怏不满，存心谋反。这一年，萧正德逃到北魏，魏国对他非常冷淡。萧正德又逃回梁朝，梁武帝哭着教训他一番，便恢复他的爵位。

【纲】癸卯（523），冬季，北魏司徒崔光去世。　　【目】崔光性情

怡，未尝忿恚。于忠、元乂用事，皆尊敬之，事多咨决，而不能救裴、郭、清河之死，时人比之张禹、胡广。且死，荐贾思伯为侍讲。帝从思伯受春秋，思伯倾身下士，或问曰："公何以能不骄？"思伯曰："衰至便骄，何常之有！"当世以为雅谈。

【纲】十二月，梁铸铁钱。

【纲】甲辰，秋八月，魏秀容人乞伏莫于等反，酋长尔朱荣讨平之。　【目】荣，羽健之玄孙也。御众严整。时四方兵起，荣阴散其畜牧资财，招合骁勇，结纳豪杰，于是侯景、司马子如、贾显度、段荣、窦泰皆往依之。

【纲】冬十二月，梁以散骑常侍朱异掌机政。

【纲】乙巳，春二月，魏元乂解领军。

【纲】夏四月，魏太后复临朝，诛其尚书令元乂，以元顺为侍中，郑俨、徐纥、李神轨为中书舍人。　【目】乂虽解兵权，犹总内外，侍中穆绍劝太后速去之。潘嫔有宠于魏主，宦官说之云："乂欲害嫔。"嫔泣诉于魏主曰："乂非独欲杀妾，又将不利于陛下。"魏主信之，因乂出宿，解乂侍中。明旦，将入宫，门者不纳。太后遂复临朝摄政，清河国郎中令韩子熙上书为清河王怿讼冤，乞诛乂等；太后以乂妹夫故，未忍诛。先是黄门侍郎元顺，以刚直忤火意，出为齐州刺史，太后征还，为侍中，侍坐于太后，顺曰："陛下奈何以一妹之故，不正元乂之罪，使天下不得伸其怨愤！"太后默然。未几，有告"乂谋诱六镇降户反于定州"，乃赐乂死。

初，郑俨为司徒胡国珍参军，私得幸于太后。至是，拜中书舍

宽和，与人为善，终日和颜悦色，从不发怒。当时，于忠、元义当权，他们俩人都尊敬他，许多事情都先征求他的意见，然后才做出决定。然而，崔光没有能救裴植、郭祚和清河王元怿免于一死，当时人把他比作张禹和胡广。临死前，崔光推荐贾思伯为侍讲，魏孝明帝跟贾思伯学习《春秋》。贾思伯竭力谦恭待士。有人问他："你为什么能不骄傲？"贾思伯说："人老了就会骄傲，哪会有一成不变！"当时传为佳话。

【纲】十二月，梁朝铸造铁钱。

【纲】甲辰（524），秋八月，北魏秀容（今山西忻定西北）人乞伏莫于等人反叛，酋长尔朱荣讨伐并平定了他们。 【目】尔朱荣是尔朱羽健的玄孙。他统辖部众，严整有方。当时，各地战事频起，尔朱荣暗中用自己的牲畜和资财，招聚勇士，交结豪杰，于是侯景、司马子如、贾显度、段荣、窦泰等人都去投奔他。

【纲】冬十二月，梁朝委任散骑常侍朱异执掌机密政务。

【纲】乙巳（525），春二月，北魏元义解除领军职务。

【纲】夏四月，北魏胡太后再度临朝主持政务，杀死尚书令元义，任命元顺为侍中，郑俨、徐纥、李神轨为中书舍人。 【目】虽然元义解除了兵权，但是仍然总揽朝廷内外政事，侍中穆绍劝胡太后尽快除掉他。潘嫔受到魏孝明帝的宠爱，宦官告诉她说："元义打算害死你。"潘嫔向魏孝明帝哭诉说："元义不仅打算杀死我，还将对陛下下毒手。"魏孝明帝相信了潘嫔的话，趁元义出宫住宿之机，解除了元义的侍中职务。第二天早晨，元义准备进宫，守门人不放他进去。于是胡太后再度临朝摄政。清河国郎中令韩子熙上书为清河王元怿申冤，请求处死元义等人。胡太后因元义是自己的妹夫的缘故，不忍心杀他。在此之前，黄门侍郎元顺因行为刚直而违背了元义的意志，被外放为齐州（治历城，今山东济南）刺史。胡太后召他回朝担任侍中。在胡太后身边陪坐时，元顺说："陛下怎能因自己的一个妹妹的缘故，就不肯惩治元义的罪行，使天下人不能消除怨恨！"胡太后沉默不语。不久，有人告发："元义策划诱使六镇降户在定州（治卢奴，今河北定县）造反。"胡太后便命令元义自杀。

起初，郑俨担任司徒胡国珍的参军，暗中与胡太后相好。至此，胡

人，领尝食典御，昼夜禁中。徐纥初诣事清河王怿，怿死，复诣事元乂。太后以纥为怿所厚，亦召为中书舍人。

神轨亦得幸于太后，亦领中书舍人，尝求婚于散骑常侍卢义僖，义僖不许。侍郎王诵谓曰："昔人不以一女易众男，卿岂易之邪！"义僖曰："所以不从，正为此耳；从之，恐祸大而速。"诵乃坚握义僖手曰："我闻有命，不敢以告人。"女遂适他族。婚夕，太后遣中使宣敕停之，内外惶怖，义僖夷然自若。

【纲】秋八月，魏柔玄镇民杜洛周反于上谷，魏遣兵讨之。【目】洛周反，高欢、蔡儁、尉景、段荣、彭乐皆从之。魏以常景为行台，与都督元谭讨之。

【纲】丙午，夏四月，魏以元顺为太常卿。【目】城阳王徽与黄门侍郎徐纥毁侍中元顺，出为太常卿。顺奉辞，时纥侍侧，顺指之曰："此魏之宰嚭，魏国不亡，此终不死！"纥胁肩而出，顺叱之曰："尔刀笔小才，正堪供几案之用，岂应汗辱门下，斁我彝伦！"因振衣而起。太后默然。

【纲】冬十一月，魏幽州民执行台常景，叛降杜洛周。【目】魏盗贼日滋，征讨不息，国用耗竭，豫徵六年租调，犹不足，乃罢百官酒肉，税入市者人一钱，百姓嗟怨。

【纲】丁未，春正月，魏以房景伯为东清河太守。【目】魏东清河郡山贼群起，诏以房景伯为太守。郡民刘简虎尝无礼于景伯，举家亡去，景伯擒之，署其子为掾，令谕山贼。贼以景伯不念旧恶，

太后任命郑俨为中书舍人，兼任尚书（尚：原作"尝"，误。据《北史·郑俨传》改）食典御，使他昼夜都在宫中。徐纥原先巴结清河王元怿，元怿死后，又巴结元义。胡太后因徐纥是元怿厚待的人，也召他担任中书舍人。

　　李神轨也是胡太后的相好，也兼任中书舍人。李神轨曾经向散骑常侍卢义僖请求通婚，卢义僖不肯应允。黄门侍郎王诵对他说："前人不为了一个女儿而使儿子们受祸，你怎能因一个女儿而以儿子们受祸为代价呢！"卢义僖说："我之所以不肯接受婚约，正是为了不让儿子们受祸。接受婚约，恐怕祸事更大，也来得更快。"王诵便紧紧握住卢义僖的手说："我听明白了，决不敢告诉别人。"卢仪僖的女儿终于嫁给别的家族。在结婚的当天晚上，胡太后派中使前去宣布敕书，命令中止成婚，朝廷内外惶恐不安，只有卢义僖泰然自若。'

　　【纲】秋八月，北魏柔玄镇（今内蒙古兴和境）百姓杜洛周在上谷郡（治平舒，今山西浑源）反叛，北魏派兵讨伐。　【目】杜洛周反叛后，高欢、蔡儁、尉景、段荣、彭乐都去投奔他。北魏委任常景为行台，与都督元谭前去讨伐杜洛周。

　　【纲】丙午（526），夏四月，北魏任命元顺为太常卿。　【目】城阳王元徽与黄门侍郎徐纥诋毁侍中元顺，元顺被贬为太常卿。元顺入宫告辞，当时徐纥正侍候在胡太后身边。元顺指着徐纥说："此人就是魏国的宰嚭。（宰嚭：春秋时吴国大夫，谗毁忠良）魏国不亡，他就不死！"徐纥缩着双肩离开。元顺喝斥他说："你的才能仅能当个刀笔小吏，只配伏在几案上誊写文牍，怎应污辱门下省，败坏伦常大道！"于是拂衣而起，胡太后沉默无言。

　　【纲】冬十一月，北魏幽州（治蓟县，今北京西南）百姓捉住行台常景，归降杜洛周。　【目】北魏国内盗贼日增，征战不息，国家用度消耗一空，只好提前征收此后六年的租调，但仍不够，便停止百官的酒肉供应，对到商市去的人每人收税一钱，百姓怨恨不满。

　　【纲】丁未（527），春正月，北魏任命房景伯为东清河郡（治贝丘，今山东淄博西南淄川镇）太守。　【目】由于北魏东清河郡山区盗贼群起，胡太后下诏任命房景伯为东清河郡太守。郡民刘简虎曾对房景伯无礼，全家逃走，房景伯将他捉获，委派他的儿子当了属官，让他开导

相帅出降。景伯母崔氏，通经，有明识。贝丘妇人列其子不孝，景伯白其母，母曰："民未知礼义，何足深责！"乃召其母，与之对榻共食，使其子侍立堂下，观景伯供食。未旬日，悔过求还。崔氏曰："此虽面惭，其心未也，且置之。"凡二十余日，其子叩头流血，母涕泣乞还，然后听之，卒以孝闻。

【纲】三月，梁主舍身于同泰寺。

【纲】冬十月，梁将湛僧智、夏侯夔围魏广陵，克之。　【目】湛僧智围魏东豫州刺史元庆和于广陵，魏将军元显伯救之，梁司州刺史夏侯夔引兵助僧智。庆和举城降。夔以让僧智，僧智曰："庆和欲降公，僧智今往，必乖其意。且僧智所将应募乌合之人，不可御以法；公持军素严，必无侵暴，受降纳附，深得其宜。"夔乃登城，拔魏帜，建梁帜；庆和束兵而出，吏民安堵。

山贼。山贼认为房景伯不咎既往，便一起出来投降。房景伯的母亲崔氏，通晓经书，见识通达。贝丘的一位妇女控告儿子不孝，房景伯告诉了母亲崔氏，崔氏说："百姓不懂礼仪，哪能大加责难！"便把那位妇女叫来，与她对坐，共同进餐，让那妇女的儿子在堂下侍立，看崔景伯如何侍候母亲进餐。不到十天，那妇女的儿子表示悔过，要求回家。崔氏说："虽然他面有惭色，但是还没有真心悔悟，姑且让他再留一段时间。"一共住了二十多天，那妇女的儿子叩头流血，那妇女也流着眼泪请求回家，崔氏这才听凭他们离去。后来，那妇女的儿子以孝静闻名。

【纲】三月，梁武帝舍身于同泰寺（在今江苏南京东北）。

【纲】冬十月，梁朝将领湛僧智和夏侯夔包围并攻克北魏的广陵城（今河南息县）。　【目】湛僧智把北魏东豫州刺史元庆和包围在广陵，北魏将军元显伯领兵援救，梁朝司州（时治关南，今河南信阳平靖、武胜两关南）刺史夏侯夔率军援助湛僧智，元庆秘献全城投降。夏侯夔让湛僧智前去受降，湛僧智说："元庆和打算向你投降，如果现在由我前去受降，一定违反他的本意。况且，我率领的军队，都是应募而来的乌合之众，无法用军法约束他们。你治军一向严明，肯定不会侵害百姓。由你去接受降附军民，最为合适。"夏侯夔便登上广陵城，拔去北魏的旗帜，树起梁朝的旗帜，元庆和放下武器，出城投降，官吏和百姓安居如常。

纲鉴易知录卷三八

梁纪（附北魏东西魏）

高祖武帝

【纲】戊申，春正月，魏大赦。　【目】魏潘嫔生女，胡太后诈言皇子，大赦、改元。

【纲】魏太后胡氏进毒弑其主诩，而立临洮王世子钊。　【目】太后再临朝以来，嬖幸用事，政事纵弛，盗贼蜂起，封疆日蹙。魏主年浸长，太后自以所为不谨，凡魏主所爱信者，辄以事去之，务为壅蔽，不使知外事。由是母子之间，嫌隙日深。

是时，车骑将军、六州大都督尔朱荣兵强，刘贵、段荣、尉景、蔡儁皆归之。贵屡荐高欢于荣，荣见其憔悴，未之奇也。厩有悍马，命欢剪之。欢不加羁绊而剪之，竟不蹄啮，起，谓荣曰："御恶人亦由是矣。"荣奇其言，坐之床下，屏左右，访以时事。欢曰："闻公有马十二谷，色别为群，畜此竟何用也？"荣曰："但言尔意！"欢曰："今天子暗弱，太后淫乱，嬖孽擅命，朝政不行。以明公雄武，乘时奋发，讨郑俨、徐纥之罪，以清帝侧，霸业可举鞭而成，此贺六浑之意也。"荣大悦，自是每参军谋。

并州刺史元天穆与荣善，荣兄事之。常与天穆及贺拔岳密谋举兵入洛，内诛嬖幸，外清群盗，二人皆劝成之。表请不听，遂举兵塞井陉。魏主亦恶俨、纥等，逼于太后，不能去，密诏荣举兵内向，欲以胁太后。荣以高欢为前锋，至上党，魏主复以私诏止之。俨、纥恐祸及己，阴与太后谋鸩魏主，杀之。伪立皇子为帝，既而下诏曰：

高祖武帝

【纲】戊申（528），春正月，北魏大赦天下罪囚。 **【目】**北魏潘嫔生了一个女儿，胡太后诈称生了皇子，实行大赦，改换年号。

【纲】北魏胡太后送去毒药，害死魏孝明帝元诩，立临洮王的世子元钊为帝。 **【目】**胡太后再度临朝主政以来，宠臣当权，政事荒废，盗贼蜂拥而起，国土日益缩小。魏孝明帝年纪渐大，胡太后深知自己的行为不端，凡是魏孝明帝宠爱信任的人，她总是借故排斥，力图蒙蔽视听，不让魏孝明帝知道外界的事情。因此，母子间的猜忌怨恨，日益加深。

这时，车骑将军、六州大都督尔朱荣兵力强盛，刘贵、段荣、尉景、蔡儁都来投靠。刘贵多次向尔朱荣推荐高欢，尔朱荣见高欢面色憔悴，并没认为他是出色的人物。马棚里有一匹骠悍难驯的战马，尔朱荣让高欢为它修剪鬃毛，高欢没有使用笼头和绊索，就去修剪，那马竟然不踢不咬，高欢起身对尔朱荣说："制服恶人，也是如此。"尔朱荣认为他出口不凡，让他在床下就坐，屏退身边的人，问他对时局的看法。高欢说："听说你有十二座山谷的马匹，按马的颜色分群，养这些马究竟有什么用处？"尔朱荣说："只管说出你的看法！"高欢说："如今天子昏庸软弱，胡太后淫乱成性，受宠爱的小人为所欲为，朝廷大政难以很好执行。凭着您的雄才武略，抓住时机，奋发起事，声讨郑俨和徐纥的罪行，清除皇上身边的小人，只要一扬马鞭，霸业就能完成，这就是贺六浑（贺六浑：高欢的小名）的想法。"尔朱荣大为高兴。从此，高欢经常参与军中议事。

并州（治晋阳，今山西太原西南）刺史元天穆与尔朱荣友善，尔朱荣把他当作兄长对待。尔朱荣经常与元天穆和贺拔岳秘密策划起兵进占洛阳，内杀宠臣，外清群盗，二人都劝他付诸行动。尔朱荣上表请求平定群盗，胡太后没有答应，尔朱荣随即起兵封锁井径关（今河北石家庄西井径山），魏孝明帝也憎恶郑俨、徐纥等人，只是迫于身受胡太后的控制，无法将他们除去，便发出密诏，命令尔朱荣起兵向朝廷开进，

"潘嫔所生，实皇女也。临洮世子钊，高祖之孙，可立。"遂迎钊即位。生三年矣，太后欲久专政，故立之。尔朱荣闻之，大怒，谓元天穆曰："吾欲赴哀山陵，翦诛奸佞，更立长君，何如？"天穆曰："如此，则伊、霍复见于今矣。"

【纲】三月，魏尔朱荣举兵晋阳。复四月，至河阳，立长乐王子攸，而沉太后胡氏及幼主钊于河，杀王公以下二千人。自为都督中外诸军事，封太原王，遂入洛阳。 【目】尔朱荣与元天穆议，以彭城武宣王有忠勋，其子长乐王子攸，素有令望，欲立之。遣从子天光告之，子攸许之；荣乃起兵发晋阳。太后用徐纥计，遣李神轨帅众拒之，别将郑先护、郑季明守河桥。

四月，子攸潜自高渚渡河，会荣于河阳。济河，即位，以荣为都督中外诸军事，封太原王。先护、季明开城纳之，将军费穆亦降。徐纥、郑俨皆亡走，太后落发出家。荣召百官奉玺绶备法驾迎于河桥。遣骑执太后及幼主，至河阴，沉之河。荣至陶渚，引百官集于行宫西北，列胡骑围之，责以天下丧乱，肃宗暴崩，朝臣贪虐，不能匡弼之罪，因纵兵杀之，自丞相高阳王雍、司空元钦、仪同三司元略以下，死者二千余人。

荣所从胡骑杀朝士既多，不敢入洛，荣乃议欲迁都；其将泛礼固谏，乃奉魏主入城，大赦。荣犹执迁都议，都官尚书元谌争之，荣

打算借此胁制胡太后。尔朱荣命令高欢担任前锋，挺进到上党郡（治壶关，今山西长治东南），魏孝明帝又暗下密诏，命令停止进军。郑俨、徐纥害怕大祸临身，暗中与胡太后策划，用毒药害死了魏孝明帝，假立皇子（"皇子"似当作"皇女"）为帝，不久又颁布诏书说："潘嫔生的孩子，实际是皇女。临洮王世子元钊是高祖的孙子，可立为帝。"便迎接元钊即位。这时，元钊生下来才三年，胡太后打算长期专擅朝政，所以立他为帝。尔朱荣闻讯大怒，对元天穆说："我打算前往先帝的陵墓致哀，翦除奸佞小人，改立年长的国君，你看怎样？"元天穆说："这样做，就是伊尹、霍光重新出现在今天了！"

【纲】三月，北魏尔朱荣起兵晋阳。夏四月，尔朱荣进抵河阳县（今河南孟县西），拥立长乐王元子攸为帝，将胡太后和幼主元钊投到河里淹死。杀掉王公以下官员两千人。尔朱荣自任都督中外诸军事，封太原王，于是进入洛阳。　【目】尔朱荣与元天穆商量，由于彭城武宣王元勰有忠心拥立魏宣武帝的功勋，其子长乐王元子攸的声望一向很好，打算拥立他，便打发堂侄尔朱天光通知元子攸，元子攸答应下来，于是尔朱荣从晋阳起兵出发。胡太后采用徐纥的主张，派遣李神轨率领军队抵抗尔朱荣，命令别部将领郑先护、郑季明守卫河阴桥（今河南孟县南）。

四月，元子攸由高渚暗中渡过黄河，在河阳与尔朱荣会面。元子攸再渡黄河，即位称帝，任命尔朱荣为都督中外诸军事，封为太原王。郑先护、郑季明打开城门，迎接尔朱荣，将军费穆也投降了。徐纥、郑俨都逃亡而去，胡太后削发出家。尔朱荣召集百官，捧着玺印，备好车辇，在河阳桥迎接元子攸。尔朱荣派遣骑兵抓住胡太后和幼主元钊来到河阴县（今河南孟津东）时，将他们投到黄河里淹死。尔朱荣来到陶渚（今河南孟县南），率领百官聚集在行宫西北面，让胡人骑兵列队包围，责备他们在天下死丧祸乱频仍，魏孝明帝突然死去，朝臣贪婪暴虐之际，不能辅佐帝室的罪行，于是纵兵屠杀。自丞相高阳王元雍、司空元钦、仪同三司元略以下百官，被杀死两千多人。

由于跟随尔朱荣前来的胡人骑兵屠杀朝臣太多，不敢进入洛阳，尔朱荣打算计议迁都，部将泛礼一再劝阻，尔朱荣便拥奉魏孝庄帝元子

怒曰："河阴之役，君应知之。"谌曰："天下事当与天下论之，奈何以河阴之酷恐元谌乎！谌，国之宗室，位居常伯，正使今日碎首流肠，亦无所惧！"荣大怒，欲抵谌罪；谌颜色自若，乃舍之。后数日，荣与魏主登高，见宫阙壮丽，列树成行，乃叹曰："元尚书之言，不可夺也。"由是罢议。

【纲】五月，魏立肃宗嫔尔朱氏为后。 【目】荣女先为肃宗嫔，荣欲魏主纳以为后。魏主疑之，黄门侍郎祖莹曰："昔文公在秦，怀嬴入侍；事有反经合议，陛下独何疑焉！"遂从之，荣甚悦。

【纲】尔朱荣还晋阳。以元天穆为侍中、录尚书事，兼领军将军。 【目】荣令元天穆入洛阳，朝廷要官，悉用其腹心为之。

【纲】秋九月，魏尔朱荣自为大丞相。
【纲】冬十月，梁立元颢为魏王，遣将军陈庆之将兵纳之。

【纲】己酉，夏四月，魏王颢拔荥城，称皇帝。

【纲】五月，魏王颢取梁国、荥阳、虎牢。

【纲】魏主子攸奔河内。
【纲】颢入洛阳，以陈庆之为车骑大将军。
【纲】闰六月，魏尔朱荣渡河。魏王颢走，死。陈庆之走，归梁。魏主子攸归洛阳。荣自为天柱大将军。
【纲】秋七月，魏以高道穆为中尉。 【目】魏主之姊寿阳公主行犯清路，道穆击破其车。公主泣诉之，魏主曰："中尉清直，岂可以私责之！"道穆见魏主，魏主劳之；道穆免冠谢，魏主曰："朕愧

攸进城,宣布大赦天下罪囚。尔朱荣仍然坚持迁都的主张,都官尚书元谌出面争论。尔朱荣生气地说:"河阴之事,你该知道。"元谌说:"天下事应该与天下人商议。你怎么用河阴的残酷屠杀来吓唬我!我是国中的宗室,位居尚书之任,即使今天我脑碎肠流,也无所畏惧!"尔朱荣大怒,打算惩治元谌,元谌神色自若,尔朱荣这才罢休。几天后,尔朱荣与魏孝庄帝登临高处,看见皇宫壮丽,树木成行,才感慨地说:"元尚书的话,无可非议。"从此不再讨论迁都。

【纲】北魏孝庄帝立肃宗孝明帝的嫔妃尔朱氏为皇后。 【目】尔朱荣的女儿先前是魏肃宗孝明帝的嫔妃,尔朱荣打算让魏孝庄帝娶过来当皇后。魏孝庄帝迟疑不决,黄门侍郎祖莹说:"从前晋文公在秦国,怀嬴入室侍寝,就有这种违背原则却又符合情理的事情,陛下何必顾虑重重!"魏孝庄帝便答应下来,尔朱荣非常高兴。

【纲】尔朱荣返回晋阳。魏孝庄帝任命元天穆为侍中、录尚书事,兼任领军将军。 【目】尔朱荣让元天穆进入洛阳,朝廷的重要官职,全部委派自己的亲信担任。

【纲】秋九月,北魏尔朱荣自任大丞相。

【纲】冬十月,梁武帝立元颢为魏王,派遣将军陈庆之率领军队护送他回国。

【纲】己酉(529),夏四月,魏王元颢攻克荥城(今河南宁陵西北),称皇帝。

【纲】五月,魏王元颢占领梁国(即北梁郡,治考阳,今河南兰考东)、荥阳(今河南荥阳)、虎牢(今河南荥阳西北)。

【纲】北魏孝庄帝元子攸逃奔河内郡(治野王,今河南沁阳)。

【纲】元颢进入洛阳,任命陈庆之为车骑大将军。

【纲】闰六月,北魏尔朱荣渡过黄河,魏王元颢在逃之中死去,陈庆之逃回梁朝。北魏孝庄帝元子攸返回洛阳,尔朱荣自任天柱大将军。

【纲】秋七月,北魏孝庄帝任命高道穆为御史中尉。 【目】北魏孝庄帝的姐姐寿阳公主外出时,冲犯了高道穆正在清道的仪仗卫队,高道穆命令砸破她的车子。寿阳公主哭诉此事,魏孝庄帝说:"中尉清正刚直,怎么能用私情责怪他!"高道穆见到魏孝庄帝,魏孝庄帝便对他

卿，卿何谢也。"

【纲】魏始铸永安五铢钱。

【纲】九月，梁主舍身于同泰寺。 【目】梁主幸同泰寺，设大会。释御服，持法衣，行清净大舍，素床瓦器，乘小车，役私人。亲为四众讲《涅槃经》。群臣以钱一亿万奉赎，表请还宫；三请，乃许。

【纲】庚戌，秋七月，魏以宇文泰为征西将军，行原州事。【目】宇文泰从贺拔岳入关，以功迁征西将军，行原州事。时关、陇凋弊，泰抚以恩信，民皆感悦，曰："早遇宇文使君，吾辈岂从乱乎！"

【纲】九月，长星见。

【纲】魏尔朱荣至洛阳，与太宰元天穆皆伏诛。 【目】魏尔朱荣虽居外藩，遥制朝政；魏主性勤政事，数亲览词讼，理冤狱，荣闻之，不悦。城阳王徽、侍中李彧，劝魏主除荣。侍中杨侃、仆射元罗、胶东侯李侃晞亦预其谋。会荣请入朝，徽等劝因其入，刺杀之。魏主疑未定，而谋颇泄。尔朱世隆疑有变，乃为匿名书，云"天子欲杀天柱，"以白荣。荣恃其强，不以为意。

九月，至洛阳，魏主即欲杀之，以元天穆在并州，恐为后患，故忍未发。并召天穆；天穆至，荣与天穆俱入，坐。李侃晞等抽刀从东户入，荣即起趋御坐，魏主先横刀膝下，遂手刃之，天穆亦死。内外喜噪，百僚入贺。魏主登门大赦。是夜，尔朱世隆帅荣部曲，走屯河阴。

慰勉一番，高道穆摘下帽子请罪，魏孝庄帝却说："朕愧对你，你何必请罪！"

【纲】北魏开始铸造永安五铢钱。

【纲】九月，梁武帝舍身同泰寺（今江苏南京东北）。 【目】梁武帝亲临同泰寺，举行无遮大会，脱去皇帝的服装，穿上僧衣，履行远离罪恶烦恼的大舍身。梁武帝使用朴素的卧床，陶制的器皿，改乘一辆小车，并去做平常人的杂事，还亲自为和尚、尼姑和善男信女讲解《涅槃经》。群臣捐出一亿万钱为梁武帝赎身，上表请他回宫，经过三次请求，梁武帝才肯答应。

【纲】庚戌（530），秋七月，北魏孝庄帝任命宇文泰为征西将军，兼管原州（治高平，今甘肃固原）事务。 【目】宇文泰跟随贺拔岳进关入关中，因功被提升为征西将军，兼管原州事务。当时，关中、陇右地区残破不堪，宇文泰以恩德信义安抚百姓，百姓都心悦诚服地说："假如早些遇到宇文使君，我们怎么会跟着别人作乱！"

【纲】天际出现长星。（长星：彗星之属）

【纲】北魏尔朱荣来到洛阳，与太宰元天穆一起被杀。 【目】北魏尔朱荣虽然身居藩镇，但是遥控朝廷大政。魏孝庄帝生性勤于政事，多次亲自翻阅览诉讼案件，审理冤狱，尔朱荣闻讯很不高兴。城阳王元徽、侍中李彧劝魏孝庄帝铲除尔朱荣，侍中杨侃、仆射元罗、胶东侯李侃晞也参与了这一计划。适逢尔朱荣请求入京朝见，元徽等人劝魏孝庄帝趁尔朱荣进京之机，将他刺死。正当魏孝庄帝迟疑不决时，谋杀计划已经稍有泄露。尔朱世隆怀疑将要发生变故，便写了一封匿名信，说是"天子打算杀害天柱大将军"，并将此信交给尔朱荣。尔朱荣自恃兵力强盛，对此毫不在意。

九月，尔朱荣抵达洛阳，魏孝庄帝打算马上动手杀他，但由于元天穆还在并州，恐怕他会成为后患，所以一直隐忍未发，决定同时召见元天穆。元天穆到来，尔朱荣与他一起进宫。就坐后，李侃晞等人拔出刀来，从东门杀入，尔朱荣立刻起身奔向魏孝庄的座位，魏孝庄帝已横拿着刀靠在膝下，于是亲手举刀将他杀死，元天穆也当场被杀。朝廷内外大声欢呼，百官进朝祝贺。魏孝庄帝登上阊阖门，宣布大赦。这天夜里，

【纲】魏仆射尔朱世隆反，与汾州刺史尔朱兆立长广王晔于长子。冬十二月，入洛阳，迁其主子攸于晋阳而弑之。

【纲】魏纥豆陵步蕃大破尔朱兆于秀容；兆及晋州刺史高欢击杀之。兆使欢统六镇。

【纲】辛亥，春二月，魏乐平王尔朱世隆废其主晔而立广陵王恭。　【目】尔朱世隆兄弟密议，以魏主晔疏远，无人望，欲立近亲。广陵王恭，羽之子也，好学有志度，以元火擅权，阳得暗疾。郎中薛孝通说尔朱天光曰："广陵，高祖犹子，夙有令望，沉晦不言，多历年所，若奉以为主，则天人允协矣。"天光使尔朱彦伯潜往胁之，恭乃曰："天何言哉！"世隆等大喜，乃废晔而立之。邢子才为赦文，叙敬宗枉杀尔朱荣之状，魏主曰："永安手翦强臣，非为失德，直以天未厌乱，故逢成济之祸耳。"魏主闭口八年，至是乃言，中外欣然，以为明主。

【纲】魏河北大使高乾起兵信都，以冀州迎高欢。　【目】乾与前河内太守封隆之等袭信都，奉隆之行州事，为敬宗举哀，誓众，移檄州郡共讨尔朱氏。高欢屯壶关，声言讨信都，众惧，高乾曰："吾闻高晋州雄略盖世，其志不居人下。且尔朱无道，弑君虐民，正是英雄立功之会；今日之来，必有深谋，吾当轻马迎之，诸君勿惧。"乃潜谒欢于滏口，说之，欢大悦。

初，赵郡太守李元忠好酒，无政绩。及尔朱兆弑敬宗，元忠弃

尔朱世隆率领尔朱荣的部众逃到河阴，驻扎下来。

【纲】北魏仆射尔朱世隆反叛，与汾州（治西河，今山西汾阳）刺史尔朱兆在长子（今山西长子）立长广王元晔为帝。冬十二月，尔朱兆等进入洛阳，将魏孝庄帝迁移到晋阳，然后将他杀害。

【纲】北魏纥豆陵步蕃在秀容县（今山西忻定西北）大破尔朱兆，接着尔朱兆和晋州刺史高欢又将纥豆陵步蕃击杀。尔朱兆委派高欢统辖六镇（六镇：武川镇、抚冥镇、怀朔镇、怀荒镇、柔玄镇、御夷镇）。

【纲】辛亥（531），春二月，北魏乐平王尔朱世隆废黜魏节闵帝元晔，另立广陵王元恭为帝。　【目】尔朱世隆兄弟秘密商议，由于魏帝元晔是皇室的远友疏属，没有声望，打算拥立皇室近亲。广陵王元恭是元羽的儿子，一心向学，志向远大，气度不凡。由于元义专权，他佯装因病致哑。郎中薛孝通劝尔朱天光说："广陵王是高祖孝文帝的侄子，一向声望很高，后来采用韬晦之计，不再讲话，历时多年。如果拥立他为帝，就天意人心无不契合了。"尔朱天光指使尔朱彦伯暗中前去胁迫他称帝，元恭便说："上天何尝说话！"（此借用《论语·阳货》中语，在这里表示"我没意见""我没说的"之意）尔朱世隆等人大喜，便废掉元晔，拥立元恭。邢子才起草赦文，叙述敬宗孝庄帝枉杀尔朱荣的经过，魏节闵帝说："敬宗孝庄帝亲手翦灭强横之臣，并没有错，只是由于上天还没厌弃祸乱，所以遭到成济杀害高贵乡公那样的灾祸！"魏节闵帝八年闭口不言，到这时才开口讲话，朝廷内外深感喜悦，都认为他是一位明主。

【纲】北魏河北大使高乾在信都（今河北衡水）起兵，率冀州迎接高欢。　【目】高乾与原先的河内太守封隆之等人袭击信都，拥戴封隆之代理冀州事务，为北魏敬宗孝庄帝举行追悼仪式，当众誓师，向各州郡发布檄文，号召共同讨伐尔朱氏。这时，高欢驻扎在壶关（今山西长治东南），声称讨伐信都，信都人众恐惧不安。高乾说："我听说高欢雄才大略，举世无双，早有不甘屈居人下的志向。何况尔朱氏无道，杀害国君，虐待百姓，正是英雄立功的机会。现在高欢前来，定有深远的打算。我要轻装骑马去迎接他，各位不必害怕。"便暗中在滏口（太行山八径之一，今河北磁县东北）拜见高欢，劝他向尔朱氏发难，高欢大悦。

起初，南赵郡（治广阿，今河北内邱东北）太守李元忠好酒贪杯，

官归，谋举兵讨之。会高欢东出，元忠乘露车，载素筝浊酒以迎欢，欢未即见。元忠下车独酌，谓门者曰："今闻国士到门，不吐哺、辍洗，其人可知，还吾刺，勿通也！"门者以告，欢遽见之。引入，觞再行，取筝鼓之，长歌慷慨，歌阕，谓欢曰："天下形势可见，公犹事尔朱邪？"欢曰："富贵皆彼所致，敢不尽节！"元忠曰："非英难也！"欢曰："赵郡醉矣。"使人扶出。长史孙腾曰："此君天遣来，不可违也。"欢乃复留与语，元忠慷慨流涕，欢亦悲不自胜。元忠因进策曰："殷州小，无粮、仗，不足以济大事。若向冀州，高乾兄弟必为明公主人。殷州便以赐委。冀、殷既合，沧、瀛、幽、定自当弥服矣。"欢急握元忠手而谢焉。欢至信都，封隆之、高乾纳之。

【纲】魏封其故主晔为东海王。

【纲】魏以高欢为渤海王。　【目】魏封欢为渤海王，征之，不至；乃以为东道大行台、冀州刺史。

【纲】夏四月，梁太子统卒。　【目】统宽和容众，喜怒不形于色。好读书属文，引接才俊，不蓄声乐，每霖雨积雪，遣左右周行间巷，视贫者赈之。天性孝谨，及卒，朝野惋愕，谥曰昭明。

【纲】梁主立子纲为太子。六月，封孙欢为豫章王，誉为河东王，詧为岳阳王。　【目】初，昭明太子葬丁贵嫔，有道士云："此地

没有政绩可言。及至尔朱兆杀害魏敬宗孝庄帝，李元忠弃官回乡，打算起兵讨伐尔朱氏。适逢高欢东进，李元忠坐着无篷敞车，载着古筝浊酒，去迎接高欢，高没有立即接见。李元忠下车独自喝酒，对守门人说："现在高欢得知国中的杰出人才登门拜访，却不肯立即接待，其人可想而知。你快把名帖还给我，不用通报了！"守门人把这话告诉高欢，高欢连忙接见李元忠。李元忠被领进去后，酒过两巡，拿过古筝，弹奏起来，歌曲告一段落时，李元忠对高欢说："天下形势明显可见，难道你还要为尔朱氏卖力吗！"高欢说："我的富贵荣华，都是尔朱氏给的，我怎敢不尽节义！"李元忠说："这不是英雄的作为！"高欢说："你醉啦！"便让人把李元忠扶出去。长史孙腾说："这位先生是上天派来的，不可违背天意！"高欢便又把他留下来，与他交谈。李元忠谈得慷慨激昂，声泪俱下，高欢也不禁悲伤起来。李元忠乘机献策说："殷州（当时南赵郡属殷州）狭小，缺少粮草兵器，无法靠它成就大事。如果你想去冀州，高乾兄弟肯定会对你尽地主之谊，而你便可以把殷州交给我负责。冀州与殷州联合后，沧州（治饶安，山东乐陵西北）、瀛州（治赵都军城，今河北河间）、幽州（治蓟县，今北京西南）、定州（治卢奴，今河北定州）等地自然就会归服你了。"高欢连忙握住李元忠的手，表示谢意。高欢来到信都，封隆之和高乾迎接高欢进城。

【纲】北魏节闵帝封原魏主元晔为东海王。

【纲】北魏节闵帝封高欢为渤海王。　【目】北魏节闵帝封高欢为渤海王，召他进京，高欢没有前去，节闵帝便又任命他为东道大行台、冀州刺史。

【纲】夏四月，梁朝太子萧统去世。　【目】萧统性情宽和，能够容人，喜怒不形于色，喜欢读书写文章，乐于引荐结交才能出众的人士，不聚养歌伎乐工。每当大雨不止，积雪不化时，萧统便派身边的人走遍街头巷尾，发现贫苦人家，就予以赈济。萧统天性孝顺，行为恭谨，及至萧统去世，朝廷和民间既十分惋惜，又惊讶不已，给他立谥号为"昭明"。

【纲】梁武帝立儿子萧纲为太子。六月，梁武帝封孙子萧欢为豫章王，萧誉为河东王。萧詧为岳阳王。　【目】起初，昭明太子萧统安葬

不利长子，请厌之。"乃为腊鹅及诸物，埋于墓侧。宫监鲍邈之密启梁主云："太子有厌祷。"梁主遣检掘，得鹅物，大惊，将穷其事，徐勉固谏而止。及太子卒，梁主欲立其长子华容公欢为嗣，衔其旧事，犹豫久之，竟不立。

既而立太子母弟晋安王纲为太子。朝野多以为不顺，侍郎周弘正，以尝为纲主簿，乃奏记曰："谦让道废，多历年所。愿殿下抗目夷之义，执子臧之节，改浇竞之俗，以大吴国之风。"纲不能从。

纲以徐摛为家令，兼管记，摛文体轻丽，春坊学之，时人谓之"宫体"。梁主闻之，怒，召摛欲加诮责。及见应对明敏，意更释然，因问经史及释教，摛商校从横，梁主深叹异之，宠遇日隆。朱异不悦，谓所亲曰："徐叟渐来见逼，我须早为之所。"遂乘间白梁主曰："摛老，爱泉石，意在一郡。"梁主谓摛真欲之，乃谓曰："新安大好山水。"遂出为守。寻以人言不息，封欢、誉、詧等，以慰其心。

【纲】魏冀州刺史高欢起兵讨尔朱氏。
【纲】冬十月，魏高欢立渤海太守元朗，自为丞相，败尔朱兆等军于广阿。
【纲】壬子，春正月，梁封西丰侯正德为临贺王。
【纲】魏丞相欢克相州，以杨愔为行台右丞。

【纲】三月，魏主朗入居于邺，高欢自为太师。

生母丁贵嫔,有一位道士说:"此地对长子不利,请用诅咒禁制之术镇邪。"便制成蜡鹅以及其他各种物品,埋在坟墓旁边。宫监鲍邈之秘密报告梁武帝说:"太子用过诅咒禁制之术。"梁武帝派人掘地检查,找到蜡鹅和其他各种物品,不由大吃一惊,准备追究此事,徐勉再三劝阻,这才罢休。及至太子萧统去世,梁武帝打算立萧统的长子华容公萧欢为后嗣,但是衔恨这件往事,犹豫了很长时间,到底没有立萧欢为嗣。

不久,梁武帝立太子萧统的同母弟晋安王萧纲为太子。朝廷与民间人士大都认为不合礼法,侍郎周弘正因自己曾经担任过萧纲的主簿,便作书向萧纲陈述自己的主张说:"谦让的原则已经废弃多年,希望殿下坚持宋桓公庶子司马子鱼不当太子的大义,严守曹国公子臧不当国君的节操,改变人情浇薄、互相竞争的习俗,光大吴国太伯、仲雍让国的风尚。"萧纲没有依从。

萧纲让徐摛担任家令,兼任负责之牍的管记。徐摛文章风格轻佻华丽,太子东宫官属左右春坊都学习这种文风,当时人称这种文风为"宫体"。梁武帝闻讯大怒,叫来徐摛,打算将他讥讽责备一番。及到见面后,徐摛对答明了而又敏捷,梁武帝才消了气,于是向他问起儒家经典、史学以及佛教等问题,徐摛侃侃而谈,或提出商榷,或比较异同,梁武帝大为赞叹称奇,对他日益宠信。朱异心中不快,对亲近的人说:"徐老头逐渐形成对我的威胁,我必须及早作准备。"便乘机禀告梁武帝说:"徐摛老了,又喜爱山林泉石,想在一个郡中任职。"梁武帝认为徐摛真想去当郡守,对徐摛说:"新安(今浙江淳安西)山水非常优美。"便外放他为郡守。不久,由于人们议论不休,梁武帝便封萧欢、萧誉、萧詧等人为王,借以安慰其心。

【纲】北魏冀州刺史高欢起兵讨伐尔朱氏。

【纲】冬十月,北魏高欢立渤海太守元朗为帝,自任丞相,在广阿打败尔朱兆等人的军队。

【纲】壬子(532),春正月,梁武帝封西丰侯萧正德为临贺王。

【纲】北魏丞相高欢攻克相州(治邺县,今河北磁县东),任命杨愔为行台右丞。

【纲】三月,北魏安定王元朗入居邺城,高欢自任太师。

【纲】闰月,魏尔朱天光等会兵攻邺,高欢击破之。

【纲】夏四月,魏将军斛斯椿执尔朱天光、度律送邺。世隆伏诛,仲远奔梁。

【纲】高欢入洛阳,废其主恭及朗,而立平阳王修,自为大丞相。

【纲】魏尔朱度律、天光伏诛。

【纲】五月,魏封其故主朗为安定王。

【纲】魏主修弑其故主恭。

【纲】秋七月,魏大丞相欢讨尔朱兆,走之,遂据晋阳。

【纲】冬十一月,魏主修弑安定王朗、东海王晔。

【纲】十二月,魏立后高氏。

【纲】癸丑,春正月,魏大丞相欢袭秀容,杀尔朱兆。

【纲】魏以贺拔胜为荆州刺史。

【纲】秋八月,魏以贺拔岳为雍州刺史。 【目】初,贺拔岳遣行台郎冯景诣晋阳,高欢与景歃盟,约与岳为兄弟。景还,言于岳曰:"欢奸诈有余,不可信也。"府司马宇文泰请使晋阳,以观欢之为人,欢奇其状貌,曰:"此儿视瞻非常。"将留之,泰固求复命;欢既遣而悔之,发驿急追,至关不及而返。泰至,谓岳曰:"欢所以未篡者,正惮公兄弟耳;侯莫陈悦之徒,非所忌也。公但潜为之备,图欢不难。"岳大悦,复遣诣洛阳请事,密陈其状。魏主喜,以岳为都督二十州军事、雍州刺史。岳遂引兵西屯平凉。岳以夏州被边要重,欲求良刺史,众举宇文泰,岳曰:"左丞,吾左右手,何可废也!"沉吟累日,卒表用之。

【纲】闰三月,北魏尔朱天光等人合兵攻打邺城,高欢将他们打败。

【纲】夏四月,北魏将军斛斯椿捉住尔朱天光、尔朱度律,押送邺城。尔朱世隆被处以死刑,尔朱仲远逃往梁朝。

【纲】高欢进入洛阳,废黜魏帝元恭和元朗,另立平阳王元脩为帝,自任大丞相。

【纲】北魏尔朱度律、尔朱天光被处以死刑。

【纲】五月,北魏孝武帝封原先的国君元朗为安定王。

【纲】北魏孝武帝杀死原先的国君元恭。

【纲】秋七月,北魏大丞相高欢讨伐尔朱兆,将他赶走,于是占据晋阳。

【纲】冬十一月,北魏孝武帝元脩杀死安定王元朗、东海王元晔。

【纲】十二月,北魏孝武帝立高氏为皇后。

【纲】五年(癸丑,533),春正月,北魏大丞相高欢袭击秀容川,杀死尔朱兆。

【纲】北魏孝武帝任命贺拔胜为荆州(时治穰县,今河南邓县境)刺史。

【纲】秋八月,北魏孝武帝任命贺拔岳为雍州(时治长安,今陕西西安北)刺史。 【目】起初,贺拔岳派遣行台郎冯景前往晋阳,高欢与冯景歃血盟誓,约定与贺拔岳结为兄弟。冯景回去后,告诉贺拔岳说:"高欢过于奸诈,不可信任。"府司马宇文泰请求出使晋阳,去观察高欢的为人。高欢见他相貌奇特,便说:"这后生看上去不同寻常。"准备把他留下,宇文泰坚持要求回去复命。高欢打发他走后又后悔了,便派驿卒赶紧追赶,追到函谷关,还没追上,只好返回。宇文泰回到雍州,对贺拔岳说:"高欢没有篡位的原因,正是害怕你家兄弟。至于侯莫陈悦一类人物,他并不忌惮。只要你暗中做好准备,图谋高欢并不很难。"贺拔岳非常高兴,又派遣宇文泰前往洛阳请求奏事,秘密陈述这种情况,北魏孝武帝大喜,任命贺拔岳为都督二十州军事、雍州刺史,贺拔岳便率领军队西进,到平凉(治鹑阴平凉城,今甘肃平凉西南)驻扎。由于夏州(治岩绿县,今陕西米脂西)是边防要地,贺拔岳打算物色

【纲】甲寅，春正月，魏秦州刺史侯莫陈悦杀贺拔岳，魏以宇文泰统其军。

【纲】夏四月，魏宇文泰讨侯莫陈悦，诛之，遂定秦、陇。魏以泰为关西大都督。

【纲】六月，魏大丞相欢举兵反。秋七月，魏主修奔长安。欢入洛阳，推清河王亶承制决事。魏主以宇文泰为大将军、尚书令。【目】高欢举兵向阙，中军将军王思政言于魏主曰："高欢之心，昭然可知。洛阳非用武之地，宇文泰乃心王室，今往就之，还复旧京，何虑不克？"魏主深然之，遣侍郎柳庆见泰于高平。泰请奉迎舆驾。

时东郡太守裴侠帅兵诣洛，王思政问以西巡之计，侠曰："宇文泰已操戈矛，宁肯授人以柄！虽欲投之，恐无异避汤入火也。"思政曰："然则何如而可？"侠曰："图欢有立至之忧，西巡有将来之虑，且至关右徐思其宜耳。"思政然之，乃进侠于魏主，授左中郎将。七月，魏主西奔长安。欢遂入洛阳，杀仆射辛雄以下数人，推清河王亶为大司马，承制决事。宇文泰备仪卫迎魏主，谒见于东阳驿；魏主遂入长安，以泰为大将军、雍州刺史，兼尚书令。

先是，荧惑入南斗，去而复还，留止六旬。梁主以谚云"荧惑入南斗，天子下殿走"，乃跣而下殿以禳之。及闻魏主西奔，惭曰："虏亦应天象邪！"

【纲】冬十月，魏大丞相欢立清河世子善见于洛阳。【目】欢集百官耆老，议所立，时清河王亶出入已称警跸，欢丑之，遂立其

一位出色的刺史，大家都推举宇文泰。贺拔岳说："宇文左丞是我的左右手，我怎能离开他！"迟疑多日，贺拔岳终于上表请求任用了他。

【纲】六年（甲寅，534），春正月，北魏秦州（治上封，今甘肃天水西南）刺史侯莫陈悦杀死贺拔岳，北魏孝武帝委任宇文泰统领他的军队。

【纲】夏四月，北魏宇文泰讨伐侯莫陈悦，将他杀死，于是平定了关中和陇右地区。北魏孝武帝任命宇文泰为关西大都督。

【纲】六月，北魏大丞相高欢举兵反叛，秋七月，北魏孝武帝元修逃奔长安。高欢进入洛阳，推戴清河王元亶行皇帝权力。裁断政事。北魏孝武帝任命宇文泰为大将军、尚书令。【目】高欢起兵向京城挺进，中军将军王思政向魏孝武帝进言说："高欢的用心，谁都清楚，洛阳不是用兵之地，宇文泰真心拥戴皇室，现在先去依靠他，再回军恢复原来的京城，还愁不能攻克吗？"魏孝武帝深以为然，便派遣侍郎柳庆到高平（今宁夏固原）去见宇文泰，宇文泰请求迎接魏孝武帝。

当时，东郡（治滑台，今河南滑县）太守裴侠率领军队来到洛阳，王思政征求他对魏孝武帝西行计划的看法，裴侠说："宇文泰已经抓住大权，岂肯授人以柄！虽说皇上打算投奔他，恐怕与躲过沸水又跳入火坑没有两样！"王思政说："那又如何是好？"裴侠说："图谋高欢会有立即到来的忧患，皇上西行会有将来难免的忧虑。只有姑且前往关西地区，再慢慢考虑适当的对策了。"王思政认为说得很对，便把裴侠推荐给魏孝武帝，魏孝武帝任命他为左中郎将。七月，魏孝武帝西行奔赴长安，高欢随即进入洛阳，杀死仆射辛雄以下数人，推举清河王元亶为大司马，让他行使皇帝权力，裁决政事。宇文泰预备好仪仗卫队去迎接魏孝武帝，在东阳驿（今陕西西安东北）拜见魏孝武帝。于是魏孝武帝进入长安，任命宇文泰为大将军、雍州刺史，兼任尚书令。

在此之前，火星进入南斗，去而复回，停留了六十天。由于谚语说"火星进入南斗，天子下殿逃走"，梁武帝便光脚走下大殿，祈祷消灾。及至听说北魏孝武帝西逃，梁武帝惭愧地说："胡虏也上应天象吗！"

【纲】冬十月，北魏大丞相高欢在洛阳立清河王世子元善见为东魏孝静帝。【目】高欢召集百官和朝中元老，商量拥立新帝，当时，清

世子善见为帝,谓禀曰:"欲立王,不如立王之子。"善见即位,时年十一。

【纲】魏以宇文泰为大丞相。

【纲】十一月,东魏迁于邺。

【纲】闰十二月,魏大丞相泰进毒弑其君修。

【纲】乙卯,春正月朔,魏大丞相泰立南阳王宝炬。

【纲】魏大丞相泰自为都督中外诸军事,封安定公。

【纲】魏立后乙弗氏。

【纲】东魏大丞相欢自为相国,假黄钺,加殊礼;复辞不受。

【纲】魏大丞要泰以苏绰为行台左丞。 【目】宇文泰用苏绰为行台郎中,居岁余,未之知也,而台中皆称为能,有疑事皆就决之。泰与仆射周惠达论事,惠达请出议之。以告绰,绰为之区处,惠达入白之,泰称善,曰:"谁与卿为此议者?"惠达以绰对,且称绰有王佐之才。泰召绰,问天地造化之始,历代兴亡之迹,绰应对如流。遂留至夜,问以政事,卧而听之;绰陈为治之要,泰起,整衣危坐,不觉膝之前席,语达曙不厌。诘朝,谓惠达曰:"苏绰真奇士,吾方任之以政。"即拜左丞,参典机密,自是宠遇日隆。绰始制文案程式朱出、墨入,及计帐、户籍之法,后人多遵用之。

【纲】夏五月,魏大丞相泰自加柱国。

【纲】冬十一月,梁侍中徐勉卒。 【目】勉虽骨鲠不及范云,

河王元亶在出入时已经采用皇帝的仪仗卫队,高欢厌恶此举,便拥立元直的世子元善见为帝,并对元亶说:"我想立你,可是不如立你的儿子。"元善见即位,当时只有十一岁。

【纲】北魏孝武帝任命宇文泰为大丞相。

【纲】十一月,东魏迁都邺城。

【纲】闰十二月,北魏大丞相宇文泰送上毒药,杀害了魏孝武帝元修。

【纲】大同元年(乙卯,535),春正月一日,北魏大丞相宇文泰拥立南阳王元宝炬为西魏文帝。

【纲】西魏大丞相宇文泰自任都督中外诸军事,封安定公。

【纲】西魏文帝立乙弗氏为皇后。

【纲】东魏大丞相高欢自任相国,准备采用皇帝的仪仗和特别尊贵的礼仪,又一再表示推辞,不肯接受。

【纲】西魏大丞相宇文泰任命苏绰为行台左丞。【目】宇文泰任用苏绰为行台郎中,过了一年多时间,还不了解他。但是行台中的官员都称许他能干,遇到疑难问题都找他裁决。宇文泰与仆射周惠达讨论事情,周惠达请求回去商议一番。他将问题告诉了苏绰,苏绰替他提出处理意见。周惠达进去禀报处理意见,宇文泰连连称善,说:"谁替你出了这个主意?"周惠达回答说是苏绰,而且称赞苏绰有辅佐帝业的才能。宇文泰召见苏绰,从天地开创、化育万物,一直问到历代兴亡的经过,苏绰对答如流。宇文泰便把他一直留到夜里,问他军国政务,自己躺着听他讲。苏绰向他陈述治理国家的要点时,宇文泰立刻起身,整理好衣服,端正地坐下,不由自主地向坐席前边凑去,一直谈到天亮,毫不厌倦。第二天清早,宇文泰对周惠达说:"苏绰真是一位奇才,我这就把政务委任给他。"立刻任命苏绰为行台左丞,让他参与掌管机密事务。从此,苏绰日益受到宠信。苏绰开始制定文书案卷用黑笔签发上呈、朱笔批阅发出的公文程式,以及编制税簿和户籍的方法,后来的人大多沿用下来。

【纲】夏五月,西魏大丞相宇文泰自行加授柱国。

【纲】冬十一月,梁朝侍中徐勉去世。【目】虽然徐勉不如范云正

亦不阿意苟合，故梁世言贤相者称范徐云。

【纲】东魏封高洋为太原公。 【目】洋，欢之子也，内明决而外如不慧，众皆嗤鄙之；独欢异之，谓长史薛琡曰："此儿识虑过吾。"幼时，欢尝欲观诸子意识，使各治乱丝，洋独抽刀斩之，曰："乱者必斩！"

【纲】丙辰，春二月，东魏大丞相欢遣其世子澄入邺辅政，东魏以为尚书令、京畿大都督。

【纲】东魏大丞相欢以陈元康为功曹。 【目】高季式荐元康于高欢曰："是能夜中闭书，快吏也。"欢召之，一见，即授功曹，掌机密。时军国多务，元康问无不知。与功曹赵彦深同知机密，而元康性柔谨，欢甚亲之，曰："此人天赐我也。"

【纲】梁处士陶弘景卒。 【目】弘景博学，好养生。仕齐为奉朝请，弃官，隐居茅山。梁主早与之游，及即位，恩礼甚笃，每得其书，焚香虔受。屡以手敕招之，弘景不出。国家每有大议，必先谘之，时人谓之"山中宰相"。将没，为诗曰："夷甫任散诞，平叔坐论空。岂悟昭阳殿，遂作单于宫！"时士大夫竞谈玄理，不习武事，故弘景诗及之。

【纲】夏四月，梁以江子四为右丞。 【目】子四上封事，极言得失，梁主诏曰："古人有言：'屋漏在上，知之在下。'朕有过失，不能自觉，子四所言，尚书时加检括，速以启闻。"

【纲】丁巳，秋八月，梁修长干塔。 【目】梁主修长干寺阿育王塔，出佛爪、发、舍利。幸寺，设无碍食，大赦。

直敢言，但是也不肯曲意逢迎，所以说到梁朝的贤相，总是范徐并称。

【纲】东魏封高洋为太原公。【目】高洋是高欢的儿子，内心精明果断，而貌似痴呆，大家都嗤笑他，鄙视他，只有高欢认为他与众不同，对长史薛琡说："这孩子的见识谋虑比我强。"高洋小时候，高欢曾经打算观察儿子们的意向和见解，让他们分别整理一团乱丝。只有高洋拔出刀来，斩断乱丝，说："乱者必斩！"

【纲】丙辰（536）春二月，东魏大丞相高欢派遣世子高澄进入邺城，辅佐朝政，东魏任命高澄为尚书令、京畿大都督。

【纲】东魏大丞相高欢任命陈元康为功曹。【目】高季式向高欢接荐陈元康说："这人能够在夜间摸黑起草公文，是一位敏捷能干的属吏。"高欢把他叫来，一见面就任命他为功曹，让他掌管机密要务。当时，军队和国家要办的事情很多，只要去问陈元康，陈元康无不知晓。陈元康与功曹赵彦深共同主管机密要务，而陈元康性情柔和恭谨，高欢对他非常亲近，还说："这个人是上天赐给我的。"

【纲】梁朝隐士陶弘景去世。【目】陶弘景学识渊博，喜欢养生。在齐朝做官时，他担任奉朝请，后来丢下官职，在茅山（今东苏句容东南）隐居。梁武帝早年曾经与他交往，及至即位，对他加恩礼待，非常笃诚。每当得到陶弘景的书信时，梁武帝总是点燃香火，虔诚接过。梁武帝多次用亲笔敕书招他进朝，陶弘景不肯出山。每当国家遇到重大问题时，梁武帝一定先征求他的意见，时人称他为"山中宰相"。临死之前，陶弘景写诗道："王衍任情放诞，何晏坐论空无。难道还不知道今天的昭阳殿，终将成为单于的宫室！"当时，士大夫争着谈论玄学，不学习军事，所以陶弘景的诗提到这些魏晋旧事。

【纲】夏四月，梁武帝任命江子四为右丞。【目】江子四进呈密封的奏章，竭力直言朝政得失。梁武帝下诏说："古人说过：'房屋漏雨在上，发现漏雨在下。'朕有过失，自己不能觉察。江子四谈到的问题，尚书应该经常检查，赶快上报。"

【纲】丁巳（537），秋八月，梁朝修缮长干塔。【目】梁武帝修缮长干寺（今江苏南京南）的阿育王塔，发现了佛的指甲、头发和舍利。梁武帝亲临长干寺，举行无遮大会，布施食品，宣布大赦天下罪囚。

【纲】闰九月,东魏大丞相欢侵魏。冬十月,魏大丞相泰迎战渭曲,大败之。

【纲】戊午,春正月朔,日食。二月,东魏遣行台侯景治兵虎牢,复取汾、颍、豫、广四州。

【纲】魏废其后乙弗氏,立柔然女郁久闾氏为后。

【纲】秋七月,梁大赦。 【目】以得如来舍利也。

【纲】冬十二月,东魏改《停年格》。
【纲】己未,春正月,梁以何敬容为尚书令。
【纲】夏五月,东魏立后高氏。
【纲】冬十月,魏置纸笔于阳武门以求言。
【纲】魏制礼乐。
【纲】庚申,春二月,柔然侵魏,魏主杀其故后乙弗氏。

【纲】辛酉。秋九月,魏省官员,置屯田,颁六条。 【目】宇文泰欲革时政,为强国富民之法,度支尚书苏绰赞成其事,减官员,置二长,并置屯田,以资军国。又为六条诏书:一曰清心,二曰敦教化,三曰尽地利,四曰擢贤良,五曰恤狱讼,六曰均赋役。泰常置诸坐右,令百司习诵之,非通六条及计帐者不得居官。既而又益新制十二条。

【纲】冬十二月,东魏大稔。
【纲】壬戌,秋八月,东魏以侯景为河南大行台。
【纲】冬十二月,梁卢子略作乱,广州参军陈霸先讨平之。
【目】孙㚟、卢子雄讨李贲。以春瘴方起,请待至秋;武林侯谘趣之。众溃而归。谘诬奏㚟及子雄逗留,赐死。子雄弟子略及杜僧明、

【纲】闰九月，东魏大丞相高欢侵犯西魏。冬十月，西魏大丞相宇文泰在渭曲（今陕西大荔东南）迎战，大败高欢。

【纲】戊午（538），春正月一日，日食。二月，东魏派遣行台侯景在虎牢整饬兵马，又占领了汾州（治北屈，今山西乡宁北）、颍州（治长社，今河南长葛西）、豫州（治广陵城，今河南息县）、广州（治襄城，今河南襄城）四地。

【纲】西魏文帝废黜乙弗氏皇后，立柔然可汗的女儿郁久闾氏为皇后。

【纲】秋七月，梁朝宣布大赦天下罪囚。 【目】这是由于得到如来舍利的缘故。

【纲】冬十二月，东魏改革《停年格》。

【纲】己未（539），春正月，梁武帝任命何敬容为尚书令。

【纲】夏五月，东魏孝静帝立高氏为皇后。

【纲】冬十月，西魏朝廷在阴武门摆放纸笔，让人们进言得失。

【纲】西魏制定礼乐制度。

【纲】庚申（540），春二月，柔然侵犯西魏，西魏文帝杀死原来的皇后乙弗氏。

【纲】辛酉（541），秋九月，西魏削减官员名额，设置屯田，颁布六条诏书。 【目】宇文泰打算改革时政，制定强国富民的法令。度支尚书苏绰协助他完成此事，决定削减官员名额，设置两名令长，并且设置屯田，以供应军队和国家的食用。苏绰还拟定了六条诏书，一是净化内心，二是敦促教化，三是充分利用土地，四是提拔人才，五是谨慎审理狱案，六是平均赋税徭役。宇文泰经常把六条诏当作座右铭，让百官都要熟读六条，规定不通晓六条诏书和户籍税簿的人不得当官。不久，西魏增加了十二条新的制度。

【纲】冬十二月，东魏大丰收。

【纲】壬戌（542），秋八月，东魏任命侯景为河南大行台。

【纲】冬十二月，梁朝卢子略发动变乱，广州（治番禺，今广东广州）参军陈霸先将他讨平。 【目】孙冏、卢子雄讨伐李贲，由于春季的瘴气正在发生，请求等到秋天出兵，武林侯萧谘催促他们出发，结果部

周文育等帅众攻广州。参军吴兴陈霸先帅精甲三千击破之,擒僧明、文育。霸先以二人骁勇过人,释之,以为主帅。诏以霸先为直阁将军。

【纲】癸亥,夏四月,魏以侯景为司空。
【纲】冬十一月,东魏筑长城于肆州。

【纲】甲子,春三月,东魏以高澄为大将军,领中书监。【目】高欢多在晋阳,委孙腾、司马子如、高岳、高隆之以朝政,邺中谓之"四贵",权势熏灼,专恣骄贪。欢欲损夺其权,故以澄领中书监,移门下机事总归中书,文武赏罚皆禀于澄。

【纲】夏四月,梁尚书令何敬容有罪,免。【目】敬容复为太子詹事。太子尝于玄圃自讲《老》《庄》,敬容谓人曰:"昔西晋祖尚玄虚,使中原沦于胡羯。今东宫复尔,江南亦将为戎乎?"

【纲】五月,魏大都督、琅邪公贺拔胜卒。【目】宇文泰常谓人曰:"诸将对敌,神色皆动,唯贺拔公临阵如平时,真大勇也!"

【纲】秋七月,东魏以崔暹为中尉,宋游道为左丞。【目】魏自正光以后,政刑弛纵,在位多贪汙。高欢启以宋游道为御史中尉,澄请以崔暹为之,以游道为尚书左丞。谓曰:"卿一人处南台,一人处北省,当使天下肃然。"暹选毕义云等为御史,时称得人。澄与诸公出,之东山,遇暹于道,前驱为赤棒所击,澄回马避之。尚书令司马子如、太师咸阳王坦,贪黩无厌;暹弹之,削其官爵,其余死黜者甚众。游道奏驳尚书违失数百条,省中豪吏并鞭斥之。高隆之诬游道有不臣之言,罪当死。黄门侍郎杨愔曰:"畜狗求吠;今以数吠杀

众溃散，返回原地。萧谘上奏诬陷孙同和卢子雄逗留不前，梁武帝命令他们自杀。卢子雄的弟弟卢子略以及杜僧明、周文育等人率领部众攻打广州，参军吴兴（治乌程，今浙江湖州）人陈霸先率领三千精兵将他们打败，活捉杜僧明和周文育。由于杜僧明、周文育二人骁勇过人，陈霸先便放了二人，任命他们为主帅。梁武帝下诏任命陈霸先为直阁将军。

【纲】癸亥（543），夏四月，西魏任命侯景为司空。

【纲】冬十一月，东魏在肆州（治九原，今山西定县西）修筑长城。

【纲】甲子（544），春三月，东魏任命高澄为大将军、领中书监。【目】高欢经常住在晋阳，把朝政交给孙腾、司马予如、高岳和高隆之，邺城的人们把他们称作"四贵"。"四贵"权势炙手可热，任意横行，骄奢贪婪。高欢打算削减"四贵"的权力，所以任命高澄领中书监，将门下省的机密要政移交给中书省，对文武百官的赏罚一律要事先报告高澄。

【纲】夏四月，梁朝尚书令何敬容获罪，被免除官职。【目】何敬容重新担任太子詹事。有一次，太子萧纲在玄圃亲自讲解《老子》《庄子》二书，何敬容对别人说："过去西晋崇尚玄虚，使中原沦陷到胡人羯人手里。现在太子又这个样子，江南也将为戎人所占有吗？

【纲】五月，西魏大都督、琅邪公贺拔胜去世。【目】宇文泰经常对人说："诸将面对敌人时神色都要发生变化，只有贺拔将军临阵时和平时一样，这才是真正的大勇之人！"

【纲】秋七月，东魏任命崔暹为御史中尉，宋游道为尚书左丞。【目】北魏自从孝明帝正光年间以后，政令废弛，刑罚过滥，在职官员大多贪污自肥。高欢启奏任命宋游道为御史中尉，高澄请求让崔暹担任御史中尉，让宋游道担任尚书左丞。高澄对他们二人说："你们一个人在御史台，一个人在尚书省，应该使天下风气整肃。"崔暹挑选毕义云等人担任御史，当时人认为用人得当。高澄与各位大臣外出，前往东山，中途遇到崔暹，开道的卫队被崔暹的随从用赤棒痛打，高澄调转马头回避。尚书令司马子如、太师咸阳王元坦贪得无厌，崔暹上书弹劾，削去他们的官职爵位，其他处死和遭贬的人为数甚多。宋游道上奏抨

之，恐将来无复吠狗。"游道竟坐除名。然暹实巧诈。高澄纳魏琅邪公主，意暹必谏；暹入谄事，不复假以颜色。居三日，暹怀刺坠之于前。澄问："何为？"暹悚然曰："未得通公主。"澄大悦，把暹臂入见之。崔季舒语人曰："崔暹常忿吾佞，及其自作，乃过于吾。"

【纲】乙丑，春正月，东魏作晋阳宫。

【纲】三月，魏遣使如突厥。 【目】突厥本西方小国，姓阿史那氏，世居金山之阳，其酋长土门始强大，颇侵魏西边。至是，魏使至，其国人皆喜曰："大国使者至，吾国其将兴矣。"

【纲】冬，梁散骑常侍贺琛上书论事，诏诘责之。 【目】琛启陈四事。启奏，梁主大怒，召主书于前，口授敕书诘责之。琛但谢过而已，不敢复言。

梁主为人孝慈恭俭，博学能文，勤于政务，冬月视事，执笔触寒，手为皴裂。自天监中，用释氏法，长斋一食，惟菜羹、粝饭而已。身衣布衣，木绵皂帐，一冠三载，一衾二年，后宫衣不曳地。性不饮酒，非祭祀、飨宴及诸法事，未尝作乐。虽居暗室，恒理衣冠小坐，盛暑未尝褰袒，对内竖小臣，如遇大宾。然优假士人太过，牧守多侵渔百姓，使者干扰郡县。又好亲任小人，颇伤苛察。多造塔庙，公私费损。江南久安，风俗奢靡，故琛启及之。

击尚书省的过失有好几百条，尚书省豪横的吏员都受到鞭打和斥责，高隆之诬蔑宋游道有悖逆的言论，罪该处死。黄门侍郎杨愔说："养狗是为了让它吠叫，现在由于多次吠叫就把狗杀了，恐怕将来就没有吠叫的狗了。"宋游道最终还是因罪被除去名籍。然而，崔暹实际上却机巧奸诈。高澄娶西魏的琅邪公主时，心想崔暹肯定要来谏阻，崔暹进府请示事务，高澄不再对他和颜悦色。过了三天，崔暹有意让怀中的名帖在高澄面前落到地上，高澄问："你拿名帖去见谁？"崔暹惶恐地说："我还没有向公主通报拜见。"高澄非常高兴，拉着他的胳膊，领他进去拜见琅邪公主。崔季舒对别人说："崔暹常常恨我奸佞，等到他自己去做奸佞之事，还超过了我。"

【纲】乙丑（545），春正月，东魏建造晋阳宫。

【纲】三月，西魏派遣使者前往突厥。【目】突厥原来是西方的一个小国，姓阿史那氏，累世居住在金山（即阿尔泰山，今新疆阿勒泰县东北）南麓，酋长土门统领本部时开始强大，逐渐侵犯西魏的西部边境。至此，西魏的使者来到突厥，突厥国人都高兴地说："大国的使者前来，恐怕我国将要兴盛了。"

【纲】冬季，梁朝散骑常侍贺琛上言事，梁武帝下诏责问贺琛。【目】贺琛上书陈述了四件事。奏书上报后，梁武帝大怒，把主书叫到面前口授敕书责问贺琛。贺琛只是认错，再也不敢进言。

梁武帝为人孝顺仁慈，谦恭朴素，学识渊博，能写文章。他勤勉地处理政务，冬天办公时，由于在严寒中握笔批写，手被冻皴，裂开口子。自从天监年间以来，他实行佛教的戒条，终年素食，每天只吃一餐，每餐只吃些菜汤和粗米饭而已。他身穿布衣，使用木绵织成的黑色的帷帐，一顶帽子要戴上三年，一床被子要盖上两年，后宫嫔妃不穿下摆拖地的衣裙。他生性不能喝酒，除非举行祭祀、宴请群臣以及进行各项佛教活动，从不奏乐。即使住在暗室中，他也经常整理衣帽，穿戴整齐。平时随便坐着时，就是盛暑天气，也从不袒胸露臂，他对待宦官小臣，就象对待贵宾一般。然而，他对士人过于宽容，致使地方官大多侵害盘剥百姓，派出的使者干扰郡县。他又喜欢亲近任用小人，很爱苛求小事，显示精明。他建造了许多佛塔寺庙，使公私费用大为损耗。江南

梁主年老，又持佛戒，每断重罪，则终日不怿。或谋反逆事觉，亦泣而宥之。由是王侯益横，或白昼杀人，暮夜剽掠，梁主深知其弊，而溺于慈爱，不能禁也。

【纲】丙寅，春三月，梁主讲佛书于同泰寺。夏四月，同泰浮图灾，复作之。 【目】梁主幸同泰寺，讲《三慧经》。四月，解讲。是夕，浮图灾，梁主曰："此魔也，更宜广为法事。"遂起十二层浮图；将成，值侯景乱，乃止。

【纲】秋七月，梁禁用短钱。
【纲】八月，东魏迁《石经》于邺。
【纲】魏以韦孝宽为并州刺史，守玉璧。

【纲】冬十月，梁以岳阳王詧为雍州刺史。 【目】詧以梁主衰老，朝多秕政，遂蓄财下士，招募勇敢，左右至数千人。以襄阳形胜，梁业所基，可图大功。乃克己为政，抚循士民，数施恩惠，延纳规谏，所部称治。

【纲】十一月，东魏大丞相欢侵魏，围玉璧，不克而还。 【目】东魏高欢悉山东之众伐魏，至玉璧，围而攻之，昼夜不息。魏韦孝宽随机拒之，欢无如之何，乃使祖珽说之使降。孝宽曰："攻者自劳，守者常逸，孝宽关西男子，必不为降将军也！"欢乃解围去。

【纲】东魏大将军澄如晋阳。 【目】高欢病，使太原公洋镇邺，而征澄赴晋阳。
【纲】魏度支尚书苏绰卒。 【目】绰性忠俭，常以丧乱未平为

地区长期安定，奢侈浪费成为风俗，所以贺琛的上书谈到这些事。

梁武帝上了年纪，又持守佛教戒条，所以每当判处重罪时，他就整天都不快活。甚至有人图谋反叛，被察觉后，他也流着眼泪，予以宽免。因此，王侯越发横行霸道，有人白昼杀人，夜晚抢劫。梁武帝深知这一弊病，但是一味讲究慈爱，不能加以禁止。

【纲】丙寅（546），春三月，梁武帝在同泰寺（在今江苏南京东北）讲解佛经。夏四月，同泰寺佛塔发生火灾，梁武帝命令重新建造。　【目】梁武帝来到同泰寺，讲解《三慧经》。四月，梁武帝结束讲经。当天夜间，佛塔发生火灾。梁武帝说："这是魔障造成的，更应该大做法事。"便开建十二层佛塔，佛塔即将竣工时，正赶上侯景作乱，只好停建。

【纲】秋七月，梁朝禁止不足原值的钱币流通。

【纲】八月，东魏将《三字石经》迁移到邺城。

【纲】西魏任命韦孝宽为并州刺史，守卫玉璧（"玉璧"，原作"玉璧"，据《北史》之《王思政传》《韦孝宽传》及《资治通鉴》159卷改。）城（今山西稷山西南）。

【纲】冬十月，梁朝任命岳阳王萧詧为雍州（治襄阳，今湖北襄阳县襄阳镇）刺史。　【目】萧詧认为梁武帝已经衰老，朝廷大政有许多弊病，便积蓄财物，礼贤下士，招募勇士，身边的人多达好几千人。他又认为襄阳地势优越，是梁朝帝业的根基，可以在此筹划大业，所以他严格约束自己的行为，努力处理政务，安抚士绅百姓，多次施加恩惠，接受人们的规劝，把所辖地区治理得井井有条。

【纲】十一月，东魏大丞相高欢侵犯西魏，包围玉璧，没有攻克，只好回军。　【目】东魏高欢调集全部山东兵众去攻打西魏，进抵玉璧，围而攻之，昼夜不停。西魏韦孝宽随机应变，抵抗高欢，高欢无可奈何，便派遣祖埏前去劝他投降。韦孝宽说："攻城一方自然要劳苦不堪，守城一方却经常能够以逸待劳。我是关西的男子汉，决不作投降将军！"高欢便解除包围，撤兵离去。

【纲】东魏大将军高澄前往晋阳。　【目】高欢得了病，让太原公高洋镇守邺城，而征召高澄赶赴晋阳。

【纲】西魏度支尚书苏绰去世。　【目】苏绰性情忠厚俭朴，经常

己任，荐贤拔能，纪纲庶政。宇文泰推心任之，或出游，常预署空纸以授绰，有须处分，随事施行。绰常谓："为国之道，当爱人如慈父，训人如严师。"每与公卿论议，自昼达夜，事无巨细，若指诸掌，积劳成疾而卒，泰深痛惜之，谓公卿曰："苏尚书平生廉让，吾欲全其素志，则恐悠悠之徒，有所未达；如厚加赠谥，又乖宿昔相知之心；何为而可？"令史麻瑶越次进曰："俭约，所以彰其美也。"泰从之。归葬武功，载以布车一乘，泰与群公步送之，酹酒言曰："尔知吾心，吾知尔志，方欲共定天下，遽舍吾去，奈何！"因举声恸哭，不觉卮落于手。

【纲】丁卯，春正月朔，日食。

【纲】梁以湘东王绎为荆州刺史。

【纲】东魏大丞相渤海王高欢卒。　【目】欢性深密，终日俨然，人不能测。驭军严肃，听断明察。雅尚俭素，刀剑鞍勒，无金玉之饰。病笃，谓世子澄曰："侯景专制河南十四年矣，常有飞扬跋扈之志，顾我能畜养，非汝所能驾御也。今四方未定，勿遽发哀，库狄干、斛律金，并性迥直，终不负汝。堪敌侯景者，唯有慕容绍宗，我故不贵之，留以遗汝。"又曰："段孝先忠亮仁厚，智勇兼备，军旅大事，宜共筹之。"遂卒。澄秘不发丧，唯行台丞陈元康知之。

【纲】东魏大行台侯景以河南降魏。　【目】景右足偏短，弓马非其所长，而多谋算。诸将高敖曹、彭乐等，皆勇冠一时，景常轻之。尝言于高欢："愿得兵三万，横行天下，要须济江缚取萧衍老

以消除当世死丧祸乱频仍的局热为己任，推举选拔贤能之士，管理各项政务。宇文泰推心置腹地任用他，有时宇文泰外出，总是把预先签名的空白纸交给苏绰，遇到必须处理的事情，苏绰便根据情况安排实施。苏绰经常告诉人们："治国之道，应该慈父般地爱护百姓，严师般地教导百姓。"每当他与公卿大臣讨论问题时，往往从白天持续到黑夜，无论事情大小，他都了若指掌，终致积劳成疾而死。对于他的死，宇文泰深感痛惜，他对公卿大臣说："苏尚书平生廉洁奉公，谦让为怀，办后事时，我想成全他平素的志向，又担心庸俗之徒不能理解。如果我为他追赠高官美谥，又违背了我们以往的相知之心。这让我怎么办才好？"令史麻瑶超越职位次序上前说："办理后事从俭，是表彰苏尚书美德的最好办法。"宇文泰依言而行，将苏绰送回武功（今陕西兴平西）安葬，用一辆布蓬车子载着遗体，宇文泰与各位大臣徒步送行。宇文泰以酒洒地说："你了解我的真心，我了解你的志趣，我正想和你一起平定天下，你却匆匆舍我而去，叫我如何是好！"于是放声痛哭，连酒杯从手中滑落也不知道。

【纲】丁卯（547）。春正月一日，出现日食。

【纲】梁朝任命湘东王萧绎为荆州（治江陵，今湖北江陵）刺史。

【纲】东魏大丞相渤海王高欢去世。　【目】高欢性情深沉缜密，整天态度庄重，人们无法猜透他的心思。他统辖军队严格整肃，明察善断。他非常崇尚俭朴，使用的兵器和马具都没有金玉装饰。他在病情沉重时对世子高澄说："侯景在河南地区独断专行已经十四年了，经常表现出飞扬跋扈的意向，但我能控制他，却不是你能驾御得了的。如今各地尚未平定，你不要马上为我发丧。库狄干和斛律金两人都生性耿直，终究不会辜负你的。足以与侯景匹敌的只有慕容绍宗一人，我有意不让他地位显贵，把他留给你来提拔。"高欢又说："段孝先忠诚坦白，仁慈厚道，智勇双全，应该和他一起筹划军政大事。"高欢去世，高澄没有将死讯公布于众，只有行台左丞陈元康知道此事。

【纲】东魏大行台侯景以河南地区投降西魏。　【目】侯景的右腿偏短，不擅长骑马射箭，却足智多谋。高敖曹、彭乐等各位将领在当时都勇猛超群，侯景却时常瞧不起他们。有一次，侯景对高欢说："我真

公,以为太平寺主。"欢使将兵十万,专制河南。景素轻高澄,尝曰:"高王在,吾不敢有异;王没,吾不能与鲜卑小儿共事矣。"及闻欢疾笃,用其行台郎王伟计,拥兵自固。欢卒,遂以河南降魏。魏以景为太傅、大行台。

【纲】二月,魏除宫刑。

【纲】侯景复以河南叛附于梁。梁封景为河南王,遣兵援之。
【目】景又遣郎中丁和奉表于梁,请举河南十三州内附。梁主召群臣廷议。仆射谢举等皆曰:"顷与魏和,边境无事,不宜纳其叛臣。"梁主曰:"机会难得,岂宜胶柱!"先是正月乙卯,梁主梦中原牧守,皆以地来降,且见朱异告之,异曰:"此宇内混一之兆也。"及丁和至,称景定计,实以正月乙卯,梁主愈神之,然意犹未决。尝独言:"我国家如金瓯,无一伤缺,今忽受景地,讵是事宜?脱致纷纭,悔之何及!"朱异揣知梁主意,对曰:"今景分魏土之半以来,自非天诱其衷,何以至此!若拒而不纳,恐绝后来之望。愿陛下无疑。"梁主乃以景为大将军,封河南王,都督河南、北诸军事。遣司州刺史羊鸦仁督桓和、湛海珍等,将兵三万趣悬瓠以应之。平西谘议周弘正善占候,前此谓人曰:"国家数年后,当有兵起。"及闻纳景,曰:"乱阶在此矣。"

【纲】三月,梁主舍身于同泰寺。

【纲】秋八月,东魏大将军澄入邺,幽其主于宫中,杀侍读荀济等而还。 【目】东魏主多力,善射,好文学,时人以为有孝文风烈,高澄深忌之,使崔季舒察魏主动静。澄尝侍饮,举大觞属魏主,

想率领三万兵马,横行天下,一定要渡过长江,捉住萧衍那老头儿,让他去当太平寺主。"高欢让他率领十万军队,全权统辖河南地区。侯景一向轻视高澄,曾经说:"高王活着,我不敢反叛。高王一死,我就不与高澄这个鲜卑小儿共事了。"及至听说高欢病情沉重,侯景采用行台郎王伟的主意,拥兵固守河南。高欢去世后,侯景便以河南地区投降了西魏。西魏任命侯景为太傅、大行台。

【纲】二月,西魏废除宫刑。

【纲】侯景又以河南地区叛降梁朝,梁朝封侯景为河南王,派遣军队前去援助。　【目】侯景又派遣郎中丁和向梁朝上表,请求率领河南十三州归附梁朝。梁武帝召集群臣在朝廷上商议此事,仆射谢举等人都说:"不久前我国与魏媾和,边境上没有战事,不应该接待他们的叛臣。"梁武帝说:"机会难得,怎能不知变通!"在此之前,正月十七日,梁武帝梦见中原郡守都献地来降,天亮后,见到朱异,便告诉了他。朱异说:"这是国内统一的先兆!"及至丁和前来,说是侯景打定主意归梁,正是正月十七日,梁武帝越发神明其事,但仍没拿定主意。梁武帝曾经自言自语:"我的国家就象一个金瓯,没有任何缺损。现在忽然接受侯景的土地,合乎事理吗?假如招致纠纷,就是后悔又怎么来得及呢!"朱异揣测到梁武帝的心思,回答说:"现在侯景分割魏朝领土的一半献给梁朝,除非是上天引导他的内心,他怎么会作此打算!如果拒不接待,恐怕会使以后准备来降的人绝望。希望陛下别再迟疑。"梁武帝便让侯景担任大将军,封他为河南王,都督河南、河北诸军事,派遣司州(时治义阳,今河南信阳南)刺史羊鸦仁统领桓和、湛海珍等人,率领三万军队奔赴悬瓠城(今河南汝南),去接应侯景。平西谘议周弘正擅长观察天象,预测凶吉,在此之前便对人说:"数年后,国内会发生战乱。"及至得知梁武帝收容侯景,周弘正说:"祸乱的根源就是此人。"

【纲】三月,梁武帝舍身同泰寺。

【纲】秋八月,(八月:原作"七月",据《资治通鉴》第160卷改)东魏大将军高澄进入邺城,将东魏孝静帝囚禁在宫中,杀死侍读荀济等人,然后返回。　【目】东魏孝静帝力气很大,善于射箭,爱好艺文学术,时

魏主不胜忿，曰："自古无不亡之国，朕亦何用此生为！"澄怒骂，使季舒拳殴魏主，奋衣而出。魏主不堪忧辱，咏谢灵运诗曰："韩亡子房奋，秦帝鲁连耻。"侍讲荀济知魏主意，乃与祠部郎中元瑾、华山王大器等谋诛澄。事觉，澄幽魏主于含章堂，烹济等于市，遂还晋阳。

【纲】九月，梁堰泗水以攻东魏之彭城。冬十一月，东魏行台慕容绍宗击败之，获萧渊明。 【目】梁主命侍中羊侃与渊明堰泗水于寒山以灌彭城，俟得彭城，乃进军与景椅角。堰成，东魏遣大都督高岳救彭城，欲以潘乐为副。陈元康曰："乐缓于机变，不如慕容绍宗；且先王之命也。"乃以绍宗为东南道行台，与岳、乐偕行。景闻绍宗来，叩鞍有惧色，曰："谁教鲜卑儿解遣绍宗来！若然，高王定未死邪！"绍宗帅众十万据橐驼岘。羊侃劝渊明乘其远来击之，不从，侃乃帅所领出屯堰上。绍宗将卒掩击之，梁兵大败，渊明为所虏，羊侃结阵徐还。

初，高澄以杜弼为军司，问以政要，弼曰："天下大务，莫过赏罚。赏一人使天下之人喜，罚一人使天下之人惧，二事不失，自然尽善。"澄大悦。至是使弼作檄移梁朝，略曰："侯景以鄙俚之夫，遭风云之会，位班三事，邑启万家，而离披不已，意亦可见。彼乃授之以利器，诲之以慢藏，使其势得容奸，时堪乘便。终恐倔强不掉，狼戾难驯，横使江、淮士子，荆、扬人物，死亡矢石之下，夭折雾露之

人认为他有孝文帝的风范。高澄对孝静帝深为猜忌，让崔季舒察看孝静帝的举动。有一次，高澄参加孝静帝举行的宴会，举起一大杯酒请孝静帝喝下，孝静帝忍耐不住，愤怒地说："自古以来，没有不灭亡的国家，朕又何必这样活着！"高澄怒气冲冲，破口辱骂，还指使崔季用拳头殴打孝静帝，然后抖一抖衣服，扬长而去。东魏孝静帝受不了这种侮辱，便诵读谢灵运的诗道："韩国灭亡后有张良奋起椎击，秦国称帝时有鲁仲连耻作秦民。"侍讲荀济知道东魏孝静帝的用意，便与祠部郎中元瑾、华山王元大器等人策划诛杀高澄。事情被发觉后，高澄将东魏孝静帝囚禁在含章堂，把元瑾等人烹死在闹市中，自己返回晋阳去了。

【纲】九月，梁朝筑堰堵截泗水（古泗水出今山东单县至淮阴入淮），以便进攻彭城（今江苏徐州）。冬十一月，东魏行台慕容绍宗打败梁军，擒获了萧渊明。【目】梁武帝命令侍中羊侃与萧渊明在寒山（今江苏徐州东南）修筑拦截泗水的大堰，准备灌淹彭城，等占领彭城后，便让大军挺进，与侯景形成夹击之势。水堰筑成后，东魏派遣大都督高岳去援救彭城，打算任命潘乐为副手。陈元康说："潘乐随机应变的能力稍差，不如慕容绍宗，况且让慕容绍宗应付侯景是先王的遗命呢！"东魏便任命慕容绍宗为东南道行台，与高岳、潘乐一起出兵。侯景得知慕容绍宗前来，便勒住马，面带惧色地说："谁教给高澄这个鲜卑小儿懂得打发慕容绍宗前来！如果有人教他，那一定是高王没死！"慕容绍宗率领十万人马据守橐驼岘，羊侃劝萧渊明乘慕容绍宗远道而来，出兵进击，萧渊明没有听从，羊侃便率领本部进兵驻屯在堰上。慕容绍宗率领兵马突然袭击梁军，梁军大败，萧渊明被俘，羊侃结成军阵，缓缓退回。

起初，高澄任命杜弼为军司，问他对从政的要务的看法。杜弼说："天下要务，赏功罚过居于首位。奖赏一个人可以使天下人喜欢，惩罚一个人可以使天下人畏惧。只要这两方面没有失误，事情自然办好。"高澄大悦。至此，高澄让杜弼起草向梁朝发布的檄文，檄文大致说："侯景本是粗俗之人，赶上君臣际会，位列三公，封邑万家。但是，他仍然无休止地胡作妄为，他的用心也就明显可见。梁朝却授给他兵权，不肯严加防范，等于教他作乱，使他有条件隐藏奸邪的行径，抓住可以利

中。彼梁主者，轻险有素，老耄及之。用舍乖方，废立戾所，矫情动俗，饰智惊愚。毒螫满怀，妄敦戒业，躁竞盈胸，谬治清净。灾异降于上，怨讟兴于下，傅险躁之风俗，任轻薄之子孙，朋党路开，兵权在外。必将祸生骨肉，衅起腹心，强弩冲城，长戈指阙；徒探雀鷇，无救府藏之虚；空请熊蹯，讵延晷刻之命。外崩中溃，今实其时。"其后梁室祸败，皆如弼言。

【纲】戊辰，春正月，东魏慕容绍宗击侯景；景众溃走，袭据寿春，梁以为南豫州牧。　【目】慕容绍宗以铁骑五千夹击侯景，景众大溃，景与数骑济淮，稍收散卒，得步骑八百人，昼夜兼行，追军不敢逼。使谓绍宗曰："景若就擒，公复何用！"绍宗乃纵之。

景走寿阳，夜至城下，监州事韦黯开门纳景，景遣其将分守四门。梁朝闻景败，咸以为忧。詹事何敬容言于太子曰："得景遂死，深为朝廷之福。"太子失色问故，敬容曰："景翻覆叛臣，终当乱国。"

景以败，乞自贬，梁主不许，以景为南豫州牧。光禄大夫萧介谏曰："臣闻凶人之性不移，天下之恶一也。侯景以凶狡之才，荷高欢卵翼之遇，欢坟土未干，即还反噬之。力不逮，乃复逃死关西，宇文不容，故复投身于我。陛下前者所以受之，正欲比属国降胡，冀获一战之效耳；今既亡师失地，直是境上之匹夫。陛下爱匹夫而弃与国，臣窃不取。若犹待其岁暮之效，则彼弃乡国如脱屣，背君亲如遗芥，岂知远慕圣德，为江、淮之纯臣乎！"梁主不能用。

用的时机，恐怕侯景终究强梁不服，贪暴难驯，会使江淮士绅、荆扬名人横死在乱箭飞石之下，夭折在寒雾冷露之中。那位梁国君主向来轻薄阴险，到老不改。他任免无方，废立失序，故意做作，弄巧施诈，骇世惊俗，蒙骗愚人。他满怀蛇蝎，却妄自勉励尊佛守戒；满心权力争夺，却假意修持清净法门。他使上天降下灾害，下民生出怨恨。他又传播冒险躁进的风尚，任用行为轻薄的子孙，朋党已经形成，兵权落在外臣的手中。必然将在骨肉间酿成灾祸，在亲信中造出事端，致使万箭齐发，长戈齐挥，冲向城门，直指宫阙。到那时，梁主象赵武灵王那样去捉雏鸟充饥也是徒然，库藏空虚仍然无法补救；象楚成王要求吃过熊掌就死也是白费，岂能使性命延长片刻！外部崩离析，内部溃乱解体，这一时刻现在已经来临。"后来，梁皇室招致祸乱，终于败亡，都和杜弼说的一样。

【纲】戊辰（548），春正月，东魏慕容绍宗攻打侯景，侯景的部众溃败逃走，便袭击并占领寿阳（今安徽寿县），梁朝任命侯景为南豫州（治寿阳）牧。　【目】慕容绍宗率领五千铁骑夹击侯景，侯景的部众纷纷溃逃。侯景与数人骑马逃走，渡过淮水，逐渐招集失散的士兵，得到步兵骑兵八百人。他们日夜兼程赶路，东魏追兵不敢逼近。侯景派人对慕容绍宗说："如果我被捉住，你还有什么用！"慕容绍宗便放他走了。

侯景逃奔寿阳，夜间来到城下，监州事韦黯打开城门，放侯景进城，侯景派遣自己的将领分别把守四个城门。梁朝听说侯景战败，都深感忧虑。太子詹事何敬容对太子萧纲说："要是侯景终于死了，这可是朝廷的一件大好事。"太子萧纲大惊失色，便问其中的缘故，何敬容说："侯景是反覆无常的叛臣，终究会把国家搅乱。"

侯景因战败请求贬黜自己，梁武帝没有照准，而任命侯景为南豫州牧。光禄大夫萧介劝谏说："臣听说，恶人禀性难移，天下的恶人都是一样。侯景凭着凶残狡猾的本事，深受高欢扶植庇护的恩遇，高欢坟上培的土还没干，他就反咬一口。由于力量不足，他才又逃亡到西魏。宇文氏不容纳他，所以又投靠我国。陛下前些时候之所以接受他的投降，正是打算按照设置属国，安顿来降胡人的先例办事，希望他与东魏打上一仗而已。现在，侯景一无军队，二无土地，只是边境上的一个独夫。陛下偏爱独夫，宁可损害友好国家的关系，臣个人认为并不可取。

【纲】二月，东魏求成于梁。　【目】高澄数遣书求好于梁，梁未之许。澄谓萧渊明曰："若梁主不忘旧好，诸人并即遣还，侯景家属，亦当同遣。"渊明遣人奉启还梁，梁主与朝臣议之。朱异等皆以为便，司农卿傅岐独曰："此高澄设间，欲令侯景自疑而作乱耳。若许通好，正堕其计中。"异等固执宜和，梁主亦厌用兵，乃许之。使还过寿阳，侯景知之，摄问具服。景乃诈为邺中书，求以渊明易景，梁主复书曰："贞阳旦至，侯景夕返。"景谓左右曰："我固知吴老公薄心肠！"王伟说景曰："今坐听亦死，举大事亦死，唯王图之！"于是始为反计。

【纲】三月，梁交州司马陈霸先讨李贲平之。

【纲】秋八月，梁侯景反寿阳，梁主遣邵陵王纶督诸军讨之。【目】景知临贺王正德屡以贪暴得罪，阴养死士，幸国家有变，遣徐思玉致笺曰："天子年尊，奸臣乱国，大王属当储贰，中被废黜，景虽不敏，实思自效。"正德大喜，报之曰："仆为其内，公为其外，何有不济？机事在速，今其时矣。"景遂反于寿阳，以诛中领军朱异等为名。梁主诏以鄱阳王范、封山侯正表、司州刺史柳仲礼、散骑常侍裴之高为四道都督，邵陵王纶持节，兼督众军以讨景。

【纲】冬十月。梁临贺王正德叛，引侯景兵渡江；梁主命宣城王大器、将军羊侃督军御之。　【目】侯景引兵临江，梁主以正德督诸

如果还要等他在以后感恩效力，则更是幻想。他抛弃本国就象扔掉一双破鞋子，背弃国君就象丢掉一粒芥子，难道还能指望他仰慕陛下的恩德，远道投诚，来当我梁朝的忠贞之臣吗！"梁武帝没有接受劝谏。

【纲】二月，东魏向梁朝请求讲和。　　【目】高澄屡次送书信给梁朝请求通好，梁朝没有应许。高澄对萧渊明说："如果梁主没有忘记以往的友好关系，我将立即遣返所有的南方人，连侯景的家属也一道送回。"萧渊明派人携带启奏返回梁朝，梁武帝与朝臣商量此事，朱异等人都认为讲和有利，只有司农卿傅岐说："这是高澄设下的离间计，想使侯景产生疑虑，发动叛乱。倘若答应与东魏通好，恰好落入高澄的圈套。"朱异等人坚持应该讲和的主张，梁武帝也不愿意用兵，便答应讲和。东魏的使者回国时经过寿阳，侯景得知消息后，捉住使者，使者全部交待了实情。于是侯景伪造东魏的书信，要求用萧渊明交换侯景。梁武帝回信说："萧渊明早晨回梁，侯景当晚就会返魏。"侯景对亲信说："我本来就知道江南那老家伙薄情寡义！"王伟劝侯景说："如今坐待梁朝处置也是一死，创建大业也是一死，请大王拿个主意！"从这时起，侯景开始做反叛的打算。

【纲】三月，梁朝交州（治龙编，今越南河内东北）司马陈霸先讨伐李贲，将他平定下去。

【纲】秋八月，梁朝侯景据寿阳反叛，梁武帝派遣邵陵王萧纶统辖各军讨伐侯景。　　【目】侯景得知临贺王萧正德屡次因贪婪残暴获罪，暗中豢养敢死之士，对国家发生变故幸灾乐祸，便派遣徐思玉送信给萧正德说："天子年事已高，奸臣乱国，大王恰好应该成为太子，中途却遭废黜，我虽不才，实在愿意为你效力。"萧正德大喜，写信回答他说："我在朝内经营，你在朝外筹划，哪有办不成的事情！机密要事应当从速办事，现在正是时候。"侯景便以诛除中领军朱异等人的名义，在寿阳反叛。梁武帝下诏任命鄱阳王萧范、封山侯萧正表、司州刺史柳仲礼、散骑常侍裴之高为四道都督，由邵陵王萧纶持符节，兼统各军，前去讨伐侯景。

【纲】冬十月，梁朝临贺王萧正德反叛，带领侯景的军队横渡长江。梁武帝命令宣城王萧大器、将军羊侃统领军队抵御。　　【目】侯景

军屯丹阳,正德遣大船数十艘,诈称载荻,密以济景,景乃济江。至慈湖,建康大骇,梁主悉以内外军付太子,以宣城王大器都督城内诸军事,羊侃为军师将军副之。

【纲】萧正德引侯景围梁台城。十一月,景以正德称帝。 【目】太子犹未知正德之情,使守宣阳门;俄而景至,正德帅众迎之,景军乘胜至阙下,列兵绕台城。十一月朔,正德即帝位,以景为丞相。

【纲】梁荆州刺史湘东王绎,移檄遣兵赴援。
【纲】梁邵陵王纶还军赴援,侯景击之,大溃。

【纲】十二月,梁鄱阳王范、南康王会理将兵入援。
【纲】梁将军羊侃卒。
【纲】梁散骑常侍韦粲及东西道都督裴之高、柳仲礼等,各以兵入援,推仲礼为大都督。
【纲】己巳,春正月,侯景袭梁援军,韦粲死之。柳仲礼击景,败之。
【纲】梁中领军朱异卒。 【目】朝野以侯景之祸,共尤朱异,异惭愤发疾卒。梁主痛惜,特赠仆射。

【纲】二月,梁以侯景为大丞相,与之盟,敕止援军。湘东王绎次于武城。 【目】初,台城之闭也,公卿以食为念,男女贵贱并出负米,取诸府藏钱帛,聚德阳堂,而不备薪、刍、鱼、盐。至是坏尚书省为薪;撤荐,剉以饲马;军士或煮铠、熏鼠、捕雀而食之。侯景众亦饥,东城有米,可支一年,援军断其路,景甚患之。王伟请伪求和,以缓其势。景从之,拜表求和;太子白梁主,报许之。梁主敕诸军不得复进,诏以景为大丞相、豫州牧,遣仆射王克与王伟等盟。既

率领军队来到长江岸边。梁武帝委任萧正德统辖各军,屯兵丹阳。萧正德派出几十艘大船,诈称运送荻草,却暗中运送侯景的军队,侯景这才渡过长江。侯景进抵慈湖镇(在今安徽当涂北),建康大为震骇。梁武帝将朝廷内外的军队交给太子萧纲指挥,任命宣城王萧大器为都督城内诸军事,羊侃为军师将军,做萧大器的副手。

【纲】萧正德领着侯景包围梁朝的台城(在今南京东北玄武湖侧)。十一月,侯景拥戴萧正德称帝。 【目】太子萧纲还不知道萧正德的实情,便派遣他去防守宣阳门。不久,侯景来到宣阳门,萧正德率领部众迎接侯景,侯景的军队乘胜打到城楼下面,部署军队包围台城。十一月一日,萧正德登基即位,任命侯景为丞相。

【纲】梁朝荆州刺史湘东王萧绎发布檄文,派遣军队赶来援救。

【纲】梁朝邵陵王萧纶回军赶去援救,侯景进击萧纶,萧纶全军崩溃。

【纲】十二月,梁朝鄱阳王萧范、南康王萧会理率军赴京救援。

【纲】梁朝将军羊侃去世。

【纲】梁朝散骑常侍韦粲以及东西道都督裴之高、柳仲礼等人各自率军赴京救援,大家推举柳仲礼担任大都督。

【纲】己巳(549),春正月,侯景袭击梁朝援军,韦粲战死,柳仲孔进击侯景,将他打败。

【纲】梁朝中领军朱异去世。 【目】由于侯景制造祸乱,朝廷和民间都罪归朱异,朱异愧愤交集,得病身亡。梁武帝痛切惋惜,特意追赠他为仆射。

【纲】二月,梁朝任命侯景为大丞相,与他订立盟约,敕令增援部队停止前进。湘东王萧绎驻扎在武城。 【目】起初,台城关闭时,公卿大臣担心粮食短缺,命令人们不论男女,不分贵贱,都出来背米,把官府各库储存的钱财布帛,集中的德阳堂,但是没有准备柴禾、马料、鱼肉和食盐。至此,城内的人们只好拆除尚书省房舍的木料当柴烧,撤掉草垫,铡碎后喂马,有些将士煮铠甲、熏老鼠、捉鸟雀来吃。侯景的部众也在挨饿。东府城存着粮食,可以使军队支撑一年,但是增援京城的军队切断了去路,侯景甚为担忧。王伟建议佯装求和,以便缓和援军

盟，而景围不解，了无去志。梁主常蔬食，至是蔬茹皆绝，乃食鸡子，邵陵王纶乃因使上鸡子数百枚。

湘东王绎军于郢州之武城，淹留不进。

【纲】三月，侯景陷梁台城，自称大都督、录尚书事。邵陵王纶奔会稽，柳仲礼等叛降景。景废萧正德，以为大司马。　【目】三月，侯景复攻城，昼夜不息，城陷。梁主安卧不动，叹曰："自我得之，自我失之，亦复何恨！"景入，见于太极东堂，以甲士五百人自卫，稽颡殿下，典仪引就三公榻。梁主神色不变，问曰："卿在军中日久，无乃为劳！"景不敢仰视，汗流被面，退谓王僧贵曰："吾常跨鞍对阵，矢刃交下，而意气安缓，了无怖心；今见萧公，使人自慑，岂非天威难犯！吾不可以再见之。"于是矫诏大赦，自加大都督中外诸军、录尚书事。

邵陵王纶奔会稽，柳仲礼及羊鸦仁、王僧辩、赵伯超并开营降贼。景更以正德为大司马。正德入见梁主，拜且泣。梁主曰："啜其泣矣，何嗟及矣！"

【纲】夏五月，梁主衍殂，太子纲立。　【目】梁主为侯景所制，所求多不遂志，饮膳亦为所裁节，忧愤成疾，口苦，索蜜不得，再曰"荷荷！"遂殂，年八十六。太子即位，立宣城王大器为太子。

【纲】梁湘东王绎自称假黄钺大都督、中外诸军承制。

【纲】六月，侯景杀萧正德。　【目】正德怨侯景卖己，密书召

的攻势，侯景依言而行，上表求和。太子萧纲禀告了梁武帝，又通知侯景答应他的要求。梁武帝敕令各军不得再向前推进，颁诏任命侯景为大丞相、豫州牧，派遣仆射王克与王伟等人订立盟约。盟约订立后，侯景不肯解除对台城的包围，丝毫没有撤兵的意向。梁武帝平常吃粗饭和蔬菜，到这时蔬菜都已吃光，只好吃鸡蛋，邵陵王萧纶便通过使者进献了数百枚鸡蛋。

湘东王萧绎驻扎在郢州（治夏口城，今湖北武昌西南黄鹄山上）的武城（今湖北黄陂东南），停留不进。

【纲】三月，侯景攻陷梁朝的台城，自称大都督、录尚书事。邵陵王萧纶逃奔会稽郡（治山阴，今浙江绍兴），柳仲礼等人背叛梁朝，投降侯景。侯景废黜萧正德，让他担任大司马。 【目】三月，侯景又日夜不停地攻打台城，台城陷落。梁武帝平静地躺着不动，感慨地说："天下由我得之，由我失之，又有什么遗憾！"侯景进宫，到太极东堂去见梁武帝，率领甲士五百人自卫，在大殿下面伏地跪拜，以额叩地，主持礼仪的官员领他到三公榻上就坐。梁武帝神色不变，问他说："你在军中日子久了，恐怕很辛劳吧！"侯景不敢抬头正视，汗流满面。回去后，侯景对王僧贵说："我经常跨马对阵，即使刀箭交集，我仍然情绪安稳，毫不害怕。今天见到萧公，使人自然为之慑服，岂不是天子的威严不可冒犯！我再也不去见他了。"于是以梁武帝诏书的名义宣布大赦，加任自己为大都督中外诸军事、录尚书事。

邵陵王萧纶逃往会稽，柳仲礼以及羊鸦仁、王僧辩、赵伯超都打开营门，投降叛军。侯景改任萧正德为大司马，萧正德入见梁武帝，一边下拜，一边哭泣。梁武帝说："抽抽嗒嗒的，悲叹又有何用！"

【纲】夏五月，梁武帝去世，太子萧纲即位。 【目】梁武帝被侯景控制，要求提供的东西多不顺心，饮食也被减少，于是忧伤悲愤，得了疾病，梁武帝觉得口苦，要喝蜂蜜，没有得到，他又喊了声"荷！荷！"便去世了，当时他已八十六岁。太子萧纲即位，立宣城王萧大器为皇太子。

【纲】梁朝湘东王萧绎自称假黄钺、大都督中外诸军事、以秉承圣旨的名义行使权力。

【纲】六月，侯景杀死萧正德。 【目】萧正德怨恨侯景出卖自己，

鄱阳王范，使以兵入；景遮得其书，缢杀之。

【纲】梁永安侯确谋讨侯景，不克而死。【目】景爱永安侯确之勇，常置左右。邵陵王纶潜遣人呼之，确曰："景轻佻，一夫力耳，我欲手刃之，恨未得其便，卿还启家王，勿以确为念。"景与确游钟山，确引弓射鸟，因欲射景；弦断，不发，景觉而杀之。

【纲】秋七月，梁广州刺史元景仲谋反，西江督护陈霸先讨诛之。【目】霸先欲起兵讨侯景，景使人诱景仲，许奉以为主，使图霸先。霸先驰檄讨之，景仲众溃，缢死。霸先迎定州刺史萧勃镇广州，勃以霸先监始兴郡事。

【纲】盗杀东魏大将军渤海王高澄于邺。【目】澄获衡州刺史兰钦子京，以为膳奴，京屡自诉，澄杖之曰："更诉，当杀汝！"京与其党六人谋作乱。一日与陈元康、杨愔、崔季舒屏左右，谋受禅。京进食，置刀盘下，杀之。元康以身蔽澄，亦被伤而卒。澄弟太原公洋闻之，入讨群贼，斩而脔之，秘不发丧。勋贵以重兵皆在并州，劝洋早如晋阳，洋从之。晋阳旧臣、宿将素轻洋；及至，大会文武，神彩英畅，言辞敏洽，众皆大惊。澄政令有不便者，洋皆改之。

【纲】九月，侯景陷吴兴，梁太守张嵊、御史中丞沈浚死之。【目】景使侯子鉴寇吴兴。吴兴兵力寡弱，张嵊书生，不闲军旅，或劝嵊效袁君正迎降，嵊叹曰："袁氏世济忠贞，不意君正一旦隳之。吾岂不知此难久全，但以身许国，有死无贰耳！"战败还府，整服安

便写了一封密信去召鄱阳王萧范，让他领兵进京，侯景截获到这封书信，将萧正德勒死。

【纲】梁朝永安侯萧确策划讨伐侯景，没有成功，结果被杀。
【目】侯景赏识永安侯萧确勇武有力，经常让他跟在身边。邵陵王萧纶暗中派人找他，萧确说："侯景行为轻佻，只有一人之力。我打算亲手杀死他，可惜没有找到机会，你回去报告父王，不用总挂念我。"侯景与萧确去游览钟山（今南京市内），萧确拉弓射鸟，打算借机射死侯景。但是弓弦拉断，箭没射出，侯景发觉了这一企图，便将他杀死。

【纲】秋七月，梁朝广州刺史元景仲谋反，西江督护陈霸先率军讨伐，将他诛杀。 【目】陈霸先打算起兵讨伐侯景，侯景派人利诱元景仲，答应拥戴他为国君，让他图谋陈霸先。陈霸先发布檄文，讨伐元景仲，元景仲的部众纷纷溃逃，元景仲上吊自杀。陈霸先迎接定州（南定州，治信安，今湖北麻城东北）刺史萧勃前来镇守广州，萧勃任命陈霸先为监始兴郡事。

【纲】盗贼在邺城杀死东魏大将军渤海王高澄。 【目】高澄俘获了衡州（治含洭，今广东英德西）刺史兰钦的儿子兰京，让他当了进膳的奴仆。兰京多次说明自己的身份，高澄便命人杖打，还说："你再说，就杀你！"于是，兰京与同伙六人打算作乱。有一天，高澄与陈元康、崔季舒摒退身边的人，商议接受禅让帝位的事。兰京来送食品，把刀放在盘子下面，将高澄杀死。陈元康用身体遮护高澄，也受伤而死。高澄的弟弟太原公高洋闻讯进京讨伐兰京一伙，把他们杀死，并将尸体切成肉块。高洋没有公布高澄的死讯。功臣权贵认为重兵都驻扎在并州，劝高洋及早赶回晋阳，高洋依言而行。晋阳的老臣宿将向来瞧不起高洋，及至高洋抵达晋阳，大会文武官员，见他英姿勃勃，神采飞扬，讲话时措辞敏捷而又周全，大家都非常惊讶。对于高澄制定的政令，凡是不便于实行的，高洋一律改除。

【纲】九月，侯景攻陷吴兴，梁朝吴兴太守张嵊、御史中丞沈浚被杀。 【目】侯景派遣侯子鉴侵犯吴兴。吴兴兵力单薄，张嵊又是一位书生，不熟悉军事，有人便劝张嵊学袁君正的样子迎接侯子鉴，投降叛军。张嵊感慨地说："袁氏世代多出忠贞之士，不料袁君正将家风毁于

坐,子鉴执送建康。景欲活之,嵊曰:"吾忝任专城,朝廷倾危,不能匡复,速死为幸。"景犹欲存其一子,嵊曰:"吾一门已在鬼录,不就尔虏求恩!"景怒,尽杀之,并杀沈浚。

【纲】梁岳阳王詧攻江陵,湘东王绎遣兵袭襄阳;詧遁还,绎使竟陵太守王僧辩攻湘州。

【纲】冬十一月,梁湘东王绎遣兵攻襄阳。岳阳王詧乞师于魏,魏遣开府杨忠率师救之。【目】詧遣使求援于魏,请为附庸。湘东王绎使柳仲礼镇竟陵,以图詧。詧惧,遣其妃王氏及世子嶚为质于魏。宇文泰欲经略江、汉,以杨忠都督三荆诸军,镇穰城。仲礼帅众趣襄阳,泰遣忠及仆射长孙俭将兵击仲礼,以救詧。

【纲】十二月,梁始兴太守陈霸先起兵讨侯景。【目】霸先结郡中豪杰,欲讨侯景。郡人侯安都、张偲等各帅众千余人归之。霸先遣杜僧明将二千人顿于岭上。广州刺史萧勃遣人止之。霸先曰:"京都覆没,君辱臣死。君侯体则皇枝,任重方岳,不能赴援,遣仆一军,犹贤乎已,而更止之乎!"乃遣使间道诣湘东王绎受节度。时南康土豪蔡路养起兵据郡,勃乃以谭世远为曲江令,与路养相结,同遏霸先。

【纲】东魏取梁司州。【目】于是东魏尽有淮南之地。

一旦。难道我不知道此地难以久全，但是我以身许国，只有一死，别无选择！"张嵊作战失败，回到府中，整理好衣装，安详地坐下，侯子鉴将他捉送建康。侯景打算留他一命，张嵊说："我愧任一郡的长官，在朝廷危亡之际，不能帮助国家复兴，让我马上去死，也算幸事。"侯景仍然打算把他的一个儿子留下来，张嵊又说："我一家人已经登录鬼籍，决不向你们胡虏乞求加恩！"侯景大怒，将张嵊全家杀死，同时杀了沈浚。

【纲】梁朝岳阳王萧詧攻打江陵，湘东王萧绎派遣军队袭击襄阳，萧詧逃回。萧绎派遣竟陵（在今湖北天门西北）太守王僧辩进攻湘州（治临湘，在今湖南长沙南）。

【纲】冬十一月，梁朝湘东王萧绎派遣军队进攻襄阳。岳阳王萧詧向西魏请求救兵，西魏派遣开府杨忠率军营救萧詧。　【目】萧詧派遣使者向西魏求援，请求充当西魏的附庸国。湘东王萧绎派遣柳仲礼镇守竟陵，图谋萧詧。萧詧感到局势危险，便打发自己的妃子王氏和世子萧㟫去做西魏的人质。宇文泰打算占领江汉地区，便委任杨忠都督三荆（三荆：西魏之荆州、南荆州、东荆州。荆州治穰城，在今河南邓县；南荆州治安昌，在今河南确山西南；东荆州治沘阳，今河南泌阳）诸军，镇守穰城（今河南邓县）。柳仲礼率领部众奔赴襄阳，宇文泰派遣杨忠以及仆射长孙俭领兵进击柳仲礼，以营救萧詧。

【纲】十二月，梁朝始兴太守陈霸先起兵讨伐侯景。　【目】陈霸先交结郡中豪杰之士，打算讨伐侯景。本郡人侯安都、张偲等人各自率领部众一千多人投奔他。陈霸先派遣杜僧明率领两千人驻扎在大庾岭（今广东南雄北，江西大庾南）上，广州刺史萧勃派人制止这一行动。陈霸先说："京城沦陷，国君受辱，臣属该死，您是皇家亲属，承担着方面重任，自己不能赶去援救，派我率领一支军队前往，比不派要强，难道还应该阻止我吗？"便派遣使者抄小路去见湘东王萧绎，表示接受他的调度。当时，南康的土豪蔡路养起兵占领郡城，萧勃便任命谭世远为曲江县令，与蔡路养联合，共同阻止陈霸先。

【纲】东魏占领了梁朝的司州。　【目】于是东魏拥有了整个淮南地区。

纲鉴易知录卷三九

梁纪（附西魏北齐北周）

太宗简文帝

【纲】庚午，春正月，东魏高洋自为丞相、都督中外诸军、录尚书事，封齐王。

【纲】梁以陈霸先为交州刺史。【目】霸先发始兴，至大庾岭，蔡路养拒之。其党萧摩诃，年十三，单骑出战，无敢当者。霸先击之，路养败走。进军南康，湘东王绎承制授霸先交州刺史。

【纲】夏四月，梁湘东王绎移檄讨侯景。【目】绎以天子制于贼臣，不肯从大宝之号，犹称太清四年。下令大举讨侯景，移檄远近。

【纲】五月，齐王洋称皇帝，废东魏主为中山王。【目】东魏徐之才、宋景业善图谶，因高德政劝齐王洋受魏禅。洋以告娄太妃，太妃曰："汝父如龙，汝兄如虎，犹以天位不可妄据，终身北面；汝独何人，欲行舜、禹之事乎！"洋以告之才，之才曰："正为不及父兄，故宜早升尊位耳。"洋铸像卜之而成，乃发晋阳。

洋至邺，使侍中张亮等见东魏主，逼以禅位。魏主敛容曰："推挹已久，谨当逊避。"乃下御坐，步就东廊，咏范晔《汉献帝赞》，遂迁于北城，遣彭城王韶等奉玺绶禅位于齐。齐王洋即皇帝位于南郊，封东魏主为中山王。追尊献武王、文襄王皆为皇帝。

【纲】齐立子殷为太子。

【纲】魏立萧詧为梁王。【目】魏人欲令岳阳王詧发哀嗣位，詧辞；乃遣使册命詧为梁王，建台置百官。

太宗简文帝

【纲】庚午（550），春正月，东魏高洋自任丞相、都督中外诸军、录尚书事，封为齐王。

【纲】梁朝任命陈霸先为交州刺史。【目】陈霸先从始兴出发，来到大庾岭，蔡路养率兵抵抗。其同党萧摩诃只有十三岁，单人匹马出战，没人敢抵挡他。陈霸先进击蔡路养，蔡路养战败逃走。陈霸先进军南康（治赣县，今江西赣州西南），湘东王萧绎以秉承皇帝旨意的名义任命陈霸先为交州（治龙编，今越南河内东北）刺史。

【纲】夏四月，梁朝湘东王萧绎发布檄文，讨伐侯景。【目】萧绎认为天子遭受贼臣的挟制，不肯采用太宝年号，仍然称太清四年，下令大举讨伐侯景，向远近各地发布檄文。

【纲】五月，齐王高洋称皇帝，将东魏简文帝废黜为中山王。【目】东魏徐之才、宋景业通晓图谶，通过高德政劝齐王高洋接受东魏的禅让。高洋将此事告诉了娄太妃，娄太妃说："你父亲如龙，你哥哥如虎，尚且认为天授的皇位不能妄自据有，终生北面称臣。你是什么人，竟打算做虞舜、夏禹禅让的事！"高洋把这话告诉了徐之才，徐之才说："正因为不如父兄，所以才应该及早登上帝位。"高洋铸造铜像，预卜能否得位，结果铜像铸成，便以晋阳出发。

高洋来到邺城（今河北磁县东），指使侍中张亮等人去见东魏孝静帝，逼迫他禅让帝位。东魏孝静帝神色严肃地说："推让已久，谨当退位。"便走下御座，步行到东廊，口中吟诵着范晔的《汉献帝赞》，于是迁居到北城，派遣彭城王元韶等人捧着玉玺，把帝位禅让给齐王。齐王高洋在南郊即皇帝位，封东魏孝静帝为中山王，追尊献武王高欢、文襄王高澄为皇帝。

【纲】北齐文宣帝立其子高殷为皇太子。

【纲】西魏立萧詧为梁王。【目】西魏打算让岳阳王萧詧为梁武帝发丧，继承帝位，萧詧推辞不受。西魏便派遣使者册命萧詧为梁王，

【纲】秋九月,侯景自称汉王。 【目】景又自加宇宙大将军,都督六合诸军事,梁主惊曰:"将军乃有'宇宙'之号乎!"

【纲】冬十月,魏初作府兵。 【目】魏宇文泰始籍民之才力者为府兵,身、租、调、庸一切蠲之,以农隙讲阅战阵,马畜粮备,六家供之;合为百府,每府一郎将主之,分属二十四军。

【纲】辛未,春二月,梁陈霸先讨李迁仕,杀之。 【目】李迁仕击南康,陈霸先遣杜僧明等擒斩之。湘东王绎使霸先进兵取江州,以为江州刺史。

【纲】三月,魏主宝炬殂,太子钦立。
【纲】秋八月,侯景废梁主纲,杀太子大器,而立豫章王栋。
【纲】冬十月,侯景弑梁主纲。
【纲】侯景废梁主栋,自称汉帝。
【纲】十二月,齐主洋弑中山王。

世祖孝元帝

【纲】壬申,春二月,梁湘东王绎遣王僧辩、陈霸先讨侯景。

【纲】三月,梁王僧辩、陈霸先击败侯景,景亡走吴。

【纲】梁湘东王绎杀豫章王栋。

【纲】夏四月,侯景伏诛。 【目】羊侃之子鹍,为景都督,杀之。送尸建康,传首江陵,截其手送于齐。暴景尸于市,士民争取食之,并骨皆尽;溧阳公主亦预食焉。景五子在北齐,皆杀之。

让他建立台省，设置百官。

【纲】秋九月，侯景自称汉王。 【目】侯景又加任自己为宇宙大将军、都督六合诸军事。梁简文帝惊讶地说："侯将军竟有'宇宙'的称号了吗？"

【纲】冬十月，西魏开始创建府兵。 【目】西魏宇文泰开始征集能干力壮的百姓组建府兵，设立兵籍，府兵的人身依附关系和应交纳的租、庸、调一律免除。府兵在农闲时节训练作战布阵，由六户人家供给一个府兵需要的马匹粮秣。由一百个府兵组成一个百府，每个百府由一名郎将统辖，各百府分别隶属于二十四军。

【纲】辛未（551），春二月，梁将陈霸先讨伐李迁仕，将他杀掉。【目】李迁仕攻打南康，陈霸先派遣杜僧明等人将他擒获斩首。湘东王萧绎派遣陈霸先进军占领江州，任命他为江州刺史。

【纲】三月，西魏文帝元宝炬去世，太子元钦即位。

【纲】秋八月，侯景废黜梁简文帝萧纲，杀死太子萧大器，另立豫章王萧栋为帝。

【纲】冬十月，侯景杀害了梁简文帝萧纲。

【纲】侯景废黜梁主萧栋，自称汉帝。

【纲】十二月，北齐文宣帝杀害了中山王元善见。

世祖孝元帝

【纲】壬申（552），春二月，梁朝湘东王萧绎派遣王僧辩、陈霸先去讨伐侯景。

【纲】三月，梁将王僧辩、陈霸先打败侯景，侯景逃亡到吴郡（今江苏苏州）。

【纲】梁朝湘东王萧绎杀死豫章王萧栋。

【纲】夏四月，侯景被杀。 【目】羊侃的儿子羊鹍在侯景部下担任都督，这时杀死侯景。侯景的尸体被送往建康（今江苏南京），头颅被传送到江陵（今湖北江陵），又砍下他的手，送给北齐。侯景的尸体被丢在闹市中示众，士绅百姓争着去吃他的肉，连骨头都被抢光，溧阳公主也在争吃侯景人肉之列。侯景的五个儿子留在北齐，都被杀掉。

【纲】盗窃梁传国玺,归之于齐。

【纲】梁以王僧辩为司徒,陈霸先为征虏将军、开府仪同三司。

【纲】王伟等伏诛。 【目】湘东王诛王伟等于市。初,伟于狱中上诗,王爱其才,欲宥之;有言于王者曰:"伟作檄文甚佳。"王求得之,见其有"湘东一目"之语,乃怒诛之。

【纲】齐以辛术为吏部尚书。 【目】自魏迁邺以来,大选之职,知名者数人,互有得失:高澄少年高朗,所蔽者疏;袁淑德沉密谨厚,所伤者细;杨愔风流辩给,取士失于浮华;惟术性尚贞明,取士必以才器,循名责实,新旧参举,管库必擢,门阀不遗,考之前后,最为折衷。

【纲】冬十一月,梁主绎立。

【纲】甲戌,春正月,魏作九命、九秩之典。 【目】宇文泰始作九命之典,以叙内外官爵,改流外品为《九秩》。

【纲】魏宇文泰废其主钦而立齐王廓,复姓拓跋氏。

【纲】三月,齐主杀其尚书左丞卢斐、李庶。 【目】齐中书令魏收撰《魏书》,颇用爱憎为褒贬,每谓人曰:"何物小子,敢与魏收作色!举之则使升天,按之则使入地!"既成,中书舍人卢潜、左丞卢斐、李庶皆言其诬罔不直。收启齐主云:"臣既结怨强宗,将为刺客所杀。"齐主怒,于是斐、庶皆坐谤史,鞭二百,配甲坊,潜亦坐系狱,斐、庶死狱中。然时人终不服,谓之"秽史"。

【纲】夏四月,梁以陈霸先为司空。

【纲】魏宇文泰弑其故主钦。

【纲】盗贼偷走梁朝的传国玉玺,送给北齐。

【纲】梁朝任命王僧辩为司徒,陈霸先为征房将军、开府仪同三司。

【纲】王伟等人被杀。 【目】湘东王萧绎将王伟等人在闹市中处死。起初,王伟在监狱中献上一首诗,湘东王萧绎赏识他的才能,打算宽免他。有人向湘东王进言说:"王伟起草檄文非常之好。"湘东王萧绎找来檄文,看到文中有"湘东王独眼"的话,便发怒将他杀死。

【纲】北齐任命辛术为吏部尚书。 【目】自从东魏迁都邺城以来,担任吏部尚书职务的官员,知名的几个人各有得失。高澄少年有为,志高气盛,缺点是作风草率。袁淑德沉着周密,谨慎忠厚,缺点是作风琐屑。杨愔风流倜傥,能言善辩,缺点是录用人才失于浮华。只有辛术崇尚正直廉明,坚持根据才具器识来录用人才,因名责实,对新老人员一并推举,只要有才能,就是管理仓库的人也会加以提拔,世家名门的子弟自然也不遗漏。考察前后情况,以辛术选人最为允当。

【纲】冬十一月,梁元帝萧绎即位。

【纲】甲戌(554),春正月,西魏制定流内九品、流外九秩的任官制度。 【纲】宇文泰开始制定九品任官制度,以便分级进用朝廷内外官员的官职爵位,还将流外官职的品级改定为九秩。

【纲】西魏宇文泰废黜魏废帝元钦,另立齐王元廓为帝,恢复原来的族姓拓跋氏。

【纲】三月,北齐文宣帝杀死尚书左丞卢斐、李庶。 【目】北齐中书令魏收撰写《魏书》,往往根据自己的爱憎去褒贬人物,时常对人说:"你小子是什么东西,竟敢对我发脾气!我抬举你,就能让你升天;我贬低你,就能让你入地!"《魏书》撰成后,中书舍人卢潜、左丞卢斐、李庶都说这部史书有不实之辞,写得很不公正。魏收启奏齐文宣帝说:"我已经与强宗大姓结下怨仇,将会被刺客杀害。"北齐文宣帝大怒,于是卢斐、李庶都因诽谤国史获罪,每人被鞭打二百下,发配到甲坊服役,卢潜也因罪入狱,卢斐、李庶都死在狱中。然而,当时人始终不服,把《魏书》称为"秽史"。

【纲】夏四月,梁朝任命陈霸先为司空。

【纲】西魏宇文泰杀害了原来的西魏废帝元钦。

【纲】秋八月，梁主讲《老子》于龙光殿。

【纲】冬十月，魏遣柱国于谨帅师伐梁。十一月，入江陵。十二月，执梁主绎，杀之。 【目】魏遣柱国于谨、中山公宇文护、大将军杨忠将兵五万伐梁。武宁太守宗均告魏兵且至，领军胡僧祐、黄罗汉曰："二国无隙，必应不尔。"乃复使王琛使魏。于谨至樊、邓，梁王詧帅众会之。梁主乃停讲，戒严。琛至石梵，驰报罗汉曰："境上帖然，前言皆儿戏耳。"梁主乃复讲，百官戎服以听。

征王僧辩为大都督，命陈霸先徙镇扬州。十一月，魏军济汉。梁主出城行栅，插木为之，周六十里。魏军至栅下，于谨令筑长围，中外遂绝。梁主巡城，犹口占为诗，群臣亦有和者。梁主又裂帛为书，趣王僧辩曰："吾忍死待公，可以至矣！"魏悉众攻栅，反者开西门纳魏师，梁主退保金城。日暝，闻城陷，梁主乃焚古今图书十四万卷，以宝剑击柱折之，叹曰："文武之道，今夜尽矣！"命御史中丞王孝祀作降文。梁主遂白马素衣出门，詧使铁骑拥之入营，囚于乌幔之下。或问梁主："何意焚书？"梁主曰："读书万卷，犹有今日，故焚之！"十二月，魏人杀梁主及愍怀太子元良等。

【纲】魏取襄阳，徙梁王詧使称帝于江陵，屯兵守之。 【目】魏立詧为皇帝，取其雍州之地，而资以荆州，延袤三百里，又置防主，将兵居西城，名曰助防，实以制詧也。

【纲】秋九月,(九月:原作八月,据《梁书·元帝纪》及《资治通鉴》第165卷改)梁元帝在龙光殿讲解《老子》一书。

【纲】冬季,十月,西魏派遣柱国于谨率军讨伐梁朝。十一月,西魏军进入江陵,十二月,西魏军捉住梁元帝萧绎,将他杀死。 【目】西魏派遣柱国于谨、中山王宇文护、大将军杨忠率领五万军队讨伐梁朝。武宁(今湖北荆门北)太守宗均报告说西魏军队即将到来,领军胡僧祐、黄罗汉说:"两国没有嫌隙,肯定不会如此。"梁朝便又派遣王琛出使西魏。于谨进抵樊城(今湖北襄樊)、邓城(今襄樊北),梁王萧詧率领部众与于谨会合。梁元帝这才停止讲解《老子》,实行戒严。王琛来到石城(今湖北钟祥北)(石城:原作"石梵"误),派人骑马飞报黄罗汉说:"边境安定无事,以前的议论都是儿戏。"梁元帝便又讲解《老子》,有官穿着军服听讲。

梁元帝征召王僧辩为大都督,命令陈霸先移军镇守扬州。十一月,西魏的军队渡过汉水,梁元帝出城巡视栅栏,栅栏是用木头插在地里围起来的,周长达六十里。西魏的军队进抵栅栏,于谨命令全军合围江陵,梁朝廷与外界的联系便中断了。梁元帝去巡视城防,仍然随口吟诗,群臣中也有人与梁元帝唱和。梁元帝又裁了一块绢帛,写信催促王僧辩说:"我冒死等你来援救,你该来了!"西魏集中全军兵力攻打栅栏,反叛者打开西门,放西魏军队进城,梁元帝退保金城。日落时分,听说全城陷落,梁元帝便烧毁古今图书十四万卷,又挥动宝剑去砍柱子,结果宝剑折断。梁元帝叹道:"书剑代表文治武功,今晚全完了!"便让御史中丞王孝祀起草降书。梁元帝骑着白马,穿着白衣,出了城门,萧詧派出铁甲骑兵把梁元帝押入军营,囚禁在黑色帐幔下面。有人问梁元帝:"你烧书是什么意思?"梁元帝说:"我读书万卷,还落得今天的下场,所以要烧书!"十二月,西魏杀死梁元帝以及愍怀太子萧元良等人。

【纲】西魏占领襄阳(今湖北襄阳县襄阳镇),让萧詧迁移到江陵称帝,同时驻扎军队,看守萧詧。 【目】西魏立萧詧为皇帝,占据了萧詧拥有的雍州地区,而在荆州(治江陵)拨给他一块长三百里的土地,同时留下城防将领,率领军队驻扎在西城,名义上说是帮助萧詧守城,实际上是控制萧詧。

【纲】梁王僧辩、陈霸先奉晋安王方智承制。

敬帝

【纲】乙亥,春正月,梁王詧始称帝。 【目】梁王詧即位改元于江陵,是为后梁。赏罚制度并同王者,惟上疏于魏则称臣,奉其正朔。

【纲】齐遣梁贞阳侯渊明还梁称帝,以兵纳之。

【纲】二月,梁王方智立。 【目】晋安王自寻阳入建康,即梁王位,时年十三。以王僧辩为中书监、录尚书、骠骑大将军、都督中外军事,加陈霸先征西大将军。

【纲】三月,魏免梁俘数千口。 【目】魏宇文泰得庾季才,厚遇之,令参掌太史。季才散私财,购亲旧之为奴婢者,泰问其故,对曰:"仆闻克国礼贤,古之道也。今郢都覆没,其君信有罪矣;搢绅何咎,皆为皂隶!鄙人羁旅,不敢献言,诚窃哀之,故私购之耳。"泰乃悟曰:"吾之过也!微君,遂失天下之望!"因出令,免梁俘数千口。

【纲】夏五月,梁王僧辩奉渊明归建康,以梁王方智为太子。

【纲】六月,齐筑长城。 【目】齐发民一百八十万筑长城,自幽州夏口西至恒州九百余里。

【纲】秋八月,齐以道士为沙门。 【目】齐主以佛、道二教不同,欲去其一,集二家学者论难于前,遂敕道士皆剃发为沙门;有不从者,杀四人,乃奉命。

【纲】梁朝王僧辩、陈霸先拥戴晋安王萧方智以秉承皇帝旨意的名义行使皇帝的权力。

敬帝

【纲】乙亥（555），春正月，梁王萧詧开始称帝。 【目】梁王萧詧在江陵即位并更改年号，这就是后梁。后梁的赏罚制度与帝王完全相同，只是向西魏上疏时需要称臣，并且要使用西魏的历法。

【纲】北齐指派梁朝贞阳侯萧渊明返回梁境称帝，并用军队护送他回国。

【纲】二月，梁王萧方智即位。 【目】晋安王萧方智由寻阳（治柴桑，今东西九江）进入建康，即位称梁王，当时只有十三岁。梁王萧方智任命王僧辩为中书监、录尚书、骠骑大将军、都督中外军事，加授陈霸先为征西大将军。

【纲】三月，西魏免罚数千名梁朝俘虏沦为奴婢。 【目】西魏宇文泰得到庾季才，对他加以优待，让他参与掌管太史事务。庾季才拿出私财，为沦为奴婢的亲朋故旧赎身，宇文泰问他何必如此，庾季才回答："我听说，攻克敌国后尊重该国的贤人，是古人留下的原则。如今江陵朝廷覆灭了，其国君确实有罪。但是那里的士大夫有什么过错，竟让他们都沦为奴仆！我是外地人，不敢进言劝谏，但是我实在为他们难过，所以便以个人名义为他们赎身。"宇文泰这才省悟过来，便说："这是我的过错！要不是有你这一席话，就要失掉天下人的拥护了！"于是发布命令，赦免了梁朝数千名俘虏。

【纲】夏五月，梁朝王僧辩拥奉萧渊明返回建康即位，萧渊明立梁王萧方智为太子。

【纲】六月，北齐修筑长城。 【目】北齐征发一百八十万民夫去修筑长城，东起幽州夏口（即居庸关下口，在今北京居庸关上），西至恒州（治秀容，今山西忻定西北），连绵九百多里。

【纲】秋八月，北齐命令道士改当和尚。 【目】北齐文宣帝认为佛、道二教不同，打算去掉一个，便召集佛、道两教学者在自己面前辩论，结果敕令道士一律削发为僧，有些道士不肯服从，杀死四人，才都

【纲】九月，梁陈霸先杀王僧辩，废渊明，冬十月，复立方智，称藩于齐。 【目】初，王僧辩与陈霸先共灭侯景，情好甚笃，僧辩去石头城，霸先在京口。及僧辩纳渊明，霸先遣使争之，不从。霸先叹曰："武帝子孙甚多，唯孝元能复仇雪耻，其子何罪，而忽废之！吾与王公并处托孤之地，而王公一旦改图，外依戎狄，援立非次，其志欲何为乎！"乃举兵袭僧辩，杀之。渊明逊位，就邸。十月，方智即皇帝位。告齐以"僧辩阴图篡逆，仍请称藩于齐"；封渊明为建安公。

【纲】梁陈霸先自为尚书令、都督中外诸军事。

【纲】丙子，春正月，魏初建六官，以宇文泰为大冢宰。

【纲】夏五月，梁建安公渊明卒。

【纲】六月，齐大治宫室。 【目】齐发丁匠三十余万修广三台宫殿。齐主初立，留心政术，务存简靖，又能以法驭下，内外肃然。每临行阵，亲当矢石，所向有功。数年之后，渐以功业自矜，遂嗜酒淫泆，肆行狂暴。一日，典御丞李集面谏，比之桀、纣。齐主令缚置流中，久之，引出，谓曰："吾何如桀、纣？"集曰："弥不及矣！"又令沉之，引出，更问，如此数四，集对如初。齐主大笑曰："天下有如此痴人，方知龙逄、比干未是俊物！"遂释之。顷之，入见，似有所谏，竟斩之。

接受命令。

【纲】九月，梁朝陈霸先杀死王僧辩，废黜萧渊明。冬十月，陈霸先又拥立萧方智即位，向北齐称藩属国。 【目】起初，王僧辩与陈霸先共同剿灭侯景，两人情谊很深，王僧辩驻军石头城（在今江苏南京西），陈霸先屯兵京口（在今江苏镇江东南）。及至王僧辩护送萧渊明回建康时，陈霸先派遣使者极力劝阻，王僧辩没有接受。陈霸先叹息着说："武帝的子孙很多，却只有孝元皇帝能够报仇雪耻，孝元皇帝的儿子何罪，却忽然遭到废黜！我与王公僧辩都是接受先帝托孤的大臣，而王公忽然另作打算，对外依附戎狄，不按次序扶立天子，他究竟想干什么！"便起兵袭击王僧辩，将他杀死。于是萧渊明退位，返回私宅。十月，萧方智即位称帝，通告北齐说，杀死王僧辩是因为他暗中图谋篡位叛逆，仍然请求向北齐称藩属国，还封萧渊明为建安公。

【纲】梁朝陈霸先自任尚书令、都督中外诸军事。

【纲】太平元年（丙子，556）春正月，西魏最初设置六官，（六官：大冢宰、大司徒、大宗伯、大司马、大司寇、大司空）任命宇文泰为大冢宰。

【纲】五月，梁朝建安公萧渊明去世。

【纲】六月，北齐大规模兴建宫殿。 【目】北齐征发壮丁、工匠三十多万人，去扩建三台（三台：金凤台、圣应台、崇光台）宫殿。北齐文宣帝刚刚即位时，留心施政的方法，力求政令简明稳妥，又能以法纪驾驭群臣，因此朝廷内外秩序整肃。每当临阵作战时，齐文宣帝亲自在乱箭飞石中冲杀，马到成功。数年后，齐文宣帝因自己建功立业而逐渐骄满自满，于是嗜酒贪杯，纵欲放荡，肆意去做疯狂残暴的事情。有一天，典御丞李集当面劝谏，把齐文宣帝比作夏桀、殷纣，齐文宣帝便让人把他捆起来沉到水流中去，过了许久，齐文宣帝让人将他拖出来，问他："我比夏桀、殷纣究竟如何！"李集说："越发不如夏桀、殷纣了！"齐文宣帝又让人把他沉在水中，拖出水面后，又问他，这样反复了四五次，李集的回答和起初还是一样。齐文宣帝放声大笑，说："天下有象你这样的痴人，我才知道关龙逢和比干不是好东西！"于是将他放了。过了一会儿，李集又去见齐文宣帝，看样子还要有所劝谏，齐文宣帝终于将他杀死。

【纲】秋八月，齐主如晋阳。

【纲】九月，梁陈霸先自为丞相、录尚书事。

【纲】冬十月，魏太师、大冢宰、安定公宇文泰卒，世子觉嗣。 【目】时，泰北渡河，还至牵屯山而病，驿召中山公护至泾州，谓曰："吾诸子皆幼，外寇方强，天下之事，属之于汝，宜努力以成吾志。"遂卒。世子觉嗣位，为太师、柱国、大冢宰、安定公，出镇同州，时年十五。

【纲】十二月，魏太师觉自为周公。

右梁四主，合五十四年。

右魏十三主，合一百四十九年，而分为东、西魏，东魏一主，凡十七年；西魏三主，合二十二年。

【纲】秋八月，北齐文宣帝前往晋阳（在今山西太原西南）。

【纲】九月，梁朝陈霸先自任丞相、录尚书事。

【纲】冬十月，西魏太师、大冢宰、安定公宇文泰去世，世子宇文觉继位。　【目】当时，宇文泰北渡黄河，回到牵屯山时（今甘肃平凉西）就病倒了。宇文泰通过驿站传召中山公宇文护来到泾州（治安定，在今甘肃泾川北），对他说："我的儿子们都还年幼，外部敌人却正强盛。我把天下大事委托给你，你要努力实现我的志向。"随即去世。世子宇文觉继位，担任太师、柱国、大冢宰，袭爵安定公，出镇同州（治武乡，今陕西大荔），当时他只有十五岁。

【纲】十二月，西魏太师宇文觉自命为周公。

以上梁朝四帝，共计历时五十四年。

以上魏朝十三帝，共计历时一百四十九年，而后又分为东魏和西魏。东魏一帝，凡历时十七年。西魏三帝，一共历时二十二年。

陈纪（附北齐周）

高祖武帝

【纲】丁丑，春正月，周公觉称天王，废魏主为宋公。宇文护自为大司马。

【纲】二月，周宇文护自为大冢宰。周冢宰护弑宋公。

【纲】夏四月，梁铸四柱钱，禁细钱。

【纲】秋九月，梁丞相霸先自为相国，封陈公，加九锡。

【纲】周冢宰护弑其君觉及其柱国李远，而立宁都公毓。

【纲】冬十月，梁陈公霸先进爵为王，遂称皇帝，废梁主为江阴王。

【纲】戊寅，夏四月，陈主霸先弑江阴王。

【纲】五月，陈主舍身于大庄严寺。

【纲】己卯，春正月，周主始亲政。

【纲】夏五月，齐主杀魏宗室二十五家。【目】齐太史令奏："今年当除旧布新。"齐主问于彭城公元韶曰："汉光武何故中兴？"对曰："为诛诸刘不尽。"于是齐主诛始平公世哲等二十五家，囚韶等十九家。韶幽于地牢，绝食而死。

【纲】六月，霖雨。

【纲】周王赐处士韦敻号"逍遥公"。征魏将军寇儁入见。【目】敻，孝宽之兄也，志尚夷简，魏、周之际，十征不屈。太祖重之，不夺其志，周王礼敬尤厚，号曰"逍遥公"。晋公护延之至第，访以政事；敻仰视叹曰："甘酒嗜音，峻宇彫墙，有一于此，未或不亡。"护不悦。

高祖武帝

【纲】丁丑（557），春正月，周公宇文觉称天王，废黜西魏恭帝为宋公。宇文护自任大司马。

【纲】二月，北周宇文护自任大冢宰。北周大冢宰宇文护杀害了宋公拓跋廓。

【纲】夏四月，梁朝铸造四柱钱，禁止细钱流通使用。

【纲】秋九月，梁朝丞相陈霸先自任相国，封为陈公，加授九锡。

【纲】北周冢宰宇文护杀害了孝愍帝宇文觉及柱国李远，另立宁都公宇文毓。

【纲】冬十月，梁朝陈公陈霸先进升为王爵，接着称皇帝，废黜梁敬帝为江阴王。

【纲】二年（戊寅，558），夏四月，陈武帝陈霸先杀害了江阴王。

【纲】五月，陈武帝在大庄严寺舍身。

【纲】三年（己卯，559）春正月，周王宇文毓开始亲政。

【纲】夏五月，北齐文宣帝诛杀东魏宗室二十五家。【目】北齐太史令奏称："今年应该除旧布新。"北齐文宣帝问彭城公元韶说："东汉光武帝为什么能中兴汉室？"元韶回答说："因为没有把刘氏各支杀光。"于是北齐文宣帝诛杀始平公元世哲等二十五家，又将元韶等十九家关押起来。元韶被囚在地牢里，绝食而死。

【纲】六月，久雨不停。

【纲】周王宇文毓赐给隐士韦夐"逍遥公"的称号，征召西魏将军寇儁进京朝见。【目】韦夐是韦孝宽的哥哥。他立志追求恬淡质朴的生活，在西魏北周之际，十次受到征召，都没有去做官。宇文泰尊重他的为人，不强迫他改变志趣。周明帝对他尤为敬重，礼遇有加，赐号为"逍遥公"。晋公宇文护把他请到家中，征求他对朝廷政务的意见。韦夐仰天长叹说："纵酒贪杯，嗜好音乐，兴建高堂，雕绘墙壁，只要占了其中一条，没有不灭亡的。"宇文护很不高兴。

骠骑大将军、开府仪同三司寇儁，少有学行。家人尝卖物，多得绢五匹，儁知之，曰："得财失行，吾所不取。"访主还之。自大统中，称老疾，不朝谒；王欲见之，儁不得已入见。王引与同席，问以旧事；以御舆送之。

【纲】陈主霸先殂，兄子临川王蒨立。 【目】陈主临戎制胜，英谋独运，而为政务崇宽简，非军旅急务，不轻调发。性俭素，常膳不过数品，后宫无金翠之饰。及殂，子昌、兄子顼，皆以江陵之陷，没于长安，群臣奉临川王蒨嗣位。

【纲】齐主灭元氏之族。 【目】齐主尽诛诸元，前后死者凡七百二十一人。定襄令元景安，欲请改姓高氏，其从兄景皓曰："安有弃其本宗而从人之姓者乎！丈夫宁可玉碎，何能瓦全！"景安以其言白齐主，齐主诛景皓，赐景安姓高氏。

【纲】秋八月，周王始称皇帝。
【纲】冬十月，齐主洋殂，太子殷立。 【目】齐主嗜酒成疾，谓李后曰："人生必有死，何足惜！但怜正道尚幼，人将夺之耳！"又谓常山王演曰："夺则任汝，慎勿杀也！"召尚书令杨愔等受遗诏辅政。十月，殂于晋阳，太子殷即位。

世祖文帝
【纲】庚辰，春二月，齐太傅常山王演杀尚书令杨愔等，自为丞相、都督中外诸军事。
【纲】三月，齐丞相常山王演如晋阳。
【纲】夏四月，周冢宰护进毒弑其君毓，毓弟鲁公邕立。

骠骑大将军、开府仪同三司寇儁从少年时代就品学兼优。有一次，家人去卖东西，多得了五匹绢，寇儁得知此事后说："得了财物，坏了品行，我不赞成。"便找到买主，交还多得的五匹绢。自从大统年间以来，寇儁自称年老多病，不再参加朝会。北周明帝想见一见他，他不得已才入朝晋见。北周明帝拉他同席而坐，向他问起往事，然后用御用的车子把他送回。

【纲】陈武帝陈霸先去世，他哥哥的儿子临川王陈蒨即位。【目】陈武帝统辖军事，出奇制胜，决策英明，独出心裁，而执掌政务，极力推崇宽和简约，除非军中急务，不轻易征调人力物力。他生性俭朴，平时吃的食物不过几样，后宫嫔妃没有金玉装饰。及至陈武帝去世，其子陈昌、兄子（"兄子"二字据《资治通鉴》164卷增）陈顼都因江陵陷落时被俘虏到长安未归，群臣便拥戴临川王陈蒨继位。

【纲】北齐文宣帝诛灭元氏宗族。【目】北齐文宣帝杀死全部东魏元氏皇室宗族成员，先后死去的共有七百二十一人。定襄（在今山西忻定东北）县令元景安打算改姓高氏，他的堂兄元景皓说："怎么能放弃本姓，去姓别人的姓呢！大丈夫宁可玉碎，怎能瓦全！"元景安把他的话告诉了北齐文宣帝，文宣帝杀了元景皓，赐元景安姓高氏。

【纲】秋八月，周王宇文毓开始称皇帝。

【纲】冬十月，北齐文宣帝高洋去世，太子高殷即位。【目】北齐文宣帝纵酒贪杯，积久成病。他对李皇后说："人生必然都有一死，死了又有什么值得惋惜的，我只是可怜高殷年纪还小，人们会夺去他的皇位罢了！"他又对常山王高演说："要想夺取皇位，也由你了，但是千万不要杀害他！"他召见尚书令杨愔等人接受遗诏，辅佐朝政。十月，北齐文宣帝死于晋阳，太子高殷即位。

世祖文帝

【纲】庚辰（560），春二月，北齐太傅常山王高演杀死尚书令杨愔等人，自任丞相、都督中外诸军事。

【纲】三月，北齐丞相常山王高演前往晋阳。

【纲】夏四月，北周冢宰宇文护送上毒药，杀害了北周明帝宇文毓，

【纲】秋八月，齐常山王演废其主殷为济南王而自立。

【纲】冬十二月，陈制春、夏不断死刑。

【纲】齐以王晞为侍中，不受。　【目】齐主欲以司马王晞为侍中，苦辞不受。或劝之，晞曰："我少年以来，阅要人多矣，得志少时，鲜不颠覆。且吾性实疏缓，不堪时务，人主恩私，何由可保！万一披猖，求退无地。非不好作要官，但思之烂熟耳。"

【纲】辛巳，春正月，周太师护自加都督中外诸军事。

【纲】秋七月，周更铸钱。　【目】文曰："布泉"一当五，与五铢并行。

【纲】九月，齐主演弑济南王。　【目】初，齐主许以长广王湛为太弟；既而立太子百年，湛心不平。齐主在晋阳，湛守邺。散骑常侍高元海典机密。齐主以斛律羡为领军，分湛权。湛不听羡视事。是时，济南闵悼王在邺，望气者言："邺中有天子气。"平秦王归彦恐王复立，劝齐主除之。齐主使归彦至邺，征济南王。湛内不自安，问计于高元海。元海曰："有三策，请殿下从数骑入晋阳，见太后、主上，请去兵权，不干朝政，此上策也。不然，表请青、齐刺史，沉靖自居，此中策也。"更问下策，曰："发言即恐族诛。"固逼之，元海曰："济南世嫡，主上夺之。今集文武，示以征济南之敕，执斛律丰乐，斩高归彦，尊立济南，号令天下，以顺讨逆，此万世一时也。"湛大悦，然未能用。林虑令潘子晓占候，潜谓湛曰："殿下当为天下主。"湛乃送济南王于晋阳，齐主杀之。

宇文毓的弟弟鲁公宇文邕即位。

【纲】秋八月，北齐常山王高演将国君高殷废黜为济南王，而自立为帝。

【纲】冬十二月，陈朝颁诏规定春、夏两季不得判决死刑。

【纲】北齐任命王晞为侍中，（侍中：原作"侍郎"，据《北齐书·王晞传》改。）王晞没有接受。 【目】北齐孝昭帝打算任命司马王晞为侍中，（侍中：原作"侍郎"，据《北齐书·王晞传》改。）王晞苦苦推辞，不肯接受。有人劝他接受任命，王晞说："我从年轻时起，见过的显要人物多啦。少年得志的人，很少有不垮台的。何况我性情实在懒散，难以承担时务，皇上的私恩，怎能永远保住！万一关系决裂，想找退路也没有了！不是我不喜欢担当要职，只是我把官场早看透了！"

【纲】辛巳（561），春正月，北周太师宇文护自行加任都督中外诸军事。

【纲】秋七月，北周重新铸造钱币。【目】钱币上铸有"布泉"二字，以一枚新钱当五枚小钱，与五铢钱一起流通。

【纲】九月，北齐孝昭帝高演杀害了济南王高殷。 【目】起初，北齐孝昭帝答应立长广王高湛为皇太弟，后来却立了太子高百年，高湛心怀不满。当时，北齐孝昭帝正在晋阳，高湛守卫邺城，散骑常侍高元海主管机密要务。北齐孝昭帝任命斛律羡为领军，分高湛的兵权，高湛不让斛律羡任职。这时，济南闵悼王高殷也在邺城，能通过观察云气预知凶吉的人说："邺城有天子气。"平秦王高归彦唯恐济南王高殷重新立为皇帝，劝北齐孝昭帝将高殷除掉，北齐孝昭帝派遣高归彦前往邺城征召济南王高殷。高湛内心感到不安，便向高元海问计。高元海说："有三条计策。请殿下带着几个随从骑马前往晋阳，去见太后和皇上，要求交出兵权，不过问朝政，这是上策。不然的话，殿下！可以上表请求出任青、齐二州刺史，沉稳平静地住在那里，这是中策。"高湛又问下策，高元海说："我怕话一出口，就会灭族。"高湛一再逼他快说，高元海说："济南王是文宣帝的嫡长子，而皇上夺去他的皇位。殿下现在召集文武百官，向他们出示征召济南王的敕令，逮捕斛律丰乐，杀死高归彦，拥立济南王，通令全国，以天子的名义讨伐逆贼，这是千载难逢的机

【纲】冬十一月,齐主演殂,弟长广王湛立,废太子百年为乐陵王。 【目】齐主演出畋,马惊坠地,绝肋。娄太后视疾,问济南所在者三,齐主不对。太后怒曰:"杀之邪?不用吾言,死其宜矣!"遂去,不顾。齐主乃征湛立之。又与书曰:"百年无罪,可以乐处置之,勿效前人。"遂殂。湛驰赴晋阳,即位,立百年为乐陵王。

【纲】壬午,春闰二月,陈遣兵讨其江州刺史周迪于临川。【目】初,陈主征迪出镇湓城,不至。豫章太守周敷独先入朝,进号安西将军,还豫章。迪不平,阴与缙州刺史留异相结,遣兵袭敷;敷与战,破之。闽州刺史陈宝应亦阴与异合。虞寄流寓闽中,常从容讽以逆顺,宝应辄引他语以乱之。宝应尝使人读《汉书》,卧而听之,至蒯通说韩信曰:"相君之背,贵不可言。"蹶然起坐,曰:"可谓智士!"寄曰:"通一说杀三士,何足言智!岂若班彪《王命》,识所归乎!"寄知宝应不可谏,恐祸及己,乃著居士服,居东山寺,阳称足疾。宝应使人烧其屋,寄安卧不动;纵火者自救之。陈主乃以吴明彻为江州刺史,督黄法氍、周敷共讨周迪。

【纲】陈改铸五铢钱。 【目】梁末丧乱,铁钱不行,民间私用鹅眼钱。至是,改铸五铢钱,一当鹅眼之十。

会。"高湛非常高兴，但是没有采用这一计策。林虑（今河南林县）县令潘子密通晓根据天象预测凶吉的方术，他暗中对高湛说："殿下应当成为天子。"高湛便把济南王送到晋阳，北齐孝昭帝将他害死。

【纲】冬十一月，北齐孝昭帝高演去世，其弟长广王高湛即位，将太子高百年废黜为乐陵王。　【目】北齐孝昭帝高演外出打猎，因马匹受惊，跌到地上，摔断胁骨。娄太后前来探望伤势，一连三次问济南王在哪里，齐孝昭帝都没回答。娄太后生气地说："你把他杀了？不听我的吩咐，死了活该！"随即头也不回地离开了。北齐孝昭帝便征召高湛，立他为帝。孝昭帝还写信给高湛说："百年没有罪过，你应该给他安排一个安乐的职位，不要效法前人的做法。"于是去世。高湛急忙赶赴晋阳，即位称帝，立高百年为乐陵王。

【纲】壬午（562），春闰二月，陈朝派遣军队前往临川（今江西南昌）讨伐江州刺史周迪。　【目】起初，陈文帝征召周迪去镇守湓口城（今江西九江），周迪没有前去。只有豫章（即江州）太守周敷率先进京朝见，被进号为安西将军，然后返回豫章。周迪心中不满，暗中与缙州（即东阳，时治长山，今浙江金华）刺史留异勾结，派遣军队袭击周敷，周敷与来军交战，将来军打败。闽州（治东侯官，今福建福州）刺史陈宝应也暗中与留异联合。虞寄寄居闽中，时常从容地用顺承朝廷和图谋叛逆的利害关系来规劝陈宝应，陈宝应总是把话头扯到别处，不让他说下去。有一次，陈宝应让人读《汉书》，自己躺着听，读至蒯通游说韩信说"看你的后背，真是贵不可言"时，陈宝应一跃坐起身来说："蒯通真可以说是一位智谋之士了！"虞寄说："蒯通一番游说，使三人身败名裂，怎么称得上足智多谋！怎么比得上班彪的《王命论》，能够认清天下的归向呢！"虞寄知道陈宝应不会接受劝告，担心祸事波及到自己头上，便身穿居士的服装，住进东山寺，托称脚上有病。陈宝应派人去烧他住的房屋，虞寄安然躺着不动，放火的人又亲手把他救出。陈文帝便任命吴明彻为江州刺史，统辖黄法氍、周敷共同讨伐周迪。

【纲】陈朝改铸五铢钱。　【目】梁朝末年死丧祸乱频仍，铁钱不再流通，民间私下使用鹅眼钱。至此，陈朝改铸五铢钱，一枚五铢钱可当十枚鹅眼钱。

【纲】后梁主詧殂,太子岿立。

【纲】三月,陈安成王顼自周归于陈。 【目】周遣杜杲送顼南归,陈以为中书监。陈主谓杲曰:"家弟蒙礼遣,实周朝之惠;然鲁山不返,亦恐未能及此。"杲对曰:"安成,长安一布衣耳,而陈之介弟也,其价岂止一城而已哉!本朝敦睦九族,恕己及物,上遵太祖遗旨,下思继好之义,是以遣之南归。今乃云以寻常之土易骨肉之亲,非使臣之所敢闻也。"陈主甚惭,曰:"前言戏之耳。"待杲有加。顼妃柳氏及子叔宝犹在穰城,陈主复遣毛喜如周请之,周人皆归之。

【纲】夏四月,齐青州言河水清。

【纲】癸未,夏四月,周主养老于太学。 【目】周主将视学,以太傅燕国于谨为三老,遂幸太学。谨入,升席,南面凭几而坐。周主北面立而访道。谨起,立于席后,对曰:"木受绳则正,后从谏则圣。明王虚心纳谏以知得失,天下乃安。"又曰:"去食去兵,信不可去;愿陛下守信勿失。"又曰:"有功必赏,有罪必罚,则为善者日进,为恶者日止。"又曰:"言行者,立身之基,愿陛下三思而言,九虑而行,勿使过。天子之过,如日月之食,人莫不知,愿陛下慎之。"周主再拜受言,谨答拜,礼成而出。

【纲】甲申,春三月,周初令百官执笏。

【纲】后梁宣帝萧詧去世，太子萧岿即位。

【纲】三月，陈朝安成王陈顼从北周回到陈朝。　【目】北周派遣杜杲送陈顼南归，陈朝任命陈顼为中书监。陈文帝对杜杲说："家弟蒙贵国体面地送回来，这的确是周朝的恩惠。然而，如果没有把鲁山郡（今河南鲁山县）奉送贵国，恐怕贵国也不会这样大度。"杜杲说："安成王留在长安只是一个普通百姓，但他在陈朝却是陛下的弟弟，他的价值岂是一座城就抵得上的！我朝提倡九族（九族：一说为父系四族、母系三族、妻家二族。另一说由本人算起，上至高祖，下至玄孙为九族）和睦，并且推己及人，上遵我朝太祖（太祖：指宇文泰）的遗旨，下思两国继续通好的道理，所以送他南归。现在陛下却说这是用普通的土地来交换亲骨肉，我不敢领取陛下的这种说法。"陈文帝甚感惭愧，便说："刚才的话只是玩笑。"待杜杲更加客气。陈顼的妃子柳氏和儿子陈叔宝还留在穰城（今河南邓县），陈文帝又派遣毛喜前往北周请求放人，北周把二人都送了回来。

【纲】夏四月，北齐青州（治东阳，今山东益都）地方官员声称黄河水变清。

【纲】四年（癸未，563），夏四月，北周武帝在太学中向三老致敬，进献酒食。　【目】北周武帝将要巡视太学，任命太傅燕国公于谨为三老，随即亲临太学。于谨走进太学，升入座席，面向南方，手扶几案而坐。北周武帝面向北面，站在那里，请教治国之道。于谨起身站在座席后面回答说："木材经过墨斗画线才能笔直，君王接受劝谏才能圣明，英明的帝王虚心纳谏，了解自己的得失，天下才能安定。"又说："宁可没有吃的，没有军队，也不能够没有信用。希望陛下严守信用，不要失信。"又说："对有功的人务必奖赏，对有罪的人务必惩罚，做好事的人就会日渐增多，做坏事的人就会日益减少。"又说："言行是立身的根基，希望陛下想过三遍再讲话，考虑过九遍再实行，别让自己留下过错。天子的过错就象日蚀和月蚀一样，无人不知，希望陛下慎重行事。"北周武帝拜了两拜，表示接受意见，于谨答拜回礼。礼仪进行完毕，北周武帝离开太学。

【纲】甲申（564），春三月，北周最初命令百官手执朝笏上朝。

【纲】夏六月，白虹贯日，齐主湛杀其兄之子乐陵王百年。

【纲】秋九月，周封李昞为唐公。　【目】以追录佐命元功封。昞，虎之子也。

【纲】乙酉，夏四月，彗星见。

【纲】齐主湛传位于太子纬，自称太上皇帝，以祖珽为秘书监。

【纲】冬十月，周杀其中州刺史贺若敦。　【目】周以函谷关城为通洛防，以贺若敦为中州刺史镇之。敦恃才负气，以湘州之役，全军而返，谓宜受赏，翻得除名，对台使出怨言。宇文护怒，征还，逼令自杀。临死，谓其子弼曰："吾志平江南，今而不果；汝必成吾志！吾以舌死，汝不可不思。"因引锥刺弼舌出血以诫之！

【纲】丙戌，夏四月，陈以孔奂为太子詹事。　【目】陈主不豫，以太子伯宗柔弱，谓安成王顼曰："吾欲遵太伯之事。"顼拜泣，固辞。陈主又谓仆射到仲举、尚书孔奂等曰："今三方鼎峙，四海事理，宜须长君。卿等宜遵此意。"孔奂流涕对曰："皇太子圣德日跻，安成王足为周旦。若有废立之心，臣诚不敢奉诏。"陈主曰："古之遗直，复见于卿。"乃以奂为太子詹事。

【纲】陈主蒨殂，太子伯宗立。　【目】陈主起自艰难，知民疾苦。性明察俭约，每夜刺闺取外事分判者，前后相续。敕传更签于殿中者，必投签于阶石之上，令枪然有声，曰："吾虽眠，亦令惊觉。"

【纲】五月，陈以安成王顼为司徒、录尚书事，徐陵为吏部尚书。

【纲】夏六月，白虹横贯太阳。北齐武成帝杀死哥哥的儿子乐陵王高百年。

【纲】秋九月，北周封李昞为唐公。　【目】这是北周武帝为了追录辅佐自己创立帝业的元勋而实行的封赏。李昞是李虎的儿子。

【纲】乙酉（565），夏四月，彗星出现。

【纲】北齐武成帝将帝位传给太子高纬，自称太上皇帝，任命祖珽为秘书监。

【纲】冬十月，北周杀死中州（治通洛防，在今河南新安县东北）刺史贺若敦。　【目】北周将函谷关城改称通洛防，任命贺若敦为中州刺史，镇守此地。贺若敦自恃才高，骄傲自负。由于在湘州战役中，他将军队安全带回，便认为应该受到奖赏，结果反而被削除名籍，因此对朝廷使者口出怨言。宇文护大怒，将他召回，逼他自杀。临死前，贺若敦对儿子贺若弼说："我的志向是平定江南，现在已经不能实现，你一定要实现我的遗愿！我因口舌不慎而死，你不能不加深思。"便用锥子把贺若弼的舌头刺出血来，作为对他的告诫。

【纲】丙戌（566），夏四月，陈朝任命孔奂为太子詹事。　【目】陈文帝生病，由于太子陈伯宗软弱，便对安成王陈顼说："我打算遵照太伯的做法把天下让给你。"陈顼边跪拜，边流泪，坚决推辞。陈文帝又对仆射到仲举、尚书孔奂等人说："如今三方鼎立，天下大事要紧，需要立一个年长的国君。你们应该遵从这个意思。"孔奂流着眼泪说："皇太子的圣德日渐提高，安成王足以作个周公旦。如果陛下想实行废立，臣实在不敢接受诏命。"陈文帝说："古人正直的遗风，又在你身上见到了。"便任命孔奂为太子詹事。

【纲】陈文帝陈蒨去世，太子陈伯宗即位。　【目】陈文帝经历过艰难困苦，了解民间的疾苦。他生性善于洞察事理，作风勤俭节约。每天夜里，后宫传达外事的官员需要经由陈文帝裁决的急报，前后接连不断。陈文帝敕令把更签传送到殿中的人，必须把更签投到石阶上，让更签锵然作响，他说："即使我睡着了，更签的响声也会使我惊醒。"

【纲】五月，陈朝任命安成王陈顼为司徒、录尚书事，徐陵为吏部尚书。

【纲】冬十二月,齐始用士人为县令。 【目】魏末以来,县令多用厮役,因是士流耻为之。齐仆射元文遥以为县令治民之本,遂请革选,密择贵游子弟,发敕用之;悉召集神武门,令赵郡王睿宣旨慰谕而遣之。齐之士人为县令,自此始。

废帝

【纲】丁亥,春正月朔,日食。

【纲】二月,陈安成王顼杀中书舍人刘师知,又杀仆射到仲举。

【纲】戊子,秋七月,周隋公杨忠卒。 【目】忠子坚为小宫伯,宇文护欲引以为腹心。忠曰:"两姑之间难为妇,汝其勿往!"坚乃辞之。至是,忠卒,坚袭爵。

【纲】冬十一月朔,日食。

【纲】陈安成王顼废其主伯宗为临海王,而杀始兴王伯茂。

【纲】齐主湛殂。 【目】齐上皇疾作,驿追徐之才,未至,疾亟,以后事属和士开,握其手曰:"勿负我!"遂殂。

高宗宣帝

【纲】己丑,春正月,陈主顼立。

【纲】秋八月,陈广州刺史欧阳纥反。

【纲】庚寅,春十二月,陈人讨欧阳纥,斩之。封阳春太守冯仆母洗氏为石龙太夫人。 【目】欧阳纥召阳春太守冯仆至南海,诱与同反。仆遣使告其母洗夫人。夫人曰:"我忠贞两世,今不能惜汝而负国也。"遂发兵拒境,帅诸酋长迎章昭达。击纥,擒之,斩于建康市。

【纲】冬十二月，(《资治通鉴》第169卷，将此条排列在十二月之后，意谓事在本年，不知何月)北齐开始任用士人担任县令。　【目】魏朝末年以来，往往任用地位低贱的人去当县令，因此士人都以担当县令为耻辱。北齐仆射元文遥认为，县令是治理百姓的根本，便请求改革选任县令的办法，先暗中选定王公贵族子弟，用敕令委任他们为县令，把他们都召集到神武门，让赵郡王高睿宣读圣旨，安慰劝导，然后遣送他们上任。北齐的士人担当县令，从此开始。

废帝

【纲】丁亥(567)，春正月一日，出现日食。

【纲】二月，陈朝安成王陈顼杀死中书舍人刘师知，又杀死仆射到仲举。

【纲】戊子(568)，秋七月。北周隋公杨忠去世。　【目】杨忠的儿子杨坚担任小宫伯，宇文护打算招揽他作为亲信。杨忠说："两个婆婆之间的媳妇难当，你还是别去吧！"杨坚便推辞不去。至此，杨忠去世，杨坚承袭爵位。

【纲】冬十一月一日，出现日食。

【纲】陈朝安成王陈顼将陈帝陈伯宗废黜为临海王，进而杀死始兴王陈伯茂。

【纲】北齐太上皇高湛去世。　【目】北齐太上皇高湛旧病发作，通过驿站追召徐之才返回。徐之才到来之前，高湛病情沉重，把后事托付给和士开，握着他的手说："你不要辜负我的嘱托！"随即去世。

高宗宣帝

【纲】己丑(569)，春正月，陈宣帝即位。

【纲】秋八月，陈朝广州刺史欧阳纥反叛。

【纲】庚寅(570)，春二月，陈朝讨伐欧阳纥，将他杀死。陈朝封阳春(今广东阳春)太守冯仆的母亲洗氏为石龙太夫人。　【目】欧阳纥把阳春太守冯仆召到南海郡(与广州同治)，诱使他与自己一同反叛。冯仆派遣使者告诉自己的母亲洗夫人。洗夫人说："我家两代人对朝

纥之反也，士人流寓者皆惶骇。前著作佐郎萧引独恬然，曰："管幼安、袁曜卿，亦但安坐耳。君子直己以为行义，何忧惧乎！"至是，陈主征以为侍郎。

冯仆以其母功，封信都侯，迁石龙太守。遣使持节册命洗氏为石龙太夫人，赐以绣幰安车，鼓吹、麾、节，卤簿如刺史之仪。

【纲】秋七月，齐以和士开为尚书令。 【目】士开威权日盛，朝士不知廉耻者，或为之假子。士开伤寒，医云："应服黄龙汤。"士开有难色。有候之者请先尝之，一举而尽。

【纲】辛卯，夏六月，齐太宰段韶围周定阳，克之，获汾州刺史杨敷。 【目】齐段韶引兵围定阳，周汾州刺史杨敷固守不下。韶令壮士千余人伏于东南涧口。城中粮尽，敷走，伏兵击擒之，遂取汾州。

敷子素，少多才艺，以其父守节陷齐，未蒙赠谥，申理再三。周主大怒，命左右斩之。素大言曰："臣事无道天子，死其分也！"周主壮其言，赠敷大将军，谥曰忠壮。素渐见礼遇，命为诏书，下笔立成，词义兼美，周主曰："勉之，勿忧不富贵。"素曰："但恐富贵来逼臣，臣无心图富贵也。"

【纲】秋，齐琅邪王俨杀和士开。
【纲】壬辰，春三月，周主讨其太师宇文护，杀之。周主亲政，以其弟齐公宪为大冢宰，卫公直为大司徒。

廷忠心耿耿，如今我不能由于舍不得你就辜负国家。"便发兵拒守本境，率领各部酋长迎接章昭达。章昭达进击欧阳纥，将他捉获，押送至建康在闹市斩首。

欧阳纥反叛时，侨居本地的士人都恐慌起来。只有原来的著作佐郎萧引平静地说："汉魏时期的管宁、袁涣当时也只是安坐家中罢了。"君子端正自身的品格，按照道义办事，为什么要担心害怕！"至此，陈宣帝征召他担任侍郎。

冯仆因母亲洗夫人的功劳被封为信都侯，升任石龙（今广东化县东北）太守，陈朝派遣使者带着符节册封洗氏为石龙太夫人，赐给她挂着彩帐、蒲草裹轮的车子一辆，鼓吹乐器一套，还有旌旗、符节等物品，出行的仪仗卫队与刺史相同。

【纲】七月，北齐任命和士开为尚书令。　【目】和士开的威势和权力日益增大，不知廉耻的朝中官员，有的去当他的干儿子。和士开得了伤寒，医生说应该服用黄龙汤，（黄龙汤，为久藏的粪汁）和士开面有难色，有一个前来探病的人要求先尝一尝，于是一下子喝光。

【纲】辛卯（571），夏六月，北齐太宰段韶包围并攻克北周的定阳，（在今山西乡宁西北），活捉汾州刺史杨敷。　【目】北齐段韶率领军队包围定阳，北周汾州（治定阳，今山西乡宁西北）刺史杨敷据城坚守，难以攻下。段韶命令一千多名壮士埋伏在东南涧口。定阳城中粮食吃光，杨敷撤退，伏兵出击，将他擒获，段韶便占领了汾州。

杨敷的儿子杨素从小就多才多艺，由于父亲持守臣节，陷身北齐，朝廷没有对他赠官加谥，便再三申诉冤屈。北周武帝大怒，让身边人将他杀掉，杨素大声说："臣事奉无道天子，本来该死！"北周武帝赏识他的豪言壮语，便追赠杨敷为大将军，谥号为忠壮，杨素也逐渐得到礼遇。北周武帝让他起草诏书，他下笔立成，用词与立意都很出色。北周武帝说："你好好干，别担心富贵不了。"杨素说："只怕富贵来找我，我并不想谋求富贵。"

【纲】秋季，北齐琅邪王高俨杀死和士开。

【纲】四年（壬辰，572），春三月，北周武帝讨伐太师宇文护，将他杀死。北周武帝亲自处理朝政，任命自己的弟弟齐公宇文宪为大冢宰，

【纲】癸巳,春三月,周获白鹿。

【纲】周太子获白鹿以献,周主诏曰:"在德不在瑞。"

【纲】秋八月,周太子赟纳妃杨氏。 【目】妃,隋公坚之女也。太子好昵近小人,左宫正宇文孝伯言于周主曰:"皇太子春秋尚少,志业未成,请妙选正人为其师友,调护圣质。如或不然,悔无及矣!"周主敛容曰:"正人岂复过卿!"乃复以尉迟运为右宫正。周主尝问万年丞乐运曰:"太子何如人?"对曰:"中人。"周主问运中人之状。对曰:"如齐桓公是也,管仲相之则霸,竖貂辅之则乱,可与为善,可与为恶。"周主曰:"我知之矣。"乃妙选宫官以辅之,太子不悦。

【纲】冬十月,齐主杀其侍中张雕、崔季舒。 【目】齐国子祭酒张雕,以经授齐主,因与宠胡何洪珍相结。洪珍荐雕为侍中,大见委信。雕欲立效以报恩,论议抑扬,无所回避,省宫掖不急之费,禁约左右骄纵之臣。贵幸侧目,阴谋陷之。左丞封孝琰、侍中崔季舒,皆祖珽所厚。尝谓:"珽为衣冠宰相。"近习恶之。会齐主将如晋阳,季舒与雕议,以为:"寿阳被围,大军出拒,信使征还,须禀节度。且道路相惊,以为大驾畏避南寇,则人情必致骇动。"遂与从驾文官,连名进谏。韩长鸾言于齐主曰:"诸汉官连名总署,未必不反。"齐主悉召已署名者,集合章殿,斩雕、季舒等六人,遂如晋阳。

【纲】甲午,春正月,周诏齐公宪等皆进爵为王。

卫公宇文直为大司徒。

【纲】癸巳（573），春三月，北周捉到一只白鹿。

【目】北周太子宇文赟捉到一只白鹿献上，周武帝说："应该看重德行，不必看重祥瑞。"

【纲】秋八月，北周太子宇文贺娶杨氏为妃。 【纲】杨妃是隋公杨坚的女儿。太子宇文赟喜欢亲近小人，左宫正宇文孝伯对北周武帝说："皇太子年龄还小，志向不明，学业未成，请精心挑选正人君子做他的师友，培养太子的素质。假如不采取这种措施，后悔无及！"北周武帝态度严肃起来，说："又哪有超过你的正人君子！"便又任命尉迟运为右宫正。有一次，北周武帝问万年（在今陕西西安西北）县丞乐运说："太子是哪种人？"乐运回答说："中等人。"北周武帝问乐运中等人是什么样子，乐运回答说："象齐桓公那样的人就是中等人。管仲辅佐他就能成为霸主，竖貂辅佐他就会一塌糊涂，可以使他向善，也可以使他作恶。"北周武帝说："我懂了。"便精心选择东宫官属辅佐太子，太子很不高兴。

【纲】冬十月，北齐后主高纬杀死侍中张雕、崔季舒。 【目】北齐国子祭酒张雕给北齐后主高纬讲授经书，乘机与宠臣胡人何洪珍互相搭上关系。何洪珍推荐张雕担任侍中，大受信任。张雕打算立功报答知遇之恩，在发表议论，褒贬人物时毫无顾忌，削减宫廷中并非急需的开支，约束皇帝身边骄横妄为的宠臣，权贵和宠臣怒目而视，暗中打算陷害他。左丞封孝琰、侍中崔季舒都与祖珽交情深厚，封孝琰曾经说："祖珽是士大夫的宰相。"北齐后主的亲信听了大为憎恨。适逢北齐后主高纬准备前往晋阳，崔季舒与张雕在一起商量，认为："寿阳（今安徽寿县）受到包围，朝廷派出大军前去抵御，信使往来，需要禀报请示。况且沿途百姓也会自相惊扰，以为皇上害怕陈朝，就必然导致人心浮动，惊恐不安。"二人便与随同北齐后主出行的文职官员联名进谏。韩长鸾对北齐后主说："各位汉族官员一致联名上书，未必不是反叛行为。"北齐后主把已经签名的官员全部召集到含章殿，杀死张雕、崔季舒等六人，于是前往晋阳。

【纲】甲午（574），春正月，北周武帝颁诏将齐公宇文宪等一律晋

【纲】三月，周太后叱奴氏殂。 【目】周叱奴太后殂。周主居倚庐，朝夕进一溢米。及葬，周主跣行至陵所，诏曰："三年之丧，达于天子。但军国务重，须自听朝。衰麻之节，苫庐之礼，率遵前典，以申罔极。百僚宜依遗令，既葬而除。"公卿固请依权制，周主不许，卒申三年之制。五服之内，亦令依礼。

【纲】夏五月，周废佛、道教，毁淫祠。 【目】初，周主定三教先后：以儒为先，道为次，释为后。至是，遂禁佛、道二教，经像悉毁，沙门、道士并还俗。诸淫祠，非祀典所载者尽除之。

【纲】周更铸五行大布钱。 【目】一当十，与布钱并行。

【纲】周立通道观。 【目】以壹圣贤之教也。

【纲】乙未，春三月，周使开府仪同三司伊娄谦如齐，齐人留之。 【目】齐主言语涩呐，不喜见朝士，非宠私昵狎，未尝交语。好自弹琵琶，为《无愁》之曲，民间谓之"无愁天子"。于华林园立贫儿村，自衣蓝缕之服，行乞其间以为乐。滥得富贵者，殆将万数，乃至狗马及鹰亦有仪同、郡君之号，皆食其禄。周主谋伐之；使开府仪同三司伊娄谦聘于齐以观衅。其参军高遵以情告齐人，齐人留谦等不遣。

【纲】夏四月，陈焚文锦于云龙门。 【目】陈监豫州陈桃根，得青牛以献，陈主还之。又表上织成罗文锦被，诏于云龙门外焚之。

【纲】丙申，夏六月，陈太子詹事江总免。 【目】初，陈太子叔

升爵位为王。

【纲】三月,北周太后叱奴氏去世。　【纲】北周叱奴太后去世。北周武帝住进守丧的房屋,一早一晚都只喝一点稀粥。及至安葬叱奴太后时,北周武帝赤脚步行到墓地。他颁布诏书说:"守丧三年的礼法,天子也不例外。但是,军政国务繁重,天子需要亲自上朝听政。关于守丧的服装、住处及铺垫枕用的物品等方面的礼法,一律遵照以往的典章办理,以表示我对太后的无穷怀念。百官应该按照太后的遗令,在太后安葬后便脱去丧服。"公卿大臣请求临时变通礼法,周武帝不肯答应,最终还是实行了守丧三年的制度。对于五服以内亲属,周武帝也让他们依照丧礼行事。

【纲】夏五月,北周废除佛教和道教,毁掉滥设的祠庙。　【目】起初,北周武帝规定了三教的先后顺序,儒教排在首位,道教次之,佛教居后。至此,北周武帝便禁止佛、道二教,其经书、偶象一律销毁,僧人、道士都要还俗。不见于祭祀礼典记载的滥设的祠庙,全部毁除。

【纲】北周改铸五行大布钱。　【目】以一当十,与布泉钱一齐流通。

【纲】北周建立通道观。　【目】为的是统一圣贤的政教。

【纲】乙未(575),春三月,北周派遣开府仪同三司伊娄谦前往北齐,北齐方面将他扣留。　【目】北齐后主讲话很不流利,不喜欢会见朝中百官,除了自己宠爱亲近的人,从不与别人交谈。他喜爱弹奏琵琶,谱成一阕《无愁》乐曲,民间称他为"无愁天子"。他在华林园中设立了一个穷人村,自己穿上破旧的衣服,在村中要饭,以此行乐。平白得以富贵的大约将近万人。甚至狗、马和鹰也有"仪同""郡君"的称号,并都有相应的俸禄。北周武帝计划攻打北齐,派遣开府仪同三司伊娄谦到北齐通问修好,以便观察可以利用的机会。伊娄谦的参军高遵把实情向北齐告发,北方便扣留伊娄谦等人,不让他们回国。

【纲】夏四月,陈朝在云龙门烧掉罗文锦被。　【目】陈朝监豫州陈桃根得到一条青牛,献给陈宣帝,陈宣帝予以退还。陈桃根又上表进献专门织成的罗文锦被,陈宣帝诏命在云龙门外烧掉。

【纲】八年(丙申,576),夏六月,陈朝太子詹事江总被免除职务。

宝欲以江总为詹事，孔奂曰："江有潘、陆之华，而无园、绮之实，不可。"太子深以为恨，自言于陈主，许之。总遂与太子为长夜之饮，养良娣陈氏为女。太子亟微行，游总家。陈主怒，免总官。

【纲】冬十月，周主伐齐，取平阳。十一月，齐主攻之，不克。十二月，周主复伐齐，齐主大败，走晋阳，遂奔邺。晋阳人立安德王延宗以守，周主拔而执之。

【纲】丁酉，春正月朔，齐主纬传位于太子恒。周师围邺。纬出走，周主入邺。齐丞相高阿那肱引周师追纬及恒，获之，遂灭齐。

【纲】三月，齐东雍州行台傅伏降周。　【目】初，周主招齐东雍州刺史傅伏，不从。周主自邺还，至晋州，遣高阿那肱等百余人临汾水，召伏。伏隔水问："至尊何在？"阿那肱曰："已被擒矣。"伏仰天大哭，帅众入城，于听事前北面哀号，良久，然后出降。周主见之曰："何不早下？"伏流涕对曰："臣三世为齐臣，食齐禄，不能自死，羞见天地！"周主执其手曰："为臣当如此。"乃以所食羊肋骨赐伏曰："骨亲肉疏，所以相付。"遂引使宿卫，授上仪同大将军。

【纲】夏四月，周主至长安，封高纬为温公。
【纲】五月，周主毁其宫室之壮丽者。
【纲】秋八月，周获九尾狐，焚之。　【目】郑州获九尾狐，已死，献其骨。周主曰："瑞应之来，必彰有德。今无其时，恐非实录。"命焚之。

【目】起初，陈朝太子陈叔宝打算让江总担任太子詹事职务，孔奂说："江总有潘岳、陆机的才华，可是没有东园公、绮里季的本领，所以不能任用。"太子陈叔宝深为遗憾，亲自向陈宣帝请求，陈宣帝答应了。于是江总与太子陈叔宝通宵饮酒，收养良娣陈氏为女儿。太子陈叔宝屡次私自便装外出，到江总家中玩乐。陈宣帝大怒，免除江总的官职。

【纲】冬十月，北周武帝攻打北齐，占领平阴（今山西临汾西南）。十一月，北齐后主攻打平阳，未能攻克。十二月，北周武帝再度攻打北齐，北齐后主大败，从晋阳逃走，逃回邺城。晋阳方面立安德王高延宗为帝，北周武帝攻下晋阳，将他捉获。

【纲】九年（丁酉，577），春正月一日，北齐后主高纬将帝位传给太子高恒。北周军队包围邺城，高纬出城逃走，北周武帝进入邺城。北齐丞相高阿那肱带领北周军队去追赶高纬和高恒，将他们二人捉住，于是北周消灭了北齐。

【纲】三月，北齐东雍州（治正平，在今山西侯马西）行台傅伏投降北周。【目】起初，北周武帝向北齐东雍州刺史傅伏招降，傅伏不肯依从。北周武帝从邺城回到晋州，派遣高阿那肱等一百多人来到汾水（今山西临汾西）岸边，召傅伏归降。隔着汾水，傅伏问："皇上在哪里？"高阿那肱说："已经被捉住了。"傅伏朝天大哭，率领部众进城，在官署大厅前面面向北方哀切地哭号了许久，然后才出城投降。北周武帝召见傅伏说："你为什么不及早投降？"傅伏流着眼泪回答说："我家三代人都是齐朝的臣属，享受齐朝的俸禄，我不能自杀，羞见天地！"北周武帝握着他的手说："做臣下的理当如此。"便把自己吃的羊排骨赐给傅伏，说："骨头亲，皮肉疏，所以送给你这些排骨。"便任用他为宫中值宿警卫，授职上仪同大将军。

【纲】夏季四月，北周武帝来到长安，封高纬为温公。

【纲】五月，北周武帝将宫殿中规模壮丽的建筑拆毁。

【纲】秋八月，北周得到一只九尾狐，命令将它焚化。【目】郑州得到一只九尾狐，当时已经死去，便把骨骼献给周武帝。周武帝说："出现祥瑞的征兆，一定是要表彰有德之人。现在来得不是时候，恐怕记录下来与实际不符。"便命令将骨骼焚化。

【纲】冬十月，周主杀温公高纬；夷其族。

【纲】十一月，周省后宫妃嫔之数。

右北齐六主，合二十八年。

【纲】戊戌，春三月，周主初服常冠。【目】其制以皂纱全幅，向后幞发，乃裁为四脚。

【纲】夏五月，周主邕伐突厥，有疾而还。六月，殂，太子赟立。以郑译为内史中大夫。

【纲】周主赟杀其叔父齐王宪。【目】周主以齐王宪属尊望重，忌之。乃与于智、郑译等谋，密使智告宪有异谋，召宪入殿，伏壮士执之。宪自辩理，周主使智证之。宪目光如炬，与智相质，既而叹曰："死生有命，宁复图存！但老母在堂，恐留兹恨耳！"因掷笏于地，遂缢之。周主召宪僚属，使证成宪罪。参军李纲，以死自誓，终无挠辞，抚棺号恸，躬自瘗之，哭拜而去。

【纲】闰月，周立后杨氏。秋七月，周以杨坚为上柱国、大司马。

【纲】己亥，春正月，周作《刑经圣制》。【目】周主初立，以高祖《刑书要制》为太重而除之。既而民轻犯法，又自以奢淫多过失，恶人规谏，欲为威虐摄服群下，乃更为《刑经圣制》，用法益深。

【纲】二月，周治洛阳宫。

【纲】周主赟传位于太子阐，自称天元皇帝。

【纲】周徙《石经》还洛阳。

【纲】夏五月，周诸王皆就国。

【纲】秋七月，陈初用大货六铢钱。

【纲】冬十月,北周武帝杀死温公高纬,诛灭高氏家族。

【纲】十一月,北周减少后宫妃嫔的数额。

以上北齐六帝,一共经历了二十八年。

【纲】十年(戊戌,578),春三月,北周武帝最初戴日常习用的帽子。 【目】这种帽子的形式是:用整个一块黑纱从前向后包扎头发,还裁成四个帽翅。

【纲】夏五月,北周武帝宇文邕攻打突厥,中途生病,只好返回。六月,北周武帝去世,太子宇文赟即位,任命郑译为内史中大夫。

【纲】北周宣帝宇文赟杀死叔父齐王宇文宪。 【目】由于齐王宇文宪在皇室中地位尊贵,名高望重,北周宣帝对他心怀忌惮,便与于智、郑译等人商量,暗中指使于智告发宇文宪有反叛的阴谋。北周宣帝召宇文宪进殿,预先埋伏下的壮士将他逮捕。宇文宪为自己分辩,北周宣帝让于智出来作证。宇文宪目光如火,与于智对质,后来叹了口气说:"死生有命,难道我还打算活下去吗!但是我的老母亲还健在,恐怕给她留下这个伤心事罢了!"于是把朝笏丢在地上,随即被人勒死。北周宣帝叫来宇文宪的下属官员,让他们证实宇文宪的罪名。参军李纲发誓宁死不从,始终没有说一句表示屈服的话。他抚摸着宇文宪的棺材放声痛哭,亲自将他安葬,又哭拜了一回,才肯离去。

【纲】闰六月,北周宣帝立杨氏为皇后。秋七月,北周任命杨坚为上柱国、大司马。

【纲】己亥(579),春正月,北周制定《刑经圣制》。 【目】北周宣帝刚刚即位,认为北周武帝时的《刑书要制》量刑过重,因而将它废除。后来,百姓轻易就去犯法,北周宣帝又认为自己奢华放荡,有许多过失,讨厌别人规劝,因而打算采用严厉暴虐的手段慑服群臣,便重新制定《刑经圣制》,执法量刑更为严酷。

【纲】二月,北周兴建洛阳宫。

【纲】北周宣帝宇文赟将帝位传给太子宇文阐,自称天元皇帝。

【纲】北周将《三字石经》迁回洛阳。

【纲】夏五月,北周诸王都分赴封国。

【纲】秋七月,陈朝最初使用大货六铢钱。

【纲】冬十月,周主赟复道、佛像。

【纲】十一月,周铸永通万国钱。

【纲】庚子,春正月,周税入市者人一钱。

【纲】夏五月,周主赟殂,隋公杨坚自为大丞相、假黄钺,居东宫。征诸王还长安。　【目】天元昏暴滋甚。后父隋公坚,位望隆重,天元忌之,尝因忿谓后曰:"必灭尔家!"天元不豫,坚称受诏居中侍疾,天元遂殂。周主入居天台,尊杨后为皇太后,以杨坚为大丞相、假黄钺、都督中外诸军事,以正阳宫为丞相府。时众情未壹,坚引司武上士卢贲置左右,潜令部伍仗卫,因召公卿,谓曰:"欲求富贵者宜相随。"至东宫,门者拒不纳,贲叱之,坚乃得入。贲遂典丞相府宿卫。以郑译为长史,刘昉为司马,李德林为府属。内史下大夫高颎明敏有器局,习兵事,多计略,坚欲引之,遣杨惠谕意。颎欣然许之,曰:"纵令公事不成,颎亦不辞灭族。"乃以为司录。坚革宣帝苛酷之政,更为宽大,删略旧律,作《刑书要制》,奏而行之;躬履节俭,中外悦之。坚夜召太史中大夫庾季才,问曰:"天时人事何如?"季才曰:"天道精微,难可意测。以人事卜之,符兆定矣。"独孤夫人亦谓坚曰:"骑虎之势,必不得下,勉之!"

【纲】周复佛、道二教。

【纲】周相州总管蜀公尉迟迥举兵相州,讨丞相坚;坚遣韦孝宽将兵击之。

【纲】秋八月,周尉迟迥兵败,自杀。周丞相坚以高颎为司马。

【纲】周丞相坚以其世子勇为洛州总管。

【纲】冬十月，北周宣帝宇文赟恢复道教和佛教的神像。

【纲】十一月，北周铸造永通万国钱。

【纲】庚子（580），春正月，北周向进入商市的每个人收取税钱一文。

【纲】夏五月，北周宣帝宇文赟去世。隋公杨坚自任为大丞相、假黄钺，住进东宫，征召诸王返回长安。【目】天元皇帝宇文赟昏庸残暴日益严重。杨皇后的父亲隋公杨坚地位高，名望重，天元皇帝对他心怀忌惮，曾经在发火时对杨皇后说："一定诛灭你们一家！"天元皇帝生病后，杨坚声称根据诏书的旨意住在宫中照料皇上的疾病，接着天元皇帝去世。北周静帝住进天台，尊杨皇后为皇太后，任命杨坚为丞相、假黄钺、都督中外诸军事，以正阳宫充当丞相府。当时，人心归向不一，杨坚把司武上士卢贲安排在自己身边，暗中命令部署仪仗卫队，同时召见公卿大臣，对他们说："想寻求富贵的人就跟我走。"来到东宫，守门禁兵拒绝放人进入，卢贲喝斥他们让开，杨坚才得以进入东宫。于是卢贲主管丞相府的值宿警卫事务。杨坚任命郑译为长史，刘昉为司马，李德林为府属。内史下大夫高颎聪颖敏捷，有才识，度量大，熟悉军事，足智多谋。杨坚打算任用他，打发杨惠晓示此意。高颎欣然答应，还说："即使杨公的事情不能成功，我也不怕灭族。"杨坚便任命他为司录。杨坚革除北周宣帝苛刻残酷的政令，改为待人宽大。他删减原有刑律的条文，编成一部《刑书要制》，上奏推行。他还亲自按节俭的风尚办事，得到朝廷内外的拥护。他在夜间召见太史中大夫庾季才，问道："天时与人事两方面情况怎样？"庾季才说："天道精微奥妙，难以猜测。但是，从人事方面推测，成功的预兆已经定了。"独孤夫人也对杨坚说："已成骑虎难下之势，你好自为之吧！"

【纲】北周恢复佛、道二教的合法地位。

【纲】北周相州（治安阳，今河南安阳）总管蜀公尉迟迥从相州起兵，讨伐丞相杨坚，杨坚派遣韦孝宽率领军队进击尉迟迥。

【纲】秋八月，北周尉迟迥兵败自杀。北周丞相杨坚任命高颎为丞相府司马。

【纲】北周丞相杨坚任命世子杨勇为洛州（治洛阳，今河南洛阳东

【纲】冬十一月,周相州总管郧公韦孝宽卒。

【纲】十二月,周丞相坚自为相国,进爵隋王,加九锡。

北)总管。

【纲】冬十一月，北周相州总管郧公韦孝宽去世。

【纲】十二月，北周丞相杨坚自任相国，进爵隋王，加授九锡。

纲鉴易知录卷四十

陈纪（附隋）

高宗宣帝

【纲】辛丑，春二月，隋王坚称皇帝。 【目】周主逊居别宫，隋王即皇帝位。窦毅之女闻周主禅，自投堂下，抚膺太息曰："恨我不为男子，救舅氏之患！"毅及襄阳公主掩其口曰："汝勿妄言，灭吾族！"由是奇之。及长，以适唐公李渊。渊，昞之子也。

【纲】隋追尊考为武元帝。

【纲】隋立后独孤氏。 【目】后家世贵盛，而能谦恭，雅好读书，言事多与隋主意合，甚宠惮之，宫中称为"二圣"。

【纲】隋立世子勇为太子，诸子皆为王。

【纲】隋废周主阐为介公，改封周太后杨氏为乐平公主。

【纲】隋主尽灭宇文氏之族。 【目】虞庆则劝隋主尽灭宇文氏，李德林固争，以为不可，隋主作色曰："君书生，不足与议此！"于是周太祖以下子孙皆死，而德林品位遂不进。

【纲】隋征苏威为太子少保。 【目】威，绰之子也，少有令名，周宇文护强以女妻之。威见护专权，恐祸及己，屏居山寺，以讽读为娱。周高祖闻其贤，除车骑大将军，辞疾不拜。隋主为丞相，高颎荐之，隋主召见，与语，大悦；居月余，闻将受禅，遁归田里。颎请追之，隋主曰："此不欲预吾事耳，置之。"及受禅，征拜太子少保，追封绰为邳公，以威袭爵。

高宗宣帝

【纲】辛丑（581），春二月，隋王杨坚即位称帝。　【目】北周静帝退位，住进别宫，隋王杨坚即皇帝位。窦毅的儿女听说北周静帝禅让帝位，一下子从堂上跳下来，抚胸长叹说："可惜我不是一个男子，不能为舅舅排忧解难！"窦毅和夫人襄阳公主捂住她的嘴说："你不要随便瞎说，否则我们一族就会遭到诛灭！"从此便认为女儿奇异不凡。及至女儿长大后，窦毅把女儿许配给唐公李渊。李渊是李昞的儿子。

【纲】隋文帝追尊父亲杨忠为武元帝。

【纲】隋文帝立独孤氏为皇后。　【目】独孤皇后门第高贵，但能谦恭待人。她喜欢读书，提出的建议大多符合隋文帝的意图，隋文帝对她既宠爱，又敬畏，宫中人称她和隋文帝为"二圣"。

【纲】隋文帝立世子杨勇为太子，其余诸子一律封为王。

【纲】隋朝将北周敬帝宇文阐废黜为介公，改封北周杨太后为乐平公主。

【纲】隋文帝将宇文氏家族全部诛灭。　【目】虞庆则劝隋文帝将宇文氏全部诛灭，李德林再三争论，认为不妥。隋文帝脸色一变，说："你是书生，没必要和你讨论此事！"于是北周太祖宇文泰以下子孙全部处死，而李德林的品级职位便不再升迁。

【纲】隋朝征召苏威担任太子少保。　【目】苏威是苏绰的儿子，少年时代就有很好的名声，北周宇文护强行把女儿许配给他。苏威见宇文护专权，惟恐祸事波及到自己身上，便隐居山寺，读书自娱。北周武帝得知他贤能，任命他为车骑大将军，他托称有病，不肯受职。隋文帝杨坚担任丞相时，高颎又向杨坚推荐他，杨坚召见苏威，与他谈话，对他大为赏识。过了一个多月，苏威听说杨坚准备接受帝位禅让，便逃回故乡。高颎请求追他回来，隋文帝说："这是不想参与我们的事情，让他去吧。"及至隋文帝接受帝位禅让后，征召任命苏威为太子少保，追封苏绰为邳公，让苏威承袭邳公的爵位。

【纲】三月，隋以贺若弼为吴州总管，韩擒虎为庐州总官。【目】隋主有并吞江南之志，问将于高颎，颎荐弼与擒虎，故以弼镇广陵，擒虎守庐江，使潜为经略。

【纲】隋以苏威为纳言。【目】初，苏绰在西魏，以国用不足，为征税法颇重，既而叹曰："今所为者，正如张弓，非平世法也。后之君子，谁能弛之！"威闻其言，每以为己任。至是，奏减赋役，务从轻简，隋主从之，谓朝臣曰："杨素才辩无双。至于斟酌古今，助我宣化，非威之匹也。威若逢乱世，商山四皓，岂易屈哉！"威尝言于隋主曰："臣先人每戒臣云：'唯读《孝经》一卷，足以立身治国，何用多为！'"隋主深然之。

【纲】夏五月，隋主坚弑介公阐。
【纲】秋七月，隋定服色。【目】隋主始服黄，百僚毕贺。

【纲】九月，隋仆射高颎督诸军侵陈。
【纲】隋铸五铢钱。【目】背面肉好，皆有周郭，每一千重四斤二两。

【纲】隋上柱国郑译有罪，除名。【目】译自以被疏，阴呼道士醮章祈福，婢告以为巫蛊；译又与母别居，为宪司所劾，除名。隋主下诏曰："译若留之于世，在人为不道之臣；戮之于朝，入地为不孝之鬼。宜赐以《孝经》，令其熟读。"仍遣与母共居。

【纲】冬十月，隋初行新律。【目】初，周法比于齐律，烦而不要。隋主命裴政等更加修定。始制死刑二，绞、斩；流刑二，自二千

【纲】三月,隋朝任命贺若弼为吴州(今江苏扬州)总管,任命韩擒虎为庐州(治合肥,今安徽合肥)总管。 【目】隋文帝抱有吞并江南的志向,向高颎征求任用大将的意见,高颎推荐贺若弼与韩擒虎。所以,隋文帝命贺若弼镇守广陵,韩擒虎防守庐江,让二人暗中筹划攻取江南。

【纲】隋朝任命苏威为纳言。 【目】起初,苏绰任职西魏,由于国家费用不足,所以他制定的税法收税颇重,后来他感叹地说:"我现在制定的税法,正象拉满的弓,不是太平之世的税法。不知以后有哪位君子能把满弓放松?"苏威听到这话后,经常以放宽税法为己任。至此,苏威奏请减轻赋税徭役,力求从轻、从简。隋文帝依言而行,对朝臣说:"杨素雄辞多才,无可匹敌。至于斟酌古今,帮助我传播教化,杨素却比不上苏威。如果苏威遇到乱世,便会成为商山四皓式的人物,使他屈从,岂是易事!"苏威曾经对隋文帝说:"我父亲时常告诫我说:'只要精读《孝经》这一卷书,足以安身立命,治邦安国,何必读许多书!'"隋文帝深深首肯。

【纲】夏五月,隋文帝杨坚杀害了介公宇文阐。

【纲】秋七月,隋朝确定了服色。 【目】隋文帝开始穿黄色的服装,百官都来祝贺。

【纲】九月,隋朝仆射高颎督促各军侵犯陈朝。

【纲】隋朝铸造五铢钱。 【目】五铢钱的反面、正面、钱身和钱孔都有凸起的轮廓,每一千钱重四斤二两。

【纲】隋朝上柱国郑译犯了罪,被削除名籍。 【目】郑译认为自己受到疏远,便暗中叫道士为自己设坛祭表,祈求福祐,有一个婢女告发他用巫术加祸于人。加之,郑译与母亲分家另过,遭到御史台的弹劾,因此被削除名籍。隋文帝下诏说:"如果将郑译留在世上,作为人他是一个不守正道的臣属;如果把他在朝中杀死,在地下他也是一个不孝之鬼。应该赐给他《孝经》一部,让他熟读。"仍遣送他与母亲住在一起。

【纲】冬十月,隋朝最初施行新的刑律。 【目】起初,北周的刑法接近北齐的刑律,有失烦琐,不够简要。隋文帝命令裴政等人重加修

里至三千里；徒刑五，自一年至三年；杖刊五，自六十至百；笞刑五，自十至五十。

【纲】十二月，隋听民出家，赋钱写书造像。

右北周五主合二十五年。

【纲】壬寅，春正月，陈主顼殂，始兴王叔陵作乱，伏诛。太子叔宝立。

后主

【纲】癸卯，春三月，隋迁于新都。

【纲】隋诏求遗书。　【目】秘书监牛弘上表曰："典籍屡经丧乱，率多散逸。周氏聚书，仅盈万卷，平齐所得，裁益五千。兴集之期，属膺圣世，为国之本，莫此为先。"隋主从之。诏献书一卷，赍缣一匹。

【纲】冬十一月，隋罢郡为州。

【纲】甲辰，春正月朔，日食。

【纲】秋九月，隋诏公私文翰并宜实录。　【目】隋主不喜辞华，故有是诏。时泗州刺史司马幼之文表华艳，诏付所司治罪。治书侍御史李谔亦上书曰："魏之三祖，崇尚文词，遂成风俗。江左、齐、梁，其弊弥甚：竞一韵之奇，争一字之巧；连篇累牍，不出月露之形，积案盈箱，唯是风云之状。世俗以之相高，朝廷以之擢士。以儒素为古拙，以词赋为君子。故其文日繁，其政日乱，良由弃大圣之轨模，构无用以为用也。今朝廷虽有是诏，而州县仍踵弊风，躬仁孝之行者，不加收齿，工轻薄之艺者，举送天朝。请加采察，送台推劾。"诏以其奏颁示四方。

定。隋朝首次规定死刑有绞刑、斩刑两等,流刑有流配两千里到三千里两等,徒刑有服役一年至三年五等,杖刑有棒打六十到一百下五等,笞刑有抽打十到五十下五等。

【纲】十二月,隋朝允许百姓出家,向出家者收钱写经造像。

以上北周五帝,一共经历了二十五年。

【纲】十四年(壬寅,582),春正月,陈宣帝陈顼去世,始兴王陈叔陵作乱被杀,皇太子陈叔宝即位。

后主

【纲】癸卯(583),春三月,隋朝迁到新建的都城(今陕西西安北)。

【纲】隋朝颁诏搜集散佚的书籍。【目】秘书监牛弘上表说:"由于屡经战乱,典籍大多散失。北周朝收集书籍,仅有一万多卷。平定北齐朝时得到的书籍,刚刚超过五千卷。汇集典籍的时机,应在我朝。此举是治国的根本,应当最先着手去做。"隋文帝依言而行,颁诏规定,每献书一卷,赏缣一匹。

【纲】冬季十一月,隋朝改郡为州。

【纲】甲辰(584)春正月一日,日食。

【纲】秋九月,隋朝颁诏命令公私文书一律应该据实记录。【目】隋文帝不喜欢华丽的词藻,所以颁布这一诏书。当时,泗州(治宿预,今江苏宿迁南)刺史司马幼之的文章疏表写得华美艳丽,隋文帝下诏命令主管部门予以治罪。治书侍御史李谔也上书说:"三国时的魏武帝、魏文帝、魏明帝崇尚文词,于是形成风尚。东晋、齐梁各朝,这一弊端更加严重。人们比哪一韵用得出奇,争哪一字用得巧妙,写了一篇又一篇的文章,不外乎描写夜月晨露的情形,文章多得堆满书案、装满箱子,也只是刻划清风白云的状貌。世俗以此互相吹捧,朝廷据此提拔士人。人们认为儒生的品德操行迂腐过时,正人君子应该擅长词赋。所以,文章日渐增多,朝政日渐混乱。这实在是由于背弃古代圣贤留下的准则,造成一堆废物,却任用他们办事的结果。现在,虽然朝廷颁布了这一诏书,但是各地州县仍然沿袭那种恶劣的风气,对身体力行仁义孝悌的人不肯录用,却把擅

【纲】冬十一月,陈起临春、结绮、望仙阁。 【目】陈主起三阁,各高数十丈,连延数十间,皆以沉檀为之,金玉珠翠为饰,珠帘、宝帐、服玩瑰丽,近古未有。其下积石为山,引水为池,杂植花卉。上自居临春,张贵妃居结绮,龚、孔二贵嫔居望仙,复道往来。以宫人袁大舍等为女学士。江总虽为宰辅,不亲政务,日与尚书孔范、散骑王瑳等文士十余人,侍宴后庭,谓之"狎客"。使诸妃嫔及女学士与狎客共赋诗,采其尤艳丽者,被以新声,其曲有《玉树后庭花》《临春乐》等,大略皆美诸妃嫔之容色。君臣酣歌,自夕达旦。

【纲】乙巳,春正月朔,日食。

【纲】夏五月,隋初置义仓,貌阅户口,作输籍法。 【目】度支尚书长孙平奏:"令民间每秋家出粟麦一石以下,贫富为差,储之当社,委社司检校,以备凶年,名曰'义仓'。"隋主从之。时民间多妄称老、小以免赋役,隋主命州县大索貌阅,以防容隐。高颎又言:"民间课输无定簿,难以推校,请为输籍法。"隋主从之。

【纲】梁主岿殂,太子琮立。

【纲】秋八月,隋筑长城。 【目】东距河,西至绥州,绵历七百里。

【纲】丁未,春正月,隋制诸州岁贡士三人.

【纲】秋九月,隋灭梁,以其主萧琮为莒公。

长轻薄小技之徒推荐给朝廷。请派员访察,把这种人送交御史台追究查办。"隋文帝下诏,将他的奏章颁发全国各地。

【纲】冬十一月,陈朝兴建临春阁、结绮阁、望仙阁(均在江苏南京东北)。　【目】陈后主兴建三阁,分别高达数十丈,数十间房屋连结在一起,全由沉香木和檀木建造而成,并用金玉珠宝悲翠加以装饰,名贵的帘幕帷帐,精美的器具玩物,都是近代所没有的。三阁下面还用石头堆成假山,引水汇成池塘,到处种满花卉。陈后主本人住在临春阁,张贵妃住在结绮阁,龚贵嫔和孔贵嫔住在望仙阁,三阁间架起天桥,供她们往来。陈后主还任命宫女袁大舍等人为女学士。江总虽然位居宰相,但是并不热心处理政务,而是每天与尚书孔范、散骑常侍王瑳等十多个文士,在后宫中陪陈后主饮酒作乐,被称作"狎客"。陈后主让各位嫔妃以及女学与狎客一起写诗,选择其中特别艳丽的诗作,谱成新的乐曲。那些乐曲有《玉树后庭花》《临春乐》等,大略都是赞美各位嫔妃的容貌姿色。君臣醉饮欢歌,通宵达旦。

【纲】三年(乙巳,585),春正月一日,日食。

【纲】夏五月,隋朝最初设置义仓,逐一对照每人的年貌来检查户口,并制定了按户籍征收赋税的输籍法。　【目】度支尚书长孙平上奏说:"请命令民间每年秋天每家拿出一石以下的粮食,按贫富状况制定收粮的等级,把粮食储存在当地的乡社里,委派乡社主管吏员负责保管,以备荒年急需,命名为'义仓'。"隋文帝照准。当时,民间往往在户口中谎报老人、小孩,以求免除赋税和徭役。隋文帝命令各州县逐一对照每人的年貌全面检查户口,以防隐瞒。高颎又进言说:"民间纳税没有固定的簿册,难以检验核对,请制定按户籍征收赋税的输籍法。"隋文帝依言而行。

【纲】后梁孝文帝萧岿去世,太子萧琮即位。

【纲】秋八月(此处所载季节与月份似失据,《隋书·高祖纪》载本年二月丁亥,"……筑长城,二旬而罢。")隋朝修筑长城。　【目】隋朝的长城东依黄河,西至绥州(后称上州,治上县,今陕西绥德),连绵七百里。

【纲】丁未(587),春正月,隋朝命令各州每年荐举士人三名。

【纲】秋九月,隋朝消灭了后梁,封后梁后主萧琮为莒公。

【纲】冬十一月，陈临平湖开。 【目】隋主问取陈之策于高颎，对曰："江北田收差晚，江南水田早熟。量彼收获之际，微征士马，声言掩袭，彼必屯兵守御，废其辰时。彼既聚兵，我便解甲。再三如此，彼以为常；后更集兵，彼必不信。犹豫之顷，我乃济师，登陆而战，兵气益倍。江南土薄，舍多茅竹，储积皆非地窖，当密遣人因风纵火，待彼修立，复更烧之，不出数年，财力俱尽矣。"隋主用其策，陈人始困。

隋主谓高颎曰："我为民父母，岂可限一衣带水不拯之乎！"命大作战船。人请密之，隋主曰："吾将显行天诛，何密之有！"使投其柿于江，曰："若彼惧而能改，吾复何求！"时江南妖异特众，临平湖草久塞，忽然自开。陈主恶之，乃自卖于佛寺为奴以厌之。

【纲】戊申，春三月，隋下诏伐陈。
【纲】冬十月，隋以晋王广为淮南行省尚书令、行军元帅，帅师伐陈。 【目】隋命晋王广、秦王俊、清河公杨素，皆为行军元帅。广出六合，俊出襄阳，素出永安，庐州总管韩擒虎出庐州，吴州总管贺若弼出广陵，凡总管九十，兵五十一万八千，皆受晋王节度。旌旗舟楫，横亘数千里。以高颎为元帅长史，王韶为司马，军事皆取决焉。

秦王俊督诸军屯汉口，为上流节度。陈以周罗睺督诸军拒之。杨素帅水军东下，舟舻被江，旌甲曜日。陈之镇戍相继以闻，中书舍人施文庆、沈客卿并抑而不言。及隋军临江，仆射袁宪等奏请防备再三。陈主从容谓侍臣曰："王气在此。齐兵三来，周师再来，无不

【纲】冬十一月，陈朝的临平湖开通。　　【目】隋文帝向高颎询问攻取陈朝的计策，高颎回答说："长江以北地区的庄稼收获稍晚，长江以南地区水田的庄稼熟得较早。估计那里要收割庄稼时，我们调集少量军队，声称前去袭击，陈朝必然要驻兵防御，耽误农时。他们集结军队后，我们就解甲收兵。再三这样搅扰他们，他们就会习以为常。然后我们再集结军队，他们必须不信。就在他们犹豫不定时，我军渡过长江，登陆作战，就会士气倍增。长江以南地区土层较薄，多是茅竹搭成的房舍，积蓄的物资都不能放在地窖里。我们应当暗中派人顺风放火，等他们修复后，再放火去烧。用不了几年，他们的物资和人力就完全耗尽了。"隋文帝采用了他的计策。陈朝方面开始处境窘困了。

隋文帝对高颎说："我作为百姓的父母，一条衣带样宽的河流，怎么能够阻止我去拯救他们呢！"便命令大量制造战船。有人请求为造船活动保密，隋文帝说："我即将大张旗鼓地替上天诛伐无道，何必保密！"命令把造船时砍下的木片有意丢进长江，说："如果陈朝害怕覆灭，能够改过，我还能有什么要求！"当时，长江以南地区怪事特别多，临平湖长期被水草淤塞，这时忽然自行开通。陈后主对这一现象深感不安，便把自己卖到佛寺去做奴仆，希望以此镇住妖邪。

【纲】戊申（588），春三月，隋朝颁诏命令讨伐陈朝。

【纲】冬季十月，陈朝任命晋王杨广为淮南（治寿阳，今安徽寿县）行省尚书令、行军元帅，率军攻打陈朝。　　【目】隋朝命令晋王杨广、秦王杨俊、清河公杨素都担任行军元帅。杨广由六合（今江苏六合）出兵，杨俊由襄阳（今湖北襄阳县襄阳镇）出兵，杨素由永安（在今四川奉节东）出兵，庐州总管韩擒虎从庐州出兵，吴州总管贺若弼从广陵出兵，共派出总管九十人，军队五十一万八千人，一律接受晋王杨广的指挥调度。旗帜和战船连绵好几千里地。隋朝还任命高颎为长史，王韶为司马，军中事务都由他们二人决定。

秦王杨俊统辖各军驻扎在汉口（今湖北武汉），调度指挥长江上游各军。陈朝派周罗睺统辖诸军前来抵御。杨素率领水军东进，战船遮盖了长江江面，战旗和盔甲在太阳下面闪闪发光。陈朝的要塞据点相继向朝廷报告，中书舍人施文庆、沈客卿把奏报一律压下，不告诉陈后

摧败。彼何为者邪!"孔范曰:"长江天堑,限隔南北,今日虏军岂能飞渡邪!"陈主以为然,故不为深备,奏伎、纵酒、赋诗不辍。

右陈五主合三十二年。

主。等到隋军抵达长江岸边时,仆射袁宪等人再三奏请防备隋军,陈后主慢条斯理地对侍臣说:"帝王之气就在这里。北齐军队三次前来,北周军队两次前来,都遭到失败。隋军又能有什么作为!"孔范说:"长江天堑,隔断南方和北方,难道现在敌军能飞过江来吗!"陈后主深以为然,所以没有去作周密的防备,依然表演歌舞,纵情喝酒,吟诗唱和,无止无休。

以上陈朝五帝,合计三十二年。

隋纪

高祖文皇帝

【纲】己酉,隋高祖文皇帝开皇九年,春正月,总管贺若弼、韩擒虎进军灭陈,获其主叔宝。 【目】正月朔,陈主会朝,大雾四塞。是日,贺若弼自广陵引兵济江,韩擒虎自横江济采石,守者皆醉,遂克之。陈主以萧摩诃、樊毅、鲁广达并为都督,司马消难、施文庆并为大监军,遣樊猛帅舟师出白下。既而贺若弼拔京口,韩擒虎拔姑孰。于是弼自北道,擒虎自南道并进,缘江诸戍,望风尽走。弼进据钟山。晋王广遣总管杜彦与韩擒虎合军,屯于新林。陈人大骇,降者相继。陈主使鲁广达陈于白土冈,任忠、樊毅、孔范、萧摩诃军以次而北,亘二十里,首尾进退不相知。韩擒虎自新林进军,任忠帅数骑迎降于石子冈,引擒虎军直入朱雀门。陈主皇遽,从宫人十余出景阳殿,自投于井。既而军人窥井,以绳引之,惊其太重,及出,乃与张贵妃、孔贵嫔同束而上。贺若弼乘胜至乐游苑,烧门而入。弼耻功在擒虎后,欲令叔宝作降笺归己,不果。

【纲】晋王广入建康,诛陈都督施文庆等五人。 【目】高颎先入建康,晋王广使人驰告之,令留张丽华,颎曰:"昔太公蒙面以斩妲己,此岂可留也!"斩之。广闻之变色曰:"昔人云'无德不报',我必有以报高公矣!"由是恨颎。寻入建康,以施文庆谄佞,沈客卿聚

高祖文皇帝

【纲】隋高祖文皇帝开皇九年（己酉，589），春正月，总管贺若弼、韩擒虎进军消灭了陈朝，俘虏了陈后主陈叔宝。　【目】正月一日，陈后主正在朝见百官，大雾遮天盖地。这一天，贺若弼从广陵率领军队渡过长江，韩擒虎从横江浦（在今安徽和县东南）渡江来到对岸的采石，守军都喝醉了酒，于是隋军占领了采石。陈后主让萧摩诃、樊毅、鲁广达共同担任都督，让司马消难、施文庆一齐担任大监军，派遣樊猛率领水军从白下城（今江苏南京西北）出兵。接着，贺若弼攻克京口（今江苏镇江东南），韩擒虎攻克姑孰（今安徽当涂）。于是，贺若弼由北路，韩擒虎由南路一齐进军，长江沿岸据点都望风而逃。贺若弼进军占领钟山（今江苏南京市东），晋王杨广派遣总管杜彦与韩擒虎合兵一处，驻扎在新林浦（今江苏南京西南），陈朝大为恐骇，投降的人接连不断。陈后主派遣鲁广达在白土冈（即钟山南麓）布成战阵，任忠、樊毅、孔范、萧摩诃的军队依次向北排开，连绵二十里地，军队首尾两端的行动不能互通消息。韩擒虎由新林进军，任忠率领数人骑马前来石子冈（今南京南雨花台）迎降，领着韩擒虎一直进入朱雀门。陈后主慌忙带着十多个宫女出了景阳殿，跳进井里藏身。不久，隋军士兵察看水井，用绳子拖人出井，都对绳上过于沉重的份量感到吃惊。及至把人拖出来后，才知道陈后主原来是与张贵妃和孔贵妃一起扯着绳子上来的。贺若弼乘胜来到乐游苑（今江苏南京东北覆舟山南），烧毁宫门，进入皇宫。贺若弼对自己的功劳在韩擒虎之下而深感羞耻，打算让陈叔宝起草降表，向他投降，但是没有实现。

【纲】晋王杨广进入建康（今江苏南京），杀死陈朝都督施文庆等五人。　【目】高颎率先进入建康，晋王杨广派人骑马告诉他，让他把张丽华留下，高颎说："从前，姜太公把妲己的脸蒙上，然后将她杀掉，这个女人岂可留下！"便杀了张丽华。杨广闻讯后脸色大变，说："前人说'无德不报'，我一定有办法回报高公的！"从此恨透了高颎。不久，

敛，与阳慧朗、徐哲暨慧景皆为民害，斩之以谢三吴。

【纲】以许善心为散骑常侍。　【目】帝使以陈亡告许善心，善心衰服号哭于西阶之下，藉草东向坐三日；敕书喭焉。明日，就馆，拜散骑常侍。上曰："我平陈，唯获此人。既能怀其旧君，即我之诚臣也。"

【纲】二月，置乡正、里长。　【目】苏威奏请五百家置乡正，使治民，简辞讼。上从之，乃以百家为里，置里长一人。

【纲】夏四月，晋王广班师，俘陈叔宝至京师，献于太庙。论功行赏有差。　【目】进杨素爵为越公、贺若弼宋公。弼与韩擒虎争功于帝前。弼曰："臣在蒋山死战，破其锐卒，擒其骁将，震扬威武，遂平陈国。"擒虎曰："臣以轻骑五百，直取金陵，执陈叔宝；弼夕方至，臣启关纳之，安得与臣比！"帝曰："二将俱为上勋。"于是进擒虎上柱国，高颎爵齐公。从容命颎与弼论平陈事，颎曰："弼先献《十策》，后苦战破贼。臣文吏耳，焉敢与之论功！"帝大笑，嘉其有让。初，上尝使颎问方略于李德林，至是，赏其功，授柱国，封郡公。已宣敕，或说颎曰："今归功德林，诸将必当愤惋，而公亦为虚行矣。"颎入言之，乃止。

贺若弼撰其所画策上之，谓之《御授平陈七策》。帝弗省，曰："我不求名，公可自载家传。"后突厥来朝，帝谓之曰："汝闻江南有陈国乎？"因召左右引突厥诣韩擒虎前曰："此是执得陈国天子者。"擒虎厉色顾之，突厥惶恐，不敢仰视。

杨广进入建康，认为施文庆谄媚奸邪，沈客卿横征暴敛，与阳慧朗、徐哲（"析"原作"哲"，据《北史》《隋书》之《炀帝纪》及《资治通鉴》第177卷改）暨慧景等人都是百姓的祸害，便杀死他们，以向三吴百姓道歉。

【纲】隋文帝任命许善心为散骑常侍。　【目】隋文帝派人将陈朝灭亡的消息告诉了许善心，许善心身穿丧服，在西阶下面号啕大哭，在干草上面向东方坐了三天，隋文帝也颁布敕书表示吊唁。第二天，许善心住进宾馆，被任命为散骑常侍。隋文帝说："我平定陈朝只得到这一个人才。他既然能够怀念原来的国君，也就是我的忠臣。"

【纲】二月，陈朝设置乡正、里长。　【目】苏威上奏建议每五百家设置一个乡正，由乡正管理乡民，审理诉讼案件，隋文帝依言而行，还以每一百家为一里，设置里长一人。

【纲】夏季四月，晋王杨广凯旋回朝，俘获陈叔宝到经常，在太庙献祭。评论功劳进行赏赐各有等级。　【目】隋文帝将杨素进爵为越公，贺若弼进爵为宋公。贺若弼与韩擒虎在隋文帝面前争功，贺若弼说："我在钟山拼死作战，打败陈朝精锐兵马，擒获敌军的骁将，显示了军威，这才得以平定陈国。"韩擒虎说："我率领五百名轻装骑兵直取建康。活捉了陈叔宝，贺若弼到晚上才赶到，是我开关放他进城，他怎么能与我相比！"隋文帝说："二位将军都是上等功勋。"于是进升韩擒虎为上柱国。高颎进爵为齐公。隋文帝从容不迫地让高颎与贺若弼评论自己在平定陈朝中的功绩，高颎说："贺若弼第一个进献《平陈十策》，以后又苦战破敌。我只是一个文官，怎敢同他比功！"隋文帝放声大笑，嘉许他懂得谦让。起初，隋文帝曾经让高颎向李德林询问平陈的谋略，至此，隋文帝奖赏李德林的功劳，任命他为柱国，封为郡公。宣布敕书后，有人劝高颎说："如今把功劳算在李德林身上，诸位将领必定愤懑不平，而您也虚此一行了！"高颎进宫讲了这种看法，于是就不再奖赏李德林。

贺若弼将自己谋略撰写成文，献给隋文帝，称此文为《御授平陈七策》。隋文帝不肯过目，说："我不想求名，你可以把此文载入自己的家传。"后来，突厥前来朝见，隋文帝对他说："你听说长江以南有一个陈国吗？"便命令身边的人领着突厥使者来到韩擒虎面前说："这位就是捉住陈国天子的人。"韩擒虎面色严厉地看着突厥使者，突厥使者惶

庞晃等短高颎，帝怒，皆黜之，亲礼逾密。因谓颎曰："公犹镜也，每被磨莹，皎然益明。"

【纲】复故陈境十年，余州一年。

【纲】以陈江总、袁宪等为开府仪同三司。　【目】以江总、袁宪、萧摩诃、任忠为开府仪同三司。帝嘉袁宪雅操，下诏，以为江表称首。初，陈散骑常侍韦鼎聘于周，遇帝而异之，谓曰："公当大贵，贵则天下一家。岁一周天，老夫当委质于公矣。"及归，尽卖田宅，或问其故，鼎曰："江东王气，尽于此矣！"至是，召为上仪同三司。

【纲】诏除毁兵仗。
【纲】秋七月，群臣请封禅，不许。
【纲】冬十二月，诏定雅乐。
【纲】以辛公义为岷州刺史。　【目】岷俗畏疫，一人病，阖家避之，病者多死。公义命皆舆置厅事，暑月，厅廊皆满，公义设榻，昼夜处其闲，以秩禄具医药，身自省问。病者既愈，乃召其亲戚谕之曰："死生有命，岂能相染。若能相染，吾死久矣！"皆惭谢而去。其后人有病者，争就使君，其家亲戚固留养之，始相慈爱，风欲遂变。

后迁并州刺史，下车，先至狱中露坐验问。十余日间，决遣咸尽。还领新讼事，皆立决；有须禁者，公义即宿厅事，终不还阁。或谏曰："公事有程，何自苦！"公义曰："刺史无德，不能使民无讼，岂

恐不安，连抬头望韩擒虎一眼都不敢。

庞晃等人说高颎的坏话，隋文帝大怒，将他们一律贬官，对高颎更加亲近，愈发尊重。隋文帝对高颎说："你象一面镜子，每经过一次打磨，就越发皎洁明亮。"

【纲】隋朝对陈朝境内的百姓蠲免赋役十年，其余各州蠲免赋役一年。

【纲】隋文帝任命原陈朝的江总、袁宪等人为开府仪同三司。
【目】隋文帝任命江总、袁宪、萧摩诃、任忠为开府仪同三司。隋文帝嘉许袁宪的高尚节操，在颁布的诏书中认为他在江南地区士大夫中最为出色。起初，陈朝散骑常侍韦鼎出使北周通问修好，遇到隋文帝时，认为他奇异不凡，对他说："您会非常尊贵的，您尊贵时，就会全国成为一家。十二年后，恐怕老夫就要托身于您了。"及至回国后，韦鼎把田地和住宅统统卖掉。有人问他其中的缘故，韦鼎说："江东的帝王之气，就要在这段时间里终结了！"至此，隋文帝征召任命他为上仪同三司。

【纲】隋文帝颁诏销毁兵器。
【纲】秋七月，群臣请求举行封禅典礼，隋文帝没有许可。
【纲】冬十二月，隋文帝颁诏制定雅乐。
【纲】隋文帝任命辛公义为岷州（治溢乐，今甘肃岷县）刺史。
【目】岷州地区民间历来害怕瘟疫，一人得了病，全家人都要避开，得病的人多数丧生。辛公义命令把病人全部抬到官署大厅里安顿，在盛暑时节，大厅和厢房都挤满了病人，辛公义也搬来一张床，不分昼夜地守候在病人中间，还用自己的俸禄去请医生，买药品，亲自察看病情，安慰病人。病人痊愈后，辛公义把病人的亲戚召来，开导他们说："死生有命，这种病怎么会互相传染！如果能够传染，我早死了。"大家惭愧认错，然后离去。后来，只要有人得了疫病，就到辛公义那里去，病人家的亲戚则坚持让病人留在家中养病。由此人们开始以慈爱之心互相对待，于是风俗大变。

后来，辛公义升任并州（治晋阳，在今山西太原西南）刺史，他一到并州，就先前往监狱，坐在露天地里察问案情，仅用十多天时间，就全部裁决处理完毕。他回到官署受理新的诉讼案件，也都是立即做出

可禁人在狱而安寝于家乎！"罪人闻之，咸自叹服。后有讼者，乡间父老遽晓之曰："此小事，何忍勤劳使君！"讼者多两让而止。

【纲】庚戌，十年，春二月，杀楚州参军李君才于殿内。【目】帝性猜忌，不悦学，既任智以获大位，因以文法自矜，明察临下，恒令左右觇视内外，不过失则加以重罪。又患令史赃污，私使人以钱帛遗之，得犯立斩。每于殿廷捶人，挥楚不甚，即命斩之。李君才言："帝宠高颎过甚。"帝怒，命杖之，而殿内无杖，遂以马鞭捶杀之。未几，怒甚，又于殿廷杀人；兵部侍郎冯基固谏，不从。寻悔，宣慰基而怒群臣之不谏者。

【纲】冬十一月，江南乱，以杨素为行军总管，讨平之。【目】江表自东晋以来，刑法疏缓，世族陵驾寒门；平陈之后，尽反其政。苏威复作《五教》，使民诵之，士民嗟怨。民间复讹言隋欲徙之入关，远近惊骇。于是越州高智慧、苏州沈玄憎皆举兵反，自称天子，攻陷州县。陈之故境，大抵皆反，执县令杀之，曰："更能使侬诵《五教》邪！"诏遣杨素讨之。素帅舟师自杨子津入击贼。玄憎败走，追擒之。智慧据浙江东岸为营。子总管来护儿曰："吴人轻锐，利在舟楫，必死之贼，难与争锋，公宜严阵以待之，勿与接刃。请假奇兵数千潜度，掩破其壁，使退无所归，进不得战，此韩信破赵之策也。"素从之。大破智慧。智慧走保闽越，素分兵追捕，密令人说贼帅王国庆，使斩送智慧以自赎。余党悉降，江南大定。

判决。如果需要拘禁当事人，辛公义就住在官署的厅堂里，始终不回内室去。有人劝他说："公事自有程序，何必自找苦吃！"辛公义说："刺史没有德行，不能够使民众不打官司，怎能把人拘禁在监狱里，自己却在家中安睡！"罪犯得知这一席话后，都深受感动，主动认罪。以后再有要打官司的人，乡里父老就赶紧劝导说："这点小事，怎么忍心去麻烦刺史大人！"打官司的人大多互相谅解，就此了事。"

【纲】十年（庚戌，590），春二月，隋文帝在殿里打死参军李君才。　【目】隋文帝生性多疑，不喜欢读书，凭着智谋得到帝位后，便夸耀自己通晓法令条文，驾御百官，明察隐微。他经常命令亲信刺探朝廷内外官员的情况，发现谁有过失，就以重罪惩处。他又担心令史贪赃枉法，便私下里派人用钱财丝帛贿赂令史，抓住罪证，立刻斩首。他时常在朝廷大殿上痛打朝臣，如发现施刑的人不用力责打，就命令杀死施刑的人。李君才进言说："皇上过于宠爱高颎了。"隋文帝大怒，命令杖打李君才。但大殿里没有刑杖，便用马鞭把他抽死。不久，隋文帝怒气冲天，又在朝廷大殿里杀人。兵部侍朗冯基再三劝阻，隋文帝不肯依从。没过几时，隋文帝又觉后悔，便向冯基表示抚慰，却又对没有进谏的群臣生气了。

【纲】冬十一月，长江以南地区发生变乱。隋文帝任命杨素为行军总管，将变乱讨伐平定下来。　【目】自从东晋以来，江南地区刑法宽松不严，世家大族凌驾在寒门庶族之上，平定陈朝后，隋朝完全改变了原来的政令。苏威写成一篇《五教》，让百姓诵读其文，引起士绅百姓的不满。民间又讹传隋朝打算把江南人迁徙到关内，远近各地的人们都震惊恐骇。于是，越州高智慧、苏州（治吴县，今江苏苏州）沈玄恺都起兵造反，自称天子，攻下一些州县。陈朝故地大多数地区都反叛隋朝，捉住县令就杀，还说："你还能够让我诵读《五教》吗！"隋文帝下诏派遣杨素讨伐江南，杨素率领水军由扬水津（今江苏镇江西北）进军攻打叛军，沈玄恺战败逃走，杨素追击，将他擒获。高智慧沿着浙江（今钱塘江）东岸扎营，小总管来护儿说："吴地人轻灵敏捷，利于水战。他们是垂死挣扎的贼寇，很难与他们争锋。您应该严阵以待，不与他们交战。请调拨给我奇兵数千人，暗中渡过浙江，突然袭击，攻破敌军的营垒，

【纲】辛亥，十一年，春二月，以刘旷为莒州刺史。 【目】平乡令刘旷有异政，以义理晓谕讼者，皆引咎而去，狱中草满，庭可张罗；高颎荐之，故有是命。

【纲】壬子，十二年，秋七月，苏威以开府就第，尚书卢恺除名。【目】博士何妥与苏威争议事，积不相能。威子夔与妥议乐，复不同；议者以威故，同夔者什八九。妥恚，遂奏威与卢恺、薛道衡、王弘、李同和等共为朋党。帝大怒，威免官爵，以开府就第；卢恺除名。

威好立条章，每岁责民间五品不逊，答者或云："管内无五品之家。"其不相应领，类如此。又为余粮簿，欲使有无相赡；民部侍郎郎茂以为烦迂不急，皆奏罢之。

茂，尝为卫国令，有民张元预，兄弟不睦，丞尉请加严刑，茂曰："元预兄弟，本相憎疾，又坐得罪，弥益其忿，非化民之意也。"乃徐谕之以义。元预等各感悔，顿首请罪，遂相亲睦。

【纲】冬十月，新义公韩擒虎卒。
【纲】十二月，以杨素为仆射，与高颎专掌朝政。领军大将军贺若弼除名。 【目】贺若弼自谓功名出朝臣之右，当为宰相。及杨素为仆射，不平形于言色，由是免官，怨望愈甚。久之，上下弼狱，公卿奏弼罪当死。上谓弼曰："臣下守法不移，公可自求活理。"弼

使敌军想撤退又没有退路,想进军又无法交战,这就是韩信打败赵国时采用的计策!"杨素依言而行,大破高智慧。高智慧退守闽越,杨素分兵追捕,暗中让人劝告叛军头领王国庆,指使他杀死高智慧,送交隋军,以便赎罪。高智慧的余党全部投降,江南地区完全平定。

【纲】十一年(辛亥,591),春二月,隋文帝任命刘旷为莒州刺史。 【目】平乡(今河北巨鹿南)县令刘旷有出色的政绩。他用义理开导打官司的人们,这些人都引咎自责而去,监狱中长满荒草,官署大堂前面可以张网捕雀。高颎推荐刘旷,所以隋文帝有此项任命。

【纲】十二年(壬子,592),秋七月,苏威以开府仪同三司的官衔回家闲居,礼部尚书卢恺被消除名籍。 【目】国子博士何妥与苏威在讨论政事时多有争议,历来关系不睦。苏威的儿子苏夔与何妥商议修定雅乐,两人的主张又大不相同。参加商议的官员因苏威的缘故,赞同苏夔的人有十分之八九。何妥愤懑不平,便奏称苏威与卢恺、薛道衡、王弘、李同知等人一起结成朋党。隋文帝大怒,便免去苏威的官职爵位,让他带着以开府仪同三司的官衔,回家闲居,卢恺则被削除名籍。

苏威热衷于制定条令规章,每年都批评民间五品(五品:家庭中父、母、兄、弟、子的尊卑关系)关系没有理顺,有的地方官上报说:"我管辖的地区没有五品齐备的家庭。"苏威不切实际的做法大多如此。苏威又制定了余粮簿,打算使人们互通有无,互相接济,民部侍郎郎茂认为做法烦琐迂腐,不是急务,奏请将所有这些条规撤销。

郎茂曾经担任卫国(今山东范县西)县令,有个百姓张元预兄弟关系不睦,县丞、县尉请求严刑惩治。郎茂说:"张元预兄弟本来就你恨我,我恨你,再因此受到惩处,就会越发加深他们之间的愤怨,所以这种做法不符合感化民众的本意。"郎茂便慢慢地用礼义开导张元预兄弟,他们深受感动,表示悔悟,都伏地叩头,承认过错,终于和睦相处。

【纲】冬十月,新义公韩擒虎去世。

【纲】十二月,隋文帝任命杨素为仆射,与高颎一起专门执掌朝政。领军大将军贺若弼被削除名籍。 【目】贺若弼认为自己的功劳和名望在朝廷群臣之上,应该担任宰相。及至杨素担任仆射,贺若弼的言谈和面色上都流露出愤愤不平的情绪,因此被免去官职,而他越发怨

曰:"臣将八千兵擒陈叔宝,窃以此望活。"上曰:"此已格外重赏,"弼曰:"臣今还格外望活。"上低回者数日,特令除名。岁余,复其爵位。

【纲】癸丑,十三年,春二月,作仁寿宫。

【纲】甲寅,十四年,夏四月,行新乐。 【目】太常卿牛弘使协律郎祖孝孙参定雅乐,复附帝意,销毁前代金石,以息异议。又作武舞,以象功德。至是,乐成,诏行之。乐工万宝常闻新乐,泫然泣曰:"淫厉而哀,天下不久尽矣!"宝常竟饿死。且死,悉取其书烧之,曰:"用此何谓!"

【纲】秋七月,以苏威为纳言。

【纲】关中旱,饥。八月,帝如洛阳。 【目】上遣左右视民食,得豆屑杂糠以献。上流涕以示群臣,深自咎责,为之不御酒肉者期年。至是,帅民就食于洛阳,敕斥候不得驱迫。男女参厕于仗卫之间,遇扶老携幼者,辄引马避之,至艰险处,见负担者,令左右扶助。

【纲】冬十月,散骑侍郎王劭上《皇隋灵感志》。 【目】帝好機祥小数,劭前后上表言上受命符瑞甚众,又探歌谣、谶纬,捃摭佛书,曲加诬饰,撰《皇隋灵感志》三十卷奏之,上令宣示天下。

【纲】乙卯,十五年,春正月,帝东巡,祀天于泰山。 【目】以岁旱谢愆咎也。

【纲】二月,收天下兵器。

恨不满。过了许久，隋文帝将贺若弼押进监狱，公卿大臣奏称贺若弼罪该处死。隋文帝对贺若弼说："臣属依法办事，难以改变，你自己可以找一条活下来的理由。"贺若弼说："我率领八千士兵擒获了陈叔宝，就指望这一功劳使我活命。"隋文帝说："对这一功劳已经格外加以重赏了。"贺若弼说："现在我还希望陛下破格留我一命。"隋文帝犹豫了好几天，特意命令对他只作削除名籍的处治。过了一年多时间，隋文帝又恢复了他的官职爵位。

【纲】十三年（癸丑，593），春二月，建造仁寿宫。

【纲】十四年（甲寅，594），夏四月，隋朝颁行新乐。【目】太常卿牛弘让协律郎祖孝孙参与修定雅乐，又附和隋文帝的意图，销毁以前各代的金石器乐，来平息反对意见，又制定武舞，来象征隋朝的功德。至此，新乐完成，隋文帝下诏施行。乐工万宝常听了新乐，流着眼泪说："乐声过于轻浮尖厉而又哀切，天下不久就要垮台了！"后来万宝常竟至饿死。临死前，万宝常把自己的书籍全部拿出来烧掉，还说："要这些东西有什么用！"

【纲】秋七月，隋文帝任命苏威为纳言。

【纲】关中天气干旱，发生饥荒。八月，隋文帝前往洛阳。【目】隋文帝派遣身边侍臣视察百姓吃些什么，侍臣拿来掺糠的豆末呈献给隋文帝，隋文帝流着眼泪拿给群臣看，深切地引咎自责，因此整整一年不吃酒肉。至此，隋文帝带领民众到洛阳就地取食度荒，命令侦察人员不得驱赶逼迫百姓，男男女女的百姓掺杂在隋文帝的仪仗卫队中间，隋文帝遇到扶老携幼的人们，总是勒马避开。走到险恶难行的地段，见到挑担背物的人们，隋文帝便命令身边的人前去帮忙。

【纲】冬十月，散骑常侍王劭进献《皇隋灵感志》。【目】隋文帝热衷于预见凶吉的微末小术，王劭先后上表称述隋文帝秉受天命的许多祥瑞征兆，又采集歌谣、谶纬，摘录佛教经典，曲意加以编造粉饰，撰写成《皇隋灵感志》三十卷上奏隋文帝，隋文帝命令颁布全国。

【纲】十五年（乙卯，595），春正月，隋文帝巡视东方，在泰山祭祀上天。【目】这是由于全年大旱，隋文帝向上天引咎自责。

【纲】二月，隋朝收缴全国兵器。

【纲】三月，还宫。

【纲】仁寿宫成，以封德彝为内史舍人。　【目】仁寿宫成，幸之。时天暑，役夫死者相次于道，杨素悉焚除之，帝不悦。及至，见制度壮丽，大怒曰："杨素为吾结怨天下。"素闻之，虑获谴。封德彝曰："公勿忧，俟皇后至，必有恩诏。"明日，帝果召素入对，后劳之曰："公知吾夫妇老，无以自娱，盛饰此宫，岂非忠孝！"赐赉甚厚。素屡荐德彝于帝，擢为内史舍人。

【纲】夏六月，焚相州所贡绫文布于朝堂。

【纲】秋七月，纳言苏威免，寻复其位。　【目】威坐从祠不敬，免，俄而复位。帝谓群臣曰："世人言苏威诈清，家累金玉，此妄言也。然其性狠戾，不切世要，求名太甚，从己则说，违之必怒，此其大病耳。"

【纲】冬十月，以韦世康为荆州总管。　【目】世康和静谦恕，为吏部尚书十余年，时称廉平。常有止足之志，谓子弟曰："禄岂须多，防满则退；年不待暮，有疾便辞。"因恳乞骸骨。不许，使镇荆州。

【纲】十二月，敕："盗边粮升以上，皆斩。"

【纲】丙辰，十六年，夏六月，初制工商不得仕进。

【纲】秋八月，诏："死罪三奏，然后行刑。"

【纲】丁巳，十七年，春三月，诏诸司论属官罪，听律外决杖。【目】帝以所在属官不敬惮其上，事难克举，故有是诏。于是上下相

【纲】三月,隋文帝回宫。

【纲】仁寿宫建成。隋文帝任命封德彝为内史舍人。 【目】仁寿宫建成后,隋文帝亲临仁寿宫。当时天气炎热,死去的服役民夫在道路上前后相连,杨素将尸体全部烧掉,隋文帝很不高兴。等到抵达仁寿宫时,隋文帝看到仁寿宫规模壮丽,便非常气愤地说:"杨素为我向天下人结怨。"杨素得知此言,担心受到谴责。封德彝说:"你不必担忧,等皇后来了,准有加恩的诏书。"第二天,隋文帝果然召见杨素进宫谈话,独孤皇后慰劳杨素说:"你知道我们夫妇二人老了,没有自寻乐趣的地方,所以精心建成这座宫殿,这不就是忠孝的表现吗!"对杨素的赏赐非常丰厚。杨素多次向隋文帝推荐封德彝,隋文帝提升他为内史舍人。

【纲】夏六月,隋文帝命令在朝廷大堂上烧掉相州进献的贡品绫纹布。

【纲】秋七月,纳言苏威免官。不久,隋文帝又恢复了他的职位。 【目】苏威因随从隋文帝祭祀泰山时有失恭敬而获罪免官,不久又恢复了官职。隋文帝对群臣说:"世人说苏威假装清寒,家中金玉满堂,这是胡说。然而,他性情狂暴,办事不合当世的需要,求名心太切,顺从自己的主张就高兴,违背自己的主张就恼怒,这才是他的大毛病。"

【纲】冬十月,隋文帝任命韦世康为荆州(治江陵,今湖北江陵)总管。 【目】韦世康性情平和好静,谦虚让人,担任吏部尚书十多年,当时人称许他廉洁公正。他经常抱着知足常乐的志趣,对家中子弟说:"哪需要很多俸禄,为了防止满盈就要及早引退,也不必等到老年,有病就该辞官。"于是请求退职。隋文帝没有许可,派他镇守荆州。

【纲】十二月,敕令规定:"盗窃边防用粮达到一升以上者,一律斩首。"

【纲】十六年(丙辰,596),夏六月,隋朝最初规定工匠和商人不能做官。

【纲】秋八月,隋文帝颁诏规定:"对于死罪,须经三次申奏,然后才能执行死刑。"

【纲】十七年(丁巳,597),春三月,隋文帝颁诏规定:"各部门判定下属官员的罪行,允许在刑律以外处以杖刑。" 【目】隋文帝认为各

驱,迭行捶楚。

又以盗贼繁多,命盗一钱以上皆弃市,或三人共盗一瓜,事发即死。于是行旅皆晏起早宿,天下懔懔。有数人劫执事而谓之曰:"吾岂求财者邪!但为枉人来耳。而为我奏至尊:自古立法,未有盗一钱而死也。而不以闻,吾更来,而属无类矣!"帝闻,乃为停之。

又尝乘怒,欲以六月杖杀人,大理少卿赵绰固争,帝曰:"六月虽曰生长,此时必有雷霆;我则天而行,有何不可!"遂杀之。掌固来旷告绰滥免徒囚,推验无实。帝怒,命斩之。绰又固争,帝拂衣入阁。绰托奏他事复入,再拜曰:"臣有死罪三,不能制驭掌固,使触天刑,一也;囚不合死,不能死争:二也;本无他事,妄言求入,三也。"帝意解,旷因免死。

【纲】冬,钦州刺史宁长真来朝。 【目】初,散骑侍郎何稠使岭南,及还,钦州刺史宁猛力请随入朝,稠以其疾笃,遣还而卒。帝不怿。稠曰:"猛力与臣约,假令身死,当遣子入侍矣。"猛力临终,果诫其子长真,葬毕登路。至是,长真嗣为刺史,如言入朝。帝大悦曰:"何稠著信蛮夷,乃至于此。"

【纲】戊午,十八年,冬十二月,置行宫十二所。 【目】自京师至仁寿宫之道也。

【纲】己未,十九年,秋九月,以牛弘为吏部尚书。 【目】弘选举先德行而后文才,务在审慎,虽致停缓,而所进用多称职。侍郎高

部门下属官员不敬畏长官,致使事情难以办好,所以颁布这一诏书。从此,上级役使下级,痛打下属官员的事情屡屡发生。

隋文帝又认为盗贼繁多,下令对偷盗一文钱以上的人一律在闹市中斩首示众,曾有三个人一起偷了一个瓜,事情被揭发后,立刻就被处死。因此,过路的旅客都晚起早宿,天下恐惧不安。有几个人劫持了主持其事的官员,对他说:"我们岂是贪财之辈!只是我们要为受冤枉的人来一趟。你去为我们上奏皇上,自古以来所制定的刑法,没有偷盗一文钱就要处死的。如果你不上报,我们还来,你们就没命了!"隋文帝得知此事,才废止了这一规定。

有一次,隋文帝盛怒之下又打算在六月里用杖刑杀人,大理少卿赵绰再三反对。隋文帝说:"虽然说六月万物生长,但是这时一定会有轰雷,我效法上天行事,有什么不可以的!"他终于将人杀死。掌固(掌固,大理寺的属官)来旷指控赵绰释放囚徒过滥,经推究验证,并无其事。隋文帝大怒,命令杀死来旷。赵绰又坚决反对,隋文帝拂衣进入后殿。赵绰托称奏报别的事情,又来到后殿,拜了两拜说:"我有三条死罪。没有对掌固来旷严加管束,使他触犯了朝廷的刑法,这是第一条。囚犯不该判处死刑,不能拼死相争,这是第二条。本来没有别的事,却胡编理由,要求进见,这是第三条。"隋文帝怒气消了,来旷因而得免一死。

【纲】冬季,钦州(治钦江,今广西广钦州东北)刺史宁长真前来朝见。【目】起初,散骑侍郎何稠出使岭南(大庾岭以南,即今广东),及至何稠准备回朝时,钦州刺史宁猛力请求跟随何稠入京朝见,何稠见他病情沉重,打发他返回,接着他就死了。对此,隋文帝很不高兴。何稠说:"宁猛力与我约定,假如自己死了,就会打发儿子进京侍奉陛下。"宁猛力临终时,果然告诫自己的儿子宁长真,把他安葬后就上路进京。至此,宁长真继任钦州刺史,按照父亲的遗言进京朝见。隋文帝十分高兴地说:"何稠在蛮夷中树立的信誉,竟然达到如此地步!"

【纲】十八年(戊午,598),冬十二月,隋朝设置行宫十二所。【目】这些行宫分布在由京城长安至仁寿宫的道路上。

【纲】十九年(己未,599),秋九月,隋文帝任命牛弘为吏部尚书。【目】牛弘主持选任官员时,把衡量德行优劣摆在首位,而将考察

孝基鉴赏机悟，清慎绝伦，然爽俊有余，迹似轻薄，时宰多以此疑之，弘独推心任委，得人为多。

【纲】庚申，二十年，春二月，贺若弼坐事下狱，赦出之。
【目】弼复坐事下狱，帝数之曰："公有三太猛：嫉妒心太猛，自是非人心太猛，无上心太猛。"既而释之。他日帝谓侍臣曰："弼将伐陈，谓高颎曰：'不作高鸟尽、良弓藏邪？'后又语颎曰：'皇太子于己，无所不尽。公终久何必不得弼力，何脉脉邪！'意图镇广陵，又图荆州，皆作乱之地也。"

【纲】冬十月，废太子勇为庶人。【目】初，帝使太子勇参决政事，时有损益，帝皆纳之。勇性宽厚，率意任情，无矫饰之行。帝性节俭，勇尝饰蜀铠，帝见而不悦。后遇冬至，百官皆诣勇，勇张乐受贺。帝不悦，下诏停之。自是恩宠始衰，渐生猜阻。

勇多内宠，昭训云氏尤幸。其妃元氏无宠，遇疾而薨。独孤后意其有他，深以责勇。然昭训自是遂专内政，生俨、裕、筠；诸姬子又数人。后弥不平，遣人伺求勇过。晋王广知之，弥自矫饰，后庭有子皆不育，后由是数称广贤。帝与后尝幸其第，广悉屏匿美姬于别室，惟留老丑者，衣以缦彩，给事左右，帝见之喜，由是爱之特异诸子。

司马张衡为广画夺宗之策。广问计于安州总管宇文述，述曰：

文才高低置于其次,力求用人审慎,虽然由此导致官员晋升停滞乃至缓慢,但是他推荐任用的人大多称职。吏部侍郎高孝基识别人才机敏颖悟,清廉而又慎重的作风无与伦比,然而过于豪爽,看似行为轻浮,当时的宰相们大多怀疑他这一点。只有牛弘推心置腹地任用高孝基,物色到的人才也最多。

【纲】二十年(庚申,600),春二月,贺若弼因事获罪入狱,隋文帝予以赦免,放他出狱。　【目】贺若弼又因事获罪入狱,隋文帝数落他说:"你有三点太过份:一是嫉妒心太过份,二是自以为是、以人为非之心太过份,三是目无主上之心太过份。"不久,隋文帝将他释放出狱。后来,隋文帝对侍臣说:"贺若弼领兵攻打陈国时对高颎说:'不用去做"飞鸟已尽,良弓收藏"的准备吧?'后来又对高颎说:'皇太子对我从不保密。你终究未必不需要我的帮助,为什么看着我不说话呢?'他想谋求镇守广陵,又谋求镇守荆州,这两地都是适合作乱的地方。"

【纲】冬十月,隋文帝废黜太子杨勇为庶人。　【目】起初,隋文帝让太子杨勇参与裁决政务,杨勇时常提出一些变动的意见,隋文帝都采纳了。杨勇性情宽厚,态度直率,没有故意做作的行为。隋文帝秉性节俭,杨勇曾经装饰一件蜀地出产的铠甲,隋文帝看到后心中不快。后来赶上冬至那天,百官都去拜见杨勇,杨勇在奏乐声中接受祝贺,隋文帝很不高兴,下诏停止祝贺。从此,杨勇受到的恩宠开始衰减,隋文帝对他渐渐生出疑心。

杨勇有许多姬妾,尤其喜爱昭训云氏。他的妃子元氏不受宠爱,得病而死。独孤皇后猜想元氏之死另有原因,深深责备杨勇。然而,昭训云氏由此便独揽太子东宫内部事务,生了杨俨、杨裕、杨筠,各姬妾的儿子又有好几人。独孤皇后越发不满便派人刺探杨勇的过失。晋王杨广了解到这一动向越发加意伪装自己,对后宫宫女生的孩子一概不加抚育,独孤皇后由此多次称赞杨广德才兼备。有一次,隋文帝与独孤皇后前往杨广的府第,杨广把漂亮的姬妾全部摒退,让她们躲进别室,只留下又老又丑的姬妾,让她们穿上没有彩绣装饰的服装,侍候在身边。隋文帝见此情景大喜,从此喜爱杨广,与对待其他儿子大有不同。

司马张衡为杨广筹画夺取太子地位的计策。杨广向安州(治安陆,

"废立大事，未易谋也。能移主上意者，惟杨素耳。"乃结素弟约以白素。素入侍宴，微称"晋王孝悌恭俭，有类至尊。"后曰："公言是也！"素因盛言太子不才。后遂遗素金，使赞帝废勇立广。

勇颇知之，忧惧，计无所出，使人造诸厌胜；帝又使素观勇所为。素至东宫，还言："勇怨望，恐有他变。"帝益疑之。十月，使人召勇。帝戎服陈兵，御武德殿，集百官诸亲，引勇及诸子列于殿庭，宣诏："废勇及其男女并为庶人。"帝召东宫官属切责之，皆惶惧无敢对者。洗马李纲独曰："废立大事，今文武大臣皆知其不可而莫敢发言，臣何敢畏死，不一为陛下别白言之乎！太子性本中人，可与为善，可与为恶，向使陛下择正人辅之，足以嗣守鸿基。今乃以唐令则为左庶子，邹文腾为家令，二人惟知以弦歌鹰犬娱悦太子，安得不至于是邪！此乃陛下之过，非太子之罪也。"又曰："自古国家废立冢嫡，鲜不倾危，愿陛下深留圣意，无贻后悔。"帝不悦，罢朝。会尚书右丞缺，有司请人，帝指纲曰："此佳右丞也！"即用之。

【纲】十一月，立晋王广为皇太子；是日，天下地震。 【目】初，帝之克陈也，天下皆以为将太平，监察御史房彦谦私谓所亲曰："主上忌刻而苛酷，太子卑弱，诸王擅权，天下虽安，方忧危乱。"其子玄龄亦密言于彦谦曰："主上本无功德，以诈取天下，诸子皆骄奢不仁，必自相诛夷，今虽承平，其亡可翘足待。"高孝基名知人，见玄龄，叹曰："仆阅人多矣，未见如此郎者，异日必为伟器，恨不见其

今湖北安陆）总管宇文述问计，宇文述说："太子废立是件大事，不容易策划。能使皇上改变主意的人，只有杨素一人而已。"张衡便结纳杨素的弟弟杨约，并通过杨约转达了杨广的意图。杨素进宫参加宴会，隐晦地试探说："晋王孝敬长辈，爱护弟兄，恭谨俭朴，与皇上相似。"独孤皇后说："你说得对！"杨素乘机极力说杨勇太不成器，独孤皇后便送给杨素钱财，让他帮助隋文帝废黜杨勇，册立杨广。

杨勇对此事颇有察觉，又愁又怕，无计可施，便让人用诅咒禁制之术镇邪禳灾。隋文帝又指使杨素去察看杨勇的行动，杨素到东宫走了一趟，回来说："杨勇怨恨不满，恐怕要发生意外的变故。"隋文帝越发怀疑杨勇了。十月，隋文帝派人召见杨勇。隋文帝身穿军装，布置好军队，然后来到武德殿，召集百官和皇室亲戚，把杨勇和他的儿子们引到大殿前的庭院里，命人宣布诏书："将杨勇及其儿女一并废黜为庶人。"隋文帝召见东宫的官属痛加责备，人们惶恐不安，没人敢出来答话，只有太子洗马李纲说："太子废立关系重大，如今文武大臣都知道不应该废黜太子，却不敢发表意见，我怎敢因为怕死，就不向陛下一一分辨清楚！太子天性本来属于中等人，可以使他向善，也可以使他作恶。假如陛下挑选正人君子辅佐他，他足以继承皇统，守住大业。如今陛下却让唐令则担任太子左庶子，邹文腾担任太子家令，这两个人只知道用声色狗马来使太子取乐，怎么会不落得这样的下场！这乃是陛下的过失，而不是太子的罪过。"李纲又说："自古以来，一个国家废黜嫡长子，很少不倾覆危亡的，希望陛下千万留心注意，不要招致以后的悔恨。"隋文帝很不高兴，就散朝了。适逢尚书右丞出缺，主管部门请求补派官员，隋文帝便指着李纲说："这人便是一位很好的右丞！"当即便任用李纲为右丞。

【纲】十一月，隋文帝立晋王杨广为皇太子。这一天全国发生地震。　【目】起初，隋文帝消灭陈朝时，天下人都认为即将太平无事了，而监察御史房彦谦私下对亲近的人说："皇上猜忌成性，苛刻残酷，太子软弱无能，诸王专擅大权，虽然现在天下安宁，我却正在为将来的危亡祸乱担忧。"他的儿子房玄龄也暗中对房彦谦说："皇上本来没有什么功劳和德行，靠狡诈夺得天下，他的儿子们都骄横奢侈，生性残忍，必然会自相残杀。虽然现在已经太平，但隋朝的灭亡旋踵可待。"高孝

大成耳。"见杜杲之兄孙如晦，谓曰："君有应变之才，必任栋梁之重。"俱以子孙托之。

【纲】禁毁佛、天尊及神像。

【纲】以王伽为雍令。　【目】齐州行参军王伽，送流囚李参等七十余人诣京师，行至荥阳，谓曰："卿辈自犯国刑，身婴缧绁，固其职也；重劳援卒，岂不愧心！"参等辞至京师，悉脱其枷锁，停援卒，与约曰："某日当至京师，如致前却，吾当为汝受死。"遂舍之而去。流人感悦，如期而至，一无离叛。帝闻而惊异，召见与语，称善久之。于是悉召流人宴而赦之。因下诏曰："使官尽王伽，民皆李参，刑厝其何远哉！"乃擢伽为雍令。

【纲】辛酉，仁寿元年，春正月，改元。　【目】初，太史令袁充表曰："京房有言：'太平，日行上道；升平，行次道；霸代，行下道。'盖日去极近则景短而日长，去极远则景长而日短。今自隋兴，昼日渐长，开皇元年，冬至之景长一丈二尺七寸二分；自尔渐短，至十七年，短于旧三寸七分矣。"上临朝，谓百官曰："日长之庆，天之祐也。今当改元，宜取此意以为号。"仍命百工作役，并加程课，丁匠苦之。

基以善于识别人才著称,他见了房玄龄便感叹说:"我见过的人多啦,还没见过象这个少年似的人,这少年将来一定会成大器,可惜我不能见到他大功告成了。"高孝基见到杜果哥哥的孙子杜如晦,便对他说:"你有随机应变的才能,肯定成为国家栋梁,担当重任。"他把子孙都托付给房玄龄、杜如晦二人。

【纲】隋朝禁止毁坏佛像、天尊像和神像。

【纲】隋文帝任命王伽为雍县(在今陕西凤翔南)县令。 【目】齐州(治历城,今山东济南)行参军王伽押送流配的囚徒李参等七十多人前往京城长安,走到荥阳(今河南荥阳)时,对他们说:"你们这些人自己触犯了国家的刑律,身戴枷锁,固然是应有的下场。你们还要使押解你们的士卒受苦不堪,难道心里不觉惭愧!"李参等囚徒表示可以自己前往京城。玉伽便全部解去他们身上的枷锁,遣散押送犯人的士卒,与囚徒们约定说:"某日你们应该赶到京城,如果届时你们不到,我只好为你们受死。"便离开囚徒走了。被流配的囚徒深受感动,心悦诚服,按期限赶到长安,没有一人逃离。隋文帝得知此事后十分惊异,便召见王伽,与他交谈,连连称善。于是,隋文帝又召见所有被流配的囚犯,设宴招待,赦免了对他们的罪罚。隋文帝因而颁布诏书说:"假使官吏都是王伽,百姓都是李参,刑罚搁置不用的日子为期还会太远吗!"便提升王伽但任雍县县令。

【纲】仁寿元年(辛酉,601),春正月,隋文帝改换年号。 【目】起初,太史令袁充上表说:"京房说过'太平之世,太阳在黄道以北运行;升平之世太阳在黄道上运行;霸主时代,太阳在黄道以南运动行。这大约是因为太阳离北极近时日影就会缩短而白天的时间加长,太阳离北极远时日影就加长而白天的时间缩短。如今,自从隋朝兴起以来,白天的时间逐渐加长。开皇元年,冬至时的日影长一丈二尺七寸二分。从这时起,日影逐渐缩短,到开皇十七年时,比往常缩短三寸七分了。"隋文帝上朝时对百官说:"出现白日时间加长这一喜庆现象,是上天保佑的结果。如今应该改换年号,最好采用这个意思来确定年号。"隋文帝还命令各行业的工匠在服役时一律增加劳动定额,服役的工匠大感受苦。

【纲】以苏威为仆射。

【纲】夏六月,废太学及州县学,改国子为太学。

【纲】壬戌,二年,秋七月,以韦云起为通事舍人。 【目】兵部尚书柳述,尚兰陵公主,怙宠使气,自杨素之属皆下之。帝问符玺直长韦云起以外间不便事,述时在侧,云起曰:"柳述骄豪,未尝经事,兵机要重,非其所堪。臣恐物议以为陛下官不择贤,专私所爱,斯亦不便之大者。"帝顾谓述曰:"云起之言,汝药石也,可师友之。"会诏内外官各举所知,述举云起,除通书舍人。

【纲】八月,皇后独孤氏崩。冬十月,葬献皇后。

【纲】十二月,诏杨素三五日一入省,论大事。 【目】素兄弟诸父并为尚书、列卿,诸子位至柱国、刺史;既废太子及蜀王,威权愈盛,朝廷莫不畏附。敢与抗者,独治书侍御史柳彧,及尚书右丞李纲、大理卿梁毗而已。毗见素专权,恐为国患,乃上封事,曰:"杨素幸遇愈重,权势日隆,天下无事,容息异图;四海有虞,必为祸始。陛下若以素为阿衡,臣恐其心未必伊尹也。"书奏,帝大怒,收毗系狱,亲诘之。毗极言"素擅宠弄权,杀戮无道。又太子及蜀王罪废之日,百僚无不震悚,惟素扬眉奋肘,喜见容色,利国家有事,以为身幸。"帝乃释之。其后帝亦寖疏忌素,乃下诏曰:"仆射,国之宰辅,不可躬亲细务,三五日一向省,评论大事。"外示优崇,实夺之权也。

太子尝问于贺若弼曰:"杨素、韩擒虎、史万岁,皆称良将,其

【纲】隋文帝任命苏威为仆射。

【纲】夏六月,隋朝废止太学以及州县的学校,将国子学改为太学。

【纲】二年,(壬戌,602),秋七月,隋文帝任命韦云起为通事舍人。 【目】兵部尚书柳述娶兰陵公主为妻,仗着隋文帝的宠爱,颐指气使,就连杨素这些人都对他低声下气。隋文帝向符玺直长韦云起询问外间处理不当的事情,当时柳述也在隋文帝身边。韦云起说:"柳述骄横跋扈,又没有阅历,军机要务不是他所能够胜任的。我担心人们的舆论会认为陛下不择贤任官,专门偏袒自己所喜爱的人,这也是处理不当之事中的一件大事。"隋文帝看着柳述说:"韦云起的话,是你的良药,你应该把他当作师友看待。"适逢隋文帝颁诏命令朝廷内外官员各自推荐自己了解的人,柳述便推荐韦云起,韦云起被任命为通书舍人。

【纲】八月,独孤皇后去世。冬十月,献皇后独孤氏入葬。

【纲】十二月,隋文帝颁诏允许杨素三五天到尚书省来一次,以便论定大事。 【目】杨素的兄弟和叔父们都当了尚书、列卿,儿子们也官至柱国、刺史。在废掉太子杨勇和蜀王杨秀后,杨素权势更大,朝廷百官没有人不畏惧并依附他。有胆量与杨素抗争的人,只有治书侍御史柳彧以及尚书右丞李纲、大理卿梁毗而已。梁毗见杨素专权,担心他会成为国家的祸患,便献上一道密封的奏表,内称:杨素受到的宠信越深,权势就越大。天下没有事端时,他或许不会图谋不轨;四海发生忧患时,引发祸事的就一定是他。如果陛下认为杨素是辅佐帝业的大臣,我担心他未必有伊尹之心。"奏表上呈后,隋文帝大怒,把梁毗逮捕入狱,并亲自诘问他。梁毗极力进言说:"杨素特受宠信,玩弄权势,滥杀无辜。还有,太子杨勇及蜀王杨秀因罪被废的那一天,百官无不震惊恐惧,只有杨素扬眉吐气,手舞足蹈,喜形于色,认为国家发生事故对他有利,是他的幸运。"隋文帝这才将他释放。后来,隋文帝也逐渐疏远并猜忌杨素,便颁布诏书说:"仆射是国家的宰相,不应该亲自处理琐碎的事务,可以三五天到尚书省来一次,以便评议论定大事。"表面表示尊崇杨素,实际是削夺杨素的权力。

太子杨广曾经问贺若弼说:"杨素、韩擒虎、史万岁都被称为良将,

优劣何如?"弼曰:"杨素猛将,非谋将,韩擒虎斗将,非领将;史万岁骑将,非大将。"太子曰:"然则大将谁也?"弼拜曰:"惟殿下所择!"弼意自许也。

【纲】癸亥,三年,秋九月,龙门王通献策,不报。 【目】通诣阙献《太平十二策》,帝不能用,罢归。通遂教授于河、汾之间,弟子自远至者甚众,累征不起。杨素甚重之,劝之仕,通曰:"通有先人之弊庐足以庇风雨,薄田足以供饘粥,读书谈道足以自乐。愿明公正身以治天下,使时和年丰,通也受赐多矣,不愿仕也。"或潜通于素曰:"彼实慢公,公何敬焉?"素以问通,通曰:"使公可慢,则仆得矣;不可慢,则仆失矣:得失在仆,公何预焉!"素待之如初。弟子贾琼问息谤,通曰:"无辨。"问止怨,曰:"不争。"通尝称:"无赦之国,其刑必平;重敛之国,其财必削。"又曰:"闻谤而怒者,谗之囮也;见誉而喜者,佞之媒也,绝囮去媒,谗佞远矣。"大业末,卒于家,门人谥曰文中子。

【纲】甲子,四年,春正月,帝如仁寿宫。

【纲】秋七月,太子广弑帝于大宝殿而自立。遂杀故太子勇,流尚书柳述、侍郎元岩于岭南。 【目】四月,帝不豫。七月,疾甚,卧与百僚辞诀,握手歔欷,越四日,崩于大宝殿。

高祖性严重,令行禁止。勤于政事,虽啬于财,至于赏赐有功,即无所爱。爱养百姓,劝课农桑,轻徭薄赋。自奉俭素,后宫皆衣浣濯之衣,天下化之。然猜忌苛察,信受谗言,功臣故旧,无始终保全者,乃至子弟,皆如仇敌。

他们的优劣如何？"贺若弼说："杨素是一员猛将，不是老谋深算的将领。韩擒虎是一员战将，不是统领全军的将领。史万岁是一员骑将，不是大将。"太子杨广说："那么谁是大将呢？"贺若弼下拜说："这就凭殿下选择了！"意思是自许大将。

【纲】三年（癸亥，603），秋九月，龙门（今山西稷山西）人王通进献策表，隋文帝未作答覆。　【目】王通前往京城长安进献《太平十二策》，隋文帝没有采用，把王通放遣回乡。于是王通在黄河、汾水一带教书，从远方赶来求学的弟子为数众多，朝廷多次征召他做官，他都没有接受。杨素非常器重王通，劝他入仕，王通说："我有祖先留下的旧房子足以遮风避雨，留下的薄田足够我喝碗稠粥，读书论道更足以使我自得其乐。希望您加强自身的修养，以便治理天下，使四季风调雨顺，年景丰熟，我受到的恩赐也就很多了，我不打算做官。"有人向杨素诬陷王通说："他实际是在轻视您，您为什么要尊敬他？"杨素就此质问王通，王通说："假如您可以受人轻视，我就做对了；假如您不可轻视，我就做错了。对错都是我的，与您有什么相干！"杨素待他一如既往。弟子贾琼请教如何平息毁谤，王通说："不去辩白。"他又请教如何消除怨恨，王通说："不去争执。"王通曾经说："不需要实行大赦的国家，刑罚肯定公平；加重税收的国家，财用肯定不足。"他又说："听到诽谤就恼怒，正是招致谗言的诱饵，受到称誉就陶醉，正是招致奸邪的媒介。没有诱饵或媒介，就能远离谗言和奸邪之徒了。"大业末年，王通在家中去世，门人追谥他为文中子。

【纲】四年（甲子，604），春正月，隋文帝前往仁寿宫。

【纲】秋七月，太子杨广在大宝殿杀害了隋文帝，而自立为帝，于是杀死原来的太子杨勇，将尚书柳述、侍郎元岩流配到岭南地区。　【目】四月，隋文帝生病。七月，隋文帝病情沉重，躺在床上与百官诀别握住大臣的手，抽泣流泪不止。四天后，隋文帝在大宝殿去世。

隋文帝生性严肃认真，有令必行，有禁必止，勤勉地处理政务。虽然他吝啬钱财，但是赏赐有功之臣却毫不吝惜。他爱护百姓，鼓励农桑种植，规定的徭役较轻，赋税不重。他的日常生活节俭而又朴素，宫女都穿洗过的衣裳，天下人都受到感化。然而，他猜忌成性，苛刻繁琐，

初，文献皇后既崩，帝以陈高宗女为宣华夫人，有宠。及寝疾，仆射杨素、兵部尚书柳述、黄门侍郎元岩皆入阁侍疾，诏太子入居殿中。太子虑帝有不讳，须预防拟，手自为书，封出问素。素条录事状以报；宫人误送帝所，帝览而大恚。陈夫人旦出更衣，为太子所逼；拒之，得免；上怪其神色有异，问故。夫人泫然曰："太子无礼！"上恚，抵床曰："畜生！何足付大事！独孤误我！"乃呼柳述、元岩曰："召我儿！"述等将呼太子，上曰："勇也。"述、岩出阁为敕书。素闻，以白太子，矫诏执述、岩系狱；令右庶子张衡入殿侍疾，尽遣后宫出就别室。俄而上崩，故中外颇有异论。陈夫人闻变，战栗失色。晡后，太子封小金合遣使者赐夫人。夫人以为鸩毒，惧甚，发之，乃同心结也。夫人恚而却坐，不肯致谢；诸宫人共逼之，乃拜使者。其夜，太子烝焉。

明日，发丧，即位。会杨约来朝，太子遣约入长安，矫称高祖之诏，赐故太子勇死，缢杀之。追封为房陵王，不为置嗣。除述、岩名，徙之岭南。

【纲】冬十月，葬泰陵。

【纲】十一月，帝如洛阳。 【目】章仇太翼言于帝曰："陛下酉命，雍州为破木之冲，不可久居。"又谶云："修治洛阳还晋家。"帝以为然，遂幸洛阳，留晋王昭守长安。

听信谗言,他的功臣故交没有善始善终地保全下来的,甚至对自己的子弟,也都象仇敌一般。

　　起初,文献皇后独孤氏去世后,隋文帝封陈宣帝的女儿为宣华夫人,对她很是宠爱。及至隋文帝卧病后,仆射杨素、兵部尚书柳述、黄门侍郎元岩等人都进宫侍候。隋文帝诏令太子杨广住在殿中。太子杨广担心隋文帝突然去世,必须事先作好防备,便亲手写了一封信,加封后送出去请教杨素。杨素逐条写成事状回报,宫人把事状误送到隋文帝的住处,隋文帝看后极为愤怒。宣华夫人早晨出去更衣,受到太子杨广的逼迫,宣华夫人经过一番抗拒,才免遭污辱。隋文帝对她神色不对头感到奇怪,便问其中的缘故。宣华夫人流着泪说:"太子对我无礼!"隋文帝大怒,捶着床说:"畜生!怎么能把大业交付给他!独孤后害了我!"便叫来柳述、元岩说:"召见我儿!"柳述等人准备去叫太子杨广,隋文帝说:"是叫杨勇!"柳述元岩便出了内室去写敕书。杨素闻讯后,将此事告诉了太子杨广,杨广便诈称隋文帝有诏,将柳述、元岩逮捕入狱,又命令太子右庶子张衡进殿侍候疾病,把后宫的人全部赶到别的房间里去,一会儿,隋文帝就去世了,所以朝廷内外对隋文帝的死有许多不同的说法。宣华夫人得知变故发生后,浑身战栗,大惊失色。傍晚时,太子杨广封好一个小金盒,打发使者赐给宣华夫人。宣华夫人以为是毒药,非常恐惧,打开盒子一看,却是同心结,宣华夫人气得直往后退,坐到座位上,不肯表示感谢。宫女们一齐逼宣华夫人接受赏赐,宣华夫人这才拜谢使者。当天夜里,太子杨广便奸淫了宣华夫人。

　　第二天,太子杨广将隋文帝的死讯布告中外,登基称帝。适逢杨约前来朝见,杨广便派遣杨约进入长安,诈称隋文帝的遗诏,命令原来的太子杨勇自杀,杨约便将杨勇勒死。杨广追封杨勇为房陵王,不为他封立后嗣。杨广又将柳述和元岩削除名籍,流放岭南。

　　【纲】冬十月,隋文帝安葬在泰陵(今陕西兴平西)。

　　【纲】十一月,隋炀帝前往洛阳。　【目】章仇太翼对隋炀帝说:"陛下酉命属木,长安是克木的要冲之地,不可长期住在那里。"又有谶语说:"修治洛阳还晋家"隋炀帝深以为然,便前往洛阳,留下晋王杨昭镇守长安。

【纲】陈叔宝卒。

【纲】以洛阳为东京。

炀帝

【纲】乙丑,炀帝大业元年,春正月,立皇后萧氏。立晋王昭为皇太子。

【纲】二月,以杨素为尚书令。

【纲】三月,命杨素营东京宫室。 【目】诏杨素营东京,役丁二百万人。敕将作大匠宇文恺与内史舍人封德彝等,营显仁宫,发江、岭之间奇材异石,输之洛阳;又求海内嘉木、异草、珍禽、奇兽,以实苑囿。

【纲】开通济渠,引汴水,开邗沟,置离宫,造龙舟。 【目】命尚书右丞皇甫议发丁百万,开通济渠。引汴入泗,以达于淮。又发民十万,开邗沟,入江。沟广四十步,傍筑御道,树以柳。自长安至江都,置离宫四十余所。遣黄门侍郎王弘等,往江南造龙舟及杂船数万艘。官吏督役严急,役丁死者什四五。

【纲】夏五月,筑西苑。 【目】苑周二百里,其内为海,周十余里;为方丈、蓬莱、瀛洲诸山,高百余尺,台观宫殿,罗络山上。海北有渠,萦纡注海内。缘渠作十六院,门皆临渠,每院以四品夫人主之,穷极华丽。宫树凋落,则剪彩为花叶缀之。沼内亦剪彩为荷、芰、菱、芡,色渝则易以新者。十六院竞以殽羞精丽相高,求市恩宠。上好以月夜从宫女数千骑游西苑,作《清夜游曲》,于马上奏之。

【纲】秋八月,帝如江都。 【目】上幸江都,御龙舟。用挽士

【纲】陈叔宝去世。

【纲】隋朝定洛阳为东京。

炀帝

【纲】隋炀帝大业元年（乙丑，605），春正月，隋炀帝立萧氏为皇后，立晋王杨昭为皇太子。

【纲】隋炀帝任命杨素为尚书令。

【纲】隋炀帝命令杨素在东京洛阳营建宫殿。　【目】隋炀帝下诏命令杨素营建东京洛阳，服役的民伕多达二百万人。隋炀帝敕令将作大匠宇文恺与内史居人封德彝等人营建显仁宫（在今河南宜阳西南），征调长江、五岭一带的奇材异石，运往洛阳，又在国内搜集珍贵的花草树木、飞禽走兽，来充实皇家园林

【纲】隋炀帝命令开凿通济渠（自河南商丘南经安徽宿县，泗县入淮），引来汴水，开通邗沟（今运河西干渠自扬州西北到淮阴为右邗沟），设置行宫，制造龙舟。　【目】隋炀帝命尚书右丞皇甫议征发一百万民伏开凿通济渠，将汴水引入泗水，直达淮水；又征发十万民工开通邗沟，引入长江；所开河道宽四十步，两岸修筑御道，种植柳树；自长安至江都（今江苏扬州），沿途设置行宫四十多所。隋炀帝又派遣黄门侍郎王弘等人前往江南地区制造龙舟以及各种船只共几万艘。官吏监督工程严酷而又急迫，服役的壮丁死了十分之四五。

【纲】夏五月，隋朝修筑西苑（今河南洛阳西）。　【目】西苑方圆二百里，苑内开凿一湖，方圆十多里；湖上有方丈、蓬莱、瀛洲各山，山高一百多尺，山上盘绕着楼观宫殿。湖的北面有一条渠，渠水曲折回环地注入湖内。沿渠建起了十六院，院门一律朝着渠水，每院都由一位四品夫人主持，院内极为华丽。宫中的树木落叶后，便用彩绢剪成花朵和叶片缀到树上水池里也放上用彩绢剪成的荷花菱角，只要有些褪色，就换新的。十六院争着以精美名贵的食品互比高低，以求得到隋炀帝的宠爱。隋炀帝喜欢在月夜带着好几千名宫女骑马游览西苑，还制成一首《清夜游曲》，在马上演奏。

【纲】秋八月，隋炀帝前往江都。　【目】隋炀帝前往江都，乘坐

八万余人，舳舻相接二百余里，骑兵翊两岸而行。所过州县，五百里内，皆令献食，多者一州至百轝，极水陆珍奇；后宫厌饫，将发之际，多弃埋之。

【纲】丙寅，二年，春二月，新作舆服仪卫。　【目】课州县送羽毛，民求捕之，殆无遗类。乌程有高树，逾百尺，上有鹤巢，民欲取之，不可，乃伐其根；鹤恐杀其子，自拔氄毛投于地，时人或称以为瑞。

【纲】夏四月，还东京。
【纲】六月，以杨素为司徒。
【纲】秋七月，太子昭卒。
【纲】始建进士科。
【纲】杨素卒。　【目】越公素为帝所猜忌。太史言隋分野有大丧，乃徙素为楚公，意楚与隋同分，欲以厌之。素寝疾，不肯饵药，曰："我岂须更活邪！"

【纲】八月，封孙俟为燕王，侗为越王，侑为代王。

【纲】冬十月，置洛口、回洛仓。　【目】置洛口仓于巩东南原上，城周二十余里，穿三千窖。置回洛仓于洛阳北七里，城周十里，穿三百窖。窖皆容八千石。

【纲】征天下散乐。
【纲】丁卯，三年，春正月，突厥启民可汗来朝。
【纲】夏四月，诏颁新律。
【纲】改州为郡。
【纲】六月，帝北巡，次榆林郡。启民可汗及义成公主来朝。吐谷浑、高昌皆入贡。

龙舟，征用缔夫八万多人，船只前后连接，长达二百多里，骑兵夹岸护了行进。沿途经过的各个州县，命令五百里以内一律进献食品。进献食品多的，一州达一百车，山珍海味应有尽有。后宫的人们吃腻了，在将要出发时，便把许多食品都倒掉埋了。

【纲】二年（丙寅，606），春二月，隋朝制定了新的天子车驾服饰、仪仗制度。　【目】隋朝督促各州县交纳鸟羽兽毛，百姓搜捕鸟兽，几乎把鸟兽杀光。乌程（今浙江湖州）有一棵高一百尺以上的大树，上面有一个鹤巢，百姓打算捉鹤，又上不去，便从根部伐树。老鹤怕小鹤被杀，便拔掉自己身上的羽毛，投在地上，当时有人说这也是吉祥的征兆。

【纲】夏四月，隋炀帝返回东京洛阳。

【纲】六月，隋炀帝任命杨素为司徒。

【纲】秋七月，太子杨昭去世。

【纲】隋朝首次设立进士科。

【纲】杨素去世。　【目】越公杨素受到隋炀帝的猜忌。太史说隋州分野上将有大人物死去，隋炀帝便改封杨素为楚公，意思是楚州与隋州属于同一分野，打算让杨素去应这一预兆。杨素卧病后，不肯吃药。他说："难道我还需要再活下去吗？"

【纲】八月，隋炀帝封孙子杨倓为燕王，杨侗为越王，杨侑为代王。

【纲】冬十月，隋朝设置洛口仓（今河南巩县东南）、回洛仓（今河南孟津）。　【目】洛口仓设置在巩县东南原上，城墙周长二十多里，城内开凿了三千个地窖。回洛仓设置在洛阳北七里处，城墙周长十里，城内开凿了三百个地窖。每个地窖可以容纳粮食八千石。

【纲】隋朝征集全国的散乐。

【纲】三年（丁卯，607），春正月，突厥启民可汗前来朝见。

【纲】夏四月，隋炀帝下诏颁行新刑律。

【纲】隋朝改州为郡。

【纲】六月，隋炀帝巡游北方，来到榆林郡（今内蒙古托克托西南）。启民可汗和义成公主前来朝见。吐谷浑（今青海东部）、高昌（今新疆吐鲁番境）。两国都前来进贡。

【纲】秋七月,筑长城。 【目】诏发丁男百余万筑长城,西距榆林,东至紫河。苏威谏,不听。

【纲】杀太常卿高颎、尚书宇文弨、光禄大夫贺若弼。【目】帝之征散乐也,太常卿高颎谏,不听,退谓丞李懿曰:"周天元以好乐而亡,殷鉴不远,安可复尔!"又以帝遇启民过厚,谓何稠曰:"此虏颇知中国虚实,山川险易,恐为后患。"宇文弨私谓颎曰:"天元之侈,以今方之,不亦甚乎?"贺若弼亦私议宴可汗太侈。并为人所奏。帝以为诽谤朝政,皆杀之。颎有文武大略,明达世务,以天下为己任;苏威、杨素、贺若弼、韩擒虎皆颎所荐。及死,天下莫不伤之。

【纲】八月,帝至金河,幸启民可汗帐。【目】车驾发榆林,甲士五十余万,旌旗辎重千里不绝。帝幸启民庐帐,启民奉觞上寿,帝大悦。

【纲】还至太原,营晋阳宫。

【纲】宴御史大夫张衡宅。【目】至济源,幸衡宅。留宴三日。

【纲】遂还东都。

【纲】冬以裴矩为黄门侍郎,经略西域。【目】西域诸胡,多至张掖交市,帝使吏部侍郎裴矩掌之。矩知帝好远略,访诸商胡,以其国山川、风俗,撰《西域图记》三卷,入朝奏之。且云:"今羌、胡之国,并因商人密送诚款,引领翘首,愿为臣妾。若服而抚之,务存安辑,混一戎、夏,其在兹乎!"帝大悦。矩因盛言"胡中多诸珍宝。"帝于是慨然将通西域。以矩为黄门侍郎,复使至张掖,引致诸

【纲】秋七月,隋朝修筑长城。　【目】隋炀帝颁诏征调一百多万男丁去修筑长城,西起榆林,东至柴河(即乌兰木伦河,在今内蒙古和林格尔南)。苏威劝阻,隋炀帝不听。

【纲】隋炀帝杀死太常卿高颎、尚书宇文弼光禄大夫贺若弼。【目】隋炀帝征集散乐时,太常卿高颎谏阻,隋炀帝不听,高颎退下来对李懿说:"北周宣帝由于耽于音乐而灭亡,历史教训距现在并不远,怎么能重蹈故辙!"高颎又因隋炀帝对启民可汗过于优待,便对何稠说:"这个胡虏很了解中国的虚实和地理形势,恐怕终成后患。"宇文弼私下对高颎说:"北周宣帝的奢侈,与现在的情况相比,现在不是更为严重吗!"贺若弼也私下议论宴请启民可汗过于奢华。这些话都被人奏报揭发了。隋炀帝认为这是诽谤朝政,将他们一律杀死。高颎文韬武略兼备,处理世务精明练达,以天下为己任,苏威、杨素、贺若弼、韩擒虎都是他推荐的。及至高颎去世,天下人无不为他难过。

【纲】八月,隋炀帝抵达金河县(今内蒙古呼和浩特南,和林格尔西北),亲临启民可汗的庐帐。　【目】隋炀帝从榆林出发,随行的甲士五十多万人,旗帜和辎重连绵千里。隋炀帝亲临启民可汗的庐帐,启民可汗献酒祝寿,隋炀帝大为高兴。

【纲】隋炀帝回到太原,命令营建晋阳宫(今山西太原西南太原镇)。

【纲】隋炀帝在御史大夫张衡家举行宴会。　【目】隋炀帝来到济源(今河南济源),亲临张衡的住宅,留在那里宴饮三天。

【纲】隋炀帝返回东京("东京",原作"东都",据本书,隋朝下一年始"改东京为东都")洛阳。

【纲】冬季,隋炀帝任命裴矩为黄门侍郎,筹划有关西域的事务。　【目】西域各部胡人往往到张掖(今甘肃张掖)进行贸易,隋炀帝委派吏部侍郎裴矩执掌其事。裴矩知道隋炀帝乐意在边远地区显示武功,便通过向各部胡人商贩打听,根据当地各国的山川、风俗,撰写成《西域图记》三卷,回朝上奏。裴矩还说:"现在羌人、胡人各国,都通过商人暗中表示诚心归附,殷切盼望成为我朝的臣属。如果在他们归服后加以安抚,力求形成安定的局面,统一胡汉各族,恐怕就在此举

胡，啖之以利，劝令入朝。自是，西域诸胡往来相继，所经郡县，糜费以万万计，卒令中国疲弊，以至于亡，矩唱之也。

了!"隋炀帝非常高兴。裴矩乘机盛称西域盛产各种珍宝,于是隋炀帝心情激动,准备打通西域,任命裴矩为黄门侍郎,再次派遣他前往张掖,招徕各部胡人,以利益为诱饵,劝他们进京朝见。从此,西域各部胡人来来往往,前后相继,胡人经过的郡县所耗费的钱财,以亿为单位才能计算,终于使隋朝疲困匮乏,以至灭亡,这都是裴矩提倡打通西域的结果。

纲鉴易知录卷四一

隋纪

炀帝

【纲】己巳,五年,春正月,改东京为东都。

【纲】禁民间兵器。 【目】铁叉、搭钩、攒刃之类皆禁之。

【纲】三月,帝巡河右。夏四月,遣兵击吐谷浑,不克。西域诸国来朝,献地,置西海等郡。

【纲】冬十一月,还东都。

【纲】杀司隶大夫薛道衡。 【目】道衡以才学有盛名,自番州刺史召还,上高祖颂,帝不悦,曰:"此《鱼藻》之义也。"拜司隶大夫,将罪之。司隶刺史房彦谦,劝以杜绝宾客,卑辞下气,道衡不能用。会议新令,久不决,道衡谓人曰:"向使高颎不死,令决当久。"有人奏之,帝怒,付执法者推之。御史大夫裴蕴奏:"道衡负才悖逆,有无君之心。"缢杀之。

【纲】庚午,六年,春正月,诸蕃来朝,陈百戏于端门以示之。【目】帝以诸蕃酋长毕集洛阳,陈百戏于端门街,执丝竹者万八千人,自昏达旦,终月而罢,所费巨万。自是岁以为常。

诸蕃请入丰都市交易,许之。先命整饰店肆,盛设帷帐,珍货充积,人物华盛。胡客过酒食店,悉令邀入,醉饱而散,不取其直,给之曰:"中国丰饶,酒食例不取直。"胡客皆惊叹。其黠者颇觉

炀帝

【纲】己巳，五年（己巳，609），春正月，隋朝把东京改称东都。

【纲】隋朝禁止民间保存兵器。　【目】铁叉、搭钩、攒刀之类都在禁止之列。

【纲】三月，隋炀帝巡视河西地区。夏四月，隋炀帝派遣军队攻打吐谷浑，未能取胜。西域各国前来朝见，进献土地，隋朝设置了西海（治伏俟城，在今青海布喀河入青海处）等郡。

【纲】冬十一月，隋炀帝返回东都。

【纲】隋炀帝杀死司隶校尉薛道衡。　【目】薛道衡因才学出众而享有盛名，由番州（番州：原作"潘州"，据《隋书·薛道衡传》及《资治通鉴》第181卷改）（治番禺，今广东广州）任上被召回朝廷。薛道衡进献了一篇《高祖颂》。隋炀帝心中不快，说："这篇文章含有《诗经·小雅·鱼藻》讽刺周幽王的用意。"便任命他为司隶大夫，准备加罪于他。司隶刺史房彦谦劝薛道衡谢绝宾客，凡事低声下气，薛道衡不能接受。适逢讨论新法令，许久没有决定下来薛道衡便对人说："假如高颎没有死，这法令应该早就决定了。"有人将此事上奏，隋炀帝大怒，把他交付给执法部门查办。御史大夫裴蕴奏称："薛道衡自负其才，忤逆悖乱，有目无君主之心。"结果薛道衡被勒死。

【纲】六年（庚午，610），春正月，各部蕃人前来朝见，隋朝在端门外为他们举行百戏表演。　【目】隋炀帝因各部蕃人的酋长都汇集到洛阳，便命令在端门街上举行百戏表演，进行乐器演奏的有一万八千人，每天从黄昏开始，通宵达旦，直到月底才停演，耗费的钱财数以万计。从此，每年表演百戏成为惯例。

各部蕃人请求到丰都市（当时洛阳东市）进行贸易，隋炀帝答应下来。他先命令整修装饰店铺，张设华美的帷帐，摆满珍贵的货物，让商人着装豪华，商品陈列丰盛。胡族客商经过酒店饭铺时，命令店主将他们他部邀请入座，待他们酒足饭饱，离开店铺时，不要他们付钱，还要

之，见以缯帛缠树，曰："中国亦有贫者，衣不盖形，何如以此物与之，缠树何为？"市人惭不能答。

帝称裴矩之能，谓群臣曰："裴矩大识朕意，凡所陈奏，皆朕之成算而未发者，自非奉国尽心，孰能若是！"

【纲】三月，帝如江都。

【纲】除榆林太守张衡名，以王世充领江都宫监。 【目】初，张衡谏营汾阳宫，帝意不平，乃出为榆林太守。久之，敕督役江都宫。礼部尚书杨玄感使至江都，衡谓之曰："薛道衡真为枉死。"玄感奏之；江都郡丞王世充又奏衡频减顿具。帝怒，除名为民，以世充领江都宫监。

【纲】冬十二月，文安侯牛弘卒。 【目】弘宽厚恭俭，学术精博，隋室旧臣，始终信任，悔吝不及者，一人而已。弟弼，酗酒，射杀弘驾车牛。弘自外还，其妻迎谓之曰："叔射杀牛。"弘无所问，直云："作脯。"坐定，其妻又言，弘曰："已知之矣。"颜色自若，读书不辍。

【纲】征高丽王元入朝，不至。 【目】帝之幸启民帐也，高丽使者在启民所，启民不敢隐，与之见帝。裴矩说帝曰："高丽，汉、晋皆为郡县；今乃不臣，先帝欲征之久矣。今其使者亲见启民举国从化，可因其恐惧，胁使入朝。"帝从之。使牛弘宣旨，令使者还语高丽王入朝。至是不至，乃谋讨之。

【纲】辛未，七年，春二月，帝自将击高丽。夏四月，至临朔宫，

哄骗胡人说:"中国物产丰饶,到店中喝酒吃饭照例都不要钱。"胡族客商都大为惊叹。其中有些狡黠的胡人颇有觉察,看到丝帛缠在树上,便说:"中国也有穷人衣不遮体,不如把这些东西拿给穷人,何必缠在树上!"街市上的居民都惭愧得无言以对。

隋炀帝称许裴矩能干,对群臣说:"裴矩能够深切体会朕的意图,凡是他陈奏的都是朕已有成算而没有说出来的事情。若不是忠心为国效力,哪会如此!"

【纲】三月,隋炀帝前往江都(治江阳,今江苏扬州)。

【纲】隋炀帝将偷林太守张衡削除名籍,任命王世充兼任江都宫监。 【目】起初,张衡劝阻营建汾阳宫,隋炀帝很不满意,便将他外放为榆林太守。过了许久,隋炀帝又敕令他监督江都宫营建工程。礼部尚书杨玄感的使者来到江都,张衡对他说:"薛道衡的确属于冤死。"杨玄感将这话上奏给隋炀帝,江都郡丞王世充又奏称张衡屡次减缩食宿器具,隋炀帝为之恼怒,将他削除名籍,贬为平民,任命王世充兼任江都宫监。

【纲】冬十二月,文安侯牛弘去世。 【目】牛弘性情宽厚,恭谨俭朴,学问专精而又广博,在隋朝始终受到信任,没有遗憾的老臣只有牛弘一人而已。他的弟弟牛弼酗酒后把牛弘驾车的牛用箭射死,牛弘从外面回来,他妻子迎上来告诉他说:"叔叔把牛射死了。"牛弘什么也不问,只说:"做肉干吧。"坐下后,他的妻子又说此事,牛弘说:"已经知道啦。他神色自若,继续读书。

【纲】隋朝征召高丽王高元前来朝见,高元没有到来。 【目】隋炀帝到启民可汗庐帐去时,赶上高丽的使者也在启民可汗那里,启民可汗不敢隐瞒,便让高丽使者拜见隋炀帝。裴矩劝隋炀帝说:"高丽在汉、晋时期完全是中国的郡县,如今高丽竟不再称臣,先帝早就打算征伐高丽了。现在该国使者亲眼目睹启民可汗率领全国归顺我朝,接受教化,可以趁高丽恐惧不安之机,迫使高丽王前来朝见。"隋炀帝依言而行,派牛弘宣布这一旨意,让使者回国告诉高丽王前来朝见。至此,高丽王没有前来,隋炀帝便打算讨伐高丽。

【纲】七年(辛未,611),春二月,隋炀帝亲自领兵攻打高丽。夏四

征天下兵会涿郡。【目】帝御龙舟渡河，遂下诏讨高丽。敕幽州总管元弘嗣往东莱海口，造船三百艘，官吏督役，昼夜立水中，不敢息，自腰以下皆生蛆，死者什三四。又敕河南、淮南、江南造戎车五万乘，发江、淮以南民夫及船运黎阳及洛口诸仓米，舳舻千里，往还常数十万人，昼夜不绝，死者相枕，天下骚动。

【纲】冬十月，底柱崩。

【纲】王薄、张金称、高士达、窦建德等兵起。【目】是时，百姓穷困，始相聚为群盗。邹平民王薄拥众据长白山，自称"知世郎"，言事可知矣；又作《无向辽东浪死歌》以相感动，避征役者多往归之。

漳南人窦建德，少尚气侠，胆力过人；会募人征高丽，建德以选为二百人长。同县孙安祖亦以骁勇选为征士。县令笞之，安祖杀令，亡抵建德，建德谓曰："丈夫不死，当立大功，岂可但为亡虏邪！"乃集无赖少年，得数百人，使安祖将之，入高鸡泊中为群盗。时鄃人张金称聚众河曲，蓨人高士达聚众于清河，郡县疑建德与贼通，悉收其家属，杀之。建德帅麾下二百人亡归士达，士达自称东海公，以建德为司兵。顷之，安祖为金称所杀。其众尽归建德，建德兵至万余人。建德能倾身接物，与士卒均劳逸，由是人争附之，为之致死。

【纲】壬申，八年，春正月，遣诸军分道击高丽。

月，隋炀帝来到临朔宫（在隋涿郡蓟县），征调全国兵马在涿郡（今北京西南）集中。【目】隋炀帝乘坐龙舟渡过黄河，便颁布诏书下令讨伐高丽。敕令幽州（即隋涿郡）总管元弘嗣赶赴东莱（今山东掖县）海口（今莱州湾）造船三百艘。监督工役的官吏日夜站在水中，不敢歇息，腰部以下都生了蛆，死去的人有十分之三四。又敕令河南、淮南、江南等地区制造战车五万辆，征发长江、淮水以南地区的民伕和船只，运输黎阳仓（今河南浚县西南）和洛口仓（今河南巩县东南）等各仓的粮食，船只绵延千里，经常有好几十万人往返运输，昼夜不停，死去的人纵横交陈，天下骚动不安。

【纲】冬十月，砥柱（在今河南三门峡市东北）崩塌。

【纲】王薄、张金称、高士达、窦建德等人起兵反隋。【目】这时，百姓穷困，开始聚集起来，反抗朝廷。邹平县（今山东邹平北）平民王薄率领部众据守长白山（在今邹平东南），自称"知世郎，"宣称能知道世运转移，还作了一首《无向辽东浪死歌》来激发劝勉民众，许多逃避赋税徭役的人都前去投奔王薄。

漳南县（今山东平原县西北）人窦建德从少年时代就崇尚豪侠义气，胆识超群，臂力过人。适逢朝廷招募兵员远征高丽，窦建德因勇敢被选为二百人长，同县人孙安祖也因骁勇被选为征士。由于被县令笞打，孙安祖便杀死县令，逃亡到窦建德那里，窦建德对他说："男子汉只要活着，就应该建立大功，岂能只作一个逃亡的犯人！"便招集无以为生的年轻人，得到好几百人，让孙安祖率领他们进入高鸡泊（在今山东平原县西北）当了强盗。当时鄃县（今山东夏津）人张金称在河曲（今山东夏津北）聚众起事，蓨县（今河北吴桥西北）人高士达在清河县（今河北清河西北）聚众起事，郡县官员怀疑窦建德与强盗勾结，便把他的家属全部捉去杀死，窦建德率领部下二百人逃走，投奔了高士达。高士达自称东海公，委任窦建德为司兵。不久，孙安祖被张金称杀死，其部众全部投奔窦建德，窦建德的兵力达到一万多人。窦建德能够尽心竭力地对待别人，与士兵同甘共苦，因此人们争先恐后地归附他，愿意为他效力，不惜一死。

【纲】八年（壬申，612），春正月，隋炀帝派遣诸军分道进击高丽。

【纲】三月,诸军度辽水,击败高丽兵,遂围辽东。

【纲】夏六月,帝至辽东,攻城,不克。
【纲】秋七月,将军宇文述等九军,大败于萨水而还。

【纲】九月,帝还东都,慰抚使刘士龙伏诛,诸将皆除名。

【纲】杀张衡。 【目】衡既放废,帝每令亲人觇之。及还自辽东,衡妾告衡怨望谤讪,诏赐自尽。衡临死大言曰:"我为人作何等事,而望久活!"监刑者塞耳,促令杀之。

【纲】癸酉,九年,春正月,命代王侑留守西京。 【目】以刑部尚书卫文升辅之。
【纲】二月,复宇文述官爵。
【纲】三月,帝复自将击高丽,命越王侗留守东都。 【目】帝议复伐高丽,光禄大夫郭荣谏曰:"千钧之弩,不为鼷鼠发机,奈何亲辱万乘以敌小寇乎!"不听而行。命民部尚书樊子盖辅侗守东都。

【纲】夏四月,帝度辽水,遣诸将击高丽。
【纲】六月,楚公杨玄感起兵黎阳,围东都。 【目】玄感骁勇,便骑射,好读书,喜宾客,海内知名之士多与之游。蒲山公李密,少有才略,志气雄远,轻财好士,为左亲侍。帝见之,谓宇文述曰:"左仗下黑色小儿,瞻视异常,勿令宿卫!"述乃讽密使称病自免,密遂屏人事,专务读书。尝乘黄牛读《汉书》,杨素遇而异之,与语大悦,谓玄感等曰:"汝等不及也!"由是玄感与为深交。

【纲】三月,隋朝诸军渡过辽水(即今辽河),打败高丽军队,随即包围辽东。

【纲】夏六月,隋炀帝来到辽东城,向该城发动进攻,没有攻克。

【纲】秋七月,将军宇文述等九支军队在萨水(在今朝鲜平壤西)大败而回。

【纲】九月,隋炀帝返回东都洛阳,慰抚使刘士龙被处以死刑,各军将领都被削除名籍。

【纲】张衡被杀。(据《资治通鉴》第181卷,此事系于全年之末,没有月份,故依例应首加"这一年"字样) 【目】张衡放归乡里闲居后,隋炀帝时常让亲信刺探他的情形。及至隋炀帝从辽东回来,张衡的妾告发张衡怨恨不满,口出谤言。隋炀帝下诏命令张衡自杀。张衡临死时大声说:"我为别人做了什么样的事,还指望活得长久!"监刑的人堵住耳朵不听,催着把他杀死。

【纲】九年(癸酉,613),春正月,隋炀帝命令代王杨侑留守西京长安。 【目】委派刑部尚书卫文升辅佐杨侑。

【纲】二月,隋炀帝恢复了宇文述的官职爵位。

【纲】三月,隋炀帝准备再次亲自领兵进击高丽,命令越王杨侗留守东都洛阳。 【目】隋炀帝计议再次攻打高丽,光禄大夫郭荣进谏说:"千钧重弩,不会为射一只小老鼠而发动弩机。陛下怎能屈尊亲自去与一个小国打仗!"隋炀帝不听,出兵亲征,命令民部尚书樊子盖辅佐杨侗留守东都洛阳。

【纲】夏四月,隋炀帝渡过辽水,派遣各军将领进击高丽。

【纲】六月,楚公杨玄感由黎阳(今河南浚县东北)起兵,包围东都洛阳。 【目】杨玄感骁勇善战,擅长骑马射箭,爱好读书,喜欢交结宾客,许多国内知名人士都与他交往。蒲山公李密在年轻时就才略过人,志向远大,仗义疏财,乐于交结名士。他担任左侍亲时,隋炀帝看到他便对宇文述说:"左翊卫的黑脸皮的年轻人,看上去不同寻常,不要让他担任值宿警卫任务了!"宇文述便暗示李密,让他托称有病,主动免除职务。李密也就丢开人事往来,专心致志地读书。有一次,李密坐在黄牛车上阅读《汉书》,杨素一遇见他就认为他不是常人,与他交谈,

初，玄感以朝政日紊，与诸弟潜谋作乱。至是，帝命玄感于黎阳督运。六月，玄感入黎阳，选运夫少壮者得五千余人，刑三牲誓众，且谕之曰："主上无道，不以百姓为念，天下骚扰，死辽东者以万计。今与君等起兵以救兆民之弊，何如？"众皆踊跃称万岁。乃勒兵部分。

先是玄感阴遣召李密。密至，玄感大喜，问计。密曰："天子出征，远在辽外，去幽州犹隔千里。公拥兵出其不意，长驱入蓟，扼其咽喉。高丽闻之，必蹑其后，不过旬日，资粮皆尽，其众不降则溃，可不战而擒，此上计也。"玄感曰："更言其次。"密曰："关中四塞，天府之国，虽有卫文升，不足为意。今帅众鼓行而西，经城勿攻，直取长安，收其豪杰，抚其士民，据险而守之。天子虽还，失其根本，可徐图也。"玄感曰："更言其次。"密曰："简兵倍道，袭取东都，以号令四方。但恐先已固守，若引兵攻之，百日不克，天下之兵四面而至，非仆所知也。"玄感曰："不然，今百官家口并在东都，若先取之，足以动其心。且经城不拔，何以示威！公之下计，乃上策也。"遂引兵向洛阳，围东都。

【纲】帝引军还，遣宇文述、来护儿等击杨玄感。

【纲】秋七月，杨玄感引兵趣潼关。八月，宇文述等追之，玄感败死。

非常高兴，便对杨玄感说："你们都不如他！"从此，杨玄感与李密结成深交。

起初，由于朝政日趋紊乱，杨玄感与弟弟们暗中图谋作乱。至此，隋炀帝命令杨玄感在黎阳监督运输军需物资。六月，杨玄感进入黎阳，挑选年青力壮的运伕五千多人，杀了牛、羊、猪三牲，当众誓师，并且告诉大家说："皇上无道，不把百姓挂在心上。天下骚动不安，死在辽东的人数以万计。现在我与诸位起兵，是为了拯救百姓的苦难，诸位意下如何？"大家都踊跃奋起，高呼万岁。于是杨玄感统领军队，作了必要的部署。

在此之前，杨玄感暗中派人去召李密，李密前来，杨玄感大喜。杨玄感向李密问计，李密说："天子出征，远在辽东，就是距离幽州也隔了上千里地。你可以率领兵马出其不意地长驱直入蓟县，扼制住隋军返回的咽喉要道。高丽得知这一消息后，肯定要在隋军后面追踪。过不了十天，隋军的物资粮秣都消耗光了，其兵众不是投降，就是逃散，可以不用交战就捉住皇上，这是上策。"杨玄感说："请你再说其次的计策。"李密说："关中地区四面都有险关要塞，是一个天府之国。虽然那里有卫文升据守长安，但是他不难对付。现在，你可以率领大家擂鼓西进，不去攻打中途经过的城邑，而是径直占领长安，收揽当地的杰出人物，安抚当地的士绅百姓，凭借险要的地势，据守关中。即使天子回来了，但是他失去了关中这一根本重地，你就可以慢慢再作打算了。"杨玄感说："请你再说说其次的计策。"李密说："挑选精兵，兼程行军，袭击并占领东都洛阳，以便号令四方。只怕那里事先已经加强防守，如果率军攻打了一百天还不能攻克，全国的兵力从四面八方赶到，我就不知道结局如何了。"杨玄感说："不对。现在朝廷百官的家属都住在东都，如果率先攻下东都，足以动摇他们的决心。况且，不攻克中途经过的城邑，怎么能显示我军的威力！你讲的下策，才是上策。"便率领军队向东都洛阳挺进，将全城包围起来。

【纲】隋炀帝率军返回，派遣宇文述、来护儿等人进击杨玄感。

【纲】秋七月，杨玄感率领军队奔赴潼关（今陕西渭南东）。八月，宇文述等人追击杨玄感，杨玄感战败身亡。

【纲】以唐公李渊为弘化留守。 【目】帝以卫尉少卿李渊为弘化留守。渊御众宽简,人多附之。帝以渊相表奇异,又名应图谶,忌之。未几,征诣行在所,渊遇疾未谒。其甥王氏在后宫,帝问曰:"汝舅来何迟?"王氏以疾对,帝曰:"可得死否?"渊闻之,惧,因纵酒纳赂以自晦。

【纲】杀杨玄感党与三万余人。 【目】帝使御史大夫裴蕴等推玄感党与。谓曰:"玄感一呼而从者十万,益知天下人不欲多,多即相聚为盗耳。不尽加诛,无以惩后。"由是所杀三万余人,枉死者大半。玄感之围东都也,开仓赈给百姓。凡受米者,皆坑之于都城之南。

玄感所善文士王胄,坐徙边,亡命,捕得,诛之。帝善属文,不欲人出其右。薛道衡死,帝曰:"更能作'空梁落燕泥'否!"胄死,帝诵其佳句曰:"庭草无人随意绿',复能作此语邪!"

帝自负才学,每骄天下之士,帝谓侍臣曰:"天下皆谓朕承藉绪余而有四海,设令朕与士大夫高选,亦当为天子。"谓秘书郎虞世南曰:"我性不喜人谏,若位望通显而谏以求名者,弥所不耐。至于卑贱之士,虽少宽假,然卒不置之地上。汝其知之!"

【纲】甲戌,十年,春二月,征天下兵伐高丽。三月,帝如涿郡。秋七月,次怀远镇。高丽遣使请降。

【纲】冬十月,还西京。

【纲】隋炀帝任命唐公李渊为弘化（治合水，今甘肃庆阳）留守。
【目】隋炀帝任命卫尉少卿李渊为弘化留守。李渊对待部下宽大为怀，要求简便易行，许多人都归附他。由于李渊相貌奇特，名字又与图谶相应，隋炀帝对他心怀猜忌。没过多久，隋炀帝征召李渊前往行在，赶上李渊生病，未能进见。李渊的外甥女王氏是后宫里的人，隋炀帝问她说："你舅舅为什么迟迟不来？"王氏回答说李渊正在生病，隋炀帝说："死得了吗？"李渊得知消息后恐惧不安，因而纵情饮酒，收受贿赂，借以伪装自己。

【纲】隋朝杀死杨玄感的党羽三万多人。【目】隋炀帝委派御史大夫裴蕴等查办杨玄感的党羽，对他说："杨玄感一声号召，就有十万人追随，越发证明不应该让天下人太多，多了就聚众闹事。不把这些人全部诛灭，就不能警告后人。"因此有三万多人被杀，大半属于含冤而死。杨玄感包围东都洛阳时，曾经开仓赈济百姓。凡是接受粮食赈济的百姓，统统被活埋在洛阳城南。与杨玄感友好的文士，都获罪流配边地，如果逃亡在外，一经捉获，便被处死。

隋炀帝善于写文章，不愿意有人超过自己。薛道衡被杀时，隋炀帝说："看你还能写'空梁落燕泥'的诗句吗！"王胄被杀时，隋炀帝吟诵着他的佳句说："'庭草无人随意缘，'，看你还能写出这样的句子来吗！"

隋炀帝对自己的才学非常自负，每每瞧不起天下文士。有一次，隋炀帝对侍臣说："天下人都认为朕凭借先帝的基业才得以继位，拥有天下。假如朕与士大夫一齐参加科举考试，朕也应该当天子。"隋炀帝对秘书郎虞世南说："我生性不喜欢听别人的劝谏，如果职位已高，名望已重，却还要通过进谏猎取美名，朕就越发难以忍受。至于对那些地位低下的人们，虽然朕会稍微宽容一些，但是终究不会让他显露头角。你记住这一点吧！"

【纲】十年（甲戌，614），春二月，隋炀帝征调天下兵马攻打高丽。三月，隋炀帝前往涿郡。秋七月，隋炀帝到达怀远镇，高丽派遣使者请求投降。

【纲】冬十月，隋炀帝返回西京长安。

【纲】十二月,帝如东都,杀太史令庾质。 【目】帝将如东都,太史令庾质谏曰:"比岁伐辽,民实劳弊,陛下宜镇抚关内,使百姓尽力农桑,三五年间,四海稍丰实,然后巡省,于事为宜。"帝怒,下质狱,杀之。

【纲】乙亥,十一年,春二月,孔雀集朝堂,百官称贺。 【目】有二孔雀自西苑飞集朝堂,亲卫校尉高德儒等十余人见之,奏以为鸾,时孔雀已去,无可得验,于是百官称贺。拜德儒朝散大夫,赐物百段。

【纲】夏四月,帝如汾阳宫。以李渊为山西、河东抚慰大使。

【纲】秋八月,帝巡北边,突厥始毕可汗入寇。帝入雁门,始毕围之;九月,乃解。 【目】帝巡北边,始毕可汗帅骑数十万谋袭乘舆。义成公主先遣使者告变。车驾驰入雁门,突厥围雁门。诏天下募兵,守令竞来赴难。李渊之子世民,年十六,应募隶屯卫将军云定兴,说之曰:"始毕敢举兵围天子,必谓我仓猝不能赴援故也。宜昼则引旌旗,令数十里不绝,夜则钲鼓相应,虏必谓救兵大至,望风遁去。"定兴从之。诸郡援兵亦至;九月,始毕解围去。

【纲】冬十月,帝还东都。
【纲】诏江都更造龙舟。
【纲】城父朱粲兵起。
【纲】丙子,十二年,春正月,分遣使者发兵击诸起兵者。

【纲】夏四月,大业殿火。五月朔,日食既。
【纲】除纳言苏威名。 【目】帝问侍臣盗贼,翊卫大将军宇文

【纲】十二月，隋炀帝来到东都洛阳，杀死太史令庾质。　【目】隋炀帝准备前往东都洛阳，太史令庾质进谏说："近年讨伐高丽，百姓确实已经疲困不堪。陛下应该安抚关中，使百姓努力从事农业生产，经过三、五年，待到国家逐渐丰足充裕以后，陛下再去巡视各地，才是妥善的安排。"隋炀帝大怒，将庾质关进监狱，随即处死。

【纲】十一年（乙亥，615），春二月，孔雀飞到朝堂中，百官祝贺。【目】有两只孔雀从西苑（在今河南洛阳西）飞到朝堂中，亲卫校尉高德儒等十多人见此情景，奏称那是凤凰。当时，孔雀已经飞走，无法验证，于是百官向隋炀帝祝贺。隋炀帝任命高德儒为朝散大夫，赏赐他布帛一百段。

【纲】夏四月，隋炀帝前往汾阳宫。隋炀帝任命李渊为山西、河东（太行山以西、黄河以东）抚慰大使。

【纲】秋八月，隋炀帝巡视北部边境，突厥始毕可汗入侵。隋炀帝进入雁门（今山西代县），始毕可汗包围了该城。九月，始毕可汗解除对雁门的包围。　【目】隋炀帝巡视北部边境，始毕可汗率领数十万骑兵图谋袭击隋炀帝，义成公主抢先派使者来报告将要发生变故。隋炀帝奔入雁门，突厥军队便包围雁门。隋炀帝颁诏命令在全国招募士兵，各地郡守县令争着赶来解救危难。李渊的儿子李世民，年仅十六岁。他应征入伍，隶属屯卫将军云定兴。李世民劝他说："始毕敢起兵包围皇上，一定是认为我们在仓促之间不能赶来援救的缘故。我们应该白天让旗帜在数十里以内接连不断地招展移动，夜间锣鼓彼此呼应，敌人肯定认为大批救兵赶到，就会望风逃走。"罢定兴依计而行。这时，各郡援兵也已经赶到，九月，始毕可汗解除包围，撤军离去。

【纲】冬十月，隋炀帝返回东都洛阳。

【纲】隋炀帝颁诏命令江都再造龙舟。

【纲】城父（今安徽亳县东南）人朱粲起兵反隋。

【纲】十二年（丙子，616）春正月，隋朝分别派遣使者发兵进击各地的起兵者。

【纲】夏四月，大业殿发生火灾。五月一日，发生了日全食。

【纲】纳言苏威被削除名籍。　【目】隋炀帝向身边大臣询问各地

述曰："渐少。"纳言苏威引身隐柱,帝呼问之,对曰："臣非所司,不喻多少,但患渐近。"帝曰："何谓也?"威曰："他日贼据长白山,今近在汜水。且往日租赋丁役,今皆何在?岂非其人皆化为盗乎!"帝不悦。属五月五日,百僚多馈珍玩,威独献《尚书》。或谮之曰:"《尚书》有《五子之歌》,威意甚不逊。"帝益怒。顷之,帝问威以伐高丽事,威欲帝知天下多盗,对曰："今兹之役,愿不发兵,但赦群盗,自可得数十万,遣之东征,高丽可灭。"帝不怿。威出,裴蕴奏曰："此大不逊!天下何处有许多贼!"帝曰："老革多奸,以贼胁我!"蕴遣河南白衣张行本奏："威昔典选,滥授人官。"案验,狱成,诏除名为民。

【纲】秋七月,帝如江都,命越王侗留守,杀谏者任宗、崔民象、王爱仁。 【目】江都龙舟成,送东都。宇文述劝幸江都,帝从之。建节尉任宗上书极谏,即日于朝堂杖杀之。遂幸江都,命越王侗与光禄大夫段达等总留后事。奉信郎崔民象以盗贼充斥,于建国门上表谏;帝大怒;先解其颐,然后斩之。至汜水,奉信郎王爱仁复上表请还西京,斩之。

【纲】冬十月,许公宇文述卒。 【目】初,述子化及、智及皆无赖。化及事帝于东宫,帝宠昵之。从幸榆林,化及、智及冒禁与突厥交市,帝怒,将斩之,既而释之。述卒,帝复以化及为右屯卫将军,智及为将作少监。

反军的情况,翊卫大将军宇文述说:"逐渐少了。"纳言苏威抽身躲到柱子的后面,隋炀帝把他叫过来,问他原因何在,苏威回答说:"我不主管军事,不晓得各地反军到底有多少,但是他们已经逐渐逼近京城了。"隋炀帝问:"你这是什么意思?"苏威说:"过去反军据守长白山,现在已经发展到汜水县(今河南荥阳西北)。而且往日的租税徭役现在都哪里去了?难道不是应该交税服役的人都变成反军了吗!"隋炀帝很不高兴。正赶上五月五日,百官大多赠送珍宝玩物,只有苏威进献了一部《尚书》。有人诬陷苏威说:"《尚书》中有《五子之歌》,苏威的用意很不恭敬。"隋炀帝愈加恼怒。不久,隋炀帝就讨伐高丽的事情征求苏威的意见,苏威希望让隋炀帝了解全国反军为数众多,便回答说:"现在对高丽的远征,希望停止发兵。只要赦免各地反军,自然可以得到数十万军队。派遣他们东征,足以消灭高丽。"隋炀帝闻言不悦。苏威出去后,裴蕴上奏说:"这人太不恭敬!国内哪里有这么多反军!"隋炀帝说:"老家伙诡计多端,竟用反军来威胁我!"裴蕴指使河南(今河南洛阳)平民张行本奏称:"过去苏威主管选拔官吏时,胡乱授给别人官职。"经审查核实,罪状成立,隋炀帝便下诏将他削除名籍,贬为平民。

【纲】秋七月,隋炀帝前往江都,任命越王杨侗为留守,杀死进谏的官员任宗、崔民象、王爱仁。 【目】江都造成龙舟后,送到东都洛阳。宇文述劝隋炀帝巡视江都,隋炀帝依言而行。建节尉任宗上书极力劝谏,当天便遭受杖刑,被打死在朝堂上。于是隋炀帝巡视江都,任命越王杨侗与光禄大夫段达等人总管留后事务。奉信郎崔民象认为到处都有反军,便在建国门上表进谏,隋炀帝怒不可遏,让人先托掉他的下巴,然后将他杀死。来到汜水县时,奉信郎王爱仁又上表请隋炀帝返回西京长安,隋炀帝又将他杀死。

【纲】冬十月,许公宇文述去世。 【目】起初,宇文述的儿子宇文化及和宇文智及都是无赖之徒。宇文化及在隋炀帝当太子时奉侍左右,得到隋炀帝的宠爱亲近。随从隋炀帝巡视榆林时,宇文化及和宇文智及冒犯禁令,与突厥人进行交易,隋炀帝发怒,准备将他们杀掉,但又随即予以释放。宇文述去世后,隋炀帝又任命宇文化及为右屯卫将军,宇文智及为将作少监。

【纲】翟让、李密起兵攻荥阳,张须陁击之,败死。 【目】韦城翟让为东郡法曹,坐事当斩,亡命于瓦岗为群盗。同郡单雄信骁健,善马槊,聚少年往从之。离狐徐世勣,年十七,有勇略,说让剽行舟商旅,让资用丰给,附者益众,至万余人。时又有外黄王当仁、济阳王伯当、韦城周文举、雍丘李公逸等,皆拥众为盗。

李密自雍丘亡命,往来诸帅间,说以取天下之策。始皆不信,久之,稍以为然,相谓曰:"今人皆云杨氏将灭,李氏将兴。吾闻王者不死,斯人再三获济,岂非其人乎!"由是渐敬密。密察诸帅唯翟让最强,乃因王伯当以见让,为让画策,说让先取荥阳;于是攻荥阳诸县多下之。帝以张须陁为荥阳通守以讨之。密分兵千余人伏林间,掩之,须陁败死。河南郡县为之丧气。

【纲】十二月,鄱阳林士弘称楚帝,据江南。

【纲】以李渊为太原留守,击甄翟儿,破之。

【纲】太仆杨义臣击张金称、高士达,斩之。窦建德收其众,取饶阳。诏罢义臣兵。 【目】内史郎虞世基以帝恶闻盗贼,诸将有告败求救者,皆不以闻,或杖其使者,以为妄言。由是盗贼遍海内,帝皆弗之知。杨义臣破降河北贼数十万,列状上闻,帝叹曰:"我初不闻,贼顿如此,义臣降贼何多也!"世基对曰:"小窃虽多,未足为虑,义臣克之,拥兵不少,久在阃外,此最非宜。"帝曰:"卿言是也。"遽追义臣,放散其兵,贼由是复盛。

【纲】翟让、李密起兵攻打荥阳（治管城，今河南郑州），张须陀率军反击，战败而死。　　【目】韦城（今河南滑县东南）人翟让担任东郡（治滑台，在今河南滑县东北）法曹，因事犯罪，应当斩首，便逃亡到瓦岗（今河南滑县南瓦岗集）去当强盗。同郡人单雄信骁勇矫健，擅长骑马使矛，聚集了一些年轻人前去投奔翟让。离狐（今河南东明东南）人徐世勣年仅十七岁，有勇有谋，劝翟让抢劫过往船只和商人旅客，翟让物资供应丰足，归附他的人们越发众多，达到一万多人。当时还有外黄（今河南杞县东）人王当仁、济阳（今山东曹县西南）人王伯当，韦城人周文举、雍丘（今河南杞县）人李公逸等人，都率领人众当了强盗。

李密由雍丘流亡逃命以来，便在各部头领之间往来，劝他们采用自己夺取天下的计策。各部首领最初都不相信他，时间长了，逐渐认为他的计策很对，便交谈说："现在人们都说杨氏即将灭亡，李氏即将兴起。听说将成帝业的人总是大难不死，此人接二连三逃脱追杀，莫非他就是将成帝业的那个人吗！"从此，各部首领逐渐敬重李密。李密察看各部头领的实力，只有翟让最为强大，便通过王伯当去见翟让，为翟让出谋划策，劝翟让先占有领荥阳，于是翟让进攻荥阳各县，各县多被攻克。隋炀帝任命张须陀为荥阳通守，前去讨伐翟让，李密分出一千多名士兵埋伏在树林中，袭击张须陀，张须陀战败而死，河南地区各郡县都因此士气大伤。

【纲】十二月，鄱阳（今江西波阳）人林士弘称楚帝，占据了江南地区。

【纲】十二月，隋朝任命李渊为太原（治晋阳，今山西太原西南）留守，让他进击甄翟儿，结果把他们打得大败。

【纲】太仆杨义臣进击张金称、高士达，将二人杀死。窦建德招集张金称和高士达的部从，占领饶阳（今河北献县西北），隋炀帝颁诏命令杨义臣停止用兵。　　【目】由于隋炀帝讨厌听反军的事情，内史虞世基对于各位将领报告战败、请求援救的消息，一律不向隋炀帝奏报，隋炀帝有时还杖打败军派来的使者，认为那是胡说。从此，反军遍布全国，而隋炀帝全然不知。杨义臣打败并收降河北反军好几十万人，把情况写成表状上报，隋炀帝感叹道："起初我还不知道，反军顿时发展成这

【纲】帝至江都。诏李渊击突厥。

【纲】丁丑，十三年，春正月，窦建德称长乐王。

【纲】二月，马邑校尉刘武周、朔方郎将梁师都，各据郡起兵。

【纲】翟让、李密据兴洛仓，击败东都兵。让推密称魏公，略取河南诸郡。

【纲】三月，突厥立刘武周为定杨可汗，取楼烦、定襄、雁门诸郡。

【纲】梁师都取雕阴、弘化、延安等郡，自称梁帝。引突厥寇边。

【纲】流人郭子和起兵榆林，突厥以为屋利设。

【纲】夏四月，金城校尉薛举起兵陇西，自称西秦霸王。

【纲】河南讨捕使裴仁基以虎牢降李密。密攻东都，入其郛。
【目】密移檄郡县，数帝十罪，且曰："罄南山之竹，书罪无穷；决东海之波，流恶难尽。"祖君彦之辞也。

【纲】五月，李渊起兵太原，杀副留守王威、高君雅。 【目】初，渊娶于神武肃公窦毅，生四男，建成、世民、玄霸、元吉；一女，适太子千牛备身临汾柴绍。世民聪明勇决，识量过人，见隋室方乱，阴有安天下之志，倾身下士，散财结客，咸得其欢心。晋阳宫监裴寂，晋阳令刘文静，相与同宿，见城上烽火，寂叹曰："贫贱如此，复逢乱离，何以自存！"文静笑曰："时事可知，吾二人相得，何忧贫贱！"文静见李世民而异之，深自结纳，谓寂曰："此人虽少，命世才

个样子，杨义臣收降的反军竟有这么多！"虞世基说："小股反军虽然很多，但是不足为虑宜的。杨义臣打败了他们，拥有的军队不少，让他长期留在朝廷之外，这是非常不合适。"隋炀帝说："你说得对。"便赶忙追回杨义臣，遣散了他的军队，由此反军再度强盛起来。

【纲】隋炀帝来到江都，下诏命令李渊攻打突厥。

【纲】十三年（丁丑，617），春正月，窦建德称长乐王。

【纲】二月，马邑（治善阳，今山西朔县校尉刘武周、朔方（治岩绿，在今陕西米脂西）郎将梁师都，各自占领本郡，率众起兵。

【纲】翟让、李密占领兴洛仓（即洛口仓，今河南巩县东南），打败东都洛阳的军队。翟让推举李密称魏公，攻取河南地区各郡。

【纲】三月，突厥封立刘武周为定杨可汗，刘武周占领楼烦（治静乐，今山西静乐西南）、定襄（治大利，今内蒙古清水河县东南）、雁门各郡。

【纲】梁师都占领雕阴（治上县，今陕西绥德）、弘化、延安（治肤施，今陕西延安东）等郡，自称梁帝，领着突厥军队侵犯隋朝边境。

【纲】被流放的罪人郭子和在榆林起兵，突厥任命他为屋利设。

【纲】夏四月，金城（今甘肃兰州）校尉薛举在陇西（治襄武，今甘肃陇西西南）起兵，自称西秦霸王。

【纲】河南讨捕使裴仁基率虎牢投降李密。李密攻打东都洛阳，打进洛阳外城。　【目】李密向各郡县发布檄文，历数隋炀帝的十条罪状，并且说："把终南山的竹子都削成竹简，也写不尽他的罪行；放出东海的波涛，也洗不净他的罪恶。"这是祖君彦写的文辞。

【纲】五月，李渊在太原起兵，杀死副留守王威、高君雅。　【目】起初，李渊娶了神武肃公窦毅的女儿，生了四个儿子，即李建成、李世民、李玄霸、李元吉，还生了一个女儿，嫁给了太子千牛备身临汾（今山西临汾）人柴绍。李世民聪明勇敢，办事果断，见识超群，气量过人，他目睹隋朝正在大乱，暗中产生了安定天下的志向，尽心竭力地礼贤下士，广散资财，交结宾客，得到人们的一致的爱戴。晋阳宫监裴寂，晋阳县令刘文静两人住在一起，看到城头燃起的烽火，裴寂感慨地说："我们这样贫贱，又遇上世道混乱，怎么能够保全自己！"刘文静笑着说："时

也。"寂初未然之。文静坐与李密连昏，系狱，世民就省之。文静曰："天下大乱，非高、光之才不能定也。"世民曰："安知其无，但人不识耳。我来相省，非儿女之情，欲与君议大事也。计将安出？"文静曰："今主上南巡江、淮，李密围逼东都，群盗殆以万数。当此之际，有真主驱驾而用之，取天下如反掌耳。太原百姓皆避盗入城，文静为令数年，知其豪杰，一旦收集，可得十万人，尊公所将之兵复且数万，一言出口，谁敢不从！以此乘虚入关，号令天下，不过半年，帝业成矣。"世民笑曰："君言正合我意。"乃阴部署宾客，渊不之知也。世民恐渊不从，久不敢言。渊与裴寂有旧，每相与宴语，文静欲因寂关说，乃引寂与世民交。世民以其谋告之，寂许诺。

会突厥寇马邑，世民乘间屏人说渊曰："今主上无道，百姓困穷，晋阳城外皆为战场；大人若守小节，下有寇盗，上有严刑，危亡无日。不若顺民心，兴义兵，转祸为福，此天授之时也。"渊大惊曰："汝安得为此言！"明日世民复说渊曰："今盗贼遍于天下，大人受诏讨贼，贼可尽乎！设能尽贼，则功高不赏，身益危矣！惟昨日之言，可以救祸，此万全之策也，愿大人勿疑。"渊乃叹曰："吾一夕思汝言，亦大有理。今日破家亡躯亦由汝，化家为国亦由汝矣！"先是，裴寂私以晋阳宫人侍渊，至是，渊从寂饮，酒酣，寂从容言曰："二郎阴养士马，欲举大事，正为寂以宫人侍公，恐事觉并诛耳。众情已协，公意如何？"渊曰："事已如此，当复奈何？正须从之耳。"及刘

下的事情很清楚，我们两人互相配合，何必为贫贱发愁！"刘文静见到李世民，认为他奇异不凡，便与他密切结交。刘文静对裴寂说："此人虽然年轻，却是一位济世之才。"裴寂起初不以为然。刘文静因与李密通婚而获罪，被逮捕入狱，李世民前去探望。刘文静说："当今天下大乱，没有汉高帝和汉光武帝的才干，就不能平定天下。"李世民说："你怎么知道当今没有，只是人们认不出来罢了。我来探望，不是为了你我之间的个人交情，而是想和你商量大事。你有什么高见？"刘文静说："如今皇上南下巡视江淮地区，李密围攻东都洛阳，各路盗贼大约数以万计。在这样的时刻，如果出现一位真命天子能驾驭并任用他们，夺取天下就易如反掌了。太原的百姓为了躲避盗贼都搬进城里，我担任县令数年，知道其中的杰出人物，一旦把他们招揽聚合起来，可以得到十万人，加上令尊大人率领的军队又有数万人，只要说一句话，谁敢不听！率领这支军队乘虚打进关中，号令天下，用不了半年，帝业就完成了。"李世民笑着说："你的主张正合我意。"便暗部署宾客去做准备，连李渊也不知道这些事情。李世民担心李渊不肯答应，所以很长时间里都没敢说出来。李渊与裴寂往日颇有交情，两人时常在一起饮宴交谈。刘文静打算通过裴寂来劝说李渊，便介绍裴寂与李世民交往。李世民把自己的计划告诉了裴寂，裴寂答应下来。

　　适逢突厥侵犯马邑，李世民乘机摒退身边的人，劝李渊说："如今皇上无道，百姓穷困，晋阳城外到处都是战场。如果大人一味拘守小节，下有各路反军，上有严酷的刑罚，危亡指日可待。大人不如顺应民心，组织义军转祸为福，这是上天赐与的大好时机。"李渊大吃一惊，说："你怎么能说出这种话来！"第二天，李世民再次劝李渊说："现在反军遍布天下，大人受诏讨伐反军，可是大人能把反军消灭吗？就算大人能够消灭反军，那就功劳高得难以再给封赏，大人自己的处境就越发危险了！只有我昨天的话，可以解救祸难，这是万全之策，希望大人不要迟疑。"李渊叹了口气说："我把你的话想了一夜，你的话也很有道理。现在，家破人亡也由你，变家为国也由你了！"在此之前，裴寂私下用晋阳宫女侍奉李渊，至此，李渊和裴寂一起喝酒，喝到酒兴正浓的时候，裴寂不慌不忙地说："二郎暗中招兵买马，打算举义，正为我让宫女

武周据汾阳宫,世民言于渊曰:"大人为留守,而盗贼窃据离宫,不早建大计,祸今至矣!"渊乃命世民与刘文静、长孙顺德、刘弘基等各募兵,远近赴集,旬日间近万人,乃密遣使召建成、元吉于河东,柴绍于长安。王威、高君雅见兵大集,疑渊有异志,欲讨渊。渊使世民伏兵于晋阳宫城之外,文静与弘基、顺德等共执威、君雅系狱。会突厥数万众寇晋阳,众以为威、君雅实召之也,于是斩威、君雅以徇。突厥大掠而去。

【纲】六月,李渊遣使如突厥。 【目】六月,建成、元吉与柴绍偕至晋阳。刘文静劝李渊与突厥相结,资其士马,以益兵势。渊从之,自为手启,卑辞厚礼,遗始毕可汗。始毕复书,欲渊自为天子,乃以兵马助之。将佐皆喜,请从突厥之言。渊不可,曰:"诸君宜更思其次。"裴寂等乃请尊天子为太上皇,立代王为帝,以安隋室;移檄郡县;改易旗职,杂用绛白,以示突厥。渊曰:"此可谓'掩耳盗铃',然逼于时事,不得不尔。"乃许之,遣使以此告突厥。

【纲】李渊遣世子建成及世民击西河郡,拔之,斩郡丞高德儒。 【目】西河郡不从渊命,渊使建成、世民将兵击之。至西河城下,郡丞高德儒闭城拒守,攻拔之。执德儒至军门,世民数之曰:"汝指野鸟为鸾,以欺人主,取高官。吾兴义兵,正为诛佞人耳!"遂斩之。自余不戮一人,秋毫无犯,各慰抚使复业,远近闻之大悦。建成等引兵还晋阳,往返凡九日。渊喜曰:"以此行兵,虽横行天下

来侍候你，担心事情泄露出去，大家都遭诛灭。现在大家的意见已经协调一致，你意下如何？"李渊说："事情已经如此，我还能怎样？只有听他的了。"及到刘武周占据汾阳宫时，李世民对李渊说："大人担任留守，而反军占据了行宫，如果大人还不及早决定起事，现在就会大祸临头了！"李渊便命令李世民与刘文静、长孙顺德、刘弘基等人各自去招募士兵，结果远近各地的人们都赶来应募，十天里就招收了将近一万人。李渊还秘密派遣使者从河东（今山西永济西蒲州镇）召回李建成和李元吉，从长安召回柴绍。王威和高君雅一见大军汇集晋阳，怀疑李渊有反叛的意图，打算讨伐李渊。李渊派遣李世民在晋阳宫城外面埋伏下兵马，让刘文静和刘弘基、长孙顺德等人共同捉住王威和高君雅将他们押入监狱。适逢几万突厥人马前来侵犯晋阳，大家以为是王威和高君雅暗中召来了突厥人，因而将王威和高君雅斩首示众。突厥军队大肆掠夺一场，然后离去。

【纲】六月，李渊派遣使者前往突厥。 【目】六月，李建成、李元吉与柴绍一齐来到晋阳。刘文静劝李渊与突厥互相交结，请突厥资助人马，以增加军队的声势。李渊依官而行，写了一封措词谦卑的亲笔信，带着丰厚的礼物，送给突厥始毕可汗。始毕可汗回信表示希望由李渊本人来当天子，他便率领兵马相助。部下将领都很高兴，请李渊按突厥人的话去做，李渊不肯同意，说："诸位应该再考虑其次的对策。"裴寂等人便请求尊隋炀帝为太上皇，立代王杨侑为帝，以安定隋皇室；向各郡县发布檄文，改换成深红色与白色杂用的旗帜，以便于突厥识别。李渊说："这真算得上掩耳盗铃了，但是由于时势的逼迫，不得不这样去做。"便答应了大家的要求，派遣使者把此事通告突厥。

【纲】李渊派遣世子李建成和李世民进击西河郡（治隰城，今山西汾阳），攻克该城，杀死郡丞高德儒 【目】西河郡不服从李渊的命令，李渊派遣李建成、李世民率领军队进击西河郡。来到西河城下时，郡丞高德儒关闭城门，领兵抵抗，终被攻克。高德儒被押送到军营大门前，李世民斥责他说："你把野鸟说成凤凰，欺骗皇上，猎取高官。我发起义军，正是为了诛杀佞人！"便将他斩首。此外不杀一人，秋毫无犯，还分别抚慰当地人民，让他们恢复本业，远近各地的人们闻讯

可也。"遂定入关之计。

【纲】李渊自称大将军,开府置官属。

【纲】秋七月,李渊引兵至霍邑,代王侑遣郎将宋老生、将军屈突通将兵拒之。 【目】李渊以子元吉为太原太守,留守晋阳宫。帅甲士三万发晋阳,誓众,移檄,谕以尊立代王之意;西突厥阿史那大奈亦帅其众以从。渊至西河,慰劳吏民,赈赡贫乏;至贾胡堡,去霍邑五十余里。代王侑遣郎将宋老生帅精兵二万屯霍邑,大将军屈突通将骁果数万屯河东,以拒渊。会积雨,渊不得进。

刘文静至突厥,见始毕可汗请兵。

渊以书招李密。密自恃兵强,欲为盟主,复书曰:"所望左提右挈,戮力同心,执子婴于咸阳,殪商辛于牧野。"渊得书,笑曰:"密妄自矜大,非折简可致。吾方有事关中,若遽绝之,乃是更生一敌;不如卑辞推奖以骄其志,使为我塞成皋之道,缀东都之兵,我得专意西征。俟关中平定,据险养威,徐观蚌鹬之势,以收渔人之功,未为晚也。"乃复书曰:"天生烝民,必有司牧,当今为牧,非子而谁!老夫年逾知命,愿不及此。欣戴大弟,攀鳞附翼,唯弟早膺图箓,以宁兆民!宗盟之长,属籍见容,复封于唐,斯荣足矣。"密得书甚喜,以示将佐曰:"唐公见推,天下不足定矣!"自是信使往来不绝。

雨久不止,渊军中粮乏;刘文静未返,或传突厥与刘武周乘虚袭晋阳;渊欲北还。裴寂等亦以为"隋兵尚强,未易猝下,李密奸谋

非常高兴。李建成等人率领军队返回晋阳，往返共用了九天时间。李渊高兴地说："这样行军打仗，即使要横行天下也办得到！"于是决定了进入关中的计划。

【纲】李渊自称大将军，设置军府，委任官属。

【纲】秋七月，李渊率领军队抵达霍邑（今山西霍县）。代王杨侑派遣郎将宋老生、将军屈突通率领军队抵抗李渊。　【目】李渊让儿子李元吉担任太原太守，留守晋阳宫，本人率领三万名甲士从晋阳出发，当众誓师，向各地发布檄文，传达尊立代王杨侑为帝的宗旨，西突厥阿史那大奈也率领部众相随。李渊来到西河郡，慰劳官吏百姓，赈济贫穷困乏之人。来到贾胡堡，距离霍邑只有五十多里时，代王杨侑派遣郎将宋老生率领两万精兵进驻霍邑，大将军屈突通率领好几万骁勇善战的军队进驻河东，抵御李渊。适逢连降雨，李渊无法前进。

刘文静前往突厥，拜见始毕可汗，请求突厥发兵。

李渊写信招降李密。李密仗着自己兵力强盛，打算做反军的盟主，他回信说："希望你对我多加扶助，齐心协力，完成在咸阳捉获秦王子婴，在牧野诛灭殷纣王的大业。"李渊接到回信，笑着说："李密妄自尊大，凭一封书信不能把他招来。我正在关中采取军事行动，如果马上与他关系破裂，便是又树了一个敌人。不如用谦卑的词句夸奖他，使他心骄气傲，让他替我截断成皋（今河南荥阳西北）通路，阻挡东都洛阳的军队，我就能够专心西征了。等关中平定后，我据守险塞，养精蓄锐，慢慢观察鹬蚌相争的形势，坐收渔人之利，也不算晚。"于是李渊回信说："天生万民，也一定有治民的人。当今治民的人，不是您还能是谁！老夫年过五十，已经没有这样的愿望。我欣然拥戴老弟，攀龙附凤，只希望老弟早日把图谶的预言变为现实，使万民得到安宁！老弟作为李氏一族的宗主，希望你能承认我的属籍，请再把我封到唐地，有这等荣耀，我也就满足了。"李密收到信异常高兴。他把这封信拿给部下将领去看，还说："有唐公李渊的拥戴，平定天下就不难了！"自此，双方信使往来，从未间断。

由于持续不断地降雨，李渊军中粮食短缺，刘文静尚未返回，还有人传说突厥与刘武周要乘虚袭击晋阳，李渊打算北归。裴寂等人也

难测,武周唯利是视,不如还救根本,更图后举。"李世民曰:"今禾菽被野,何忧乏粮!老生轻躁,一战可擒。李密顾恋仓粟,未遑远略。武周与突厥外虽相附,内实相猜。武周虽远利太原,岂可近忘马邑!本兴大义,奋不顾身以救苍生,当先入咸阳,号令天下。今遇小敌,遽已班师,恐从义之徒一朝解体,还守太原一城之地为贼耳,何以自全!"建成亦以为然。渊不听,促令引发。世民将复入谏,会渊已寝;不得入,号哭于外,声闻帐中。渊召问之,世民曰:"今兵以义动,进战则克,退还则散;众散于前,敌乘于后,死亡无日,何得不悲!"渊乃悟,曰:"军已发,奈何?"世民曰:"右军严而未发,左军去亦未远,请自追之。"渊笑曰:"吾之成败皆在尔,惟尔所为。"世民乃与建成分道夜追左军复还。既而太原运粮亦至。

【纲】武威司马李轨起兵河西,自称凉王。

【纲】薛举自称秦帝,徙据天水。

【纲】八月,李渊与宋老生战,斩之,遂取霍邑。

【纲】李渊克临汾、绛郡,刘文静以突厥兵至,遂下韩城。

【纲】九月,武阳郡降李密。 【目】武阳郡丞元宝藏以郡降李密,密以为上柱国。宝藏使其客钜鹿魏征为启谢密,且请帅所部南会诸将取黎阳仓。密喜,即以宝藏为魏州总管,召征掌记室。征少孤贫,好读书,有大志,落拓不事生业。始为道士,宝藏召典书记。密爱其文辞,故召之。

认为:"隋军还强大,不容易很快攻破,李密的阴谋诡计难以推测,刘武周又唯利是图。所以不如回军营救太原这一根本之地,再筹划今后的行动。"李世民说:"现在遍地都是庄稼,还愁缺粮吗!宋老生轻率浮躁,这一仗就能把他活捉。李密舍不得离开洛口粮仓,还没有向远处发展的打算。刘武周与突厥虽然表面上互相依存,实际上却互相猜疑。虽然刘武周也贪图远在太原的利益,但怎么会忘记近在马邑的危险!我们本来倡导大义,奋不顾身地去拯救苍生,因而应该抢先进咸阳,号令天下。现在我们只遇到一股小小的敌军,就连忙撤兵,恐怕跟随我们起义的人们一时间就要分崩离析了。回军守卫太原一城的地盘就成为盗贼了,又怎能使自己得以保全!"李建成也认为李世民的主张正确。但是李渊不听,催促他们领兵出发。李世民准备再次进去劝谏,正赶上李渊已经睡下。李世民无法进去,就在外面号哭,哭声传进营帐,李渊叫李世民进去;问他为何大哭,李世民说:"如今我军仗义出动,进兵作战就能取胜,撤兵返回就会瓦解。部众瓦解在前,敌军追击在后,灭亡指日可待,叫我怎不伤心!"李渊这才省悟过来,便说:"军队已经出发了,如何是好?"李世民说:"右军整顿完毕,还没有出发,左军走了,也没有走远,请让我亲自把他们追回来。"李渊笑着说:"我的成功与失败都看你的了,任随你采取行动吧。"李世民便与李建成分道连夜追赶,又把左军追回。不久,太原的粮食也运到了。

【纲】武威(治姑臧,今甘肃武威)司马李轨在黄河以西地区(指今甘肃、青海等地)起兵,自称凉王。

【纲】薛举自称秦帝,迁到天水(治上邽,在今甘肃天水西南)。

【纲】八月,李渊与宋老生交战,将他杀死,于是占领了霍邑。

【纲】李渊攻克临汾、绛郡(治正平,在今山西稷山县东),刘文静领着突厥军队赶到,于是攻下韩城(今陕西韩城)。

【纲】九月,武阳郡(治贵乡,今河北大名东)向李密投降。 【目】武阳郡丞元宝藏率领全郡投降李密,李密任命他为上柱国。元宝藏让门客钜鹿(在今河北巨鹿北)人魏征写信感谢李密,并且请求率领本部人马南进,与诸位将领会合,攻占黎阳仓。李密大喜,立刻任命元宝藏为魏州总管,征召魏征掌管记室。魏征年轻时孤苦穷困喜欢读书,心怀

【纲】李密遣徐世勣取黎阳仓。 【目】李密遣徐世勣帅麾下五千人济河，会元宝藏、郝孝德共袭破黎阳仓，据之。开仓恣民就食，浃旬间，得胜兵三十余万。窦建德、朱粲之徒，亦遣使附密。泰山道士徐洪客献书于密，以为"大众久聚，恐米尽人散，师老厌战，难可成功"。劝密"乘进取之机，因士马之锐，沿流东指，直向江都，执取独夫，号令天下"。密壮其言，以书招之，洪客竟不出，莫知所之。

【纲】冯翊太守萧造降于李渊。渊留兵围河东，自引军西。【目】时河东未下，三辅豪杰至者日以千数。渊欲引兵西趣长安，犹豫未决。裴寂曰："屈突通拥大众，凭坚城，吾舍之而去，若进攻长安不克，退为河东所踬，腹背受敌，此危道也。不若先克河东，然后西上。"李世民曰："不然。兵贵神速，吾席累胜之威，抚归附之众，鼓行而西，长安之人望风震骇，智不及谋，勇不及断，取之若振槁叶耳。若淹留自弊于坚城之下，彼得成谋、修备以待我，坐费日月，众心离沮，则大事去矣。且关中蜂起之将，未有所属，不可不早招怀也。屈突通自守虏耳，不足为虑。"渊两从之，留诸将围河东，自引军而西。

【纲】李渊济河，遣建成守潼关，世民徇渭北。 【目】李渊帅诸军济河，关中士民归之者如市。渊遣世子建成、刘文静帅王长谐等诸军屯永丰仓，守潼关以备东方兵；世民帅刘弘基等诸军徇渭

大志，放浪不羁，不经营产业。起初他当了道士，后来元宝藏召他掌管起草文书。李密喜欢魏征的文笔，所以召用魏征。

【纲】李密派遣徐世勣占领黎阳仓。　【目】李密派遣徐世勣率领部下五千人渡过黄河，与元宝藏、郝孝德会合，共同袭击并攻克了黎阳仓，并驻兵据守。李密军打开粮仓，任随百姓取粮，十天内就得到精兵二十（原作"三十"，据《旧唐书·李勣传》及《资治通鉴》第184卷改）多万，窦建德、朱粲这一类人也派遣使者，表示归附李密。泰山道士徐洪客向李密上书，认为"大批人马长时间聚在一起，恐怕粮食吃光，人就散伙，失去士气，厌倦作战，难以成功"。劝李密"抓住进取的时机，凭借兵马的锐气，沿着运河东进，直接指向江都，活捉独夫，号令天下"。李密赏识他的豪言壮语，写信招他前来。徐洪客始终没有出山，也不知道他去了哪里。

【纲】冯翊（今陕西大荔）太守萧造归降李渊。李渊留下部分军队围困河东，自己率领军队西进。　【目】当时，河东尚未攻克，由三辅（京兆、冯翊、扶风）地区赶来的豪杰之士每天都有千数人。李渊打算率领军队西趋长安，但是犹豫不决。裴寂说："屈突通拥有大批人马，有坚固的城防可以据守，如果我们丢开此城进军，万一没有攻克长安，退兵时会受到河东军队的追击，结果腹背受敌，这是一个危险的抉择。不如首先攻克河东，然后西进。"李世民说："不对。兵贵神速，我军乘着屡屡取胜军威，安抚归附的部众，擂鼓西进，长安那里的人们就会闻风丧胆，来不及发挥智谋，施展勇力，我军攻占长安就象摇落树上的枯叶一般。假如在坚固的城邑下面停顿不前，挫伤自己的锐气，对方就会成算在握，加强武备，等待我军前去较量。而我军白白耽误时间，就会人心涣散，士气低落，大事也就难以成功了。而且，在关中蜂拥而起的将领还没有一定的归属，不可不及早招抚他们。屈突通只是一个坐以待毙的俘虏罢了，不足为虑。"李渊对两种意见兼收并蓄，留下诸将围困河东，由自己率领军队西进。

【纲】李渊渡过黄河，派遣李建成守卫潼关，让李世民攻取渭水以北地区（今陕西中、北部及甘肃平凉以东地区）。　【目】李渊率领各军渡过黄河后，前来投奔的关中士民非常之多。李渊派遣世子李建成和刘

北。冠氏长于志宁、安养尉颜师古及世民妇兄长孙无忌，谒见渊于长春宫。志宁、师古皆以文学知名，无忌乃有才略。渊皆礼而用之。

【纲】柴绍妻李氏及李神通、段纶各起兵以应李渊，关中群盗悉降于渊。　【目】柴绍之赴太原也，其妻李氏归鄠县别墅，散家资，聚徒众。渊从弟神通亦在长安，亡入鄠县山中，与长安大侠史万宝等起兵以应渊。神通众逾一万，以令狐德棻为记室。左亲卫段纶娶渊女，亦聚徒于蓝田，得万余人。各遣使迎渊。渊使柴绍将数百骑迎李氏。关中群盗皆请降。

【纲】冬十月，李渊合诸军围长安。　【目】渊进屯冯翊。世民所至，吏民及群盗归之如流，世民收其豪俊以备僚属，李氏将精兵万余会世民于渭北，与柴绍各置幕府，号"娘子军"。隰城尉房玄龄谒世民于军门，世民一见如旧识，署记室参军，引为谋主。玄龄罄竭心力，知无不为。渊引军西行，十月，至长安，命诸军进围城。

【纲】萧铣起兵巴陵，自称梁王。

【纲】十一月，李渊克长安，杀留守官阴世师等十余人。　【目】李渊克长安，迎代王于东宫，迁居大兴殿后听。与民约法十二条，悉除隋苛禁。渊之起兵也，留守官发其坟墓，毁其五庙。至是，卫文升已卒，执阴世师等十余人，斩之，余无所问。马邑郡丞三原李靖，素与渊有隙，渊将斩之，靖大呼曰："公兴义兵，欲平暴乱，乃以私怨杀壮士乎！"世民为之固请，乃舍之，世民因召置幕府。靖少负志

文静率领王长谐等各军驻扎在永丰仓（今陕西华阳东北），守卫潼关，防备东面的敌军；又让李世民率领刘弘基等各军攻取渭北地区。冠氏（今山东冠县）县长于志宁、安养（在今湖北襄阳境）县尉颜师古以及李世民的妻兄长孙无忌在长春宫（在今陕西大荔东北）谒见李渊。于志宁、颜师古都因学识渊博、善写文章知名，长孙无忌则很有才干，谋略过人，李渊对他们都以礼相待，并加以任用。

【纲】柴绍的妻子李氏以及李神通、段纶各自起兵响应李渊，关中群盗全部归降了李渊。　【目】柴绍奔赴太原时，他的妻子李氏回到鄠县（今陕西户县）的别墅，广散家财，招聚部众。李渊的堂弟李神通当时也在长安，他逃亡到鄠县的深山里，与长安大侠史万宝等人起兵响应李渊。李神通的部众超过一万人，他任命令狐德棻为记室。左亲卫段纶的妻子是李渊的女儿，他也在蓝田（今陕西蓝田）招聚部众，得到一万多人。他们分别派遣使者去迎接李渊。李渊让柴绍率领数百人骑马迎接李氏。关中群盗都请求归降。

【纲】冬十月，李渊与各军会合，包围长安。　【目】李渊进兵到冯翊驻扎。李世民所到之处，官吏百姓以及群盗潮水般地前来归附，李世民把其中的杰出人物留下来作为自己的官属。李氏率领一万多名精兵在渭北与李世民会合，与柴绍各自设立幕府，李氏的军队号称"娘子军"。隰城县尉房玄龄在军营大门前拜见李世民，李世民对他一见如故，委任他担当记室参军，请他作为自己的谋主。房玄龄也尽心竭力，知无不为。他渊率领军队西进。十月，李渊抵达长安，命令各军向前推进包围长安城。

【纲】萧铣在巴陵（今湖南岳阳）起兵，自称梁王。

【纲】十一月，李渊攻克长安，杀死留守官阴世师等十余人。【目】李渊攻克长安，前往东宫迎接代王杨侑，让他搬进大兴殿后厅居住。李渊向百姓提出十二条法令，隋朝的苛刻的禁令全部废除。李渊起兵时，留守官掘了他家的祖坟，拆毁他家五代人的祭庙。至此，卫文升已经死去，李渊便捉住阴世师等十余人，将他们杀掉。对其他人不再追究。马邑郡丞三原（今陕西三原东北）人李靖一向与李渊结有嫌隙，李渊准备将他杀死。李靖大声喊道："你发起义军，打算平定暴乱，竟

气,有文武才略,其舅韩擒虎每抚之曰:"可与言将帅之略者,独此子耳!"

【纲】李渊立代王侑为皇帝,尊帝为太上皇。

【纲】渊自为大丞相,封唐王。以建成为唐王世子,世民为秦公,元吉为齐公。

【纲】十二月,唐王渊追谥其大父为景王,考为元王,夫人窦氏为穆妃。

【纲】河池太守萧瑀以郡降唐。

【纲】屈突通降唐,唐遣通招河东通守尧君素,不下。

恭帝侑

【纲】戊寅,春正月,唐王渊自加殊礼。

【纲】三月,隋宇文化及弑其君广于江都,立秦王浩。 【目】炀帝至江都,荒淫益甚,酒卮不离口;然见天下危乱,亦不自安,退朝则幅巾短衣,遍历台阁,汲汲顾景,唯恐不足。常仰视天文,谓萧后曰:"外间大有人图侬,然且共乐饮耳!"因引满沉醉。又引镜自照,曰:"好头颈,谁当斫之!"后惊问故,帝笑曰:"贵贱苦乐,更迭为之,亦复何伤!"

郎将赵行枢请以许公宇文化及为主。化及闻之,变色流汗,既而从之。郎将司马德戡遂引兵自玄武门入直阁,裴虔通逼帝出宫,露刃侍立。帝叹曰:"我何罪至此?"贼党马文举曰:"陛下违弃宗庙;巡游不息,外勤征讨,内极奢淫,四民丧业,盗贼峰起;专任佞谀,饰非拒谏,何谓无罪!"帝曰:"我实负百姓;至于尔辈,荣禄兼极,何乃如是!"虔通欲遂弑帝,帝曰:"天子死自有法,何得加以锋

然也因私人仇怨杀害壮士吗！"李世民替他再三讲情，李渊才把他放过，于是李世民把他叫去，安排在自己的幕府中。李靖从年轻时起就志向远大，文韬武略兼备，他的舅舅韩擒虎时常抚摸着他说："能够与我一起谈论将帅谋略的，只有这个年轻人而已！"

【纲】李渊拥立代王杨侑为皇帝，尊隋炀帝为太上皇。

【纲】李渊自任大丞相，封为唐王。他立李建成为唐王世子，封李世民为秦公，李元吉为齐公。

【纲】十二月，唐王李渊追谥祖父李虎为景王，父亲李昞为元王，李昞的夫人窦氏为穆妃。

【纲】河池（治梁泉，今陕西凤县）太守萧瑀率领本郡降唐。

【纲】屈突通降唐。唐王李渊派遣屈突通前去招降河东通守尧君素，结果未成。

恭帝侑

【纲】戊寅（618），春正月，唐王李渊自加特别尊贵的礼仪。

【纲】三月，隋朝的宇文化及在江都杀死隋炀帝杨广，拥立秦王杨浩为帝。　【目】隋炀帝来到江都，更加荒淫，酒杯不离口。然而，他看到天下大乱，心中也很不安，退朝后就戴着幅巾，穿着短衣，走遍楼台殿阁，频频去看日影，唯恐享受的时间太短。他经常仰头观察天象，对萧皇后说："外间有许多人打我的主意，不过我们还是一起享乐喝酒吧！"于是斟满酒，喝得烂醉。他又拿镜子照着自己说："多好的头颅，会由谁把它砍掉！"萧皇后惊讶地问他何出此言，隋炀帝笑着说："贵贱苦乐，交替流转，又何必伤感！"

郎将赵行枢推举许公宇文化及为首领，宇文化及听说以后，吓得变了脸色，直淌汗水，后来又答应下来。于是郎将司马德戡领兵由玄武门进入大臣值班的房屋，裴虔通把隋炀帝从宫中逼了出来，拔出兵器，站在隋炀帝身边。隋炀帝叹了口气说："我有什么罪，竟至如此？"叛军同党马文举说："陛下丢下国家，不停地巡游，对外连年征讨，自己穷奢极欲，致使士农工商失去本业，盗贼蜂拥而起，又专门任用奸邪阿谀之徒，文过饰非，拒不接受劝谏，怎么能说没有罪！"隋炀帝说："我的确

刃！取鸩酒来！"文举等不许，使令狐行达缢杀之。

化及自称大丞相，总百揆。以皇后令立秦王浩为帝。

化及之入朝堂也，百官毕贺，苏威亦往，给事郎许善心独不至。化及杀之。其母范氏，年九十二：抚柩不哭，曰："吾有子矣！"不食而卒。

唐王闻变恸哭曰："吾北面事人，失道不能救，敢忘哀乎！"追谥曰炀。

【纲】唐王渊自为相国，加九锡。
【纲】宇文化及发江都。
【纲】隋吴兴太守沈法兴起兵，据江表十余郡。

【纲】夏四月，宇文化及至彭城，魏公密拒之，化及引兵入东郡。
【纲】梁王铣称皇帝。　【目】梁王萧铣即帝位，置百官，徙都江陵。修复园庙。引岑文本为中书侍郎，委以机密。

【纲】五月，唐王渊称皇帝。　【目】隋恭帝禅位于唐，唐王即皇帝位。推五运为土德，色尚黄。

【纲】唐罢郡置州，以太守为刺史。
【纲】隋越王侗称皇帝。　【目】东都留守官闻炀帝凶问，奉越王侗即位。段达、王世充为纳言，元文都为内史令，共掌朝政。

【纲】突厥遣使如唐。　【目】时突厥强盛。唐初起兵，资其兵马，前后饷遗，不可胜纪。突厥恃功骄倨，每遣使者至长安，多暴

对不起百姓。至于你们这些人，享尽荣华富贵，为什么还要这么干！"裴虔通打算当场杀死隋炀帝，隋炀帝说："天子自有天子的死法，怎么能让刀剑杀死！拿毒酒来！"马文举等人没有答应，让令狐行达将隋炀帝勒死。

宇文化及自称大丞相，统领百官，以皇后的命令立秦王杨浩为帝。

宇文化及走进朝廷时，百官一齐祝贺，苏威也去拜见，只有给事郎许善心不去，宇文化及便将他杀死。许善心的母亲范氏已经九十二岁，她抚摸着许善心的灵柩没有哭泣。只是说："我有个好儿子！"于是她绝食而死。

唐王李渊得知这一变故后，悲痛地哭着说："我作为臣属事奉天子，不能挽救天子的无道行为，又怎敢忘记表示哀悼！"便追谥杨广为炀帝。

【纲】唐王李渊自任相国，加授九锡。

【纲】宇文化及从江都出发。

【纲】隋朝的吴兴（治乌程，今浙江湖州）太守沈法兴起兵，占领了长江以南的十多个郡。

【纲】夏四月，宇文化及抵达彭城（今江苏徐州）魏公李密率众抵御，宇文化及率领军队进入东郡。

【纲】梁王萧铣称皇帝。　【目】梁王萧铣即位称帝，设置百官。迁都江陵（今湖北江陵），并修复陵园寝庙。萧铣召任岑文本为中书侍郎，把机密要务交付给他处理。

【纲】五月，唐王李渊称皇帝。　【目】隋恭帝将位禅让给唐王李渊，唐王李渊即皇帝位。经过对五行的推算，唐朝属于土德，崇尚黄色。

【纲】唐朝废郡设州，改称太守为刺史。

【纲】隋朝的越王杨侗称皇帝。　【目】东都留守官得知隋炀帝的死讯后，便拥立越王杨侗即位。段达、王世充担任纳言，元文都担任内史令，三人共同执掌朝政。

【纲】突厥派遣使者前往唐朝。　【目】当时突厥势力强盛。唐朝刚刚起兵时，需要借助突厥的兵马，因而先后赠送给突厥的礼物多得

横,唐主优容之。

【纲】唐定律令,置学校。 【目】命裴寂、刘文静等修律令,行之。置国子、太学、四门生,三百余员,郡县学亦置生员。

【纲】六月,唐以秦公世民为尚书令,裴寂为右仆射、知政事,刘文静为纳言,窦威、萧瑀为内史令。

【纲】唐立四亲庙。

【纲】唐立世子建成为皇太子,世民为秦王,元吉为齐王。

【纲】唐废隋帝侑为鄘国公,而选用其宗室。

【纲】唐以孙伏伽为治书侍御史。 【目】万年县法曹孙伏伽上表曰:"隋以恶闻其过亡天下,故陛下得之;然陛下徒知得之之易,而未知隋失之之不难也。谓宜易其覆辙,务尽下情。凡人君言动,不可不慎。陛下今日即位,明日有献鹞雏者,此乃少年之事,岂圣主所须哉!又百戏、散乐,亡国淫声。近太常于民间借妇女裙襦以充妓衣,拟五月五日玄武门游戏,此亦非所以为子孙法也。夫善恶之习,渐染易移,太子、诸王参僚左右,宜谨择其人;有门风不睦,素无行义,专好奢靡,以声色游猎为事者,皆不可近。自古骨肉乖离,以至败亡,未有不因左右离间而然也"。唐主大悦,下诏褒称,擢为治书侍御史,赐帛三百匹,仍颁示远近。

【纲】魏公密败宇文化及于黎阳,奉表降隋。

【纲】秋七月,隋王世充杀元文都,隋主以世充为仆射。魏公密如东都,不至而复。

【纲】八月,秦主举卒,子仁杲立。

无法记载。突厥仗着对唐朝有功,态度倨傲无礼,每次派遣使者来到长安时,往往横行霸道,唐高祖对他们采取了宽容的态度。

【纲】唐朝修定律令,设置学校。 【目】唐朝命令裴寂、刘文静等人修定律令并予颁行,又设置国子生、太学生、四门生,共有学生三百多人,各州县学校也设置生员。

【纲】六月,唐高祖任命秦公李世民为尚书令,裴寂为右仆射、知政事,刘文静为纳言,窦威、萧瑀为内史令。

【纲】唐高祖设置了自己高、曾、祖、父四代先人的祭庙。

【纲】唐高祖立世子李建成为皇太子,李世民为秦王,李元吉为齐王。

【纲】唐高祖将隋恭帝杨侑废黜为酅国公,对隋朝的宗室加以选择任用。

【纲】唐高祖任命孙伏伽为治书侍御史。 【目】万年县(今陕西安市西北)法曹孙伏伽上表说:"隋朝讨厌听取别人批评自己的过失而失去天下,所以陛下才得到天下。然而,陛下只知道自己得天下容易,却不知道隋朝失天下也不难。我认为应该改变隋朝的错误做法,务必全面了解民情。君主的言谈举动不能不谨慎。可是,陛下今天才即位,明天便有人进献雏鹰,这乃是年轻人喜欢玩的东西,岂是圣明君主的需要!还有,百戏和散乐是亡国的靡靡之音。近日太常向民间借用妇女的衣裙来充当歌伎的服装,订于五月五日在玄武门表演,这也不是可以让子孙后代效法的行为。好风尚和坏习惯通过逐渐习染都会发生转变,太子、诸王身边的官属近侍人员,应该慎重选择其人,凡是没有和睦的家风,一向不讲道义,专门追求奢侈浪费,沉溺在声色狗马之中的人,一概不能接近。自古以来,至亲骨肉离散失和以至失败灭亡,没有不是由于身边人的挑拨离间才造成的。"唐高祖非常高兴,下诏表扬孙伏伽,提升他担任治书侍御史,赐给丝帛三百匹,还将诏书颁示远近各地。

【纲】魏公李密在黎阳打败宇文化及,上表投降隋朝。

【纲】秋七月,隋朝的王世充杀死元文都,隋恭帝杨侗命任王世充为仆射。魏公李密前往东都洛阳,但在到达洛阳之前重新返回。

【纲】八月,秦主薛举去世,其子薛仁果即位。

【纲】唐立李轨为凉王。

【纲】隋人葬炀帝于江都。

【纲】魏公密与隋战,大败,遂以其众降唐。

【纲】隋宇文化及弑秦王浩,自称许帝。

【纲】冬十月,唐以李密为光禄卿,封邢国公。

【纲】朱粲自称楚帝。取唐邓州,刺史吕子臧死之。

【纲】隋以王世充为太尉。

【纲】十一月,凉王李轨称帝。

【纲】唐秦王世民破秦兵,围折墌,秦主仁杲出降。

【纲】徐世勣降唐,赐姓李氏。【目】徐世勣据李密旧境,未有所属。魏征随密至长安,无所知名,乃自请安集山东。唐主以为秘书丞,乘传至黎阳,劝世勣早降。世勣遂决意西向,谓长史郭孝恪曰:"此民众土地,皆魏公有也;吾若献之,是利主之败,自为功以邀富贵也,吾实耻之。今宜籍郡县户口、士马之数以启魏公,使自献之。"乃使孝恪诣长安。唐主初怪世勣无表,既而闻之,叹曰:"世勣不背德,不邀功,真纯臣也!"赐姓李氏。使孝恪与世勣经营虎牢以东。

【纲】唐斩薛仁杲于市。

【纲】唐遣李密收抚山东。【目】李密遇大朝会,职当进食,深耻之;退,以告王伯当。伯当曰:"天下事,在公度内耳。"乃言于唐主曰:"臣蒙荣宠,曾无报效;山东之众,皆臣故时麾下,请往收之。凭藉国威,取世充如拾芥耳!"群臣皆以密狡猾好反,不可遣。唐主不听,引密升御榻,饮劳甚厚。又以王伯当为副而遣之。

【纲】唐朝立李轨为凉王。

【纲】隋朝官员将隋炀帝安葬在江都。

【纲】魏公李密与隋军交战,被打得大败,于是率领部众投降了唐朝。

【纲】隋朝的宇文化及杀死秦王杨浩,自称许帝。

【纲】冬十月,唐朝任命李密为光禄乡,封他为邢国公。

【纲】朱粲自称楚帝,占领了唐朝的邓州(治穰,今河南邓县),邓州刺史吕子臧战死。

【纲】隋朝任命王世充为太尉。

【纲】十一月,凉王李轨称帝。

【纲】唐朝秦王李世民打败秦军,包围折墌(在今甘肃泾川东北),秦主薛仁杲出城投降。

【纲】徐世勣投降唐朝,唐高祖赐他姓李。 【目】徐世勣占据着李密过去的地盘,没有归属。魏征跟随李密来到长安,由于自己还没有为人所知,便主动请求前去安抚山东。唐高祖任命他为秘书丞,让他乘驿车前往黎阳,劝徐世勣及早投降。于是徐世勣决心西降唐朝,对长史郭孝恪说:"这里的百姓和土地,一概都属于魏公李密。如果我把百姓土地献出去,这是在主人的失败中渔利,把进献百姓土地当作自己的功劳,来谋求富贵,我实在感到可耻。如今应该登记好各郡县的户口与兵马的数额,上报给魏公,让他自己去献给唐朝。"便派遣郭孝恪前往长安。唐高祖起初还怪徐世勣没有上表,后来得知此事,感慨地说:"徐世勣不违反道德,不邀功请赏,真是一位忠厚纯正的臣属!"便赐他姓李,派遣郭孝恪与李世勣经营虎牢(今河南荥阳西北)以东地区。

【纲】唐朝将薛仁杲在闹市中斩首。

【纲】唐朝派遣李密收降安抚山东各军。 【目】李密赶上一次盛大的朝会,由于自己的职务应当负责进献食品,深感耻辱,退朝后便把想法告诉了王伯当。王伯当说:"天下的事情,都在您的胸怀之中!"于是李密向唐高祖进言说:"我深受恩宠却还没有报效国家。山东各军都是我过去的部下,请让我前去收服他们。仰仗国家的声威,捉拿王世充,就象拾起一粒芥籽一样容易!"群臣都认为李密狡猾难测,惯于反

【纲】唐杀隋河东守将尧君素。 【目】隋将尧君素守河东,唐遣独孤怀恩攻之,不下;招之,不从。遣其妻至城下,谓之曰:"隋室已亡,君何自苦!"君素曰:"天下名义,非妇人所知!"引弓射之,应弦而倒。久之,食尽,又闻江都倾覆,左右杀君素以降。

【纲】唐李密叛,行军总管盛彦师讨斩之。
【纲】唐以李素立为侍御史。 【目】有犯法不至死者,唐主特命杀之。监察御史李素立谏曰:"三尺法,王者所与天下共也;法一动摇,人无所措手足。陛下甫创鸿业,奈何弃法!臣不敢奉诏。"唐主从之。命所司授以七品清要官;拟雍州司户,唐主曰:"要而不清。"又拟秘书郎,唐主曰:"清而不要。"遂擢授侍御史。

【纲】唐以舞胡安叱奴为散骑侍郎。

恭帝侗

【纲】己卯,春二月,唐定租、庸、调法。 【目】每丁租二石,绢匹,绵三两;自兹以外,不得横敛。

【纲】朱粲降唐,以为楚王。
【纲】夏王建德破宇文化及于聊城,诛之。

【纲】唐以宇文士及为上仪同,封德彝为内史侍郎。
【纲】隋王世充自称郑王,加九锡。
【纲】夏四月,郑王世充称帝。

叛,不可派他前去。唐高祖不听,让李密登上御榻,赐酒慰劳,情意深厚,唐高祖还让王伯当担任他的副手,让他们同往。

【纲】唐朝杀死隋朝河东守将尧君素。　【目】隋朝将领尧君素防守河东,唐朝派遣独孤怀恩前去攻打,没有攻克。独孤怀恩又向尧君素招降,尧君素不肯接受。独孤怀恩打发尧君素的妻子来到城下,对他说:"隋朝已经灭亡,你何必自苦!"尧君素说:"天下的大义名分,女人不懂。"便拉弓去射妻子,妻子应弦倒地。又过了很长时间,粮食吃光了,又听说江都朝廷已经灭亡,身边的人便杀了尧君素,归降唐朝。

【纲】唐朝李密反叛,行军总管盛彦师将他攻杀。

【纲】唐朝任命李素立为侍御史。　【目】有人犯了法,却没犯死罪,唐高祖特意命令处死。监察御史李素立进谏说:"三尺长的竹简上写的法令,是帝王与天下人共同遵守的准则。一旦法令动摇,人们就会手足无措。陛下刚刚创下大业,怎能对法令弃置不顾!我不敢接受诏命。"唐高祖接受了他的意见,命令主管部门授给他地位清高尊贵而又掌握机要的七品官。主管部门拟议任命他为雍州(治万年,今陕西西安)司户,唐高祖说:"此职地位重要,但不清高尊贵。"主管部门又拟议任命他为秘书郎,唐高祖说:"此职地位清高尊贵,但不执掌机要。"于是提升他担任侍御史。

【纲】唐朝任命胡人舞师安叱奴为散骑常侍。

恭帝侗

【纲】己卯(619),春二月,唐朝制定了租、庸、调法。　【目】此法规定:每个成年男子交纳租两石、绢两匹、绵三两,除此以外,不得横征暴敛。

【纲】朱粲投降唐朝,唐朝封他为楚王。

【纲】夏王窦建德在聊城(在今山东聊城西北)打败宇文化及,将他杀死。

【纲】唐朝任命宇文士及为上仪同,封德彝为内史侍郎。

【纲】隋朝的王世充自称郑王,加授九锡。

【纲】夏四月,郑王王世充称帝。

【纲】唐遣安兴贵袭执凉主轨以归,杀之,河西平。

【纲】五月,郑王世充弑隋主侗。 【目】世充以尚书裴仁基、左辅大将军裴行俨有威名,忌之。仁基父子知之,亦不自安,乃与尚书左丞宇文儒童谋杀世充,复立隋主;事泄,皆夷三族。齐王世恽言于世充曰:"儒童等谋反,正为隋主尚在故也,不如早除之。"世充遣人鸩之,隋主请与太后诀,不许。乃布席礼佛曰:"愿自今以往,不复生帝王家!"饮药,不能绝,以帛缢杀之,谥曰恭皇帝。

【纲】秋七月,唐置十二军。 【目】置十二军,分统关内诸府,皆取天星为名,每军将、副各一人,督以耕战之务。由是士马精强,所向无敌。

【纲】八月,唐鄯公蓦。

【纲】唐杀其民部尚书刘文静。 【目】文静自以材略功勋在裴寂之右,而位居其下,意甚不平。家数有妖,弟文起召巫厌胜。文静有妾无宠,使其兄上变告之。唐主以文静属吏,秦王世民为之固请曰:"昔在晋阳,文静先建非常之策,始告寂知,及克京城,任遇悬隔;今文静觖望则有之,非敢谋反。"寂曰:"文静材略过人,性复粗险,天下未定,留之必贻后患。"唐主素亲寂,低回久之,卒用寂言。杀文静,籍没其家。

【纲】沈法兴称梁王于毗陵,李子通称吴帝于江都。

【纲】唐以李纲为太子少保。 【目】初,纲以尚书领太子詹

【纲】唐朝派遣安兴贵袭击凉主李轨,并将他捉回杀掉,于是平定了河西地区。

【纲】五月,郑王王世充杀死隋恭帝杨侗。 【目】由于礼部尚书裴仁基、左辅大将军(原文无"左辅大将军"五字,据《资治通鉴》第187卷补)裴行俨威望很高,王世充便猜忌他们二人。裴仁基父子看出这种情况,心中也很不安,便与尚书左丞宇文儒童策划杀死王世充,重新拥立隋恭帝杨侗。但是,事情泄露出去,他们都被诛灭三族。齐王王世恽向王世充进言说:"宇文儒童等人谋反,正是由于隋朝的旧君还在的缘故,不如及早将他除掉。"王世充便派人毒死隋恭帝杨侗。隋恭帝杨侗请求与皇太后告别,未得许可。隋恭帝杨侗便铺好垫子礼佛说:"但愿从今以后,别再让我生在帝王家中!"他喝了毒药,仍然没有断气,只得又用帛带把他勒死,然后追谥他为恭皇帝。

【纲】秋七月,唐朝设置十二军。 【目】唐朝设置十二军,分别统辖关内各总管府,十二军一律根据天星命名,每军设置将军、副将各一人,监督农业与军事事务。从此,唐朝兵强马壮,所向无敌。

【纲】八月,唐朝酅公杨侑去世。

【纲】唐朝杀死民部尚书刘文静。 【目】刘文静自认为才能谋略和所立功勋在裴寂之上,但自己的职位却在裴寂之下,心中非常不满。他家中屡次出现妖异怪事,弟弟刘文起便叫巫师用诅咒禁制之术镇邪。刘文静有一个妾因自己失宠,便让哥哥告发刘文静谋反。唐高祖将刘文静交付主管官吏审理,秦王李世民再三为他讲情说:"过去在晋阳时,刘文静第一个提出夺取天下的建议,最初告诉了裴寂,及至攻克京城长安后,他担任的官职和得到的待遇与裴寂相差悬殊。如今若说刘文静怨恨不满,那是有的,但他不敢谋反。"裴寂说:"刘文静才略过人,性情又很险恶。现在天下尚未安定,把他留下来必定招致后患。唐高祖一向亲近裴寂,迟疑了很久,终于采用了裴寂的意见,杀死刘文静,没收了他的家产。

【纲】沈法兴在毗陵(治晋陵,今江苏常州)称梁王,李子通在江都称吴帝。

【纲】唐朝任命李纲为太子少保。 【目】起初,李纲担任尚书兼

事,太子建成以秦王世民功高,忌之;纲屡谏不听,乃乞骸骨。唐主骂曰:"卿为何潘仁长史,乃耻为朕尚书邪!"纲曰:"潘仁,贼也,每欲妄杀人,臣谏之则止,为其长史,可以无愧:陛下创业明主,臣所言如水投石,于太子亦然,臣何敢久污天台、辱东朝乎!"唐主曰:"知公直士,勉留辅吾儿。"以为太子少保。唐主尝考第群臣,以纲及孙伏伽为第一。谓裴寂曰:"隋以主骄臣谄亡天下。朕即位以来,每虚心求谏,唯纲尽忠款,伏伽诚直,余人皆踵弊风,俯眉而已,岂朕所望哉!"

【纲】冬,定杨将宋金刚取浍州,唐遣秦王世民击之。

【纲】十一月,唐秦王世民击宋金刚,屯柏壁。

太子詹事。太子李建成因秦王李世民的功劳比自己高，便猜忌他。李纲多次劝告，李建成不听，李纲便要求退职。唐高祖骂他说："你连何潘仁的长史都能担任，还嫌担任朕的尚书辱没了你不成！"李纲说："何潘仁是盗贼，时常打算无故杀人，经我劝阻，他就不杀，我担任他的长史，可以问心无愧。陛下是创立大业的明主，我发言劝告就象把水浇在石头上，对太子来说，也是一样，我怎敢长期玷污尚书省，辱没太子东宫！"唐高祖说："我知道你为人正直，请你勉强留下来辅佐我儿吧。"便任命他为太子少保。有一次，唐高祖考查群臣的成绩，为他们排列名次，以李纲和孙伏伽为第一，还对裴寂说："隋朝因君主骄傲，臣属阿谀而失去天下。朕即位以来，时常虚心要求大家进谏，但只有李纲真心劝谏，李伏伽诚恳直言，其他人都沿续以往的歪风邪气，俯首听命而已，这岂是朕期望的样了！"

【纲】冬季，定杨将领宋金刚占领浍州（治浍川，今山西翼城），唐朝派遣秦王李世民进击宋金刚。

【纲】十一月，唐朝秦王李世民攻打宋金刚，驻兵柏壁城（今山西稷山县东）。

纲鉴易知录卷四二

唐纪

高祖神尧皇帝

【纲】庚辰，春二月，唐以封德彝为中书令。

【纲】夏四月，唐秦王世民击宋金刚，破之，定杨可汗武周及金刚皆走死。 【目】宋金刚将尉迟敬德、寻相战屡败。四月，金刚食尽；北走。秦王世民追及寻相于吕州，大破之，乘胜逐北，一昼夜行二百余里，战数十合。追及金刚于雀鼠谷，一日八战，皆破之。引兵趣介休，金刚大败。敬德、寻相举介休及永安降。世民得敬德，喜甚，使将其旧众八千，与诸营相参。屈突通虑其为变，骤以为言，世民不听。刘武周闻金刚败，大惧，弃并州走突厥。金刚亦走突厥，皆死。世民入并州，武周所得州县皆入于唐。

【纲】五月，唐立老子庙。 【目】晋州人吉善行自言于羊角山见白衣老父曰："为吾语唐天子：'吾为老君，吾，而祖也。'"诏于其地立庙。

【纲】秋七月，唐遣秦王世民督诸军伐郑。 【目】唐诏秦王世民督诸军击世充。屈突通二子在洛阳，唐主谓通曰："今欲使卿东征，如卿二儿何？"通曰："臣为陛下尽节，但恐不获死所耳。今得备先驱，二儿何足顾乎！"唐主叹曰："徇义之士，一至此乎！"

【纲】九月，唐攻郑轘辕，拔之。 【目】秦王世民遣王君廓攻

高祖神尧皇帝

【纲】武德三年（庚辰，620），春二月，唐朝任命封德彝为中书令。

【纲】夏四月，秦王李世民击败宋金刚，定杨可汗刘武周和宋金刚四处奔逃，后来都相继死去。 【目】宋金刚率领尉迟敬德、寻相的部队屡战屡败。四月，宋金刚粮草断绝，只得向北逃去。秦王李世民追击寻相的部队到了吕州（治霍邑，今山西洪洞北），将他打得大败，又乘胜追击，一昼夜行军二百多里，激战数十次。李世民又追击宋金刚到了雀鼠谷（今山西介休西南），一日之内八次战斗，唐军都取得了胜利。唐军逼近介休（今山西介休），将宋金刚打得大败。尉迟敬德和寻相举介休及永安（即吕州治所霍邑）二城投降唐军。李世民收得尉迟敬德，非常高兴，让他统领旧部八千兵众，与唐军各军营相交错。屈突通担心会发生变故，急忙向李世民建言，李世民不听他的意见。刘武周听说宋金刚也被打败，十分惊恐，放弃并州（治太原，今山西太原西南），投奔突厥，宋金刚也北去投奔突厥，后来都死在那里。李世民兵入并州，至此刘武周占据的各州县都归入大唐所有。

【纲】五月，唐朝设立老子庙。 【目】晋州（治临汾，今山西临汾东南）人吉善行自称在羊角山上曾见过一个身穿白色衣服的老者，对他说："你替我告诉大唐天子：'我是太上老君，是你们的远祖'。"于是唐高祖李渊下诏在当地设立老子庙。

【纲】秋七月，唐朝派秦王李世民统率各路兵马讨伐王世充。 【目】唐高祖下诏命秦王李世民统率各路兵马进攻王世充，屈突通的两个儿子在洛阳，唐高祖对屈突通说："如今朕想派你东征王世充，可是你的两个儿子怎么办呢？"屈突通说："臣子为陛下尽忠尽节，还担心不能死得其所呢。如今得以充任先驱，我的两个儿子又何足顾惜呢！"唐高祖感叹道："真是不徇私情的道义之士！"

【纲】九月，唐军攻下王世充占据的轘辕关（今河南偃师东南，登

輾辕,拔之。于是河南州县相继降唐。刘武周降将寻相等多叛去。诸将疑尉迟敬德,囚之。屈突通、殷开山言于世民曰:"敬德骁勇绝伦,留之恐为后患,不如杀之。"世民曰:"敬德若叛,岂在寻相之后邪!"遽命释之,引入卧内,赐之金,曰:"丈夫意气相期,勿以小嫌介意,吾终不信谗言以害忠良,公宜体之。必欲去者,以此金相资,表一时共事之情也。"已而世民以五百骑行战地,世充帅步骑万余猝至,围之,单雄信引槊直趣世民,敬德跃马大呼,横刺雄信坠马,翼世民出围。更帅骑兵还战,屈突通引大兵继至,世充大败,仅以身免。世民谓敬德曰:"公何相报之速也!"自是宠遇日隆。

【纲】冬十二月,吴主子通败梁兵,取京口。杜伏威击之,子通败走。袭梁,梁王法兴走死。

【纲】辛巳,春二月,唐秦王世民败郑主世充于谷水,进围洛阳。

【纲】三月,夏王建德将兵救郑。夏五月,唐秦王世民大破擒之,郑主世充降。 【目】世民入洛阳宫城,观隋宫殿,叹曰:"逞侈心,穷人欲,无亡得乎!"命撤端门楼,焚乾阳殿,毁则天门阙,废诸道场。

【纲】秋七月,唐秦王世民至长安,献俘太庙。赦王世充,斩窦建德。 【目】秦王世民至长安,俘王世充、窦建德献于太庙。诏赦世充为庶人,徙蜀;斩建德于市。以天下略定,大赦百姓,给复一年。世充未行,定州刺史独孤修德矫敕杀之;免修德官。

封西北)。 【目】秦王李世民派遣王君廓率军攻下辕辕关。于是河南各州县相继归降唐朝。刘武周手下将领、投降唐朝的寻相等人又多叛离。众位将领怀疑尉迟敬德,将他囚禁起来。屈突通、殷开山对李世民说:"尉迟敬德非常骁勇善战,留下他恐怕会成为祸患,不如杀掉他。"李世民说:"尉迟敬德如果想反叛,岂能在寻相的后面!"命人立即放了他,领入卧室内,赐给他黄金,对他说:"大丈夫意气相投,不必介意小的误会,我终究不会听信谗言而陷害忠良,你应当体谅这一点。如果你一定要走,我就以这些黄金相送,以表我们一段时间相处共事的情谊。"不久,李世民率五百名骑兵巡视营地,王世充率一万多步骑兵突然到了跟前,将李世民等人包围,单雄信手提长矛直奔李世民,尉迟敬德见状急纵坐骑大声呼叫,横鞭将单雄信打落下马,保护李世民冲出重围。后来尉迟敬德又率骑兵返回参战,屈突通率领大部队随后赶到,王世充被打得大败,只身逃脱。李世民对尉迟敬德说:"你为什么这么快就回报呢!"从此对他更加宠爱。

【纲】冬季十二月,李子通打败沈法兴,攻取了京口(今江苏镇江东南)。杜伏威领兵进攻李子通,李子通败退。子通转而袭击沈法兴,沈法兴奔逃,后溺水而死。

【纲】武德四年(辛巳,621),春二月,唐朝秦王李世民在谷水(今河南境内,洛水一支)一带打败王世充,进而围攻洛阳。

【纲】三月,窦建德亲率兵马援救王世充。夏五月,秦王李世民大败并生擒窦建德,王世充投降唐朝。 【目】李世民领兵进入洛阳宫城,纵观隋朝皇宫寝殿的规模,感叹道:"隋炀帝穷奢极欲,这样能不灭亡吗!"命人撤掉端门楼,焚烧乾阳殿,拆毁则天城门及城楼,废除洛阳城内的各处佛教道场。

【纲】秋七月,秦王李世民回师长安,将所获俘虏献于祖宗庙前。赦免王世充,将窦建德斩首。 【目】秦王李世民到了长安城,将被俘的王世充、窦建德带到祖宗庙前。唐高祖下诏赦免王世充为庶人平民,流放到蜀郡(即益州,治成都县,今四川成都);将窦建德斩首示众。高祖认为天下刚刚平定,所以大赦百姓,免除一年的赋税劳役。王世充还未出发,即被定州(治安喜县,今河北定县)刺史独孤修德伪称高祖敕令

【纲】唐初行开元通宝钱。 【目】隋末钱币滥薄,至裁皮糊纸为之,民间不胜其弊。至是,初行开元通宝钱,径八分,积十钱重一两,轻重大小最为折衷,远近便之。

【纲】窦建德故将刘黑闼起兵漳南。

【纲】八月,刘黑闼据鄃县,唐遣兵击之。

【纲】唐徐圆朗举兵应刘黑闼。

【纲】冬十月,唐以秦王世民为天策上将。 【目】唐主以秦王世民功大,前代官皆不足以称之,特置天策上将,位在王公上,以世民为之,开府置属。世民以海内浸平,乃开馆以延文学之士,杜如晦、房玄龄、虞世南、褚亮、姚思廉、李玄道、蔡允恭、薛元敬、颜相时、苏勖、于志宁、苏世长、薛收、李守素、陆德明、孔颖达、盖文达、许敬宗为文学馆学士,分为三番,更日直宿。世民暇日辄至馆中,讨论文籍,或至夜分。使库直阎立本图像,褚亮为赞,号十八学士。士大夫得预其选者,时人谓之"登瀛州"。

时府僚多补外官,如晦亦出为陕州长史。房玄龄曰:"余人不足惜,杜如晦王佐之才,大王欲经营四方,非如晦不可。"世民惊曰:"微公言,几失之。"即奏留之,使参谋帷幄,军中多事,如晦剖决如流。

世民每克城,诸将争取宝货,玄龄独收采人物,致之幕府。每令入奏事,唐主曰:"玄龄为吾儿陈事,虽隔千里,皆如面谈"。

【纲】唐遣赵郡王孝恭、李靖伐梁,梁主铣降。 【目】唐发

杀死；高祖罢免了独孤修德的官职。

【纲】唐朝初年开始通行开元通宝钱。【目】隋朝末年钱币流失贬值，甚至有人裁皮革糊纸当钱用，民间百姓不堪忍受其弊端。到此时，开始通行开元通宝钱，这种铜钱直径八分，十钱相当于一两，大小轻重较为适宜，百姓使用较方便。

【纲】窦建德的旧将刘黑闼在漳南起兵反唐。

【纲】八月，刘黑闼占据了鄃县（属贝州，今山东夏津），唐军派兵讨伐。

【纲】唐朝将领徐圆朗举兵响应刘黑闼。

【纲】冬十月，唐朝任命秦王李世民为天策上将。【目】唐高祖认为秦王李世民的功劳最大，前代所设官名都难与其功劳相符，特意设置天策上将，位置在王公之上，以世民担当此称呼，并且可以开府设置僚属。李世民认为天下已经平定，于是开馆聘请才学之士，杜如晦、房玄龄、虞世南、褚亮、姚思廉、李玄道、蔡允恭、薛元敬、颜相时、苏勖、于志宁、苏世长、薛收、李守素、陆德明、孔颖达、盖文达、许敬宗为文学馆的学士，分作三班，轮流值宿，备顾问。李世民在闲暇时就到文学馆中，与众位学士讨论文章典籍，有时甚至讨论到深夜。李世民让库直官阎立本为众人画像，由褚亮撰成赞文，号称十八学士。士大夫中如有被选中进入馆内的，当时人称之为"登瀛州"（山名，传说为神仙所居）。

当时秦王府的幕僚大多补任朝外官，杜如晦也出任陕州（治陕县，今河南陕县）长史。房玄龄说："别的人倒不觉可惜，杜如晦有王佐之才，大王您想要治理天下，非得杜如晦不可。"李世民惊讶道："如果不是你说这番话，差一点失去他。"当即奏请高祖将杜如晦留下，让他在身边当参谋。军中事如牛毛，杜如晦裁断如流。

李世民每次率兵攻克城池，众位将领都争相抢夺财宝，唯独房玄龄留意网罗人材，将他们罗致到秦王幕府中。世民经常传令他入宫奏事。高祖说："房玄龄为我儿世民条陈政事，朕与他们虽远隔千里，却都如当面交谈一般。"

【纲】唐朝派遣赵郡王李孝恭和李靖讨伐萧铣，萧铣投降。

巴、蜀兵，以孝恭、李靖统之，自夔州东击萧铣。时铣以罢兵营农，宿卫才数千人，闻唐兵至，仓猝征兵，未集，乃悉见兵出拒战。李靖纵兵奋击，大破之，乘胜直抵江陵，入其外郭。大获舟舰，靖使散之江中。诸将皆曰："破敌所获，当藉其用，奈何弃以资敌？"靖曰："吾悬军深入，若攻城未拔，援兵四集，吾表里受敌，进退不获，虽有舟楫，将安用之？今弃舟舰，使塞江而下，援兵见之，必谓江陵已破，未敢轻进，往来觇伺，动淹旬月，吾必取之矣。"援兵见之，果疑不进，遂围江陵。

铣内外阻绝，问策于岑文本，文本劝铣降。铣谓群臣曰："天不祚梁，不可复支矣。必待力屈，则百姓蒙患，奈何以我之故，陷百姓于涂炭乎！"以太牢告庙，下令出降。

孝恭入城，禁止杀掠。诸将言："梁将帅拒斗死者，请籍其家，以赏将士。"靖曰："王者之师，宜使义声先路。彼为其主斗死，乃忠臣也，岂可同之叛逆之科乎！"于是城中安堵，秋毫无犯。南方州县闻之，皆望风款附。孝恭送铣长安，斩于都市。以孝恭为荆州总管；靖为上柱国，安抚岭南。

【纲】十一月，唐杜伏威击李子通，执送长安。

【纲】刘黑闼取唐定州，总管李玄通死之。【目】刘黑闼执玄通，爱其才，欲以为大将，玄通不可。故吏有以酒肉馈之者，玄通饮醉，谓守者曰："吾能剑舞，愿假吾刀。"守者与之，玄通舞竟，太息曰："大丈夫受国厚恩，镇抚方面，不能保全所守，亦何面目视息世

【目】唐朝征发巴、蜀（今四川成都以东、陕西汉中以南地区）地区的兵马，命李孝恭、李靖二人统领，自夔州（治民复，今四川奉节东北）向东进攻萧铣。当时萧铣正休兵耕作，身边宿卫士兵不过几千人，听说唐朝大兵来临，仓猝征调兵马，未等聚集起来，于是召集现有全部人马迎战。李靖驱纵士兵奋力进击，大败萧铣的兵马，又乘胜直攻到江陵（即今湖北江陵）城下，进入外城。唐军获得大量战船，李靖命人将这些战船散处在江中。众位将领都说："打败敌人所获战利品，理当充分利用，为什么要弃置不用去帮助敌人？"李靖说："我方孤军深入，如果城池久攻不下，敌人援兵从四方赶来，我方内外受敌，进退不得，即使有舟船，又有什么用呢？如今放弃这些船只，让它们布满江中顺流而下，敌人援兵见到了，必定认为江陵已被攻破，便不敢轻易前进，这样来回窥伺动向，动辄拖延十天半个月，到那时我们肯定会攻下江陵了。"敌方援兵见到这些船只，果然产生疑心，不敢前进，于是李靖趁机围困江陵。

萧铣内外隔绝，便向岑文本询问计策，岑文本劝他投降唐朝。萧铣对众位大臣说："上天不保佑我大梁，不可能再延续支脉。如果一定要拼得力竭，那会使百姓受难，何必要因我一人的缘故，使生灵涂炭呢！"于是以牛羊猪祭告祖庙，下令出城投降。

李孝恭率军进入江陵城，禁止士兵烧杀抢掠。众将领说："萧铣的将士有抵抗战死的，请抄没他们全家，以奖赏将士们。"李靖说："奉行王道的军队，应当使仁义之名远扬。他们为自己的主子战死，这是忠臣的行为，怎么能与叛逆之人同等对待呢！"于是城中安定下来，唐军将士秋毫无犯。南方各州县听说此事，皆闻风前来依附。李孝恭将萧铣押送回长安，萧铣被斩首示众。唐朝任命李孝恭为荆州总管，李靖为上柱国，安抚岭南（今广东、广西及越南北部广大地区，因在大庾岭之南，故名）一带。

【纲】十一月，杜伏威击败李子通，将他押送长安。

【纲】刘黑闼攻下唐朝的定州，定州总管李玄通自杀。 【目】刘黑闼俘获李玄通，爱惜他的才能，想要委以大将的重任，李玄通不肯。李玄通的老部下供他酒肉食用，玄通喝得大醉，对看守他的人说："我能耍剑舞，希望能借你的刀用一下。"看守递给他。玄通舞完剑，感叹道：

间哉!"引刀自刺而死。

【纲】壬午,春正月,刘黑闼自称汉东王。

【纲】唐秦王世民破刘黑闼于洺水,黑闼奔突厥。

【纲】夏六月,刘黑闼引突厥寇山东,又寇定州。

【纲】冬十月,唐遣齐王元吉击刘黑闼,淮阳王道玄与黑闼战,败没。

【纲】楚王林士弘卒,其众遂散。

【纲】十一月,唐遣太子建成击刘黑闼。 【目】淮阳王道玄之败也,山东震骇。刘黑闼尽复故地,进据洺州。齐王元吉不敢进,而太子建成请行,故遣之。

初,唐主之起兵晋阳也,皆秦王世民之谋,唐主谓世民曰:"事成,当以汝为太子。"将佐亦以为请,世民固辞而止。太子喜酒色,游畋;齐王多过失;皆无宠。世民功名日盛,建成内不自安,乃与元吉协谋共倾世民。曲意事妃嫔,谄谀赂遗,无所不至,以求媚于上。世民独不事之,由是诸妃嫔争誉建成、元吉而短世民。时世民、元吉皆居别殿,与上台、东宫昼夜通行,无复禁限。相遇如家人礼。太子令秦、齐王教与诏敕并行,有司莫知所从,唯据得之先后为定。世民以淮安王神通有功,给田数十顷。张婕妤求之,手敕赐之,神通以教给在先,不与。婕妤诉于唐主,唐主怒,以责世民,复谓裴寂曰:"此儿久典兵在外,为书生所教,非复昔日子也。"

秦王每侍宴宫中,思太穆皇后早终,不得见唐主有天下,或歔

"大丈夫秉受朝廷厚恩,镇守一方,不能克尽职守,还有什么脸面活在世上!"引刀自刎而死。

【纲】武德五年(壬午,622),春正月,刘黑闼自称汉东王。

【纲】秦王李世民在洺水(指河北旧永年城北洺水)打败刘黑闼,黑闼投奔突厥。

【纲】夏六月,刘黑闼引领突厥兵进犯山东,随后又进犯定州。

【纲】冬十月,唐朝派遣齐王李元吉攻击刘黑闼。淮阳王李道玄与刘黑闼激战,兵败被杀。

【纲】楚王林士弘死亡,他的手下兵众溃散。

【纲】十一月,唐朝派遣太子李建成进攻刘黑闼。 【目】淮阳王李道玄兵败后,山东一带大为震动。刘黑闼又完全收复旧地,进而占据洺州。齐王李元吉不敢贸然进军,太子李建成请求出征,所以高祖派他领兵前往。

当初,唐高祖在晋阳起兵的时候,都是采用的秦王李世民的谋略;高祖曾对李世民说:"大事成功后,定当立你为太子。"一些将领也为他请求,李世民执意推辞而作罢。太子喜好酒色和打猎,齐王李元吉又多有过失,二人都失去宠爱。李世民的功名日益隆盛,李建成内心十分不安,于是便与李元吉谋划一同挤掉李世民,他们假意事奉妃嫔,阿谀奉迎、交结贿赂,用尽各种手段,以求得高祖的欢心。李世民唯独不善待这些妃嫔,于是她们竞相称赞李建成和李元吉,而贬低李世民。当时世民与元吉都住在别殿,与高祖所居寝殿及太子的东宫可以昼夜通行无阻。互相见面即行家人礼。太子李建成下令秦王和齐王二人的命令可以与皇帝的诏敕一样通行,有关部门不知道听从哪一个命令,只得根据得到命令的先后来行事。李世民认为淮安王李神通有功劳,赏给他数十顷良田,这时正赶上高祖的妃子张婕妤也索要这块田地,高祖手书敕令赐给她,李神通认为秦王李世民已先赏给自己,便不给她。张婕妤向高祖告状,高祖听后大怒,责备李世民,又对裴寂说道:"朕这个儿子长期在外掌管军队,被那些书生教坏了,远不是过去的儿子了。"

秦王李世民常在宫中侍奉高祖饮宴,想到生母太穆皇后过早死

歔流涕,唐主不乐。诸妃嫔曰:"陛下春秋高,宜相娱乐,而秦王如此,正是憎疾妾等,陛下万岁后,妾子母必无孑遗矣!皇太子仁孝,陛下以妾子母属之,必能保全。"唐主为之怆然。由是无易太子意,待世民浸疏,而建成、元吉日亲矣。

太子中允王珪、洗马魏徵亦说太子曰:"秦王功盖天下,中外归心;殿下但以年长居东宫,无大功以镇服海内。今刘黑闼散亡之余,众不满万,以大军临之,势如拉朽,殿下宜自击之以取功名,因结纳山东豪杰,庶可自安。"于是太子请行。

【纲】十二月,唐太子建成兵至昌乐,刘黑闼亡走。

【纲】癸未,春正月,汉东将诸葛德威执其君黑闼降唐,唐斩之。 【目】时太子遣骑将刘弘基追黑闼,黑闼奔走不得休息,至饶阳,从者才百余人,馁甚。黑闼所署刺史诸葛德威出迎,馈之食,未毕,勒兵执之,送诣太子,斩于洺州。黑闼临刑叹曰:"我幸在家钮菜,为高雅贤辈所误至此!"

【纲】二月,徐圆朗走死,其地皆入于唐。
【纲】唐废参旗等十二军。
【纲】夏,高开道寇唐幽州,败走。

【纲】秋八月,唐淮南道行台仆射辅公祏反。
【纲】甲申,唐高祖神尧皇帝武德七年,春正月,置大中正。
【目】依周、齐旧制,州置中正一人,掌知州内人物,品量望第,以门望高者领之,无品秩。

【纲】二月,置州、县、乡学。 【目】诏州、县、乡皆置学,有明

去,未能见到高祖得到天下江山,有时便悲伤流泪,高祖非常不高兴。众位妃子对他说:"陛下年事已高,应当多享乐和高兴才是;而秦王竟如此哭哭啼啼,正是因为憎恨我们这些人。一旦陛下千秋万岁后,我等母子必定难以保全!皇太子仁义孝敬,如果陛下将我等母子安危托付给他,必定能够保全。"高祖听了心中凄然。从此以后不再有改立太子的想法,待世民日渐疏远,而对建成、元吉日益亲近。

太子中允王珪、太子洗马魏徵也劝说太子道:"秦王功劳冠盖天下,朝内外人心所向,殿下只不过因年长而位居东宫,并没有大的军功以镇服国内。如今刘黑闼的兵众正处于散亡之际,兵众不超过一万,如果以大部队逼近,必然势如摧枯拉朽。殿下应当亲自领兵进击他们以捞取功名,进而交结山东一带豪杰之士,这样才可以自我保全。"于是太子请求带兵出征。

【纲】十二月,唐朝太子李建成领兵到达昌乐(今河南南乐县),刘黑闼逃走。

【纲】武德六年(癸未,623),春正月,刘黑闼部将诸葛德威将刘黑闼抓起来,投降唐朝,唐朝将刘黑闼斩首。 【目】当时太子李建成派骑将刘弘基追击刘黑闼,使得刘黑闼不停地奔跑,到了饶阳(今河北献县西北),身边只有几百人跟随,十分饥渴。刘黑闼属下的刺史诸葛德威出城迎接,并供给他们食物,不久,又领兵将刘黑闼抓起来,押送给太子,在洺州将他斩首。刘黑闼临死前感叹道:"我原本在家种菜,被高雅贤之流错误指引以至于此呀!"

【纲】二月,徐圆朗兵败逃跑被杀,他所辖领地都归入唐朝。

【纲】唐朝废除参旗、鼓旗等十二军建置。

【纲】夏季,高开道进犯唐朝的幽州(治蓟县,今北京西南),兵败逃走。

【纲】秋八月,唐朝淮南道行台仆射辅公祏谋反。

【纲】武德七年(甲申,624),春正月,唐朝设置大中正。 【目】依照北周、北齐旧的官制,每州设立中正一人,掌管本州内人物地望门第的品评,以门望最高的人领此衔,但没有品秩等级。

【纲】二月,设置州、县、乡的学校。 【目】高祖下诏各州、县、乡

一经以上者，咸以名闻。

【纲】帝诣国子学，释奠于先圣、先师。　【目】诏王公子弟各就学。

【纲】改大总管府为大都督府。

【纲】三月，初定官制。

【纲】夏四月，颁新律令。

【纲】初定均田租、庸、调法。　【目】丁、中之民，给田一顷，笃疾减什之六，寡妻妾减七，皆以什之二为世业，八为口分。每丁岁入租，粟二石。调随土地所宜，绫、绢、绝、布。岁役二旬；不役则收其佣，日三尺；有事而加役者，旬有五日，免其调；三旬，租、调俱免。水、旱、虫、霜为灾，什损四以上免租，损六以上免调，损七以上课役俱免。凡民赀业分九等，百户为里，五里为乡，四家为邻，四邻为保。在城邑者为坊，田野者为村。食禄之家，无得与民争利；工商杂类，无预士伍。男女始生为黄，四岁为小，十六为中，二十为丁，六十为老。岁造计账，三年造户籍。

【纲】秋闰七月，突厥入寇，遣秦王世民将兵御之。　【目】或说上曰："突厥所以屡寇关中者，以子女玉帛皆在长安故也。若焚长安而不都，则胡寇自息矣。"上欲从之，秦王世民谏曰："戎狄为患，自古有之。陛下以圣武龙兴，所征无敌，奈何为此以贻四海之羞，为百世之笑乎！愿假数年之期，臣请系颉利之颈致之阙下。若其不效，迁都未晚。"上曰："善。"建成与妃嫔共潛世民曰："突厥犯边，得赂则退。秦王外托御寇之名，内欲总兵权，成其篡夺之谋！"上大怒，召世民责之；会有司奏突厥入寇，上乃改容劳勉。诏世民、元吉将兵出豳州以御之。上每有寇盗，辄命世民讨之，事平之后，猜嫌益

都设置学校，凡是能通晓一种古代经典而未做官的，都要公布他们的姓名。

【纲】高祖亲临国子学，祭奠儒家先圣和先师。【目】高祖下诏令王公贵族子弟都要到各类学校去。

【纲】唐朝将大总管府改名为大都督府。

【纲】三月，唐朝初步设定官制。

【纲】夏四月，颁布新刊定的律令。

【纲】开始确定均田法和租庸调制。【目】按照均田制的规定：丁男（二十至六十岁）和中丁（十六至二十岁），给田一顷，有疾病者减十分之六，守寡妻妾减七成，并均以十分之二作为世业田，十分之八为口分田，每个丁男一年交租二石粟。调随土地多少交纳绫、绢、绸、布。每年服劳役二十天；不服劳役者就收庸，用每日三尺布料代替；临时有事要增加劳役的，十五天可以免征调；三十天，则租、调都可免除。遇有水、旱、虫、霜等自然灾害，损失十分之四以上者免交租，损失十分之六者免征调，损失十分之七以上者课租劳役都免除。百姓的土地分作九等。一百户为一里，五里为一乡，四家为邻，四邻为一保。居住在城镇的称为坊，田野的称村。食用官府俸禄的家庭，不得与百姓争利益；工商等户，不得做官或当兵。男女刚生下来叫作黄，四岁时称为小，十六岁称中丁，二十岁以上叫丁，六十岁以上称为老。每年造册计账，三年编造一次户籍。

【纲】秋季，闰七月，突厥入侵，高祖派秦王李世民带兵迎战。【目】有人对高祖说："突厥之所以屡次进犯关中地区，是因为王公贵族子弟以及金银财物都在长安的缘故。如果我们焚烧长安，不把它作为都城，则边患自然平息。"高祖想要听从其意见，秦王李世民劝谏说："周边少数民族成为边患，是自古以来就有的事。陛下神威圣明，所向无敌，为什么要为这一点儿事而让天下百姓和后代笑话呢？我希望给我几年的时间，我定会系着颉利可汗的脖子回到宫阙下。如果不能成功，到那时再迁都也不迟。"高祖说："很好！"李建成与妃子们一同诬蔑李世民说："突厥侵犯边界，得到贿赂就会退去。秦王对外假托抗御进犯者的名义，对内想要总领兵权，以实现其篡夺帝位的阴谋！"高祖

甚。

【纲】八月,突厥受盟而还。

【纲】乙酉,八年,春正月,以张镇周为舒州都督。 【目】镇周,舒州人也,到州就故宅,召亲故,酣宴十日。赠以金帛,泣,与之别,曰:"今日张镇周犹得与故人欢饮,明日之后,则舒州都督治百姓耳。"自是犯法者一无所纵,境内肃然。

【纲】夏四月,复置十二军。

【纲】丙戌,九年,春正月,诏太常少卿祖孝孙定雅乐。

【纲】二月,初令州、县、里闾各祀社稷。

【纲】夏,沙汰僧、道。 【目】太史令傅奕上疏曰:"佛在西域,言妖路远,汉译胡书,恣其假托。使不忠不孝削发而揖君亲,游手游食易服以逃租赋。伪启三途,谬张六道。遂使愚迷,妄求功德,不惮科禁,轻犯宪章。且生死寿夭,由于自然,刑德威福,关之人主,贫富贵贱,功业所招,而愚僧矫诈,皆云由佛。窃人主之权,擅造化之力,其为害政,良可悲矣!自汉以前,初无佛法,君明臣忠,祚长年久。自立胡神,羌、戎乱华,主庸臣佞,政虐祚短,梁武、齐襄,足为明镜。今天下僧尼,数盈十万。请令匹配,即成十余万户,产育男女,十年长养,一纪教训,可以足兵。"诏百官议之,惟太仆卿张道源是奕言。仆射萧瑀曰:"佛,圣人也,而奕非之。非圣人者无法,当治其罪。"奕曰:"人之大伦,莫如君父。佛以世嫡而叛其父,以匹夫而抗天子。萧瑀不生于空桑,乃遵无父之教。非孝者无亲,瑀之谓矣!"瑀不能对,但合手曰:"地狱之设,正为是人!"上亦恶沙门、

听后勃然大怒，召见李世民当面责备他；正赶上有关部门奏报突厥前来进犯，高祖这才收敛怒容安慰世民。下诏令李世民、李元吉带领兵马出豳州（治新平，今陕西邠县）抵御突厥。以后每次遇有敌兵进犯，高祖都命令李世民领兵讨伐，等战事平定下来，对世民更加猜疑。

【纲】八月，突厥接受盟约返回本土。

【纲】武德八年（乙酉，625），春正月，任命张镇周为舒州（治怀宁，今安徽潜山）都督。　【目】张镇周本是舒州人，到本乡任职后，先到旧宅，召集亲朋故旧，大摆宴席十天，赠给他们金银财物，哭着与他们告别道："今天张镇周还可以与老友们欢饮，明天以后，则是舒州都督统治百姓了。"此后，那些犯法者再不放纵自己，舒州境内十分安定。

【纲】夏四月，恢复十二军的建置。

【纲】武德九年（丙戌，626），春正月，高祖下诏令太常寺少卿祖孝孙制定雅乐。

【纲】二月，高祖下令各州、县衙署及百姓家中里门祭祀社稷之神。

【纲】夏季，裁减各寺观的和尚、道士。　【目】太史令傅奕上奏疏言道："佛教远在西域，散播邪说的范围远离中国，汉译佛教经律的大量出现，任意假托。使得人们不忠于君王、不孝敬父母，削发为僧，于是对君主和亲人仅行拱手礼；使那些懒散游荡、不务正业的人改穿僧服，因而就可以逃避租税负担。佛教虚伪地开启了天途色欲、人途爱欲、地途贪欲三种教义，又荒谬地加入了天道、人道、魔道、地狱道、饿鬼道、畜生道，扩充为六道轮回之说。这就使得愚蠢迷惘的人们虚诞地追求功德之举，对科条禁令肆无忌惮，轻率地触犯法令。况且，生存与死亡，长寿与短命均由自然法则主宰，实行刑罚或恩德的权柄由君主把持，贫穷与富有、高贵与卑贱都源于人们建立的功劳业绩。然而愚蠢的僧人假托名义，进行诈骗，一概说成是由佛造成的。可见，佛教窃取君主的权威，独揽自然造化的力量，他们的作为损害朝政，这实在是令人可悲呀！汉代以前，没有佛法的存在，只要君主贤明，臣下忠诚，便会国运长久。自从开始设立佛像这一胡人的神明，羌、戎等族搅乱了中华的秩序，君主昏庸，臣下奸佞，朝政残暴，国运短促，梁武帝萧衍、

道士苟避征徭，不守戒律。诏："命有司沙汰天下僧、尼、道士、女冠，其精勤练行者，迁大寺观；庸猥粗秽者，勒还乡里。"

【纲】六月，太白经天。秦王世民杀太子建成、齐王元吉。立世民为皇太子，决军国事。 【目】世民既与建成、元吉有隙，建成夜召世民，饮酒而鸩之，世民暴心痛，吐血数升。上谓世民曰："首建大谋，削平海内，皆汝之功。吾欲立汝为嗣，而汝固辞；且建成为嗣日久，吾不忍夺也。观汝兄弟，似不相容，不可同处，当遣汝居洛阳，自陕以东皆主之。仍建天子旌旗，如梁孝王故事。"世民泣辞，不许。将行，建成、元吉相与谋曰："秦王若至洛阳，不可复制；不如留之长安，则一匹夫，取之易矣。"乃密令数人上封事，言："秦王左右闻往洛阳，无不喜跃，观其志趣，恐不复来。"上乃止。

元吉密请杀世民，秦府僚佐皆惶惧不知所出。行台郎中房玄龄

北齐文襄帝萧子良的下场,足以成为后人的借鉴。现在,全国的僧人和尼姑的数量,超过了十万人,如果让僧尼们各自婚配,就会成为十万多户人家,他们生儿育女,经过十年的生长养育,十二年的教育训导,可以充足兵源。"高祖下诏令文武百官议论此事,只有太仆寺卿张道源赞同傅奕所讲的。仆射萧瑀说:"佛是圣人,傅奕却要非难佛。非难圣人的人目无法纪,理当惩治他的罪过。"傅奕说:"人们的伦常大道,没有比君王和父亲更为重要的了。佛作为嫡长世子却背叛了自己的父亲,作为一个平民却抗拒天子的命令。萧瑀并不是从空桑城中无父而生,却要遵从目无父亲的宗教。非难孝道的人目无至亲,说的就是萧瑀这样的人!"萧瑀无言以对,只好双手合什道:"设置地狱,正是为了此人!"高祖也憎恶僧人和道士逃避赋税和徭役,不遵守戒规戒律。于是颁布诏令:"命令有关部门淘汰全国的僧人、尼姑和男女道士,将那些专门勤奋修行的,迁居到较大的寺院道观中;对那些庸俗猥琐、粗陋秽恶的人,强令他们返回家乡。"

【纲】六月,金星经过天空正南方的午位。秦王李世民杀死太子李建成、齐王李元吉。高祖册立李世民为皇太子,议决军国大事。 【目】李世民与李建成、李元吉结下嫌隙以后,李建成在夜间叫来李世民,与他饮酒,在酒里下毒想害死他。李世民突然心中绞痛,吐出好几升的血。高祖对李世民说:"首先提出反隋的谋略,消灭平定国内的敌人,都是你的功劳。我想要立你为继承人,你却坚决推辞;再加上建成做太子已很长时间,我不忍心夺去他的权力。我观察你们兄弟几个人,似乎相互容不下对方。不可能和睦相处,我应当派你返回洛阳居住,陕州以东的广大地区都由你来主持,还要让你设置天子的旌旗,一如汉代梁孝王所开的先例。"李世民哭泣着推辞,高祖不应允。准备出发的时候,李建成和李元吉一起商议道:"秦王如果到了洛阳,便再也不能够控制了;不如将他留在长安,就只他一个匹夫,很容易对付。"于是他们暗中让几个人上奏章给皇帝,声称:"秦王身边的人听说要前往洛阳,无不欢喜雀跃,察看李世民的意向,恐怕他不会重新回来了。"高祖于是劝阻李世民去洛阳。

李元吉秘密请求杀死李世民,秦王府的僚属官员们人人恐惶不知

谓长孙无忌曰："今嫌隙已成，一旦祸机窃发，岂惟府朝涂地，乃实社稷之忧；莫若劝王行周公之事以安家国。存亡之机，正在今日！"无忌以告。世民召杜如晦谋之，亦劝世民如玄龄言。建成、元吉以秦府多骁将，欲诱之使为己用，密以金银器一车赠尉迟敬德。敬德辞不受，以告世民。世民曰："公心如山岳，虽积金至斗，知公不移。"元吉乃谮敬德于上，将杀之，世民固请，得免。

会突厥入塞，建成荐元吉将兵击之。率更丞王晊密告世民曰："太子语齐王：'吾与秦王饯汝于昆明池，使壮士拉杀之。因遣人说上，授我以国而立汝为太弟。'"世民以告长孙无忌等，无忌等告世民先事图之。世民叹曰："骨肉相残，古今大恶。吾诚知祸在朝夕，欲俟其发，然后以义讨之，不亦可乎！"众曰："大王以舜为何如人？"曰："圣人也。"众曰："使舜浚井而不出，涂廪而不下，则井中之泥，廪上之灰耳，安能泽被天下，法施后世乎！是以小杖则受，大杖则走，盖所存者大也。"世民命卜之，幕僚张公谨自外来，见之，取龟投地，曰："卜以决疑；不疑何卜！卜而不吉，庸得已乎！"世民意乃决。

于是太白再经天。傅奕密奏："太白见秦分，秦王当有天下。"上以其状授世民，于是世民密奏建成、元吉淫乱后宫，且曰："兄弟专欲杀臣，似为世充、建德报仇。臣今永违君亲，亦实耻见诸贼于

所措。行台考功郎中房玄龄对长孙无忌说："如今仇怨已经结成，有朝一日祸患突起，岂只是秦王府难保，实际上国家的存亡都成问题。不如劝说秦王采取周公平定管叔与蔡叔的行动，以便安定皇室与国家。生死存亡的机会，就在今天！"长孙无忌将这些话告诉李世民。李世民召见杜如晦谋划此事，杜如晦也劝李世民照房玄龄说的那样去做。李建成、李元吉认为秦府中多是骁勇的将领，便想引诱他们为己所用，暗中将一车金银器物赠送给尉迟敬德。敬德推辞不接受，并将此事告诉李世民。李世民说："你的心如同山岳一样，即使堆积金子如斗，你的心也丝毫不动摇。"于是李元吉便向高祖诬陷尉迟敬德，高祖想要杀死敬德，李世民执意为他求情，才得以获免。

　　适逢突厥兵入塞北，李建成推荐李元吉率领兵马前往迎击。率更丞王晊秘密地告诉李世民说："太子李建成曾对齐王李元吉说：'我与秦王一道在昆明池为你饯行，那时便可派壮士将他杀死。进而派人劝说皇上，将国位传给我，而立你为皇太弟。'"李世民将这些话告诉长孙无忌等人，长孙无忌等人劝说李世民先下手为强。李世民感叹道："骨肉之间相互残害，这是古往今来最大的丑恶。我的确也知道大祸即将临头，只是想等到它发动以后，再以道义去声讨，不也可以吗！"众人都说："大王您认为舜这个人怎么样？"李世民说："是圣人。"众人说："假如舜王在疏浚水井的时候没有躲过父亲与哥哥在上面填土的毒害，则早就成为井中的泥土了，假如他在修补粮仓的时候没有躲过在下面放火的毒害，则早就化为粮仓上的灰烬了，还怎么可能使自己的恩泽遍及天下，法度流传后世呢！所以说，遭到小木棍笞打时便忍受了，遭受大木棍痛打时就逃走，使自己存活下来才是最为重要的事情。"李世民命人占卜算卦看看是否应采取行动，适逢幕府的僚属张公谨从外面进来，见此情景便将龟甲拿过来丢在地上说："占卜是为了决定有疑难之事，现在事情并无疑难，还占卜什么！如果占卜的结果是不吉利的，难道就不采取行动了吗！"于是李世民的主意才定下来。

　　此时，金星再次经过天空正南方的午位。傅奕秘密上奏说："金星出现在秦地的分野上，这是秦王应当拥有天下的征兆。"高祖便将此密报交给了李世民，于是李世民趁机密奏李建成、李元吉淫乱后宫嫔妃，

地下！"上惊，报曰："明当鞫问，汝宜早参。"明日，世民帅长孙无忌等入，伏兵于玄武门。建成、元吉俱入参，至临湖殿，觉有变，欲还。世民追射建成，杀之。尉迟敬德射杀元吉。上谓裴寂等曰："不图今日，乃见此事，当如之何？"萧瑀、陈叔达曰："建成、元吉本不豫义谋，又无功于天下，疾秦王功高望重，共为奸谋。今秦王已讨而诛之，陛下若处以元良，委之国务，无复事矣！"上曰："此吾之夙心也。"遂立世民为皇太子。军国庶事，悉委太子处决，然后奏闻。

【纲】罢沙汰僧、道。

【纲】以魏徵、王珪为谏议大夫。　【目】初，洗马魏徵常劝建成早除秦王，及建成败，太子召徵谓曰："汝何为离间我兄弟！"徵举止自若，对曰："先太子早从徵言，必无今日之祸。"太子改容礼之，引为詹事主簿。亦召王珪、韦挺于巂州，皆以为谏议大夫。

【纲】帝自称太上皇。秋八月，太子即位。　【目】诏传位于太子；太子固辞，不许，乃即位。

【纲】放宫女三千余人。

【纲】立妃长孙氏为皇后。　【目】后少好读书，造次必循礼法。上为秦王，后奉事高祖，承顺妃嫔，甚有内助。及为后，务崇节俭，服御取给而已。上深重之，尝与之议赏罚，后辞曰："'牝鸡之晨，惟家之索'，妾妇人，安敢预闻政事！"固问之，终不对。

而且说：“现在他们兄弟二人一心要杀死我，似乎是要为王世充和窦建德报仇。如今我含冤而死，永远离开父皇陛下，但如果在地下见到王世充、窦建德等人也实在感到羞耻！”高祖听后非常惊讶，答道：“明天就审问此事，你最好及早来朝参。”第二天，李世民率领长孙无忌等人入朝，将兵力埋伏在玄武门。李建成与李元吉一起入朝参拜皇上，走到临湖殿，发觉有变故，想要退回去领兵。李世民追赶并用箭射李建成，将他射死。尉迟敬德用箭射死李元吉。高祖对裴寂等人说：“想不到今天竟会出现这种事情，你们认为应当怎么办呢？”萧瑀与陈叔达答道："李建成与李元吉原来就没有参与举义旗反隋的谋划，又没有为大唐的天下立下功劳，他们嫉妒秦王功劳大威望高，于是便一同策划阴谋。如今秦王已经声讨并杀死了他们，如果陛下能够立秦王为太子，将国家政务交付给他，就不会再发生事端了！”高祖说："这也正是我平素的心愿啊。"于是立李世民为皇太子。军队和国家的各项事务，全都由太子全权处理，然后再上奏给高祖知道。

【纲】朝廷下令停止裁减和尚道士。

【纲】任命魏徵、王珪为谏议大夫。【目】起初，太子洗马魏徵经常劝说李建成及早除掉秦王，等到李建成事败以后，李世民便传召魏徵，对他说："你为什么从中挑拨我们兄弟之间的关系呢？"魏徵神态自若，答道："如果已故的太子早听从我的进言，必定不会有今日的灾祸。"太子李世民改变态度，对他表示敬意，引荐他担任詹事主簿。还将李建成的旧部王珪和韦挺从巂州（治越巂，今四川西昌）召回，都任命为谏议大夫。

【纲】高祖自称太上皇。秋八月，太子李世民即皇位。【目】高祖下诏将传位给太子；太子执意推辞，高祖不肯答应，于是太子李世民即帝位。

【纲】朝廷遣放三千多名宫女。

【纲】唐太宗李世民册立妃子长孙氏为皇后。【目】长孙皇后年少时即喜好读书，行动举止必定遵守礼法。太宗在做秦王的时候，长孙皇后尊奉高祖皇帝，顺从妃嫔，弥补秦王的缺失，给秦王以极大的帮助。等到做了皇后，务求保持勤俭的作风，车马衣服仅够需用而已。太

【纲】突厥入寇,至便桥,帝出御之。突厥请盟而退。 【目】梁师都所部离叛,国寖寖弱,乃朝于突厥,劝令入寇。于是颉利、突利二可汗合兵十余万骑寇泾州。颉利进至渭水便桥之北,遣其腹心执矢思力入见,以观虚实。思力盛称:"二可汗将兵百万,今至矣。"上让其背盟入寇,欲先斩思力。思力惧,乃囚之。

上乃自与高士廉、房玄龄等六骑径诣渭水上,与颉利隔水而语,责以负约。突厥大惊,皆下马罗拜。俄而诸军继至,旌甲蔽野,颉利见思力不返,而上轻出,军容甚盛,有惧色。上麾诸军使却而布陈,独留与颉利语。萧瑀叩马固谏,上曰:"突厥所以敢倾国而来者,以我国内有难,朕新即位,谓我不能抗御也。我若示之以弱,虏必放兵大掠,不可复制。故朕轻骑独出,示若轻之;震曜军容,使知必战;虏既深入,必有惧心,与战则克,与和则固。制服突厥,在此举矣!"是日,颉利来请和,诏许之。斩白马,与盟于便桥之上。突厥引兵退;萧瑀请曰:"突厥未和之时,诸将争欲战,陛下不许,而虏自退,其策安在?"上曰:"突厥之众,多而不整,君臣之志惟贿是求,昨其达官皆来谒我,我若醉而缚之,因击其众,伏兵邀其前,大军蹑其后,覆之如反掌耳。然吾即位日浅,国家未安。一与虏战,结怨既深,彼或惧而修备,则吾未可以得志也。故卷甲韬戈,啖以金帛,彼既得所欲,志必骄惰,然后养威俟衅,一举可灭也。将欲取之,必固与之,此之谓也。"瑀谢不及。

宗非常敬重她，曾经与她议论奖赏与惩罚，皇后推辞说："'如果母鸡在早晨打鸣，那就只会使这户人家倾家荡产'。我是个妇道人家，怎么敢过问政事呢！"太宗再三询问她，她始终没有回答。

【纲】突厥兵进犯，进至便桥（即西渭桥，今陕西西安西北）一带，太宗亲自率兵抵抗。突厥请求订立盟约，而后退回。　【目】梁师都的部下众叛亲离，国力渐渐衰弱，于是向突厥称臣，劝突厥人进犯唐朝。于是颉利可汗和突利可汗联合兵马共十多万骑兵进犯泾州（治安定，今甘肃泾川北）。颉利可汗开进到渭水便桥的北面，派遣他的心腹执矢思力入朝见太宗，以便观察唐朝的虚实。执矢思力极力夸耀道："二位可汗率领兵马一百万，今天已到了城下。"太宗责备他们背弃盟约前来进犯，想要先杀掉执矢思力。思力非常害怕，于是先将他囚禁起来。

太宗亲自与高士廉、房玄龄等六人骑马径直来到渭水边上，与颉利可汗隔着渭水对话，责备他背弃盟约。突厥人大为惊恐，纷纷跳下马来，环绕着太宗下拜。不一会儿，唐朝各路军马相继赶到，旗帜与盔甲遮盖了原野，颉利见执矢思力没有返回，而太宗轻易出城，唐朝军容十分整齐，脸上浮现出恐惧的神色。太宗指挥各军退出一些地方来结成阵列，自己仍然独自留下来与颉利交谈。萧瑀勒住太宗的坐骑再三劝阻，太宗说："突厥兵之所以胆敢倾尽全国的兵力来进犯，正是因为我大唐国内有难，朕刚刚即皇位，认为我们不能够抵抗住他们。我们如果表现出软弱，敌人必然放纵兵马大肆掠夺，那样就一发不可收拾。所以朕率轻骑单独出马，表现出很轻视对方的样子；又向他们炫耀军容，是要让他们知道我军定会拼死奋战。突厥兵既然已经孤军深入我国境内，必然存有恐惧心理，这样，如果我军与之交战必然取胜，与他们言和，便能够巩固边境。制服突厥，就在此一举了！"当天，颉利可汗前来请求议和，太宗下诏允许。杀死白马，与颉利可汗在便桥上歃血为盟。突厥兵马退回其本土。萧瑀向太宗请教道："在突厥尚未准备言和时，众位将领争先请求出战，陛下没有允许，而敌人便自行撤退，是采用的什么策略呢？"太宗说："突厥兵马虽然众多，但军容不整，突厥君臣的意图只是一味贪图物品。昨天，他们的重要官员都来拜见朕，我们如果

【纲】九月，引诸卫将卒习射于显德殿。 【目】上日引诸卫将卒数百人习射殿庭，谕之曰："朕不使汝曹穿池筑苑，专习弓矢，居闲无事，则为汝师，突厥入寇，则为汝将，庶几中国之民可以少安！"群臣多谏曰："于律，以兵刃至御在所者绞。今使将卒习射殿庭，万一狂夫窃发，出于不意，非所以重社稷也。"上曰："王者视四海为一家，封域之内，皆朕赤子，朕一一推心置其腹中，奈何宿卫之士亦加猜忌乎！"由是人思自励，数年之间，悉为精锐。

【纲】定勋臣爵邑。 【目】上面定勋臣爵邑，命陈叔达唱名示之，且曰："所叙未当，宜各自言。"于是诸将争功，纷纭不已。淮安王神通曰："臣举兵关西，首应义旗，今房玄龄、杜如晦等专弄刀笔，功居臣上，臣窃不服。"上曰："叔父虽首唱举兵，盖亦自营脱祸。及窦建德吞噬山东，叔父全军覆没；刘黑闼再合余烬，叔父望风奔北。玄龄等运筹帷幄，坐安社稷，论功行赏，固宜居叔父之先。叔父，国之至亲，朕诚无所爱，但不可以私恩滥与勋臣同赏耳！"诸将乃相谓曰："陛下至公，淮安王尚无所私，吾侪何敢不安其分。"遂皆悦服。

将他们灌醉了，将他们捉起来，接着乘势袭击他们的兵马，伏兵在前面拦击，大军在后面追击，消灭他们易如反掌。然而朕刚即位不久，国家尚未安定，一经与突厥交兵开战，突厥本来与我们的结怨就很深，他们一定会因恐惧而整饬武备，那样我们便不能够达到目的了。所以才决定停战息兵，用金银财宝诱惑他们。他们的欲望得到满足以后，必然骄横怠惰，到那时我们蓄养军威，窥伺其破绽，就能够一举消灭他们。打算有所索取，先要有所给予，说的就是这个道理。"萧瑀连连拜谢，心服不已。

【纲】九月，太宗率领众多护卫将士在显德殿操习箭术。 【目】一天，太宗率领众多护卫将士在宫殿的庭院里操习箭术，并当面训话道："朕不让你们修池榭筑宫苑，而是专门熟习射箭技术。闲居无事时，朕就当你们的老师，一旦突厥入侵，则做你们的将领，只有这样中原的老百姓才能过上安宁的日子！"许多大臣都劝谏道："依照大唐律令，在皇帝住处手持兵刃的要处以绞刑。现在陛下您让这些将士张弓挟箭于殿宇之旁，万一有一个狂徒恣肆妄为，出现意外，岂不是忽视社稷江山的重要吗？"太宗说："君主视四海如同一家，大唐辖土之内，都是朕的忠实臣民。朕对每个人都能推心置腹，以诚相待，却为何要对保卫朕的卫士横加猜忌呢？"从此人人想着自强自励，几年之后，皆为精锐之师。

【纲】唐朝议定开国元勋及重臣的爵位田邑。 【目】太宗与群臣当面议定开国元勋及重臣的爵位田邑，命令陈叔达唱名公布，太宗说："朕授予你们的功劳赏赐，如有不当，可以各自申明。"于是各位将领纷纷争功，议论不休。淮安王李神通说："我在关西率部首先响应义旗，而房玄龄、杜如晦等人只是捉刀弄笔，现在功劳却在我之上，我感到难以心服。"太宗说："叔父虽然首先响应义旗举兵，这也是自谋摆脱灾祸。等到窦建德侵吞山东，叔父全军覆没；刘黑闼再次纠集余部，叔父却丢兵弃甲，望风北逃。房玄龄等人运筹帷幄、决胜千里，使大唐江山得以安定，论功行赏，功劳自然应在叔父之上。叔父您是皇族至亲，朕对您的爱无以复加，但不可徇私情与有功之臣同行封赏。"众位将领相互议论道："陛下如此公正，即使对淮安王也不徇私情，我们这些人怎么敢

房玄龄尝言秦府旧人未迁官者皆嗟怨。上曰："王者至公无私，故能服天下之心。设官分职，以为民也，当择贤才而用之，岂以新旧为先后哉！必也新而贤，旧而不肖，安可舍新而取旧乎！今不论其贤不肖而直言嗟怨，岂为政之体乎！"

【纲】禁淫祀杂占。

【纲】置弘文馆。　【目】上于弘文殿聚四库书二十余万卷。置弘文馆于殿侧，选天下文学之士虞世南、褚亮、姚思廉、欧阳询、蔡允恭、萧德言等，以本官兼学士，令更日宿直，听朝之隙，引入内殿，讲论前言往行，商榷政事，或至夜分乃罢。又取三品以上子孙充弘文馆学生。

上谓侍臣曰："朕观炀帝文辞奥博，亦知是尧、舜而非桀、纣；然行事何其相反也。"魏徵对曰："人君虽圣哲，犹当虚己以受人，故智者献其谋，勇者竭其力。炀帝恃其俊才，骄矜自用，故口诵尧、舜之言，而身为桀、纣之行，曾不自知，以至覆亡也。"上曰："前事不远，吾属之师也。"

上问给事中孔颖达曰："《论语》：'以能问于不能，以多问于寡，有若无，实若虚。'何谓也？"颖达具释其义以对，且曰："非独匹夫如是，帝王内蕴神明，外当玄默；若位居尊极，炫耀聪明，以才陵人，饰非拒谏，则下情不通，取亡之道也。"

上曰："朕每临朝，欲发一言，未尝不三思，恐为民害，是以不多言。"知起居事杜正伦曰："臣职在记言，陛下之言失，臣必书之。岂徒有害于今，亦恐贻讥于后。"

不安分守己呢？"大家都心悦诚服。

房玄龄曾说："秦王府的旧僚属未能升官的，都满腹怨言。"太宗说："君主大公无私，才能使天下人信服。设官吏定职守都是为了百姓，理应选择贤才，量才使用，怎么能以新人旧人作为选拔人才的先后顺序呢！如果新人有贤能，故旧无德无能，怎么可以舍弃新人而径取旧人呢？现在你们不论其是否有贤能而只是怨声不断，这难道是为政之道吗！"

【纲】唐朝禁止民间私立妖祠和杂乱占卜。

【纲】唐朝设置弘文馆。　【目】太宗聚集经史子集四部书二十余万卷藏于弘文殿。在殿旁设置弘文馆，遴选虞世南、褚亮、姚思廉、欧阳询、蔡允恭、萧德言等精通学术、文章练达之人，以所任官职兼学士，让他们轮流值宿，在上朝议政之暇，进入内殿，与皇帝讨论先哲言行与故实，商榷当朝大政，有时要到午夜时分才结束。又选取三品以上官员的子孙充任弘文馆学生。

太宗对身边的大臣说："朕观察隋炀帝文辞深奥博雅，也知道肯定尧、舜的行为而否定桀、纣的作为；然而做起事来为什么正相反呢？"魏徵答道："君主虽然圣哲明察，还应当虚心接受别人的意见，所以有智慧的人奉献其谋略，勇猛的人竭尽其力量。隋炀帝依仗他的才能，骄傲自满，所以口诵尧、舜的言语，而所做的却是桀、纣的恶行，自己还没有自知之明，终于遭致灭亡。"太宗说："过去的事并不遥远，我们应当引以为戒。"

太宗问给事中孔颖达："《论语》中说：'有能力的人向无能力的人请教，知识丰富的向知识缺乏的人请教；有学问像没学问一样，满腹经纶像胸无点墨一样。'这是什么意思呢？"孔颖达具体加以解答，并说道："不只一般百姓如此。帝王内心蕴藏聪明才智，外表上应当沉默少语，如果位居上尊之位，炫耀自己的聪明，恃才傲物，掩饰过错，拒绝纳谏，那样就会使下情难以上达，这是自取灭亡之道。"

太宗说："朕每次临朝听政，想要说一句话，都要再三思忖，担心会给百姓造成伤害，所以不多说话。"知起居事杜正伦说："我的职责在于记言，陛下说过的错话，我都要记上。陛下有过岂止有害于当今，恐

上谓侍臣曰:"梁武帝惟谈苦空,侯景之乱,百官不能乘马;元帝为周师所围,犹讲《老子》,百官戎服以听,此深足为戒!朕所学者,惟尧、舜、周、孔之道,如鸟之有翼,鱼之有水,失之则死,不可暂无耳。"

上谓裴寂曰:"比多上书言事者,朕皆黏之屋壁,得出入省览。数思治道,或深夜方寝;公辈亦当恪勤职事,副朕此意。"

有上书请去佞臣者,上问佞臣为谁?对曰:"愿陛下与群臣言,或阳怒以试之。彼执理不屈者,直臣也;畏威顺旨者,佞臣也。"上曰:"君,源也;臣,流也;浊其源而求其流之清,不可得矣!君自为诈,何以责臣下之直乎!朕方以至诚治天下,见前世帝王好以权谲小数接其臣下者,常窃耻之。卿策虽善,朕不取也。"

上与群臣论止盗,或请重法以禁之。上曰:"朕当去奢省费,轻徭薄赋,选用廉吏,使民衣食有余则自不为盗,安用重法邪!"自是数年之后,海内升平,路不拾遗,外户不闭,商旅野宿焉。

上尝曰:"君依于国,国依于民。刻民以奉君,犹割肉以充腹,腹饱而身毙,君富而国亡矣。朕常以此思之,不敢纵欲也!"

上谓公卿曰:"昔禹凿山治水,而民无谤讟者,与人同利故也。秦始皇营宫室而民怨叛者,病人以利己故也。夫美丽珍奇,固人之所欲,若纵之不已,则危亡立至。朕欲营一殿,材用已具,鉴秦而止,王公已下宜体朕此意。"由是二十年间,风俗素朴,衣无锦绣,公私富给。

怕还会让后人讥笑。"

太宗对左右大臣说："梁武帝只是一味空谈苦行与空寂，侯景之乱，百官都不能够骑马。梁元帝被北周的军队包围，还在讲论《老子》，百官穿着戎装听讲，这些都深足为戒！朕所学的都是尧、舜、周公、孔子之道，正如鸟长翅膀，鱼得活水，失去它们就要死去，不可片刻没有它们。"

太宗对裴寂说："近来很多上书言事的奏章，朕都将它们贴在寝室的墙壁上，这样可以进出看得见，时常思考为政之道，有时要到深夜才能入睡。希望你们也要恪尽职守，不辜负朕的苦心。"

有人上书请求除去奸佞之臣，太宗问谁是奸佞之臣。答道："希望陛下对大臣们说说，或是假装发怒以试探。那些据理力争、毫不屈服的便是正直的忠臣；那些畏惧皇威、顺从旨意的便是奸佞之臣。"太宗说："君主是源头；臣下是水的流脉。污浊了水源而去求得水流的清澈，怎么能做得到呢？况且君主自己使诈，又怎么能督责臣下正直呢！朕刚以至诚之心治理天下，看见前代帝王喜好用权谋小计对待臣下，常常耻笑他们。你的计策虽然好，朕却不能采用。"

太宗与群臣议论如何防止盗贼，有人提出用严刑苛法来禁绝。太宗说："朕应当除去奢侈减省花费，轻徭薄赋，选用廉洁的官吏，使百姓们衣食富足，则自然不去做盗贼，何必要用严刑重法呢！"此后数年间，唐朝境内安定，出现路不拾遗、夜不闭户、商人旅客在室外野宿的景象。

太宗曾说："君主依靠国家，国家依靠百姓。对百姓刻薄以敬奉君主，如同割下自己的肉去填充肚子，肚子饱了而自己却毙命，君主富足了而国家灭亡了。朕常思考这些，不敢放纵自己为所欲为。"

太宗对公卿大臣们说："从前大禹凿山治水而百姓没有怨谤之言，是因为与民利益攸关的缘故。秦始皇营造宫室而百姓怨声载道、图谋反叛，是因为秦始皇只为自己考虑的缘故。奇珍异宝固然是每个人都想得到的，假如放纵自己挥霍无度，便即刻遭致危险和灭亡。朕想要营造一座宫殿，材料已经齐备，有鉴于秦的灭亡，便停止了这项工程。亲王公卿以下，应当体会到朕的想法。"从此二十年间，风俗质朴淳厚，穿着不

上谓侍臣曰:"吾闻西域贾胡,得美珠剖身以藏之,有诸?"侍臣曰:"有之。"上曰:"人皆知笑彼之爱珠而不爱其身也;吏受赇抵法,与帝王徇奢欲而亡国者,何以异于胡之可笑矣邪!"魏徵曰:"昔鲁哀公谓孔子曰:'人有好忘者,徙宅而忘其妻!'孔子曰:'又有甚者,桀、纣乃忘其身。'亦犹是也。"上曰:"然。朕与公辈宜戮力相辅,庶免为人笑也。"上患吏多受赇。密使左右试赂之。有司门令史受绢一匹,上欲杀之,民部尚书裴矩谏曰:"为吏受赂,罪诚当死。但陛下使人遗之而受,乃陷人于法也,恐非所谓道之以德,齐之以礼。"上悦,告群臣曰:"裴矩能当官力争,不为面从;倘每事皆然,何忧不治!"

【纲】冬十月,诏追封故太子为息隐王,齐王为海陵剌王,改葬之。 【目】后诏复息隐王为隐太子,海陵剌王号巢剌王。

【纲】立子承乾为皇太子。

【纲】诏民遭突厥暴践者,计口给绢。

【纲】十二月,遣使点兵。 【目】上历精求治,数引魏徵入卧内,访以得失;徵知无不言,上皆欣然嘉纳。上遣使点兵,封德彝奏:"中男虽未十八,其壮大者,亦可并点。"上从之,敕出,徵固执以为不可。上怒,召而让之,对曰:"夫兵在御之得其道耳,何必多取细弱以增虚数乎!且陛下每云:'吾以诚信御天下,'今即位未几,失信者数矣!"上愕然曰:"何也?"对曰:"陛下初诏:'悉免负逋官物。'有司以为负秦府国司者,非官物,征督如故。陛下以秦王升为天子,

用锦绣,官府与百姓都很富足。

太宗对左右大臣说:"我听说西域有一个姓胡的商人得到一颗宝珠,用力割开身上一块肉,将宝珠藏在里面,有这么回事吗?"大臣们答道:"有这回事。"太宗说:"人们都知道笑话这个人爱珍珠而不爱惜自己的身体;官吏受贿贪赃枉法,和帝王追求奢华而遭致国家灭亡,这些与姓胡商人的可笑之处有何区别呢?"魏徵说:"从前鲁哀公对孔子言道:'有的人非常健忘,搬家而忘了自己的妻子。'孔子说:'还有比这更严重的,夏桀、商纣均因贪恋身外之物而身亡。'也是这样。"太宗说:"对。朕与你们应当同心合力,共治朝政,以免被后人耻笑。"太宗担心官吏中多有接受贿赂的,便秘密安排身边的人去拭探他们。有一个刑部下属的司门令史收受绢帛一匹,太宗知道后便想杀了他,民部尚书裴矩劝谏道:"当官的接受贿赂,罪当处死。但是陛下派人送上门去让其接受,这是有意使其触犯刑律,恐怕不符合孔子所谓'用道德加以诱导,用礼教整齐民心'的古训。"太宗听后很高兴,告诉众位大臣说:"裴矩能够在其位谋其政,当面谏诤,并不一味地顺从我,假如每件事情都能这样做,国家何愁治理不好呢!"

【纲】冬十月,太宗下诏追封已故太子、皇兄李建成为息隐王,齐王李元吉为海陵剌王,以皇家丧礼重新安葬。 【目】后来太宗又下诏恢复息隐王为隐太子,海陵剌王为巢剌王的称号。

【纲】太宗立中山王李承乾为皇太子。

【纲】太宗颁下诏令:对遭受突厥人暴虐践踏的百姓,按人口供给绢帛。

【纲】十二月,太宗派人征发兵员。 【目】太宗励精图治,多次让魏徵进入卧室内,询问政治得失;魏徵知无不言,太宗均高兴地采纳。太宗派人征发兵员,封德彝上奏言道:"中男虽不到十八岁,其身体强壮的,也可一并点发。"太宗同意。敕令传出,魏徵固执己见加以反对。太宗大怒,召进宫中责备他,魏徵答道:"军队在于以道义加以统率,何必多征发年幼羸弱的人来徒增虚数呢?而且陛下总说:'朕以诚、信治理天下',如今即位没多久,却已经多次失信了!"太宗惊愕地问道:"朕怎么失信了?"答道:"陛下刚即位时即下诏:'百姓拖欠官家的财物,

国司之物，非官物而何！又曰：'关中免二年租调，关外给复一年。'既而继有敕云：'已役已输者，以来年为始。'散还之后，方复更征，百姓固已不能无怪。今复点兵，何谓来年为始乎！又陛下所与共治天下者在于守宰；至于点兵，独疑其诈，岂所谓以诚信为治乎！"上悦，从之。

【纲】以张玄素为侍御史。【目】上闻景州录事参军张玄素名，召见，问以政道。对曰："隋主自专庶务，不任群臣。以一人之智决天下之务，借使得失相半，乖谬已多，下谀上蔽，不亡何待！陛下诚能择群臣而分任以事，高拱穆清而考其成败，何忧不治！"上善其言，擢为侍御史。

【纲】以张蕴古为大理丞。【目】前幽州记室张蕴古上《大宝箴》，其略曰："圣人受命，拯溺亨屯，故以一人治天下，不以天下奉一人。"又曰："壮九重于内，所居不过容膝；彼昏不知，瑶其台而琼其室。罗八珍于前，所食不过适口；惟狂罔念，丘其糟而池其酒。"又曰："勿没没而暗，勿察察而明，虽冕旒蔽目，而视于未形，虽黈纩塞耳，而听于无声。"上嘉之，赐以束帛，除大理丞。

太宗文武皇帝

【纲】丁亥，太宗文武皇帝贞观元年，春正月，宴群臣。【目】上宴群臣，奏《秦王破陈》乐，上曰："朕昔受委专征，民间遂有此曲，虽非文德之雍容，然功业所由，不敢忘也。"封德彝曰："陛下以神武平海内，文德岂足比乎！"上曰："戡乱以武，守成以文，文武之

一律免除。'有关部门认为拖欠秦王府库财物的，不属于官家财物，仍旧征收索取。陛下由秦王升为天子，府库的物品不是官家之物又是什么呢？又说道：'关中地区免收二年的租调，关外地区免除徭役一年。'不久又有敕令说：'已纳税和已服徭役的，从下一年开始。'等到归还已纳税物之后，又重新开始征调，这样百姓不能没有责怪之意。现在又征发兵员，怎么叫作'从下一年开始'呢？况且与陛下共同治理天下的都是这些地方官员；至于征点兵员，却怀疑他们使诈。这难道是以诚信治理天下吗？"太宗听后高兴起来，听从其意见。

【纲】太宗任命张玄素为侍御史。 【目】太宗闻知景州（治弓高，今河北吴桥东北）录事参军张玄素的大名，召他入宫，问他为政之道。答道："隋朝皇帝独揽大小朝政，不委任给群臣。以一个人的智力决断天下事务，即使得失参半，乖谬失误处已属不少，加上臣下谄谀蒙蔽皇上，国家不灭亡更待何时！陛下如能慎择群臣而让他们各职其事，标举清明而考察其成败得失，国家还能治理不好！"太宗非常欣赏他的话，提拔他为侍御史。

【纲】唐朝任命张蕴古为大理丞。 【目】前幽州记室参军张蕴古呈给太宗一篇《大宝箴》。大略写道："圣人上承天命，拯黎民于水火，救百姓于危难。所以以一个人来治理天下，而不以天下专奉一人。"又写道："内廷重屋叠室、宽大无比，帝王居住的不过容下双膝之地；加上君主昏庸无知，修筑瑶台琼室。席前堆着山珍海味，也不过品尝几口。甚至忽发狂想，修建用酒糟做围堤的酒池以自娱。"又写道："对事物不应不加分析，而应明察秋毫，应在皇冠旒苏掩住双眼之前就看清事物的未成形状态，在黈纩挡住耳朵之前听清事物皇上变化的声音。"太宗深为嘉许，赏赐给束帛，官拜大理丞。

太宗文武皇帝

【纲】太宗文武皇帝贞观元年（丁亥，公元627），春正月，太宗大宴群臣。 【目】太宗大宴群臣，席间演奏《秦王破阵乐》，太宗说："朕从前曾受命专事征伐隋朝和各路割据势力，民间于是流传着这个曲子。虽然不具备文德之乐的温文尔雅，但立国的功业却由此而得，所以始

用,各随其时。卿谓文不及武,斯言过矣!"

【纲】制谏官随宰相入阁议事。

【纲】更定律令。 【目】命吏部尚书长孙无忌与法官更议定律令,宽绞刑五十条为断右趾。上曰:"肉刑废已久,宜有以易之。"于是有司请改为加役流,流三千里,居作三年,从之。

【纲】以戴胄为大理少卿。 【目】上以选人多诈冒资荫,敕令自首,不首者死。未几,有诈冒事觉者,上欲杀之。胄奏:"据法应流。"上怒曰:"卿欲守法而使朕失信乎?"对曰:"敕者出于一时之喜怒,法者国家所以布大信于天下也。陛下忿选人之多诈,故欲杀之,既而知其不可,复断之以法,此乃忍小忿而存大信也。"上曰:"卿能执法,朕复何忧!"胄前后犯颜执法,言如涌泉,上皆从之,天下无冤狱。将军长孙顺德受人馈绢,事觉,上于殿庭赐绢数十匹。大理少卿胡演以为不可。上曰:"彼有人性,得绢之辱甚于受刑;如不知愧,一禽兽耳,杀之何益!"

【纲】二月,分天下为十道。 【目】隋末豪杰据地,自相雄长;唐兴,相帅来归,上皇割置州、县以宠禄之。上以民少吏多,悉并省之,因山川形便,分为十道:曰关内,河南,河东,河北,山南,陇右,淮南,江南,剑南,岭南。

【纲】三月,皇后帅内外命妇亲蚕。

【纲】闰月,命京官五品以上更宿中书内省。 【目】上谓太子少师萧瑀曰:"朕少得良弓十数,自谓无以加,近以示弓工,乃曰'皆

终不能忘怀。"封德彝说："陛下以神武之力平定天下,岂是文德所能比拟!"太宗说："平乱建国依靠武力,治理国家保住胜利果实却仰赖文才,文武的妙用,全在于各自因时制宜。你说文才赶不上武功,此言差矣!"

【纲】唐朝廷下制文:谏议官与宰相一道入内廷议政。

【纲】唐朝更改议定律令。 【目】太宗让吏部尚书长孙无忌与法官重新议定律令,宽释绞刑五十条,改为断右趾。太宗说："肉刑已废除很长时间,应当用其他刑罚代替。"于是有关部门请求改断趾为加劳役流放,流放到三千里外,刑期三年,太宗同意。

【纲】唐朝任命戴胄为大理寺少卿。 【目】太宗认为当时许多候选官员都假冒资历和门荫,下敕令让他们自首,否则就处死。没过几天,有个人的假冒问题被发觉,太宗想要杀掉他。戴胄上奏言道："根据法律应当流放。"太宗大怒道："你想要遵守法令而让朕失信于天下吗?"戴胄回答说："敕令出于君主一时的喜怒变化,法令则是国家昭示天下诚信的规制。陛下气愤于候选官员的假冒,所以想要杀他们;但是既然已知其不可行,又以法令为裁断,这才是忍住一时的愤怒而昭示天下诚信的处理办法。"太宗说："你如此执法,朕还有何忧虑!"戴胄前后多次冒犯皇上而执行法律,奏答时滔滔不绝,太宗皆从善如流,国内少有冤案。大将军长孙顺德接受别人送的绢帛,事情暴露,太宗在殿庭上赐给他数十匹绢,大理寺少卿胡演认为不可。太宗说："如果他有人性,得到朕赐给绢帛的羞辱,远甚于受到刑罚;如果不知道羞耻,则不过如同禽兽而已,杀他又有何用呢?"

【纲】二月,唐朝划分全国为十道。 【目】隋朝末年英雄豪杰纷纷割据称雄,唐兴起后相继归附,高祖皇帝为他们分置州、县,施以恩惠。太宗认为官多民少,将州县加以合并,依山川地势条件,将全国分为十道:一关内,二河南,三河东,四河北,五山南,六陇右,七淮南,八江南,九剑南,十岭南。

【纲】三月,皇后带领后宫妃嫔及王公高官眷属一行人行蚕桑礼。

【纲】闰三月,太宗下令在京五品以上官员,轮流在中书省衙署值班。 【目】太宗对太子少师萧瑀说："朕年轻时曾得到十几张好弓,自

非良材。木心不正则脉理皆邪，弓虽劲而发矢不直'。朕以弓矢定四方，识之犹未能尽，况天下之务乎！"乃命京官五品以上更宿中书内省，数延见，问民疾苦、政事得失。

【纲】夏六月，封德彝卒。 【目】初，上令封德彝举贤，久无所举。上诘之，对曰："非不尽心，但于今未有奇才耳。"上曰："君子用人如器，各取所长；古之致治者岂借才于异代哉！正患己不能知，安可诬一世之人！"德彝惭而退。

【纲】以萧瑀为左仆射。 【目】上与侍臣论周、秦修短，萧瑀对曰："纣为不道，武王征之。周及六国无罪，始皇灭之。得天下虽同，立心则异。"上曰："公知其一，未知其二。周得天下，增修仁义；秦得天下，益尚诈力；此修短之所以殊也。盖取之或可以逆，而守之不可以不顺故也。"瑀谢不及。

【纲】山东旱，诏所在赈恤，蠲其租赋。

【纲】秋七月，以长孙无忌为右仆射。 【目】无忌与上为布衣交，加以外戚，有安命功，上委以腹心，欲相者数矣。皇后固请曰："妾备位椒房，贵宠极矣，诚不愿兄弟执国政。吕、霍、上官，可为切骨之戒！"上不听，卒用之。

【纲】九月，宇文士及罢。御史大夫杜淹参预朝政。

【纲】冬十月，岭南酋长冯盎遣子入朝。 【目】初，盎与诸酋长迭相攻击，诸州皆奏盎反。上欲发兵讨之，魏徵谏曰："岭南瘴疠险远，不可以宿大兵。且告者已数年，而盎兵未尝出境，此不反明矣。若遣信臣示以至诚，可不烦兵而服。"上乃遣使谕之，盎遣其子智

认为没有能超过它们的,近日拿给做弓箭的弓匠看,他说:'都不是好材料。弓箭木头的中心部分不是直线,所以脉纹也都是斜的,弓的劲力虽大,但箭发出去不走直线'。朕以弓箭等武力手段平定天下,而对弓箭的性能还没有完全认识清楚,何况对于天下的事务!"于是命令在京五品以上官员都要轮流到中书省衙署值宿,太宗数次让他们进宫,询问民间百姓疾苦和政治得失。

【纲】夏六月,封德彝去世。 【目】起初,太宗让封德彝举荐贤才,很长时间没举荐上来。太宗质问他原因,他答道:"不是我不尽心竭力,而是现在没有奇才!"太宗说:"君子用人如用器物,各取其长处。古时候国家达到大治的,难道是从别的时代去借人才吗?正应当怪自己不能识别人才,怎么能诋诬同时代的人呢?"封德彝羞惭地退下。

【纲】唐朝任命萧瑀为左仆射。 【目】太宗与身边的大臣议论周朝、秦朝的政治得失,萧瑀说:"商纣王大逆不道,周武王讨伐他。周朝及六国均无罪,秦始皇分别灭掉他们。取得天下的方式虽然相同,人心却已发生了变化。"太宗说:"你只知其一,不知其二。周朝取得天下,更加修行仁义;秦朝取得天下,一味崇尚暴力,这就是长短得失的不同。所以说打天下可以通过抗争,守成则不可以不顺应民心。"萧瑀钦服不已。

【纲】山东大旱,太宗下诏令当地赈济抚恤,免除租赋。

【纲】秋七月,任命长孙无忌为右仆射。 【目】长孙无忌与太宗为布衣之交,加上皇后兄长的外戚身份,又有辅佐太宗即位的大功,太宗视为心腹,几次想重用他为宰相。文德皇后固执地请求:"我身为后妃之首,家族的尊贵荣耀已达到顶头,实在不愿意我的兄、弟再去执掌国政。吕后、霍太后、上官夫人,都是痛彻骨髓的前车之鉴!"太宗不听,最后还是予以重用。

【纲】九月,罢免宇文士及。御史大夫杜淹参与朝廷大政。

【纲】冬十月,岭南部落首领冯盎派他的儿子来到朝廷。 【目】起初,冯盎与各部落首领相互争斗,各州均上奏称冯盎反叛。太宗想要征调兵马讨伐,魏徵劝谏道:"岭南路途遥远、地势险恶,有瘴气瘟疫,不可以驻扎大部队。而且上告他谋反已有几年了,而冯盎的兵马并

戴随使者入朝。上曰："魏徵一言，胜十万之师，不可不赏。"乃赐绢五百匹。

【纲】十二月，诏殿中侍御史崔仁师按狱青州。 【目】青州有谋反者，逮捕满狱，诏崔仁师等覆按之。仁师至，悉去枷械，与饮食汤沐，止坐其魁首十余人。孙伏伽谓仁师曰："足下平反者多，恐人情贪生，见其徒侣得免，未肯甘心耳。"仁师曰："凡治狱当以仁恕为本，岂可自规免罪，知其冤而不为伸邪！万一误有所纵，以一身易十囚之死，亦所愿也。"及敕使至，更讯诸囚，皆曰："崔公平恕，无枉，请速就死。"无一人异辞者。

【纲】以孙伏伽为谏议大夫。 【目】上好骑射，孙伏伽谏，以为："天子居则九门，行则警跸，非欲苟自尊严，乃为社稷生民之计也。夫走马射的，乃少年诸王所为，非今日天子事业也。既非所以安养圣躬，又非所以仪刑后世，臣窃为陛下不取。"上悦。以伏伽为谏议大夫。

上神采英毅，群臣进见，皆失举措。上知之，每假以辞色。尝谓公卿曰："人欲自见其形，必资明镜；君欲自知其过，必待忠臣。苟其君愎谏自贤，其臣阿谀顺旨，君既失国，臣岂能独全！如隋炀帝、虞世基者，亦足以观矣。公辈宜用此为戒，事有得失，无惜尽言也。"

【纲】令吏部四时选集，并省吏员。 【目】隋世选人，十一月集，至春而罢，人患其期促。至是，吏部侍郎刘林甫奏"四时听选，随阙注拟"，人以为便。唐初，士大夫以乱离之后，不乐仕进，官员不充，州府多以赤牒补官。至是，皆勒赴省选，集者七千余人，林甫随

未出境,这明显没有反叛的迹象。如果派守信用的使臣向他示以诚意,可以不劳动军队而使他钦服。"太宗于是派使者抚慰,冯盎派他的儿子冯智戴随使者返回朝廷。太宗说:"魏徵一句话,胜过十万大军的威力,不能不赏。"于是赐给他绢帛五百匹。

【纲】十二月,太宗诏令殿中侍御史崔仁师到青州(治益都,今山东益都)按察刑狱。 【目】青州有人谋反,被捕入狱的人满为患,太宗诏令崔仁师等重新按察定罪。崔仁师到了青州,命令脱掉他们的枷具,给他们饮食、沐浴,只将其首犯十余人定罪。孙伏伽对崔仁师说:"您平反了这么多人,恐怕人之常情都贪生怕死,见他们的同伙都得以免罪,不肯甘心。"崔仁师说:"凡定罪断案应当以仁义宽恕为根本,怎么能自己图谋免罪,明知其冤枉而不为他们申诉呢!万一判断不准,放错了人,我宁愿以自己一个人换取十个死囚的生命。"等到太宗派的人到了当地,重新审讯犯人,他们都说:"崔公公正宽仁,断案没有冤枉,请求立刻处死我们。"没有一人有二话的。

【纲】太宗任命孙伏伽为谏议大夫。 【目】太宗喜好骑马射箭,孙伏伽劝谏道:"天子居住要有九重门,出行则要警戒开道,这不是自榜尊严,而是为国家百姓考虑。骑马射箭乃是诸位年轻亲王的所作所为,而不是今日的天子应做之事。既不能靠此而养护身体,又不是为后代做典范,我认为陛下不应如此。"太宗高兴,任命孙伏伽为谏议大夫。

太宗神采奕奕,众大臣看见他时,皆手足无措。太宗知道后,每次见人都要和颜悦色。曾对公卿说:"人想要看见自己的形体,一定要借助于镜子;君王想知道自己的过错,必然要善待忠正耿直的大臣。如果君主刚愎自用,自以为是,大臣们阿谀逢迎,君主便失去了国家,大臣岂能独自保全!像隋炀帝、虞世基君臣就足以说明问题。望你们以之为戒,每件事都有得失,希望不要顾惜,畅所欲言!"

【纲】太宗下令吏部一年四季都可选官,并裁减文武官员。 【目】隋朝选拔官员,每年十一月聚集京城,到次年春天结束,人们苦于时间过短。到此时,吏部侍郎刘林甫上奏请求"四季都可选官,根据空阙随时补充",人们颇以为便。唐朝初年,士大夫经过动乱之后,都不愿意

才铨叙,各得其所,时人称之。上谓房玄龄曰:"官在得人,不在员多。"遂并省之,留文武总六百四十三员。

【纲】征隋秘书监刘子翼,不至。 【目】子翼有学行,性刚直,朋友有过,常面责之。李百药常称:"刘四虽复骂人,人终不恨。"是岁,有诏征之;辞以母老,不至。

【纲】以李乾祐为侍御史。 【目】鄃令裴仁轨私役门夫,上怒,欲斩之,殿中侍御史李乾祐谏曰:"法者,陛下所与天下共也。今仁轨坐轻罪而抵极刑,臣恐人无所措手足矣!"上悦,从之。以乾祐为侍御史。

上尝语及关中、山东人,意有同异。殿中侍御史张行成曰:"天子以四海为家,令有东、西之异,示人以隘。"上善其言,厚赐之。

【纲】鸿胪卿郑元璹还自突厥。 【目】初,突厥既强,敕勒诸部分散,有薛延陀、回纥、都播、骨利干、多滥葛、同罗、仆固、拔野古、思结、浑、斛薛、奚结、阿跌、契苾、白霫等十五部,皆居碛北。颉利政乱,薛延陀、回纥等叛之,颉利不能制。会大雪,羊马多死,民大饥,鸿胪卿郑元璹使还,言于上曰:"戎狄兴衰,专以羊马为候。今突厥民饥畜瘦,将亡之兆也。"群臣多劝上乘间击之,上曰:"背盟不信,利灾不仁,乘危不武。纵其种落尽叛,六畜无余,朕终不击,必待有罪,然后讨之。"

做官，政府官员人数不够，各州府大多以未经铨司正式注拟的人补官。到此时都勒令他们赴尚书省候选，聚集有七千余人，刘林甫量才录用，各称其职，当时人十分称赞。太宗对房玄龄说："官吏在于得其人，而不在于人多。"于是裁减官员，只留下文武官员总计六百四十三人。

【纲】征召原在隋朝任秘书监的刘子翼，刘不去。 【目】刘子翼学问人品俱佳，性情刚直，朋友有过失，常常当面指责。李百药常说："刘四虽然总是骂人，人们却不恨他。"这一年，有诏令征召他入朝；他以母亲年迈为由，辞谢不去。

【纲】唐朝任命李乾祐为侍御史。 【目】鄃县县令裴仁轨私下役使看门人，太宗大怒，想要处斩他。殿中侍御史李乾祐劝谏说："法令，是陛下与天下百姓共有的。现在裴仁轨犯罪较轻，却要处以极刑，我担心人们会无所适从。"太宗高兴，听从其意见。任命李乾祐为侍御史。

太宗曾谈到关中与关东人，认为有所不同。殿中侍御史张行成说："天子以四海为一家，如今却有东、西的差别，让人觉得您心胸狭隘。"太宗欣赏他的话，赏赐丰厚。

【纲】鸿胪寺卿郑元璹出使突厥后回到唐朝。 【目】起初，突厥已经强大，敕勒各部落分散，有薛延陀、回纥、都播、骨利干、多滥葛、同罗、仆固、拔野古、思结、浑、斛薛、奚结、阿跌、契苾、白霫等十五部，均居住在漠北地区。颉利内部政治混乱，薛延陀、回纥等反叛，颉利不能控制。正赶上大雪，羊马多冻死，百姓饥饿，鸿胪寺卿郑元璹出使突厥还朝，对太宗说："戎狄之人兴盛衰微，专以羊马的多少作为占候的标准。现在突厥百姓饥饿、牲畜瘦弱，这是将要灭亡的征兆。"众大臣都劝说太宗乘机袭击突厥，太宗说："违背盟约失信，利用灾祸不仁，乘人之危不勇武。纵使突厥的各部落都叛离，牲畜所剩无几，朕还是不出击，一定要等到他们有罪过，然后讨伐他们。"

纲鉴易知录卷四三

唐纪

太宗文武皇帝

【纲】戊子,二年,春正月,长孙无忌罢。

【纲】三月,诏自今大辟,并令两省、四品及尚书议之。 【目】大理进每月囚帐;上命自今大辟,皆令中书、门下四品已上及尚书议之,庶无冤滥。既而引囚至岐州刺史郑善果,上曰:"善果官品不卑,岂可使与诸囚为伍。自今三品以上犯罪,听于朝堂俟进止。"

【纲】关内旱饥,赦天下。 【目】关内旱饥,民多卖子;诏出御府金帛赎以还之。上尝谓侍臣曰:"古语有之:'赦者,小人之幸,君子之不幸;一岁再赦,善人喑恶。'夫养稂莠者害嘉谷,赦有罪者贼良民。故朕即位以来,不欲数赦,恐小人恃之,轻犯宪章故也。"至是,以连年水、旱赦天下,且曰:"使年丰谷稔,天下乂安,移灾朕身,是所愿也。"所在有雨,民大悦。

【纲】夏四月,突厥突利可汗请入朝。 【目】初,突厥颉利可汗以薛延陀、回纥等叛,遣突利讨之。败还,拘而挞之,突利由是怨,表请入朝。上谓侍臣曰:"向者突厥方强,凭陵中夏,用是骄恣以失其民。今困穷如是!朕闻之,且喜且惧。何则?突厥衰则边境安,故喜。然朕或失道,亦将如此!卿曹不惜苦谏,以辅不逮。"

【纲】六月,祖孝孙奏《唐雅乐》。 【目】初,上皇命祖孝孙定雅乐,孝孙以为梁、陈之音多吴、楚,周、齐之音多胡、夷,于是考古声,作《唐雅乐》。至是,奏之。上曰:"礼乐者,圣人缘物以设教,

太宗文武皇帝

【纲】贞观二年（戊子，公元628）春正月，罢免长孙无忌。

【纲】三月，太宗诏令今后大辟死刑均由中书、门下省四品以上官员及六部尚书议定。　【目】大理寺进呈每月囚禁的罪犯名簿；太宗下令从今以后大辟死刑都由中书、门下省四品以上官员以及六部尚书议定，尽可能减少冤案。随即带引囚犯走过，见有岐州（治雍县，今陕西凤翔南）刺史郑善果，太宗说："郑善果官衔品级不低，怎能与其他囚犯同列。从现在起三品以上官员犯法，让他们在东西朝堂听候议决。"

【纲】关内地区大旱饥荒，大赦天下。　【目】关内地区大旱饥荒，百姓多卖儿卖女；太宗诏令拿出皇宫府库里的金银财物赎回被变卖的儿女们。太宗曾对近臣们说："古语说道：'大赦是小人的幸事，君子的不幸；一年中两次大赦，则使好人充满怒气。'任凭稂莠等杂草滋生就会危害谷子的生长，赦免有罪的人就会伤害好人。朕自即位以来，不想实行多次赦免，就是担心小人有恃无恐，动辄违犯法令的缘故。"到此时，因遇连年的水、旱灾害而大赦天下，而且说道："假如五谷丰登、天下安定，即使将灾异移到朕的身上，也心甘情愿。"不久旱区降雨，百姓非常高兴。

【纲】夏四月，突厥突利可汗请求入朝拜谒。　【目】起初，突厥颉利可汗因薛延陀、回纥等叛乱，派突利讨伐他们，战败而归，颉利将突利拘禁并鞭打他，突利由此心生怨恨，上表请求到朝廷来。太宗对身边大臣说："以前突厥强大，侵凌中原，因而恣意骄横，从而失去民心。如今才这般窘困。朕听说此事后是又喜又忧。为什么呢？突厥衰败则边境安定，所以喜。然而朕如果有过失，也会遭此下场！望你们直言苦谏，来帮助朕勤勉不怠，少有失误。"

【纲】六月，祖孝孙演奏《唐雅乐》。　【目】起初，高祖皇帝让祖孝孙考定雅乐。孝孙认为南朝梁、陈的音乐杂入很多吴、楚的音调，而北朝周、齐的音乐又有很多胡、夷的音调，于是他参考古代声韵，作

治之隆替,岂由于此?"杜淹曰:"齐之将亡,作《伴侣曲》,陈之将亡,作《玉树后庭花》,其声哀思,闻者悲泣,岂可谓治不在乐乎!"上曰:"悲喜在心,非由乐也。将亡之政,民必愁苦,故闻乐而悲耳。今二曲具存,为公奏之,公岂悲乎?"魏徵曰:"乐在人和,不在声音也。"

【纲】畿内蝗。　【目】上入苑中,见蝗,掇数枚,祝之曰:"民以谷为命,而汝食之,宁食吾之肺肠。"欲吞之,左右谏曰:"恶物或成疾。"上曰:"朕为民受灾,何疾之避!"遂吞之。是岁,蝗不为灾。

【纲】秋九月,诏非大瑞不得表闻。　【目】上曰:"比见群臣屡上祥瑞,夫家给人足而无瑞,不害为尧、舜;百姓愁怨而多瑞,不害为桀、纣。后魏之世,吏焚连理木,煮白雉而食之,岂足为至治乎!"乃诏:"自今大瑞听表闻,余申所司而已。"尝有白鹊巢于寝殿槐上,合欢如腰鼓,左右称贺。上曰:"我常笑隋炀帝好祥瑞。瑞在得贤,此何足贺!"命毁其巢。

【纲】出宫女三千余人。　【目】天少雨,中书舍人李百药言:"往年虽出宫人,无用者尚多,阴气郁积,亦足致旱。"上命简出之,前后三千余人。

【纲】冬十月,杀瀛州刺史卢祖尚。　【目】上以卢祖尚廉平公直,欲遣镇抚交阯。祖尚既谢而复悔之,以疾辞。上遣杜如晦等谕旨,祖尚固辞。上大怒曰:"我使人不行,何以为政!"命斩于朝堂,寻悔之。他日,与侍臣论齐文宣帝之为人。魏徵对曰:"文宣狂暴,

《唐雅乐》，到此时演奏。太宗说："礼乐是古代圣人根据人情的不同而施以教化的产物，国家政治的兴衰隆替，难道也由此而发生变化吗？"杜淹说："北齐将要灭亡时，产生《伴侣曲》；陈国将要灭亡时，又创作了《玉树后庭花》，其声调哀思绵绵，听到的人都悲伤落泪，怎么能说政治的兴衰隆替不在于音乐呢？"太宗说："悲伤与喜悦全在于人的内心，不是由于音乐引起的。将要衰亡的政治，百姓必然感到愁苦，所以听到音乐而悲痛。现在这两个曲子都还存在，朕为你弹奏出来，你难道会悲伤吗？"魏徵说："乐调的根本在于人心和睦，而不在于声音本身。"

【纲】长安地区出现蝗虫。 【目】太宗到禁苑中，看见蝗虫，拾取几只，祷祝说："百姓视谷子如生命，而你们却吃它们，宁肯让你们吃我的肺肠。"想要吞掉蝗虫，左右大臣劝谏说："吃脏东西容易得病。"太宗说："朕为百姓承受灾难，为什么要回避疾病！"于是吞掉了蝗虫。这一年，蝗虫没有成为灾害。

【纲】秋九月，太宗诏令如不是大的祥瑞不得上表奏闻。 【目】太宗说："近来看见大臣们多次上表章奏明祥瑞之事。百姓家中富足而没有祥瑞，不必担心做不成尧、舜；百姓愁苦怨恨而多有瑞气，一样会与桀、纣相差不远。后魏的时候，官吏焚烧连理树，煮白鸡吃，难道就表明是盛世吗？"于是下诏："今后大的祥瑞上表奏闻，其余的报有关部门即可。"曾有白鹊在皇宫寝殿中的槐树上构巢建窝，合欢交配如腰鼓状，左右的大臣齐声称贺。太宗说："我常常笑话隋炀帝喜欢祥瑞。祥瑞关键在于得贤才，这有什么值得庆贺的！"命人毁掉白鹊的巢穴。

【纲】遣散宫女三千多人出宫。 【目】气候干旱少雨，中书舍人李百药说："往年虽然放出过宫女，但是毫无用处的人太多，加上阴气郁积，也足以导致干旱。"太宗命人将宫女们挑选后分批遣散出宫，前后共有三千多人。

【纲】冬十月，太宗令人杀死瀛州（治河间，今河北河间）刺史卢祖尚。 【目】太宗认为卢祖尚廉洁奉公，想派他镇抚交阯（即交州，治宋平，即今越南河内市）。卢祖尚拜谢出朝，不久又后悔，便以有病为由辞退。太宗让杜如晦等人传达旨意，卢祖尚执意推辞。太宗勃然

然人与之争,事理屈则从之。有青州长史魏恺使梁还,除光州长史,不肯行,文宣怒而责之。恺曰:'臣先任大州,有劳无过,更得小州,所以不行。'文宣赦之。此其所长也。"上曰:"然。向者卢祖尚虽失人臣之义,朕杀之亦为太暴,由此言之,不如文宣矣!"命复其官荫。

徵容貌不逾中人,而有胆略,善回人主意;每犯颜苦谏,或上怒甚,亦为之霁威。上尝得佳鹞,自臂之,望见徵来,匿怀中;徵奏事故久,鹞竟死怀中。

【纲】十一月,以王珪为侍中。　【目】故事:军国大事,则中书舍人各执所见,杂署其名,谓之"五花判事"。中书侍郎、中书令省审之,给事中、黄门侍郎驳正之。至是,上谓珪曰:"国家本置中书、门下以相检察,正以人心所见,互有不同;苟论难往来,务求至当;舍己从人,亦复何伤?比来或护己短,遂成怨隙;或避私怨,知非不正,顺一人之颜情,为兆民之深怨。此乃亡国之政,炀帝之世是也。卿曹各当徇公忘私,勿雷同也。"后又谓侍臣曰:"中书、门下,机要之司,诏敕有不便者,皆应论执。比来惟睹顺从,不闻违异。若但行文书,则谁不可为,何必择才也!"房玄龄等皆顿首谢。

上又尝谓珪曰:"开皇中旱,隋文帝不许赈给,而令百姓就食山东。比至末年,天下储积可供五十年,炀帝恃之,卒亡天下。但使仓庾之积足以备凶年,其余何用哉!"

大怒说道:"我不能对人发号施令,又如何治理国家呢?"下令将卢祖尚斩于朝堂之上,不久又后悔。过了几日,与大臣们议论齐文宣帝的为人。魏徵应答说:"齐文宣帝猖狂暴躁;然而与人争论时,遇到理屈词穷时能听从意见。当时的青州长史魏恺出使梁朝还朝,拜为光州(治光城,今河南光山)长史,不肯去述职,文宣帝大怒,对他大加责备。魏恺说:'我先前任大州的长史,有功劳没有过失,反而改任小州长史,所以不愿意成行。'齐文宣帝将其赦免,这就是他的长处。"太宗说:"有道理。先前卢祖尚虽然缺乏做大臣的道义,朕杀死他,也过于粗暴。如此说来,还不如齐文宣帝!"于是,命人恢复卢祖尚子孙的门荫。

魏徵相貌平平,但是很有胆略,善于挽回皇帝的主意;经常犯颜直谏,有时太宗非常恼怒,也因他的苦谏而收敛神威。太宗有一次得到一个好雀鹰,将它置于臂膀上,看见魏徵走过来,急忙藏入怀中;魏徵故意长时间上奏朝政,雀鹰最后死在太宗的怀里。

【纲】十一月,任命王珪为侍中。　　【目】按照先前的惯例:凡军国大政,由中书舍人各持自己的意见,混杂他们的签名,称之为"五花判事"。中书侍郎和中书令对这些意见予以审核,给事中、黄门侍郎有不同意见则予驳正。到此时,太宗对王珪说:"本来朝廷设置中书、门下省相互监督检查,正是因为每个人的意见都有所不同;如果往来驳难,力求使事情更为得当,抛弃己见听从别人,又有什么伤害呢?近来人们或是护己之短,于是产生隔阂;或是回避私人恩怨,明知其不对,却顺从某个人的人情,从而导致百姓的怨恨。这乃是亡国的政治,隋炀帝时候朝政便是如此。你们应当公而忘私,不要犯同样的错误。"后来又对身边的大臣们说:"中书、门下二省,都是机要的部门,诏令制敕有不妥当之处,都应以理论争,近来只是顺从,听不到违背的意见。如果只是例行文书传递,那谁不能做呢,又何必要选择人才呢?"房玄龄等人都磕头谢罪。

太宗又曾对王珪说:"开皇年间大旱,隋文帝不允许赈给百姓,而让百姓到关东一带就食;到了隋朝末年,全国储备的粮食可供五十年食用。隋炀帝依赖这些,最后导致亡国。只要使粮仓的储备足以防备灾年,多了又有何用呢!"

上尝问珪曰:"近世治不及古,何也?"对曰:"汉世尚经术,宰相多用儒士,故风俗淳厚,近世重文轻儒,参以法律,此治化之所以益衰也。"上然之。

上闲居与珪语,有美人侍侧,指示珪曰:"此庐江王瑗之姬也,瑗杀其夫纳之。"珪避席曰:"陛下以庐江纳之为是邪,非邪?"上曰:"杀人而取其妻,卿何问是非!"对曰:"昔齐桓公知郭公之所以亡,由善善而不能用,然弃其所言之人,管仲以为无异于郭公。今此美人尚在左右,臣以为圣心是之也。"上悦,即出之。

【纲】诏举堪县令者。 【目】上曰:"为朕养民者,惟在都督、刺史,朕常疏其名于屏风,坐卧观之,得其在官善恶之迹,皆注于名下,以备黜陟。县令尤为亲民,不可不择。"乃命五品以上各举堪为县令者,以名闻。

【纲】诏自今奴告主者斩之。 【目】上曰:"比有奴告主反者。夫谋反不能独为,何患不发,何必使奴告之邪!自今奴告主勿受,仍斩之。"

【纲】己丑,三年,春正月,耕藉东郊。

【纲】二月,以房玄龄、杜如晦为仆射,魏徵守秘书监,参预朝政。 【目】上谓玄龄、如晦曰:"公为仆射,当广求贤人,随才授任。比闻听讼,日不暇给,安能助朕求贤乎!"因敕:"尚书细务属左右丞,惟大事当奏者,乃关仆射。"

上又尝谓玄龄等曰:"为政莫若至公。昔诸葛亮窜廖立、李严于南夷,亮卒,而二人哭泣有死者,非至公能如是乎!又高颎相隋,公

太宗曾问王珪："近来世道不如古代，为什么呢？"王珪答道："汉代崇尚经术，宰相多选用儒士，所以风俗淳厚。近代以来重文学轻视儒术，又参用法律，所以造成治化之道日益衰退。"太宗认为有道理。

太宗曾闲居无事，与王珪交谈，有一个美女子在旁侍候，太宗指给王珪说："这是庐江王李瑗的妾，李瑗杀了她的丈夫而收纳她。"王珪离开座位说道："陛下认为庐江王纳她为妾是对还是不对？"太宗说："杀了人而娶其妻为妾，你怎么还要问对错呢？"王珪答道："从前齐桓公深知郭公灭亡的原因，在于喜好良言而不能采用；而桓公本人弃置进良言的人，管仲认为这与郭公没什么区别。现在这个美女子还在陛下身边，我认为陛下是觉得庐江王做得对。"太宗高兴，立刻将女人放出宫。

【纲】太宗下诏令官员们荐举能够胜任县令职位的人。【目】太宗说："为朕养护百姓的，唯有都督和刺史。朕常常将他们的名字书写在屏风上，坐卧都留心观看，得知在任内的善恶事迹，均注于他们的名下，以备升迁和降职时参考。县令尤其与百姓亲近，不可不慎加选择。"于是下令朝廷五品以上官员各自荐举能胜任县令职位的人，呈报他们的姓名。

【纲】太宗下诏：今后有奴婢控告主子的一律斩首。【目】太宗说："近来有奴婢告其主子谋反的。谋反不是一个人干的事，还担心事情不暴露，何必让其奴婢告发呢？今后奴婢告主子，不受理，仍行处斩。"

【纲】贞观三年（己丑，公元629），春正月，太宗在东郊行耕田礼。

【纲】二月，任命房玄龄、杜如晦为仆射，魏徵为秘书监，参与朝政。【目】太宗对房玄龄、杜如晦说："你们作为尚书左、右仆射，应当广泛搜求贤能之人，因才授官。近来听说你们受理诉讼案情，每月应接不暇，怎么能帮助朕求得贤才呢？"于是下令："尚书省琐细事务归尚书左右丞掌管，只有应当奏明的大事，才由左右仆射处理。"

太宗又曾对房玄龄说："为政之道全在于公正。从前诸葛亮将廖立、李严流放到南夷，诸葛亮死后，二人大声哭泣，甚至为之而死。如

平识治体，隋之兴亡，系颎存没。朕慕前世之明君，卿等不可不法前世之贤相也。"玄龄明达吏事，辅以文学，夙夜尽心，惟恐一物失所。用法宽平，闻人有善若己有之，不以求备取人，不以己长格物。与如晦引拔士类，常如不及。上每与玄龄谋事，必曰："非如晦不能决。"及如晦至，卒用玄龄之策。盖玄龄善谋，如晦能断也。二人同心徇国，故唐世称贤相，推房、杜焉。

玄龄监修国史，上语之曰："汉书载《子虚》《上林赋》，浮华无用。其上书论事，词理切直者，朕从与不从，皆载之。"

或告魏徵私其亲戚，上使御史大夫温彦博按之，无状。上以徵不避嫌疑，让之曰："自今宜存形迹。"徵曰："君臣同体，宜相与尽诚，若但存形迹，则国之兴丧未可知也。臣不敢奉诏。"上曰："吾已悔之。"徵再拜曰："臣幸得奉事，愿使臣为良臣，勿使臣为忠臣。"上曰："忠、良有异乎？"对曰："稷、契、皋陶，君臣协心，俱享尊荣，所谓良臣；龙逄、比干，面折廷争，身诛国亡，所谓忠臣。"上悦。

上问魏徵曰："人主何为而明，何为而暗？"对曰："兼听则明，偏信则暗。昔尧清问下民，舜明目达聪，故共、鲧、驩、苗不能蔽也。秦二世偏信赵高，以成望夷之祸；梁武帝偏信朱异，以取台城之辱；隋炀帝偏信虞世基，以致彭城阁之变。是故人君兼听广纳，则贵臣不得壅蔽，而下情得以上通也。"上曰："善。"

上谓魏徵曰："齐后主、周天元皆重敛百姓，厚自奉养，力竭而亡；譬如馋人自啖其肉，肉尽而毙，何其愚也！然二主孰为最劣？"

果不是处事公正能这样吗？高颎辅佐隋帝，处事公平识大体，隋朝的兴衰灭亡系于高颎的生死。朕羡慕前代的高明君主，你们也不能不效法前代的贤能宰相啊！"，房玄龄通晓政务，又要起草文书备顾问，昼夜操劳，唯恐偶有差池。运用法令宽和平正，听到别人的长处，便如同自己所有，不求全责备，不以己之所长要求别人。与杜如晦提拔后进，不遗余力。太宗每次与房玄龄谋划政事，一定要说："非杜如晦不能决定。"等到杜如晦来，最后还是采用房玄龄的建议。这是因为房玄龄善于谋略，杜如晦长于决断。二人同心为国尽力，所以唐朝称为贤相者，首推房、杜二人。

房玄龄监修本朝国史，太宗对他说："《汉书》载有《子虚赋》《上林赋》，均华而不实。凡有上书议论国事词理直切的，朕从与不从，均当载入国史。"

有人告发魏徵偏袒他的亲属，太宗派御史大夫温彦博调查此事，没有结果。太宗认为魏徵不避嫌疑，责备他说："今后做事应有所保留。"魏徵说："君与臣构成一体，理应竭诚相待；如果做事有所保留，那么国家的兴盛与衰亡便很难预料了。我不敢奉诏令行事。"太宗说："朕已经后悔了。"魏徵再次拜谢道："我很荣幸事奉陛下，希望让我做个良臣，不要成为忠臣。"太宗说："忠和良有区别吗？"答道："后稷、商契、皋陶，都能做到君臣齐心协力，得以共享尊贵和荣耀，这就是所说的良臣；龙逢、比干，在宫廷上当面折辱君主，导致身死国亡，这就是所说的忠臣"。太宗听后非常高兴。

太宗问魏徵："君主如何做才称为明，如何又称为暗呢？"魏徵答道："听取各方面的意见，才能明辨是非，听信单方面的意见，就要做出错误的判断。从前尧帝体恤下情，舜帝听取各种意见，所以共工、鲧、驩兜、有苗不能逃脱罪过。秦二世偏信赵高，导致望夷宫自杀的灾祸；梁武帝偏信朱异，自取台城的羞辱；隋炀帝偏信虞世基，遭致彭城阁的变故。所以君主善于听取各方面的意见，则亲贵的大臣不能掩匿罪过，下情也得以上达。"太宗说："非常对。"

太宗对魏徵说："齐后主、周天元都是大肆搜刮百姓来中饱私囊，最后气力用尽而死；这正如嘴馋的人吃自己身上的肉，肉吃光了而死，

对曰:"齐后主懦弱,政出多门,周天元骄暴,威福在己,虽同为亡国,齐主尤劣也。"

上谓侍臣曰:"人言天子至尊,无所畏惮。朕则不然,上畏皇天之鉴临,下惮群臣之瞻仰,兢兢业业,犹恐不合天意,未副人望。"魏徵曰:"此诚致治之要,愿陛下谨终如始,则善矣。"

房玄龄、王珪掌内外官考,侍御史权万纪奏其不平,上命推之。魏徵谏曰:"二人素以忠直被委任,所考既多,其间能无一二不当!然察其情,终非阿私。且万纪比在考堂,曾无驳正;及身不得考,乃始陈论。此非竭诚徇国也。今推之,未足裨益朝廷,徒失委任大臣之意,臣所爱者治体,非敢私二臣也。"上乃释不问。

【纲】夏四月,上皇徙居大安宫。

【纲】六月,以马周为监察御史。　【目】茌平人马周,客游长安,舍于中郎将常何之家。会以旱求言,何武人不学,周代之陈便宜二十余条。上怪问之,何对曰:"此臣家客马周为臣具草耳。"上即召见,与语,甚悦,除监察御史。以何为知人,赐绢三百匹。

【纲】冬十一月,以荀悦《汉纪》赐凉州都督李大亮。　【目】上遣使至凉州,都督李大亮有佳鹰,使者讽使献之,大亮密表曰:"陛下久绝畋游而使者求鹰。若陛下之意,深乖昔旨;如其自擅,乃是使非其人。"上悦,手诏褒美,赐以荀悦《汉纪》。

【纲】以李靖为定襄道行军总管,统诸军讨突厥。　【目】代州都督张公瑾上言突厥可取之状,上以颉利既请和亲,复援梁师都,

多么愚蠢呀！然而这二人谁更恶劣呢？"魏徵答道："齐后主性格懦弱，朝政出于多人之手，周天元骄横残暴，作威作福，虽然同为亡国之君，齐后主更为恶劣些。"

太宗对身边大臣说："人们都说君主至为尊贵，行事无所顾忌。朕则并非如此，上怕皇天的监督，下惧群臣的注视，兢兢业业，还怕不符合上天的意旨和百姓的期望。"魏徵说："这的确是达到治世的要旨，希望陛下能慎始慎终，那就好了。"

房玄龄和王珪执掌内外官吏的考核，侍御史权万纪上奏称有不公平之事。太宗命人重加推勘。魏徵劝谏道："房玄龄、王珪二人素以忠诚正直为陛下所重任，所考核的官员过多，中间怎能没有一二个人考核失当呢？然而体察其实情，绝不是有偏私。况且权万纪近来在考堂叙职，并没有任何驳正；等考核到自己头上，才开始陈述意见。这并不是竭诚为国。如今加以推勘，对朝廷没有什么益处，徒失陛下委任大臣的一片心意。我所关心的是国家的治理，不敢袒护房、王二人。"太宗于是放下此事不再过问。

【纲】夏四月，太上皇李渊迁居到大安宫。

【纲】六月，任命马周为监察御史。　【目】茌平（今山东茌平西）人马周，游历到长安，住在中郎将常何家里。正赶上天下大旱，诏令文武百官畅言得失。常何乃一介武夫，不学无术，马周便代他上呈建议二十多条。太宗感到惊奇，便问常何，常何答道："这是我的客人马周代我起草的。"太宗立刻召见马周，与他谈论，十分高兴，不久任命他为监察御史。又认为常何知人善任，赐给绢帛三百匹。

【纲】冬十一月，太宗将荀悦《汉纪》一部赐给凉州（治姑臧，今甘肃武威）都督李大亮。　【目】太宗派使节到凉州，都督李大亮有只很好的鹰，使者暗示大亮将鹰进呈给皇上，大亮给太宗上密表说："陛下一直拒绝畋猎，而使节却向您要鹰。假如这是陛下的意思，则深与过去的主张相背离，如果是使节自己想据为己有，便是使节不称职。"太宗很高兴，亲书诏令加以褒奖，赐给他荀悦《汉纪》一部。

【纲】太宗任命李靖为定襄（即忻州，治秀容，今山西忻定）道行军总管，统率各路兵马讨伐突厥。　【目】代州（治雁门，今山西代县）

命李靖为行军总管讨之，以公瑾为副。拔野古、仆骨等酋长并率众来降，于是复以李世勣、柴绍、薛万彻为诸道总管，众合十余万，皆受靖节度，分道出击突厥。

【纲】十二月，突厥突利可汗入朝。　【目】上曰："往者太上皇以百姓之故，称臣于突厥，朕常痛心焉。今单于稽颡，庶几可雪前耻矣。昔人谓御戎无上策，朕今治安中国，而四夷自服，岂非上策乎！"

【纲】闰月，蛮酋谢元深等来朝。　【目】时远方诸国来朝贡者甚众，服装诡异，中书侍郎颜师古请作《王会图》以示后，从之。

【纲】濮州刺史庞相寿有罪，免。　【目】相寿坐赃免，上以其秦府旧人，复其官。魏徵曰："秦府左右甚多，若人人皆恃恩私，则为善者惧矣！"上悦，谓相寿曰："我昔为一府主；今为天下主，不得独私故人。"赐帛遣之。相寿流涕而去。

【纲】庚寅，四年，春二月，李靖袭破突厥于阴山，颉利可汗遁走。

【纲】以温彦博为中书令，戴胄参预朝政，萧瑀参议朝政。

【纲】三月，四夷君长诣阙请帝为天可汗，许之。　【目】四夷君长诣阙请上为天可汗，上曰："我为大唐天子，又下行可汗事乎！"群臣及四夷皆称万岁。是后以玺书赐西北君长，皆称天可汗。

【纲】蔡公杜如晦卒。　【目】如晦疾笃，上遣太子问疾，又自临视之。及卒，上语及，必流涕，谓房玄龄曰："公与如晦同佐朕，今

都督张公瑾上奏陈述突厥可以攻取的原因，太宗认为颉利可汗既然想与唐朝和亲，却又出兵援助大唐的敌人梁师都，便任命李靖为行军总管，张公瑾为副总管，率兵讨伐突厥。拔野古、仆骨等首领率众投降唐朝。于是又任命李世勣、柴绍、薛万彻为各道总管，合兵十余万，均受李靖节度，分兵进攻突厥。

【纲】十二月，突厥突利可汗到唐朝请罪。　【目】太宗说："以前太上皇为了百姓的利益，忍辱向突厥称臣，朕常为此事感到痛心。现在突厥首领向我磕头，这多少可以雪洗以前的耻辱。前人称制御北方戎族没有上策，朕现在使中原安定，四方戎族归服，难道不是上策吗！"

【纲】闰十二月，南蛮首领谢元深等人前来归附唐朝。　【目】当时远方周边各国来长安向唐朝进献贡品的很多，服装怪异，中书侍郎颜师古请求绘制《王会图》，绘下每个民族及其服饰以传示给后人，太宗应允。

【纲】濮州（治鄄城，今山东鄄城北）刺史庞相寿犯了罪，被解除职务。　【目】庞相寿被解除了职务，太宗怜惜他曾是秦王府僚，欲让他官复原职。魏徵进谏说："秦王府的旧僚属，现居朝廷内外官的很多，假若人人都倚仗您的偏袒，那么那些行为端正的人就会恐惧。"太宗欣然采纳他的意见，对庞相寿说："我从前是一个王府的主人，现在是天下百姓的君主，不能单单偏护秦主府的老人。"赐帛打发他走，庞相寿流着泪离去。

【纲】贞观四年（庚寅，公元630），春二月，李靖在阴山大败突厥颉利可汗的军队，颉利可汗逃走。

【纲】任命御史大夫温彦博为中书令，戴胄参与朝政，萧瑀参议朝政。

【纲】三月，四方部族首领齐集宫阙请求太宗做天可汗，太宗应允。　【目】四方部族首领齐集宫阙请求太宗做天可汗，太宗说："我既做了大唐天子，又要做天可汗吗！"文武大臣以及四方夷族首领齐呼万岁，此后给西北各族首领的玺书中，均署名"天可汗"。

【纲】蔡公杜如晦去世。　【目】杜如晦病重，太宗先派太子去询问病情，后又亲去探视。杜如晦去世后，太宗每次谈到如晦，定要流下

独见公，不见如晦矣！"

【纲】夏四月，行军副总管张宝相擒突厥颉利可汗以献。
【目】颉利败走，往依沙钵罗设苏尼失部落。任城王道宗引兵逼之，使苏尼失执颉利，行军副总管张宝相取之以献，苏尼失举众来降，漠南遂空。上御楼受俘，馆之太仆。上皇闻之，叹曰："汉高祖困白登不能报；今我子能灭突厥，吾付托得人，复何忧哉！"

突厥既亡，其部落或北附薛延陀，或西奔西域，其降唐者尚十万口，诏群臣议区处之宜。朝士多言："戎狄自古为中国患，今幸破亡，宜悉徙之河南兖、豫之间，分其种落，散居州县，教之耕织，可以化为农民。"颜师古请"寘之河北，分立酋长，领其部落"。李百药以为："突厥虽云一国，然种类区分，各有酋帅。宜因其离散，各署君长，使不相臣属，则国分势敌，不能抗衡中国矣！仍于定襄置都护府，为其节度，此安边之长策也。"温彦博请"准汉建武故事，置于塞下，顺其土俗，以实空虚之地，使为中国扞蔽"。魏徵以为："戎狄，弱则请服，强则叛乱，若留之中国，数年之后，蕃滋倍多，必为腹心之疾。西晋之乱，前事之明鉴也！宜纵之使还故土便。"彦博曰："王者之于万物，天覆地载，靡有所遗。今突厥以穷来归，奈何弃之！若救其死亡，授以生业，数年之后，悉为吾民。选其酋长，使入宿卫，畏威怀德，何后患之有！"上卒用彦博策，处突厥降众，东自幽州，西至灵州；分突利故地为四州；又分颉利之地为六州，左置定襄、右置云中二都督府以统其众。以突利为顺州都督。初，颉利族人思摩，无宠于颉利。颉利之亡，亲近者皆离散，独思摩不去，竟与俱擒。上以颉利为右卫大将军，苏尼失、思摩皆封郡王，其余拜官有差，五品以上百余人，因而入居长安者近万家。

眼泪，对房玄龄说："你与杜如晦一同辅佐朕，现在只见到你，见不到如晦了！"

【纲】夏四月，行军副总管张宝相擒住突厥颉利可汗并押送到长安。 【目】颉利败逃，投奔沙钵罗设苏尼失部落，任城（今山东济宁）王李道宗带兵威逼苏尼失部落，迫使苏尼失拿住颉利，行军副总管张宝相把他押送到长安。苏尼失率部下归附唐朝，漠南地区于是空旷无人。太宗在顺天楼召见颉利，让其住在太仆寺。太上皇李渊听说擒住了颉利可汗，感叹道："当年汉高祖刘邦被匈奴围困在白登城，不能报仇；现在我的儿子能一举剿灭突厥，证明我托付的人是对的，我还有什么忧虑呢！"

突厥灭亡后，其属下的部落或北附薛延陀，或者向西投奔西域，投降唐朝的还有十万户，太宗下诏让群臣商议如何处置。大多数大臣说："北方戎狄自古以来就是中原的祸患，现在很幸运他们已经败亡，应当将他们全部迁徙到河南兖、豫之间（今山东西南部与河南省一带），分开各个种族部落，让他们分散居住在各州县，教他们耕种织布，将他们转为农民。"颜师古认为："将他们安置在河北地区（今内蒙古河套及包头市以北，即阴山一带），分别设立酋长，统领其部落。"李百药认为："突厥虽然称为一个国家，但它的各部族划分都有其部族首领，现今应当拆散重新组合，以本部族设首领，使其不互为臣属，国家分为几部分则力量削弱，且几部分势均力敌，必不能与大唐相抗衡。仍然在定襄设置都护府，作为节度该地区的机构，这是安定边防的长久之计。"温彦博认为："依照汉光武帝时的办法，将投降的匈奴人安置在塞外，保留其风俗习惯，以充斥空旷之地，使其成为中原的屏障。"魏徵认为："戎狄之人，力量衰弱就请求归附，力量强盛则重又叛乱，倘若留在中原，几年之后，发展到几倍之多，必是心腹大患。西晋的祸乱，乃是前代的明鉴！应当将他们放归故土。"温彦博说："君王对于天地万物，事无巨细，都要有所包容。现在突厥全部归附我大唐，为什么抛弃而不予接受！如果拯救他们于死亡之际，教他们生产生活，几年之后，全都变成我大唐民众，选择他们中间的部落首领，使其入朝充任宿卫官兵，畏惧皇威，身受皇德，有什么后患呢？"太宗最后采纳温彦博的

【纲】林邑遣使入贡。 【目】林邑献火珠，有司以其表辞不顺，请讨之，上曰："好战者亡，如炀帝、颉利皆所亲见也。小国胜之不武，况未可必乎！"

【纲】六月，修洛阳宫。 【目】给事中张玄素上书曰："洛阳未有巡幸之期而预修宫室，非今日之急务也。且陛下初平洛阳，凡隋氏宫室之宏侈者皆令毁之，曾未十年，复加营缮，何前日恶之而今日效之也！且以今日财力，何如隋世？陛下役疮痍之人，袭亡隋之弊，恐又甚于炀帝矣！"上叹曰："吾思之不熟，乃至于是！"顾谓房玄龄曰："玄素所言有理，可即罢之。后以事至洛阳，虽露居亦无伤也。"

【纲】秋七月，敕百司："诏敕未便者皆执奏。" 【目】上问房玄龄、萧瑀曰："隋文帝何如主也？"对曰："文帝勤于为治，临朝或至日昃，五品以上，引坐论事，卫士传餐而食；虽性非仁厚，亦励精之主也。"上曰："公得其一，未知其二。文帝不明而喜察；不明则照有不通，喜察则多疑于物，事皆自决，不任群臣。一日万机，岂能一一中理！群臣既知主意，则惟取决受成，虽有愆违，莫敢谏争，此所以二世而亡也。朕则不然。择天下贤才，置之百官，使思天下之事，关由宰相，审熟便安，然后奏闻。有功则赏，有罪则刑，谁敢不竭心力以修职业，何忧天下之不治乎！"因敕有司："自今诏敕未便

计策处置突厥投降的民众,东起幽州(治蓟县,今北京西南),西至灵州(治迴乐,今宁夏灵武西南),划分突利可汗原来统属之地为四州,又划分颉利之地为六州,东面设定襄都督府,西边置云中都督府,来统治其民众,任命突利为顺州(治营州南,今辽宁朝阳南)都督。当初,颉利族人思摩,不被颉利宠爱,颉利败亡时,他亲近的人纷纷离开他,唯独思摩跟随颉利,最后与颉利一同被俘。太宗任命颉利为右卫大将军,封苏尼失、思摩为郡王,投奔唐朝的其他各族酋长封官不等,五品以上的有一百多人,因此迁居长安人口近一万户。

【纲】林邑(国都占城,今越南南部)派使臣入贡。 【目】林邑人向唐朝进献火珠,有关部门认为其上表章文辞桀骜不驯,请求讨伐林邑。太宗说:"好战者自取灭亡,隋炀帝、颉利可汗都是亲眼所见的先例。打败一个小国并不能标明勇武,何况不一定能取胜!"

【纲】六月,修筑洛阳宫。 【目】给事中张玄素上书说:"还没确定巡幸洛阳的时间就预先修筑宫室,这并不是现在的急务。况且陛下刚平定洛阳时,凡遇巨大奢侈的隋朝宫殿均下令毁掉,还不到十年光景,现却要重新加以营造修缮,为什么从前讨厌的东西现在却要加以效仿呢?况且今日的财力状况,怎么能与隋代相比?陛下役使疲惫的百姓,承袭隋朝灭亡的弊端,恐怕又要远远超过炀帝了!"太宗感叹道:"我考虑得不周到,以至于此!"回头对房玄龄说:"玄素说的确有道理,应立即停止此项工程。以后有事到洛阳,即使居于露天也不碍事。"

【纲】秋七月,敕令各部门:"今后诏敕文书有不当之处,均应执意禀奏。" 【目】太宗问房玄龄、萧瑀道:"隋文帝作为一代君主怎么样?"回答说:"文帝勤于治理朝政,有时临朝听政要到日落西山时,五品以上官员,围坐论事,卫士传送餐饭。虽然品性算不上仁厚,亦可称为励精图治的君主。"太宗说:"你们只知其一,不知其二。文帝不明断而喜欢苛察,不明断则上下不通气,苛察则对事多疑,万事皆自行决定,不信任群臣。日理万机,难道每一事都能切中道理!群臣既然已知主上的意见,便只有无条件接受,即使主上出现过失,也没人敢争辩谏议,所以到了第二代隋朝就灭亡了。朕则不是这样,选拔天下贤能之士,分别充任文武百官,让他们考虑天下大事,汇总到宰相处,深思熟虑,然后

者,皆应执奏,毋得阿从,不尽己意。"

【纲】以李纲为太子少师,萧瑀为太子少傅。

【纲】以李大亮为西北道安抚大使。 【目】西突厥种落散在伊吾,诏以李大亮为安抚大使,贮粮碛口,以赈之。大亮言:"欲怀远者必先安近,中国如本根,四夷如枝叶,疲中国以奉四夷,犹拔本根以益枝叶也。今招致西突厥,但有劳费,未见有益。况河西州县萧条,不堪供亿,不如罢之。其或自立君长,求内属者,羁縻受之,使居塞外,为中国藩蔽,此乃施虚惠而收实利也。"上从之。

【纲】以李靖为右仆射。 【目】靖性沉厚,每与时宰参议,恂恂似不能言。

【纲】冬十一月,除鞭背刑。 【目】上读《明堂针灸书》,云"人五脏之系,皆附于背",故有是命。

【纲】大有年。 【目】上之初即位也,尝与群臣语及教化,上曰:"今承大乱之后,恐斯民未易化也。"魏徵对曰:"不然。久安之民骄佚,骄佚则难教;经乱之民愁苦,愁苦则易化。譬犹饥者易为食,渴者易为饮也。"上深然之。封德彝曰:"三代以还,人渐浇讹,故秦任法律,汉杂霸道,盖欲化而不能,岂能之而不欲邪!魏徵书生,未识时务,信其虚论,必败国家。"徵曰:"五帝、三王不易民而化,汤、武皆承大乱之后,身致太平;若谓古人淳朴,渐致浇讹,则至于今日,当悉化为鬼魅矣,人主安得而治之!"上卒从徵言。

上奏到朕这里。有功则行赏,有罪则处罚,谁还敢不尽心竭力而各司其职,何愁天下治理不好呢?"因而敕令各部门:"今后诏敕文书有不当之处,均应执意禀奏,不得阿谀顺从,不充分发表自己的意见。"

【纲】任命李纲为太子少师,萧瑀为太子少傅。

【纲】任命李大亮为西北道(今新疆哈密西)安抚大使。 【目】西突厥部族散居在伊吾地区(今新疆哈密),太宗下诏任命李大亮为安抚大使,在碛口贮存粮食,凡来此地均予赈给。李大亮道:"想要怀柔远方必先安抚近地,我大唐如树根,四方如枝叶,倾尽大唐粮食以供给四方少数民族,如拔掉树根来养活枝叶。如今招抚西突厥,只见劳心费财,未见收益。更何况河西州县寥落稀少,百姓不堪其苦,不如停止抚慰。他们有的想自立为首领,要求归附大唐,不妨加以节制,让他们居住在塞外,为我大唐屏障,这才是施以虚惠而收实利的办法。"太宗采纳了他的意见。

【纲】任命李靖为右仆射。 【目】李靖性情温厚,每次与宰相们议论政事,谦恭拘谨,像是无话可说。

【纲】冬十一月,废除鞭笞囚犯后背的刑法。 【目】太宗读《明堂针灸书》,书中写道:"人的五脏经络,均附在后背。"因此下了这个诏令。

【纲】这一年大丰收。 【目】太宗刚即位时,曾与群臣谈到教化问题。太宗说:"如今刚经过一场大劫乱,我担心百姓不容易教化。"魏徵回答说:"并非如此,长久安定的百姓容易骄逸,骄逸则难以教化;经过动乱的百姓心存忧患,忧患则容易教化。这如同饥饿的人不苟择饮食,饥渴的人不苟择饮水一样。"太宗深表赞同。封德彝说:"三代以来,人心渐趋刻薄奸诈,所以秦朝启用法律,汉代王道、霸道兼容并包,正是因为仁义教化不能收效,如果有效怎么能不用呢?魏徵乃一介书生,不识时务,如果听信他的空虚论调,必然败坏国家。"魏徵说:"五帝、三王皆不改变百姓而达致教化,商汤、武王都是承接大动乱之后达到太平盛世。如果说上古人淳朴,后代渐渐变得刻薄奸诈,那么到了今天,应当全都化为鬼魅了,君主怎么能统治他们呢?"太宗最后采纳了魏徵的意见。

元年，关中饥，米斗直绢一匹；二年，天下蝗；三年，大水。上勤而抚之，民虽东西就食，未尝嗟怨。是岁，天下大稔，流散者咸归乡里，米斗不过三、四钱，终岁断死刑才二十九人。东至于海，南及五岭，皆外户不闭，行旅不赍粮，取给于道路焉。

帝谓长孙无忌曰："贞观之初，议者皆云：'人主当独运威权，不可委之臣下。'又云：'宜震耀威武，征讨四夷。'惟魏徵劝朕：'偃武修文，中国既安，四夷自服'。朕用其言。今颉利成擒，其酋长并带刀宿卫，皆袭衣冠，徵之力也，但恨不使封德彝见之耳！"徵再拜谢曰："此皆陛下威德，臣何力之有焉！"帝曰："朕能任公，公能称朕所任，则其功岂独在朕乎！"

上谓侍臣曰："朕有二喜一惧：比年丰稔，斗粟三钱，一喜也；北虏久服，边鄙无虞，二喜也；治安则骄侈易生，骄侈则危亡立至，此一惧也。"

房玄龄奏："阅府库甲兵，远胜隋世。"上曰："甲兵武备，诚不可阙；然炀帝甲兵岂不足邪！卒亡天下。若公等尽力，使百姓乂安，此乃朕之甲兵也。"

【纲】辛卯，五年，秋八月，杀大理丞张蕴古。【目】河内人李好德有心疾，为妖言，大理丞张蕴古按之。奏："好德实被疾，不当坐。"治书侍御史权万纪劾奏："蕴古相州人，而好德兄厚德为其刺史，故蕴古阿意纵之。"上怒，斩之。既而悔之，因诏："自今有死罪，虽令即决，仍三复奏乃行刑。"

【纲】九月，修洛阳宫。【目】上欲修洛阳宫，民部尚书戴胄表谏，以"乱杂甫尔，百姓凋弊，营造不已，劳费难堪！"上甚嘉之。既而竟命将作大匠窦琎修之。琎凿池筑山，雕饰华靡；上怒，遽命毁

贞观元年，关中地区闹饥荒，一斗米值一匹绢；贞观二年，全国出现蝗灾；贞观三年发大水。太宗勤勉听政，并加以安抚，百姓虽然东乞西讨，也未曾抱怨。这一年，全国大丰收，背井离乡的人都回归故里，一斗米不过三、四钱，整个一年犯死罪的只有二十九人。东到大海，南至五岭，均夜不闭户，旅行不带口粮，在路途上拿取食物。

太宗对长孙无忌说："贞观初年，大臣们都说：'君主应当自己运用权威，不能委任给臣下。'又说：'应当耀武扬威，讨伐四方。'只有魏徵劝朕说：'放弃武力，勤修文教，中原安定以后，四方自然钦服。'朕采纳他的意见。如今颉利做了俘虏，其部族首领成了宿卫官，各部落承袭贵族地位，这都是魏徵的功劳，只是遗憾封德彝见不到了。"魏徵再次拜谢说："这都是陛下的威德，我有何功德呢？"太宗说："朕能够任用你，你能做到十分称职，那么其功劳怎么能是我一个人的呢？"

太宗对侍臣说："朕有两喜一惧，粮食连年丰收，一斗粟值三钱，这是一喜；北方的部族永久臣服，边疆安定，这是二喜；国家安定就容易产生骄横奢侈的风气，骄侈一产生，国家马上就处于危亡的境地，这是一惧。"

房玄龄上奏说："我看过朝廷府库的兵械，远远超过隋朝。"太宗说："金甲兵械等武器装备，诚然不可缺少；然而隋炀帝兵械难道不够吗？最后还是丢了江山。如果你们尽心尽力，使百姓人心思定，这才是朕最好的兵械。"

【纲】贞观五年（辛卯，公元631）秋八月，处决大理丞张蕴古。
【目】河内（今河南沁阳）人李好德有心病，胡言乱语，语涉诬妄。大理丞张蕴古巡查此事，奏道："好德实是被疾病折磨，不应当治罪。"治书侍御史权万纪弹劾道："张蕴古是相州（治安阳，今河南安阳）人，李好德的哥哥李厚德为相州刺史，因此蕴古为讨人情纵容他。"太宗大怒，下令斩了张蕴古。不久又后悔，因而下诏说："今后有死刑犯人，即使下令立即处决，仍须三次复议才能执行。"

【纲】九月，修缮洛阳宫。　【目】太宗想修缮洛阳宫，民部尚书戴胄上表行谏，认为动乱刚平定不久，百姓穷困潦倒，如果不停地营造，很难承受起其耗费。太宗非常赞赏他。过了一段时间，还是命将作大

之,免班官。

【纲】冬十月,诏议封建。 【目】初,上问公卿以享国久长之策,萧瑀对曰:"三代封建而长久,秦孤立而速亡。"上以为然,令群臣议之。魏徵以为:"京畿税少,多资畿外,若尽以封建,经费顿阙。又燕、秦、赵、代俱带外夷,若有警急,追兵内地,难以奔赴。"李百药以为:"勋戚子孙皆有民社,易世之后,将骄淫自恣,攻战相残,害民尤深,不若守令之迭居也。"颜师古以为:"不若分王宗子,勿令过大,间以州县,杂错而居,互相维持,足扶京室;为置官僚,皆省司选用,法令之外,不得擅作威刑,朝贡礼仪,具为条式。一定此制,万代无虞。"于是诏:"宗室勋贤,宜令作镇藩部,贻厥子孙;所司明为条例,定等级以闻。"

【纲】十二月,制自今决死刑者皆复奏;决日,彻乐减膳。【目】上谓侍臣曰:"朕以死刑至重,故令三复,盖欲思之详熟也。而有司须臾之间,三复已讫。又断狱者,惟据律文,虽情在可矜,而不敢违法,其间岂能尽无冤乎!古者刑人,君为之彻乐减膳。朕庭无常设之乐,然常为之不啖酒肉,但未有著令耳。"于是制:"决死囚者,二日中五复奏,下诸州者三复奏;行刑之日,尚食勿进酒肉,内教坊及太常不举乐。皆令门下复视。有据法当死而情可矜者,录状以闻。"由是全活甚众。

上尝谓执政曰:"朕常恐因喜怒妄行赏罚,故欲公等极谏。公等亦宜受人谏,不可以己之所欲,恶人违之。苟自不能受谏,安能

匠窦琎修筑洛阳宫，窦琎开凿水池，构筑山林，雕饰华贵奢靡，太宗大怒，迅即下令毁掉，罢免了窦琎官职。

【纲】冬十月，诏令大臣们议论分封诸侯国的事。　【目】当初，太宗向大臣们询问国家长治久安之策，萧瑀答道："三代分封了诸王，因而长久，秦朝集权孤立，因而很快灭亡。"太宗同意他的意见，诏令群臣议论分封诸王的事。魏徵认为："京城一带赋税不多，大多依靠京都以外，如果都分封给诸侯国，则国家经费马上就会短缺。再加上燕、秦、赵、代诸国均管辖有外夷，如出现紧急情况，调兵到内地，恐怕难以及时赶到。"李百药认为："功臣及皇亲国戚的子子孙孙均有自己封国的百姓与社稷，几代之后，将骄奢淫逸，放纵不羁，相互攻伐残杀，对老百姓危害较大，不如不断地更换郡守县令。"颜师古认为："不如分封亲王宗子，不使他们过于强大，以州县相间隔，交错而居，互相维持牵制，足以扶持京城皇室。同时为他们设置官吏，均由尚书省选拔录用，依法令行事，不得擅自增加严刑酷法，朝贡礼仪，都订立格式。这种制度一旦确定，千秋万代可保平安。"太宗于是下诏："皇室宗亲以及功勋大臣，均可成为地方藩镇，并传给其子孙，各部门明文规定条例，定下不同等级以上报朝廷。"

【纲】十二月，下制文规定：从即日起判死刑的犯人都要复议，行刑当天，停止音乐，减少御膳。　【目】太宗对亲近大臣说："朕认为死刑至关重大，所以下令三次复议，正是为了深思熟虑，以减少误差。而有些部门却在片刻之间完成三次复议。另外，各部门断案判刑，只依据法令条文，即使情有可原，也不敢违反法律，这中间怎么能没有一点冤枉呢！古代处决犯人，君主为此停止音乐，减少御膳，朕宫庭中没有常设的音乐，然而常为此不沾酒肉，只是没有明文规定而已。"于是下制文规定："判决犯人死刑，二天之内要五次复议，下到各州的也要三次复议。行刑当日，尚食局不得进酒肉，内教坊及太常寺不得奏乐。上述规定均由门下省监督执行。如有依律应当处死而其情形可以怜悯的犯人，上诉状到内廷。"因此最后免于死罪的人很多。

太宗曾对执政的大臣说："朕常常担心由于个人的喜怒而妄加赏罚，所以希望你们极力行谏。你们也应当接受别人的劝谏，不可以自己

谏人。"

【纲】康国求内附。 【目】康国求内附。上曰:"前代帝王,好招来绝域,以求服远之名,无益于用而糜弊百姓。今康国内附,倘有急难,于义不得不救。师行万里,岂不疲劳!劳百姓以取虚名,朕不为也。"遂不受。

上谓侍臣曰:"治国如治病,病虽愈,尤宜将护,倘若遽自放纵,病复作,则不可救矣。今中国幸安,四夷俱服,诚自古所稀,然朕日慎一日,惟惧不终,故欲数闻卿辈谏争也。"魏徵曰:"内外治安,臣不以为喜,惟喜陛下居安思危耳。"

【纲】壬辰,六年,春正月朔,日食。

【纲】群臣请封禅,不许。 【目】初,群臣表请,上曰:"卿等皆以封禅为帝王盛事,朕意不然。若天下乂安,家给人足,虽不封禅,庸何伤乎!昔秦始皇封禅,而汉文帝不封禅,后世岂以文帝不及始皇邪!且事天扫地而祭,何必登泰山之巅,封数尺之土,然后可以展其诚敬乎!"群臣请不已,上亦欲从之,魏徵独以为不可。上曰:"公不欲朕封禅者,以功未高邪?德未厚邪?中国未安邪?四夷未服邪?年谷未丰邪?符瑞未至邪?"对曰:"今虽有此六者,然户口未复,仓廪尚虚,车驾东巡,供顿劳费。又伊、洛以东,灌莽极目,而远夷君长皆当扈从;此乃引戎狄入腹中,而示之以虚弱也。况赏赉不赀,未厌远人之望;给复连年,不偿百姓之劳;崇虚名而受实害,陛下将焉用之!"会河南、北数州大水,事遂寝。明年群臣复以为请,上喻以旧有气疾,恐登高增剧,乃止。

的喜好而强令别人违背其的意愿。如果自己不能接受劝谏，怎么能劝谏别人呢？"

【纲】康国请求归附唐朝。　【目】康国要求归附唐朝，太宗说："前代帝王，喜欢招抚地处遥远的国家，以取得降服远方的盛名，这毫无益处，只能招致百姓受苦。如今康国要求归附，如果他们遇到危急情况，按照道义不能不去救援。士兵们行军万里，岂能不疲劳！让百姓受苦获取虚名的事，朕不做。"于是不接受康国的归附。

太宗曾对亲近大臣说："治理国家如同治病，病虽治好了，仍需调养一段时间，倘若立即放纵自己，病会复发，那就无可救治了，如今中原幸得安定，四方夷族顺服，实在是自古以来少有，然而朕每日谨慎行事，唯恐不能持久，所以想多听到你们的谏诤。"魏徵说："国家内外俱得安定，我并不为此高兴，只是高兴陛下能居安思危。"

【纲】贞观六年（壬辰，632）春季，正月初一，出现日食。

【纲】文武百官请行封禅大礼，太宗不答应。　【目】起初，文武百官上书请行封禅大礼，太宗说："你们都认为封禅是帝王的盛举，朕不以为然。如果国家安定，百姓丰衣足食，即使不去封禅，又有什么弊害呢！从前秦始皇封禅，而汉文帝不封禅，后代岂会认为文帝不如秦始皇么？况且侍奉上天扫地祭祀，何必要去登上泰山之顶峰，封筑几尺的泥土，然后才算明示其诚心敬意呢！"文武百官还是不停请求，太宗于是想答应他们，只有魏徵认为不可。太宗说："你不赞成朕封禅，是认为朕的功劳不高，德行不厚，大唐不安定，四方夷族未归服，年成未丰收，符瑞没有到吗？"魏徵回答道："虽然陛下有上述六点理由，然而现在户口没有增加，国家库仓粮食还很空虚，陛下的车驾东巡，其劳顿耗费，必然难以承担。如今伊水、洛水以东，人稀少，草木丛生，而陛下封禅，远方夷族首领必然跟从。这是引戎狄进入大唐腹地，并展示我方的虚弱。况且赏赐供给无数，也不能满足这些远方人的期望，连年免除徭役，也不能补偿老百姓的劳苦，像这样崇尚虚名而实际对老百姓有害的建议，陛下怎么能采用呢！"正赶上黄河南北地区数州县发大水，于是就停止封禅事。第二年文武百官又请求封禅，太宗借口有气喘病，担心登高会加剧，于是停止。

【纲】三月，如九成宫。 【目】上幸九成宫避暑，监察御史马周上疏曰："大安宫在城西，制度卑小，而车驾独为避暑之行；是太上皇留暑中，而陛下居凉处也，温清之礼，臣窃有所未安焉。且太上皇春秋已高，陛下宜朝夕视膳。今九成宫去京师三百余里，太上皇或时思念陛下，陛下何以赴之？然今行计已成，不可复止，愿速示返期，以解众惑。仍亟增修大安，以称中外之望。"

【纲】以长乐公主嫁长孙冲。 【目】长乐公主将出，降敕有司资送倍于永嘉长公主。魏徵谏曰："昔汉明帝欲封皇子，曰：'我子岂得与先帝子比！'皆令半楚、淮阳。今奈何资送公主反倍于长主乎！"上入告皇后。后叹曰："妾数闻陛下称重魏徵，不知其故，今观其引礼义以抑人主之私情，乃知真社稷之臣也！"

上尝罢朝，怒曰："会须杀此田舍翁。"后问为谁，上曰："魏徵每庭辱我。"后退，具朝服，曰："妾闻主明臣直；今魏徵直，由陛下之明故也，妾敢不贺！"上乃悦。

【纲】夏四月，邹公张公谨卒。 【目】公谨卒，上出次发哀。有司奏，辰日忌哭。上曰："君臣犹父子也，情发于哀，安避辰日！"遂哭之。

【纲】秋闰七月，宴近臣于丹霄殿。 【目】上宴近臣于丹霄殿，长孙无忌曰："王珪、魏徵，昔日仇雠，不谓今日得同此宴。"上曰："徵、珪尽心所事，故我用之。然徵每谏，我不从，我与之言辄不应，何也？"魏徵对曰："臣以事为不可，故谏；若陛下不从而臣应之，则事遂施行，故不敢应。"上曰："应而复谏，何伤！"对曰："昔

【纲】三月,太宗临幸九成宫(今陕西凤翔东北)。 【目】太宗到九成宫避暑,监察御史马周上书道:"大安宫(太上皇所居)在宫城西面,规模狭小,而陛下独自外出避暑,太上皇留在大暑天气里,陛下却居凉爽之处,我认为这有悖于子女们对待长辈的温寒之礼。再说,太上皇年事已高,陛下应朝夕侍奉御膳。如今九成宫距京城三百多里,太上皇如一时想念陛下,陛下怎么能赶回来呢?如今行期已定,不能中止,希望尽快昭示归期,以解除众人的疑惑。另外,还需尽快修缮大安宫,以满足朝廷内外人们的愿望。"

【纲】将长乐公主嫁给长孙冲。 【目】长乐公主将要出嫁,太宗敕令有关部门所给陪送比皇姑永嘉长公主多一倍。魏徵劝谏道:"过去汉明帝想要分封皇子采邑,说:'我的儿子怎么能和先帝的儿子相比呢?'均令分给楚王、淮阳王封地的一半。如今为什么给公主的陪送比长公主多一倍!"太宗进宫告诉皇后。皇后高兴地说:"我几次听陛下称赞魏徵,不知是什么缘故,如今听其引征礼义来抑制君王的私情,才知是辅佐陛下的栋梁大臣呀!"

太宗曾经罢朝回到宫中,怒气冲冲地说:"以后找机会一定杀了这个乡巴佬。"皇后问是谁惹怒了陛下,太宗说:"魏徵常在朝上羞辱我。"皇后退下,穿上朝服,来见太宗说:"我听说君主开明则臣下正直,如今魏徵正直敢言,正是由于陛下开明,我怎能不祝贺呢!"太宗才转怒为喜。

【纲】夏四月,邹公张公谨去世。 【目】张公谨去世,太宗出车辇发丧。有关部门上奏称,这一天是壬辰日,不得哭泣。太宗说:"君与臣如同父子关系,哀痛哭泣是感情的自然流露,怎么能回避忌日呢!"于是痛哭一场。

【纲】秋季,闰七月,太宗在丹霄殿宴请亲近的大臣。 【目】太宗在丹霄殿宴请亲近的大臣,长孙无忌说:"王珪、魏徵二人,以前侍奉太子李建成,与陛下为敌,没料到今日能在此一同饮宴。"太宗说:"魏徵与王珪尽心竭力做事,所以我能重用他们。然而魏徵常常行谏,我不听从,我与他讲的话他也总是不答应,为什么呢?"魏徵回答说:"我认为事情不可行,所以谏阻,陛下不听从谏阻而我如果附和,那么事情便

舜戒群臣：'尔无面从，退有后言。'臣心知其非而口应陛下，乃面从也，岂稷、契事舜之意邪！"上大笑曰："人言魏徵举止疏慢，我视之更觉妩媚，正为此耳！"徵起，拜谢曰："陛下开臣使言，故臣得尽其愚；若陛下拒而不受，臣何敢数犯颜色乎！"

上谓王珪曰："玄龄以下，卿宜悉加品藻，且自谓与数子何如？"对曰："孜孜奉国，知无不为，臣不如玄龄。才兼文武，出将入相，臣不如李靖。敷奏详明，出纳唯允，臣不如彦博。处繁治剧，众务毕举，臣不如戴胄。耻君不及尧、舜，以谏诤为己任，臣不如魏徵。至于激浊扬清，嫉恶好善，臣于数子，亦有微长。"上深以为然，众亦服其确论。

上指殿屋谓侍臣曰："治天下如建此屋，营构既成，勿数改易；苟易一榱，正一瓦，践履动摇，必有所损。若慕奇变法度，不恒其德，劳扰实多。"

上曰："人主惟有一心，而攻之者甚众，或以勇力，或以辩口，或以谄谀，或以奸诈，或以嗜欲，辐凑攻之，各求自售，以取宠禄；人主少懈而受其一，则危亡随之，此其所以难也！"

【纲】九月，如庆善宫。 【目】庆善宫，上生时故宅也，因宴，赋诗，被之管弦，命曰功成庆善乐，使童子八佾为《九功之舞》，大宴会，与《破阵舞》皆奏于庭。同州刺史尉迟敬德与坐者争长，殴任城王道宗目几眇。上不怿而罢，谓敬德曰："朕欲与卿等共保富贵，然卿居官数犯法，乃知韩、彭菹醢，非高祖之罪也。"敬德由是始惧而自戢。

得到施行,所以不敢应答。"太宗说:"暂且附和而后再谏阻,又有什么伤害呢?"答道:"过去舜帝告诫群臣:'你们不要当面顺从,而背后却说另一套。'如果我明知道不对的事却附和陛下的意见,这正是当面顺从,难道这是稷、契侍奉舜帝的本意吗!"太宗大笑着说:"人们都说魏徵行为举止疏懒怠慢,我看他更觉得可亲可近,正是因此呀!"魏徵起身拜谢道:"陛下让我畅所欲言,所以我得以竭尽愚诚;如果陛下拒不接受忠言,我又怎敢屡次犯颜强谏呢!"

太宗对王珪说:"房玄龄以下宰臣,希望你能详细加以品评,并且自己衡量与他们相比如何?"王珪答道:"勤勤恳恳事奉大唐,做事尽心竭力,我不如房玄龄。文武全才,出将入相,我不如李靖。议事详尽周到,意见中肯使人言听计从,我不如温彦博。处理繁重事务和突发事件,事无巨细,处理得井井有条,我不如戴胄。唯恐君王赶不上尧、舜,专以苦言强谏为己任,我不如魏徵。说到辨别清浊,疾恶如仇,好施善为,我与他们相比,倒是略有长处。"太宗非常赞同,众人也钦佩他的高论。

太宗指着宫殿对亲近的大臣说:"治理天下如建造此屋,建造好了以后,不要多次改变,即使撤换一椽、修正一瓦,脚踩震动,也必定会有所损伤。倘若贪慕新奇,屡变法度,不恒守儒家道德,必然对老百姓搅扰过多。"

太宗说:"人主只有一心,而攻击他的人很多,有的凭借勇力,有的凭借辩才,有的凭借阿谀奉迎,有的凭借奸诈,有的凭借贪欲,一齐蜂拥而上,都是为了兜售自己,以求得恩宠厚禄;君主稍有懈怠而接受其中的一种意见,便随之带来危亡,此是君主所以难做的原因啊!"

【纲】九月,太宗临幸庆善宫。 【目】庆善宫,是太宗出生时的旧宅。于是设置酒宴,饮酒赋诗,将诗谱成曲调,用管弦弹奏,命名为《功成庆善乐》,让少年站成八排表演《九功之舞》。又大摆酒宴,与《破阵舞》一同在宫庭中表演。同州(治冯翊,今陕西大荔)刺史尉迟敬德争上座,殴打任城王李道宗,几乎将其一只眼打瞎。太宗很不高兴地罢宴,对尉迟敬德说:"朕想和你们一起共同保持富贵,然而你身居高官却屡次犯法,由此可知韩信、彭越被剁成肉酱,并非只是高祖的罪过"。尉

【纲】冬,以陈叔达为礼部尚书。 【目】帝谓叔达曰:"卿武德中有谠言,故相报。"对曰:"臣见隋室父子相残以亡,当日之言,非为陛下,乃社稷之计耳!"

【纲】癸巳,七年,春正月,宴玄武门,奏《七德》《九功舞》。【目】更名《破阵乐》曰《七德舞》。太常卿萧瑀以为:"形容未尽,请并写武周、仁杲、建德、世充擒获之状。"上曰:"彼皆一时英雄,朝臣或尝北面事之,睹其故主屈辱之状,能不伤乎!"踊谢不及。魏徵欲上偃武修文,每侍宴,见《七德舞》,辄俯首不视,见《九功舞》则谛观之。

【纲】王珪罢,以魏徵为侍中。 【目】上与侍臣论安危之本。温彦博曰:"愿陛下常如贞观初,则善矣。"帝曰:"朕比来怠于为政乎?"魏徵曰:"贞观之初,陛下节俭,求谏不倦。比来营缮微多,谏者颇有忤旨,此其所以异耳!"帝欣然纳之。

上问魏徵曰:"群臣上书可采,及召对,多失次,何也?"对曰:"臣观有司奏事,常数日思之,及至上前,三分不能道一,况谏者拂意触忌,非陛下借之辞色,岂敢尽其情哉!"上由是接群臣,辞色愈温。尝曰:"炀帝多猜忌,对群臣多不语;朕则不然,君臣相亲如一体耳。"

上谓侍臣曰:"朕比来决事,或不能皆如律令,公辈以为事小,不复执奏。夫事无不由小以致大,此乃危亡之端也。昔龙逄忠谏而死,朕每痛之。炀帝骄暴而亡,公辈所亲见也。公辈常宜为朕思炀帝之亡,朕常为公辈念龙逄之死,何患君臣不相保乎!"

迟敬德从此才知道恐惧，从而约束自己。

【纲】冬季，任命陈叔达为礼部尚书。 【目】太宗对陈叔达说："你在武德年间曾直谏太上皇，所以封你为此官以报答。"陈叔达说："我当时见隋朝父子自相残害，建议乘乱取而代之，当时的话，并非为陛下考虑，而是为社稷打算啊！"

【纲】贞观七年（癸巳，公元633）春正月，太宗在玄武门宴请三品以上官员，演奏《七德舞》和《九宫舞》。 【目】将《破阵乐》改名为《七德舞》。太常寺正卿萧瑀认为："《七德舞》没有将皇上的丰功伟业完全表现出来，请求编入刘武周、薛仁杲、窦建德、王世充等人被擒获的过程。"太宗说："他们都是一时的英雄豪杰，如今朝中的大臣有的曾是他们的臣下，如果他们看到旧主子的屈辱之态，能不伤心吗？"萧瑀拜谢并称自己未考虑到这些。魏徵想要太宗停止武备，提倡文教，每次陪太宗饮宴，见演奏《七德舞》，就低下头不看，见演奏《九功舞》，则非常认真地观看。

【纲】罢免王珪侍中官职，任命魏徵为侍中。 【目】太宗与大臣们讨论安危的根本所在。温彦博说："深愿陛下能经常像贞观初年那样，就好了。"太宗问："朕近来听政有所懈怠吗？"魏徵说："贞观初年，陛下非常节俭，不倦怠地求谏。近来营建修缮的事渐渐多起来，行谏颇觉得触犯圣意，这就是与当年的不同处。"太宗欣然接受了他的意见。

太宗对魏徵说："众位大臣的上书多有文采，而当面对答则多语无伦次，为什么呢？"魏徵答道："我观察各部门上奏言事，常思考几天，等到了陛下面前，则不能道出三分之一。况且行谏的人违背圣上的旨意，触犯圣上的忌讳，如果陛下不面色和悦，怎么敢尽情陈述呢？"太宗于是接见大臣时面色更加温和，曾经说过："隋炀帝猜忌多，每次临朝多不说话。朕则不是这样，与大臣们亲近得如同一休。"

太宗对亲近的大臣说："朕近来裁决事务有时不能够尽依法令，你们认为这是小事，不再固执地启奏。凡事无不因小致大，这是危亡的先兆。从前关龙逢忠诚苦谏而死，朕常为此痛惜。隋炀帝骄奢暴虐而灭亡，你们都亲眼所见。望你们经常为朕考虑到炀帝的灭亡，朕也经常为

上谓魏徵曰:"为官择人,不可造次。用一君子,则君子皆至;用一小人,则小人竞进。"对曰:"然。天下未定,则专取其才,不考其行;丧乱既平,则非才行兼备不可用也。"

【纲】造浑天仪。 【目】直太史李淳风以灵台候仪,制度疏略,但有赤道,更请造浑天黄道仪。至是奏之。

【纲】秋九月,山东四十余州水,遣使赈之。

【纲】赦死囚三百九十人。 【目】先是上亲录系囚,见应死者,悯之,纵使归家,期以来秋来就死。仍敕天下死囚皆纵遣,使至期来诣京师。至是,皆如期自诣朝堂,上皆赦之。

【纲】冬十一月,以长孙无忌为司空。 【目】无忌固辞,上曰:"吾为官择人,惟才是与。苟不才,虽亲不用;如有才,虽仇不弃。今日之举,非私亲也。"

【纲】十二月,帝奉太上皇置酒未央宫。 【目】上从上皇宴故汉未央宫。上皇命颉利可汗起舞,冯智戴咏诗,既而笑曰:"胡、越一家,古未有也。"帝捧觞上寿,曰:"此皆陛下教诲,非臣智力所及。"上皇大悦。

【纲】赐太子庶子于志宁、孔颖达等金帛。 【目】帝谓志宁曰:"朕年十八,犹在民间,民之疾苦情伪,无不知之。及区处世务,犹有差失。况太子生长深宫,百姓艰难,耳目所未涉,能无骄逸乎!卿等不可不极谏!"太子好嬉戏,颇亏礼法,志宁与颖达数直谏,上闻而嘉之,各赐金一斤,帛五百匹。

【纲】削工部尚书段纶阶。 【目】纶奏征巧匠,上令试之。纶使造傀儡。上曰:"求巧工以供国事。今先造戏具,岂百工相戒毋作淫巧之意邪!"乃削纶阶。

你们念及关龙逄的死,如此还担心君臣不能相互保全吗?"

太宗对魏徵说:"选择人才做官,不可仓促行事。任用一位君子,则众位君子都会来到,任用一位小人,则其他小人竞相引进。"魏徵答道:"是这样,天下未定时,对一个人专取其才能,并不考虑其德行;动乱平定后,不是德才兼备的人不能使用。"

【纲】制造浑天仪。 【目】直太史李淳风认为灵台候仪过于粗略,只有赤道,请求改造一个浑天黄道仪,到此时奏呈给朝廷。

【纲】秋九月,山东四十多个州发大水,太宗派使臣前往赈济。

【纲】大赦死囚三百九十人。 【目】先前太宗亲自省察囚犯的罪状,看到应该处死的人,怜悯他们,让他们回家,等到秋天再来就死。并大赦国内的死囚都回家,让他们到期后再来京城。到了秋天,放回家中的死囚犯人都按期回到朝中,太宗将他们全部大赦。

【纲】冬十一月,任命长孙无忌为司空。 【目】长孙无忌执意推辞,太宗说:"我根据官职选择人,唯才是举。如果没有才能,即使是亲属也不使用;如果有才能,即使过去有仇也不弃置。今日任命你为司空,并不是徇私情。"

【纲】十二月,太宗在汉代未央宫旧址(今陕西西安西北)侍奉太上皇饮宴。 【目】太宗侍奉太上皇在汉代未央宫旧址饮宴。太上皇命令颉利可汗起舞,冯智戴咏诗,然后笑着说:"胡、越等族都是一家人,这是自古以来没有的事。"太宗端着酒杯为太上皇祝寿,说:"这都是父亲您教诲的结果,不是我的智力所能达到的。"太上皇大为高兴。

【纲】赏赐给太子庶子于志宁、孔颖达等人黄金和帛。 【目】太宗对于志宁说:"朕十八岁时,还在民间,百姓的疾苦与情感,都非常了解。等到即皇位,处理日常事务还有失误。何况太子生长在深宫,老百姓的艰难困苦,听不见看不到,能不产生骄逸吗?你们不能不极力强谏!"太子喜好玩耍,不遵守礼法,于志宁与孔颖达多次直言劝谏。太宗知道后嘉奖他们,每人赐给黄金一斤,帛五百匹。

【纲】降低工部尚书段纶的品阶。 【目】段纶上奏请求征召巧匠入宫,太宗让他尝试制作。段纶让巧匠造一木偶。太宗说:"得到能工巧匠,可以为国家制造器物。如今先让他造玩具,这难道是众工匠相互

【纲】甲午，八年，春正月，以李靖等为黜陟大使，分行天下。
【目】上欲分遣大臣循行黜陟，未得其人；李靖荐魏徵。上曰："徵箴规朕失，不可一日离左右。"乃命靖等十三人分行天下，"察长吏贤不肖，问民间疾苦；礼高年，赈穷乏，褒善良，起淹滞，俾使者所至，如朕亲睹。"

【纲】秋七月，山东、河南大水。
【纲】冬十月，营大明宫。 【目】营大明宫以为上皇清暑之所，未成而上皇寝疾，不果居。

【纲】以李靖为特进。 【目】靖以疾逊位，上曰："朕嘉公意，欲以公为一代楷模，故不相违。"及拜特进，俟疾小瘳，间三二日至门下、中书平章政事。

【纲】吐番遣使入贡。
【纲】聘郑氏为充华，既而罢之。 【目】帝聘郑仁基女为充华，册使将发，魏徵闻其尝许嫁士人陆爽，遽上表谏。帝大惊，自责，命停册使。房玄龄等奏许嫁无显状，爽亦表言初无此议。帝谓徵曰："群臣或容希合，爽亦自陈，何也？"对曰："彼以陛下为外虽舍之，或阴加罪谴，故尔。"帝笑曰："朕之言不能使人必信如此邪！"

【纲】以皇甫德参为监察御史。 【目】中牟丞皇甫德参上言："修洛阳宫，劳人；收地租，厚敛；俗好高髻，盖宫中所化。"上怒，谓房玄龄等曰："德参欲国家不役一人，不收斗租，宫人皆无发，乃可其意邪！"欲罪之。魏徵曰："言不激切，不能动人主之心，陛下择焉可也。"上曰："朕罪此人，则谁复敢言者！"乃赐绢二十匹。他

告诫不做淫巧器具的本意吗？"于是降低段纶的官阶。

【纲】贞观八年（甲午，634），春正月，朝廷任命李靖等人为诸道黜陟大使，分别巡行全国各地。　【目】太宗想要分派大臣到各地行使升迁和降职大权，没有得到合适人选；李靖推荐魏徵。太宗说："魏徵针砭规劝朕的过失，一天也不能离开身边。"于是命令李靖等十三个人分别巡行各地："考察地方官吏贤能与否，询问民间疾苦；礼遇高寿的老人，赈济穷困百姓，褒奖善良，起用被埋没的人才，做到使者所到之处，如何朕亲自前往一般。"

【纲】秋七月，山东、河南地区发大水。

【纲】冬十月，营造大明宫（今陕西西安东北）。　【目】营建大明宫，作为太上皇避暑的住所，未等修成，太上皇即患病，最后没有住上。

【纲】加封李靖为特进。　【目】李靖因患病请求离职，太宗说："朕很赞赏你的见解，想要以你作为一代朝臣效法的楷模，所以并不违背你的意见。"等到加封特进，病情稍有好转，便每二三天到门下省和中书省议处政事。

【纲】吐蕃派使臣进献贡品。

【纲】太宗亲聘郑氏为后宫的充华，不久又罢免。　【目】太宗亲聘郑仁基的女儿为充华，册封的使者刚要出发，魏徵听说她过去曾许嫁给世家大族陆爽，立即上表谏阻。太宗听到后大为惊讶，手书诏令深加自责，下令册封使免行。房玄龄等人上奏称郑氏许嫁陆氏没有明证，陆爽也上表说最初没有婚娶郑氏的协议。太宗对魏徵说："众大臣或许是为了调和，陆爽本人也加以表白，这是为什么？"魏徵答道："他觉得陛下表面上虽已舍弃，或许暗地里又要责怪，所以不得不如此。"太宗笑着说："朕说的话也这样不能使人确信吗？"

【纲】任命皇甫德参为监察御史。　【目】中牟（今河南中牟东）县丞皇甫德参上书言道："修筑洛阳宫，劳顿百姓；收地租，加重数额；时俗女子喜好束高髻，这是受宫中的影响。"太宗大怒，对房玄龄等人说："皇甫德参是想要朝廷不役使一个人，不收一斗地租，宫女均不留发，这样才顺他的心思！"想要治他罪。魏徵说："言辞不激烈切直，便不

日徵奏言："陛下近日不好直言，虽勉强含容，非曩时之豁如。"上乃更加优赐，拜监察御史。

【纲】乙未，九年，夏五月，太上皇崩。冬十月，葬献陵。

【纲】十一月，以萧瑀为特进，参预政事。【目】上曰："武德季年，高祖有废立之心而未定，我不为兄弟所容，实有功高不赏之惧。斯人也，不可以利诱，不可以死胁，真社稷臣也！"因赐瑀诗曰："疾风知劲草，板荡识诚臣。"

【纲】丙申，十年，春二月，以荆王元景等为诸州都督。【目】诸王之藩，上与之别曰："兄弟之情，岂不欲常共处邪！但以天下之重，不得不尔。诸子尚可复有，兄弟不可复得。"因流涕呜咽不能止。

魏王泰为相州都督，不之官。上以泰好文学，特命于其府别置文学馆，听自引召学士。泰有宠于上，或言诸大臣多轻之。上怒，召诸大臣让之曰："隋文帝时，大臣皆为诸王所顿踬，我若纵之，岂不能折辱公辈邪！"房玄龄等皆谢。魏徵正色曰："若纪纲大坏，固所不论；圣明在上，魏王必无顿辱群臣之理。隋文帝骄其诸子，卒皆夷灭，又足法乎！"上悦曰："朕以私爱忘公义，乃闻公言，方知理屈。人主发言何得容易乎！"

王珪尝奏："三品以上道遇亲王降乘，非礼。"上曰："卿辈轻我子邪！"魏徵曰："诸王位次三公，今三品皆九卿、八座，为王降乘，诚非所宜。"上曰："人命难期，万一太子不幸，安知诸王不为公辈之主乎？"对曰："自周以来，皆子孙相继；不立兄弟，所以绝庶孽之窥觎，塞祸乱之源本，此为国者所深戒也！"上乃从珪奏。

能打动君主的心,陛下可以慎加选择。"太宗说:"朕怪罪这种人,那么谁还敢说话呢!"于是赐给皇甫德参二十四绢布。过了几天,魏徵上奏言道:"陛下近来不喜欢直言强谏,即使勉强包容,也不如过去那么豁达。"太宗于是对皇甫德参给予更加优厚的赏赐,拜为监察御史。

【纲】贞观九年(乙未,635),夏四月,太上皇李渊去世。冬十月,安葬于献陵。

【纲】十一月,封萧瑀为特进,参预朝政大事。 【目】太宗说:"武德末年,高祖皇帝有废立太子的想法而确定不下来,朕不能被兄弟们所容忍,确实有功高不被赏赐的忧虑。(萧瑀)这个人,不可用利益引诱,也不能以死相威胁,真的是社稷功臣!"于是赐给萧瑀诗一首:"疾风知劲草,板荡识诚臣。"

【纲】贞观十年(丙申,636),春二月,任命荆王李元景等人为各州都督。 【目】众位亲王前往各州藩地,太宗与他们作别,说道:"依我们的兄弟情谊,难道不想经常共处吗!只是以天下为重,不得不如此。没了儿子可以再有,兄弟却不可复得。"于是痛哭流涕,泪流不止。

魏王李泰为相州都督,不去赴任。太宗认为李泰喜好文学,特意命令在其魏王府另外设置文学馆,听任他自己接纳学士。李泰得到太宗的宠幸,有人说众位大臣都轻视他。太宗大怒,召见诸位大臣责备他们说:"隋文帝时期,大臣们都被亲王们操纵,我如果听任他们胡来,难道不敢羞辱你们吗?"房玄龄等人都谢罪。魏徵正颜厉色说:"假如纲纪败坏,固然不可理论;陛下圣明,魏王必无羞辱大臣之理。隋文帝骄溺他的儿子们,最终都被杀掉,足为后人借鉴。"太宗高兴地说:"朕因为私情而忘了大义,听到魏徵的一席话,方知理亏。身为君主讲话哪能那么随便呢?"

王珪曾经奏道:"三品以上官员在道上碰到亲王要下车,不合礼义。"太宗说:"你们轻视我的儿子吗?"魏徵说:"诸位亲王位居三公之下,现在三品都是九卿(太常、光禄、卫尉、宗正、太仆、大理、鸿胪、司农、太府九寺,各卿一人)、八座(六部尚书、左右仆射),为亲王下车,实在是不适宜。"太宗说:"人的命运难测,万一太子发生不幸,岂知诸王中没有做你们的君主的呢?"魏徵回答道:"自周朝以来,都是子

【纲】夏六月，皇后长孙氏崩。【目】后性仁孝俭素，好读书，常与上纵容商略古事，因而献替，裨益弘多。抚视庶孽，逾于所生。妃嫔以下，无不爱戴。训诸子，常以谦俭为先，太子乳母以东宫器用少，请奏益之。后不许，曰："太子患德不立，名不扬，何患无器用邪！"

后得疾，太子请奏赦罪人，度人入道。后曰："死生有命，非智力所移。赦者国之大事，不可数下。道、释异端之教，蠹国病民，皆上素所不为，奈何以吾一妇人使上为所不为乎！"及疾笃，与上诀，时房玄龄以谴归第，后曰："玄龄事陛下久，小心慎密，苟无大故，不可弃也。妾之本宗，因缘葭莩以致禄位，既非德举，易致颠危，欲保全之，慎勿处之权要。妾生无益于人，愿勿以丘垄劳费天下，但因山为坟，器用瓦木可也。更愿陛下亲君子，远小人，纳忠谏，屏谗慝，省作役，止游畋，则妾死不恨矣！"后尝采自古妇人得失事为《女则》三十卷。至是，宫司奏之，上览之悲恸，以示近臣曰："皇后此书，足以垂范百世。朕非不知天命而为无益之悲，但入宫不复闻规谏之言，失一良佐，故不能忘怀耳！"乃召玄龄使复其位。

【纲】秋，禁上书告讦者。【目】上谓群臣曰："朕开直言之路，以利国也，而比来上封事者多讦人细事，自今复有为是者，朕当以谗人罪之。"

【纲】冬十一月，葬文德皇后。【目】帝为文刻石，称皇后节俭，遗言薄葬，不藏金玉，当使子孙奉以为法。帝念后不已，于苑中

孙继承皇位，不立兄弟，因此断绝了庶出子孙觊觎皇位的企图，堵塞了祸乱的根源，这些都是治理国家所应深以为戒的！"太宗听从了王珪的话。

【纲】夏六月，长孙皇后去世。　【目】长孙皇后仁义孝敬，生活俭朴，喜好读书，经常和太宗随意谈论历史，劝善规过，提出过很多有益的意见。对待那些庶出的子女，远超过自己的亲生；妃嫔以下的宫人对她都十分爱戴。训诫几个儿子，常以谦虚节俭为首要话题。太子的乳母认为东宫的器物用具较少，请求增加一些，皇后不允许，说道："身为太子应忧虑德行不立，声名不扬，怎能忧愁没有器物用具呢？"

皇后得病，太子上奏请求大赦罪犯，超度人入道。皇后说："死生有命，并非人的智力所能转移。大赦是朝廷的大事，不能多次发布。道教和佛教乃是异端邪说，祸国殃民，都是皇上平素不做的事，为什么要因为我一个妇道人家而让皇上去做平时不做的事呢？"等到皇后病重，与太宗诀别时，房玄龄已被遣送回家，皇后对太宗说："房玄龄侍奉陛下多年，小心翼翼，做事缜密，如果没有大的原因，不应不重用他。我的亲属，由于沾亲带故而得到禄位，既然不是因为德行而升迁，便容易遭灭顶之灾，要使他们得以保全，希望不要将他们安置在权要之位。我活着的时候对别人没有用处，希望不要因为建陵墓而浪费国家的财力；只要依山做坟，瓦木为棺就可以了。更希望陛下亲近君子，疏远小人，接纳忠言直谏，摒弃谗言，节省劳役，禁止游猎，这样我死了也毫无遗憾了！"长孙皇后曾经搜集古代妇人得失诸事编为《女则》三十卷，到此时后宫奏呈给太宗。太宗看后十分悲痛，展示给身边大臣，说道："皇后这本书，足以成为百世的典范。朕并非不知上天的命数而做无益的悲哀，只是在宫中再也听不到规谏的话了，失去了一个贤内助，所以不能忘怀呀！"于是征召房玄龄，官复原职。

【纲】秋季，太宗下令禁止上书攻讦别人。　【目】太宗对大臣们说："朕广开直言忠谏之路，是为了有利于国家；然而近来上书奏事的多攻讦人家的琐细之事。今后还有这么做的，朕当以奸谗小人问罪。"

【纲】冬十一月，安葬文德皇后。　【目】太宗为皇后书写碑文，称皇后一生节俭，遗嘱薄葬，身边不藏金玉，当为后代子孙所效仿。太宗

作层观以望昭陵。尝引魏徵同登，使视之。徵熟视之曰："臣昏眊不能见。"上指示之，徵曰："臣以为陛下望献陵，若昭陵，则臣固见之矣。"上泣，为毁观。

【纲】十二月，朱俱波、甘棠遣使入贡。　【目】朱俱波在葱岭之北，去瓜州三千八百里。甘棠在大海南。上曰："中国既安，四夷自服，然朕不能无惧。昔秦始皇威振胡、越，二世而亡，惟诸公匡其不逮耳。"

【纲】黜治书侍御史权万纪。　【目】万纪上言："宣、饶银大发，采之岁可得数百万缗。"上曰："朕贵为天子，所乏者非财也，但恨无嘉言可以利民耳。与其得数百万缗，何如得一贤才！卿未尝进一贤才，而专言银利。昔尧、舜抵璧于山，投珠于谷；汉之桓、灵乃聚钱为私藏。卿欲以桓、灵俟我邪！"是日，黜万纪，使还家。

【纲】更命统军、别将为折冲、果毅都尉。　【目】凡十道，置府六百三十四，而关内二百六十一，皆隶诸卫，及东宫、六率。凡上府兵千二百人，中府千人，下府八百人。三百人为团，团有校尉；五十人为队，队有正；十人为火，火有长。每人兵甲粮装各有数，输之库，征行给之。二十为兵，六十而免。能骑射者为越骑，其余为步兵。每岁季冬，折冲都尉帅以教战，当给马者官予直。当宿卫者番上，兵部以远近给番，远疏、近数，皆一月而更。

对皇后念念不忘,在后苑中设立了一个观望台,用以眺望昭陵。有一次带引魏徵同登观望台,让他观望。魏徵看了很久说道:"我老眼昏花,看不见。"太宗指给他看,魏徵说:"我还以为陛下在瞭望高祖皇帝的献陵,如果是昭陵,我早就看见了。"太宗悲泣,为此毁掉了观望台。

【纲】十二月,朱俱波、甘棠派使节进献贡品。 【目】朱俱波在葱岭(今新疆疏勒、英吉沙西)的北面,离瓜州(今甘肃安西东)三千八百里。甘棠在大海(今青海)的南面。太宗说:"中原已经安定,四方夷族纷纷归服,然而朕不能不担心。从前秦始皇威振胡、越,到二世就灭亡了,希望诸公匡正朕做得不周到的地方。"

【纲】罢免治书侍御史权万纪。 【目】权万纪上书言道:"宣州(治宣城,今安徽宣城)和饶州(治鄱阳,今江西鄱阳)有大量白银可以开采,每年可得数百万贯。"太宗说:"朕贵为天子,所缺乏的并非金银财物,只是遗憾没有嘉言可以利于百姓。与其多得数百万贯,还不如得到一个贤才!你未曾推荐过一个贤才,却只是专门上言金银之利。从前尧、舜将玉璧丢入深山,将珠宝投入深谷;汉代桓、灵二帝聚敛钱财以为己有。你想把我比作桓、灵二帝吗?"这一天,罢免权万纪官职,让他回乡。

【纲】唐朝将统军、别将改名为折冲都尉、果毅都尉。 【目】唐朝在全国设立十道,六百三十四府,其中关内占二百六十一府,都隶属于诸卫及东宫六率。凡上府有兵一千二百人,中府一千人,下府八百人。每三百人为团,团有校尉;五十人为队,有队正;十人为火,有火长。每人兵甲粮食装备各有数额,平时放在库中,征战时再发给个人。二十岁当兵,六十岁免役。其中能骑善射的为越骑,其余皆为步兵。每年冬季,折冲都尉教下属操习演练,应当配备马匹的,由官府出钱购买。凡应当宿卫者轮流值勤,兵部根据距离远近排班,路远的轮值次数较少,路近的次数较多,均一个月一轮换。